催化与材料化学研究生教学丛书

催化反应工程

（下册）

阎子峰　陈诵英　徐　杰　辛　勤　主编

科 学 出 版 社

北　京

内 容 简 介

本书的创作宗旨是给读者提供比较系统、详尽的催化反应工程专业基础与工业应用知识，从催化反应工程的核心——“三传一反”入手，侧重于催化反应工程的基础内容（上册）和重要的工业催化反应案例（下册），并重点介绍催化反应器设计、催化反应动力学、固体催化剂中的传递过程（质量、能量和动量）规律以及工业催化剂种类及其应用情况等，以期让读者在了解催化基础理论的同时，体会催化反应工程的基本特征，认识催化反应工程在化学工业的地位、作用与本质。

本书既有催化反应工程最基础、最经典的理论与方法解析，又有最新的催化反应器设计和工业催化反应工程、典型工业催化剂案例介绍，适合于化学工程与技术、催化化学、工业催化等相关专业的高年级本科生、研究生、青年教师和从事应用基础研究、工程技术开发的专业技术人员学习和参考。

图书在版编目（CIP）数据

催化反应工程. 下册/阎子峰等主编. —北京：科学出版社，2017.10

（催化与材料化学研究生教学丛书）

ISBN 978-7-03-054629-6

Ⅰ. ①催… Ⅱ. ①阎… Ⅲ. ①催化—化学反应工程–研究生–教材 Ⅳ. ①TQ032

中国版本图书馆 CIP 数据核字（2017）第 240021 号

责任编辑：李明楠 李丽娇/责任校对：孙婷婷
责任印制：吴兆东/封面设计：铭轩堂

科学出版社 出版
北京东黄城根北街 16 号
邮政编码：100717
http://www.sciencep.com
北京中石油彩色印刷有限责任公司印刷
科学出版社发行 各地新华书店经销
*
2017 年 10 月第 一 版 开本：720 × 1000 1/16
2025 年 2 月第三次印刷 印张：25 1/2
字数：514 000

定价：108.00 元

（如有印装质量问题，我社负责调换）

催化与材料化学研究生教学丛书

总策划：辛 勤 徐 杰

《现代催化化学》

辛 勤 徐 杰 主编

《固体催化剂研究方法》

辛 勤 主编

《现代催化研究方法（新编）》

辛 勤 罗孟飞 徐 杰 主编

《催化反应工程（上、下册）》

阎子峰 陈诵英 徐 杰 辛 勤 主编

《催化史料》

辛 勤 徐 杰 主编

《中国催化名家（上、下册）》

辛 勤 徐 杰 主编

丛 书 序

受科学出版社之邀，组织编写一套催化和材料领域研究生教学丛书。与一些同仁讨论、考虑再三，这套研究生教学丛书的定位和作用为何？大家一致认为：应当是在催化和材料领域起“路线图”、“地图”、“标志性建筑”的基本入门知识的作用，强调基础，不求最新。在此基础上启发学生学会利用概念去判断、推理及运用综合分析方法去解决问题，进而培养及提高其科学思维和创新能力。基于此，规划设计了如下教材。

《现代催化化学》，简略给出有关催化的几乎全部主要内容，以期对催化有一大概了解，如催化研究的主要命题、当前科研瓶颈及工业化状况（2016年出版）。

《固体催化剂研究方法》，介绍近20种用于催化和材料方面研究入门的物理化学方法，强调这些方法是如何用于催化和材料研究的（2004年初版，2016年第三次印刷）。

《现代催化研究方法（新编）》，给出催化和材料领域的科研人员必须掌握的基本方法手段，在第一版基础上充实、更新部分内容（2018年出版）。

《催化反应工程（上、下册）》，给出从实验室研究成果到工业化应用所必需的基础知识，它包含“三传一反”、反应分离等，并通过范例加以说明。这方面内容弥补了目前研究生教育的短板（2017年出版）。

《催化史料》和《中国催化名家（上、下册）》，其设计背景为，化学工业占人类社会GDP的15%～20%，而化学工业80%产值都是由催化剂和催化过程产生。近百年来中国的催化工业从无到有、从小到大，尤其是改革开放至今中国已发展成GDP第二的世界大国，也成长为世界催化大国（当然，要成为催化强国还有很长的路要走）。如此辉煌的业绩同几代催化人的奋发努力分不开，作为后人有必要了解这段历史和有选择地传承。应中国化学会的邀请，我们收集、撰写了1932～1982年（吴学周主编，张大煜、蔡启瑞、闵恩泽等撰写）、1982～2012年（辛勤、林励吾撰写）逾八十年的中国催化发展史，为便于比较，我们还整理了这一历史时期的世界催化发展史，以及法国、日本、俄罗斯（含苏联）等国的催化发展史等。与此同时，我们还用逾十年的时间汇集、收集、撰写了百余位催化名家介绍。在做这些介绍时尽可能做到表达准确、客观、全面，不做评议、修改，允许有歧义，只想将这些“砖头”、“瓦块”收集起来留做他人后用（2017年出版）。

上述是我们关于这套丛书的基本想法，能否实现，待观后效！由于知识面和水平受限必有不到之处，敬请斧正！

辛　勤

2016年8月于大连

前 言

催化是典型的跨学科综合性交叉科学与技术，这门学科位于基础研究与应用开发的交界处，涉及化学、物理、生物、数学、材料、工程等多个领域。催化作用与绿色化学、可持续发展紧密相关，也是化学工业中最核心的科学技术之一，具有非常广泛的社会经济影响。催化反应是使用催化剂的化学反应，它极大地推动了化学工业乃至人类社会的发展。20 世纪初，铁系催化剂与合成氨技术的发明推动了化肥工业的发展，从而使人类第一次从食不果腹的窘境跨越到免于饥饿的状态；20 世纪中叶，三大合成材料的工业化极大地促进了服装制造业的发展，从而使人类第一次在真正意义上改变了衣不蔽体、缺衣少穿的困境；第二次世界大战以后，快速发展的石油炼制业使得交通、航天等领域飞速发展，这更是将人类社会带入了高速发展的快车道。据统计，催化直接或间接贡献了世界国民生产总值的 20%～30%，在最大宗的 50 种化工产品中有 30 种通过催化反应制备，而在所有化工产品中这一比例高达 85%。化学工业的竞争力是一个国家综合实力的重要体现，而优质、廉价的催化剂则是化学工业竞争力的核心。化学工业是我国的支柱产业之一，也是资源、能源和环境等事关国家可持续发展的关键所在，因此有关催化的研究一直是我国科研工作者的重要研究方向之一。目前，催化无论在基础研究，还是在应用开发或工程应用方面，均是国内化工工业的主流，也是实现化工工业可持续发展的核心技术。而且，催化技术是解决人类未来所面临的能源与化工可持续发展问题的关键技术。从化石燃料的清洁、高效转化，以及生物质类可再生能源的利用，乃至温室气体减排与二氧化碳的高效利用等方面，催化作用均在其中扮演非常重要的角色。此外，催化技术还促进了绿色催化反应技术的发展、化学工业可持续发展能力的提高，以及应对催化反应复杂性能力的进步。

最初，催化是针对其改变化学反应速率而引入的一个动力学概念。但目前这一概念早已不局限于催化反应的研究者，其应用范围已延伸至社会科学领域，成为一个现代社会广泛采用的多意义综合性概念。德国哲学家黑格尔曾说“熟知非真知”，即我们最熟识的事物并不一定是我们所了解的。这句话在某种程度上表达了目前催化研究的状态——尽管目前人类在应用催化方面已经取得了巨大突破并使得现代社会快速发展，但催化研究仍处于黑箱状态而一直未能进入主流科学领域。这是由于在催化理论、分析手段与检测技术的发展瓶颈限制下，目前的催化研究仅仅停留在经验性、描述性状态，可谓“知其然而不知其所以然”。因此，即便对于专业的催化研究者来说，有关催化的真正含义及催化的本质等问题仍无法回答。但这并不影响我们利用催化优化化工生产过程，开发新型高效催化剂，并应用这一核心技术为我们服务。而催化的应用，特别是规模化催化技术的应用，将涉及更加复杂的反应容器、工艺流程等工程问题。这些问题正是本书重点介绍的内容。

催化反应是化学工业、石油炼制工业和石油化学工业的支柱和基础，由于这一过程能够降低反应的能耗、副产物的生成及污染物的排放，目前这一技术在精细化学工业包括专用化学品、药品、农药和除草剂等生产中也越来越重要。

传统化学反应工程的主要内容是“三传一反”。“三传”是指质量传递、热量传递和动量传递；“一反”是指化学反应和化学反应器。而对催化反应工程而言，“一反”则是催化反应和催化反应器，这意味着催化反应工程是化学反应工程的重要组成部分。事实上，催化反应工程在内容上占到化学反应工程的70%以上，甚至达到85%。由于工业上使用的催化剂绝大多数是固体催化剂，在反应体系中至少包含两相——反应物的流体相和催化剂的固相。因此，催化反应工程的内容涉及的几乎都是多相催化反应体系，即多相催化反应工程。

催化反应工程的目标是要设计出耗能最少且反应效益最大的用以进行催化反应的容器，从而节能、减排、降耗，并大幅提升经济效益和环境效益，这在当前的社会环境下具有非常重要的意义。催化反应工程主要包括催化反应动力学、多相催化过程中的传递和催化反应器三部分内容，是化学反应工程中最重要、最核心的部分。

一般情况下，研究者需要根据特定催化反应和催化剂设计催化反应器，而不是要求催化剂和催化反应来适应催化反应器。因此，新型催化剂的研究往往会推动不同类型催化反应器的发展，而详细了解催化反应的特点及催化剂使用的特性是选择和设计相关催化反应器的必要条件。例如，合成氨催化剂的研究和发展带动有不同换热装置的固定床催化反应器的发展和完善；分子筛催化裂化催化剂的研究和发展导致移动床、提升管式流化床催化反应器的开发；雷尼镍催化剂的开发促进浆态床反应器的发展；第三代重整催化剂的发展促使移动床催化反应器的发展等。目前，催化技术经过数十年甚至上百年的研究，已经发展出多种经典催化反应器，以适应多种类型催化反应的需求。

催化反应动力学和催化反应器设计是大部分化学品生产工艺过程的核心。催化反应工程师与其他反应工程师的最大区别就在于前者需要同时精通催化反应动力学和催化反应器设计。能否选择一个操作最安全最有效的催化反应体系是一个化工装置，甚至一个化工企业成功与否的关键。催化反应工程就是利用催化反应动力学和催化反应过程中发生传递过程的特征设计出最能发挥催化反应效能的催化反应器，即以最小的能量消耗获得最高的经济效益。因此，催化反应工程的发展能够促进节能降耗，以及污染物、特别是二氧化碳等温室气体排放量的降低，从而达到环境保护的目的。这也正是当前低碳经济所大力倡导的。

传统上，化学家对催化的研究集中于催化剂的设计与制备、活性与活性相结构与控制、转化频率与选择性、界面反应动力学和潜在毒物等基础研究方面。而化学工程师特别是催化过程工程师主要关心的是如何使反应物与所选用的催化剂的活性位最大限度地有效接触，如何快速提供或移去随反应进行而带来的反应热，如何放大反应器，以及如何能够在大规模的工业装置中重复实验室中得到的催化剂的活性和选择性。从某种意义上来说，催化反应工程作为一种方法学可以定量说明不同规模反应器上的传递现象与催化反应动力学间的相互作用，也可用于不同反应器性能的测量，如生产速率、转化率和选择性，建立定量模型及建立反应器性能和输入、操作条件间的定量联系，正确说明小试研究、中试研究的工作数据以优化生产过程的操作条件。因此，工程师们学习催化反应工程的目的是掌握任何一个化工过程，特别是反应器中质量传递、能量传递、动量传递和催化反应动力学的基本规律，以及它们在催化反应器中的相互作用，以便能够设计出满足催化剂特定要求的、最优（也就是反应物料及能量消耗最少）而有最大产出的催化反应器和相应的化工过程。

催化反应过程在化学工业中有着特别重要和非常特殊的地位，这门学科既具有化学反应工程的一般规律，又具有其特殊性。与化学反应工程类似，催化反应工程的基础也是物料平衡或摩尔平衡、反应速率方程、反应的化学计量式、能量或热量平衡，但是对催化反应工程而言，扩散和接触过程尤为重要。催化反应器的设计正是建立在这些规律及它们之间相互作用的基础上的。

在多相体系的催化加工工艺中，特定催化剂的动力学层次的改进在很大程度上会推动反应器中传输和流动的改进。与催化反应工程相关的催化研究和反应器类型发展已有很长的研发历史，这类改进在石油炼制工业中的作用非常明显，即催化反应工程的微小改进可以在炼油工业中产生很大的经济效益。例如，在石油炼制工业中，油品收率提高一个百分点就可以产生数百亿甚至更大的经济效益。相比之下，在精细化学品生产中，催化反应工程的改进带来的效益则刚刚开始显现。

基于上述背景，本书侧重于催化反应工程的基础内容（上册）和重要的工业催化反应案例（下册），并重点介绍催化反应器设计者所需要的基础知识，如催化反应动力学、固体催化剂中传递过程（质量、能量和动量）的规律和相关的传递参数以及催化反应器设计。具体内容共 15 章，其中催化反应工程基础部分（上册，第 1～6 章）由浙江大学陈诵英教授主笔，工业催化反应案例（下册，第 7～15 章）由国内催化反应工程领域的几位一线顶尖科学家撰写。第 1 章为绪论，第 2 章详细介绍和讨论催化反应动力学方程的建立即非均相催化反应动力学，包括实验室反应器及其选择、催化反应动力学实验、速率数据的分析、催化剂失活动力学等，并配合内容举例说明如何运用理论知识来解决实际问题。第 3 章主要介绍和讨论催化反应过程中传递现象的规律及外扩散和内扩散的基础知识，尤其是多孔催化剂中的扩散反应问题、三相催化反应动力学等，并列举大量的实例来说明相关应用。第 4 章主要介绍和讨论等温催化反应器设计的基本问题，包括设计方程、设计步骤和所需要的参数值的获取方法，并给出实例来说明如何进行等温催化反应器的设计。第 5 章介绍非等温催化反应器设计，包括催化反应器中涉及能量平衡和反应平衡的问题、稳态和非稳态操作下的非等温 CSTR 和管式催化反应物的设计及非理想性的校正等，并举例说明非等温催化反应器设计的思路和步骤。第 6 章介绍重要工业催化反应器，并对气固两相反应器中最广泛使用的固定床反应器和流化床反应器进行较为详细的介绍，而对各种类型的气液固三相催化反应器只做简要的介绍，包括涓流床反应器、填料鼓泡塔反应器、三相流化床反应器、机械搅拌浆态床和鼓泡塔浆态反应器。第 7 章由华东师范大学路勇教授和赵国锋博士主笔，主要介绍结构催化剂与反应器技术，这一技术以整装多孔结构材料为基体，通过黏附、化学键合、空间束缚等方法，实现纳米催化材料的“宏—微—纳”三维（3D）一体化组装而成的整装催化填料，是一种新形式的催化反应器技术。第 8 章由清华大学魏飞教授主笔，概述催化裂化反应机理和催化裂化反应动力学，催化裂化催化剂及其失活与再生方法，并重点介绍以提升管流化反应器和再生器为特征的流态化基本原理和反应—再生系统。第 9 章由中国石化抚顺石油化工研究院方向晨院长和王继锋副总工程师主笔，主要介绍加氢裂化工艺的主要特点和典型反应、加氢裂化工艺和催化剂、加氢裂化反应及其集总动力学模型、加氢裂化反应器、催化反应工程及其工业范例等。第 10 章由中国石油天然气集团公司石油化工研究院加氢首席专家胡长禄、潘晖华高工、张鹏高工、李知春高工等撰写，主要介绍催化重整反应的类型和作用，催化重整反应机理、反应动力学及其集总动力学模型、催化重整催化剂及其烧焦动力学、催化重整工艺和反应器及其操作特点等。第 11 章由中国石油大学刘晨光教授撰写，主要介绍石油馏分加氢处理反应（加氢脱硫反应、加氢脱氮反应、加氢脱金属反应、加氢脱氧反应、加氢饱和反应），包括不同加氢处理反应热力学、动力学、反应历程及其影响因素，加氢处理催化剂设计、制备、预硫化、失活与再生及其催化作用机理，加氢处理工艺、反应器及其典型馏分油加氢处理过程等。第 12 章由中国科学院山西煤炭化学研究所相宏伟、杨勇和李永旺研究员撰写，主要系统地介绍煤炭间接液化的基础研究和工业化，并从催化的角度系统地梳理了费托合成反应机理、反应动力学及其高温浆态床费托合成工艺，介绍费托合成反应铁基催化剂的结构设计与制备、反应器设计与控制、工艺系统集成等，最后以成功的工业案例为线索介绍煤炭间接液化的未来产业化发展趋势。第 13 章由中国科学院大连化学物理研究所刘中民院士和叶茂研究员撰写，主要从 SAPO-34 分子筛和甲醇制烯烃（MTO）催化剂设计与制备入手，引入流化床微球状催化剂的放大制备技术，并介绍 MTO 反应网络、反应热力学与反应动力学特性和集总反应动力学规律，进而引入 MTO 工艺及其反应器设计，最后介绍以煤或天然气替代石油作原料生产乙烯和丙烯的 DMTO 技术及其工艺。第 14 章由四川大学陈耀强教授主笔，主要介绍机动车尾气污染物的种类与危害及相关的控制法规与净化对策，机动车尾气催化剂的基本组成、结构特性等；然后重点介绍汽油车与摩托车尾气净化催化剂（器）技术、压缩天然气汽车尾气净化催化剂（器）技术、柴油车尾气净化催化剂（器）技术，最后对不同工况下的机动车尾气净化催化剂的评价与匹配进行了系统分析。第 15 章由中国石化石油化工科学研究院宗保宁副总工程师撰写，主要分析己内酰胺的现有工业生产技术的现状及其问题，并介绍石油化工科学研究院历经 20 多年开发成功的己内酰胺绿色生产技术，其中包括钛硅分子筛与浆态床反应器集成用于环己酮氨肟化制备环己酮肟，纯硅分子筛与移动床反应器集成用于环己酮肟重排制备己内酰胺，以及采用非晶态 Ni 与磁稳定床集成用于己内酰胺精制，最终形成具有自主知识产权的己内酰胺绿色工业生产新技术。为了有利于主讲教师对章节内容的梳理把握和读者对内容的理解贯通，相关作者在本书中均通过引入实例来形象地描述有关内容，并给出一些必要的数学计算方法，以提升其理解的深度。

在本书的编写过程中，各位赐稿专家在非常繁忙的教学、科研和管理任务下，严谨认真，一丝不苟，以科学家的严谨和教育家的耐心，奉献了如此系统、深刻的内容，他们的从业风格和对工作的执著，特别是对科学的献身精神，浸润于本书的每一章节、每一段落和每一个文字。在此向他们表示深深的感谢及敬意！同时，非常感谢阎子峰团队全体成员，特别是博士生们，为了书稿的付梓所做出的编校、梳理及大量图表数据的确认和重新绘制等工作。其中，第 1、2、15 章由王子负责，第 3 章由刘毓翔负责，第 4、5 章由孙书桩负责，第 6、13 章由李学进负责，第 7 章由吴小中负责，第 8 章由彭鹏负责，第 9 章由张震负责，第 10 章由蔡同辉负责，第 11 章由田钰鹏负责，第 12 章由张誉负责，第 14 章由吕玉超负责。在此期间，中国石油大学重质油国家重点实验室、能源催化材料国际联合实验室和化学工程学院为本书的筹备出版提供了全方位的支持。在这里，特别感谢辛勤老先生，正是辛老的不断鞭策、鼓励和协调，才使得本书能够在不到一年的时间内编写完成并出版。也很荣幸，本书能够纳入辛老主编的催化系列著作中。在此向辛老的真诚付出、全力协调和鼎力提携表示真诚的感谢！同时，也非常感谢科学出版社的李明楠编辑，其严谨的学术态度、一丝不苟的工作作风和周到的服务，确保了本书的顺利出版。

本书是我国催化反应工程领域的第一套专著，主要面向大专院校、科研院所的师生，也适用于作为高年级本科教材、研究生教材和主要参考书，也适合工业催化剂开发与应用的研发和生产一线的技术人员阅读参考。“雄关漫道真如铁，而今迈步从头越。”尽管在编写过程中，编写专家已经不厌其烦地进行了多次的编校与审核，但由于编写者的学术水平和文字能力有限，加之写作时间的限制，书中不妥之处在所难免，恳请有关专家和读者不吝指正。希望这些不当之处在重印或再版时予以纠正！

2017 年 8 月于中国石油大学青岛校区荟萃苑

目　录

第 7 章　结构催化剂与反应器：新结构、新策略和新进展

催化技术是现代化学工业和环境污染处理的核心。催化直接或间接地贡献了世界 GDP 的 20%～30%，有 85%化工产品的生产是以催化为基础的。催化反应是一个表/界面过程，但在反应器宏观尺度下往往受限于催化剂床层内的流动与热/质传递过程的制约，不仅会导致反应过程效率降低，而且对催化剂活性和选择性，甚至催化剂稳定性产生负面影响。结构催化剂与反应器技术（structured catalysts and reactors，SCRs）已被广泛证实能显著优化固体催化剂床层的流体力学行为和提高催化剂床层内部的热/质传递性能。因而在多相催化领域的研究受到越来越多的关注，成为当前催化与化工交叉领域的热点和国际前沿。

SCRs 技术的应用淡化了传统概念上催化剂和固定床反应器间的界限，相对于传统固定床的随机填充而言，结构化避免了沟流、颗粒团聚等问题，可视为填充床的一种强化形式。SCRs 的优势在于能对其大小和形状等细节及催化剂周围环境进行精准设计，在调控扩散距离和空隙率等方面表现出高度灵活性。该技术能将传统反应器中彼此耦合的因素（如反应动力学、流体力学和传质/传热）解耦合，因而可在一定程度上对各因素进行单独优化或调控，进而显著提升反应过程的效率。具体来讲，SCRs 是以整装多孔结构材料为基体，通过黏附、化学键合、空间束缚等方法，实现纳米催化材料的“宏-微-纳”三维（3D）一体化组装而成的整装催化填料。SCRs 技术的应用希望能在反应器全尺度下优化流场结构、强化反应过程热/质传递，进而降低压力降，提高催化剂的利用效率，提升稳态反应速率和选择性，减缓失活。

2008 年 11 月，美国化学工程师学会（American Institute of Chemical Engineers，AIChE）成立 100 周年纪念活动发起了预测未来 25 年化工领域最具影响的八大技术问卷调查，排名榜首的是“高效过程设备”（more energy-efficient process equipment）。当年，荷兰还发起了“过程强化行动计划”，旨在加速过程强化技术的应用，并绘制了“欧洲过程强化路线图”，其中，SCRs 技术的发展和应用被列为优先方向之一。2016 年 7 月，欧洲催化研究集群发布了“欧洲催化科学与技术路线图”，也将包括微反应器、即插即用式设计等集成型多催化剂/多反应器体系列为优先发展方向，以应对催化复杂性带来的挑战。编织整体填料（knitted packings）和波纹型

开放/闭合错流填料（corrugated open/closed crossflow packings）被广泛用于蒸馏塔，显著提高了分离效率；也有尝试将催化剂细粒子置于波纹型闭合错流填料侧斗用以强化热/质传递。以热/质传递受限的费托合成为例，与基准反应器相比时空收率提高 25%，按催化剂计的时空收率提高可达 60%以上。不过，目前的研究和应用还主要限于涂层技术的规则二维（2D）空隙蜂窝陶瓷（cordierite honeycomb）和微通道（microchannel）整装催化反应器。蜂窝陶瓷反应器能很好地平衡催化剂利用效率与压力降之间的矛盾，已普遍用于汽车尾气催化净化、烟气脱硝和催化燃烧，乃至蒽醌加氢等过程中，同时在其他催化过程中的应用也在广泛探索中。微通道反应器也在费托合成、气相丙烯双氧水环氧化等过程中实现了应用示范。有关规整 2D 空隙结构的微反应器已有众多论述和专著发表。

近年来，整装泡沫（foam）和纤维（fiber）等一些新结构填料形式也不断出现并受到广泛关注。要强调的是，具有 3D 非规则空隙结构的 foam/fiber 基体，不仅导热性好、面体比更大，而且在消除径向扩散限制、强化涡流混合传质、规模化制备等方面显示出规则 2D 空隙微通道难以企及的优势，为如 C1 能源化工等众多反应过程中存在的强烈热/质传递限制等问题的解决及为满足环境催化（VOCs 催化燃烧、O_3 分解等）和“模块”化工厂等对高通量、低压降等的特殊要求提供了新的技术途径，但高效的 foam/fiber 基体 3D 骨架表面催化功能化新策略和新方法还面临挑战。虽然通过涂层技术，可以在现有结构填料上涂敷几到数十微米厚的催化剂层，但催化剂承载量有限（一般小于 20%），而且这一技术成本高、实施难度大，特别对于金属基 3D 非规则空隙结构的 foam/fiber 基体而言，还存在催化剂涂层与金属基体热膨胀系数的差异易导致涂层龟裂剥落，以及基体骨架的不规则棱角造成的应力效应导致涂层均一性差和涂层易开裂等诸多难以克服的问题。

近来，基于金属 foam/fiber 基体的“非涂层”原位催化功能化整装结构催化剂制备取得重要进展。发展形成了湿式化学刻蚀、原电池反应置换、分子筛原位生长、介孔 Al_2O_3 同源衍生和偶联剂辅助自组装等整装结构催化功能化新方法和新技术，突破了“涂层技术”通适性差的局限性，将整装结构催化剂和反应器从规则 2D 空隙蜂窝和微通道结构拓展到非规则 3D 空隙金属 foam/fiber 等新结构，形成了特色鲜明的反应器（top，流动与传递）-催化剂（down，表界面反应）高效耦合一体化设计新策略，实现了反应器（top）内流动和热/质传递与表界面（down）催化反应的协同耦合，如图 7-0-1 所示。foam/fiber 新结构催化剂可将大空隙率、小尺度（颗粒）、多孔结构、大比表面积、良好的导热性和渗透性及独特的形状因子等有利于改善反应/吸附床层传质/传热和几何构型灵活设计的诸多要素一体化。其在煤/生物质基合成天然气、甲醇制丙烯、草酸二甲酯加氢制乙二醇、VOCs/CH_4 催化燃烧、气相醇选择氧化、甲烷重整制合成气、催化精馏等多个过程的应用中得到了有力验证。

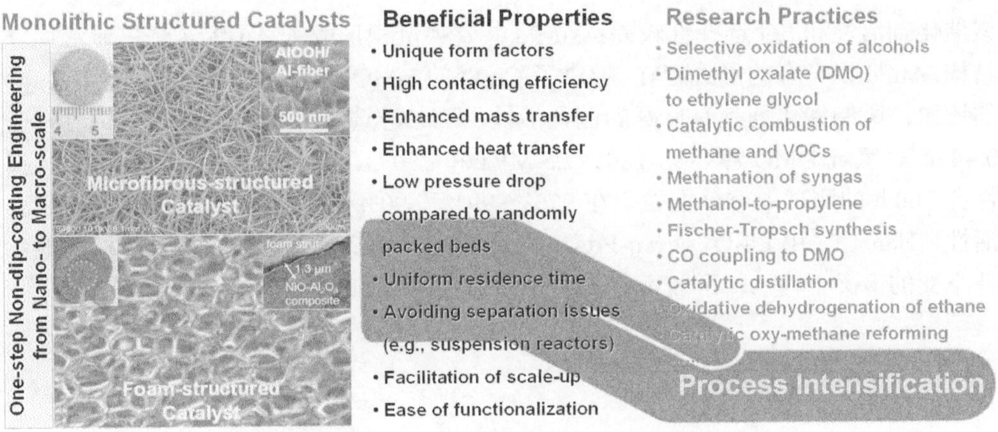

图 7-0-1　foam/fiber 结构催化剂及其多相催化应用

7.1　基于原电池置换反应的 foam/fiber 结构催化功能化及其应用探索

高电极电势金属阳离子和低电极电势金属单质之间的原电池置换反应是最基本的化学反应之一。借助该反应可实现贵金属纳米颗粒一步原位锚定于 foam/fiber 结构表面。以整装烧结 Ni 纤维结构化 Au 纳米颗粒催化剂 Au/Ni-fiber 制备为例，将 Ni 纤维浸渍于 $HAuCl_4$ 溶液中，由于 Ni^0/Ni^{2+}（–0.23 V）和 Au^0/Au^{3+}（1.69 V）之间存在较大电势差，Ni 纤维和 $HAuCl_4$ 发生原电池置换反应，最终 Au 纳米颗粒牢固地锚定于 Ni 纤维表面。通过对 Ni 纤维进行前处理或调节制备条件，如反应温度、$HAuCl_4$ 浓度等，可实现 Au 纳米颗粒尺寸的调节（从 8～12 nm 至 25～30 nm）。

7.1.1　草酸二甲酯加氢制乙二醇

煤制乙二醇是煤化工的热点之一，其中，草酸二甲酯（DMO）加氢制乙二醇（EG）技术相对不够成熟。创制高效、稳定的非传统氧化物负载型 DMO 加氢催化剂，解决现有 Cu/SiO_2 催化剂 SiO_2 流失问题及提升乙二醇品质，是一个兼具学术和应用价值的富有挑战性的课题。

Zhang 等开展了烧结 Cu-fiber 结构化 Pd、Au 和 Au-Pd 催化剂的原电池反应置换沉积制备及其催化 DMO 加氢制 EG 性能的研究。结果表明：Pd、Au 离子可被 Cu 纤维高效还原置换且均匀分散于纤维表面；Pd 能够有效活化 H_2，但会促进 Cu_2O 还原，对稳定性不利；Au 能够有效抑制 Cu_2O 的还原，对催化剂稳定性有利，但该催化剂活性和 EG 选择性较差；Au-Pd 共置换沉积形成了 Au-Pd-Cu^+三元活性位结构，AuPd 以合金的形式存在，促进了 Cu_2O 的 DMO 加氢活性，同时抑制了 Cu_2O 的还原，所制催化剂具有良好的催化活性、乙二醇选择性和稳定性。在重时空速 0.44 h^{-1}、氢气/DMO 摩尔比 180、2.5 MPa 和 270℃下，DMO 转化率和 EG 选择性在 200 h 的测试中可分别稳定在 97%～99%和 90%～93%。为提高催化剂的低温活性，Han 等采用 La_2O_3 对 Au-Pd/Cu-fiber 进行了后改性，在 230℃、保持其他条件不变的情况下，乙二醇收率提高至 93%，且连续测试 500 h 未见失活迹象。

7.1.2 煤层甲烷脱氧

非常规的煤层气资源的高效利用十分重要。煤层气除含有 20%～80%的甲烷之外，还含有 4%～20%的氧气，通过变压吸附将其净化提质为管道天然气正受到越来越多的关注。但氧气需预脱除以消除净化提浓时进入爆炸极限带来的安全隐患。甲烷催化燃烧是一种高效、经济、可靠的煤层甲烷（CBM）脱氧技术。然而，低温高活性、高通量低压降、抗强热冲击和使用寿命长及适于模块化制备的新型高效甲烷催化燃烧催化剂的研发，仍然面临挑战性。Zhang 等借助原电池置换沉积 Pd 和原位反应活化的方法制备了 PdNi（alloy）/Ni-foam 催化剂，对高通量甲烷贫氧催化燃烧反应不仅低温活性高、选择性高（无 CO 生成，避免了二次污染），而且消除了传统纯 Pd 催化剂惯有的反应振荡现象。此外，催化剂具有良好的导热性，能快速移热消除热点，可极大地缓解 Pd-Ni 烧结和甲烷热解生碳，提高了催化剂的稳定性，在 500 h 的稳定性测试中未观察到失活迹象。密度泛函理论（DFT）计算和动力学研究表明，Pd-Ni 合金化改善了表面 Pd 原子的电子结构，PdNi（111）上的 O^*更活泼，有利于 CH_4 活化，使 O_2-吸附/活化和 CH_4-活化/氧化两步过程实现瞬态平衡，因此消除振荡；Pd-Ni 合金化降低了脱氧反应的活化能且明显提高了 O_2 的反应级数（为负数）。

7.1.3 气相醇选择氧化

醛和酮是广泛用于制药、香料和食品等行业的重要化工原料。传统的醛酮制备方式需要耗用大量昂贵有毒的重金属氧化剂，亟须向“高效、绿色”的生产方式转变。气相“醇-分子氧”选择性催化氧化是生产高品质醛酮的绿色合成方式，然而该反应的强放热易导致催化剂床层形成“局部热点”甚至造成反应器飞温。因此，研制和采用集优异低温催化活性和强化热/质传递于一体的结构催化剂，是一条有效的解决途径。

Shen 等制备了“分子筛膜/铜网”复合载体结构化纳米银催化剂，显示较好的醇分子氧选择氧化催化性能。Zhao 等研制了一系列烧结 Ni-/Cu-fiber 结构化纳米 Ag、Au 催化剂并用于苯甲醇等的分子氧气相选择氧化制醛酮反应过程。借助 $AuCl_4^-$ 和 Cu-fiber 的原电池置换反应制备的 Au/Cu-fiber 催化剂，在重时空速 20 h^{-1} 和 230℃下，苯甲醇转化率和苯甲醛选择性分别可达 85%～90%和 99%～100%。借助 $AuCl_4^-$ 和 Ni-fiber 的原电池置换反应制备的 Au/Ni-fiber 催化剂，在 20 h^{-1} 和 250℃下，苯甲醇转化率和苯甲醛选择性分别可达 93%～95%和 99%～100%，且单程寿命可达 240 h 并可进行多次再生；在反应过程中形成的枣糕式“Au@NiO”纳米复合结构产生的大量“Au^+-Ni_2O_3”复合活性位，大大提高了活化 O_2 和氧化醇分子脱氢的能力，这是赋予 Au/Ni-fiber 催化剂优异低温活性和选择性的本质所在。

7.2　foam/fiber 结构的湿式化学刻蚀催化功能化及其应用探索

自发原电池置换反应沉积技术可实现贵金属纳米催化剂在 Ni(Cu, Al)-foam/fiber 上的高效负载，得到结构化贵金属催化剂，然而对于低电极电势金属（如 Ni、Fe、Cu、Co 等）纳米颗粒的沉积却难以奏效。但是，如果能合理利用 foam/fiber 金属材质自身的化学活性，采用化学刻蚀的方法，也能制得高性能整装结构非贵金属纳米催化剂。例如，将 Ni-foam 置于组成为 $C_{12}H_{25}OSO_3Na$、CH_3COOH、$Al(NO_3)_3$ 和 $Ce(NO_3)_4$ 的化学液中，在一定温度下刻蚀一段时间后，经水洗、干燥、焙烧，即可制得 Ni-CeO_2-Al_2O_3/Ni-foam 催化剂。

7.2.1　合成天然气

合成气甲烷化是实现煤炭清洁利用和生物质能源化利用的高效途径。鉴于该过程的强放热效应和高通量、低压降等操作要求，实现高效催化与强化热/质传递的统一，解决现有氧化物负载型催化剂采用尾气循环或水蒸气稀释移热的高耗、低效问题，是一个兼具学术和应用价值的课题。Li 等以金属泡沫（镍、铜、白铜）为基体，发展形成了一步湿法化学刻蚀的金属泡沫“非涂层”原位催化功能化新方法，创制了热/质传递效率高、催化性能好的金属 foam 结构化 Ni 基合成天然气（SNG）催化剂，并实现了立方米级的催化剂工业试制（图 7-2-1）。其中，Ni-CeO_2-Al_2O_3/Ni-foam 催化剂具有宽的原料气组成适应性和良好的抗积炭/抗烧结性能及一定的抗硫中毒能力，为发展无循环、高通量、快速移热结构化 SNG 催化反应器工艺提供了核心技术。在 10 mL 催化剂装量下，CO 甲烷化 1500 h 及 CO_2 甲烷化 1200 h 稳定性测试及 CFD 模拟计算结果表明，该催化剂实现了高活性、高选择性、优异稳定性和良好导热性的统一。

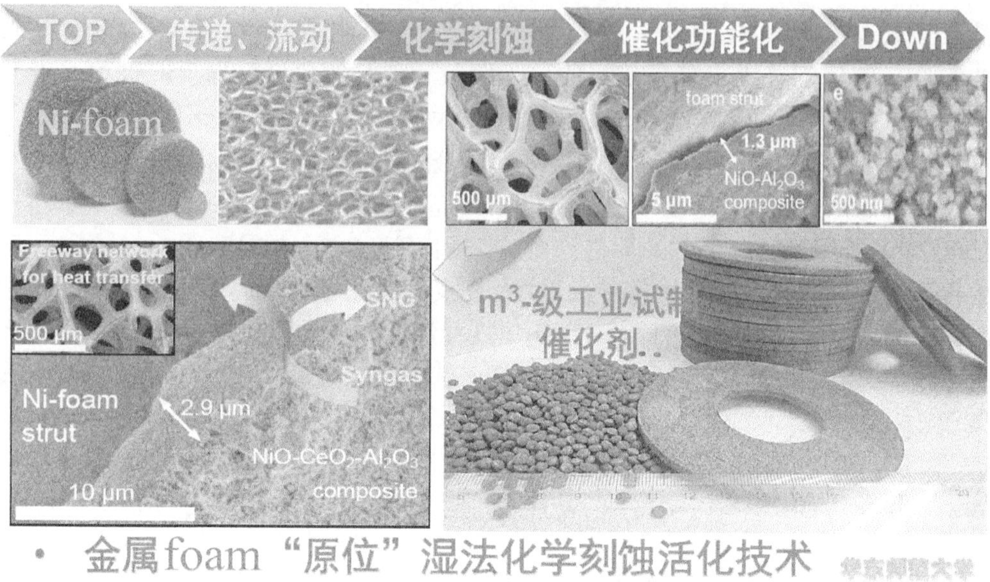

图 7-2-1　金属 Ni-foam 结构化 Ni 基合成气甲烷化催化剂的湿法化学刻蚀制备

7.2.2　高通量甲烷部分氧化制合成气

高通量甲烷部分氧化制合成气（COMR）工艺较甲烷水蒸气重整技术具有能耗低、反应器体积小、H_2/CO 接近 2.0（可直接用于甲醇合成等后续过程）等优点，且廉价的镍基催化剂对该反应具有很好的催化性能，但是氧化物负载型颗粒催化剂的低导热性和高通量操作导致的固定床反应器高压降的问题还有待解决。Chai 等通过改性的湿式化学刻蚀法制备了整装 Ni-Al_2O_3/Ni-foam 催化剂，在高通量条件下具有与负载型颗粒催化剂相当的 COMR 催化活性和选择性。在 700℃、100 L/(g·h)、CH_4/O_2（体积比）=2 条件下，CH_4 转化率、H_2 和 CO 选择性分别达 86.7%、96.0%和 92.5%；但催化剂抗积炭稳定性还有待提高。

7.3　fiber 结构上原位晶化生长 MFI 分子筛及其应用探索

7.3.1　甲醇制丙烯

乙烯和丙烯是现代化工的重要基础原料，实现其传统石油裂解生产向煤/天然气/生物质可持续生产转变极具意义。其中，以煤/天然气/生物质为原料制甲醇，然后经由甲醇制丙烯（MTP）工艺制丙烯受到极大关注。

尽管基于 ZSM-5 分子筛催化剂的 Lurgi 固定床 MTP 工艺技术已商业化运行，

科学家们仍在 ZSM-5 分子筛催化 MTP 过程的研究方面倾注极大的工作热情，以期进一步提高低碳烯烃特别是丙烯选择性和催化剂稳定性。目前，研究工作主要集中在 ZSM-5 分子筛的改性修饰，重点在于酸强度、酸种类和酸密度的调变，分子筛晶粒大小和形貌的控制，以及多级孔结构的设计。尽管有些基础研究结果展现了很好的丙烯选择性提升效果，但其用于催化剂在固定床反应器中的实际应用仍然面临着巨大的挑战，主要表现在传质传热限制、高压降、无规则流动及黏结剂的使用对催化剂选择性和活性带来的不利影响等。

Lu 等以烧结金属纤维［如 8～50 μm 直径的不锈钢（SS-fiber）、铝（Al-fiber）等纤维］网络结构为基底，通过水热晶化等方法，一步实现了 ZSM-5 分子筛的宏（反应器尺度）-微（催化剂介尺度）-纳（晶内孔）结构化设计，合成了整装 ZSM-5/SS-fiber 催化剂，大幅提高了 MTP 反应过程稳定性和丙烯选择性。结构化强化了传质，使酸性位利用效率提高了 5 倍；结构化窄化了流体停留时间分布，利于串行反应中间产物丙烯的生成；结构化促进了烯烃循环路径的同时明显抑制了芳烃循环路径，减缓了催化剂的积炭失活速率。此外，二级介孔网络可以缩短传质路径，抑制积炭，进而提高 ZSM-5 的催化稳定性。在合成 ZSM-5/SS-fiber 的基础上，添加焦糖为绿色介孔模板，一步合成了具有晶内多级孔道的 ZSM-5 分子筛壳层的整装 meso-HZSM-5/SS-fiber 结构催化剂。在近工业条件（大于 90%甲醇转化率，64wt%（质量分数）的甲醇水溶液为原料，甲醇重时空速 0.65 h^{-1}）下，100 mL 催化剂装量时单程寿命已达 25 天，初始丙烯选择性可达 40%（稳定期可达 55%），且可多次再生，具有工业应用前景。

7.3.2　催化精馏

乙酸乙酯是一种重要的化工原料和有机溶剂。以浓硫酸为催化剂制备乙酸乙酯的传统制法副反应多、污染严重。HZSM-5 分子筛具有较好的酸强度，优异的化学稳定性及可调控的多级孔道结构，在催化酯化反应中具有高活性、易分离等优点。此外，酯化反应的强放热效应、反应物和产物形成三元共沸物等问题大大增加了工艺成本和分离提纯的难度。为了强化热/质传递、实现乙酸乙酯的高效催化与分离，邓涛等以整装 SS-fiber（直径 20 μm）作为载体，通过水热合成法制得 HZSM-5/SS-fiber 分子筛结构催化剂［SiO_2/Al_2O_3（质量比）为 50、总酸量为 0.9 mmol/g］，用于乙酸-乙醇催化精馏酯化实现了“催化-精馏”的高效一体化耦合。在重时空速 0.5 h^{-1}、进料酸/醇（摩尔比）为 2.2/1、加热温度 240℃、回流比 1.5 时，乙酸乙酯实际收率可达 91.0%，塔顶精馏产物的乙酸乙酯纯度为 89.8%。精馏得到的粗酯产品只需简单水洗即可得到高纯乙酸乙酯（＞99.9%）。经过 200 h 连续催化精馏反应的催化剂仍保持原有的“宏-微-纳”结构和酸中心数量。

7.4　Al-fiber 结构的水蒸气氧化功能化及其应用探索

氧化铝是一种优异的催化剂或催化剂载体，在能源化工、环境保护等领域的应用十分广泛。研制氧化铝整装结构功能材料，为其在众多能源化工反应过程应用中存在的传质/传热限制等问题的解决，以及为满足环境催化（VOCs 催化燃烧）和“模块”化工厂等对高通量、低压降等的特殊要求，提供了新的技术途径。基于金属铝-水蒸气在温和条件下的氧化还原反应（$2Al+4H_2O = 2AlOOH+3H_2$），Wang 等制备了拟薄水铝石纳米片在整装 Al-fiber（直径 60 μm）基体上内源生长并自组装形成类蜂窝结构的 ns-AlOOH/Al-fiber 整装材料，再经高温焙烧转晶可得 γ-Al_2O_3/Al-fiber 整装材料，实现了三维开放网络的宏观特征和大比表面积、强黏附性的微观特性及优良的传质/传热性能的一体化集成。要强调的是，金属铝基体的形态还可以是泡沫、丝网和微通道。

7.4.1　合成气制 DMO

CO 常压气相偶联合成 DMO 是煤制 EG 等大宗化学品的重要反应过程，但是工业催化剂 Pd/α-Al_2O_3 存在 Pd 含量高（2wt%）、导热性差和压降大等问题。整装结构催化剂作为一种新型催化剂技术，能显著强化热/质传递、优化床层内的流体力学行为和提高活性组分利用率，但传统涂层技术涂层容易剥落，导致催化剂活性和稳定性较差。Wang 等以 ns-AlOOH/Al-fiber 材料为载体，采用初湿浸渍法制备了整装 Pd/ns-AlOOH/Al-fiber（0.25wt%）结构催化剂，对 CO 与亚硝酸甲酯（MN）偶联合成 DMO 具有优异的催化活性和选择性：在气时空速 3000 L/(kg·h)、150℃和 MN/CO/N_2 摩尔比为 1/1.4/7 下，MN 完全转化，CO 转化率可达 68%，DMO 选择性为 96%，并在 200 h 的测试中未显失活迹象。相同条件下，Pd/α-Al_2O_3 颗粒催化剂的 CO 转化率为 55%，DMO 选择性为 92%。需要指出的是，增加气时空速达 20 000 L/(kg·h)时，结构催化剂的 CO 转化率仍可达 60%，DMO 选择性为 95%，显示出优异的高通量催化反应性能。研究发现，结构催化剂的羟基-钯协同作用提高了活性物种桥式 CO 的吸附，进而对 CO 偶联合成 DMO 具有高的催化性能。

7.4.2　费托合成制低碳烯烃

合成气直接合成低碳烯烃（$C_2^=$～$C_4^=$）是替代石油基生产路线的可行途径。氧化物负载型 Fe 基催化剂是当前国内外的研究热点，但是其低导热性和黏结成型致使大颗粒催化剂在实际应用中经受强烈的热/质传递限制。Han 等通过焙烧处理 ns-AlOOH/Al-fiber 制备了整装 γ-Al_2O_3/Al-fiber 载体，并通过浸渍法负载 FeMnK 制得了 FeMnK/meso-Al_2O_3/Al-fiber 结构催化剂。在 350℃、4 MPa、H_2/CO=2/1、10 000 mL/(g·h)下，CO 转化率高达 90.0%，低碳烯烃选择性可达 40wt%，产物低碳烯烃/低碳烷烃摩尔比为 4.6。薄层介孔壳层催化剂可以强化传质而消除内扩散限制，使催化剂在高空速/高压力下实现 CO 的高转化率并维持较高的选择性；Al-fiber 的高导热性可以迅速移热，利于实现床层等温操作。

7.5　Ni-foam 结构的水热处理功能化及其 deNO$_x$ 催化性能

氮氧化物（NO$_x$）是引发光化学烟雾、酸雨和臭氧空洞等诸多环境问题的主要污染物。氨气选择性催化还原法（NH_3-SCR）是脱除 NO$_x$ 的有效途径，所用催化剂主要以钒氧化物为活性组分，但是该组分存在催化温度窗口过窄，低温催化活性较低、钒物种具有生物毒性等问题。此外，研究表明：通过对催化剂的整体结构设计与组分调控，能够进一步提升催化剂的催化性能。基于此，Zhang 等设计合成了一种具有三维多级孔结构的整装脱硝催化剂：通过简单的水热-煅烧法，在 Ni-foam 表面原位负载一层多孔 Ni-Mn 复合氧化物纳米片（图 7-5-1）。在 245～360℃范围内，该催化剂在 16 h 内可实现大于 80%的 NO 转化率，表现出良好的 NO 脱除能力、催化稳定性及抗水汽中毒能力。这些优良的催化性能源于催化剂表面独特的三维多级孔结构所提供的丰富活性氧物种，表面还原能力与活性组分间的协同效应。Ni-Mn 氧化物在 Ni 泡沫表面的原位生长能够为其提供良好的结合力，使其在长时间催化反应中的催化活性保持稳定。此外，开放的 3D 大空隙网络结构则满足了该过程对高通量、低压降的要求。

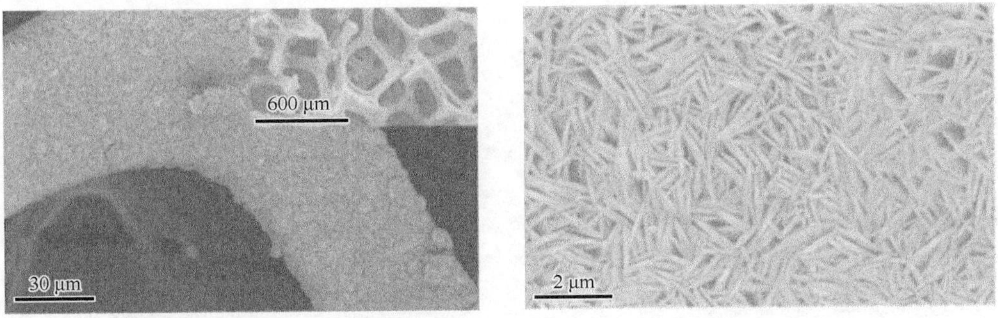

图 7-5-1　水热合成的整装 NiO-MnO$_x$/Ni-foam 催化剂的宏-微-纳结构

7.6　偶联剂辅助的NPs@Oxides纳米核-壳催化剂的整装结构化及其应用

提高纳米催化剂的抗烧结能力一直是催化科技人员致力研究的重要课题。核-壳结构催化剂能显著提高纳米颗粒的抗烧结性能，大大提高催化剂的使用寿命。然而，核-壳结构催化剂复杂的制备步骤、大规模合成方法的缺乏及其粉末形态等不利因素，极大地制约了其规模化应用。

Zhang等采用水蒸气氧化同源生长技术制备了具有薄层大面积、良好热/质传递性质的ns-AlOOH/Al-fiber整装结构复合载体，用氨丙基三乙氧基硅烷（APTES）络合的Pd^{2+}溶液浸渍后，经烘干、焙烧实现$Pd@SiO_2$核-壳纳米催化剂在meso-Al_2O_3孔道表面的锚定载持（图7-6-1）。所制结构催化剂具有Pd负载量低（约0.3wt%）、导热性好、压降小、几何构型设计灵活等诸多优点，在低浓度甲烷和VOCs催化燃烧中体现出活性高、起燃温度低和稳定性良好的优点。以甲烷-空气［1vol%（体积分数）CH_4］混合气为原料，该催化剂在高空速下可稳定运行至少1000 h而未表现出明显的失活迹象。

通过调变核（如NiO、Cu、Ag、Pt和Au等）和壳（TiO_2和ZrO_2）的种类（图7-6-1），可拓展合成多种整装结构核-壳催化剂。例如，采用Ti试剂为偶联剂、

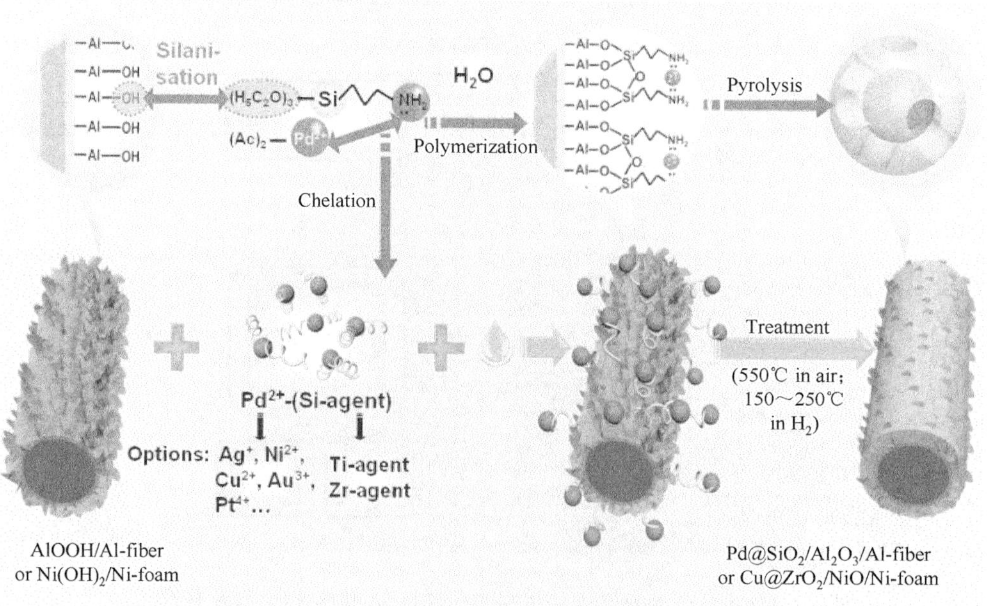

图7-6-1　偶联剂辅助的NPs@Oxides核-壳结构一步“宏-微-纳”一体化组装示意图

Ni 盐为纳米颗粒前驱体制备了 $NiO@TiO_2/Al_2O_3$/Al-fiber 催化剂，用于乙烷氧化脱氢制乙烯这一高温/强放热反应，在 450℃下，乙烷转化率和乙烯选择性分别为 30%和 70%，并稳定反应 13 h 不失活；而细颗粒 NiO/TiO_2 催化剂在同等条件下，初始转化率和选择性分别为 30%和 50%，且转化率在 6 h 内快速降至 15%。此外，采用 Zr 试剂为偶联剂、Cu 盐为纳米颗粒前驱体及 $Ni(OH)_2$/Ni-foam 为载体制备了 $Cu@ZrO_2/NiO$/Ni-foam 整装催化剂，用于 DMO 加氢制乙醇酸甲酯（MG），在 230℃下，该催化剂可平稳运行 110 h 而未显示任何失活迹象，DMO 转化率达 100%，MG 选择性达 80%；而细颗粒 Cu/ZrO_2 催化剂在 40 h 内，DMO 转化率即由 50%快速降至 30%。显而易见，基于可控的化学反应，将不同结构单元一步“宏-微-纳”一体化组装，是实现核-壳结构催化剂工程化的有效途径。

7.7 烧结 fiber 包结细颗粒催化剂及其应用

烧结 fiber 包结细颗粒技术可高负载量地包结微米尺寸的催化剂/吸附剂，制成薄层（厚度在 0.2 μm 至数毫米）大面积和/或褶皱结构，以完全不同于颗粒填充床、微通道和蜂窝陶瓷等方式，来调变催化剂对反应物的接触效率和床层压力降。这种 fiber 结构化的催化-吸附床层综合了固定床结构简单和流化床热/质传递良好的优点。微米尺寸催化剂-吸附剂的应用可极大地消除大颗粒填充床所受到的内扩散及颗粒内部传热的限制；另外，微米尺度颗粒催化剂的使用较大程度地提高了内扩散效率因子，使催化剂-吸附剂尽可能发挥本征反应特性，也可减少放大效应。烧结 3D 网状结构将微米尺寸催化剂/吸附剂，像流化床或淤浆床那样悬浮在反应介质中，但不存在返混，不受径向扩散限制。事实上，大空隙率、大面积-体积比、开放结构和良好的热/质传递是提高反应器稳态体积反应速率的关键要素。

7.7.1 制氢与纯化

小型制氢系统的研制是 H_2-O_2 质子交换膜燃料电池（PEMFC）应用研究领域的重要课题之一。制氢系统要求高度集成、瞬态可操作、小型化、高效和产生的氢燃料杂质含量低。采用整装结构催化反应器技术来强化制氢后续纯化过程是发展小型制氢系统的有效途径之一。

1. 氨分解制氢

氨气是一种清洁的高能量密度氢载体，其分解过程简单，无需引入氧气和水，不产生燃料电池毒物 CO，因而作为小型燃料电池氢源而广受关注。Lu 等研制了含约 3% 8 μm Ni-fiber 和 35% Ni-CeO_2/Al_2O_3（100～200 μm）催化剂的包结结构催化剂，其空隙率达 62%，比表面积为 69 m^2/g，相当于面积-体积比 45 m^2/cm^3。将之用于氨分解制氢，与大颗粒（2 mm）Ni-CeO_2/Al_2O_3 相比，在 90%转化率的条件下，反应温度低 100℃，床层体积和质量分别降低 4 倍和 5 倍。在 0.5 mL 床层体积和 145 mL/min NH_3 流速条件下，纤维包结 Ni-CeO_2/Al_2O_3 的结构催化剂 NH_3 转化率在 600℃和 650℃分别可达 99%和 99.999%，但在 Ni-CeO_2/Al_2O_3 上 NH_3 转化率分别仅有 35%和 67%。

在此基础上，Wang 等设计了内置电加热源的管式微反应器。该反应器总体积 50 cm^3、总重 195 g。在 600℃、氨气进料流速 1100 mL/min 条件下，在 300 h 的测试过程中，NH_3 转化率一直在 99.9%以上，产氢速率为 1650 mL/min，相当于 158 W 的 PEMFC 的等值功率。该反应器的功率密度可达 3160 kW/L，基于 3 kg 负载、14 天工作任务和 85 W 电加热功率消耗，估算的能量密度可达 2150 W·h/kg；300 h 内，采用酸化碳纤维布吸附剂，可将尾气中残留 NH_3 含量从 0.05%降至 0.0001%以下，可满足 PEMFC 的要求。需要强调的是，该氨分解反应器在反应条件下的床层压力降仅为相应颗粒填充床的约 1/5，而且纤维包结结构催化剂在长时间测试后仍保持如初。

2. 甲醇蒸气重整制氢

甲醇不含硫、氮且 H/C 比高，也是一种清洁的高能量密度氢载体。甲醇可在较低温度下通过蒸气重整反应“释出” H_2，且纯化步骤少，是一个理想的小型燃料电池氢源反应。高通量甲醇蒸气重整及高效 CO 选择氧化反应器的研制是富有挑战性的课题。

Ling 等研制了纤维包结 Pd-ZnO/Al_2O_3 的甲醇蒸气重整制氢复合催化剂，其中，8 μm Ni-fiber 和 100～250 μm Pd-ZnO/Al_2O_3 所占比例分别为 3.5%和 38%。Pd-ZnO/Al_2O_3 的优化配方为：Pd 负载量 3%～5%，Pd/Zn 原子比 1/10～1/5。在内径 1.6 cm 的微反中评价结果表明，在 300℃、重时空速 10 h^{-1} 的条件下、进料的甲醇/水摩尔比为 1/1.2 时，甲醇转化率可达 98%以上，富氢重整气（干）中 CO 浓度在 2%以下。在反应器出口温度 300℃、10 h^{-1}、产气（干）速率 2 L/min 的条件下，1000 h 的测试过程中，甲醇转化率始终保持在 97%以上，未检测到 CH_4 的生成，整装结构在 1000 h 测试后完好无损。然而在 100～250 μm Pd-ZnO/Al_2O_3 颗粒填充床上，在相同条件下，当甲醇转化率为 98%以上时的最大空速仅为 2 h^{-1}，即催化剂的利用效率仅为结构催化剂的 1/5。纤维包结结构催化剂强化效能的本质可能在于高导热性、高接触效率和均一的流场等有利于稳态反应速率提升的诸多关键要素一体化。

3. CO 选择氧化和 H_2S 吸附脱除

CO 选择氧化一直是 PEMFC 氢燃料纯化的热点课题。Chang 等报道了纤维包

结 $Pt-Co/Al_2O_3$ 的选择氧化 CO 的复合催化剂，其中，Ni 纤维和催化剂的体积分数分别为 5%和 15%。在 25～200℃的温度窗口内，该催化剂可将 H_2 中含 1%的 CO 选择性地氧化脱除。在 150℃、O_2/CO 为 1 的条件下，氧化脱除 CO 至 0.005%时的最大气时空速可达 38 000 h^{-1} 以上。Ling 等以体积组成为 75%H_2-23%CO_2-2%CO 的混合气体为原料，在纤维包结 $Pt-Co/Al_2O_3$ 的选择氧化 CO 的复合催化剂（8 μm Ni-fiber 3%，150～250 μm $Pt-Co/Al_2O_3$ 25%）上，在 150℃、O_2/CO 为 1 的条件下，氧化脱除 CO 至 0.005%时的最大气时空速达到 32 000 h^{-1}。然而，在 150～250 μm $Pt-Co/Al_2O_3$ 颗粒填充床中，等同条件下，氧化脱除 CO 至 0.005%时的最大气时空速仅为 8000 h^{-1}，催化剂的利用效率只有纤维包结结构催化剂的 1/4。这可能与纤维包结结构催化剂良好的导热性，致使均一的床层温度而改善了 O_2 的选择性有关。

在上述 1000 h 的甲醇蒸气重整测试中，当反应进行至 600 h 时，将两个纤维包结 $Pt-Co/Al_2O_3$ 的选择氧化 CO 复合催化反应器串行连接到重整反应器出口，在 140℃、O_2/CO 为 1 的条件下，经两段选择氧化，400 h 的测试中，可将 3%的 CO 降至 0.001%以下，其中一段选择氧化后的 CO 浓度为 0.1%。

含硫液体烃（如汽油/柴油）的重整制氢中，有机硫会转化生成 H_2S 而污染 H_2 燃料，从而造成燃料电池电极催化剂永久中毒。因此，H_2S 的高效吸附脱除至关重要。Lu 等报道了 Ni 纤维包结 ZnO/SiO_2 的 H_2S 吸附剂，气流线速度为 1.2～1.7 cm/s 时，在 1 mm 厚的纤维包结结构吸附剂上，400℃时可将 H_2 中的 H_2S 从 2%降至 0.000 06%，室温下从 0.005%降至 0.000 01%。相同床层体积下，与 1～2 mm 的商品 ZnO 吸附剂相比，H_2S 的穿透时间提高 2～3 倍，ZnO 利用率可达 67%。另外，纤维包结结构吸附剂具有很好的再生和循环使用性能。需要强调的是，如果在颗粒吸附床末端加填数毫米厚的纤维包结结构吸附剂，可以显著延长 H_2S 的穿透时间。这是结构吸附填料的高接触效率和内扩散阻力的消除，使得填充床无效层厚度内的大颗粒吸附剂得以充分利用，其原理如图 7-7-1 所示。最近 Yang 等报道了用玻璃纤维替代金属纤维包结 ZnO/SiO_2 的 H_2S 吸附剂，得到了同样的结果。Yang 等对其吸附动力学进行了深入研究，纤维包结结构吸附剂的良好性能得益于：①小颗粒的内扩散阻力小；②纤维结构和小颗粒的存在增强了外传质速率。

4. 甲烷重整制合成气

在能源和环境的双重压力下，甲烷干气重整（DRM）制合成气成为实现 CO_2 化学循环值得重视的课题之一。同时，该反应的强吸热性（247 kJ/mol）使其有望用于核能或太阳能的转化利用。DRM 反应温度通常须高于 750℃，而传统的填充床内低的传热效率加之强烈的反应吸热，使床层内产生明显的冷点。热力学分析表明，低温下不仅转化率低，且易导致积炭生成。这也是 DRM 过程工业化受阻

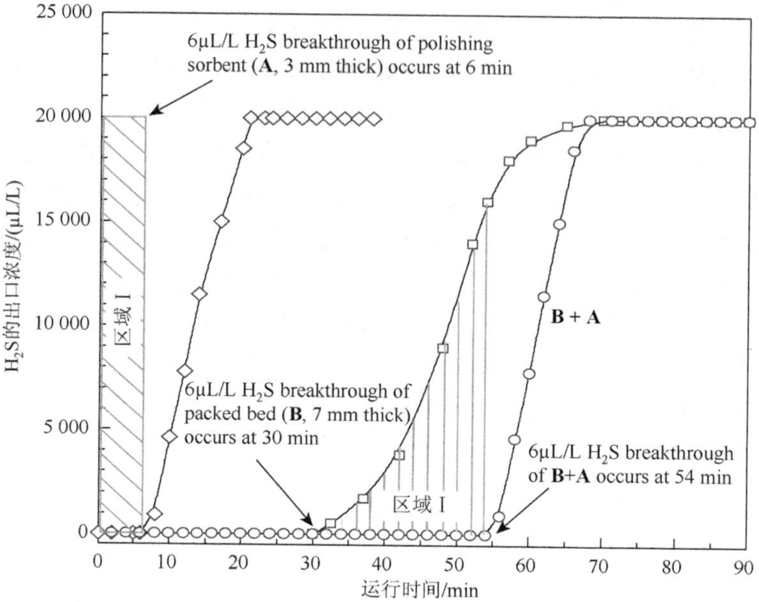

图 7-7-1　颗粒填充床（A）+纤维包结结构吸附剂（B）复合床的工作原理示意图

的主要原因之一。针对以上问题，Lu 等研制了 Cu 纤维包结 Ni/Al_2O_3 催化剂并用于 DRM 过程。如图 7-7-2 所示，Ni/Al_2O_3 催化剂颗粒被均匀地包结在 Cu 纤维烧结形成的三维网状结构内，床层压降由同等大小的 Ni/Al_2O_3 催化剂填充床的 39 860 Pa/m 大大降低至 7487 Pa/m；包结结构改善了 Ni/Al_2O_3 颗粒内扩散，有助于转化率的提高；即便催化剂被稀释后热效应有所削弱，但相对铜的高导热性，Al_2O_3 本身偏低的导热系数仍然限制了热量在反应区域的传递。总之，反应结果和模拟计算两个方面共同表明了 Cu 纤维包结 Ni/Al_2O_3 催化剂对传质/传热的显著强化效能，由此对反应器稳态反应速率和抗积炭性能有明显促进作用。

7.7.2　空气净化

发展高效、低能耗空气过滤净化技术具有十分重要的意义。传统的颗粒填充床中吸附/反应速率和压力损失总是相矛盾的。小颗粒（＜1 mm）虽然利用效率高，但压力损失大、能耗高。因此，能否有效地解决这对矛盾，是实现性能卓越的空气过滤净化技术开发的关键之一。

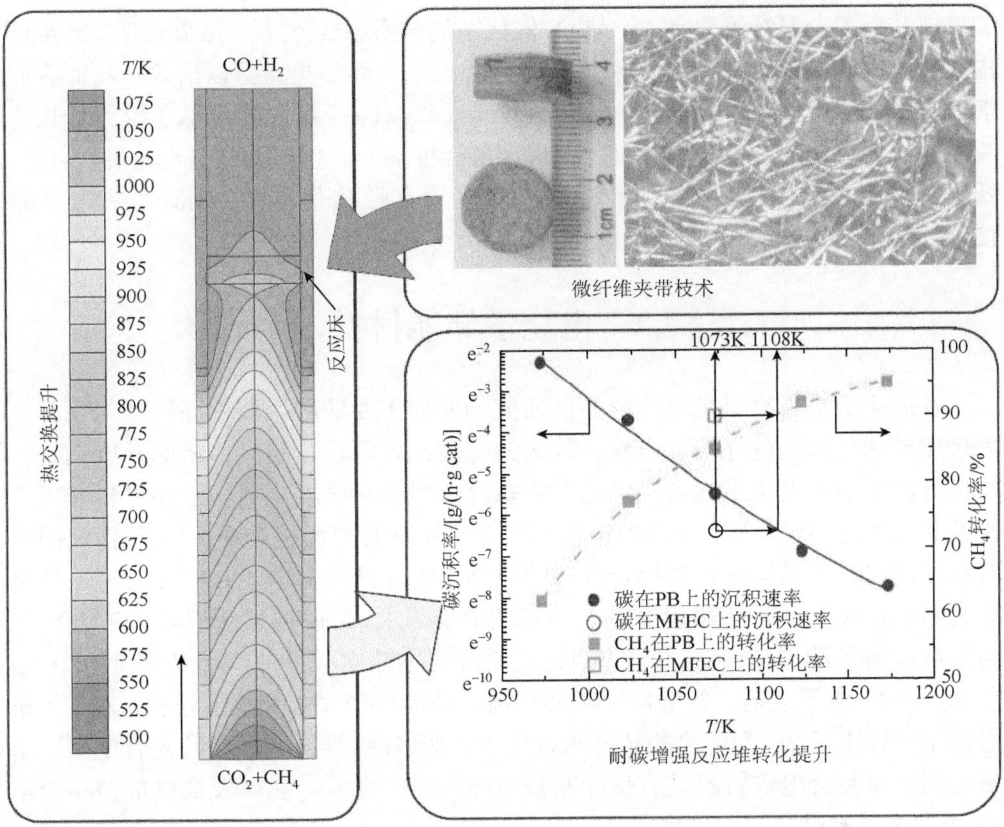

图 7-7-2　纤维床反应器对 Ni/Al_2O_3 催化甲烷干气重整反应的强化作用

Kalluri 等考察了不锈钢纤维包结 Pd/γ-Al_2O_3 催化剂及其催化分解空气中 O_3 的性能，并与颗粒填充床（0.16～2.0 mm）和蜂窝陶瓷结构填料（15.5～140 孔/cm^2）进行了比较。结果表明，小颗粒填充床接触效率高但压力降大，蜂窝陶瓷结构填料压力降小但传质速率低。由于纤维包结结构催化剂可以制成大面积褶皱结构，将低压降、高接触效率高效地统一起来，因而表现出优于飞机机舱 O_3 分解用蜂窝陶瓷结构催化填料的反应性能。Kalluri 等还采用了有机聚合物纤维结构化活性炭复合吸附填料，模拟研究了空气中环己烷的吸附脱除性能。Kennedy 等报道了基于纤维包结结构吸附剂技术的高效、低压降 PEMFC 阴极空气过滤器，用来吸附脱除空气中微量杂质（如含硫化合物），以避免电极催化剂的中毒。总之，这种吸附/催化策略在个体和集体防护、半导体超净车间及空气中污染物的催化分解等领域具有巨大的应用前景。

7.7.3　移动费托合成

基于美国海军提出的便携式费托（F-T）合成 JP-5 燃料反应器技术构想，Dokun

等模拟分析了金属纤维包结 Co/Al_2O_3 催化剂的传质/传热性质。结果表明，纤维结构化的反应床层内的有效导热系数提高 50%以上，局部热点得以消除，从而有利于 JP-5 组分的生成。Sheng 等在 190～220℃、2 MPa 下，初步测试了纤维结构化 Co/Al_2O_3 催化剂的 F-T 反应性能，发现床层温度均一，且产物选择性较高。另外，纤维包结结构催化剂的应用可将反应器单管直径从传统的 3 cm 左右增大到 15 cm，而不影响床层的传热性能。

7.8 电化学储能材料

发展新型电极材料是电化学储能研究领域的重要课题。要求高性能电极具有大尺度整体结构、良好的导电性、较大的有效比表面积、强化传质的开放孔结构与良好的化学和电化学稳定性。这其中蕴含众多材料化学、电化学和材料合成工程及其交叉的科学问题。高性能电极材料的研制既要强调在介观-纳米尺度范围内对材料的织构和晶构进行调控合成以获取高电能存储能力，还必须要兼顾器件化对材料的跨尺度（宏观/微观/纳米）制备的迫切需求。Zhu 等以薄层 Cu 和 Ni 纤维为基底制备了薄层 Zn/Cu-纤维和 NiO/Ni-纤维电池电极，分别组装了 Ni-Zn 和 Ni-H_2 电池。结果表明，新电极可明显提高电池能量密度和充放电速率。Zhu 等还报道了一种用于 Zn-空电池的超薄阴极电极，即 Ni 纤维结构碳颗粒复合电极；结果表明，该复合电极材料具有优于常规电极材料的性能，在研发高性能 Zn-空电池-电容中具有潜在应用价值。

碳纳米管（CNTs）和碳气凝胶（CAG）是有应用前景的纳米碳基材料，但在电池和超级电容器中的应用时遇到与传统活性炭粉体材料相同的成型问题，无黏结剂的跨尺度制备仍无法突破。传统高分子胶黏剂的使用不仅牺牲电极材料的比表面积，甚至破坏碳材料的结构特性，还会导致很高的电荷传导阻力和离子传递阻力。近年来，围绕超级电容器电极材料跨尺度制备的研究渐趋活跃。Jiang 等利用 Ni 纤维结构填料所提供的薄层大面积、开放孔结构、独特的形状因子、大空隙率和高化学活性的特性，通过催化化学气相沉积在 Ni 纤维网络表面生长 CNTs 的方法，成功制备了直径 8.0 cm 的 Ni 纤维-CNTs 复合结构材料，CNTs 的载持量达到 60%以上，整体结构保持完好且 CNTs 分布均匀。电化学分析结果表明，该复合材料的电荷传导阻力和离子传递阻力均非常小，以 5 mol/L KOH 水溶液为电解质，测得的比电容达 47 F/g。Fang 等以 Ni 纤维-CNTs 复合结构材料为基底，再组装 CAG 的方法，制备了以金属微纤网络为集电极、CNTs 为纳米导线、CAG 介孔为离子存储库，尺度跨越宏观、微观和纳米的自支撑碳纳米管-碳气凝胶复合电极材料。在 5 mol/L KOH 水溶液电解质中，复合材料具有优良的导电性和较小的电阻（0.48 Ω），当扫描速率增加到 500 mV/s 时，复合材料仍具有很好的瞬间充放电能力，当扫描速率为 1 mV/s 时，复合碳材料的比电容为 358 F/g。

7.9 结论与展望

结构催化剂和反应器技术的发展和应用将对反应过程强化、催化剂-反应器协同设计和相关的化学化工过程产生积极影响。新型整装 foam/fiber 结构填料具有明显优于传统结构填料的功能化优势。已有的研究表明，它在能源催化、环境催化、化学品生产、电化学储能、空气净化等领域的应用具有潜在的巨大空间，尤其为热/质传递受控反应的高效反应器设计和未来“模块”化工厂的实施提供了新的途径。当然，整装金属 foam/fiber 结构技术也存在局限性，如 Ni-foam/fiber 结构催化填料在高温（>600℃）富氧环境下会深度氧化，不适于需要频繁高温烧炭再生的反应体系，FeCrAl-foam/fiber 等结构虽然具有良好的化学惰性，但其结构的高效催化功能化新方法还有待探索。整装金属 foam/fiber 结构催化填料技术的应用还有待进行更广泛和深入的探索，除已涉及的一些反应体系外，它在催化加氢、电催化和催化蒸馏及环境催化中的应用研究值得重视。此外，整装 foam/fiber 结构的功能化新方法和新技术研究也还需要重点展开。例如，耦合纳米合成技术实现纳米催化材料的一步结构工程化是值得深入研究的方向之一。另外，整装 foam/fiber 结构催化剂和反应器技术的应用，将从根本上改变反应器的内部结构。因此，相关的流体力学和流动传递等方面的研究需要加强，并在此基础上实现结构催化剂和反应器“先设计，后制造”的应用模式。

参 考 文 献

邓涛，赵国锋，刘晔，等. 2016. 第十六届全国青年催化学术会议论文集. 长沙：2016 年 10 月 21-25 日.

凌敏，赵国锋，曹发海，等. 2010. 新型微纤结构催化/吸附填料研究进展. 催化学报，31（7）：717-724.

邵潜. 2005. 规整结构催化剂及反应器. 北京：化学工业出版社.

Ehrfeld W. 2000. 微反应器技术-现代化学中的新技术. 蔡丽朋译. 北京：化学工业出版社.

Banhart J. 2001. Manufacture，characterisation and application of cellular metals and metal foams. Progress in Materials Science，46（6）：559-632.

Bedard J，Chiang H，Bhan A. 2012. Kinetics and mechanism of acetic acid esterification with ethanol on zeolites. Journal of Catalysis，290：210-219.

Cai S X，Zhang D S，Shi L Y，et al. 2014. Porous Ni-Mn oxide nanosheets in situ formed on nickel foam as 3D hierarchical monolith de-NO_x catalysts. Nanoscale，6（13）：7346.

Chai R J，Li Y K，Zhang Q F，et al. 2015. Monolithic Ni-MO_x/Ni-foam（M=Al，Zr or Y）catalysts with enhanced heat/mass transfer for energy-efficient catalytic oxy-methane reforming. Catalysis Communications，70：1-5.

Chang B K，Lu Y，Tatarchuk B J. 2006. Microfibrous entrapment of small catalyst or sorbent particulates for high contacting-efficiency removal of trace contaminants including CO and H_2S from practical reformates for PEM H_2-O_2 fuel cells. Chemical Engineering Journal，115（3）：195-202.

Chang B K，Tatarchuk B J. 2006. Microfibrous entrapment of small catalyst particulates for high contacting efficiency removal of trace CO from practical reformates for PEM H_2-O_2 fuel cells. Journal of Materials Engineering and Performance，15（4）：453-456.

Chen W，Sheng W Q，Cao F H，et al. 2012. Microfibrous entrapment of Ni/Al_2O_3 for dry reforming of methane：Heat/mass transfer enhancement towards carbon resistance and conversion promotion. International Journal of Hydrogen Energy，37（23）：18021-18030.

Choudhary T V，Choudhary V R. 2008. Energy-efficient syngas production through catalytic oxy-methane reforming reactions. Angewandte Chemie International Edition，47（10）：1828-1847.

Deng M M，Zhao G F，Xue Q S，et al. 2010. Microfibrous-structured silver catalyst for low-temperature gas-phase selective oxidation of benzyl alcohol. Applied Catalysis B：Environmental，99（1-2）：222-228.

Deng T，Li Y，Zhao G，et al. 2016. Catalytic distillation for ethyl acetate synthesis using microfibrous-structured Nafion-SiO_2/SSfiber solid acid packings. Reaction Chemistry and Engineering，1：409-417.

Deshmukh S R，Tonkovich A L Y，Jarosch K T，et al. 2010. Scale-up of microchannel reactors for fischer-tropsch synthesis. Industrial and Engineering Chemistry Research，49（21）：10883-10888.

Ding J，Zhang Z Q，Han L P，et al. 2016. A self-supported SS-fiber@meso-HZSM-5 core-shell catalyst via caramel-assistant synthesis toward prolonged lifetime for the methanol-to-propylene reaction. RSC Advances，6（54）：48387-48395.

Dokun T，Cahela D，Sheng S，et al. 2009. In：2009 AIChE Annual Meeting. USA，Abstract 484f.

Fang Y，Jiang F，Liu H，et al. 2012. Free-standing Ni-microfiber-supported carbon nanotube aerogel hybrid electrodes in 3D for high-performance supercapacitors. RSC Advances，2（16）：6562.

Frank M J W，Kuipers J A M，Versteeg G F，et al. 1999. The performance of structured packings in trickle-bed reactors. Chemical Engineering Research and Design，77（7）：567-582.

Gallego N C，Klett J W. 2003. Carbon foams for thermal management. Carbon，41（7）：1461-1466.

Giani L，Groppi G，Tronconi E. 2005. Heat transfer characterization of metallic foams. Industrial and Engineering Chemistry Research，44（24）：9078-9085.

Giani L，Groppi G，Tronconi E. 2005. Mass-transfer characterization of metallic foams as supports for structured catalysts. Industrial and Engineering Chemistry Research，44（14）：4993-5002.

Han L P，Wang C Z，Zhao G F，et al. 2016. Microstructured Al-fiber@meso-Al_2O_3@Fe-Mn-K Fischer-Tropsch catalyst for lower olefins. AIChE Journal，62（3）：742-752.

Han L P，Zhao G F，Chen Y F，et al. 2016. Cu-fiber-structured La_2O_3-PdAu（alloy）-Cu nanocomposite catalyst for gas-phase dimethyl oxalate hydrogenation to ethylene glycol. Catalysis Science and Technology，6（19）：7024-7028.

Harris D K，Cahela D R，Tatarchuk B J. 2001. Compos A. 32：1117.

Holladay J D，Wang Y，Jones E. 2004. Review of developments in portable hydrogen production using microreactor technology. Chemical Reviews，104（10）：4767-4789.

http：//dsti.nl/appi. European Roadmap for Process Intensification. June 2008.

http：//www.euchems.eu/roadmap-on-catalysis-for-europe. Science and Technology Roadmap on Catalysis for Europe. July 2016.

Irandoust S，Andersson B. 1988. Monolithic catalysts for nonautomobile applications. Catalysis Reviews，30（3）：341-392.

Jiang F，Fang Y，Liu Y，et al. 2009. Paper-like 3-dimensional carbon nanotubes（CNTs）-microfiber hybrid：A promising macroscopic structure of CNTs. Journal of Materials Chemistry，19（22）：3632.

Kalluri R R，Cahela D R，Tatarchuk B J. 2008. Microfibrous entrapped small particle adsorbents for high efficiency heterogeneous contacting. Separation and Purification Technology，62（2）：304-316.

Kalluri R R，Cahela D R，Tatarchuk B J. 2009. Comparative heterogeneous contacting efficiency in fixed bed reactors：Opportunities for new microstructured systems. Applied Catalysis B：Environmental，90（3-4）：507-515.

Kapteijn F，Nijhuis T A，Heiszwolf J J，et al. 2001. New non-traditional multiphase catalytic reactors based on monolithic structures. Catalysis Today，66（2-4）：133-144.

Kennedy D M，Cahela D R，Zhu W H，et al. 2007. Fuel cell cathode air filters：Methodologies for design and optimization. Journal of Power Sources，168（2）：391-399.

Kolodziej A，Krajewski W，Dubis A. 2001. Alternative solution for strongly exothermal catalytic reactions：A new metal-structured catalyst carrier. Catalysis Today，69（1-4）：115-120.

Konig A，Herding G，Hupfeld B，et al. 2001. Current tasks and challenges for exhaust aftertreatment research. A viewpoint from the automotive industry. Topics in Catalysis，16（1-4）：23-31.

Kreutzer M T，Kapteijn F，Moulijn J A. 2006. Shouldn't catalysts shape up？ Structured reactors in general and gas-liquid monolith reactors in particular. Catalysis Today，111（1-2）：111-118.

Laso M，de Brito M H，Bomio P，et al. 1995. Liquid-side mass transfer characteristics of a structured packing. The Chemical Engineering Journal and The Biochemical Engineering Journal，58（3）：251-258.

Li Y K，Zhang Q F，Chai R J，et al. 2015. Structured Ni-CeO_2-Al_2O_3/Ni-foam catalyst with enhanced heat transfer for substitute natural gas production by syngas methanation. ChemCatChem，7（9）：1427-1431.

Ling M，Zhao G F，Chen W，et al. 2011. Microfibrous structured catalytic packings for miniature methanol fuel processor：Methanol steam reforming and CO preferential oxidation. International Journal of Hydrogen Energy，36（20）：12833-12842.

Liu Y，Wang H，Li J F，et al. 2007. Microfibrous entrapped Ni/Al_2O_3 using SS-316 fibers for H_2 production from NH_3. AIChE Journal，53（7）：1845-1849.

Lu Y，Sathitsukasnoh N，Queen A，et al. 2005. In：Wang Y，et al. Microreactor Technology and Process Intensification. New York：American Chemical Society Publications Division，406.

Lu Y，Wang H，Liu Y，et al. 2007. Novel microfibrous composite bed reactor：High efficiency H_2 production from NH_3 with potential for portable fuel cell power supplies. Lab on a Chip，7（1）：133-140.

Markowz G，Schirrmeister S，Albrecht J，et al. 2005. Microstructured reactors for heterogeneously catalyzed gas-phase reactions on an industrial scale. Chemical Engineering and Technology，28（4）：459-464.

Meng X J，Xiao F S. 2014. Green routes for synthesis of zeolites. Chemical Reviews，114（2）：1521-1543.

Moulijn J，Kreutzer M，Kapteijn F. 2005. TCE，768：32.

Pangarkar K，Schildhauer T J，van Ommen J R，et al. 2008. Structured packings for multiphase catalytic reactors. Industrial and Engineering Chemistry Research，47（10）：3720-3751.

Pfefferle L D，Pfefferle W C. 1987. Catalysis in combustion. Catalysis Reviews，29（2-3）：219-267.

Richardson J T，Remue D，Hung J K. 2003. Properties of ceramic foam catalyst supports：Mass and heat transfer. Applied Catalysis A：General，250（2）：319-329.

Shen J，Shan W，Zhang Y，et al. 2006. Gas-phase selective oxidation of alcohols：In situ electrolytic nano-silver/zeolite film/copper grid catalyst. Journal of Catalysis，237（1）：94-101.

Sheng M，Cahela D，Yang H Y，et al. 2009. In：2009 AIChE Annual Meeting. USA，Abstract 552e.

Spiegel L，Meier W. 2003. Distillation columns with structured packings in the next decade. Chemical Engineering Research and Design，81（1）：39-47.

Tatarchuk B，Sothen R A. 2009. US 20090142234.

Tronconi E，Groppi G，Boger T，et al. 2004. Monolithic catalysts with "high conductivity" honeycomb supports for gas/solid exothermic reactions：Characterization of the heat-transfer properties. Chemical Engineering Science，59（22-23）：4941-4949.

Trubac R E，Dautzenberg F M，Griffin T A，et al. 2001. Micro-engineered catalyst systems：ABB's advancement in structured catalytic packings. Catalysis Today，69（1-4）：17-24.

Vervloet D，Kapteijn F，Nijenhuis J，et al. 2013. Process intensification of tubular reactors：Considerations on catalyst hold-up of structured packings. Catalysis Today，216：111-116.

Wang C Z，Han L P，Chen P J，et al. 2016. High-performance，low Pd-loading microfibrous-structured Al-fiber@ns-AlOOH@Pd catalyst for CO coupling to dimethyl oxalate. Journal of Catalysis，337：145-156.

Wang C Z，Han L P，Zhang Q F，et al. 2015. Endogenous growth of 2D AlOOH nanosheets on a 3D Al-fiber network via steam-only oxidation in application for forming structured catalysts. Green Chemistry，17（7）：3762-3765.

Wang M M，Li J F，Chen L，et al. 2009. Miniature NH_3 cracker based on microfibrous entrapped Ni-CeO_2/Al_2O_3 catalyst monolith for portable fuel cell power supplies. International Journal of Hydrogen Energy，34（4）：1710-1716.

Wang X Y，Wen M，Wang C Z，et al. 2014. Microstructured fiber@HZSM-5 core-shell catalysts with dramatic selectivity and stability improvement for the methanol-to-propylene process. Chemical Communications，50（48）：6343.

Wen X，Afacan A，Nandakumar K，et al. 2005. Development of a novel vertical-sheet structured packing. Chemical Engineering Research and Design，83（5）：515-526.

Yang H Y，Cahela D R，Tatarchuk B J. 2008. A study of kinetic effects due to using microfibrous entrapped zinc oxide sorbents for hydrogen sulfide removal. Chemical Engineering Science，63（10）：2707-2716.

Yang H Y，Lu Y Y，Tatarchuk B J. 2007. Glass fiber entrapped sorbent for reformates desulfurization for logistic PEM fuel cell power systems. Journal of Power Sources，174（1）：302-311.

Yue H R，Zhao Y J，Ma X B，et al. 2012. Ethylene glycol：Properties，synthesis，and applications. Chemical Society Reviews，41（11）：4218.

Zhang H P，Gao L L，Hu X J. 2009. Preparation of microfibrous entrapped activated carbon composite. Separation and Purification Technology，67（2）：149-151.

Zhang L，Han L P，Zhao G F，et al. 2015. Structured Pd-Au/Cu-fiber catalyst for gas-phase hydrogenolysis of dimethyl oxalate to ethylene glycol. Chemical Communications，51（52）：10547-10550.

Zhang Q F，Wu X P，Li Y K，et al. 2016. High-performance PdNi nanoalloy catalyst in situ structured on Ni foam for catalytic deoxygenation of coalbed methane：Experimental and DFT studies. ACS Catalysis，6（9）：6236-6245.

Zhang Q F，Wu X P，Zhao G F，et al. 2015. High-performance PdNi alloy structured in situ on monolithic metal foam for coalbed methane deoxygenation via catalytic combustion. Chemical Communications，51（63）：12613-12616.

Zhang Q F，Zhao G F，Zhang Z Q，et al. 2016. From nano-to macro-engineering of oxide-encapsulated-nanoparticles for harsh reactions：One-step organization via cross-linking molecules. Chemical Communications，52（80）：11927-11930.

Zhao G F，Hu H Y，Deng M M，et al. 2011. Au/Cu-fiber catalyst with enhanced low-temperature activity and heat transfer for the gas-phase oxidation of alcohols. Green Chemistry，13（1）：55-58.

Zhao G F，Hu H Y，Deng M M，et al. 2011. Microstructured Au/Ni-fiber catalyst for low-temperature gas-phase selective oxidation of alcohols. Chemical Communications，47（34）：9642.

Zhao G F，Huang J，Jiang Z，et al. 2013. Microstructured Au/Ni-fiber catalyst for low-temperature gas-phase alcohol oxidation：Evidence of Ni_2O_3-Au^+ hybrid active sites. Applied Catalysis B：Environmental，140：249-257.

Zhao G F，Li Y K，Zhang Q F，et al. 2014. Galvanic deposition of silver on 80-μm-Cu-fiber for gas-phase oxidation of alcohols. AIChE Journal，60（3）：1045-1053.

Zhao G F，Liu Y，Lu Y. 2016. Foam/fiber-structured catalysts：Non-dip-coating fabrication strategy and applications in heterogeneous catalysis. Science Bulletin，61（10）：745-748.

Zhu W H H，Durben P J，Tatarchuk B J. 2002. Microfibrous nickel substrates and electrodes for battery system applications. Journal of Power Sources，111（2）：221-231.

Zhu W H，Flanzer M E，Tatarchuk B J. 2002. Nickel-zinc accordion-fold batteries with microfibrous electrodes using a papermaking process. Journal of Power Sources，112（2）：353-366.

Zhu W H，Poole B A，Cahela D R，et al. 2003. New structures of thin air cathodes for zinc-air batteries. Journal of Applied Electrochemistry，33（1）：29-36.

第8章 催化裂化

8.1 概 述

催化裂化是最重要的汽柴油生产工序，也是石油炼化企业最重要的生产环节。截至 2014 年，由催化裂化炼制的原油占比达到 46%，此外，流化催化裂化（fluid catalytic cracking，FCC）过程还是主要的丙烯来源，并提供其他丰富的化工原料。催化裂化是迄今为止全球最大也是最具有经济效益的催化过程，流化催化裂化催化剂每天的产量就高达 2300 t。

催化裂化过程的核心是反应-再生系统（图 8-1-1）：新鲜原料油经换热后与回炼油混合，经加热炉加热到 200～400℃后至提升管反应器下部的喷嘴，原料油由蒸汽雾化并喷入提升管内，在其中与来自再生器的高温（600～700℃）催化剂接触、汽化并进行反应。油气在提升管内的停留时间一般只有几秒钟，反应产物经

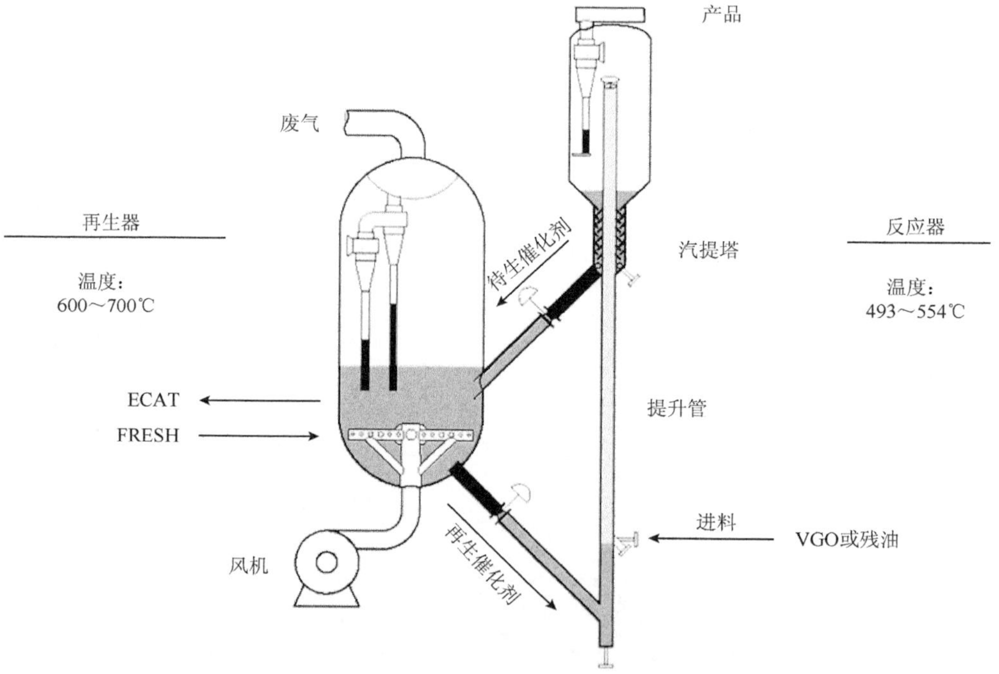

图 8-1-1 催化裂化反应-再生系统

旋风分离器分离出夹带的催化剂后离开反应器去分馏塔。积有焦炭的催化剂（即待生催化剂）由沉降器落入下面的汽提段，汽提段内装有挡板并在底部通入过热水蒸气。待生催化剂上吸附的油气和颗粒间油气被水蒸气置换返回上部。经汽提后的待生剂通过待生斜管进入再生器。再生器的主要作用是烧去催化剂上因反应而生成的积炭，使催化剂的活性得以恢复。再生用空气由主风机供给，空气通过再生器下面的辅助燃烧室及分布管进入流化床层。再生后的催化剂（即再生催化剂）经再生斜管送回反应器循环使用。由此可见，FCC 是一个通过流态化这种强化传热传质手段来实现反应-再生、氧化-还原及吸热-放热耦合的化工过程，是反应工程的一个创举。

传统的催化裂化原料是重质馏分油，主要是减压馏分油（vacuum gas oil，VGO），也包括焦化重馏分油（coked gas oil，CGO，通常需要加氢精制）。由于对轻质油品的需求不断增长及技术进步，近 30 年来更重的油料也作为催化裂化的原料，如减压渣油、脱沥青的减压渣油、加氢处理重油等。当减压馏分油中掺入更重质的原料时称为重油催化裂化。原料油在 500℃左右、0.2～0.4 MPa、与裂化催化剂接触的条件下，经裂化反应生成气体、汽油、柴油、重质油及焦炭。反应产物的产率与原料性质、反应条件及催化剂性能有密切关系。在一般工业条件下，气体产率为 10%～20%，其中主要是 C_3、C_4，且其中的烯烃含量可达 50%左右；汽油产率 30%～60%，其研究法辛烷值 80～90，安定性也较好；柴油产率 0～40%，由于含有较多芳香烃，其十六烷值更低，安定性也较差；焦炭产率 5%～7%，原料中掺入渣油时的焦炭产率更高，可达 8%～12%。焦炭是裂化反应的缩合产物，其碳氢比为 1∶（0.3～1）。焦炭沉积在催化剂的表面上，只能用空气烧去而不能作为产品分离出来。催化裂化气体富含烯烃，是宝贵的化工原料和合成高辛烷值汽油的原料。例如，丁烯与异丁烷可合成高辛烷值汽油，异丁烯可合成高辛烷值组分甲基叔丁基醚（MTBE）等；丙烯是合成聚丙烯及聚丙烯腈的原料，干气中的乙烯可用于合成苯乙烯或制汽油等，C_3、C_4 还可用于民用液化气。表 8-1-1 为催化裂化产品产率。

表 8-1-1　催化裂化产品产率

原料油		大庆 VGO	大庆常压渣油	胜利 VGO	胜利 VGO+9.5%减压渣油
产品产率（质量分数）/%	$<C_2$	1.7	2.4	1.8	2.0
	C_3+C_4	10.0	10.9	9.9	9.4
	汽油	52.6	50.1	52.9	47.6
	柴油	31.6	26.2	30.1	32.54
	焦炭	4.1	9.9	4.6	7.9

最早的商业汽油可追溯到1859年，其生产过程采用原油蒸馏的方法，当时汽油产率还不到20%，辛烷值也仅有50左右。20世纪初，随着内燃机的发展，汽油短缺日益严重。1913年，热裂化技术（即将重馏分油转化为汽油馏分的技术）诞生，提高了汽油产率。但该过程的汽油质量很差，1925年，四乙基铅等添加剂开始用于增加汽油辛烷值。采用固体酸性催化剂的Houdry催化裂化工艺是炼油技术中的一个空前成就。经过上百种催化剂筛选，Houdry选定酸性白土作催化剂，并采用空气烧掉催化剂上的积炭，这一成果很快引起石油公司的注意，于1936年在Paulsboro炼厂建成了100 kt/a的固定床催化裂化装置。然而，固定床反应器设备结构复杂、操作烦琐、控制困难，亟待解决催化剂在反应和再生操作之间的循环问题。为此，移动床催化裂化和流化床催化裂化相继出现，由于当时的裂化深度和再生条件都比较缓和，两类工艺都广泛用于石油炼制过程中。但是随着40年代硅铝微球催化剂的问世，由于流化床中颗粒间的传质传热阻力远小于移动床，因而促使了流化催化裂化的大发展。从此，流化床成为化工过程中十分重要的单元操作。流化床具有超强的传输性能，其输运的催化剂颗粒在反应-再生系统中循环是反应工程的第一次革命。分别于60年代早期和70年代出现的分子筛及分子筛配合强气固接触低返混提升管反应器，极大地改善了催化裂化过程的活性和选择性，被称为催化裂化技术的第二次革命；1973年ZSM-5助剂的加入显著增大了汽油和丙烯的产率。时至今日，催化裂化过程已在炼油工业以及国民经济中占据重要地位。图8-1-2为各个年代裂化产品分布。

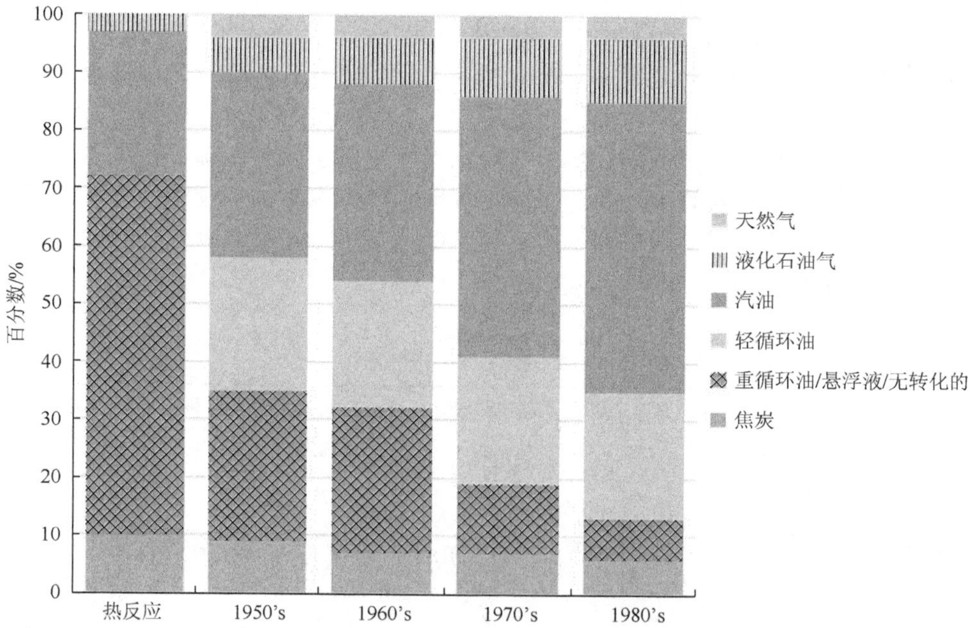

图8-1-2　各个年代裂化产品分布

本章首先阐述裂化反应机理和反应动力学的集总方法论；由催化裂化动力学可知提高催化剂的活性和缩短气固接触时间是减少生焦和提高汽油收率的有效途径，因此这里着重介绍了高活性的分子筛催化剂和短接触时间的提升管反应器；接下来，先后阐述了流体化原理与催化剂的失活与再生，它们分别是反应-再生系统的压力平衡及催化剂循环稳定以及反应-再生系统热量平衡的基础与约束条件。最后，总结了催化裂化这个迄今为止最大且最有效率的化工反应过程给予我们的宝贵认识与经验。

8.2 石油烃类的催化裂化反应

石油馏分由各种单体烃组成。单体烃在裂化催化剂上的反应主要包括：烷烃的分解；烯烃的分解、异构化、氢转移和芳构化反应；环烷烃的开环、异构化和氢转移反应及芳香烃侧链的断裂等。在裂化反应条件下，烃类进行的反应不仅有大分子分解为小分子的反应，同时存在小分子缩合成大分子的反应；与此同时，还进行异构化、氢转移、芳构化等反应。在这些反应中，分解反应是最主要的反应，催化裂化也因此得名。

8.2.1 烃类催化裂化反应的机理

到目前为止，正碳离子学说被认为是解释催化裂化反应机理比较好的一种学说。所谓正碳离子，是指缺少一对价电子的碳所形成的烃离子（carbenium ion）。烷基正碳离子被认为是许多有机化学反应的中间体。但简单的烷基正碳离子非常活泼，因而寿命很短，采用实验的方法直接观察和证实十分困难。直到1963年，美国化学家George Olah在他的实验研究中直接观察到了简单的烷基正碳离子。他将烷基氟溶解在非常强的Lewis酸SbF_5中，对其进行核磁共振（nuclear magnetic resonate，NMR）研究，发现单纯的$(CH_3)_3CF$和在SbF_5中的$(CH_3)_3CF$表现出完全不同的NMR共振信号。Olah用这种方法研究和证明了多种有机正碳离子的存在，而且为研究正碳离子的结构开辟了新的道路。为此，他获得了诺贝尔化学奖。

正碳离子的基本来源是由一个烯烃分子获得一个氢离子（H^+）而生成，氢离子来源于催化剂的表面。裂化催化剂（如硅酸铝、分子筛催化剂）的表面都有酸性，所以能提供氢离子。如图8-2-1所示，烃类物质从催化剂表面或已生成的正碳离子获得一个H^+而生成正碳离子；大的正碳离子不稳定，容易在β位置上断裂；生成的伯正碳离子不够稳定，易于发生异构化变成仲正碳离子并接着在β位置上断裂。以上所述的烯烃分子生成正碳离子、大正碳离子在β位置上断裂、伯正碳离子的异构化等反应可一直继续下去，直至生成不能再断裂的小正碳离子（$C_3H_7^+$ 和 $C_4H_9^+$）为止。正碳离子的稳定性依次是叔正碳离子＞仲正碳离子＞伯正碳离子，因此生成的正碳离子趋向于异构叔正碳离子；正碳离子将 H^+ 还给催化剂，本身变成烯烃，反应终止。

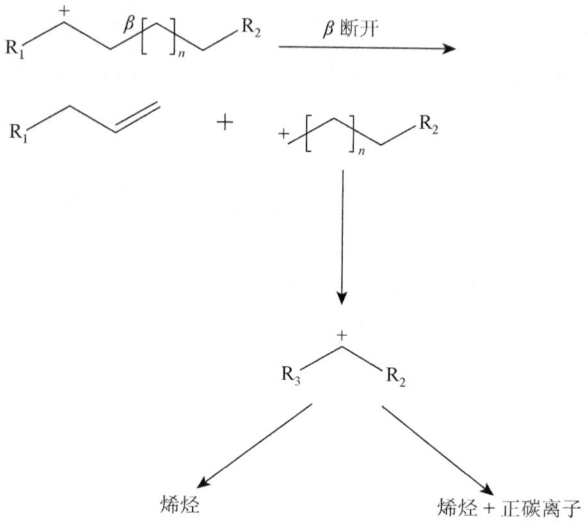

图 8-2-1　裂化反应的正碳离子机理

正碳离子学说可以解释烃类催化裂化反应中的许多现象。例如，由于正碳离子分解时不生成比 C_3、C_4 更小的正碳离子，因此裂化气中含 C_1、C_2 少（催化裂化条件下不免伴随有热裂化反应发生，因此总有部分 C_1 和 C_2 产生）；由于伯、仲正碳离子趋向于转化成叔正碳离子，因此裂化产物中含异构烃多；由于具有叔碳原子的烃分子易于生成正碳离子，因此异构烷烃或烯烃、环烷烃和带侧链的芳烃反应速率高等。正碳离子还说明了催化剂的作用，催化剂表面提供 H^+，使烃类通过生成正碳离子的途径来进行反应，而不像热裂化那样通过自由基来进行反应，从而使反应的活化能降低，提高了反应速率。

正碳离子学说是基于无定形硅酸铝催化剂上反应的研究结果。关于烃类在结晶型分子筛催化剂上的反应机理，大多数的研究结果证明也是正碳离子反应。分子筛催化剂的表面呈酸性，能提供 H^+，但分子筛催化剂的活性比硅酸铝催化剂高得多，仅从酸性中心及酸强度的比较尚不能得到满意的解释。

8.2.2　石油馏分的催化裂化反应

在石油馏分进行催化裂化反应时，上述单体烃的反应规律是石油馏分进行反应的依据。例如，石油馏分除了进行分解反应外，也进行异构化、氢转移、芳构化等8类反应；又如，重馏分油的反应速率比轻馏分油的反应速率高等。但是，组成石油馏分的各种烃类之间又有相互影响。因此，石油馏分的催化裂化又有其本身的特点。

1. 各类烃类之间的竞争吸附和对反应的阻滞作用

烃类的催化裂化反应是在催化剂表面进行的。一般催化裂化条件下，原料油（VGO）是气相，因此馏分油的催化裂化反应是气固催化反应。反应物首先从油气流扩散到催化剂表面上（催化剂微孔表面贡献最大），吸附并在催化剂的作用下进行化学反应。生成的反应产物先从催化剂表面脱附，再从这些微孔里扩散至油气流中，最终导出反应器。由此可见，烃类进行催化裂化反应的先决条件是在催化剂表面上的有效吸附。稠环芳烃和小分子单烷基侧链的单环芳烃，它们的吸附能力最强而化学反应速率却最低。因此，当裂化原料中含这类烃类较多时，它们就首先占据了催化剂表面。但是它们反应慢且不易脱附，甚至缩合至焦炭。这样就大大妨碍了其他烃类被吸附到催化剂表面上进行反应，从而使得整个石油馏分的反应速率降低。正因如此，芳香基原料油、催化裂化循环油或油浆较难裂化，需选择合适的反应条件或先通过加氢使原料中的稠环芳烃转化成环烷烃。

催化裂化过程中产生竞争吸附的根本原因在于催化剂表面的有限性和原料分子在催化剂上吸附、反应能力的不平衡性。当剂油比较低时，由于原料中能力较强的组分优先吸附但是反应速率较慢甚至生成焦炭，导致催化剂失活，影响了反应能力强而吸附能力较弱的组分与催化剂的接触概率，降低了原料的转化率。反应过程要求足够的催化剂参与，使原料各组分均获得在活性中心充分吸附并进行反应的机会，减弱甚至消除竞争吸附效应。在实验研究中保持其他条件不变，通过改变剂油比可以观察到竞争吸附效应存在于反应过程中。

2. 平行-顺序反应

单体烃在催化裂化时可以同时朝几个方向进行反应，而且初次反应的产物还可以继续进行反应。因此，石油馏分的催化裂化反应是一种复杂的平行-顺序反应。平行-顺序反应的一个重要特点是反应深度对产品分布有重要影响。随着反应时间的延长，转化率提高，最终产物气体和焦炭的产率一直增大。汽油的产率在开始一段时间内增大，但经过最高点后下降，这是因为到达一定的反应深度后，汽油分解成气体的速率高于生成汽油的速率。同理，对于柴油来说，也像汽油的产率曲线那样有一个最高点，只是这个最高点出现在转化率较低的时候。通常将初次反应产物再继续进行的反应称为二次反应。

催化裂化的二次反应是多种多样的，有些是有利的，而有些是不利的。除了初次分解产物继续再分解外，还有其他的二次反应，如烯烃异构化生产高辛烷值汽油组分，烯烃和环烷烃氢转移生产稳定的烷烃和芳香烃等，这些反应都是我们所希望的反应。而烯烃进一步裂化为干气，丙烯和丁烯通过氢转移反应而饱和，烯烃及高分子芳烃缩合生产焦炭等反应则是我们所不希望的，一般二次反应的反应级数高、速率快，加压对生成目的产物不利。因此，需要适当控制二次反应。在许多催化裂化装置中，原料油的单程转化率（即原料油一次通过反应器的转化率）不到100%，反应产物经分馏后，将“未反应的原料”与新鲜原料油混合重新送入反应器进行反应。此处“未反应的原料”是指反应产物中沸点范围与原料油大体相当的那一部分，工业上称为回炼油或循环油。实际上，循环油中包括了相当多的反应中间产物，其中的芳烃含量比新鲜原料高，相对地也较难裂化。

8.2.3 催化裂化反应的热力学

对于一个化学反应过程，通常需要从热力学和动力学两个方面去研究。热力学主要是研究化学反应发生的方向、化学平衡和热效应，而动力学则主要是研究化学反应的速度。两者的研究结果对选择适宜的反应条件和设计反应器是必需的。

催化裂化反应采用的条件一般是 400～500℃及接近常压。在这个条件范围内，烃类分解反应的标准等压位变化是负值，而且平衡常数 K_p 值很大。从热力学的观点来看，几乎可以全部分解成小分子的烷烃和烯烃，直至 C 和 H_2（CH_4 除外）。因此，一般把烃类的分解反应看作是不可逆反应，即烃类分解反应实际上不受化学平衡的限制。烃类催化裂化中的另一些反应，如环烷烃脱氢生成芳烃、烷烃及烯烃环化生成芳烃等反应的 K_p 值也很大，在实际生产条件下也远未达到化学平衡。因此，上述反应进行的深度主要是由化学反应速率和反应时间决定的。

催化裂化中的另一些反应，如异构化、氢转移反应、烯烃歧化和反歧化及芳烃缩合反应的 K_p 值并不是很大，在一般条件下不可能进行完全而受到化学平衡的限制。烯烃的转化特别是低碳烯烃之间的转化受化学热力学的影响很大，因此，反应过程多产低碳烯烃时会受到平衡限制，因此必须考虑热力学平衡问题。

8.2.4 催化裂化反应动力学

一般地，催化裂化的主要反应——分解反应，可认为是一个不可逆反应，因此，催化裂化的反应深度只取决于反应速率和时间。催化裂化是一个复杂的平行-顺序反应，所以各反应的反应速率还对产品分布和产品质量有重要影响。一般平推流反应器对这一平行-顺序反应过程提高收率有利。

1. 烃类催化裂化反应动力学规律

烃类催化裂化反应是一个气固非均相催化反应，其反应过程包括以下七个步骤：①反应物从主体气流中扩散到催化剂表面；②反应物沿催化剂微孔向催化剂内部的扩散；③反应物被催化剂表面吸附；④被吸附的反应物在催化剂表面上进行化学反应；⑤生成物从催化剂表面脱附；⑥生成物沿催化剂微孔向外扩散；⑦生成物扩散到主体气流中去。整个催化反应的速率取决于这七个步骤进行的速度，而速度最慢的步骤对整个反应速率起决定性作用而成为控制因素。在一般工业条件下，催化裂化反应通常表现为化学反应控制。因此，主要从化学反应控制的角度来讨论烃类催化裂化反应速率的一些主要因素。

1）催化剂活性对反应速率的影响

提高催化剂活性有利于提高反应速率，即在其他条件相同时，可以得到较高的转化率，从而提高了反应器的处理能力。提高催化剂的活性还有利于促进氢转移和异构化反应，因此在其他条件相同时，所得裂化产品的饱和度较高、含异构芳烃类较多。并非催化裂化的单耗越小越好，为了维持最佳活性水平，催化装置该适时卸出部分催化剂并补充新鲜催化剂。

催化裂化装置达到最大汽油产率和高汽油辛烷值可作为最优目标。催化剂的平衡活性应维持在良好的汽油最高选择性的水平。如图 8-2-2 所示，在活性高到出现过度裂化之前，增加活性是提高汽油产率最有效的方法。裂化催化剂活性在 64～71，活性每增加 1 个单位，汽油产率增加 0.8%；在活性更高时，活性增加一个单位，石油液化气增加 0.8%。虽然转化率增加，但是汽油产率不再增加。

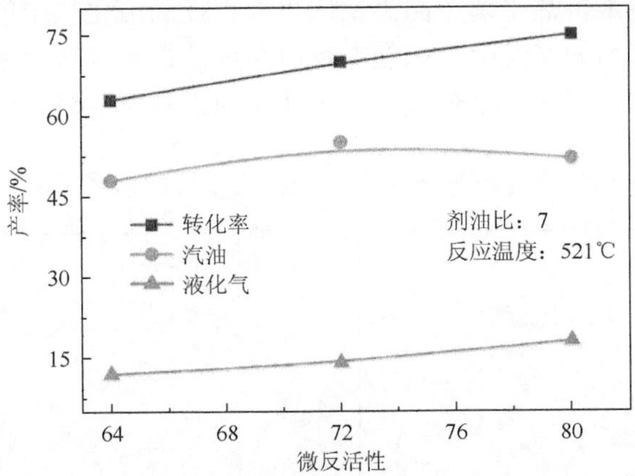

图 8-2-2　催化剂活性与过度裂化

催化剂的活性取决于其组成和结构。例如，分子筛催化剂的活性比无定形硅酸铝催化剂的活性高得多；又如，同一类型的催化剂，当比表面积较大时常表现出较高的活性。在反应过程中，催化剂表面上的积炭逐渐增多，活性会随之下降。单位催化剂上的焦炭沉积量 C 主要与催化剂在反应器内的停留时间 θ 和剂油比

（C/O）有关。

$$C = a\theta^b \tag{8-2-1}$$

剂油比（C/O）是催化剂循环量与总进料量之比，实际上剂油比反映了单位催化剂上有多少原料进行反应并在其上沉积焦炭。因此，剂油比大时，单位催化剂的积炭量较少，催化剂活性下降的程度较小。此外，剂油比大时原料与催化剂有更多的接触机会，有利于提高反应速率。

2）反应温度对反应速率的影响

提高反应温度则反应速率增大，催化裂化反应的活化能在 42～125 kJ/mol，反应速率的温度系数 k 为 1.1～1.2，即温度每升高 10℃反应速率提高 10%～20%。烃类热裂化反应的活化能较高，为 210～290 kJ/mol，其反应速率的温度系数 k 为 1.6～1.8，比催化裂化的 k 高得多。因此，当温度提高时，热裂化反应的速率提高得比较快；当反应温度提高到很高时（如 500℃时）热裂化反应变得重要。此时，裂化产品中开始出现热裂解反应产物的特征，如气体 C_1、C_2 增多、产品的不饱和度增大等。应当指出，即使是在这样的高温下，主要的反应仍然是催化裂化反应，而不是热裂化反应。

图 8-2-3 为 Grace 公司使用工业平衡剂（微反活性为 72）和减压馏分油（VGO）在提升管中试装置上的实验，展示了反应温度这一关键变量对催化裂化的影响。对于给定的催化剂和原料油，调整操作变量，可以在一定范围内改变焦炭产率，催化装置自身仍能维持热平衡；高温反应可大大提高液化气中的烯烃产率；提高反应温度可提高汽油的辛烷值，但随着反应温度的提高，转化率也随之提高，汽油选择性先升后降，存在一个最大值。因此，为提高汽油辛烷值而提高反应温度的幅度要适当。

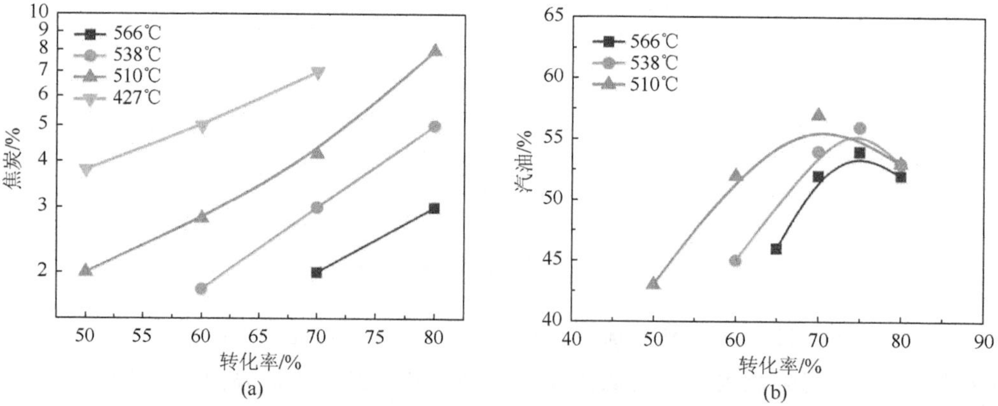

图 8-2-3　温度对催化裂化反应性能的影响

3）空速和反应时间

一般地，低空速则反应时间长（油剂接触时间长），高空速则反应时间短。空速分为重时空速（WHSV）和体积小时空速（VHSV）两种，前者是每小时进油的质量除以反应器内催化剂的藏量，后者为进料体积流率与反应器的有效体积之比。对于提升管催化裂化，催化剂在提升管中稀相输送，采用反应时间的概念更为直观，反应时间就是油气在提升管中的停留时间。

油气停留时间显著地影响催化裂化的产品分布，油气停留时间太短，单程转化率太低；油气停留时间太长，则出现过度裂化。即对汽油收率而言，存在着一个最佳汽油停留时间，在等转化率下，提高催化剂活性就要降低油气停留时间。

图 8-2-4 是 5 kg/h 小型提升管催化裂化装置，以中原馏分油为原料的实验结果。在同一反应温度下，反应时间从 3.2 s 缩短到 1.3 s 后，轻质油收率提高 4.77 个百分点，干气收率随反应时间缩短也急剧下降。说明干气产率主要是反应时间的函数，与催化剂活性和剂油比关系不大；气体中烯烃含量也有所增加，汽油辛烷值也有所提高，主要因为氢转移是二次反应，需要等反应进行到一定程度时才逐步发生。

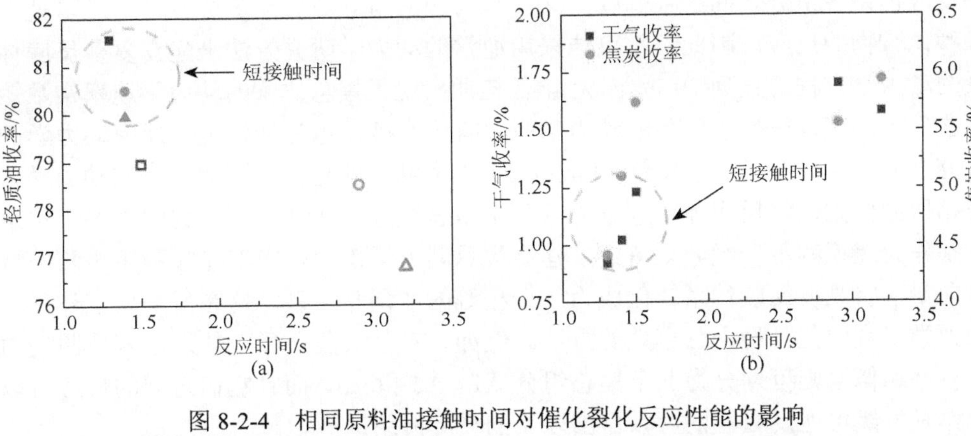

图 8-2-4　相同原料油接触时间对催化裂化反应性能的影响

4）原料性质对反应速率的影响

对于工业用催化裂化原料，在族组成相似时，沸点范围越高则越容易裂化。但对分子筛催化剂来说，沸程的影响并不重要，而当沸点范围相似时，含芳烃较多的原料较难裂化。工业装置常采用回炼操作以提高轻质油的产率，但是回炼油含芳烃多，较难裂化，需要苛刻的反应条件。实际生产中采用不把全部回炼油传送回反应器而将一部分回炼油直接作为产品或将加氢精制或加氢裂化与催化裂化结合的办法解决。

5）油气分压对反应速率的影响

油气分压的提高意味着反应物浓度的提高，因而反应速率加快，同时由于催化裂化是分子增加的反应，增加压力会降低系统的动力消耗并使系统的体积减小对过程有利。但是二次反应的级数比一次反应高，提高反应压力加快了烯烃等的转化速率，也提高了生焦的反应速率，对反应不利。综合考虑目前采用的反应压力在 0.1～0.4 MPa；对没有设回收能量的烟气轮机装置，多采用较低的反应压力，一般在 0.2 MPa 以下。

2. 催化裂化反应动力学模型

催化裂化反应动力学模型以数学的形式定量地、综合地描述诸多因素对反应结果的影响。如果模型预测的结果能较准确地反映实际情况，则对优化设计、优化生产操作有重要的作用，甚至对发展新技术有重要的指导意义。因此，鉴于催化裂化在炼油工艺中的重要地位，对催化裂化反应动力学的研究受到了各国炼油科学工作者们的极大重视和关注。

催化裂化过程是一种包含成千上万种组分，并同时进行各种反应的高度偶联的复杂反应体系。在研究复杂反应体系的动力学规律时，将面临两个方面的问题：①反应体系各组分之间的强偶联；②参与反应的组分数可能多达万种，难以处理每种化合物的反应。因此，不可能采用通常的动力学研究方法来建立复杂反应体系的动力学方程。直到 20 世纪 60 年代初期出现了集总体系的动力学速率常数矩阵法后，才使复杂反应体系的动力学研究有了突破，也为催化裂化反应动力学的研究开创了新局面。所谓集总（lumping）的方法，就是按照同类分子的动力学特征相似的原则，将反应体系划分为若干个集总组分，在动力学研究中把每个集总分别作为虚拟的单一组分来考察，建立集总动力学模型。韦潜光等利用矩阵的特征向量，将高度偶联体系转化成为一个相等的非偶联体系，这在复杂反应体系的动力学研究中是一种十分有效的方法。例如，对某个复杂反应体系，若按照动力学特性相似原则可划分为三个集总组分 A1、A2 和 A3，而且它们之间的反应可以看作是一级可逆反应，则可以作出以下的反应网络：

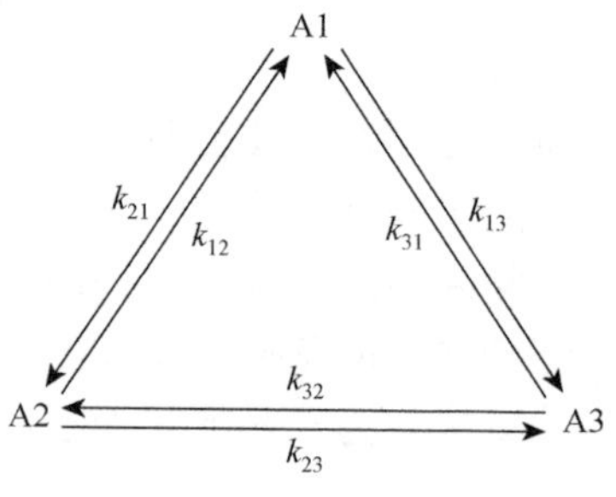

各组分的变化率可以用下述线性微分方程组来描述：

$$\begin{pmatrix} \dfrac{\mathrm{d}a_1}{\mathrm{d}t} \\ \dfrac{\mathrm{d}a_2}{\mathrm{d}t} \\ \dfrac{\mathrm{d}a_3}{\mathrm{d}t} \end{pmatrix} = \begin{pmatrix} -(k_{21}+k_{31}) & k_{12} & k_{13} \\ k_{21} & -(k_{12}+k_{32}) & k_{23} \\ k_{31} & k_{32} & -(k_{13}+k_{23}) \end{pmatrix} \begin{pmatrix} a_1 \\ a_2 \\ a_3 \end{pmatrix} \tag{8-2-2}$$

式（8-2-2）可用一个矩阵方程来表示：

$$\frac{\mathrm{d}\vec{a}}{\mathrm{d}t} = K\boldsymbol{a} \tag{8-2-3}$$

其中，$\boldsymbol{a}$ 为组成矢量；K 为反应速率常数矩阵。对于有 n 个集总组分的反应体系，可写出 n 个微分方程。以上述微分方程为基础，加以考虑影响反应速率常数的因素（如催化剂的活性及失活速率、反应温度等因素）就可以形成一个反应动力学数学模型。集总动力学方法对石油及其馏分这样的复杂反应体系无疑是一种较合适的处理方法，因此它已被应用于多种石油馏分的反应过程。实际上，早在1959年，R. B. Smith 就提出了用于石脑油催化重整过程的三集总（芳烃、环烷烃和脂肪烃）动力学模型。在20世纪60年代，J. Wei 等对集总动力学做了较深入的理论研究，促进了这种方法的发展。

Weekman 等首先开发的三集总动力学模型是将催化裂化反应系统中所有组分归并为三个集总：原料油，汽油，焦炭+裂化气。三集总模型把整个原料看成一个集总组分，而实际上它却是一个沸程较宽的复杂混合物，因此采用拟二级反应来处理比较合适。但对于汽油来说，由于它的沸程较窄，各组分裂化性能差异不大，所以仍把汽油裂化看作一级反应。此外，因焦炭在催化剂上不断沉积，反应速率也会随之下降，而生焦速率基本上是催化剂停留时间的函数，故可用 t 来表示催化剂的失活函数。对于流化床这样的稳态反应器，组成不随时间变化且催化剂的失活速率符合一级规律。于是对等温、气相平推流反应器，且在指点内扩散忽略不计的情况下，上述反应体系可用两个连续方程描述：

$$\frac{\partial y_1}{\partial t} + U_V \frac{\partial y_1}{\partial t} = -R_1(y_1, t) \tag{8-2-4}$$

$$\frac{\partial y_2}{\partial t} + U_V \frac{\partial y_2}{\partial Z} = a_1 R_1(y_1, t) - R_2(y_2, t) \tag{8-2-5}$$

图8-2-5是由三集总动力学给出的不同的过度裂化比 r 对选择性的影响，随着转化率的增加，汽油产率也不断增长，当达到最大值后迅速下降。此外，随着 r 的减少，最大汽油产率的数值也随之增大，说明减少不良的二次反应可明显提高汽油产率。三集总模型简单、使用方便，但对反应影响更大的是不同原料中烷烃、环烷烃、芳烃等化学组成的不同，因而这样得到的动力学常数会因原料不同而变

化，其使用范围受到很大的限制。

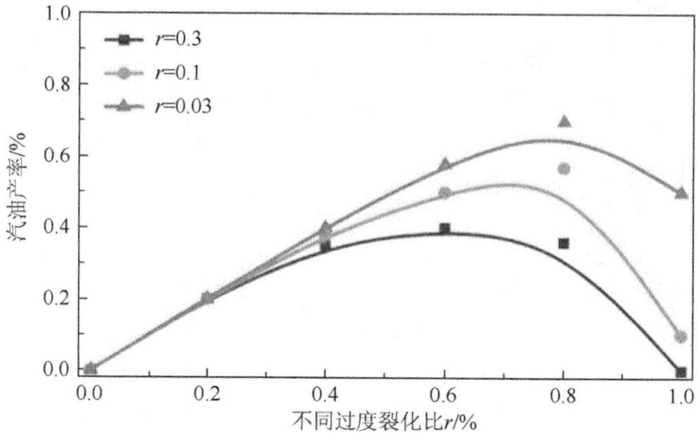

图 8-2-5　不同过度裂化比 r 对选择性的影响

在 20 世纪 70 年代，Weekman 等根据原料与产品的轻重及化学性质进行分类又开发了十集总模型（图 8-2-6）。该模型把反应体系划分为 10 个集总组分：P_h（＞343℃的烷烃）；N_h（＞343℃的环烷烃）；C_{Ah}（＞343℃的芳香烃）；C_h（＞343℃的芳香烃中的烷基侧链）；P_1（221～343℃的烷烃）；N_1（221～343℃的环烷烃）；C_{A1}（221～343℃的芳香核）；C_1（221～343℃的芳香烃中的烷基侧链）；G（C_5～221℃的汽油）；C（C_1～C_4的气体及焦炭）。由这 10 个集总组分形成一个反应网络，假设都是一级不可逆反应；在烷烃、环烷烃、芳烃等集总组分之间没有相互作用；芳烃的核不能开环，但芳烃中的侧链会断裂。把芳烃中的芳核和烷基侧链分别处理是本模型成功的关键之一；除了生成焦炭的反应外，小分子不能生成大分子。根据所形成的反应网络可以写出一组微分方程。由于都是一级反应，这组微分方程式也可以由式（8-2-2）那样的矩阵方程来表示。十集总动力学模型不仅能很好地拟合实验数据，而且与工业提升管反应器的产率数据也能很好地吻合。利用此模型可以在较宽的反应条件范围内对各种组成的原料较好地预测其他裂化反应行为。因此，此模型对优化设计和优化生产操作颇有使用价值。

20 世纪 90 年代后，催化裂化工艺技术面临了原料劣质化、产品清洁化和多样化的挑战，促使新的催化裂化工艺及技术不断涌现。催化裂化集总反应动力学模型的研究为满足应用的需要也取得了长足的进步，我国作为催化裂化大国，在这方面表现尤为突出。在我国，对集总动力学模型也做了不少研究工作。例如，在十集总动力学模型的基础上，开发了适合我国原料及催化剂特点的催化裂化反应十一集总动力学模型。与十集总模型相比较，主要是将原来的 C_{Ah} 分为代表一、二环芳环的集总组分和代表多环芳烃的集总组分。此外，为适应掺炼渣油的需要，还开发了十三集总动力学模型。

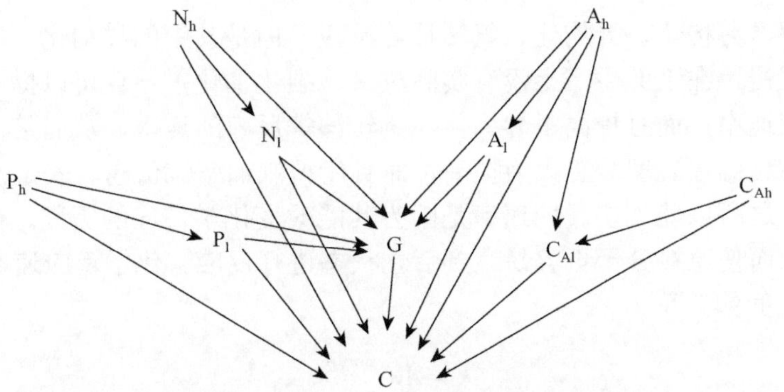

图 8-2-6　催化裂化十集总动力学示意图

一个成功的集总动力学模型的建立，合理的集总划分是关键。同时，简单可靠的数据来源、快捷正确的参数估计等建模过程中必不可少的辅助步骤也是建模成功的保障。而随着催化裂化集总动力学模型的不断发展，这些方面也越来越成熟和完善。在集总划分后，依据反应机理建立集总间的反应网络，而此集总反应网络中的各动力学参数通常是通过实验测定和参数估计相结合获得的。集总反应网络尽管相对于实际反应体系来说已大量简化，但因本身反应系统的复杂性及为满足应用的需要，集总反应网络仍有不少的动力学参数。无论是从实验室还是工业装置获得基础数据后，均须对模型参数进行优化确定。参数估计是获得可靠模型参数的重要环节，随着反应动力学模型的全面发展，各种行之有效的参数估计方法应运而生。新型参数估计方法的选用大大提高了多参数估计的可靠性，既减少了测定速率常数的实验工作量，又不失参数估计的准确性，使建模过程更快捷、高效、准确，使得动力学模型的研究更上一层楼。

催化裂化集总反应动力学模型经过近半个世纪的发展，在模型的开发和应用上都取得了令人瞩目的成就。随着催化裂化新技术新工艺的不断涌现，如今的集总划分越来越合理，参数估计方法更为先进多样，辅助模型更加丰富易用，集总模型越来越完善，适应性更强，应用范围更广，并在推动催化裂化新技术新工艺的发展中起到了助推作用。集总反应动力学模型的成熟，为更高层次的复杂反应体系反应动力学模型——分子尺度反应动力学模型的研究奠定了良好的基础。

8.3　催化裂化催化剂

催化剂的作用是促进化学反应，提高反应器的处理能力。此外，催化剂还能有选择性地促进某些反应。因此，催化剂还能对产品的产率分布及质量好坏起到重要作用。例如，从热力学的角度来分析，在450～500℃及常压条件下，烃类可以进行分解、芳构化、异构化、氢转移等反应。但是其中的异构化、氢转移等反应的速率很慢，在工业生产上没有实际意义。裂化催化剂不仅可以提高分解、芳构化等反应速率，而且提高了异构化、氢转移等反应的速率，从而使催化裂化装置生产能力相比热裂解装置大为提高，而且所得汽油辛烷值高、安定性好。

催化剂之所以能加快反应速率是因为其能改变化学反应的历程，使反应活化能降低，从而使原料分子更容易达到活化状态进行反应。化学反应速率常数 k 与活化能 E 之间的关系为

$$k = A\mathrm{e}^{-E/(RT)} \tag{8-3-1}$$

由式（8-3-1）可知，在一定反应温度下，活化能越低，反应速率就越高，由于 E 为指数项，其影响非常显著。石油馏分的热裂化反应是通过自由基途径进行的，其活化能为 210～293 kJ/mol，而催化裂化反应则是通过正碳离子途径进行，其活化能可降至 42～125 kJ/mol，从而大大提高了反应速率。在催化裂化装置中，催化剂不仅对装置的生产能力、产品产率及质量好坏、经济效益起主要影响，还对操作条件、工艺过程和设备型式的选择有重要影响。

工业 FCC 催化剂自 1936 年问世以来，经历数十年发展，目前在实践和认识上都已达到相当高的水平。下面介绍几种代表性的工业 FCC 催化剂。

8.3.1　天然白土催化剂

天然白土是一种结构稳定、性能优良的天然固体酸性材料。催化裂化发展的初期就直接采用粉状的白土作催化剂。其中，性能最好的是经过热酸处理的膨润土催化剂，热酸处理能除去骨架中的铝、铁离子，因而形成强酸性的 H^+，表现出较高的裂化活性。

8.3.2　全合成硅酸盐裂化催化剂

人工合成的硅酸铝裂化催化剂的主要成分与天然白土相同，其主要成分为 $SiO_2 \cdot Al_2O_3$，无晶体结构，称为无定形硅酸铝催化剂。人工合成的硅酸铝催化剂内孔表面高出天然白土催化剂十倍以上，具有更高的裂化活性，一经出现即在工业上获得广泛应用。全合成硅酸铝催化剂的表面积约为 600 m^2/g，并含有孔径约为 5 nm 的介孔结构，有助于馏分油分子进入催化剂孔隙中进行反应，生成所需的较小分子产物。全合成硅酸铝催化剂具有强酸性中心和较强的催化裂化反应能力，在沸石裂化催化剂尚未大量使用之前，工业上所用的裂化催化剂几乎全都是合成硅酸铝催化剂。早期用的催化剂含 10%～13% Al_2O_3，称为低铝硅酸铝裂化催化剂。

后来，由于市场上对汽油辛烷值要求日益提高，又发展了含 24%～26% Al_2O_3 的高铝硅酸铝裂化催化剂。采用高铝催化剂还有助于降低催化剂的补充量，随烟气流失的催化剂量也随之下降。

最先在工业上采用的反应器型式为固定床反应器。预热后的原料进入反应器内进行反应，通常只经过几分钟到几十分钟，催化剂活性就因表面积炭而下降。这时，停止进料，用水蒸气吹扫后，通入空气进行再生。因此，反应和再生是轮流间歇地在同一个反应器内进行。为了在反应时提供热量在再生时取走热量，在反应器内装有取热的管束，用一种熔盐循环取热。为了使生产连续化，可以将几个反应器组成一组，轮流进行反应和再生。固定床催化裂化的设备结构复杂，生产连续性差，在工业上已经被其他型式代替，但是在试验研究中还有一定价值。

片状的裂化催化剂用于固定床，小球裂化催化剂用于移动床裂化，流化床装置早期用的是磨碎的粉状合成裂化催化剂，后改为微球状合成催化剂。在 20 世纪 40 年代初，移动床催化裂化和流化床催化裂化差不多同时发展起来。移动床催化裂化的反应和再生分别在反应器和再生器内进行。原料油与催化剂同时进入反应器顶部，它们相互接触，一边进行反应，一边向下移动。当它们移动至反应器的下部时，催化剂表面已经沉积了一定量的焦炭，于是油气从反应器的中下部导出，催化剂从底部卸出，再由提升管用空气提升至再生器顶部，在再生器内向下移动的过程中进行再生。再生过的催化剂经另一根提升管又提升至反应器。为了便于移动和减少磨损，将催化剂做成直径 3～6 mm 的小球。由于催化剂在反应器和再生器之间循环，起到热载体作用。因此，移动床可以不设置加热管。但是在再生器中，由于再生时放出的热量很大，虽然循环催化剂可以带走一部分热量，但仍不能维持合适的再生温度。因此，在再生器内还需分段安装一些取热管束，用高压水进行循环以取走剩余的热量。采用微球状催化剂是流化催化裂化的一项较大的技术改进，不仅裂化活性高于天然白土催化剂，而且有适于流化催化裂化装置的粒度分布、球形度、耐磨强度等物性，它不仅改善了装置的流化质量，而且大大降低了催化剂的损失。它是为流化催化裂化工艺量身打造的第一种催化剂。流化床催化裂化的反应和再生也分别是在两个设备中进行，其原理与移动床相似，只是在反应器和再生器内，催化剂与油气或空气形成与沸腾液体相似的流化状态。为了便于流化，催化剂制成直径为 20～100 μm 的微球。由于在流化状态时，反应器或再生器内温度分布均匀，而且催化剂循环量大，可以携带的热量多，减少了反应器和再生器内温度的变化幅度，因而不必再在设备内专设取热设施，从而大大简化了设备结构。图 8-3-1 为催化剂进步对裂化反应性能的影响。

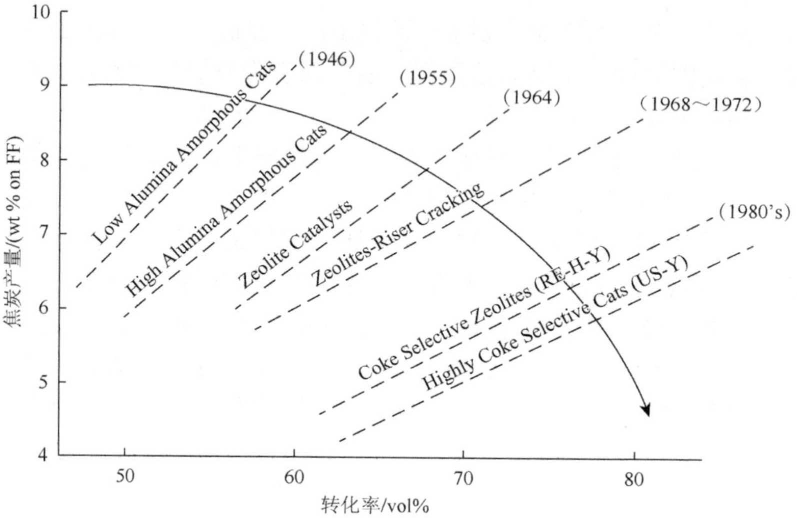

图 8-3-1　催化剂进步对裂化反应性能的影响

8.3.3　沸石分子筛裂化催化剂

分子筛催化剂在催化裂化中的应用是催化裂化技术在 20 世纪 60 年代的重大发展。与无定形硅酸铝相比，分子筛催化剂有更高的选择性、活性和稳定性。因此很快取代了无定形硅酸铝催化剂。分子筛也是一种多孔性物质，具有很大的内表面，新鲜分子筛催化剂的比表面积一般在 600～800 m^2/g，但分子筛具有晶体结构，孔的排列规则，孔的直径均匀，其孔径大小为分子大小数量级。分子筛催化剂的表面也具有酸性，由质子酸和非质子酸形成的酸性中心密度比无定形硅酸铝大得多。分子筛催化剂的活性比无定形硅酸铝催化剂高得多。当用某些单体烃的裂化速率来比较时，某些分子筛催化剂活性比硅酸铝竟高出上万倍。这使得催化裂化反应时间由原来的 30 min 缩短为现在的提升管的 2～3 s。但这样高的活性在目前的生产工艺中还难以完全发挥。因此，目前在工业上所用的分子筛催化剂中仅含 10%～35%的分子筛，其余的是起稀释作用的载体（也称基质）及黏结剂。工业上最主要采用的载体是硅酸铝。

早期工业应用的是 X 型分子筛催化剂，由于 X 型分子筛固有的热稳定性问题，不久即改用 Y 型分子筛。Y 型分子筛的单元晶胞由八个削角八面体组成，削角八面体的每个顶端是 Si 原子或 Al 原子，其间由氧原子相连接。由八个削角八面体围成的空腔称为“八面沸石笼”，它是催化反应进行的主要场所。进入八面沸石笼的主要通道是由十二元环组成，其平均直径为 0.74 nm（图 8-3-2）。

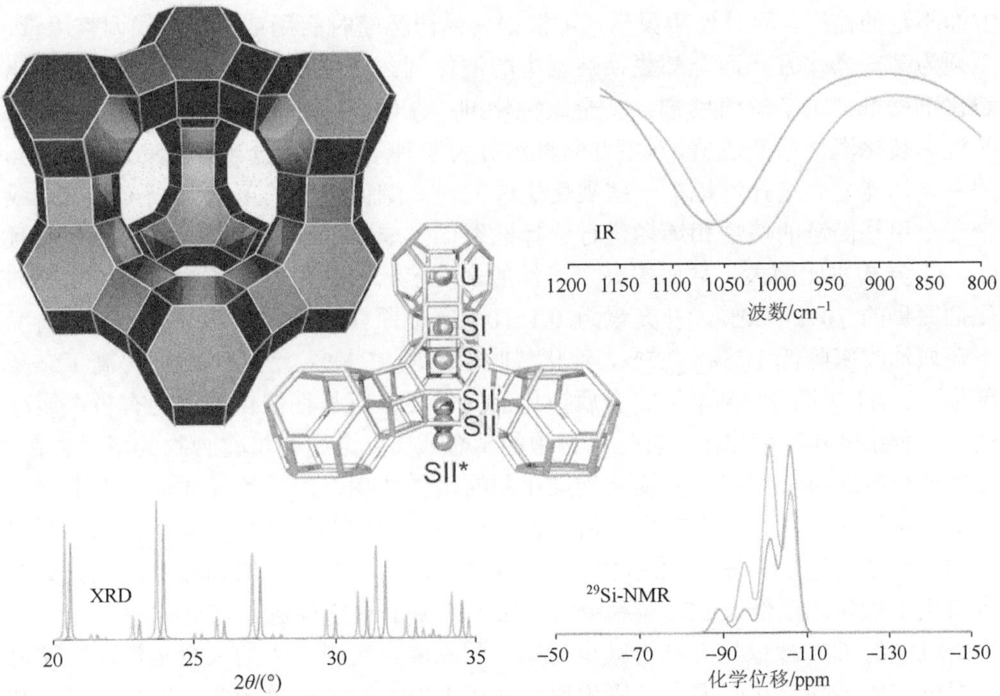

图 8-3-2　Y 型分子筛示意图

早期的分子筛催化剂主要用于湍动床催化裂化装置，活性太高。停留时间一长就容易产生过度裂化，因此催化剂仅含 5%～10%的沸石。为充分发挥分子筛催化剂的优势，研究人员开发了提升管催化裂化工艺，相应的催化剂的沸石含量提高到 14%～16%。在 20 世纪 60 年代，高活性和选择性的沸石催化剂，与接近平推流的提升管工艺过程相结合，使得催化裂化这一平行-顺序反应的轻油收率提高了 10 个百分点以上，促成了催化裂化工艺技术第二次革命。这也说明了先进的催化剂与反应器技术结合，是这一最大催化过程提高效率的核心所在。

随着催化裂化加工过程的发展，对催化裂化产品质量的要求也不断提高，各国相继推出了汽油无铅化计划和汽油辛烷值的严格指标。这对催化裂化过程中催化剂的使用性能提出了更高的要求。因此，裂化催化剂中开始大量采用超稳 Y（USY）沸石为活性组元，在提高汽油辛烷值和改善焦炭选择性的同时，大幅降低了催化汽油的烯烃量。而由于 USY 具有良好的选择性，生焦低，不仅适用于提高汽油辛烷值的催化裂化，而且也适用于掺渣油的催化裂化。

近 30 年来，在裂化催化剂发展的同时，起多种辅助作用的助催化剂也有了很大发展。这些助剂主要以添加剂的方式加入催化剂中，起到补充裂化催化剂某些方面不足的作用，而且使用灵活，可根据具体情况随时启用或停用，或调整用量，无须为某一操作方式而全部更换装置中的催化剂。这里主要介绍三种典型的催化裂化剂助剂：①辛烷值助剂；②金属钝化剂；③CO 助燃剂。辛烷值助剂的作用是提高裂化汽油的辛烷值，其主要活性组分为一种中孔择形分子筛 ZSM-5。ZSM-5的主要功能是有选择性地把一些裂化生成的、辛烷值很低的正构 C_7～C_{13} 烷烃或带一个甲基侧链的烷烃和烯烃进行选择性裂化生成辛烷值高的 C_3～C_5 烯烃，而且 C_4、C_5 异构物比例大，从而提高了汽油的辛烷值。辛烷值助剂的加入量为系统催化剂藏量的 10%～20%，补充量为 0.1～0.4 kg/t 原料油。使用助剂后，一般情况下轻质油收率降低 1.5%～2.5%，液化气收率约增加 50%，汽油 MON 提高 1.5～2 单位，RON 提高 2～3 单位。金属钝化剂的主要作用是使催化剂上的有害金属减活，从而减少其毒害作用。裂化原料中的重金属（以金属有机化合物的形式存在）会对催化剂起毒害作用，如镍会使催化剂的选择性变差，导致轻质油产率下降、焦炭产率增大、氢气产率增大，钒会在高温下使催化剂的活性下降等。CO 助燃剂的作用是促进 CO 与 O_2 在密相氧化成 CO_2，从而减少再生器稀相及旋风分离器入口由于颗粒浓度低、CO 与剩余氧气接触带来的尾燃问题。与此同时，减少排出烟气中的 CO 含量，有利于减少污染、回收烧焦时应产生的大量热量，可使再生温度有所提高，从而提高了烧焦速率并使再生剂的含碳量降低，提高了再生剂的活性和选择性，有利于提高轻质油收率。

8.4　裂化催化剂的失活与再生

在反应-再生系统中，裂化催化剂的活性和选择性不断下降，此现象称为催化剂的失活。裂化催化剂的失活原因主要有三种：①水热失活；②结焦失活；③重金属毒物引起的失活。

8.4.1　水热失活

在高温时，特别是有水蒸气存在的条件下，裂化催化剂的表面结构发生变化，比表面积和孔容减小，分子筛的晶体结构被破坏，导致催化剂活性和选择性下降。无定形硅酸铝催化剂的热稳定性较差，当温度高于 650℃时失活很快。分子筛催化剂的热稳定性比无定形硅酸铝的要高得多，稀土 Y 分子筛的晶体崩塌温度为 870～880℃，超稳 Y 分子筛的崩塌温度为 950～980℃。实际上，在高于 800℃时，许多分子筛就已开始有明显的晶体破坏现象发生。在工业生产中，对分子筛催化剂，一般在小于 650℃时催化剂失活很慢，在小于 720℃时失活并不严重，但当温度大于 730℃时，失活问题就比较突出了。水热失活在早期失活速率很快，然后再逐渐减慢。若在排除失活速率很快的早期阶段，则可用一级反应动力学方程来描述失活过程。

$$\mathrm{d}A / \mathrm{d}\tau = k_{\mathrm{d}} A \tag{8-4-1}$$

工业裂化再生器一般都采用流化床反应器，催化剂颗粒在再生器内都有不同程度的返混。故必有某种停留时间分布，那么其水热失活程度也不同。表 8-4-1 为新解剖与水热减活平衡剂的物性比较。

表 8-4-1　新鲜剂与水热减活平衡剂的物性比较

物性参数	新鲜剂	平衡剂
表面积/(m^2/g)	200～640	60～130
孔体积/(mL/g)	0.17～0.71	0.16～0.45
堆积密度/(g/mL)	0.48～0.53	0.70～0.82
微反活性/(MA)	70～83	56～70

8.4.2　结焦失活

催化裂化反应生成的焦炭沉积在催化剂表面上，覆盖催化剂上的活性中心，使催化剂的活性和选择性下降。催化裂化过程是典型的工业催化过程，其结焦失活速率比裂化反应速率快，因而再生器是催化裂化过程设计与操作的重点。随着反应的进行，催化剂上沉淀的焦炭增多，失活程度也增大。工业催化裂化所产生的焦炭包括四类焦炭：催化焦，烃类在催化剂活性中心上反应时生成的焦炭，其氢碳比较低（H/C 原子比约为 0.4），催化焦随反应转化率的增大而增大；附加焦，原料中的焦炭前身物（主要是稠环芳烃）在催化剂表面上吸附、经缩合反应产生的焦。通常认为在全回炼时附加焦的量与康氏残碳值大体上相当；可汽提焦，因在汽提段汽提不完全而残留在催化剂上的重质烃类，其氢碳比较高。可汽提焦的量与汽提段的汽提效率、催化剂的孔结构状况等因素有关；污染焦，由于重金属沉积在催化剂表面上促进了脱氢和缩合反应而产生的焦。污染焦的量与催化剂上的金属沉积量、沉积金属的类型及催化剂的抗污染能力等因素相关。由于分子筛催化剂酸性高，积炭催化剂不仅活性差，低选择性更差，因而要求再生催化剂的碳含量在 0.1%以下，这对再生器的设计与操作带来了很大的挑战，通常单段流化床再生器不能完全满足要求。

Voorhis 通过对大量数据的分析认为：尽管焦炭产率与催化剂的类型、原料组成及操作条件有关，但是沉积在催化剂上的焦炭与反应时间的关系基本上是相同的。此关系式为

$$C_{\mathrm{c}} = A t_{\mathrm{c}}^{n} \tag{8-4-2}$$

Voorhis 方程计算的是催化焦，在有关馏分油催化裂化的反应动力学模型中已被广泛应用。该方程是经验性关联式，在工业应用时应注意准确地确定式中 A 和 n 的数值。

8.4.3 重金属毒物引起的失活

在实际生产中，裂化催化剂的毒物主要来源于原料油中的某些金属（铁、镍、铜、钒等重金属及钠和碱性氮化物）在催化剂上的沉积，由于这些金属不能像焦炭一样通过烧焦再生除去，因而会造成催化剂永久失活。一般原料越重，重金属含量越高。这几种重金属对催化剂影响的方式和程度有所不同，其中以镍和钒的影响最大。在催化裂化反应条件下，镍起着催化脱氢促进积炭的作用，使催化剂的选择性变差，其结果是焦炭产率增大，液体产品产率下降，产品的不饱和度增加，气体中的氢含量增大；钒会破坏分子筛的晶体结构并使催化剂的活性下降。在催化剂上金属含量低于 3000 μg/g 时，镍对选择性的影响比钒大 4～5 倍，而在高含量时（15 000～20 000 μg/g），钒对选择性的影响与镍达到相同的水平。重金属污染的影响还与其老化程度有关，已经老化的重金属污染作用要比新沉积金属的作用弱得多。

催化剂上的重金属来源于原料油，国外许多原油的钒含量较高，我国多数原油的镍含量较高。一般情况下，以馏分油为原料时，镍和钒的含量在几个到几十个 ppm（1 ppm=10^{-6}），由于催化剂平均消耗为 1 kg/1 t 原料，这样平衡催化剂上重金属含量在数千至几万 ppm 量级，重金属污染的程度并不严重。对重油催化裂化，催化剂的重金属污染是个严重的问题，特别是镍的脱氢活性，使得重油催化过程氢气量大增，装置处理能力大幅下降。碱金属和碱土金属以离子态存在时，可以吸附在催化剂的酸性中心上并将之中和，从而降低了催化剂的活性。在实际生产中，钠对裂化催化剂的毒害是需要注意的。钠会中和酸性中心而降低催化剂的活性，而且会降低催化剂结构的熔点，使之在再生温度条件下发生熔化现象，把分子筛和基质一同破坏。除了金属外，碱性氮化物对裂化催化剂也是毒物，它会使催化剂的活性和选择性降低，这也是催化裂化不能处理煤焦油的核心原因之一。碱性氮化合物的毒害作用的大小除了与总碱氮含量有关外，还与其分子结构有关。

由上述讨论可见，裂化催化剂的活性和选择性在使用过程中会受到各种因素的影响而逐渐发生变化，因此新鲜催化剂的活性并不能反映工业装置中实际催化剂的活性。在实际生产中，通常用“平衡活性”来表示装置中实际的、相对稳定的催化剂活性。影响裂化催化剂平衡活性的因素很复杂，主要包括催化剂的水热失活速率、催化剂的置换速率及催化剂的重金属污染。严格来说，裂化催化剂的失活始终不是一个稳态过程，达不到真正的动力学平衡条件。因此，在实际生产中，所谓的“稳定的”平衡活性不可能是真正固定不变的。

8.4.4　裂化催化剂的再生

裂化催化剂在反应器和再生器之间不断循环，通常在离开提升管反应器时催化剂上含碳量约为 1%，需在再生器内烧去积炭以恢复催化剂活性。对无定形硅酸铝催化剂，要求再生剂的含碳量降至 0.5%以下，对分子筛催化剂则一般要求降至 0.2%以下，而对 USY 分子筛催化剂甚至要求降至 0.05%以下。通过再生可以恢复由于结焦而丧失的活性，但不能恢复由于结构变化及金属污染引起的失活。裂化催化剂的再生过程决定着整个装置的热平衡和生产能力，因此，在研究催化裂化时必须十分重视催化剂的再生问题。

催化剂上沉积的焦炭主要是反应缩合产物，它的主要成分是碳和氢。此外，焦炭中也会含有从裂化原料而来的硫和氮。焦炭的经验分子式可写成$(CH_n)_m$，一般情况下，n 值在 0.5～1。催化剂再生反应就是用空气中的氧烧去沉积的焦炭，再生反应的产物是 CO_2、CO 和 H_2O。一般情况下，再生烟气中的 CO_2/CO 比值在 1.1～1.3。再生反应是放热反应，而且热效应相当大，足以提供本装置热平衡所需的热量。当 CO_2/CO 比值比较大、焦炭产率高，特别是以重油为裂化原料时，还可以提供相当大量的剩余热量。

再生反应速率决定再生器的效率，直接对催化剂的活性和选择性、装置的生产能力有重要影响。影响烧焦反应速率的主要因素有再生温度、氧分压、催化剂的含碳量等。催化剂上焦炭的燃烧反应机理比较复杂，一般多采用简单的反应速率方程来描述：

$$\mathrm{d}C / \mathrm{d}t = k_\mathrm{c} pC \tag{8-4-3}$$

其中，C 为催化剂上含碳量（%）；k_c 为烧炭反应速率常数；p 为氧分压。在实际生产中，结焦催化剂的再生是在流化床中进行的，流化状态对反应物的有效浓度有直接影响，从而也对再生反应速率产生重要影响。若催化剂在再生器中处于完全返混状态，则有效含碳量即为再生剂的含碳量，与待生催化剂的含碳量无关。但在高气速流化床中，由于固体颗粒的返混程度减少，有效含碳量比再生剂含碳量高得多，烧炭反应速率也相应提高。基于装置流化状态的烧炭速率定义为烧炭强度：

$$G(C_0 - C_\mathrm{R}) / W = VkpC_\mathrm{R} \frac{X_0 - X_\mathrm{f}}{\ln(X_0 / X_\mathrm{f})} \tag{8-4-4}$$

其中，G 为催化剂循环量（t/min）；W 为再生器催化剂藏量（t）；C_0、C_R 为待生剂及再生剂含碳量；k 为烧炭反应常数；p 为再生器压力；X_0、X_f 为入口空气及出口烟气中的氧体积分数；V 为装置因素。

在再生过程中，烟气中的 NO_x、SO_x 主要来源于积炭中存在的氮硫化合物，它们是造成大气环境污染的主要根源之一。目前硫主要通过催化剂中的硫转移剂转移到提升管中并以 H_2S 形式回收。而 NO_x 则可通过控制氧化-还原气氛的多层流化床进行脱除。新的再生器结构和工艺设计创造出具有氧化区和还原区的多层多区烧焦环境，不仅可以实现 NO_x 于再生器内脱除，也可以解决脱硝所需的还原环境与脱硫所需氧化环境之间的矛盾。NO 在还原区被 CO 还原为 N_2，而 SO_2 在氧化环境与氧气反应生成 SO_3，在后续过程转化为硫酸或硫酸盐。

8.5　流态化基本原理

流化催化裂化的起源是麻省理工学院。该校化工系的 W. K. Lewis 教授意识到了流化床可以很好地促进催化剂在反应-再生系统中循环流动，同时解决反应器内的催化剂失活供热，再生器内的催化剂烧焦取热等工程问题，使该过程可容易地放大到 600 万 t/a 的生产规模。流化催化裂化的反应器和再生器的操作情况、催化剂在两器之间的循环输送及催化剂的耗损率等都与气-固流态化问题有关。无论是建立数学模型、优化生产操作，还是进行设计，都需要以流态化为基础。

8.5.1　流态化域

1. 起始流化速度 u_{mf} 与终端流化速度 u_{t}

在一个底部为小孔筛板的圆筒内装入微球催化剂，让空气自下而上通过床层，测定空气通过床层的压降 Δp：当气体流速小于 u_{f} 较小时，床层内的颗粒并不活动，处于堆紧状态（固定床），此时床层压降随气速 u_{f} 增大而增大；当气速增大至临界流化速度 u_{mf}（也称为起始流化速度）时，催化剂颗粒被气流悬浮起来并做不规则运动，即催化剂颗粒处于流化状态，此时气速增大导致床层继续膨胀而床层压降基本不变；当气速增大到终端速度 u_{t}（也称为带出速度）时，催化剂颗粒被气流带走，床层压降开始下降。起始流化速度由经典的 Ergun 公式结合 Wen-Yu 方程可得

$$Re_{\mathrm{mf}} = [C_1^2 + C_2 Ar]^{0.5} - C_1 \tag{8-5-1}$$

展开其中无量纲数得

$$\frac{d_{\mathrm{p}} u_{\mathrm{mf}} \rho_{\mathrm{g}}}{\mu_{\mathrm{g}}} = \left[C_1^2 + C_2 \frac{d_{\mathrm{p}}^3 \rho_{\mathrm{g}} (\rho_{\mathrm{p}} - \rho_{\mathrm{g}}) g}{\mu_{\mathrm{g}}^2} \right]^{0.5} - C_1 \tag{8-5-2}$$

其中，C_1=33.7，C_2=0.041。

单颗粒终端速率的计算公式为

$$u_t = gd_p^2(\rho_p - \rho_g)/(18\mu_g) \tag{8-5-3}$$

2. 颗粒分类与流态化域

固体颗粒的流化性能与其粒径和密度有关。在流态化研究中常根据颗粒的流态化特征将颗粒进行分类。常见的分类方法是 Geldart 提出的将颗粒分为 A、B、C 和 D 四类的方法。FCC 催化剂是典型的 A 类颗粒。A 类细颗粒流化床的流化状态与床层内的表观气速 u_f 有关，可分为以下六个流态化区域。

（1）固定床：催化剂颗粒相互紧密接触，呈堆积状态。

（2）散式流化床：催化剂颗粒脱离接触，但均匀地分散在流化介质中，不存在聚团现象，床层界面清晰而稳定，具有流体特征。在催化裂化装置中，催化剂的密相输送处于散式流化状态。

（3）鼓泡流化床：随着气速增大，流化床出现了气体的聚集相——气泡。此时气体主要通过气泡的形式通过床层，气泡在气流通过分布板进入床层时形成，在床层中向上运动。气泡向上的运动速度大于气体的线速度，气泡的直径越大，上升的速度越快。在实际应用中，随着气泡的上升，小气泡会相互聚并形成大气泡，气泡的直径也逐渐增大。此时，气固相在大气泡中接触受到极大抑制，大气泡的比表面积减小，传递阻力增大，加之大气泡的快速上升也降低了反应气体的停留时间，这些不利因素都决定了大型鼓泡流化床的设计中如何使进入床层的气体均匀分布是重要课题。

（4）湍动流化床：气速进一步增大，由于气泡不稳定而使得气泡分裂成更多的小气泡，床层内循环加剧，气泡分布更为均匀。此时气体夹带颗粒量大增，使稀相区的固体浓度增大，稀、密相之间的界面变得模糊不清。在此流化状态，催化剂颗粒碰撞达到极大值，传递效果最佳，同时伴随着剧烈的返混。由于再生器需要高效的传热，一般工业再生器多属此类。

（5）快速床：当气速增大使得气体夹带颗粒量已达到饱和夹带量，密相床已不能继续维持而被气流带走，此时需靠一定的固体循环量维持，密相床层的密度与固体循环量密切相关。在快速床阶段，气泡相转化为连续含颗粒的稀相，而连续乳化相逐渐变成由组合松散的颗粒群构成的密相。催化裂化装置的烧焦罐操作气速多在 1～2 m/s 范围内，大部分属于快速流化床。

（6）输送床：当气速增大至即使颗粒循环也无法维持床层时，进入气力输送状态。催化裂化提升管反应器就处于此流化区域。由再生器来的催化剂通过斜管上的节流阀进入提升管的下端，先与提升蒸汽会合，由蒸汽提升向上运动一段距离，再与油气混合，气固混合物呈稀相状态同时向上运动。工业装置一般采用的油气进口线速度为 4.5～7.5 m/s，由于在向上流动的过程中反应生成的小分子油气增加，气体体积增大，因此在提升管出口的气体线速度增大至 8～18 m/s，催化剂也由比较低的初速度逐渐加快到接近油气的速度。由于提升管内气速高，催化剂与油气在提升管内的接触时间短，而且催化剂滑落系数小，返混减小，大大减小了二次反应，这种情况对分子筛催化剂特别有利。

8.5.2　流态化的特点

流态化的核心是将高热容、大比表面积的固体颗粒利用低黏度的气体悬浮起来，参与对流传递从而使其传热能力相比固定床提高十万倍。由于密相流化床的高传热速率和返混，床层各部分的温度比较均匀，避免了局部高温现象，因此对强放热反应（如再生反应）可以采用较高的再生温度以提高烧焦速率。但是密相流化床的返混也会对反应带来不利影响。例如，在再生器中，床层中的有效催化剂含碳量降低到与再生剂含碳量几乎相同，气体中的有效氧含量也大为下降，于是降低了再生反应速率。催化剂颗粒在再生器内的停留时间不一致也导致烧焦效率的降低。图 8-5-1 为流态化区域示意图。

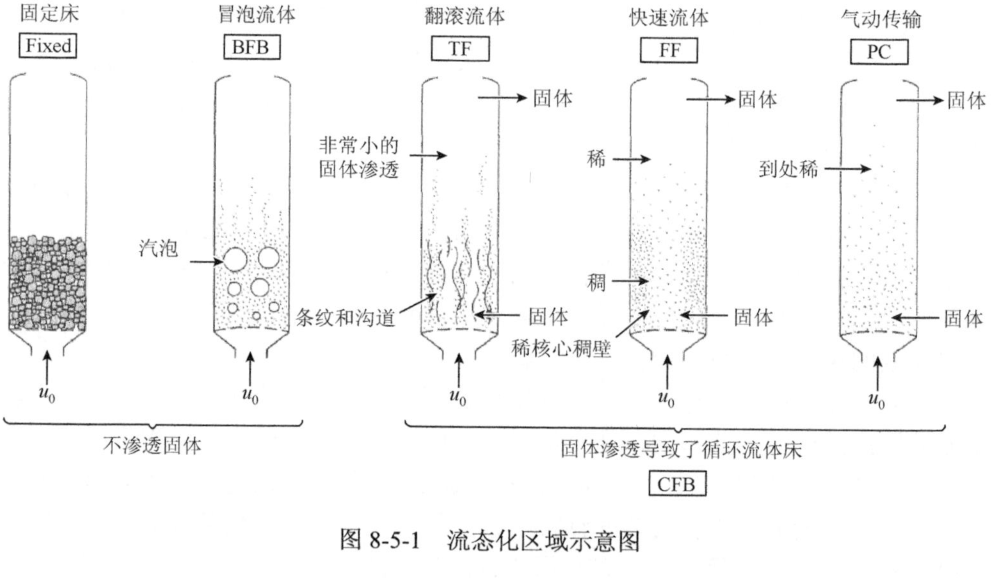

图 8-5-1　流态化区域示意图

密相床中气泡的长大、节涌及沟流的发生使得气固接触非常不均匀，对反应极为不利。因此，一般的鼓泡床反应器转化率较低。对催化裂化再生器，气泡的存在使得气固传质速率下降，使烧焦反应过程常常表现为扩散控制而降低了烧焦速率。湍动床和快速床的应用可以在很大程度上改善上述缺点。

对于催化裂化反应器，密相床的强烈返混造成催化剂在床层的停留时间不均一，有些催化剂没有与反应物充分接触就离开床层，有些则沉积了过多的焦炭而留在床层里，这一点对分子筛催化剂尤为不利。对于反应气体，有些未经过充分反应就离开床层，而另一些则在裂化生成目的产物后仍滞留在床层中继续进行二次反应，生成更多的气体和焦炭，降低了轻质油收率。因此，使用稀相提升管可有效地减小返混，大大减少二次反应。

流态化使得催化剂颗粒具有像流体那样的流动性，装卸、输送都更为灵活方便。催化裂化反应器与再生器之间必须有大量催化剂循环，采用流化床可以容易地实现此目的，催化裂化催化剂的循环还能促进两器之间进行反应气氛的转变及质量、热量传递。由于上述原因及流化床温度分布均匀的特点，催化裂化反应器和再生器内可以完全不用传热构件，极大地简化了设备结构，适应了催化裂化向大处理量、大型化方向发展的需要。

在流化床中，总有一些颗粒被带入稀相进而被气流夹带出反应器。在高气速操作条件下，夹带量是非常大的。因此，在气体离开流化床之前应通过旋风分离器进行催化剂颗粒的回收。流化床中催化剂颗粒的激烈运动加剧了对设备的磨损，也使得催化剂的粉碎率增大而加大了催化剂的损耗。

流化床中的气固两相流具有强耗散的非线性相互作用，流化状态受颗粒性质、气体及气速影响极大，是现代流体力学中最难认识的科学问题之一，一般的解决方法来自于实验和经验。

8.5.3　颗粒的循环与压力平衡

1. 颗粒的循环

由于催化剂不仅要周期性地反应和再生以维持一定的活性水平，而且还要起到取热和供热的热载体作用，因此，流化催化裂化的反应器和再生器之间必须有大量的催化剂循环（600 万 t/a 催化裂化装置催化剂循环量高达 5000 t/h）。因提升管反应时间仅 2～3 s，同时是油气存在的还原环境，而再生器为空气通入的氧化环境，这种大量催化剂的循环要求极为稳定，并需保持反应器与再生器的压差控制精准，否则会造成重大安全事故。能否实现稳定的催化剂循环，无论是在设计还是生产中都是一个关键问题。

流化催化裂化装置的催化剂通常采用密相输送，通常以密度 100～150 kg/m^3 作为区分稀相输送与密相输送的界限。在输送管内，催化剂颗粒浓度为 400～600 kg/m^3，故处于密相输送状态。催化剂颗粒的密相输送状态分为两种形态：黏滑流动和充气流动。当颗粒向下流动时，气体与固体的相对速度不足以使颗粒流化起来，此时颗粒之间相互压紧、阵发性地缓慢向下移动，这种流动形态称为黏滑流动。如果颗粒与气体的相对速度较大，足以使得颗粒流化起来，此时的气固混合物具有流体的特征，可以向任意方向流动，这种流动形态称为充气流动。充气流动时气体的流速应稍高于催化剂颗粒的起始流化速度。黏滑流动主要发生在粗颗粒的向下流动，如移动床反应器内的催化剂运动属于黏滑流动。充气流动主要发生在细颗粒的流动，如催化裂化装置各段循环管路中的流动都属于充气流动。但如果气体流速低于起始流化速度，则在立管或斜管中有可能出现颗粒黏度成数量级增加，造成严重的事故。

2. 催化剂循环线路的压力平衡

为了使催化剂按照预定方向做稳定流动，不出现倒流、架拱及窜气等现象，保持循环线路的压力平衡十分重要。实际上这个问题与反应-再生压力平衡问题是紧密相关的。反应-再生系统的压力平衡原则为

推动力=阻力

两器之间的压力平衡对于确定两器的相对位置及其顶部应采用的压力是十分重要的。表 8-5-1 列举了高低并列式提升管催化裂化装置的压力平衡典型实例。由于流态化与非流化之间、带气泡流动与不带气泡充气流动之间的流动状态差别巨大，影响系统压力平衡，这类问题很难用流动方程描述，很大程度上依赖经验，使流化床的工程放大成为一个国际性的难题。

表 8-5-1　高低并列式装置典型压力平衡（MPa）

线路	再生剂线路		待生剂线路	
推动力	再生器顶压力	0.172 86	沉降器顶压力	0.143 72
	稀相静压	0.002 23	沉降器静压	0.000 77
	密相静压	0.016 0	汽提段静压	0.035 07
	再生斜管静压	0.022 0	待生斜管静压	0.033 04
	小计	0.213 09	小计	0.212 60
阻力	沉降器顶压力	0.143 72	再生器顶压力	0.172 86
	稀相静压	0.000 33	稀相静压	0.101 37
	提升管总压降	0.017 5	过渡段静压	0.000 86
	帽压降	0.000 1	再生器密相静压	0.006 74
	再生滑阀压降	0.051 44	待生滑阀压降	0.030 77
	小计	0.213 09	小计	0.212 60

8.6　反应-再生系统

原料油在催化剂上进行催化裂化反应时，一方面通过分解等反应生成气体、汽油等较小分子产物；另一方面发生缩合反应生成焦炭，这些焦炭沉积在催化剂表面上，使催化剂的活性下降。因此，经过几秒的反应后，必须烧去催化剂上的焦炭以恢复催化剂活性。这种用空气烧去积炭的过程称为“再生”。由此可见，一个工业催化裂化装置必须包括反应和再生两个部分。

8.6.1　提升管反应器

催化裂化反应器通常采用快速流态化区的提升管形式，以预提升蒸汽结合原料为提升介质进行流化及催化剂的提升。提升管反应器的直径由进料量确定，工业上一般采用的线速度是入口处 4～7 m/s，出口处 12～18 m/s。随着反应深度的增大，油气体积流量增大，因此有的提升管由直径不同的两段（上粗下细）组成。提升管的高度由反应所需时间决定，工业设计时多采用 2～4 s 的反应时间。近年来由于进入反应器的再生剂温度多已提高到 650～720℃，提升管下段进料油与再生剂接触的混合温度较高，当以生产汽油、柴油为主要目标时，反应只需 2 s 左右的时间就已基本完成，过长的反应时间使二次裂化反应增多，反而使目的产物的收率下降。为了优化反应深度，有的装置采用终止反应技术，即在提升管的中上部某个适当位置注入冷却介质以降低中上部的反应温度，从而抑制二次反应。也有采取将低温催化剂加入提升管中部扩大段，进行氢转移反应降低汽油中烯烃的 MIP 技术等。提升管上端出口处设有气-固快速分离器，目前多采用旋风分离器，其目的是使催化剂与油气快速分离以抑制反应的继续进行。实际上油气在沉降器及油气转移管线中仍有一段停留时间，从提升管出口到分馏塔为 10～20 s，而且温度也较高，一般在 450～510℃。在此条件下还会有相当程度的二次反应发生，而且主要是热裂化反应，造成干气和焦炭产率增大。一般小型流化床试验很容易将干气控制在 1%以下，而工业催化裂化的干气在 4%～5%。因此，缩短油气在高温下的停留时间是很有必要的。

提升管下部进料段的油剂接触状况对催化裂化反应有重要影响。进料要求迅速高效雾化，而且与催化剂接触均匀。原料油雾化粒径小可增大传热面积，而且由于原料油分散程度高，油雾与催化剂的接触机会较均等，汽化速率得到显著提高。沉降器下面汽提段的作用是用水蒸气脱除催化剂上吸附的油气及置换催化剂颗粒间的油气，减少油气损失和减小再生器的烧焦负荷。汽提段的效率与水蒸气用量、催化剂在汽提段的停留时间、汽提段的温度及压力、催化剂的表面结构有关。工业装置的水蒸气用量一般为 2～3 kg/1000 kg 催化剂，对重油催化裂化则用 4～5 kg/1000 kg 催化剂，改进汽提段的结构可以提高汽提效率或减少水蒸气用量。

由于提升管中的气固两相流对催化裂化十分重要，各种先进的测量手段如计算机断层扫描（CT）、正电子成像（PEPT）及多种模拟与示踪手段用于其中。近年来催化裂化工艺为减少焦炭和干气产率，均采用了短接触反应，将反应停留时间从 3～4 s 缩短至 2 s 以下，甚至有所谓的小于 1 s 的“毫秒催化裂化”。从工业的实际应用趋势看，雾化喷嘴的改进、提升管出口快速分离技术的应用等，对反应停留时间的缩短起了很大作用。Engelhard 公司的调查表明，采用了先进的快分技术装置，其平衡剂的活性可以提高 3～5 个单位。提高催化剂活性可考虑以下措施：增加沸石含量，增加沸石中稀土的含量，提高基质的活性，改进基质的孔结构等。催化裂化的反应速率提高，扩散就显得尤为重要。缩短反应停留时间，在提高活性的同时，剂油比提高，反应温度提高，就必须提高传质速率，也就是反应物进入和离开催化剂孔内的速率都需要提高，这些都关系到催化剂的扩散性能。因此，孔结构的优化尤为关键。开放型的具有一定比例的大、介孔结构，同时增加活性组分的比例，使更多的、可被接触到的活性中心发挥催化作用，是短接触反应催化剂的设计要求。提升管的主要问题是自下向上的流动会形成床中心颗粒浓度低、速度高，边壁速度低、颗粒浓度高的环-核流动结构，使其轴向返混增大，一般 Pelect 准数约为 3，且不随气速变化。这虽然已经比湍动床小了一个数量级，但距离理想平推流还差了 30 倍。近年来，对下行式反应器也有不少研究，下行式反应器有以下优点：油气与催化剂一起自上而下流动，气体与固体颗粒的滑落很小，流型可接近平推流而减少返混（Pelect 准数＞100）；这种反应器型式对要求高温、短接触时间的反应更为合适。

流化催化裂化（FCC）是石油加工中重要的重质馏分轻质化过程，其对原料的适应性强，可以减压蜡油、焦化蜡油、常压渣油、减压渣油等重质石油馏分为原料；传统 FCC 的主要产品是汽油和柴油，同时副产液化气，且其中丙烯和丁烯含量较高。鉴于丙烯需求快速增长和催化裂化能够副产丙烯的特点，国内外涌现了许多增产丙烯的催化裂化工艺。国内的增产丙烯催化裂化工艺有：深度催化裂化工艺（deep catalytic cracking，DCC）、多产液化气和汽油催化裂化工艺（maximum gas & gasoline，MGG）、多产异构烯烃催化裂化工艺（maximum iso-olefin，MIO）、最大量的生产液化气和柴油的催化裂化工艺（maximum gas & diesel，MGD）、多产异构烷烃的催化裂化工艺（maximizing iso-paraffins，MIP）、灵活多效催化裂化工艺（flexible dual-riser fluid catalytic cracking，FDFCC）、两段提升管催化裂化多产丙烯工艺（two-staged riser catalytic cracking for maximizing propylene，TMP）等。国外的增产丙烯催化裂化技术有：SCC（selective catalytic cracking）工艺、PetroFCC

工艺、MAXOFIN工艺、INDMAX工艺等。

其中，石油化工科学研究院于1999年提出了两个反应区的新概念，并由此建立了多产异构烷烃的催化裂化技术（MIP），由于其重油加工能力提高、干气和油浆产率下降、汽油烯烃和硫含量大幅降低，MIP技术迅速在国内炼厂得到推广。在此基础上，对MIP技术进行了升级，形成了MIP-CGP技术，该技术不仅能更大幅度降低汽油烯烃和硫含量，而且还可以增产丙烯。MIP-CGP技术以重质原料油为原料，采用由串联提升管反应器构成的新型反应系统，在不同的反应区内设计与烃类反应相适应的工艺条件并充分利用专用催化剂结构和活性组元，使烃类发生单分子反应和双分子反应的深度和方向得到有效的控制，从而使烃类在新型反应系统内可选择性地转化，生成富含异构烷烃的汽油和丙烯，在生产清洁汽油组分的同时，为石油化工提供了宝贵的丙烯原料。中国石油大学（华东）开发的两段提升管催化裂化（TSRFCC）技术具有不同馏分油分段反应和催化剂“接力”、短停留时间、大剂油比、分段控制条件等操作特点，若配合专用催化剂，可实现多产低碳烯烃兼顾轻油收率及品质。

针对提升管反应器内存在的气固颗粒浓度径向分布不均匀、返混严重、停留时间长等缺陷，20世纪80年代中期以来，一些国际知名的石油公司和研究机构，如UOP、Texaco、清华大学等，提出了气固超短接触下行床反应器的概念。下行床反应器被誉为可取代提升管及管式裂解炉的“21世纪换代新技术”。清华大学等单位不仅对下行式反应器中的流动，出入口结构及床内返混进行了深入的研究，并在济南炼厂成功地运行了15万t/a柔性下行式催化裂化。试验结果表明这种概念是可行的并有轻油收率的提高、干气减少的优势。此外，日本与沙特阿美石油公司也提出了HS-FCC的概念并进行了中试。另外，要在催化裂解技术上有所突破还必须结合反应器的特点，积极开发新型催化剂，以适应重油含有较高残炭和大量重金属的特点，提高催化剂的抗结焦性和抗金属中毒能力。

8.6.2 再生器

再生器在催化裂化系统中是体积最大、催化剂藏量最大、温度最高的压力容器。其主要作用是烧去结焦催化剂上的焦炭以恢复催化剂活性，同时也提供裂化反应所需的热量。此外，再生器由压缩空气进行流化也部分作为提升催化剂循环的介质，使得整个催化裂化过程一般不需要额外的催化剂循环提升气体，极大地简化了系统流程，降低了能耗。再生剂的碳含量一般要求低于0.2%，有时要求低于0.05%～0.1%。当以再生器内有效藏量为基准时，烧炭强度一般为 100～250 kg/(t·h)。催化剂减活及磨损条件比较缓和易于操作，能耗及投资较少，能满足环境保护的要求。由于再生器大多数操作在湍动流化床区，床内流型接近全混釜，温度、浓度均匀是为了提高效率，而从反应工程的角度看，其反应器效率低，再生效果不够理想。近年来利用效率更高的多级流化床成为再生器的发展方向，如多段级间并流、错流及逆流的流化床大量用于再生器中。

一般再生器的壳体是钢制的大型筒体并内衬有保温及耐磨层的冷壁反应器，壳体内的上部为稀相区，下部为密相区。密相区的有效藏量由烧炭负荷及烧炭强度确定。根据密相区的有效藏量和固体密度可确定密相区的容积。有效藏量是指处于烧焦环境中的催化剂藏量。密相区的直径由空塔气速决定。密相区的直径和容积确定后，即可确定其高度。密相区的床层高度一般在 5～7 m。为了避免带出过多的催化剂及增大催化剂的磨损，稀相区的气速不能太高。对堆积密度较小的催化剂一般采用 0.6～0.7 m/s。从密相区向上到一级旋风分离器入口之间的稀相空间高度应大于颗粒输送分离高度。稀相空间仍有一定的催化剂浓度，为了减少催化剂的耗损，再生器内装有两级串联的旋风分离器并衬有耐磨衬里，其回收颗粒的效率应在 99.9%以上。旋风分离器的直径不能过大，以免降低分离效率。因此，在烧焦负荷大的再生器内装有几组到几十组并联旋风分离器，它们的升气管连接到一个集气室将烟气导出再生器。由于再生器出口的温度很高并有 0.3 MPa 的压力，一般通过烟气透平机回收动力，这时要求烟气中的催化剂颗粒不能大于 5 μm，需使用更高效率的三级与四级旋风分离器在进烟气透平前除尘。

目前工业上常用的再生方式主要有：单段再生、两段再生和快速床再生。单段再生的优点是流程简单、操作容易，能耗和操作费用低。但单段再生的再生温度不宜过高（＜730℃），难以实现再生剂含碳量低于 0.1%。两段再生可以克服单段再生的缺点，在不同温度下进行再生：第一段在较为缓和的温度下烧去大部分焦炭和几乎全部的氢；第二段在更高温度下完全再生，提高烧炭速率，减轻催化剂的水热失活。但两段再生存在操作费用高，安全性稍差的问题，此外无论是单段再生，还是两段再生，其空气流速一般为 0.5～1.0 m/s，都属于湍动床范畴，传递阻力大且返混严重。当空气流速提高到 1.2 m/s 以上时，进入快速床再生，可有效提高烧炭速率，缩短再生时间。在以瓦斯油为原料的催化裂化装置中，生焦在 5%左右时，反应-再生的热量可以平衡。但对重油催化裂化装置，由于焦炭产率高达 10%～12%，再生器内热量过剩，必须另外取走大部分热量才能维持两器的热量平衡。工业上采用外取热方式，即在再生器壳体外部设一个催化剂冷却器（称为外取热器），从再生器密相床层引出部分热催化剂，经外取热器冷却温度降低 100～200℃，再返回再生器。同时也可采用部分再生的模式，即再生器的烟气中生成的 CO 不在再生器内转化，而在再生器外的 CO 锅炉中燃烧，以降低再生器取热负荷。

表8-6-1分别比较了各再生工艺的再生剂含碳量、烧炭强度和CO_2/CO体积比。单段再生的烧炭强度最低，快速床再生的烧炭强度显著提高，主要归因于再生温度及床层流速的提高，增加了氧气传递速率。CO_2/CO体积比值反映了CO的燃烧程度，可以看出，常规再生方式再生温度低，CO_2/CO比值仅为1；而两段再生和快速床可允许更高的再生温度，其CO_2/CO比值高于单段再生。这说明CO_2/CO比值与再生温度有密切关系，提高再生温度，加剧了CO的燃烧反应，使CO_2/CO比值增加。在逆流再生方式下，使含碳量高的催化剂与含氧量低的空气逆流接触，CO_2/CO比值较低，接近于单段常规再生的CO_2/CO比值。说明CO_2/CO比值与待生剂和空气的接触方式有很大关系，逆流接触的方式缓和CO的燃烧反应。再生温度从单段再生的670℃提高到两段或快速床再生的720～730℃。再生剂含碳量由单段再生的0.15%～0.6%降低到两段和快速床再生的0.02%～0.1%。不考虑再生方式的差别，提高再生温度有利于改善再生效率。通过分析可以推断，先进再生工艺的发展方向和应具有的特征：再生剂含碳量低；再生时间短，烧炭强度高；催化剂与空气逆流接触，增强传质速率。与此同时，通过颗粒与气体逆流接触的快速流化床反应器，多级逆流的形式强化了传质，并可创造出具有氧化区和还原区的多层多区烧焦环境，不仅在保证烧炭强度的前提下有利于脱除NO_x，还能提供脱SO_x所需的氧化环境。

表8-6-1 各种组合的再生器型式

类别	型式	CO_2/CO体积比	烧炭强度/(kg/t·h)	再生剂含碳量/wt%
单段再生	常规再生	1～1.3	80～100	0.15～0.20
	助燃剂再生	3～200	80～120	0.10～0.20
	高温再生	200～300	100～120	0.05～0.10
两段再生	单器两段再生	1.5～200	150～200	0.05～0.10
	两器两段再生	2～2.5	80～120	0.03～0.05
	两器两段逆流再生	3～5	60～80	0.03～0.05
快速床再生	前置烧焦罐再生	50～200	150～320	0.05～0.20
	后置烧焦罐再生	3～200	200～250	0.05～0.20
	烧焦罐-湍床串联再生	50～200	200～350	0.05～0.10

催化裂化装置反应-再生系统的热平衡，对合理的工程设计和经济有效的运转都是非常重要的，它与压力平衡保证催化剂往返循环、物料平衡影响流化反应一起构成了催化裂化装置设计和操作的核心。几乎所有与流化催化裂化装置有关的工艺变量都会影响热平衡，在需热方面有反应热、催化剂吸脱附热、反应温度、热损失、回炼比和水蒸气流量等；在供热方面有生焦率、原料油预热温度、焦炭

中氢碳比、催化剂吸脱附热等。初始变量的变化改变着热量的需要，导致其他变量同时发生变化。可以这样认为：难以掌握流化催化裂化装置操作的主要因素在于人们还不是十分清楚装置热平衡所造成的干扰。表 8-6-2 列举了一般工业装置的热平衡数据。催化裂化过程由于催化剂结焦再生，会消耗炼厂 50%～60%的能源，因而现代炼厂催化裂化不仅是反应装置，也是公用工程的中心，再生器产生的大量蒸汽及高温烟气的能量需综合利用。由于催化裂化提升管反应器是一绝热反应器，而再生器由于再生温度的可调幅度很小，催化裂化的剂油比是很难进行大幅度调节的，一般在 6～7。近年来通过采用在再生后催化剂上加外取热等方法降低再生催化剂温度从而提高剂油比，改进工艺条件也取得了很好的效果。由于提升管的反应时间很短，为了控制上可靠，反应再生系统的动力回收采用的是四机组的模式，即将发电机/电动机-风机-透平机/烟机-压缩机连在一根轴上。

表 8-6-2　催化裂化装置反应-再生部分热平衡（无单位）

入方项目	热量	出方项目	热量
再生器侧			
碳燃烧成 CO_2 放热	522.03	烟气显热及潜热	236.10
碳燃烧成 CO 放热	0.09	焦炭脱附热	53.68
氢燃烧成 H_2O 放热	169.55	热损失	27.66
焦炭显热	18.81	供给反应器热	437.59
主风显热	44.55		
合计	755.03	合计	755.03
反应器侧			
新鲜原料热焓	148.93	反应油气热焓	489.89
回炼原料热焓	3.79	蒸汽热焓	68.43
水蒸气热焓	59.21	反应热	133.94
再生器供热	437.59	热损失	10.94
焦炭吸附热	53.68		
合计	703.20	合计	703.20

8.7　结论与展望

催化裂化的诞生标志着石油化工的开始，这一技术的发展不仅是酸碱催化技术从无定形硅酸铝到分子筛工程应用的巨大成功，也是流化床反应工程技术与催化剂技术相结合的巨大成功。催化裂化作为迄今规模最大、集成度最高、最有经济效益与社会效益的化工装置，有太多积累的经验和知识值得借鉴和学习。催化裂化的发展总是伴随着反应器技术和催化剂的发展而进步。低活性的无定形硅酸铝催化剂，使用湍动流化床进行反应-再生，诞生了流化催化裂化过程。在此过程中，MIT 的 W. K. Lewis 教授对密相流化床反应器的实验研究值得每一个研究工作者学习。根据 Stokes 定律，单颗粒的沉降速率一般不大于 0.030 48 m/s，因此当时大部分学者都认为流化催化裂化是不可能实现的。而 W. K. Lewis 教授对此进行了实验，突破性地发现流化颗粒在气速在 0.3048～0.9144 m/s 下仍能维持稳定，说明 Stokes 定律仅适用于单颗粒而不适用于颗粒群，这一发现奠定了流态化催化裂化的科学基础；随着更高活性的分子筛催化剂的出现，湍动流化床的高停留时间已经无法解决分子筛的快速积炭失活，此时停留时间仅为 2～3 s 的提升管应运而生，使 FCC 的轻油收率提高了 10 个百分点，被称为 FCC 第二次革命。FCC 的发展同时促进了颗粒的输运、磨损问题的解决及气固分离方法（旋风分离器）的诞生。这些都为化工过程尤其是气固非均相反应过程提供了宝贵的经验。

近年来随着我国煤化工技术的发展，甲醇制烯烃（methanol to olefin，MTO）、甲醇制丙烯（methanol to propylene，MTP）、甲醇制芳烃（methanol to aromatics，MTA）等众多煤化工新技术的发展均与我国有很好的流化催化裂化工艺与工程技术相关，如美国环球石油产品公司（United States Global Petroleum Products Corporation，UOP）、中国科学院大连化学物理研究所、中国石油化工集团公司的 MTO 技术的成功及在我国的迅速产业化主要是延伸了流化催化裂化技术的反应-再生系统。清华大学开发的流化床甲醇制丙烯技术（FMTP）及甲醇制芳烃技术（FMTA）则更多地结合了多段流化床与多反应器的反应-再生技术。这都给予了我国煤化工技术在目前国际化工界巨大的影响力。

展望未来，这类流化床反应-再生技术的发展，不仅将为石油化工解决石油原料重质化的问题，也为新型的煤与天然气原料加工过程开辟新的工艺技术。与此同时，催化裂化技术也为目前化工与能源领域所面临的环境、绿色及新能源转化形式等亟待解决的重大问题储备了大量范例。

参 考 文 献

陈俊武. 催化裂化工艺与工程. 3 版. 北京：中国石化出版社.

段良伟，薛高平，翁惠新. 2010. 催化裂化集总反应动力学模型研究进展. 化工进展，29：22.

何奕工，舒兴田，龙军. 2007. 正碳离子和相关的反应机理. 石油学报（石油加工），23（4）：1.

李军，罗国华，魏飞. 2014. 催化裂化再生过程脱硝技术. 化工学报，65（7）：2426.

林世雄. 2000. 石油炼制工程. 3 版. 北京：石油工业出版社.

刘银东，李泽坤，王刚，等. 2008. 竞争吸附对催化裂化反应过程的影响. 化工学报，59（11）：2794.

王雷，李强，张琪皓，等. 2003. 气固下行床催化裂化（裂解）反应的应用研究.化工进展，22（4）：361.

许友好，张久顺，龙军. 2001. 生产清洁汽油组分的催化裂化新工艺 MIP. 石油炼制与化工，32（8）：1.

张建芳，山红红，李正，等. 2000. 两段提升管催化裂化新技术的开发：I. 两段串联提升管反应器. 石油学报（石油加工），16（5）：66.

American Chemical Society. The Fluid Bed Reactor-A National Historic Landmark，1998.

Biswas J，Maxwell I E. Recent process-and catalyst-related developments in fluid catalytic cracking. Applied Catalysis，1990，63（1）：197-258.

Letzsch W. Global demand for catalytic technology increase. Hart's Fuel，2010：10-14.

Leuenberger E L. Optimum FCC condition give maximum gasoline and octane. Oil Gas J（United States），1998，86（12）：157-160.

Murphree E V，Brown C L，Fischer H G M，et al. Fluid catalyst process. Catalytic cracking of petroleum. Industrial and Engineering Chemistry，2002，6（8）：523-529.

Olah G A. 1970. Stable carbonium ions in solution. Science，168（3739）：1298.

Speight J G. 2006. The Chemistry and Technology of Petroleum. 4th edn.

Thayer A M. Start-ups to mine methane troves. Chemical and Engineering News，2013.

Vogt E T C，Weckhuysen B M. Fluid catalytic cracking：Recent developments on the grand old lady of zeolite catalysis. Chemical Society Reviews，2015，44（20）：7342-7347.

第9章　加氢裂化技术

9.1　引　言

9.1.1　加氢裂化简介

现代炼油技术中“加氢裂化”的定义是指通过加氢裂化反应原料油中10%以上的分子变小的工艺过程；进料在临氢和催化剂存在条件下，在一定温度和压力下进行脱硫、脱氮、分子骨架结构重排和裂解等反应。广义上许多加氢精制、加氢处理过程也属加氢裂化范畴，包括柴油加氢改质、馏分油加氢裂化、渣油加氢裂化和馏分油加氢脱蜡等工艺技术。

现代加氢裂化技术始于1959年Chevron公司的Isocracking加氢裂化技术在美国加利福尼亚州里奇蒙炼油厂首次工业应用。我国是世界上最早掌握馏分油加氢裂化技术的国家之一，20世纪60年代采用国内自主开发的成套技术自行设计建成投产了我国第一套馏分油加氢裂化装置。

2015年，世界炼油能力达到48.3亿t/a，比上年增长约2600万t/a，增长率约为0.5%，而加氢裂化能力2015年的增长率约为8.1%。2015年，中国炼油能力达到7.1亿t，实际加工原油约5.3亿t，年开工率约为74.6%；而加氢裂化装置开工率达90%以上，凸显出加氢裂化技术在炼油工业中的重要地位。

9.1.2　加氢裂化的特点及意义

加氢裂化技术是现代炼厂重要的油品二次加工手段之一，它能够将低价值的重质馏分转化为高价值的各种石油化工产品。加氢裂化技术具有成熟可靠、生产方案灵活、原料适应性强、目的产品选择性高、产品质量好、生产过程环境友好等特点，已在工业上得到广泛应用。随着原油重质化和劣质化趋势的日益加重，清洁石油产品需求量的日益旺盛，以及炼油化工一体化优势的进一步突显，使加氢裂化以其独有的技术优势成为合理利用有限的原油资源、缓解油气资源不足、最大限度生产清洁燃料和优质化工原料最适宜的炼油技术，是现代炼油和石油化工企业中油、化、纤结合的核心。

加氢裂化装置通常可以加工直馏石脑油、柴油和减压蜡油及从其他二次加工装置得到的催化柴油、催化回炼油、焦化柴油、焦化蜡油、热裂化柴油、热裂化蜡油和溶剂脱沥青油等常规原料，并可以加工页岩油、煤焦油、煤直接液化油、费托合成油及各种动植物油脂等非常规原料。加氢裂化技术可以生产优质的液化气、汽油、煤油、喷气燃料、柴油等清洁燃料和轻石脑油、重石脑油、尾油等优质石油化工原料。

在加氢裂化领域技术研发方面，国内加氢裂化技术研发能力处于世界级的水准。中国石油化工集团公司加氢裂化技术在国内市场起着主导作用，与国外 UOP、CLG 和 Shell 等知名厂商在国内加氢裂化市场竞争中占有明显的优势地位。主要源于抚顺石油化工研究院（FRIPP）开发的系列加氢裂化技术，特别是已开发出了系列高压加氢裂化、中压加氢裂化、缓和加氢裂化、中压加氢改质等工艺技术及配套催化剂，在工业上获得了近 200 套次的应用，同时提供了世界水准的技术服务。FRIPP 的加氢裂化技术已经多次被世界炼油过程综述收录，*Oil and Gas* 已将 FRIPP 列为重要的加氢裂化技术供应商之一。

9.1.3 加氢裂化过程中的主要反应

加氢裂化反应主要包括加氢精制反应和加氢裂化反应。为实现这两种类型的反应，需要预处理催化剂和裂化催化剂。其中，加氢裂化预处理催化剂的主要作用是：加氢脱除原料中含有的杂质及将不饱和烃加氢饱和，改善油品的性质，避免裂化催化剂中毒失活。加氢裂化催化剂的作用是：加速烃类混合物的加氢、裂解和异构化定向反应，从而提高主要目的产品收率。

原料油的预精制反应主要包括加氢脱硫、加氢脱氮、加氢脱氧、加氢脱金属、加氢脱残炭、烯烃加氢饱和、芳烃加氢饱和等反应。原料油中烃类分子的加氢裂化反应，其反应历程遵循羰离子（正碳离子）反应机理。以带支链的多环芳烃为例，在加氢裂化过程中的反应包括饱和、脱烷基、开环、异构化和裂化等一系列反应。

9.1.4 加氢裂化与催化反应工程的关系

加氢裂化催化剂是固体，反应物是气体、液体或气液混合相，催化反应一般均在界面上进行，属于多相催化反应，一般多相催化过程的动力学及热力学控制规律同样适用于加氢裂化过程。反应烃分子除在催化剂表面反应外，还包括相际和催化剂颗粒内的质量和热量的传递过程。反应压力、温度、体积空速和氢油体积比是影响加氢裂化反应过程的主要操作参数。加氢裂化为强放热反应过程，有一定的操作风险和难度，需要精准控制。

加氢裂化通常采用固定床反应器，多为气、液、固三相并存的滴流床，但是不同的床层部位，气液比的变化较大。因此，反应器内的流体流动特征较为复杂，是评价反应器性能的关键，因为它直接关系到床层压力降、传质、传热等主要性能。深入了解它的特征，对于加氢裂化的科研开发、工程放大、优化及安全生产等都将有重要作用。在研究石油馏分加氢裂化这种复杂反应体系的动力学规律时，人们将面临两个方面的问题：一是由于各种可逆、平行及顺序反应的同时存在，使反应体系各组分之间的关联紧密；二是参与反应的组分数多至成千上万。为了解决这些矛盾，有两种常用方法，即选择适当的单体模型化合物，研究其反应规律并建立相应的机理动力学模型；将大量的化合物按其动力学性质分成若干个虚拟（集总）组分，然后根据这些集总组分在加氢裂化反应中的变化，建立相应的过程动力学模型。

对于气、液、固多相催化反应来说，整个反应过程由一系列串联的物理和化学步骤组成。对馏分油加氢裂化而言，绝大多数条件下，表面反应是这一系列步骤中的控制步骤。在实际的工程应用中，完整的加氢裂化数学模型还应考虑热平衡、滴流床的传质与传热特性、催化剂的中毒与失活等影响因素。

9.2　加氢裂化工艺与催化剂概要

9.2.1　加氢裂化工艺及催化剂

近代加氢裂化发展至今已经 60 多年，一直采用加氢与裂化双功能的多相催化技术的基本原理。常规加氢裂化工艺过程是以高压固定床反应器为核心，再配以进料、换热、加热炉、气液分离及产品分离系统而构成。其中，循环氢压缩机是加氢裂化装置的心脏，能够为加氢裂化反应提供氢气，控制反应器内温度并维持系统压力。一旦循环氢压缩机停机，将导致反应器的用氢中断，会引起催化剂床层飞温及设备损坏。

根据不同催化剂对非烃类硫、氮化合物及通过加氢后产生的硫化氢和氨的承受能力，对进料和反应环境的要求，再加上对产品分布的选择性及进料质量差别等因素，开发了系列化的工艺过程，包括单段工艺、单段串联工艺和两段工艺等。

单段工艺过程是从进料到反应产物的导出，只经过单个或一组反应器。即便使用含两个反应器以上的反应器组，在反应器之间也不存在反应物的气液分离过程。该工艺流程适合于最大量生产中间馏分油的工艺过程，流程简单而且很容易操作。与两段法及串联工艺相比较，其投资相对要低。与单段工艺相匹配的加氢裂化催化剂加氢性能较强，裂化性能较弱。

单段串联工艺过程与单段工艺过程没有本质区别，但因使用不同性能的催化剂而导致化学反应过程及其控制方法的差别，它又是传统单段工艺过程的发展和深化。其产品结构可在相当大的范围内进行调节，可加工相对更重质的进料并且装置投资与操作费用都比较低。串联工艺过程至少使用两个反应器。第一个反应器使用加氢精制催化剂以脱除重质馏分油进料的硫、氮等杂质及部分芳烃被加氢饱和，精制油不经任何冷却、分离直接进入裂化反应器，物流中含有硫、氮化合物加氢后转化成的硫化氢和氨。加氢裂化反应在裂化反应器中进行，未转化油可以再循环裂化，也可以采用不循环的一次通过方式操作。目前，单段工艺和单段串联工艺的区别渐渐模糊，有融为一体的趋势。

两段加氢裂化工艺的基本原理为：在单个或一组反应器之后，反应产物要经过气液分离或分馏体系将气体及轻质产品进行分离，未转化反应产物再进入第二个或第二组反应器，这是两段过程的重要特征。采用两段工艺流程时，进入第二段反应器的循环氢几乎不含氨，从而可以保证裂化催化剂在较高的体积空速和较低的反应温度条件下操作。两段工艺流程产品方案灵活，更换第二段加氢裂化催化剂，可很容易地实现由最大量生产中间馏分油的生产方案变为最大量生产化工石脑油的生产方案，而不存在催化剂之间反应温度及活性匹配等工程问题。此外，两段工艺流程更加适应加氢裂化装置日趋大型化的发展形势。

加氢裂化催化剂包含加氢和裂化两种功能，主要由两部分构成，即提供裂化活性并实现加氢金属组元高度分散的载体，和提供加氢活性的金属组元。载体主要类别为两种，一种是以无定形硅铝或/和氧化铝为基本组分，另一种则是在前者中再加入分子筛组分（Unocal 公司最早把沸石分子筛用于加氢裂化催化剂中，使得加氢裂化催化剂的性能获得了巨大进步，并开发了系列化的加氢裂化工艺技术；20 世纪 90 年代初，Unocal 公司并入 UOP 公司）。加/脱氢金属组元属于非贵金属的主要有ⅥB 族的 W、Mo 和Ⅷ族的 Ni、Co 等，贵金属则以Ⅷ族的 Pt、Pd 为主。另外，具有更大孔径的介孔材料近年来也被用于加氢裂化催化剂。

加氢裂化催化剂根据加氢裂化所生产的主要目的产品的不同，可以分为轻油型、灵活型、中油型和尾油型加氢裂化催化剂。轻油型加氢裂化催化剂主要用于最大量生产石脑油产品，以供作生产芳烃或高辛烷值汽油的催化重整进料。灵活型加氢裂化催化剂主要用于灵活生产中间馏分油产品、石脑油产品和加氢尾油，温度敏感性大，通过改变反应温度，可显著改变产品分布，以适应市场需求的变化。中油型加氢裂化催化剂主要用于最大量生产中间馏分油产品和加氢尾油。尾油型加氢裂化催化剂主要用于生产尾油产品，供作润滑油基础油原料、蒸气裂解制乙烯原料或催化裂化进料。

9.2.2 加氢裂化反应过程

加氢裂化反应可概括为两类：加氢精制反应和加氢裂化反应。

1. 加氢精制反应

加氢精制反应一般指进料的加氢脱硫（HDS）、加氢脱氮（HDN）、加氢脱氧（HDO）、加氢脱金属（HDM）及不饱和烃的加氢饱和等反应。加氢裂化预精制反应中基本上不涉及分子碳数的变化，在高效加氢预精制催化剂作用下使不饱和烃类加氢饱和并有效脱除进料中的杂原子，在改善油品质量的同时也为加氢裂化催化剂性能发挥提供良好的保障。其中，加氢脱氮是加氢裂化预精制中最重要的反应，这是由于进料中的氮化物易导致加氢裂化催化剂中毒和结焦，进而影响裂化催化剂性能的发挥；加氢脱氮反应与加氢脱硫反应不同，不仅要求含氮杂环加氢饱和，而且要求相邻的苯并芳环也要加氢饱和，才能发生 C—N 键的氢解。

芳烃饱和反应是加氢的重要反应（$A+nH_2 \rightleftharpoons AH$），是物质的量减少（耗氢）的可逆的放热反应。作为放热反应，就意味着正向反应（加氢）的加氢活化能低于其逆反应（脱氢），因此提高反应温度，脱氢反应速率的增值大于加氢反应（平衡常数降低）。故随着温度的提高，芳烃转化率会出现一个最高点，与此最高点对应的温度就是芳烃加氢和脱氢的平衡点，低于这一温度为动力学控制区，高于这一温度为热力学控制区。这时若提高反应温度，反因平衡转化率的降低而使芳烃转化率下降。因此从热力学的角度看，高温操作不利于芳烃加氢。

2. 加氢裂化反应

加氢裂化反应主要是烃类的加氢异构化和裂化（包括开环）反应。加氢裂化过程自始至终伴有加氢反应，具有以下特点：①多环芳烃加氢裂化以逐环加氢饱和/开环的方式进行，生成小分子的烷烃及环烷-芳烃；②两环以上的环烷烃，发生开环裂解、异构，最终生成单环环烷烃及较小分子的烷烃；③单环芳烃、环烷烃比较稳定，不易加氢饱和、开环，主要是断侧链或侧链异构，并富集在石脑油中；④烃类的异构、裂化同时进行，反应生成物中的异构烃含量较高；⑤烃类的裂化在其正碳离子的 β 位处断链，很少生成 C_3 以下的小分子烃，加氢裂化的液体产品收率高；⑥非烃化合物基本上完全转化，烯烃也基本加氢饱和，加氢裂化的产品质量好。

加氢裂化裂化反应机理是正碳离子机理，遵循 β-断裂法则，正碳离子是烃分子 C—H 键异裂的产物之一：

$$\begin{array}{c} H \\ | \\ -C- \\ | \end{array} \longrightarrow \begin{array}{c} + \\ -C- \\ | \end{array} + H^- - E_+$$

生成正碳离子所需能量 E_+包括电离能、氢与烷基的电子亲和力及 C—H 键的离解能。E_+越高，意味着正碳离子越难生成或生成后其稳定性越低。现已发现E_+随失去负氢离子的碳原子上氢原子数目增加而提高（表 9-2-1）。因此，正碳离子的稳定性有如下顺序：叔碳＞仲碳＞伯碳＞甲基。

表 9-2-1　气相正碳离子的相对稳定性

正碳离子类型	E_+的相对值/(kJ/mol)
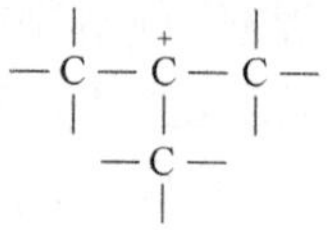	0
	58.6
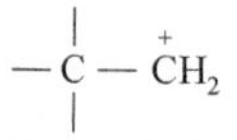	87.9

正碳离子的这种特性，导致当正碳离子生成时，往往不是伯正碳离子，而是相对稳定的仲正碳离子或叔正碳离子，即使有时β-裂化首先生成的是伯正碳离子，后者也会迅速进行氢转移反应，生成仲正碳离子。正碳离子的这种特性，正是加氢裂化产品中富含异构烷烃的内因。

正碳离子可通过多种途径生成，双功能加氢裂化过程中，正碳离子的生成主要通过以下途径：不饱和烃（如烯烃、芳烃）均可在催化剂的酸性位获取质子而生成正碳离子；烷烃失去负氢离子也可生成正碳离子，当烷烃与正碳离子反应时，能发生负氢离子转移，生成新的正碳离子，其中以烷烃中叔碳原子上的负氢离子转移至伯（仲）正碳离子的速率最快，前者转化为更稳定的叔正碳离子，后者则变为烷烃。这也是正碳离子链反应的传递方式。

苯环是稳定的，不能直接开环，因此芳烃在开环前必须先经历芳环饱和反应，而环己烷的加氢裂化已如前述。单环芳烃的加氢裂化反应主要有异构化、脱烷基、烷基转移、“剥皮”反应和环化反应，造成产品的多样性。

多环芳烃的反应非常复杂，其反应网络中包括逐环加氢、开环（包括异构）和脱烷基等一系列平行-顺序反应，多环芳烃很快加氢生成多环环烷芳烃，其中的环烷环较易开环，继而发生异构化、“剥皮”（脱烷基）等反应。分子中含有两个芳环以上的多环芳烃，其加氢饱和及开环断侧链的反应都较容易进行（相对反应速率常数为 1～2）；含单芳环的多环化合物，苯环加氢较慢（相对速率常数只有 0.1），但其饱和环的开环和断侧链的反应仍然较快（相对速率常数大于 1）；单环环烷较难开环（相对反应速率常数为 0.2）。因此，多环芳烃加氢裂化，其最终产物可能主要是苯类和较小分子烷烃的混合物，而不像催化裂化条件下主要是缩合生焦，这是加氢裂化可以维持长周期运转，而催化裂化则必须连续烧焦的主要原因。

9.3　加氢裂化反应动力学

在研究石油馏分加氢裂化这种复杂反应体系的动力学规律时，人们将面临两个方面的问题：一是由于各种可逆、平行及顺序反应的同时存在，使反应体系各组分之间强偶联；二是参与反应的组分数多至成千上万。为了研究这种极为复杂的反应动力学过程，往往采用一些简化的动力学模型。对加氢裂化反应而言，文献上不断报道出很具创意的各种动力学模型。这些模型基本上可划分为两类，一类是以经验关联式为基础的关联模型；另一类是以一定的反应机理为基础并对反应物分子按其结构和反应类型进行分类简化的集总反应动力学模型。此外，近年来随着人们对加氢裂化反应过程的进一步深入了解及大型分析仪器和计算机科学的发展，又出现了一些新的建模方法，如化学结构法等。

9.3.1　加氢裂化反应的关联模型

以下介绍以裂解转化率为核心的关联模型。

Qader 等对各种不同来源的轻重瓦斯油的加氢裂化试验研究表明，瓦斯油的消去反应动力学可以用瓦斯油的一级反应速率方程来描述，即

$$-\mathrm{d}c_{\text{瓦斯油}}/\mathrm{d}t=k\cdot c_{\text{瓦斯油}} \tag{9-3-1}$$

不同的原料加氢裂化的反应结果之间在规律上具有非常好的一致性；加氢裂化产品的组成、性质等与裂解转化率之间存在着对应关系。上述动力学规律在加氢裂化过程中是普遍存在的。显然，以裂解转化率为核心来建立加氢裂化的关联模型是一种比较直观有效的方法。

1）轻石脑油关联方法

炼油设计报道了国外用于技术经济评估的瓦斯油加氢裂化关联式（表 9-3-1 和表 9-3-2），分别为：①石脑油方案，即大于 193℃全循环；②喷气燃料方案，即大于 288℃全循环；③柴油方案，即大于 343℃全循环。其中，K、T_{av}、S、N、SG 及 API 分别为特性因数、体积平均沸点（℉）、硫含量（%）、氮含量（%）、比重（60℉/60℉）和 API 度；下标 f、n、g、k、d 分别表示原料、产品、石脑油方案、喷气燃料方案和柴油方案。

表 9-3-1　轻石脑油关联方法产率关联式

项目	石脑油方案	喷气燃料方案	柴油方案
化学耗氢量	$H_g=24.20-2.1K_f+0.0055T_{avf}+0.0625S_f+0.214N_f$	$H_k=22.67-1.93K_f+0.004T_{avf}+0.0625S_f+0.214N_f$	$H_d=21.14-1.76K_f+0.003T_{avf}+0.0625S_f+0.214N_f$
硫化氢产率（三方案相同）		$H_2S=1.0625S_f$	
氨产率（三方案相同）		$NH_3=1.214N_f$	
烃产率（三方案相同）		$HC=100+H-H_2S-NH_3$	
轻石脑油产率	$LG_g=（HC/100）（0.15API_f+2.4K_f-8.59）$	$LG_k=（HC/100）（0.15API_f+2.4K_f-17.29）$	$LG_d=（HC/100）（0.15API_f+2.4K_f-22.89）$
干气（≤C_3）产率	$RG_g=0.105LG_g+1.0$	$RG_k=0.105LG_k+1.0$	$RG_d=0.094LG_d+1.0$
丁烷产率	$LPG_g=0.55LG_g$	$LPG_k=0.58LG_k$	$LPG_d=0.59LG_d$
石脑油产率	$HN_g=HC-LG_g-LPG_g-RG_g$	$HN_k=1.96LG_k$	$HN_d=3.1LG_d$
喷气燃料产率		$JET=HC-RG_k-LPG_k-LG_k-HN_k$	
柴油产率			$DF=HC-RG_d-LPG_d-LG_d-HN_d$

注：化学氢耗量及产率单位均为对原料油的质量分数。

表 9-3-2　轻石脑油关联方法物性关联式

项目	石脑油方案	喷气燃料方案	柴油方案
RG 组成/%			
$C_1/C_2/C_3$	6.3/12.5/81.2	7.6/13.3/79.1	7.9/13.8/78.3
LPG 组成/%			
i-C_4/n-C_4	67.0/33.0	67.0/33.0	62.0/38.0
LG 性质（三方案相同）			
特性因数	—	$K_n=0.25K_f+9.70$	—
比重		$SG_n=8.3897K_n$	
RON		$RON_n=-5.2K_f+145.6$	
HN 性质			
特性因数	$K_{ng}=0.25K_f+8.85$	$K_{nk}=0.23K_f+9.88$	$K_{nd}=0.25K_f+8.92$
比重	$SG_{ng}=9.0831/K_{ng}$	$SG_{nk}=8.8578/K_{nk}$	$SG_{nd}=9.014/K_{nd}$
RON	$RON_{ng}=289.5-19.6K_f$	$RON_{nk}=288.3-19.8K_f$	$RON_{nd}=289.4-19.5K_f$
JET 性质			
特性因数	—	$K_n=0.4K_f+7.06$	—
比重		$SG_n=9.5728/K_n$	
芳烃含量/%（体积分数）		$A_n=199.5-15.4K_n$	

续表

项目	石脑油方案	喷气燃料方案	柴油方案
烟点/mm	—	SP_n=17.8K_n−185.0	—
辉光值		LN_n=−12.03+3.009SP_n−0.0104SP_n^2	
苯胺点/℉		AP_n=414.2/SG_n−369.2	
硫含量/%		S_n=0.008S_f	
DF 性质			
特性因数	—	—	K_n=0.425K_f+6.91
比重			SG_n=9.8582/K_n
苯胺点/℉			AP_n=439.1/SG_n−375.4
硫含量/%			S_n=0.02S_f

为了使上述关联式具有更大的应用灵活性，笔者曾根据大量的实验数据，在这些关联式中引入了一个新的变量“*X*”，它与单程转化率（体积）百分数和循环油切割温度（℃）有关。通过引入“*X*”，不但提高了关联式的精度，同时也将上述三个方案（或更多方案）中化学氢耗、干气产率、轻石脑油产率、液化气产率等三套关联式统一成一套关联式。如对化学氢耗的关联式为

$$H=6.8739+2.2048X+8.9035\times10^{-4}T_{\mathrm{avf}}+0.423K_{\mathrm{f}}+0.0625S_{\mathrm{f}}+0.214N_{\mathrm{f}} \tag{9-3-2}$$

2）以类比为特征的关联模型

前面所介绍的以裂解转化率为核心的关联模型，形式简单、意义明了，但难于追踪产品分布变化（如切割方案改变）的情况，同时对原料的描述过于简单，也无法反映原料变化对反应条件及产品分布的影响。为了解决这一矛盾，很多研究者提出了各种类比模型。它是将加氢裂化的原料和产品看成某种分布函数，而把加氢裂化反应过程类比为某种物理变换。

类比模型的典型成果有以下几种。

（1）Stangeland 关联模型。它利用固体粒子的破碎模型来模拟在一定反应条件下原料和产品的 TBP 曲线变换。该模型从结构上更接近于集总动力学模型。

（2）正态分布函数关联模型。该模型将加氢裂化的原料用正态分布函数来表示：

$$\frac{\partial m}{\partial x}=\frac{m}{\sigma_0\sqrt{2\pi}}\exp-\frac{(x-\overline{x_0})^2}{2\sigma_0{}^2} \tag{9-3-3}$$

其中，*m* 表示质量分数；*x* 表示沸程。考虑有二次反应的情况，加氢裂化产物分别用三组正态分布函数来表征。则总的加氢裂化产物分布可由三个产物的分布函数叠加组成，即

$$\frac{\partial m}{\partial x}=\sum_{j=1}^{3}\frac{m_i}{\sigma_i\sqrt{2\pi}}\exp-\frac{(x-\overline{x_i})^2}{2\sigma_i^{\ 2}} \tag{9-3-4}$$

这样寻找加氢裂化反应物与产物之间的关系就转化为寻找 X_0、σ_0 与 X_i、σ_i 之间的关系。这种关系的转变可以用图 9-3-1 和图 9-3-2 形象地表示出来。

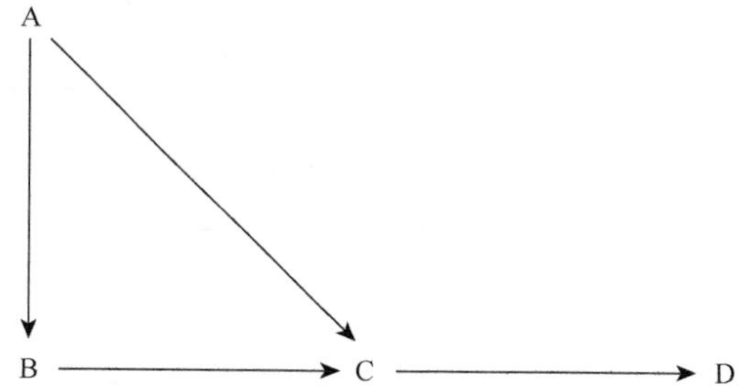

图 9-3-1　正态分布加氢裂化模型反应网络

A 组分表示原料；B 组分表示与 A 组分有相同可几分布的产品；C 组分为裂化产品；D 组分为 C 组分与二次裂解的产品

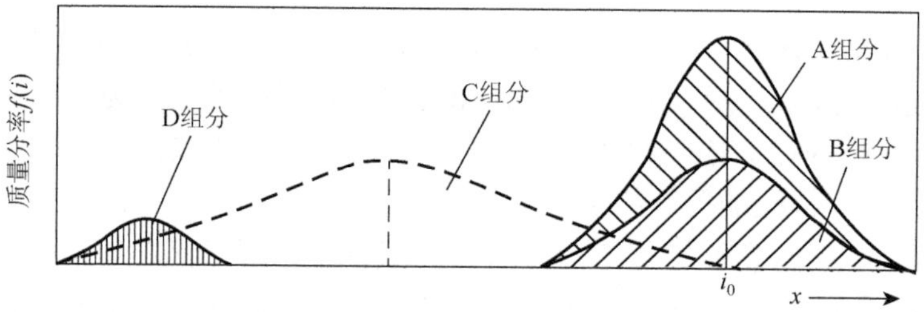

图 9-3-2　正态分布加氢裂化模型的图示

（3）轴向扩散关联模型。Krishna 和 Saxena 发现，无论加氢裂化的反应深度如何，其产物归一化 TBP 曲线都是相同的，并通过类比导出该曲线可以用流体在两端边界开放的轴向扩散模型来描述。由于该模型用最少的动力学参数描述了加氢裂化的产物分布，从而使该模型具有非常好的应用基础。

关联模型的最大缺陷在于它避开了研究具体的化学反应过程，因此无法提供有关产品分布以外的任何信息，也就无从准确计算加氢裂化的产品性质、组成、氢耗等数据，而预测这些数据同样是对加氢裂化动力学模型的基本要求。

9.3.2　加氢裂化各种集总动力学模型

20 世纪 60 年代以来，对于处理这类复杂反应体系的动力学问题提出了集总理论，使复杂反应动力学的研究有了新的突破。在集总理论里把原料和产品中许多单一的化合物，按某种原则（如分子结构类型、反应类型等）归并成若干个虚拟可视为纯化合物的集总组分，然后去开发这些虚拟集总组分的反应网络及反应动力学模型。

Aris、Weehman 及 Wei 等从理论和实际应用上对集总系统的反应动力学理论基础进行了深入的研究。提出了一级反应体系可精确集总的重要条件，即对一个包含几种组分的体系，可以通过一个唯一的线性变换变为一个维数较低的 n 维向量（或虚拟组分）。

精确集总按其性质可分为以下三类。

（1）适合集总：每一种化合物仅属于一个固定的集总，各虚拟组分或集总在动力学上完全独立或不偶联，并服从一级反应动力学规律。

（2）半适合集总：每种化合物不是仅属于唯一的集总，可能同时属于另一个集总，但每个集总的反应仍符合一级动力学规律。

（3）不适合集总：各集总之间不但高度偶联，而且其反应也不服从一级动力学规律。

1. 按固定沸程集总的动力学模型

固定沸程集总是指按加氢裂化生产方案的原料和产品划分集总的方法，即就气体、石脑油、煤油、柴油、原料（或尾油）来确定集总的方法。

Qader 的数据都清楚地表明二集总一级反应动力学模型对加氢裂化过程的拟合精度是非常高的。为了改善二集总模型的不足，人们根据实际工作的需要，按照不同的产品切割方案分别开发了三集总、四集总和五集总等模型。这些模型的基本特征如下。

（1）把原料油和生成油按照沸程的差异（或切割方案）分成若干个集总组分，且反应物沸点与其生成物沸点均在同一集总沸程内的反应不予考虑。

（2）加氢裂化反应由一系列的平行顺序反应所组成，即较重集总可以裂化生成所有比它轻的集总组分。

（3）加氢裂化反应中，虽然芳烃饱和反应会受到热力学平衡的限制，但该反应不会影响沸程的改变，能够影响沸程改变的主要是裂化反应。一般情况下裂化反应可认为是不可逆的，因此加氢裂化各集总之间的反应可认为是不可逆的。

（4）所有反应均可用一级反应动力学方程来描述。

按照上述集总模型的特征所建立的加氢裂化反应网络可以由图 9-3-3 来表达。图中序号越小表示集总组分越重，越大表示集总组分越轻。对应的集总动力学方程为

$$r_i = \frac{dc_i}{dt} = \sum_{j=1}^{i-1} k_{ji} c_j - \sum_{j=i+1}^{n} k_{ij} c_i \qquad (9\text{-}3\text{-}5)$$

其中，n 表示集总的数量；$\mathrm{d}c_i/\mathrm{d}t$ 表示第 i 集总组分的变化速率。式（9-3-5）中右边第一项表示所有比 i 集总重的组分生成它的速率，而第二项则为 i 集总因加氢裂化为比之更轻集总而消耗的速率，k_{ij} 为 j 集总生成 i 集总的反应速率常数。

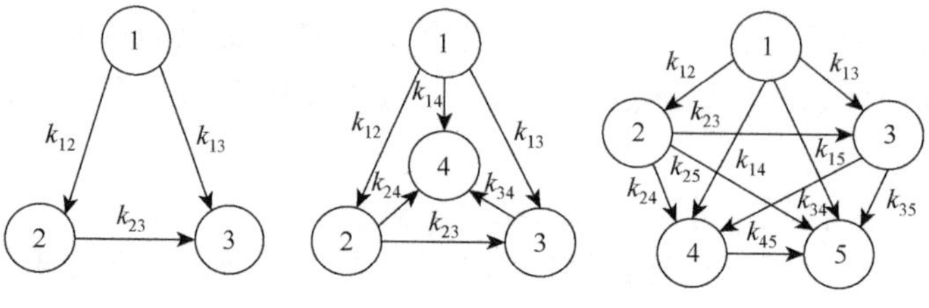

图 9-3-3　固定沸程集总反应网络图

2. 按可变沸程集总的动力学模型

理论上，按沸程划分的集总数目越多，其对实际加氢裂化过程的模拟近似度也越高，但也意味着数据处理的难度将呈几何级数增加。从实际应用的角度，加氢裂化产品切割方案灵活是其重要的优势之一。人们在工作中往往会要求加氢裂化动力学模型能够估算出产品切割方案改变所产生的后果。这些都要求建立更为精细的加氢裂化集总动力学模型。

如果将式（9-3-5）进一步扩展，并令 n 足够大时，就可以得到满足实际工作所需的动力学模型。若将分配系数引入式（9-3-5），则可得

$$\frac{\mathrm{d}c_i}{\mathrm{d}t}=\sum_{j=1}^{i-1}k_j P_{ij}c_j-k_i c_i \quad (i=1,2,\cdots,n) \tag{9-3-6}$$

其中，P_{ij} 为第 j 集总裂化时生成第 i 集总的分率（或化学计量系数）。采用这一方式建立可变沸程集总加氢裂化动力学模型的典型代表有 Stangeland 的破碎机模型和 Laximinarasinhan 的连续集总模型。

3. 按组成集总的动力学模型

上述介绍的各种加氢裂化模型，只着眼于反应物和产物分子大小的变化。因此这些模型往往只能提供加氢裂化产品分布的信息，而不能提供有关产物组成和性质等重要数据。加氢裂化过程所包含的反应是多种多样的，如芳烃饱和、异构化、开环及裂化等，而这些反应之间又是相互关联的。因此，一个好的加氢裂化模型应能够在考虑裂化反应的同时，考虑到影响组成变化的各种因素。

Krishna 等提出了一个综合反映裂解和组成变化影响的 7 集总动力学模型。其反应网络见图 9-3-4。该模型按切割点分成轻重两层，每一层又按烃类的结构分成芳烃、环烷烃和烷烃三个集总。

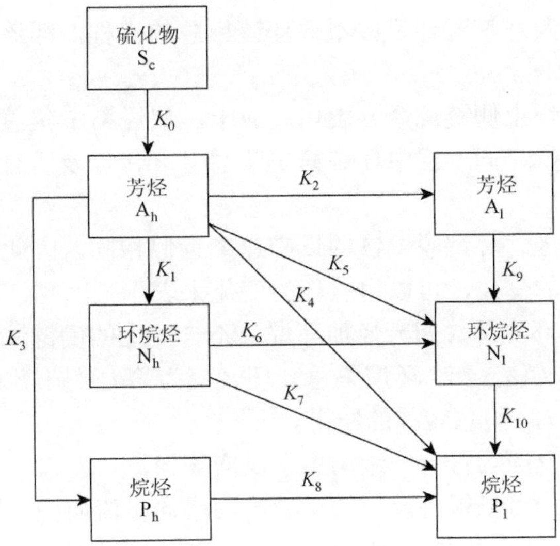

图 9-3-4　加氢裂化 7 集总动力学反应网络

9.3.3　两维加氢裂化集总动力学模型

对石油馏分来说，给定两个独立的性质参数就可对其进行确切的表征。以沸程为基础的动力学模型能够精细地描述各加氢裂化产品的馏程数据，而以组成为基础的动力学模型能够提供加氢裂化产品的组成数据。如果将上述两类模型有机地结合起来，使所建立的加氢裂化动力学模型能够关联更多的原料影响因数、提供沸程和组成并进而求得产品的产率和性质数据，则这种两维的动力学模型将具有更好的应用前景。

抚顺石油化工研究院（FRIPP）开发了两维加氢裂化动力学模型。

以下介绍 FRIPP 加氢裂化模型的结构。

TBP 曲线是表征油品性质的最重要参数之一，作为集总划分的参数是很自然的选择。因此按每 20℉的沸程，在纵面维度上将烃类划分为 n 层。在组成维度上，即在每一沸程层内，再划分出烷烃（包括环上的侧链）、环烷和芳烃（均扣除侧链）三个集总。考虑到加氢裂化过程中，原料和产品碳原子数维持严格的守恒，故每个集总的量以碳原子数量来表示。所考虑的主要反应有链烷烃的加氢裂解、环烷和芳烃的侧链脱除、环烷的开环及芳烃的饱和反应。

各集总反应之间符合下列关系。

（1）环烷和芳烃的反应由两大类组成。一类为侧链断裂脱除，使较重的环烷和芳烃变为较轻的环烷和芳烃；另一类为芳烃的饱和及环烷的开环。

（2）芳烃饱和为一可逆反应且芳烃不能直接转化为烷烃。

（3）芳烃饱和及环烷开环反应不改变该集总的沸程，即该反应只在同一层各集总之间进行。

（4）烷烃（含环上侧链烷烃）裂化反应中，烷烃第 i 集总量（碳原子数）的变化是它本身的裂解，同一层中环烷第 i 集总开环，以及所有比它重的烷烃集总裂解生成它的结果。

（5）相同层芳烃、环烷脱侧链的反应速率近似相同。因此，对由于脱侧链所引起的环烷和芳烃的变化，可以用总环的变化来表示。

（6）第 i 层总环集总（即芳烃加环烷，不含环上的侧链烷烃）的变化是它本身向较轻环集总的转移，第 i 环烷集总开环（变为第 i 层烷烃集总），以及所有比它重的环集总向第 i 环集总转移的结果。

（7）所有上述反应均符合一级动力学反应规律。

依据上述关系，可以得到反应的动力学网络向量流向图（图 9-3-5）。相对应地，可写出如下的反应动力学方程组：

$$\begin{aligned}
&\frac{\mathrm{d}c_{ai}}{\mathrm{d}t}=(-k_{Ri}-k_{ani})c_{ai}+k_{nai}c_{ni}+\sum_{j=1}^{i-1}\mathrm{P}_{rij}k_{Rj}c_{aj}\\
&\frac{\mathrm{d}c_{ni}}{\mathrm{d}t}=k_{ani}c_{ai}+(-k_{npi}-k_{nai}-k_{Ri})c_{ni}+\sum_{j=1}^{i-1}P_{rij}k_{Rj}c_{nj}\\
&\frac{\mathrm{d}c_{pi}}{\mathrm{d}t}=k_{npi}c_{ni}-k_{pi}c_{pi}+\sum_{j=1}^{i-1}P_{pij}k_{pj}c_{pj}\\
&(i=1,2,\cdots,n)
\end{aligned} \tag{9-3-7}$$

其中，i、j 均为以每 20℉为一个窄馏分的分层编号，数字由小到大表示馏分由重变轻；c_{pi}、c_{ni} 和 c_{ai} 分别表示第 i 层烷烃（含侧链上烷烃）、环烷烃及芳烃集总的碳原子数量；k_{pi} 为第 i 层烷烃裂解速率常数，k_{Ri} 为第 i 层环状烃脱侧链生成轻环状烃的速率常数；P_{pij} 和 P_{rij} 分别表示第 j 层烷烃和环状烃向第 i 层转移的分配系数；k_{ani}、k_{naj} 和 k_{npi} 则分别表示第 i 层芳烃饱和、环烷脱氢和环烷开环的反应速率常数。

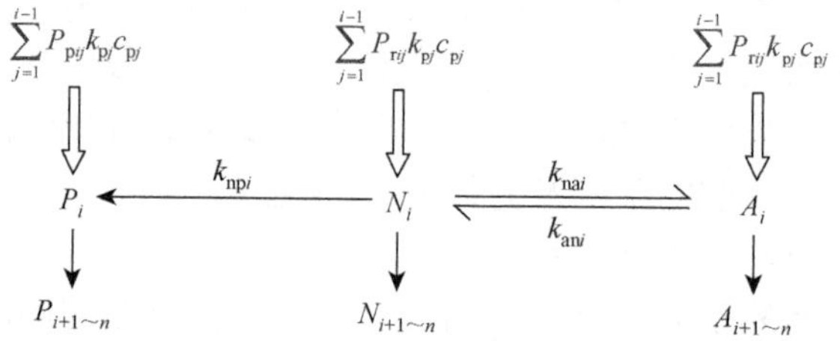

图 9-3-5　加氢裂化反应动力学网络向量流向图

9.3.4　其他复杂反应动力学模型简介

对于加氢裂化这一复杂反应，前面所介绍的各种动力学模型其主要着眼点是分子大小的分布或馏分的分布随反应条件的变化情况，对加氢裂化反应过程中分子结构的变化则关注较少。下面将介绍一种从分子结构的角度建立加氢裂化动力学模型的方法。

化学结构集总的理论是在近几年内由 Astarita 和 Oncone，Astarita 和 Ho、White 等发展起来的。化学分析方法的改进，使得 Parnas 和 Allen 得以对加氢热分解反应更多地从反应物种间的化学结构变化这一角度建立动力学模型。Quann 和 Jaffe 将这种方法用于开发中间馏分油的加氢裂化反应动力学模型。在 Quann 的模型中将化学结构用一组向量来表示，相应地化学反应则可视为向量操纵子，从而使该模型能够用于描述成千上万的不同化合物反应过程。对中间馏分油加氢裂化这一特例，反应物的化学结构可以由一个 22 维的向量来表示，加氢裂化的反应，如加氢饱和、开环和裂化则可用一些对应的线性操纵子来描述。

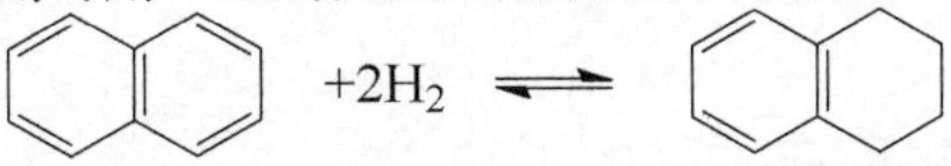
(9-3-8)

阐释化学结构集总的典型例子是对萘加氢生成四氢萘反应的描述。

在式（9-3-8）中，反应物和产物含有三个化学结构元素，它们是 6 个碳的芳烃环（A_6）、4 个碳并与 6 碳芳烃环融合的芳烃环（A_4）和 4 个碳的环烷环（N_4），若用向量来表示则为

		$[A_6]$	$[A_4]$	$[N_4]$
反应物	萘	[1	1	0]
加氢饱和反应规则		[0	−1	+1]
产物	四氢萘	[1	0	1]

(9-3-9)

式（9-3-9）中，每一条反应规则都具有相应反应物选择性，以保证该反应仅适用于特定的反应物。

通过使用这种方法，Quann 等可以在分子结构的水平上来追踪有着成千上万种化合物的反应过程，从而大大减少了对化合物本身的集总。这种对复杂混合物体系的动力学方法基于对反应混合物进行详细分析的能力，对重质加氢裂化原料进行详细分析是不可能的，也就是说开发化学结构集总动力学的理论框架远远超出得到组成信息的实际能力。因此，现在的问题是如何将化学结构集总模型扩展，用于重质加氢裂化原料。

Gray 应用核磁共振谱来确定混合烃的化学结构基团数据，从而避免了测定单体化合物浓度的困难。例如，若按化学结构基团来描述萘加氢生成萘的反应，则

式（9-3-8）可改写为

$$2C_{Ar}\text{-}(C_{Ar})_3+4C_{Ar}\text{-}(H)+2H_2 \longrightarrow 2C_{Ar}\text{-}(C_{aliph})+2\alpha\text{-}C+2C_{naphth} \quad (9\text{-}3\text{-}10)$$

其中，C_{Ar}表示芳烃碳；C_{aliph}表示 α 碳；α-C 表示与芳环相连的 α 碳，而 C_{naphth} 表示环中的 α 碳或短侧链上的 α 碳。

近年来，Hans 等将化学结构集总模型用于减压瓦斯油的加氢裂化反应动力学机理的研究。其结果表明这种研究方法对于解决催化剂在催化基元反应中的作用，进而了解催化剂的催化作用机制和催化改进方向是非常有指导价值的。未来将会成为反应动力学研究的一个热点。

9.4 加氢裂化的反应工程描述

实际的加氢裂化反应过程要比上节的描述更为复杂，能够对加氢裂化反应动力学行为产生影响的各种因素也远未认识全面，这些因素包括氢的动力学行为，竞争吸附和中毒、传热与传质等因素的作用。本节将简要论述这些因素对加氢裂化反应动力学的影响。

9.4.1 氢对加氢裂化反应过程的影响

氢对加氢裂化反应过程的影响是无所不在的。作为一种反应物，氢几乎参与了加氢裂化的所有反应，氢分压（浓度）的高低不但对反应速率产生作用，同时也是影响产品质量的重要因素；作为一种工艺参数，氢气能够促使某些竞争反应朝着特定的方向进行，从而改变产品的分布特征，能够抑制结焦等不希望发生的副反应，从而使催化剂保持非常好的稳定性；作为一种工程介质，氢物流在加热、冷却等过程中也起着非常关键的作用。本质上说，加氢裂化反应与催化裂化反应是相通的，只是由于有了氢气的存在，才使得两种反应过程在工艺流程、反应条件及反应结果之间产生天壤之别。

1. 氢在加氢裂化反应中的动力学行为

一般认为氢在 HC 反应中的催化作用机理为：①氢分子在加氢活性中心上吸附；②吸附的氢分子发生极化或解离为活泼态的原子氢；③极化后的质子氢或活泼态的原子氢与相邻裂解活性中心上吸附的烃类发生加氢反应。

这种催化作用机理就是众所周知的加氢裂化双中心反应理论。根据对吸附后的氢与烃类反应过程的不同假设，双中心反应理论又可分为几种不同的类型，其中氢溢流理论是目前较流行的一种假说。

根据双中心机理，氢在 HC 各反应中的 Langmuir-Hinshwood 动力学表述为

$$-r_{\mathrm{A}}=k_{\mathrm{A}}\left(\frac{K_{\mathrm{A}}C_{\mathrm{A}}}{1+\sum_{i}K_{i}C_{i}}\right)^{n}\cdot\left(\frac{K_{\mathrm{H}}P_{\mathrm{H}}}{1+K_{\mathrm{H}}P_{\mathrm{H}}}\right)^{m} \tag{9-4-1}$$

式（9-4-1）表明在 HC 反应的动力学表述中，氢可作为一种分离的独立变量来处理。一般情况下，HC 反应系统中氢都处于远远超过化学反应需要量的状态，即氢的浓度在反应前后接近于恒定值，式（9-4-1）可简化为

$$-r_{\mathrm{A}}=k_{\mathrm{A}}'P_{\mathrm{H}}^{m}\cdot\left(\frac{K_{\mathrm{A}}C_{\mathrm{A}}}{1+\sum_{i}k_{i}C_{i}}\right)^{n} \tag{9-4-2}$$

上面的分析表明，氢对 HC 反应的作用不仅重要，而且十分复杂。要清楚地描述它的各种影响是非常困难的。从实际应用的角度来看，在加氢裂化过程中，氢分压多数情况下均为一固定值。因此，人们关心的是氢气的消耗量及由此产生的反应热等数据，而不是氢对 HC 反应过程的影响。

2. 化学氢耗量及反应热的计算方法

化学氢耗量是加氢裂化过程中参与化学反应的氢量，是一项对装置的投资和生产成本影响很大的重要参数。反应热是加氢裂化反应中所释放出的热量。它是装置的设计和操作上一项关系重大的工程参数。

1）化学氢耗及反应热的经验关联法

上节的式（9-3-2）是关联化学氢耗的典型例证。

2）化学氢耗及反应热的分析计算法

化学氢耗及反应热的分析计算法是建立在对加氢裂化过程进行严格氢平衡计算的基础上形成的。目前最常用的化学氢耗分析计算方法可分为两类，一类是以烃类氢含量变化为依据的氢平衡计算，一类是以烃类化学键反应为依据的氢平衡计算。无论采用何种化学氢耗的计算方法，反应热的计算均是以反应的类型或氢的去向为依据来进行的。具体的反应热类型数据如下。

芳烃饱和：–16.0 kcal/mol H_2；

烯烃饱和：–27.5 kcal/mol H_2；

烷烃裂化：–11.7 kcal/mol H_2；

环烷开环：–9.5 kcal/mol H_2；

C—N/C—S 断裂：–14.0/–14.0 kcal/mol H_2。

（1）氢含量平衡的化学氢耗计算方法。氢含量平衡的化学氢耗计算方法是通

过分别计算加氢裂化前后原料和产品中的含氢总量，两者之差即为化学氢耗量。显然这种方法的关键在于如何准确地计算各种油品的氢含量。对于 C_5 以下的轻组分、轻石脑油，其氢含量可以从单体烃组成方便地求得；而其他馏分的氢含量目前有 4 种求法，由实验测定油品的 C、H、S、N 等元素组成。

（2）化学键变化的化学氢耗计算方法。烃类的加氢反应中，从化学键变化的角度，总是表现为 H—H 键、C—C 键的断裂，C—H 键的生成反应。C—C 键的断裂又可分为三类：C—C σ 键的断裂（烷烃的断链）；C—C π 键的断裂（烯烃的饱和）；C—C 大 π 键的断裂（芳烃的饱和）。

同一类型的 C—C 键断裂并生成相应的 C—H 键所放出的热量基本上是一恒定值。根据这一特性，就可以将加氢裂化的化学氢耗量和反应热与上述化学键的变化相关联。

9.4.2 竞争吸附、中毒对 HC 反应的影响

竞争吸附和中毒是所有非均相催化反应都存在的一类催化现象。从实用的角度，本节将简要讨论其中几个影响因素。

1. 竞争吸附对 HC 反应动力学的影响

竞争吸附是指反应物、产物与催化剂表面相互作用的状况。根据具体的情况，竞争吸附又可分为反应物和产物对催化剂表面的化学竞争吸附、催化剂对反应物和产物的物理竞争选择。

1）反应物及产物的交互作用

（1）分子大小的影响。加氢裂化原料和产物均是由一系列沸点不同的烃类组成的复杂混合物，任何产物又都是更轻产物的反应物。因此，在考虑分子大小对 HC 反应的影响时，不必考虑其是反应物还是产物，而统一由沸点高低来表示。大量的研究结果表明，烃类沸点越高，其裂解反应活性也越高。造成这一结果的原因一是分子越大越易裂解，二是分子越大其与催化剂表面的竞争吸附能力越强。按 Langmuir-Hinshelwood 理论，在反应物和产物有竞争吸附作用的条件下，相应的动力学方程可写为（对组分 i）

$$\frac{\mathrm{d}C_i}{\mathrm{d}t}=-k_i\frac{C_i}{\left(1+\sum_j K_jC_j\right)} \tag{9-4-3}$$

其中，k_j 为 j 组分的吸附常数。显然按式 9-3-5 的方式去建立加氢裂化集总动力学

模型，将会使问题变得极为复杂。

为了简化，一些加氢裂化集总动力学模型通过对裂化反应速率常数分布函数进行修正的方式来处理这一问题。

（2）原料中芳烃的影响。芳烃的吸附常数高于其他烃类是众所周知的事实。对于实际的加氢裂化原料而言，芳烃的竞争吸附对加氢裂化反应的影响十分复杂。它不但对裂解反应速率产生作用，对产品性质也会产生影响。在其他条件完全相同的情况下，为达到一定的裂解率，随着原料中芳烃含量的增加，加氢裂化反应温度随之增加以弥补裂解反应活性的降低，说明芳烃的裂化要难于其他烃类。对同一种原料随着裂解转化率的提高，重石脑油的芳潜逐步下降，尾油的芳烃含量不断减少。这一结果表明在加氢裂化反应过程中，由于芳烃的竞争吸附能力强，因此它们优先发生加氢饱和、开环及脱侧链反应。

在动力学上要对这一因素进行描述可以采用对相关反应速率常数进行校正的方式来解决，式（9-4-4）表示了芳烃的竞争吸附对烷烃裂解反应的影响。

$$k_{\text{pio}} = k'_{\text{pio}} / (1 + K_{\text{A}} \bar{C}_{\text{A}}) \tag{9-4-4}$$

其中，K_{A} 表示芳烃的吸附平衡常数；$\bar{C}_{\text{A}}$ 表示加氢裂化反应系统中所有烃类物料的平均芳烃碳原子分数。

2）催化剂特性对竞争反应的作用

任何竞争反应现象的发生都受催化剂表面特性与反应物分子性质间交互作用的支配。

无定形硅铝催化剂上的加氢裂化反应基本上属于表面反应控制，而沸石催化剂的活性中心主要位于分子筛的内孔道，且其孔道尺寸与反应物分子同属一个数量级。因此，孔扩散的作用就成为影响加氢裂化反应过程的重要因素。

Maxwill 就 Y 沸石的分子择形性对加氢裂化反应的影响进行了细致的研究。

沸石的分子择形作用不但对反应速率产生影响，当沸石的裂解活性非常高时，同样的孔扩散对一次裂化产物扩散离开反应表面也会有限制作用，从而促进其发生二次裂化反应，往往导致产品分布的重大改变。当发生大量二次裂化反应时，产品分布将不仅是转化率的函数，还是反应条件（特别是反应温度）的函数。

在加氢裂化动力学模型中为了反映沸石催化剂的这种择形性作用，采取了两项修正措施。一是按沸点高低采用反应速率分段函数的办法来处理，对不同的催化剂该函数可以是升函数、常数或降函数；二是对产物分布函数采用与反应温度进行关联的方法来解决。具体修正方法可以参考《加氢裂化工艺与工程》。

2. 中毒对加氢裂化反应动力学模型的影响

催化剂的活性由于某些有害物质的影响而下降称为催化剂中毒。一般来说，只有那些以很低浓度存在就明显抑制催化活性的物质才被看作毒物。催化剂的中毒可以分为可逆中毒和不可逆中毒两种情况。可逆中毒是指当反应物流中引起中毒的物质消失后催化剂的活性可以恢复的中毒形式（暂时性失活），而不可逆中毒则指当反应物流中引起中毒的物质消失后催化剂的活性仍不能恢复的中毒形式（永久性失活）。

加氢裂化催化剂的中毒可分为两类：酸中心中毒与加氢活性中心中毒。一般碱性化合物（如 NH_3 和有机氮化物）可吸附在酸性中心上，使裂化活性降低；加氢活性中心的毒物主要是那些能提供大量孤对电子的物质。对大多数非贵金属加氢裂化催化剂的中毒失活，主要是酸性中心中毒。NH_3 及有机氮等可使酸性中心中毒，不仅降低了催化剂的裂解活性，而且也改变了产物的分布，提高了中间馏分油的选择性。Dufresne 等的研究进一步表明，NH_3、有机氮化物的中毒是暂时的、可逆的。

有机氮化物在酸性中心上的吸附速率快、强度大，而脱附速率很慢，一般只有在反应转化成氨之后才能比较顺利地解析出来。因此，有机氮化物对加氢裂化催化剂的中毒效应具有一定条件的“不可逆性”。由于氮化物影响的主要是催化剂的酸性中心，因此，在计算中仅就与酸性中心有关的裂化、脱侧链及开环反应引入氮化物活性指数校正项，即

$$a_c = \frac{1 - K_N \cdot N}{1 + K_N \cdot N} \tag{9-4-5}$$

其中，N 为裂化原料的氮含量（μg/g）；K_N 为其吸附平衡常数。与一般的吸附平衡常数不同，K_N 除与反应温度有关外，它还是催化剂 HDN 活性的函数。

$$K_N = K_N^0 \exp\left(-\frac{E_N - \alpha_{HDN}}{RT}\right) \tag{9-4-6}$$

引起加氢裂化催化剂失活的因素有很多，如焦炭沉积、金属聚集、分子筛结构破坏、孔口堵塞等。与催化剂中毒相比，引起催化剂结焦和堵塞的物质要比催化剂毒物多得多。在大多数工业装置的操作中，加氢裂化催化剂的失活非常慢，一般情况下可以不考虑其影响。

9.4.3 滴流床反应器的传质与传热

与气固相催化反应类似，滴流床加氢反应也是由外扩散、内扩散、吸附、表面反应、脱附、内扩散、外扩散 7 步组成。对于滴流床反应，由于流体主体是由气、液两相组成，因此还有一个反应物由气相通过气液界面传质的步骤。

如果上述的某一步骤的速率与其他各步的速率相比要慢得多，以致整个反应的速率就取决于这一步的反应速率，那么该步骤就称为控制步骤。在讨论建立加氢裂化动力学模型时，隐含了催化剂上的表面吸、脱附及表面反应是该反应过程的控制步骤。即认为滴流床处于理想的条件下操作，这些条件包括：①液体是平推流，没有任何返混；②反应为动力学控制，传质阻力可忽略，液体与气体始终处于平衡状态；③反应只在固体表面上进行，催化剂粒内及床层径向无温度梯度；④催化剂粒子全部润湿。

因此，一般情况下，滴流床反应器的模拟均是按平推流反应器考虑，个别情况下也有按轴向扩散模型考虑的。由于这些内容在大多数化学工程教科书中都有详细的描述，这里将不再说明。从实用的角度讲，这里只是介绍在应用加氢裂化动力学模型时要考虑排除或要对其影响加以考虑的几个因素。

1. 流体流动

1）流动区域的判别

气液并流向下流经填料床层时的流动状态可分为滴流流动、脉冲流动、喷淋流动和气泡流动。不同的流动状态，其传质传热规律均有所不同，后面所有的有关判据的建立过程中均假设为滴流流动状态，公式的推导采用三膜理论。流动状态主要取决于气液两相的流速，也与填料的大小、性质及流体的性质有关。

Charpentier 等根据大量的实验总结出图 9-4-1。图中 G 和 L_m 分别为气体和液体的表观质量流速，β_1 和 λ_1 为流动参数。

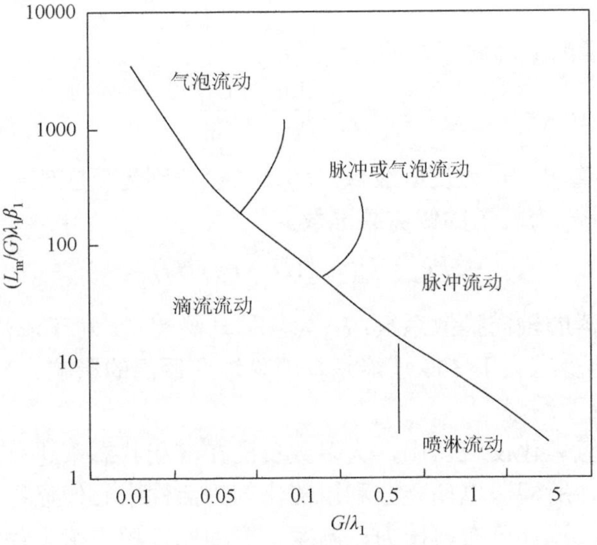

图 9-4-1　滴流床流体流动图

$$\beta_1 = \frac{\sigma_w}{\sigma_L}\left[\frac{\mu_L}{\mu_w}\left(\frac{\rho_L}{\rho_w}\right)^2\right]^{1/3} \tag{9-4-7}$$

$$\lambda_1 = \left(\frac{\rho_G}{\rho_a}\frac{\rho_L}{\rho_w}\right)^{1/2} \tag{9-4-8}$$

其中，σ、μ 和 ρ 分别表示表面张力、黏度和密度；下标 w、a、L 和 G 分别表示水、空气、液体和气体。

2）边壁效应

边壁效应是指由于反应器器壁的限制，使靠壁处催化剂的空隙率高于床层主体，从而使流体在边壁处的流速高于床层主体流速的效应。影响壁流的因素很复杂，如液体的预分布、表面张力、催化剂的形状及大小等。Smith 等用空气-水系统研究了 d_t/d_p、粒子形状和液体表面张力对壁流的影响，并推导出忽略壁流影响的准则：

$$\frac{\omega_\infty}{F_t} = \left[1+\frac{f^2R_0}{d_pS(1-f)}\right]^{-1} \leqslant 0.05 \tag{9-4-9}$$

其中，R_0 为床层半径；d_p 为粒径；ω_∞为平衡流动时的流体壁流量；F_t 为液体总流量；S 为径向扩散因子，定义为床层中径向流动的流动分率，当 d_p<6 mm 时，S=1；f 为壁流因子，定义为壁流量流回床层的分数，它是一个不随床高度变化的参数，主要与 d_t/d_p、粒子形状及液体表面张力等有关，d_t 为床层直径。根据式（9-4-9）对空气-水系统，消除壁效应的 d_t/d_p 值应大于 16。

3）轴向返混

Mears 推导了消除轴向返混的判别式：

$$L_B/d_p > \frac{20n}{Pe_d}L_n\frac{C_{Ai}}{C_{AO}} \tag{9-4-10}$$

其中，L_B 为床层高度；n 为反应级数；C_{Ai}、C_{A0} 分别为反应床层出口和进口的 A 反应物的浓度；Pe_d 为粒子的佩克莱准数。

$$Pe_d = L_m d_p / (D_L \cdot \rho_L \cdot H_d) \tag{9-4-11}$$

其中，D_L 为反应器的轴向扩散系数；H_d 为液体动滞留量。对于滴流床加氢反应器，一般认为 L_B/d_p 至少应大于 350 才能基本消除轴向返混的影响。

4）催化剂表面润湿

在滴流床加氢裂化反应器中，大多数反应在液相状态下进行，因此使所有催化剂表面都为液体所润湿以便充分利用催化剂的活性中心便显得十分重要。影响润湿的因素很多，流体分布、压力、温度、氢油比、相平衡条件等都会引起润湿分率的变化，但其中气液流速的影响最大。

Mills 等提出了如下关联：

$$f_e = \tanh[0.664Re_L^{0.333} \cdot Fr_L^{0.195} \cdot We_L^{-0.171} \cdot (a_t d_p / \varepsilon_B^2)^{-0.0615}] \tag{9-4-12}$$

其中，Re_L、Fr_L 和 We_L 分别为液体的雷诺数、费劳德数和韦伯数；a_t 为粒子的外比表面积；ε_B 为床层空隙率。

2. 传质

对于加氢裂化过程，氢气总是过量的，而且由于它在液相中的溶解度很小，所以可以认为在气、液相界面上它始终处于平衡状态，而气相中的传质阻力可以忽略，故传质阻力主要是在外液膜及催化剂孔内。

1）液膜传质

反应速率很快的过程（$k>k_{LS}$）往往是液膜控制过程，此时总扩反应速率常数为

$$k_0 = 1/(1/k + 1/k_{LS}) = k_{LS} \tag{9-4-13}$$

其中，k、k_{LS} 分别为反应速率常数和扩散速率常数。显然，若在这样的条件下评选催化剂，评价结果都将基本不变，总有 $k_0 \approx k_{LS}$。因此液膜控制不但干扰了催化剂评选，而且也歪曲了动力学过程。Satterfield 认为当反应物表面浓度偏离无扩散阻力时的 5%时，就是液膜控制，并提出反应不受液膜控制的判据：

$$r(d_p/2)/C^* k_{LS} < 0.15/n \tag{9-4-14}$$

其中，C^*为催化剂表面上反应物的平衡浓度；n 为反应级数；r 为平均反应速率。

2）催化剂孔扩散

无因次的 Thiele 膜数 Φ_p 是表征内扩散影响的重要参数。一般来说，当 $\Phi_p <$ 1/5 时，催化剂有效利用系数 $\eta > 0.9$，此时内扩散阻力可以忽略，在此情况下，操作变量的改变对 η 的影响较小。当 $d_p < 1$ mm 时，一般属于这类情况，而当 $\Phi_p > 3$ 时，$\eta \approx 1/\Phi_p$，属于内扩散控制。

对球形催化剂，一级反应的

$$\Phi_p = \frac{d_p}{2}\sqrt{k/D_e} \tag{9-4-15}$$

其中，D_e 为有效扩散系数。可见催化剂的颗粒越大，反应速率越快，扩散越慢，Φ_p 越大，η 越小，即孔内传质阻力的影响越大。

判断是否可以忽略孔内传质阻力影响的另一个判据为

$$r(d_p/2)^2 / C_s D_e < 1/n \tag{9-4-16}$$

其中，C_s 为催化剂表面反应浓度。满足式（9-4-16）即可认为消除了内扩散的影响。

3. 传热

反应温度对加氢裂化反应过程可从以下几个方面施加作用：①反应物的扩散系数、黏度、密度；②气液、液固表面的传质系数；③反应物的吸附平衡常数（van't Hoff 方程）；④反应速率常数（Arrhenius 方程）。

因此，反应器内温度梯度（相间的、粒间的和粒内的）的存在，无疑会对反应结果产生不可忽视的影响。

Mears 认为传热阻力大小的顺序为粒间热阻＞相间热阻＞粒内热阻，并导出消除各种温度梯度的判据如下：

粒内

$$(-\Delta H)r(d_{\mathrm{p}}/2)^2/\lambda_{\mathrm{p}}T_0 < 0.75R_{\mathrm{g}}T_0/E \tag{9-4-17}$$

相间

$$(-\Delta H)r(d_{\mathrm{p}}/2)/hT_0 < 0.15R_{\mathrm{g}}T_0/E \tag{9-4-18}$$

粒间（床层径向）

当忽略壁热阻

$$(-\Delta H)rR_0^2/\lambda_{\mathrm{er}}T_{\mathrm{w}} < 0.4R_{\mathrm{g}}T_{\mathrm{w}}/E \tag{9-4-19}$$

不忽略壁热阻

$$(-\Delta H)rR_0^2/\lambda_{\mathrm{er}}T_{\mathrm{w}} < \frac{0.4R_{\mathrm{g}}T_{\mathrm{w}}/E}{1+8(d_{\mathrm{p}}/2)(B_{\mathrm{iof}})_{\mathrm{w}}/R_0} \tag{9-4-20}$$

其中，$-\Delta H$ 为反应热；λ_{p}、λ_{er} 分别为粒子和床层的有效导热系数；h 为液固相传热系数；T_0、T_{w} 分别为反应温度和反应器壁温；E 为反应活化能；R_{g} 为气体常数；$(B_{\mathrm{iof}})_{\mathrm{w}}$ 为一无因次准数：

$$(B_{\mathrm{iof}})_{\mathrm{w}} = h_{\mathrm{w}}d_{\mathrm{p}}/\lambda_{\mathrm{er}} \tag{9-4-21}$$

其中，h_{w} 为壁热导。

在设计和反应过程的研究中，往往通过上述判据来确定相关流体力学参数落在合理的范围内，从而保证计算过程可以简化应用平推流模型。

9.5 应用催化反应工程理论指导加氢裂化过程开发实例

加氢裂化技术在实际应用中表现出来的巨大优势，引起了人们越来越多的重视，加氢裂化反应机理及模型化工作得到了迅猛发展，在设计、科研和生产中得到了广泛的应用。特别是集总动力学模型作为一个多重反应体系动力学研究的重大突破性成果，也在我国石油炼制工业中开花结果。方向晨等从加氢裂化工艺的特点出发，开发了适合我国国情的加氢裂化集总动力学模型，并成功地应用于指导优化新工艺、新装置的设计和优化选择操作条件。现将部分应用工作，在此做一简单介绍。

9.5.1　加氢裂化催化剂级配技术

加氢裂化催化剂级配技术基于加氢裂化反应过程机理。考虑原料油中不同烃类在催化剂活性中心上的竞争吸附及反应的先后，在不同的反应区装填不同类型的裂化剂，发挥不同类型催化剂性能的优势互补，实现不同烃类组分在目标产品中的富集，最大限度地提高产品质量，同时装置的操作安全性进一步提高。在工程方面，实现催化剂床层间少打冷氢，提高裂化反应器出口换热器的换热效率，是实现炼厂现有装置节能降耗、挖潜增效的有效途径。

通过研究不同转化深度对产品分布和性质的影响，建立了适于各类加氢裂化催化剂的六集总间的反应网络（图 9-5-1）和高压加氢裂化六集总反应动力学模型的常微分方程，如式（9-5-1）和式（9-5-2）所示。

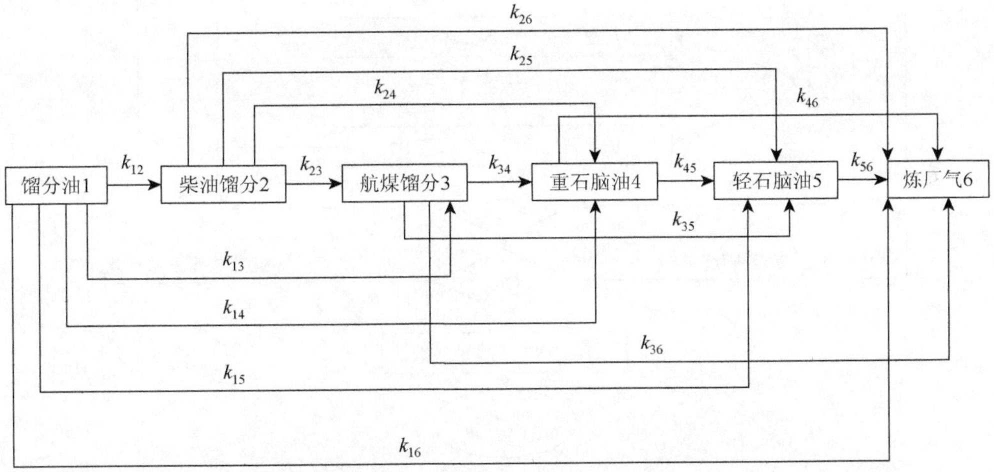

图 9-5-1　六集总动力学模型反应网络

$$\frac{dy_1}{dt} = -(k_{12} + k_{13} + k_{14} + k_{15} + k_{16})y_1 \tag{9-5-1a}$$

$$\frac{dy_2}{dt} = k_{12}y_1 - (k_{23} + k_{24} + k_{25} + k_{26})y_2 \tag{9-5-1b}$$

$$\frac{dy_3}{dt} = k_{13}y_1 + k_{23}y_2 - (k_{34} + k_{35} + k_{36})y_3 \quad (9\text{-}5\text{-}1c)$$

$$\frac{dy_4}{dt} = k_{14}y_1 + k_{24}y_2 + k_{34}y_3 - (k_{45} + k_{46})y_4 \quad (9\text{-}5\text{-}1d)$$

$$\frac{dy_5}{dt} = k_{15}y_1 + k_{25}y_2 + k_{35}y_3 + k_{45}y_4 - k_{56}y_5 \quad (9\text{-}5\text{-}1e)$$

$$\frac{dy_6}{dt} = k_{16}y_1 + k_{26}y_2 + k_{36}y_3 + k_{46}y_4 + k_{56}y_5 \quad (9\text{-}5\text{-}1f)$$

$$k_{ij} = k'_{ij0} \times e^{-E_{ij}/RT} \times P_{H_2}^{\alpha} = k_{ij0} \times e^{-E_{ij}/RT} \quad (9\text{-}5\text{-}2)$$

在催化剂六集总动力学模型的基础上，开发了催化剂级配动力学模型，用于预测不同类型催化剂级配装填比例对产品分布和产品性质的影响。级配模型优化求解框架见图 9-5-2。

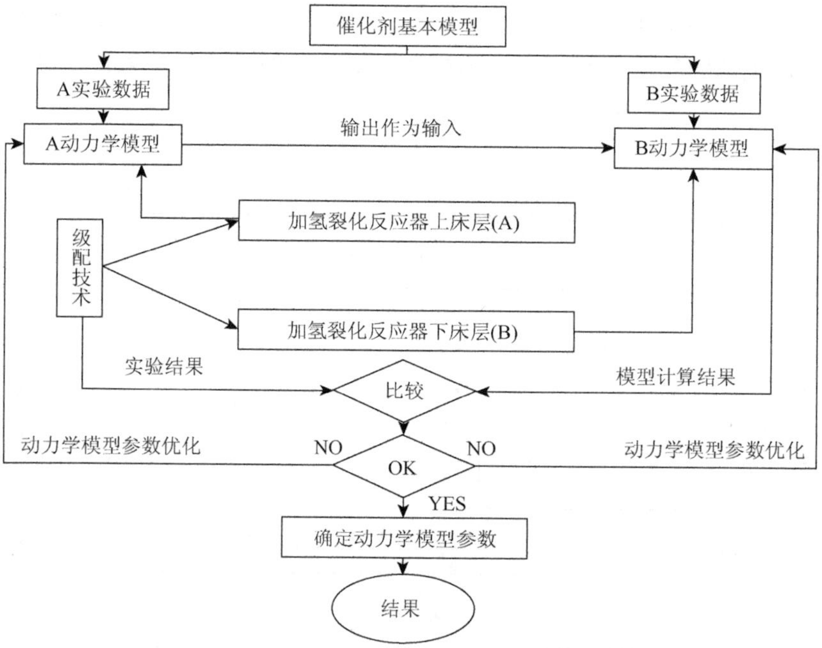

图 9-5-2　加氢裂化催化剂级配动力学模型计算框图

不同催化剂类型的组合均可按照上述思想建模进行模拟计算，催化剂装填比例的影响以不同催化剂各自体积空速为变量体现于模型计算过程。

加氢裂化催化剂级配技术已在镇海炼化、金陵石化和天津石化等企业的加氢裂化装置上广泛使用。通过采用该项技术，使反应热得到综合利用，进一步降低装置能耗；催化剂性能获得进一步发挥，目的产品的质量获得改善，符合加氢技术“低碳、高效、节能”的发展趋势，经济效益和社会效益显著。

9.5.2　FDTG 技术

催化柴油富含二环及三环芳烃（40%～70%），是导致其密度大、十六烷值低（燃烧性能差）的根本原因，基于对带短侧链小分子单环芳烃是高辛烷值汽油理想组分的认识，创新开发了劣质催化柴油部分提质、部分（约 50%）选择性转化为高辛烷值清洁汽油的加氢转化技术，有效地将二环及三环芳烃定向转化为高辛烷值的单环芳烃，而不是进一步加氢饱和为低辛烷值的环烷烃。图 9-5-3 为这一技术即 FDTG 技术反应过程示意图，它实现了减少低十六烷值催化柴油总量，生产高附加值汽油组分、支撑炼厂柴油质量升级及产品结构调整的多重目的。

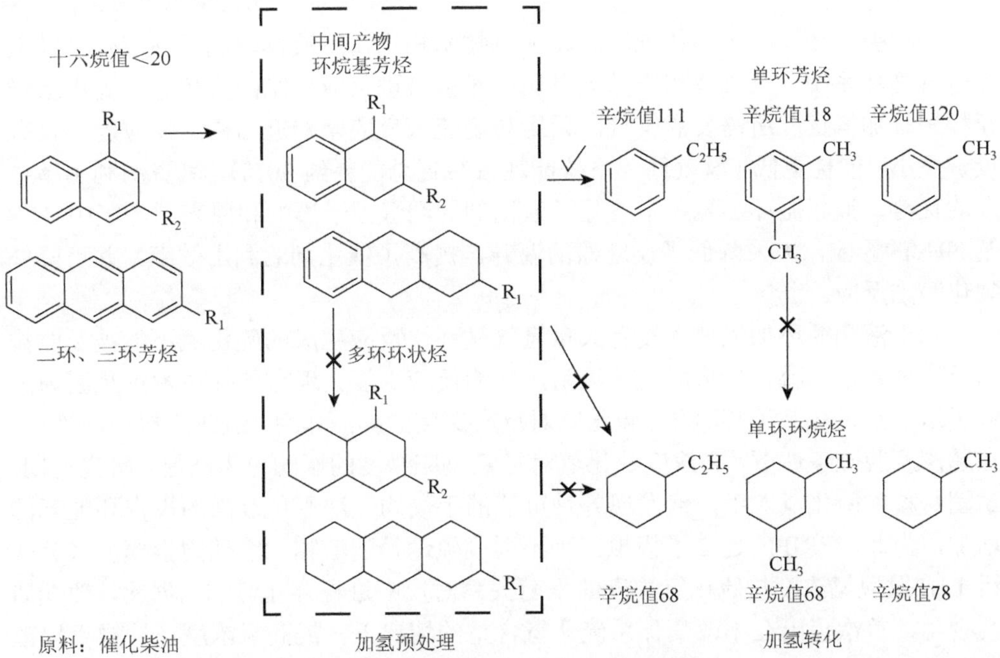

图 9-5-3　FDTG 技术反应过程示意图

基于对多环芳烃加氢转化过程进行准确模拟的基础，掌握了反应系统宏观调控方法。系统研究了反应温度、压力与烃类结构组成的影响规律，获得了操作条件与加氢转化后汽油馏分辛烷值及提质柴油馏分十六烷值的对应关系，确定了适宜将多环芳烃饱和为单/双环环烷基芳烃的压力等级（8～12 MPa）和更高的加氢转化操作温度（＞390℃）。该工艺条件避开了利于单环芳烃加氢饱和的区域，尽量减少加氢转化生成的高辛烷值单环芳烃被进一步饱和为低辛烷值单环环烷烃。为强化环烷基芳烃的转化能力及避免单环芳烃进一步饱和为环烷烃，开发了“强裂化、弱加氢”的加氢转化专用催化剂，并匹配适宜的反应条件，可实现生产高辛烷值汽油及压减柴油的目的。

目前，金陵石化和茂名石化采用 FDTG 技术进行劣质催化柴油加氢转化生产高辛烷值汽油工业应用。其中，金陵石化连加氢转化装置续运转 30 个月，65～210℃汽油收率 34.6%～44.25%、辛烷值（RON）90.7～94.6，可作为国Ⅴ汽油调和组分。FDTG 技术各项技术指标达到世界同类技术的领先水平，在解决企业柴油质量升级难题的同时，为企业带来了良好的经济效益。

9.5.3 液相循环加氢技术

液相循环加氢技术与传统滴流床加氢技术相比，用液体溶氢循环取代了庞大的氢气循环系统，依靠液相产品大量循环时携带进反应系统的溶解氢来提供新鲜原料进行加氢反应所需要的氢气。采用与滴流床反应器相近结构的反应器，具有投资更小、能耗更低（氢气循环系统能耗占装置总能耗约 30%）、氢资源利用率更高的优势。液相循环加氢技术消除了催化剂的润湿因子影响和原来循环氢中 H_2S 及 NH_3 的影响，大大降低了反应器的温升，提高了催化剂的利用效率，并可降低裂化等副反应。

由于液相循环加氢技术没有大量氢气循环，反应生成的硫化氢不能被及时排出反应体系，与硫化物形成竞争吸附，影响反应深度。现有国外技术正是因为忽视了这一点，未能克服高浓度硫化氢对反应深度的抑制作用，造成原料适应性差。在超深度脱硫条件下，高浓度硫化氢对加氢反应深度的影响更为凸显。研究初期，试图从移除硫化氢入手，但发现各种可能的手段均无法避免过高的投资和能耗的增加，为此，FRIPP 建立了模拟三种不同脱硫途径的液相加氢动力学模型（公式组 1），发现氢浓度与硫化氢浓度的平衡关系对反应进程存在影响。据此，改变研究视角，首次提出在不改变体系硫化氢含量的情况下，提高氢浓度，同样可以改变其平衡关系，起到克服硫化氢影响、强化反应深度的作用。依据液相体系中氢浓度随压力及温度的变化规律和液相循环体系仅有反应器和溶氢罐等极少数高压设备的特点，提出适度升高系统压力，它是提高氢浓度、克服硫化氢影响的既简便又经济有效的方法，确定了液相加氢技术生产国Ⅴ柴油的关键参数（操作压力由 8 MPa 提高到 10～12 MPa）。

公式组：三集总加氢脱硫

$$C_S = aC_0\exp(-K_1t) + bC_0\exp(-K_2t) + cC_0\exp(-K_3t)$$

$$\begin{cases} K_{\mathrm{A}} = k_{\mathrm{A0}} \cdot \left(\dfrac{M_{\text{溶解H}_2}}{0.18}\right)^{\alpha} \cdot \dfrac{1}{(1+K_{\mathrm{H_2S}} \cdot C_{\mathrm{H_2S}})^{\delta}} \cdot \exp\left(-\dfrac{E_{\mathrm{A}}}{RT}\right) \\ K_{\mathrm{B}} = k_{\mathrm{B0}} \cdot \left(\dfrac{M_{\text{溶解H}_2}}{0.18}\right)^{\beta} \cdot \dfrac{1}{(1+K_{\mathrm{H_2S}} \cdot C_{\mathrm{H_2S}})^{\varepsilon}} \cdot \exp\left(-\dfrac{E_{\mathrm{B}}}{RT}\right) \\ K_{\mathrm{C}} = k_{\mathrm{C0}} \cdot \left(\dfrac{M_{\text{溶解H}_2}}{0.18}\right)^{\gamma} \cdot \dfrac{1}{(1+K_{\mathrm{H_2S}} \cdot C_{\mathrm{H_2S}})^{\phi}} \cdot \exp\left(-\dfrac{E_{\mathrm{C}}}{RT}\right) \end{cases}$$

FRIPP 通过对液相加氢反应过程反应机理的深入研究，系统掌握了反应物系各组分与反应条件的交互影响关系和各反应区域氢消耗量的计算方法，科学设定了氢补加的方式、位置和量，进一步优化各反应区域氢浓度。

目前，九江石化、长岭石化、长庆石化、湛江东兴和胜利石化总厂等企业采用了液相循环加氢技术。九江分公司 150 万 t/a 柴油液相循环加氢装置工业应用结果表明，以直馏柴油为原料，在反应温度 357℃、反应压力 9.5 MPa、循环比 2.5、新鲜原料体积空速 1.4 h^{-1} 的工艺条件下，精制油硫含量小于 10 ppm，生产符合国Ⅴ质量标准的清洁柴油。

9.5.4　沸腾床技术

固定床渣油加氢技术因技术成熟、操作简便而得到迅速发展。但固定床渣油加氢工艺对原料有严格的限制，为了延长开工周期，部分企业将原料金属含量甚至控制在 60 μg/g 以下，严重制约了原料适应性。沸腾床渣油加氢技术由于催化剂能够在线置换，非常适合处理金属含量高的原料。此外，沸腾床渣油加氢技术还具有空速大、反应器内基本无压降、温度分布均匀、传质和传热良好、催化剂利用率高、运转周期长、装置操作灵活、原料适应性广等优点，克服了固定床加氢过程由于催化剂上积炭和金属沉积造成床层压降快速上升的缺点。

近年来，FRIPP 和中石化洛阳石化工程有限公司合作，现已开发出具有完全自主知识产权的 STRONG 沸腾床渣油加氢成套技术。与国外技术相比，采用微球形催化剂，设置气液固三相分离器，取消了循环泵，并解决了许多催化、工艺、工程技术方面的难题，在中国石化金陵分公司进行 5 万 t/a 沸腾床渣油加氢工业示范装置试验，脱残炭率 51.0%～82.5%，脱硫率 67.7%～85.6%，脱金属率 88.5%～97.3%，转化率 44.2%～78.6%。

沸腾床渣油加氢技术为典型的气体、液体和固体三相流态化催化反应过程，典型反应条件为温度 410～440℃、压力 15～20 MPa，属于高温高压反应过程。催化反应工程贯穿整个沸腾床研发历程的每一个环节，实验室小试、中试和工业试验过程均在催化反应工程理论指导下完成。

参考文献

陈甘棠. 1981. 化学反应工程. 北京：化学工业出版社.

陈俊武，曹汉昌. 1995. 催化裂化工艺与工程. 北京：中国石化出版社.

程之光. 1994. 重油加工技术. 北京：中国石化出版社.

方向晨. 1996. 计算机技术在加氢过程研究中的应用. 炼油设计，26（6）：46-49.

方向晨，谭汉森，赵玉琢，等. 1996. 重馏分油加氢脱氮反应动力学模型的研究. 石油学报（石油加工），12（2）：19-28.

盖茨. 1985. 催化过程的化学. 北京：化学工业出版社.

韩崇仁. 2001. 加氢裂化工艺与工程. 北京：中国石化出版社.

金思毅，李建隆. 1996. MHC 反应器的性能与随机模拟. 高校化学工程学报，10（1）：95-99.

李承烈. 1989. 催化剂失活. 北京：化学工业出版社.

林世雄. 1988. 石油炼制工程（下册）. 2 版. 北京：石油工业出版社.

刘建锟，杨涛，方向晨，等. 2015. 沸腾床渣油加氢-焦化组合工艺探讨. 石油学报（石油加工），（3）：663-669.

史由. 1987. 炼油工艺过程关联式（三）. 炼油设计，17（2）：45-50.

翁惠新，毛信军. 1987. 石油炼制过程反应动力学. 北京：烃加工出版社.

徐海丰. 2016. 低油价使世界炼油工业保持良好发展态势——2015 年世界炼油工业回顾与展望. 国际石油经济，24（5）：44-49.

杨慧，王雪杭，段学志，等. 2015. Co-Mo/γ-Al_2O_3 催化剂上噻吩与苯并噻吩加氢脱硫动力学. 化学反应工程与工艺，31（5）：400-406.

Aris R. 5th Danckwerts P V. Memorial lecture presented at glaziers hall，London，UK，16 October 1990-manners makyth modelers. Chemical Engineering Science，1991，46（7）：1535-1544.

Astarita G. Oncone R. 1988. Lumping nonlinear kinetics. AICHE Journal，34（8）：1299-1309.

Astarita G. 1989. Lumping nonlinear kinetics：Apparent overall order of reaction. AICHE Journal，35（4）：529-532.

Bartholomew C H. 1994. Catalytic Hydroprocessing of Petroleum and distillates（Edited by Obella M C and Shih S S）. New York：Marcel Debker.

Bertolacini R J. 1991. Resid Hydroprocessing at Amoco. Catalysis Reviews，33（3）：281-317.

Beuther H，Larson O A，Perrotta A J. 1980. The mechanism of coke formation on catalysts. Studies in Surface Science and Catalysis，6：271.

Charpentier J C，Farier M. 1975. Some liquid holdup experimental data in trickle-bed reactors for foaming and nonfoaming hydrocarbons. AIChE Journal，21（6）：1213-1218.

Chen Y W. 1990. Hydrodesulfurization reactions of residual oils over como/alumina-aluminum phosphate catalysts in a trickle bed reactor. Industrial and Engineering Chemistry Research，29（9）：1830-1840.

Diez F，Gates B C. 1990. Deactivation of a Ni-Mo gamma-Al_2O_3 catalyst-influence of coke on the hydroprocessing activity. Industrial and Engineering Chemistry Research，29（10）：1999-2004.

Dufresne P，Quesada A，Mignard S. 1990. Catalysts in Petroleum Refining 1989. Amsterdam：Elsevier Science Publishers.

Furimsky E. 1982. Deactivation of Molybdatecatalysts by nitrogen bases. Erdol and Kohle Erdgaspetrochemie，35（10）：455-459.

Gates B C，Katzer J R，Schuit G C. 1979. Chemistry of Catalytic Process. NewYork：McGraw-Hill Book Company.

Gray M R. 1990. Lumped kinetics of structural groups：Hydrotreating of heavy distillate. Industrial and Engineering

Chemistry Research，29（4）：505-512.

Hans K，Froment G F. 2007. Mechanistic Kinetic modeling of the hydrocracking of complex feedstocks，such as vacuum gas oils. Industrial and Engineering Chemistry Research，46. 5881.

Hayward D O，Trapnell B M W. 1964. Chemisorption. 2nd ed. Buttorworths.

Ho T C，White S B. 1995. Experimental and theoretical investigation of the validity of asymptotic lumped kinetics. AICHE Journal，41（6）：1513-1520.

Houalla M，Nag N K，Sapre A V，et al. 1978. Hydrodesulfurization of dibenzothiophene catalyzed by sulfided $CoO\text{-}MoO_3\gamma\text{-}Al_2O_3$：The reaction network. AIChE Journal，24（6）：1015-1021.

Ihm Son-K，Moon S J，Choi H J，et al. 1990. Hydrodesulfurization of thiophene over CoMo，NiMo，and NiW/Al_2O_3 catalysts：Kinetics and adsorption. Industrial and Engineering Chemistry Research，29（7）：1147-1152.

Jaffe S B，Gates B C. 1974. Kinetics of heat release in petroleum hydrogenation. Industrial & Engineeriny Chemistry Process Design & Development，13（1）：34-39.

Jia L，Sun X，Ye X，et al. 2013. Core-shell composites of USY@Mesosilica：Synthesis and application in cracking heavy molecules with high liquid yield. Microporous and Mesoporous Materials，176（8）：16-24.

Krishma R. 1989. Use of an axial-dispersion model for kinetic description of hydrocracking. Chemical Engineering Science，44（3）：703-712.

Laxminarasimhan C S，Verma R P，Ramachandran P A. 1996. Continuous Lumping Model for Simulation of Hydrocracking. AICHE Journal，42（9）：2645-2653.

Levenspiel O. 1972. Chemical Reaction Engineering. 2nd edition. New York：John Wiley.

Martens J A，Tielen M，Jacobs P A. 1987. Attempts to rationalize the distribution of hydrocracked products. Ⅲ. mechanistic aspects of isomerization and hydrocracking of branched alkanes on ideal bifunctional large-pore zeolite catalysts. Catalysis Today，1（4）：435-453.

Maxwell I E. 1987. Zeolite catalysis in hydroprocessing technology. Catalysis Today，1（4）：385-413.

Mears D E. 1971. Diagnostic criteria for heat transport limitations in fixed bed reactors，Journal of Catalysis，20（2）：127-131.

Mears D E. 1971. Test for transport limitations in experimental catalytic reactors. Industrial & Engineering Chemistry Process Design & Development，10：541-547.

Mears D E. 1971. The role of axial dispersion in trickle-flow laboratory reactors，Chemical Engineering Science，26（9）：1361-1366.

Mills P L. 1981. Evaluation of liquid-solid contacting in trickle-bed reactors by tracer methods. AIChE Journal，27（6）：893-904.

Qeorge S E. Presented at the NPRA 1991 Annual Meetng March 17-19，1991 Convention Center，San Antonio Texas. AM-91-13.

Parnas R S，Allen D T，1988. Compound class modeling of hydropyrolysis. Chemical Engineering Science，43（10）：2845-2857.

Pecheco M A，Dassori C G. 2002. Hydrocracking：An improved kinetic model and reactor modeling. Chemical Engineering Communication，189（12）：1684.

Peng C，Fang X，Zeng R，et al. 2016. Commercial analysis of catalytic hydroprocessing technologies in producing diesel and gasoline by light cycle oil. Catalysis Today，276：11-18.

Peng C，Huang X，Duan X，et al. 2016. Direct production of high octane gasoline and ULSD blend stocks by LCO hydrocracking. Catalysis Today，271：149-153.

Prasad G N，Wittmann C V，Agnew J B，et al. 1986. Modeling of coal liquefaction kinetics based on reactions in continuous mixtures. Part Ⅰ：Theory，Part Ⅱ：Comparison with experiments on catalyzed and uncatalyzed liquefaction of coals of different rank. AICHE Journal，32（8）：1277-1287，1288-1300.

Qader S A，Hill G R. 1969. Hyddrocracking of petroleum and coal oils. IECPDD，8：462-469.

Qeorge S E. Presented at the NPRA 1991 Annual Meetng March 17-19，1991 Convention Center，San Antonio Texas. AM-91-13.

Quann R J，Jaffe S B. 1992. Structure-oriented lumping：Describing the chemistry of complex hydrocarbon mixtures. Industrial and Engineering Chemistry Research，31（11）：2483-2497.

Santilli H L，Gates B C. 1997. In Handbook of Heterogeneous Catalysis，3：1123.

Satterfield C N. 1969. Mass transfer limitations in a trickle-bed reactor. AIChE Journal，15（2）：226-234.

Satterfield C. N. Mass Transfer in Hetero-geneous Catalysis，Mass. Camtridge，M. I. T. Pr.，1970.

Singh U K. 2003. Kinetics of liquid-phase hydrogenation reactions over supported metal catalyst—A Review. Applied Catalysis，255（2）：361.

Smith J M，Saroha A K，Nigam K D P，et al. 1978. liquid distribution in trickle-bed reactors. 1. Flow measurements. AIChE Journal，24（3）：439-450.

Stangeland B E. 1974. A kinetic model for the prediction of hydrocracker yield. IECPDD，13：71-75.

Stangeland B E，Kittrell J R. 1972. Jet fuel selectivity in hydrocracking. IECPDD，11（1）：15-20.

Sullivan R F. 1964. Hydrocracking of alkylbenzenes and polycyclic aromatic hydrocarbons on acidic catalysts. Evidence for cyclization of the side chains. Journal of Catalysis，3（2）：183-195.

Tom T B. 1972. “Hydrocracking for distillates” Symp Adv in distillate and Residual Oil Technol. New York：ACS meeting.

Weekman V W. Lumps，Models and Kinetics in Practice. AIChE Monoglahh Series，1979，75（11）.

Wei J，Prater C D. 1967. On the structure and analysis of complex systems of first-order chemical reactions containing irreversible steps—Ⅰ general properties. Chemical Engineering Science，22（12）：1587-1606.

Wei J，Prater C D. 1968. On the structure and analysis of complex systems of first-order chemical reactions containing irreversible steps—Ⅱ Projection properties of the characteristic vectors. Chemical Engineering Science，23（10）：1191-1200.

Wei J，Prater C D. 1970. On the structure and analysis of complex systems of first-order chemical reactions containing irreversible steps—Ⅲ Determination of the rate constants. Chemical Engineering Science，25（3）：407-424.

Worldwide Refinery Processing Review Second Quarter 2015. Hydrocarbon Publishing Company.

Zhorov Y M. 1971. Chemical scheme and structure of mathematical description of hydrocracking. International Journal of Chemical Engineering，11（2）：256.

第 10 章　催化重整反应工程

10.1　催化重整概述

催化重整是在一定温度、压力和催化剂存在的条件下，将石脑油转变成富含芳烃的重整生成油和副产大量氢气的过程，是重要的石油炼制过程之一。

10.1.1　催化重整的发展

催化重整始于 20 世纪 40 年代，主要生产汽油。1949 年，UOP 公司开发单铂催化剂和半再生重整工艺（platforming），并在美国密歇根州马斯基根（Muskegon）的老荷兰（Old Dutch）炼厂建成 7.5 kt/a 工业装置。半再生重整反应压力高，氢油比高，液收低，辛烷值低。

1971 年，UOP 公司开发成功第一代连续重整工艺 CCR Platforming，反应器重叠式布置，反应压力 0.88 MPa，催化剂常压再生，第一套工业装置为美国海岸炼油厂 90.2 万 t/a 连续重整装置。

1973 年，IFP/Axeans 开发成功连续重整工艺 Octanizing，反应器并列式布置，反应压力 0.8 MPa，催化剂再生器压力 0.96 MPa，第一套工业装置为意大利 San Quirico 炼厂 81.6 万 t/a 连续重整装置。

1988 年 11 月，UOP 公司开发成功第二代连续重整工艺，反应器进料由上进下出改为上进上出，反应压力 0.35 MPa，催化剂再生压力为 0.25 MPa。催化剂输送管线无阀门；催化剂用高纯氢还原，还原气入管网；放空气设洗涤塔。

1990 年，Axeans 成功开发第二代连续重整工艺 Regen B，反应压力降为 0.35 MPa，催化剂再生器压力略高于第一反应器，为 0.545 MPa，再生器二段烧焦，减少专用催化剂阀门；再生及待生催化剂提升为 N_2。

1995 年，Axeans 在 Regen B 的基础上开发成功 Regen C 和 Regen C2，降低再生和还原温度，缩短烧焦时间，延长催化剂寿命，焙烧气由循环气改为空气，增加灵活性；优化氧氯化操作参数，氧氯化气体单独放空，催化剂性能更稳定；改变再生器烧焦控制条件，再生器操作更灵活；Regen C2 的特点是改进再生器部分的气体流程。

1996 年 3 月，UOP 成功开发最新的连续重整工艺 Cycle Max。再生器采用锥形筛网，防止催化剂在高温区停留时间过长，改进催化剂提升系统，L 阀组代替提升器；催化剂还原为二段还原，用重整氢气；增加装料斗，在装置不停工条件下装填催化剂。

中国石化洛阳工程有限公司于 2009 年开发成功连续重整技术，并实现工业化，中国石化工程建设有限公司于 2013 年开发成功连续重整技术，并实现工业化。

目前，全球重整装置中半再生重整与连续重整各占一半，但连续重整装置处理能力高于半再生重整装置，且新建和大型化重整装置绝大多数采用连续重整工艺。全球连续重整装置中 UOP 技术 250 套（中国超过 50 套），Axens 技术 50 多套（中国 10 套），中国石化洛阳工程有限公司技术 5 套（茂名、洛阳、长岭等），中国石化工程建设有限公司技术 1 套（济南石化）。

10.1.2　催化重整的类型

催化重整按不同的分类方法，有多种类型。

（1）按产品用途分为两种：一种用于生产高辛烷值汽油调和组分，另一种则用于生产芳烃。全球约 2/3 的催化重整装置用于生产汽油，约 1/3 的催化重整装置用于生产芳烃。

（2）按反应床层状态分为三种：分别是固定床重整、移动床重整和流化床重整。现有重整装置以固定床和移动床为主，其中新建重整装置绝大多数以移动床重整为主。

（3）按催化剂再生形式分为三种：分别是半再生式重整、循环再生式重整和连续再生式重整。现有重整装置以半再生式和连续再生式为主，其中新建重整装置以连续再生式重整为主。三种工艺的比较列于表 10-1-1，按地区加工能力统计列于表 10-1-2。

表 10-1-1　三种再生形式的催化重整工艺比较

工艺类型	半再生（SR）	连续再生（CCR）	循环再生
装置规模	随意	较大	中等
操作压力/MPa	1.4～2.1	0.35～0.85	1.0 左右
氢油摩尔比	5～8	1.5～2.5	3～4
C_{5+} 产物 RON	约 96	97～105	约 100
C_{5+} 产物收率/%	基准	高	稍高
氢气产率/%	基准	高	稍高
原料适应性	一般	好	较好
生产灵活型	一般	大	较大

续表

工艺类型	半再生（SR）	连续再生（CCR）	循环再生
装置运转周期	基准	长	长
装置能耗	较低	较高	较高
总投资	较低	高	较高

表 10-1-2　世界三种再生形式的催化重整比较

国家或地区	2002 年重整加工能力/(Mt/a)	2002 年各种再生形式的加工能力/(Mt/a)			
		半再生	循环再生	连续再生	其他再生
美国	151.03	6.46	38.54	49.03	—
加拿大	15.00	11.79	0.73	2.48	—
拉美和加勒比海地区	30.23	25.10	0.19	4.32	0.60
西欧	89.20	49.95	11.58	26.06	1.61
独联体和中/东欧	63.50	51.96	2.04	9.01	0.49
中东	28.54	17.73	2.00	1.87	1.87
非洲	16.65	14.30	0.19	0.30	1.86
亚洲-太平洋	86.83	34.38	5.90	39.74	6.87
合计	480.98	211.67	61.17	132.81	13.30

（4）按催化剂类型分为三种：分别是铂重整、双金属重整和多金属重整。

目前工业应用较多的催化重整工艺主要为固定床半再生重整和移动床连续再生重整。虽然催化重整装置类型各异，除所使用的催化剂和再生方式不同外，其他部分大同小异。

10.1.3　催化重整的作用

1. 高辛烷值汽油调和组分

车用汽油是各种汽油馏分的调和产物，一般包括催化裂化汽油、重整汽油、直馏汽油、焦化汽油、加氢裂化汽油、烷基化油、异构化油、叠合汽油、MTBE（甲基叔丁基醚）和丁烷等。如表 10-1-3 所示，欧美等发达国家和地区重整油占汽油池的比例约为 1/3，烷基化、异构化及醚化约占 1/3，而我国汽油池中重整比例明显偏低（表 10-1-4）。

表 10-1-3　北美和欧洲汽油调和组分的构成（%）

企业调和组分	世界范围总和	北美	东欧/西欧
占世界汽油总产量	100.0	40.0	38.0
FCC　C_{6+}	26.0	27.0	22.0
FCC C_5	8.0	10.0	6.0
重整汽油	33.0	29.0	41.0
烷基化油	8.0	13.0	4.0
叠合汽油	0.8	1.0	1.0
加氢裂化汽油	2.0	3.0	3.0
C_5/C_6异构化油	6.0	6.0	9.0
直馏汽油	9.0	4.0	8.0
丁烷	5.0	5.0	5.0
MTBE	1.0	1.3	0.8
ETBE	0.1	—	0.1
TAME	0.1	0.1	0.3
乙醇	0.9	1.4	0.5
合计	100.0	100.0	100.0

表 10-1-4　我国汽油调和组分的构成（%）

项目	1985 年	1990 年	1995 年	2001 年	2002 年	2003 年	2010 年
直馏汽油	24.05	18.49	16.10	4.00	10.30	9.80	—
FCC 汽油	66.00	70.77	73.96	81.40	76.50	74.10	68.70
重整汽油	1.20	4.43	6.55	12.60	11.40	14.60	17.70
烷基化油	0.61	0.99	0.25	—	0.40	0.40	0.30
加氢裂化汽油	0.38	4.32	0.97	—	—	—	—
焦化、热裂化汽油	6.81	0.58	0.80	—	—	—	—
芳烃	0.19	0.32	0.60	—	—	—	—
MTBE	1.07	1.41	1.82	2.00	1.40	1.10	—

我国车用汽油的标准越来越严格，从国Ⅲ到国Ⅵ质量标准（表 10-1-5），主要是降硫、降烯烃和保持辛烷值。由表 10-1-6 可以看出，各种企业调和组分中，重整汽油基本不含烯烃及硫，烯烃含量一般低于 1%，硫含量一般低于 1 μg/g。另外，重整汽油提供汽油池中后部辛烷值，与催化汽油辛烷值形成良好互补，是高辛烷值汽油不可缺少的清洁调和组分。

表 10-1-5　我国车用汽油主要性质指标

标准名称	硫/(μg/g)	烯烃/(v%)	芳烃/(v%)	苯/(v%)	实施时间
国Ⅲ汽油	≯150	≯30	≯40	≯1.0	2010 年
国Ⅳ汽油	≯50	≯28	≯40	≯1.0	2014 年
国Ⅴ汽油	≯10	≯24	≯40	≯1.0	2018 年
京Ⅵ汽油	≯10	≯15	≯35	≯0.8	2017 年

表 10-1-6　汽油池调和组分主要性质

汽油种类	硫/(μg/g)	RON	烯烃/%	芳烃/%
FCC 汽油	50～1600	89～93	30～55	11～20
重整汽油	0	100	<1.0	60～75
烷基化汽油	0	94	<1.0	<0.5
异构化汽油	0	85～88	<0.5	<0.5
直馏汽油	100～200	65～80	<1.0	2～4
加氢石脑油	0	85	<0.5	2～5

2. 芳烃生产

苯、甲苯和二甲苯是重要石油化工工业的基本原料，世界范围内催化重整是生产芳烃的重要途径，芳烃产量的约 70%来自催化重整。

3. 廉价氢气生产

催化重整装置副产的氢气是炼油厂加氢装置所用氢气的重要来源，重整装置的纯氢产率为 2.5%～4.0%；重整装置副产氢气的成本较低，是轻油制氢成本的一半，是部分氧化制氢成本的 1/4。重整氢纯度高，一般为 80%～90%，可直接用于各种加氢过程。全球催化重整装置为加氢过程提供了 50%的氢气，而全美炼厂重整装置为加氢装置提供了 65%的氢气。

10.2　催化重整原料油

催化重整原料主要为常压蒸馏装置的直馏石脑油，其次为加氢裂化重石脑油、焦化石脑油、催化裂化中石脑油和乙烯裂解石脑油抽余油，重整装置对原料油的馏程、组成和杂质含量有严格要求。

10.2.1　重整原料油馏程要求

原料油的流程是重整原料油的一个重要指标，是炼油厂重整装置原料控制的重要参数。催化重整原料一般为 C_6 以上的芳烃、环烷烃和链烷烃，因正己烷和 2-甲基戊烷的沸点为 68.7℃和 60.3℃，甲基环戊烷和环己烷的沸点为 71.8℃和 80.7℃。因此，重整原料最低初馏点为 60℃。

当重整原料的终馏点超过 204℃时，在重整反应过程中生成多环芳烃的数量明显增加，造成催化剂上积炭量增加，缩短催化剂的运行周期。因此，通常规定重整原料的最高终馏点为 204℃。

1. 汽油型重整原料馏程选择

以生产高辛烷值汽油为目的时，重整原料的初馏点不宜过低。因为 C_6 烷烃已经具有较高的辛烷值（表 10-2-1），不需要重整；而 C_7 异构烷烃中最低的沸点为 79.2℃，所以汽油型重整原料的初馏点一般选取 80℃左右。终馏点过高，重整过程焦炭产率和气体产率上升，液体产品收率下降，运行周期将缩短；另外，富含芳烃的重整生成油的干点与原料相比，一般会升高 20～30℃，而我国车用汽油终馏点标准为 205℃。因此，我国生产汽油重整原料的终馏点最高为 180℃，馏程为 80～180℃馏分。

表 10-2-1　环烷烃及芳烃的调和辛烷值

化合物	调和辛烷值	化合物	调和辛烷值
甲基环戊烷	107	乙基环己烷	43
环己烷	110	苯	99
乙基环戊烷	75	甲苯	124
二甲基环戊烷	95	对二甲苯	146
甲基环己烷	104	邻二甲苯	120
二甲基环己烷	67～95	间二甲苯	145
三甲基环己烷	94	乙苯	124

2. 芳烃型重整原料馏程选择

以生产 BTX 芳烃为目的时，因为苯、甲苯、二甲苯和三甲苯的碳原子数分别为 6、7、8、9，所以重整原料尽可能是相应碳数的烃类。C_6～C_9 烃类的沸点范围为 60～145℃，因此芳烃型重整原料馏程选择 60～145℃的 C_6～C_9 馏分。

3. 汽油+芳烃型重整原料馏程选择

对同时生产高辛烷值汽油和 BTX 芳烃为目的时，一般采用 60～180℃馏分。重整生成油可通过分馏塔或全馏分抽提制取芳烃，其余作为高辛烷值其余调和组分。

10.2.2 重整原料杂质含量指标

重整原料主要由碳和氢元素组成，含量达 99%以上，除此以外，还含有少量的 S、N 和 O 元素组成的化合物及微量的 Cl、As、Pb、Cu 和 Hg 等元素。上述杂质元素对重整催化剂而言都是毒物，会造成催化剂永久失活。在接触重整催化剂之前，都必须先进行预处理，使其满足重整催化剂对有害杂质的限制要求，实现催化重整装置长期稳定运转。

不同催化剂对杂质的耐受能力不同，一般为非贵金属催化剂＞单铂催化剂＞双（多）金属催化剂；催化剂上铂含量越高，对杂质耐受能力越强；重整操作条件越苛刻（温度越高、压力越低），对杂质含量的限制越苛刻。国内外不同重整催化剂对杂质含量限制如表 10-2-2～表 10-2-4 所示。

表 10-2-2 国内外单铂重整催化剂对原料中杂质含量的要求

催化剂	国外 A 催化剂	国外 B 催化剂	国外 C 催化剂	国内催化剂
铂含量/%	0.35	0.6	0.55	0.30/0.50
反应压力/MPa	2.0～3.5	2.0～3.5	2.0～3.5	2.0～3.5
S/(μg/g)	≯5	≯30	≯10	≯10
N/(μg/g)	≯1	≯1	≯1	≯2
Cl/(μg/g)	≯1	≯1	≯1	≯1
O/(μg/g)	≯1	≯1	≯1	—
H_2O/(μg/g)	≯5	≯5	≯5	≯30
Pb/(ng/g)	≯5	≯5	≯5	≯20
As/(ng/g)	≯5	≯5	≯5	≯1
Cu/(ng/g)	—	—	—	≯15
Hg/(ng/g)	—	—	—	≯10

表 10-2-3　国外双（多）金属重整催化剂对原料中杂质含量的要求

催化剂	国外 A 催化剂	国外 B 催化剂
S/(μg/g)	0.25～0.5	≤0.5
N/(μg/g)	≤0.5	≤0.5
Cl/(μg/g)	≤0.5	≤1.0
O/(μg/g)	≤2.0	—
H_2O/(μg/g)	≤2.0	≤4
Pb/(ng/g)	≤10	≤3
As/(ng/g)	≤1	≤3
Cu/(ng/g)	≤20	≤5
其他金属/(ng/g)	≤20	≤20

表 10-2-4　国内双（多）金属重整催化剂对原料中杂质含量的要求

催化剂	半再生催化剂	连续重整催化剂
S/(μg/g)	＜0.5	0.25～0.5
N/(μg/g)	＜0.5	＜0.5
Cl/(μg/g)	＜0.5	＜0.5
H_2O/(μg/g)	＜5	＜5
Pb/(ng/g)	＜10	＜10
As/(ng/g)	＜1	＜1
Cu/(ng/g)	＜10	＜10

1. 硫含量

重整原料中硫含量从几微克每克到几百微克每克不等，含硫化合物的类型复杂，主要有硫化氢、硫醇、硫醚、噻吩、苯并噻吩和二硫化物等。直馏石脑油中含硫化合物主要为硫醇、硫醚和噻吩类化合物，且含量随沸点的增加而增加（图 10-2-1）。催化裂化石脑油中含硫化合物主要为噻吩类和苯并噻吩类化合物（表 10-2-5），硫醇和硫醚类化合物较少，焦化石脑油中含硫化合物类型与催化裂化石脑油类似。

含硫化合物对重整催化剂是典型的毒物，在重整反应条件下，几乎所有的含硫化合物都很容易生成硫化氢，会强烈吸附于活性金属的表面，导致催化剂失活。即使含硫化合物的气相浓度很低，也会造成催化剂失活。因此，对重整进料要严格控制硫含量在 0.5 μg/g 以下。

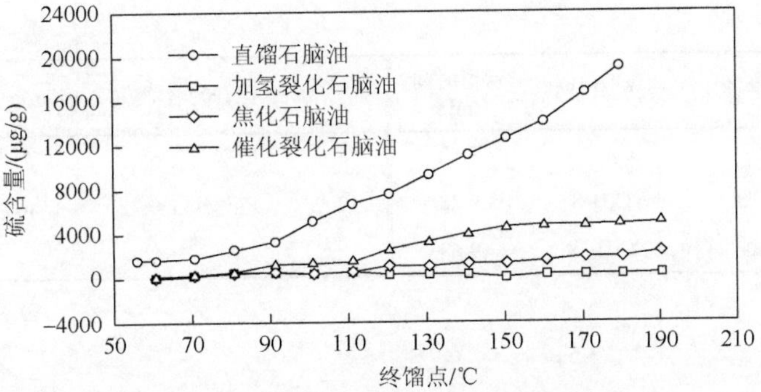

图 10-2-1　总硫在不同石脑油中随馏程的分布

表 10-2-5　FCC 石脑油中硫化物的定性结果

峰号	化合物名称	经验分子式	保留时间/min	峰号	化合物名称	经验分子式	保留时间/min
1	硫化氢	H_2S	1.51	23	2-乙基噻吩	$C_6H_{12}S$	4.95
2	甲硫醇	CH_4S	1.56	24	2, 5-二甲基噻吩	$C_6H_{12}S$	5.04
3	乙硫醇	C_2H_6S	1.66	25	2, 4-二甲基噻吩	$C_6H_{12}S$	4.18
4	二硫化碳	CS_2	1.78	26	环硫杂己烷	$C_5H_{10}S$	5.23
5	甲基乙基硫醚	C_3H_8S	1.89	27	2, 3-二甲基噻吩	$C_6H_{12}S$	5.36
6	丙硫醇	C_3H_8S	1.95	28	2, 4-二甲基噻吩	$C_6H_{12}S$	5.63
7	噻吩	C_4H_4S	2.27	29	异己硫醇	$C_6H_{10}S$	5.80
8	异丁硫醇	$C_4H_{10}S$	2.33	30	异丙基噻吩	$C_7H_{14}S$	5.92
9	甲基异丙基硫醚	$C_4H_{10}S$	2.46	31	正己硫醇	$C_6H_{14}S$	5.96
10	二乙基硫醚	$C_4H_{10}S$	2.57	32	异庚硫醇	$C_7H_{16}S$	6.08
11	正丁硫醇	$C_4H_{10}S$	2.69	33	异庚硫醇	$C_7H_{16}S$	6.20
12	乙基异丙基硫醚	$C_5H_{12}S$	3.03	34	C_3-噻吩	$C_7H_{14}S$	6.36～6.79
13	异戊硫醇	$C_5H_{12}S$	3.20	35	异庚硫醇	$C_7H_{16}S$	6.88
14	异戊硫醇	$C_5H_{12}S$	3.34	36	C_3-噻吩	$C_7H_{14}S$	6.93
15	2-甲基噻吩	C_5H_6S	3.43	37	C_3-噻吩	$C_7H_{14}S$	7.13
16	3-甲基噻吩	C_5H_6S	3.56	38	异庚硫醇	$C_7H_{16}S$	7.28
17	异戊硫醇	$C_5H_{12}S$	3.72	39	C_3-噻吩	$C_7H_{14}S$	7.34
18	环硫杂戊烷	C_4H_8S	3.86	40	异庚硫醇	$C_7H_{16}S$	7.44
19	正戊硫醇	$C_5H_{12}S$	4.16	41	C_3-噻吩	$C_7H_{14}S$	7.51
20	丙基异丙基硫醇	$C_6H_{14}S$	4.40	42	正庚硫醇	$C_7H_{16}S$	7.61
21	甲基环硫杂戊烷	$C_5H_{10}S$	4.63	43	异辛硫醇	$C_8H_{18}S$	7.93
22	异己硫醇	$C_6H_{14}S$	4.81	44	C_4-噻吩	$C_8H_{16}S$	7.96～8.62

续表

峰号	化合物名称	经验分子式	保留时间/min	峰号	化合物名称	经验分子式	保留时间/min
45	正辛硫醇	$C_8H_{18}S$	8.80	48	甲基苯噻吩	C_9H_8S	9.85～10.67
46	苯并噻吩	C_8H_6S	9.28	49	正癸硫醇	$C_{10}H_{22}S$	10.79
47	正壬硫醇	$C_9H_{20}S$	9.69				

2. 氮含量

重整原料中氮含量通常低于硫含量，含氮化合物主要分为碱性氮化物和非碱性氮化物两类，非碱性氮化物含量较少，主要为碱性氮化物。石脑油中典型碱性氮化物包括有机脂肪胺类、吡啶类、喹啉类和苯胺类等，在石脑油中含氮化合物种类繁多（表 10-2-6），含量随沸点的增加而增加（图 10-2-2）。

表 10-2-6 胜利 FCC 石脑油中碱性氮化物的色谱分析

峰号	分子量	碱性氮化物	相对含量/%	含量/(μg/g)	峰号	分子量	碱性氮化物	相对含量/%	含量/(μg/g)
1	79	吡啶	0.37	0.18	18	121	3-乙基-5-乙基吡啶	0.06	0.03
2	93	2-甲基吡啶	0.95	0.47	19	121	C_3-吡啶	0.06	0.03
3	93	4-甲基吡啶	0.57	0.28	20	135	2, 4-二甲基-6-乙基吡啶	0.05	0.02
4	107	2, 3-二甲基吡啶	0.74	0.36	21	135	2-顺丁基吡啶	0.09	0.05
5	133	四氢喹啉	0.04	0.02	22	107	2-甲基苯胺	22.26	10.91
6	107	2-乙基吡啶	0.74	0.36	23	107	4-乙基吡啶	20.43	10.01
7	107	3, 4-二甲基吡啶	0.68	0.33	24	135	C_4-吡啶	0.09	0.05
8	107	2, 4-二甲基吡啶	0.20	0.10	25	135	C_4-吡啶	0.27	0.13
9	121	3-乙基-4-甲基吡啶	0.12	0.06	26	149	*N*-乙基-4-乙基苯胺	0.06	0.03
10	107	3-乙基吡啶	0.15	0.07	27	135	C_4-吡啶	0.12	0.06
11	121	2-甲基-6-乙基吡啶	0.32	0.15	28	149	*N*-乙基-3-乙基苯胺	0.21	0.11
12	93	苯胺	13.93	6.83	29	121	5-乙基-2-甲基吡啶	2.22	1.09
13	121	2, 4, 6-三甲基吡啶	0.73	0.36	30	121	2, 3-二甲基苯胺	10.62	5.21
14	135	2-乙基吡啶	0.20	0.10	31	121	2, 6-二甲基苯胺	9.33	4.57
15	121	2, 3, 6-三甲基吡啶	0.66	0.32	32	121	3, 4-二甲基苯胺	4.36	2.13
16	121	2-甲基-6-乙基吡啶	0.19	0.09	33	121	2, 5-二甲基苯胺	3.85	1.89
17	121	2-甲基-4-乙基吡啶	0.07	0.03	34	135	*N*-乙基-2-甲基苯胺	0.12	0.06

续表

峰号	分子量	碱性氮化物	相对含量/%	含量/(μg/g)	峰号	分子量	碱性氮化物	相对含量/%	含量/(μg/g)
35	135	*N*-乙基-*N*-苯基甲酰胺	0.71	0.35	45	149	C_5-吡啶	0.12	0.06
36	135	4-（1, 1-二甲基乙基）吡啶	0.37	0.18	46	149	C_5-吡啶	0.08	0.04
37	135	2, 6-二甲基-3-乙基吡啶	0.22	0.11	47	157	C_2-喹啉	0.04	0.02
38	135	C_4-吡啶	0.88	0.43	48	157	2, 6-二甲基喹啉	0.16	0.08
39	135	3, 4-二羟基-1, 1-苯并噁嗪	0.74	0.36	49	157	2, 4-二甲基喹啉	0.02	0.01
40	135	C_4-吡啶	0.15	0.07	50	171	5-氨基-4-苯基嘧啶	0.04	0.02
41	135	C_4-吡啶	0.49	0.24	51	171	2-异丙基喹啉	0.04	0.02
42	135	2, 6-二甲基-4-乙基吡啶	0.62	0.30	52	171	2, 3, 4-三甲基喹啉	0.05	0.02
43	143	2-甲基喹啉	0.07	0.03	53	171	C_3-喹啉	0.06	0.03
44	149	C_5-吡啶	0.12	0.06	54	171	C_3-喹啉	0.06	0.03

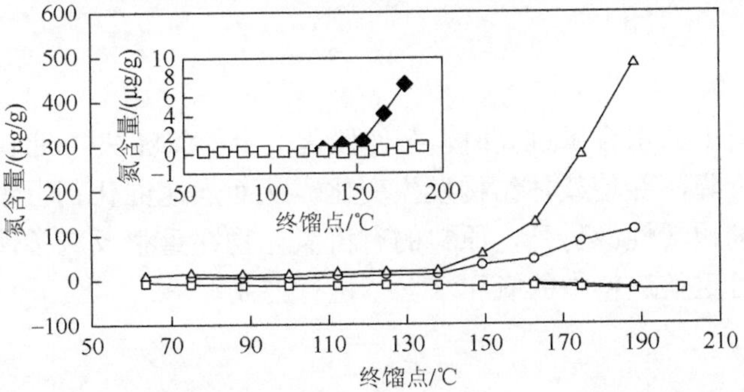

图 10-2-2　同种原油不同石脑油中氮含量与馏程的关系

含氮化合物对重整催化剂也是典型的毒物，在重整反应条件下，含氮化合物都很容易生成 NH_3 和烃类，NH_3 与催化剂的氯反应生成 NH_4Cl，降低催化剂的酸性，导致催化剂活性下降（图 10-2-3）。因此，对重整进料要严格控制硫含量在 0.5 μg/g 以下。

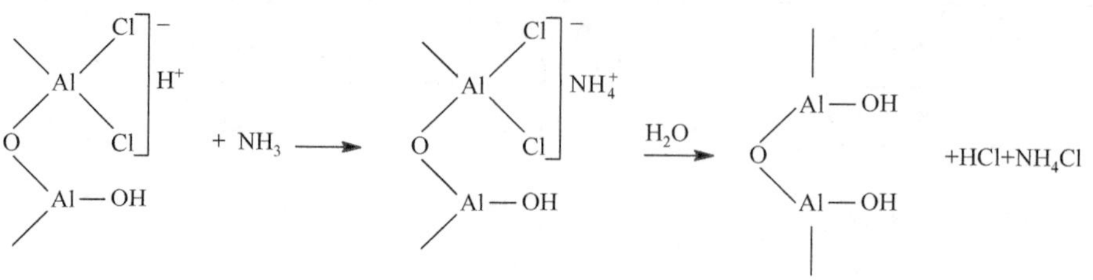

图 10-2-3　NH_4Cl 形成导致 Cl 流失的过程

3. 氯含量

石脑油中一般不含氯化物，所含的微量氯化物是油田开采过程添加的助剂引起的。我国石脑油中检测到 7 种有机氯化物，分别为三氯甲烷、1, 2-二氯乙烷、1, 1-二氯乙烷、三氯乙烯、三氯乙烷、四氯乙烯和四氯乙烷等。

石脑油中氯化物含量对催化重整过程有重要影响。若氯含量太低，会造成催化剂上氯流失，酸性下降，同时铂晶粒长大，影响催化剂活性和寿命；若氯含量过高，则造成催化剂酸性功能过强，使重整催化剂裂化活性增强，积炭增加，影响催化剂的选择性和寿命。因此在重整反应和再生过程中，必须注水和注氯，实现水氯平衡控制，要求对重整原料中氯含量进行控制。

4. 水含量

当重整进料中的水含量过高时，会使催化剂上的氯流失（图 10-2-4），造成催化剂的酸功能下降，并使载体结构发生变化，从而加速催化剂上铂晶粒的聚集长大，影响催化剂的活性。另外，原料的有机氧化物在重整反应条件下生产水和烃类，所以必须对重整进料中的氧和水含量进行控制。

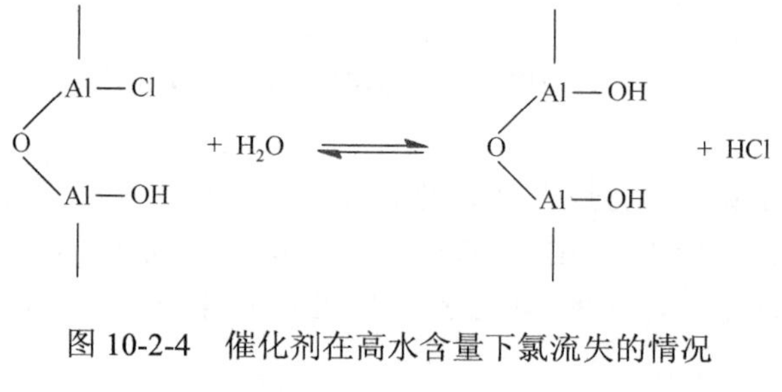

图 10-2-4　催化剂在高水含量下氯流失的情况

5. 砷含量

原料中微量的有机砷化物与重整催化剂接触后，砷强烈吸附在催化剂的金属铂上并生成 $PtAs_2$，是金属水驱加氢脱氢功能。砷是重整催化剂永久性毒物，砷中毒后的重整催化剂无法用再生的方法恢复活性。因此，原料油中砷含量必须严格控制在 1 ng/g 以下。

6. 铜、铅、锌和汞含量

含铜、铅、锌和汞化合物与含砷化合物一样，在催化剂表面上极易与金属铂结合，造成催化剂永久失活，是重整催化剂的永久毒物。各种不同来源重整原料中多含有微量的含铜、铅、锌和汞化合物，该金属杂质在重整原料预加氢或预脱砷的同时一并脱除。

10.2.3　重整原料表征

一般重整原料中含有芳烃、环烷烃和链烷烃，原料组成与重整装置操作条件和产品收率密切相关，主要由以下两个指标用于表征催化重整原料的优劣和估算芳烃产率。

1. 芳构化指数

芳构化指数（或重整指数）是表征重整原料性质的重要指标，表示为重整原料中的环烷烃 N 和芳烃 A 之和，即 N+A、N+2A 或 N+3.5A，通常用 N+2A 表示，具体定义为

$$(\mathrm{N}+2\mathrm{A})=\sum C_i^{\mathrm{N}}\%+2\sum C_i^{\mathrm{A}}\% \tag{10-2-1}$$

其中，$C_i^{\mathrm{N}}\%$ 为原料中环烷烃的体积分数；$C_i^{\mathrm{A}}\%$ 为原料中芳烃的体积分数；i 为碳原子数。

原料中的环烷烃和芳烃含量越高，重整指数越高，重整生成油的芳烃产率越大，重整生成油的辛烷值也越高，此为重整指数的基本含义。

我国典型原油的重整原料的（N+2A）值列于表 10-2-7，辽河 IBP～180℃馏分，胜利 65～180℃馏分和中原 65～145℃馏分的（N+2A）较高，均是优质催化重整原料。

表 10-2-7　我国典型原料重整原料的 N+2A 值

原油	大庆	胜利	辽河	惠州	中原	塔中
实沸点范围/℃	IBP～160	65～180	IBP～180	IBP～160	65～145	IBP～160
N+2A（体积分数）/%	34.6	51.1	71.9	33.5	68.0	46.1

2. 芳烃潜含量

芳烃潜含量 Ar（%）是表征重整原料性质的另一个重要指标，定义为原料中 C_6 以上的环烷烃全部转化为芳烃的量与原料中的全部芳烃量之和。芳烃潜含量 Ar（%）计算方法如下

Ar(%)=苯潜含量+甲苯潜含量+C_8 芳烃潜含量 +C_{9+} 芳烃潜含量

苯潜含量(%)=C_6N(%)×(78/84)+苯(%)

甲苯潜含量(%)=C_7N(%)×(92/98)+甲苯(%)

C_8 芳烃潜含量(%)=C_8N(%)×(106/112)+C_8 芳烃(%)

C_9 芳烃潜含量(%)=C_9N(%)×(120/126)+C_9 芳烃(%)

C_{10} 以上依次类推。

上式中，78 和 84 分别为苯和 C_6 环烷烃的分子量；92 和 98 分别为甲苯和 C_7 环烷烃的分子量；106 和 112 分别为 C_8 芳烃和 C_8 环烷烃的分子量；120 和 126 分别为 C_9 芳烃和 C_9 环烷烃的分子量。

例如，某重整装置进料中含环己烷 5.5%，甲基环戊烷 3.0%，C_7 环烷烃 17.5%，C_8 环烷烃 13.0%，C_9 环烷烃 5.0%，苯 1.0%，甲苯 2.0%，二甲苯 2.2%，C_9 芳烃 0.3%，其芳烃潜含量为

$$\text{Ar}(\%)=(5.5+3)\times 78/84+17.5\times 92/98+13.0\times 106/112+5\times 120/126+(1.0+2.0+2.2+0.3)=46.88\%$$

一般来说，芳烃潜含量越高，生成的芳烃数量越多，更适合重整装置进料。但原料中芳烃潜含量只能宏观说明生产芳烃的可能性，实际的芳烃产率除取决于催化剂的性能和操作条件外，还取决于环烷烃的分子结构和组成，六元环烷烃较五元环烷烃具有更高的芳烃转化率。

10.3　催化重整化学反应

催化重整的目的是将低辛烷值的汽油馏分转化为高辛烷值的车用汽油调和组分，或是得到苯、甲苯和二甲苯等重要的芳烃原料。在催化重整过程中，主要发生分子结构重排和骨架异构的反应，碳数基本维持不变，其中最有利的反应是链烷烃和环烷烃转化为芳烃的反应。

由于芳香烃的芳环十分稳定，一般只发生少量的脱烷基和烷基转移等反应。因此在讨论催化重整所涉及的催化反应时，主要考虑的是链烷烃和环烷烃的转化反应，其中包括六元环烷烃的脱氢、五元环烷烃的脱氢异构、链烷烃的脱氢环化及链烷烃的异构化等有利于生成高辛烷值汽油组分和芳烃的主要反应，同时催化重整也会发生链烷烃和环烷烃的氢解和加氢裂化等生成轻烃的副反应。此外，在

催化重整反应条件下，还会发生生焦反应，使催化剂逐渐失活。

10.3.1　六元环烷烃脱氢反应

反应式：

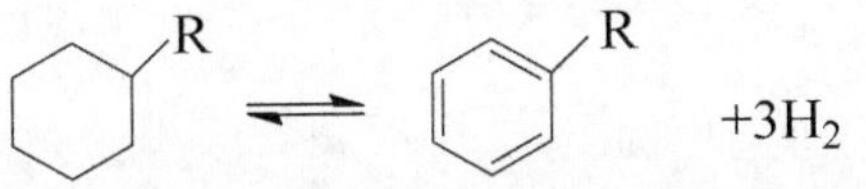

（10-3-1）

六元环烷烃的脱氢反应是催化重整中最容易发生的反应，该反应完全由重整催化剂的金属功能催化，在重整反应条件下，六元环烷烃脱氢转化为芳烃的反应可以达到或接近热力学平衡值，在重整反应条件下基本不存在动力学方面的限制。

六元环烷烃脱氢反应是强吸热反应，其平衡常数值很大（10^5 数量级）。因此六元环烷烃的脱氢反应在热力学上是非常有利的，且分子碳数越大，反应越有利。

10.3.2　五元环烷烃脱氢异构化反应

反应式：

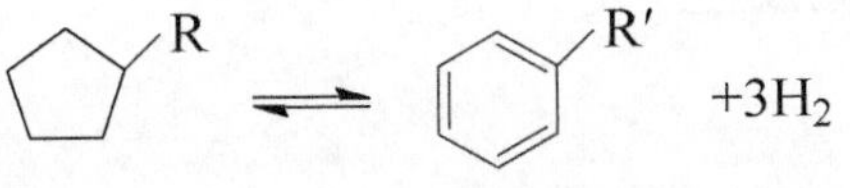

（10-3-2）

五元环烷烃脱氢异构化反应的进行需要催化剂金属功能和酸中心的协同作用，其中金属中心起加氢脱氢作用，酸性中心起异构化作用。该反应历程表示在下图中。可以看到，烷基环戊烷脱氢异构反应首先是在金属中心脱氢生成烷基环戊烯，然后转移到酸性中心进行异构化反应生成烷基环己烯，再进一步在金属中心脱氢，经过中间物环己二烯后生成烷基苯。

反应路径：

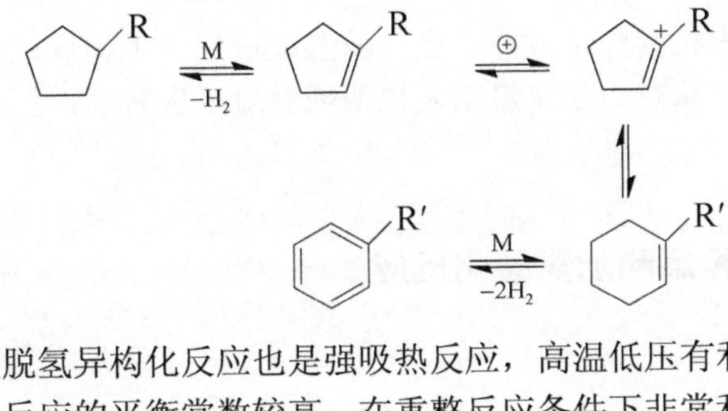

五元环烷烃脱氢异构化反应也是强吸热反应，高温低压有利于反应向生成芳烃的方向移动。反应的平衡常数较高，在重整反应条件下非常利于芳烃的生成，当分子碳数增加时更加有利。

10.3.3　链烷烃脱氢环化反应

反应式：

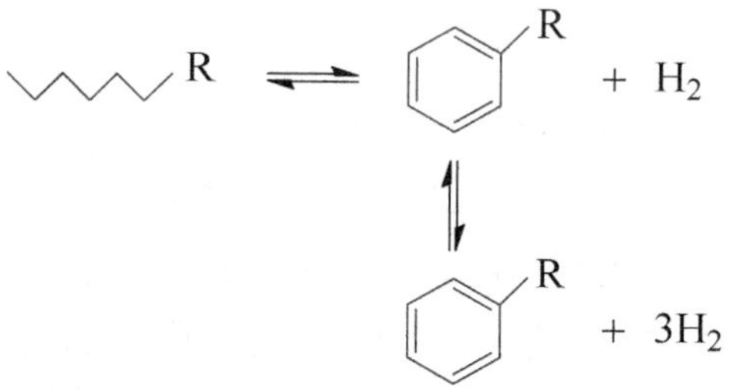

（10-3-3）

烷烃脱氢环化反应是强吸热反应，平衡常数很高，高温、低压有利于反应向生成芳烃的方向移动。但是它的反应速率相当慢，远低于环己烷类脱氢反应，也低于环戊烷类脱氢异构和烷烃异构化反应。因此，在重整反应中，烷烃脱氢环化反应受动力学控制，只能进行到一定程度，达不到热力学平衡。研究表明，烷烃的碳数越高，反应进行的程度越高。

10.3.4　链烷烃异构化反应

反应式：

$$nC_7H_{16} \rightleftharpoons iC_7H_{16} \quad (10\text{-}3\text{-}4)$$

链烷烃异构化的进行需要金属和酸功能的协同作用，一般认为正构烷烃首先在金属中心上脱氢为正构烯烃，然后迁移至酸性中心上进行异构化反应生成异构烯烃，再转移到金属中心加氢为异构烷烃。链烷烃异构化的反应速率较快，明显高于其加氢裂化和脱氢环化的反应速率，其中，酸中心控制的正构烯烃异构化为异构烯烃的反应是控制步骤。

正构烷烃异构化反应是放热反应，随温度增加，正构烷烃向异构烷烃转化的平衡常数减小，从热力学角度出发说明低温对反应有利，压力对平衡没什么影响。

10.3.5　烷烃的氢解和加氢裂化反应

反应式：

$$R—CH_2—CH_2—CH_2—H_2+CH_3 \longrightarrow R—CH_2—CH_2—CH_3+CH_4 \quad (10\text{-}3\text{-}5)$$

$$R-CH_2-\overset{\displaystyle CH_3}{\overset{|}{CH}}-CH_3+H_2 \longrightarrow H_3C-\overset{\displaystyle CH_3}{\overset{|}{CH}}-CH_3+RH \tag{10-3-6}$$

烷烃的氢解和加氢裂化都是发生碳链断裂的大分子变小分子的反应，但两者的催化作用中心不同，产物组成也不同。氢解反应在金属中心上进行，主要发生分子末端碳链的断裂，气体产物以甲烷为主；加氢裂化在酸性中心进行，主要在分子的中间位置发生碳链的断裂，气体产物中以 C_3 和 C_4 烷烃为主。

氢解和加氢裂化反应都会使重整反应的液体收率减少，选择性降低，同时由于是耗氢反应，氢气产率也会降低。

10.3.6　芳烃的脱烷基反应

反应式：

（10-3-7）

在催化重整反应条件下，芳环非常稳定，因此芳烃只能发生侧链断裂的脱烷基反应。芳烃的脱烷基反应与烷烃加氢裂化反应原理相似，都是催化剂酸中心上进行的碳链断裂反应。该反应有助于将大分子芳烃裂化为小分子芳烃，可以提高轻质芳烃的收率。

10.3.7　积炭反应

烃类的深度脱氢，生成烯烃和二烯烃；烯烃进一步聚合及环化，形成稠环芳烃，吸附在催化剂上，最终转化成积炭，而使催化剂失活。

10.4　催化重整反应热力学和动力学

催化重整过程本质上是将原料中环烷烃和链烷烃最大量转化成芳烃的过程。环烷烃中不仅有六元环烷烃，还有五元环烷烃，链烷烃中又有正构烷烃和异构烷烃，重整原料中同时又含有一定数量的芳烃，各种环烷烃和链烷烃重整反应的热力学和动力学特性差异较大。

10.4.1　重整反应热力学

化学热力学决定化学反应的可行性、化学平衡和在一定条件下可能达到的最大转化深度。某重整反应的可行性依据该反应热力学标准自由能的变化 ΔF_R^0 来判断，若 ΔF_R^0 为负值，则该反应可行，反之向反方向进行。化学反应的 ΔF_R^0 值可由反应产物和起始物的标准自由能差值求得，具体化合物的数据可由工具书查询。化学平衡常数根据下面的表达式求取：

$$\Delta F_R^0 = -RT\ln K_p \tag{10-4-1}$$

其中，R 为摩尔气体常量；T 为热力学温度表示的反应温度；K_p 为摩尔分数表示的化学平衡常数。

1. 六元环烷烃脱氢反应

六元环烷烃脱氢反应是重整过程的主要反应，各种六元环烷烃脱氢反应的反应热和化学平衡常数如表 10-4-1 所示。重整反应条件下，环己烷脱氢为强吸热反应，提高温度有利于反应进行；环己烷脱氢反应具有很大的平衡常数，重整反应条件下化学平衡几乎完全向芳烃方向移动；随六元环碳原子数增加，平衡常数急剧增加，热力学上更加有利。

表 10-4-1　六元环烷烃脱氢反应的反应热和平衡常数

反应式	ΔH（500℃）/(kJ/mol)	K_p（500℃，0.1 MPa）
环己烷 ⟶ 苯+$3H_2$	221	7.1×10^5
甲基环己烷 ⟶ 甲苯+$3H_2$	216	9.6×10^5
乙基环己烷 ⟶ 乙苯+$3H_2$	213	2.5×10^6
1, 3-二甲基环己烷 ⟶ 间二甲苯+$3H_2$	224	1.2×10^7

反应温度和压力对重整影响较大（图 10-4-1），高温和低压有利于环烷烃脱氢生成芳烃的反应。图 10-4-2 是氢烃比对甲基环己烷转化生成甲苯的影响。

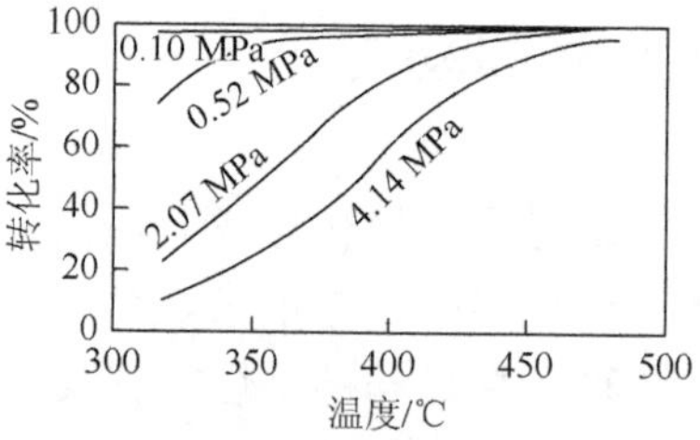

图 10-4-1　温度和压力对甲基环己烷脱氢生成甲苯的影响

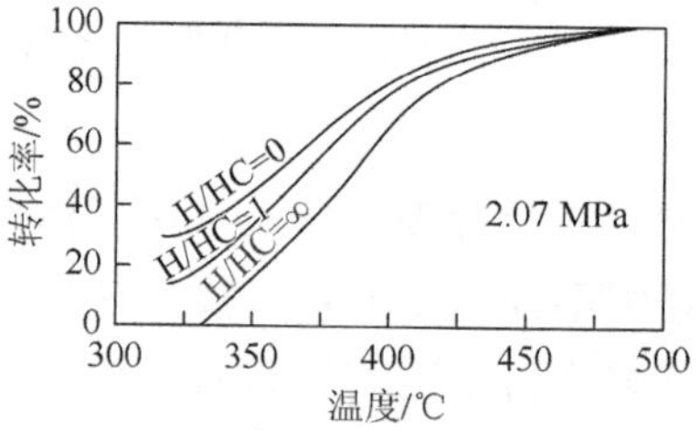

图 10-4-2　氢烃比对甲基环己烷转化生成甲苯的影响

2. 五元环烷烃脱氢异构化反应

烷基环戊烷脱氢异构生成芳烃的反应也是重整过程的重要反应之一，各种烷基环戊烷脱氢异构反应的反应热和化学平衡常数如表 10-4-2 所示。重整反应条件下，烷基环戊烷脱氢也是强吸热反应，也具有很大的平衡常数，化学平衡几乎完全向芳烃方向移动；随五元环碳原子数的增加，平衡常数也增加，热力学上更加有利。反应温度和压力对烷基环戊烷脱氢异构影响也较大（图 10-4-3），高温和低压有利于脱氢异构生成芳烃的反应。

表 10-4-2　五元环烷烃脱氢异构化反应的反应热和平衡常数

反应式	ΔH（500℃）/(kJ/mol)	K_p（500℃，0.1 MPa）
甲基环戊烷 ⟶ 苯+$3H_2$	205	5.6×10^4
乙基环戊烷 ⟶ 甲苯+$3H_2$	192	1.4×10^6
正丙基环戊烷 ⟶ 乙苯+$3H_2$	193	1.6×10^6

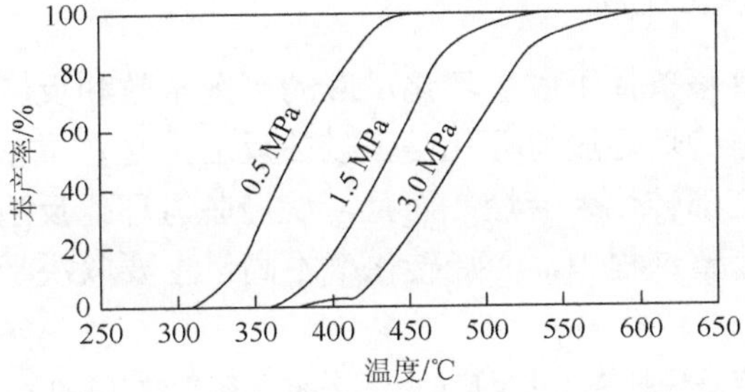

图 10-4-3　温度和压力对甲基环戊烷脱氢异构化反应平衡的影响

3. 链烷烃异构化反应

正构烷烃的异构化反应是放热反应，但热效应较小（2～20 kJ/mol），且随温度变化较小。随温度的增加，正构烷烃异构化的平衡常数减小，正构烷烃和单支链烷烃平衡浓度增加，多支链烷烃的平衡浓度减少（表 10-4-3），低温对烷烃异构化反应有利，但压力和氢分压对烷烃异构化平衡没有影响。

表 10-4-3　烷烃异构物平衡浓度（摩尔分数，mol%）

烷烃异构物	温度/K						RONC
	298	400	500	600	800	900	
正己烷	0.013	0.061	0.13	0.19	0.26	0.31	24.8
2-甲基戊烷	0.071	0.16	0.24	0.27	0.28	0.27	73.4
3-甲基戊烷	0.025	0.075	0.12	0.15	0.18	0.20	74.5

续表

烷烃异构物	温度/K						RONC
	298	400	500	600	800	900	
2, 2-三甲基丁烷	0.84	0.61	0.41	0.29	0.18	0.13	91.8
2, 3-三甲基丁烷	0.054	0.092	0.105	0.104	0.096	0.088	104.3
正庚烷	0.009	0.032	0.062	0.092	0.14	0.17	0
2-甲基己烷	0.068	0.12	0.15	0.16	0.17	0.18	42.4
3-甲基己烷	0.056	0.13	0.18	0.22	0.26	0.29	52.0
3-乙基戊烷	0.004	0.013	0.020	0.027	0.035	0.039	65.0
2, 2-二甲基戊烷	0.30	0.15	0.10	0.068	0.044	0.033	92.8
2, 3-二甲基戊烷	0.27	0.31	0.29	0.27	0.22	0.18	91.1
2, 4-二甲基戊烷	0.090	0.079	0.068	0.056	0.043	0.037	83.1
3, 3-二甲基戊烷	0.100	0.102	0.085	0.074	0.061	0.053	80.8
2, 2, 3-三甲基丁烷	0.103	0.068	0.046	0.045	0.024	0.019	112

4. 链烷烃脱氢环化反应

几种正构烷烃重整条件下脱氢环化反应的平衡常数和反应热列于表 10-4-4。由表中数据可见，正构烷烃脱氢环化是强吸热反应，且在重整反应条件下平衡常数均很大，几乎可全部转化为芳烃。而且，烷烃脱氢环化反应对生成油辛烷值贡献也非常大。实际重整过程中，芳烃转化率不高，主要取决于反应动力学。

表 10-4-4　链烷烃脱氢环化反应的反应热和平衡常数（800 K，0.1 MPa）

反应式			ΔH/(kJ/mol)	K_p
	正己烷 ⟶	苯+4H_2	266	3.39×10^5
辛烷值	19	98		
	正庚烷 ⟶	甲苯+4H_2	252	7.74×10^6
辛烷值	0	124		
	正辛烷 ⟶	乙苯+4H_2	254	9.85×10^6
辛烷值	−18	124		
	正壬烷 ⟶	正丙苯+4H_2	252	1.49×10^7
辛烷值	−18	127		

随烷烃碳数的增加，脱氢环化反应的平衡常数增加，对芳烃转化有利。温度和压力对正构烷烃脱氢环化反应有重要影响（图 10-4-4），高温和低压有利于脱氢环化生成芳烃的反应。

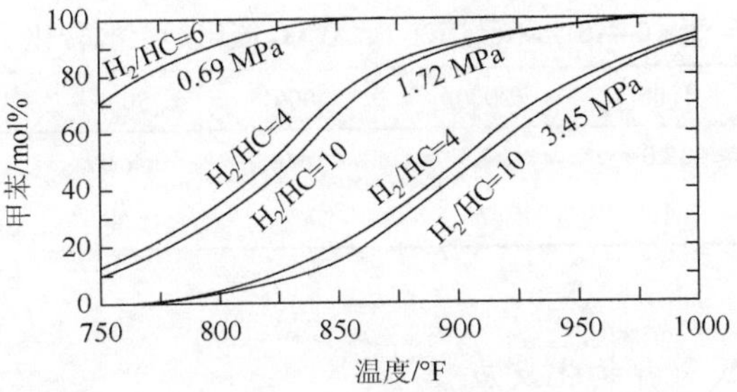

图 10-4-4　正庚烷-甲苯-氢气体系平衡分布

5. 烷烃氢解和加氢裂化

烷烃的氢解和加氢裂化反应是重整过程不希望发生的副反应，正庚烷的氢解和加氢裂化反应热效应数据和平衡常数列于表 10-4-5。烷烃的氢解和加氢裂化反应都是强放热反应，而且化学平衡常数也很大，从热力学上看很容易发生该类反应。温度对两类反应的平衡常数影响较大，随温度的升高，平衡常数降低，压力对平衡常数没有影响。

表 10-4-5　氢解和加氢裂化反应的反应热和平衡常数

反应	ΔH/(kJ/mol)			K_p（0.1 MPa）		
	300 K	500 K	800 K	300 K	500 K	800 K
正庚烷+H_2 ⟶ 丙烷+丁烷	−40.8	−45.7	−51.0	3.4×10^8	2.6×10^5	3.1×10^3
正庚烷+H_2 ⟶ 甲烷+己烷	−54.3	−57.9	−62.5	2.1×10^{10}	2.6×10^6	1.2×10^4

10.4.2　重整反应动力学

从化学热力学的角度看，重整过程中，不管是六元环烷烃脱氢，还是五元环烷烃异构脱氢，甚至是烷烃脱氢环化反应，生成芳烃的平衡常数均很大，几乎可以全部生成芳烃。但实际重整操作条件下，上述反应芳烃转化率差异较大，主要由反应机理和反应速率决定，以下分别介绍各种重整反应的动力学。

1. 六元环烷烃脱氢反应

在重整反应条件下，六元环烷烃脱氢反应速率很快，可达到或接近热力学平衡值，该反应基本不存在动力学限制。Haensel 等研究结果（表 10-4-6）证实，环己烯是六元环烷烃脱氢生成芳烃的中间产物，因此反应机理推论为

环己烷→环己烯→环己二烯→苯

表 10-4-6　环己烷在 Pt/Al_2O_3 催化剂上的转化

体积空速/h^{-1}	1000	2000	4000	8000	16000	32000
环己烷转化率/%	32.0	27.5	18.0	9.1	5.5	2.9
（环己烯/苯）/$\times 10^3$	1	7	17	24	28	29

2. 五元环烷烃脱氢异构化反应

烷基环戊烷脱氢异构生成芳烃的速度远低于六元环烷烃脱氢反应速率，烷基环戊烷脱氢异构是典型的双功能催化反应，反应机理（图 10-4-5）为：①烷基环戊烷首先在金属中心脱氢生成烷基环戊烯；②生成的烷基环戊烯迁移到酸性中心；③在酸性中心上获得 1 个质子形成正碳离子；④生成的正碳离子发生碳骨架重排的异构化反应生成烷基环己烯；⑤生成的烷基环己烯向金属中心迁移；⑥在金属中心上脱氢生成芳烃。

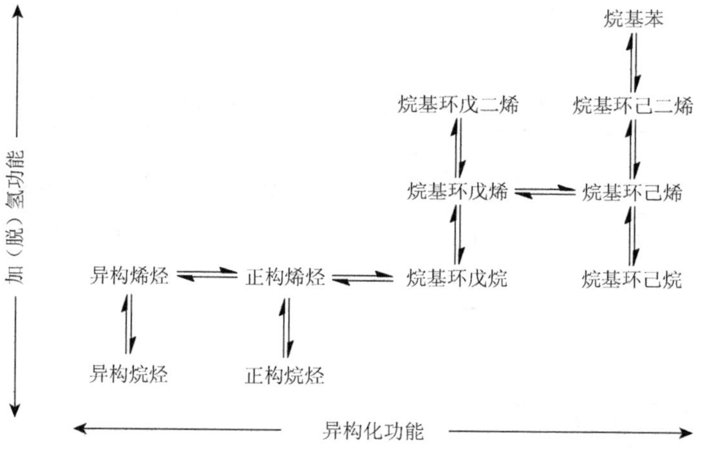

图 10-4-5　双功能催化剂烷基环戊烷重整反应

一系列复杂的反应步骤中，在酸性中心正碳离子发生碳骨架重排的异构化反应速率最慢，是该重整反应的控制步骤。表 10-4-7 是烷烃异构物平衡浓度。

表 10-4-7　烷烃异构物平衡浓度（471℃）

p_M	p_H	F/W	r_I	r_{HC}
1.0	0	0.30	0	0.0009
0.1	2.0	0.31	0.0077	0.0048
0.33	2.0	0.30	0.0061	0.0045

续表

p_M	p_H	F/W	r_I	r_{HC}
1.0	2.0	0.31	0.0028	0.0026
1.0	6.0	0.30	0.019	0.014
1.0	20.0	0.30	0.011	0.021
10.0	20.0	0.52	0.036	0.036

注：p_M 为甲基环戊烷分压；p_H 为氢分压；F 为进料速率（mol/h）；W 为催化剂质量（g）；r_I 为转化为苯和环己烷的速率；r_{HC} 为转化为 C_6 以下的开环和裂解产物的速率。

3. 链烷烃异构化反应

链烷烃异构化反应机理遵从 Mills 提出的双功能反应机理（图 10-4-5），正构烷烃首先在金属中心上脱氢生成正构烯烃，然后迁移到催化剂酸性中心上进行异构化反应生成异构烯烃，在迁移到金属中心进行加氢反应生成异构烷烃。

表 10-4-8 对比了正庚烷异构化反应与其他反应的速率，Marin 等建立了正己烷反应网络（图 10-4-6）并获得各反应的速率常数。正构烷烃异构化反应速率大于加氢裂化反应速率，远大于脱氢环化反应速率。异构化反应速率不受金属铂含量的影响（表 10-4-9）。

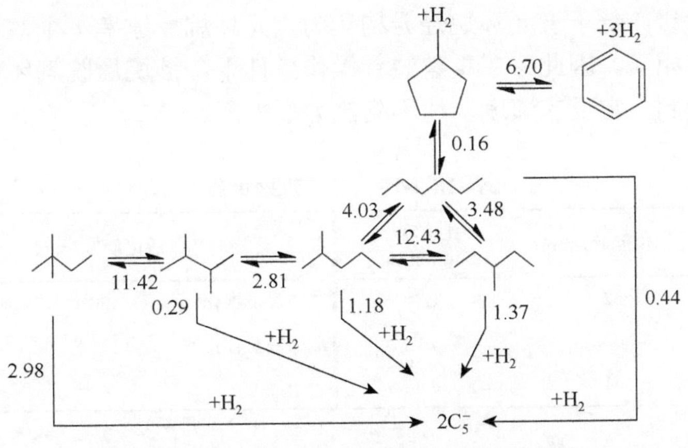

图 10-4-6　Pt/Al_2O_3 催化剂上正己烷转化反应

表 10-4-8　正庚烷重整反应速率

温度/℃	压力/MPa	正庚烷反应				甲基环己烷芳构化 r_4	二甲基环戊烷芳构化 r_5
		总转化 r_0	加氢裂化 r_1	异构化 r_2	脱氢环化 r_3		
496	3.55	0.3	0.10	0.16	0.04	0.95	—
496	2.48	0.28	0.08	0.15	0.05	—	—

续表

温度/℃	压力/MPa	正庚烷反应				甲基环己烷芳构化 r_4	二甲基环戊烷芳构化 r_5
		总转化 r_0	加氢裂化 r_1	异构化 r_2	脱氢环化 r_3		
496	1.42	0.26	0.05	0.13	0.06	0.95	0.13
468	3.55	0.18	0.05	0.12	0.01	—	—
468	1.42	0.16	0.04	0.09	0.02	—	—

表 10-4-9　Pt 含量对正庚烷反应活性的影响

Pt 含量/%	异构化速度/[μmol/(s·g cat)]	环化速度/[μmol/(s·g cat)]	正庚烯含量/%
0	0	0	0
0.1	68	9.6	0.67
0.38	81	16	0.68
0.75	72	32	0.92
0.99	72	37	0.66

4. 链烷烃脱氢环化反应

研究表明（表 10-4-10），烷烃脱氢环化反应速率较慢，低于六元环烷烃脱氢速率 2 个数量级，低于五元环烷烃异构化为六元环烷烃速率 1 个数量级，与加氢裂化反应速率相当。因此，在重整装置操作条件下，链烷烃脱氢环化受动力学限制，只能进行到一定反应深度，达不到热力学平衡。

表 10-4-10　烃类重整反应

反应	活化能/(kJ/mol)	比速度/[mol/(h·g cat)]	反应	活化能/(kJ/mol)	比速度/[mol/(h·g cat)]
K_1（环烷异构）	52.3	1.7	K_4（加氢裂化）	130.1	0.27
K_2（环烷脱氢）	60.2	14	K_5（脱氢环化）	136.8	0.21
K_3（环烷开环）	61.9	0.4			

随链烷烃碳原子数的增加，脱氢环化反应速率增加，C_6 烷烃脱氢环化只能完成 0%～5%，C_7 烷烃脱氢环化可完成 25%～45%，C_8 和 C_9 烷烃可分别完成 30%～50%和 55%～65%。提高反应温度和降低反应压力有利于加快烷烃脱氢环化反应的进行（表 10-4-11 和表 10-4-12）。增加反应温度，可加快环化反应速率，但也加快了加氢裂化反应速率，对环化选择性影响较小；降低反应压力，不仅可提高环化反应速率，而且也提高了环化选择性，降低压力在重整过程中对烷烃脱氢环化非常重要。

表 10-4-11　正庚烷重整反应结果

参数	反应压力/MPa				
	1.4		2.45	3.5	
反应温度/℃	468	496	496	468	496
正庚烷转化率/%	83.7	96.0	96.0	85.8	95.3
环化产物/%	20.3	37.7	25.0	8.6	16.9
裂解产物/%	28.2	50.5	56.5	36.8	62.7
环化选择性/%	41.9	42.7	30.7	18.9	21.2

表 10-4-12　不同压力下甲苯生成反应中氢的动力学级数

催化剂	氢分压/MPa				
	0.83	1.70	2.53	3.40	4.26
Pt/Al_2O_3	−1.0	−1.2	−1.4	−1.5	−1.6
Pt/Al_2O_3-F	−1.0	−1.4	−1.5	−1.6	—
$Pt\text{-}Re/Al_2O_3$	−0.7	−1.3	−1.7	−1.9	−1.9

5. 氢解和加氢裂化反应

氢解反应是在氢气存在下，烃类在金属中心上发生 C—C 键断裂且 C—H 键生成的反应，氢解反应速率随碳原子数增加而增加。反应动力学研究表明，氢解反应速率随温度和烃分压增加而增加。在重整反应中，氢解反应对催化剂积炭最为敏感，在初期积炭过程中，氢解反应已快速下降，在正常重整工艺条件下氢解反应影响较小。

重整过程烃类加氢裂化在含酸性中心和金属中心的双功能催化剂上进行，金属中心上发生烷烃脱氢和加氢裂化的烯烃加氢反应，酸性中心上发生 β 键断裂的加氢裂化反应，按双功能机理进行的烷烃加氢裂化反应步骤如下：①正构烷烃在金属中心上脱氢为正构烯烃；②正构烯烃迁移到酸性中心上获得质子形成仲正碳离子；③仲正碳离子在 β 键断裂生成较小的正碳离子和烯烃，仲正碳离子也可发生正碳离子重排，形成更稳定的叔正碳离子从而生成异构烷烃；④裂化生成的正构烯烃在酸性中心获得质子生成新的伯正碳离子，并进行正碳离子重排，成为更稳定的叔正碳离子，随后生成异构烯烃；⑤生成的异构烯烃迁移到金属中心加氢为饱和异构烷烃。

加氢裂化反应速率随温度和压力的增加而增加，随催化剂酸性的增加，加氢裂化反应速率也增加。

10.5　催化重整反应动力学模型

催化重整是石油炼制与化工的主要工艺过程之一，是在一定的温度、压力、氢油比等工艺条件和催化剂存在的条件下，将石脑油转化为富含芳烃的高辛烷值汽油，同时副产氢气的过程。

其中，石脑油主要是 C_6～C_{11} 的烃类，包括六元环烷烃、五元环烷烃、直链烷烃及少量异构烷烃和芳烃。在催化重整过程中，上述烃类分子结构发生化学反应生成最终产物，主要的化学反应有：①六元环烷烃脱氢反应生成芳烃；②五元环烷烃脱氢异构反应生成芳烃；③直链烷烃脱氢环化反应生成芳烃；④直链烷烃异构化反应生成异构烷烃；⑤烷烃和环烷烃的加氢裂化反应；⑥烷烃的氢解反应；⑦积炭反应。

尽管催化重整反应可以简单地概括为上述七类反应，但是由于催化重整反应体系含有 300 多种组分，且各组分之间的偶联性强，涉及的平行化学反应、连串化学反应、可逆反应和不可逆等具体反应不计其数，反应网络非常复杂，属于典型的复杂反应体系。动力学模型的求解相当困难，因此，对于该类反应动力学，一般采用集总的方法进行研究。

集总方法指的是利用物理和化学分析的手段，将不同组分按照动力学性质相似的原理，分为若干个集总组分。在构建动力学模型的过程中，将每一个集总组分当作一个虚拟的单一组分，然后构建这些虚拟组分的反应网络。

集总方法对于催化重整反应动力学模型的研究已经取得了很大进展，采用集总方法构建的动力学模型不仅有利于加深对催化重整反应过程的认识，预测催化重整反应过程的产物分布和产品性质，还可为重整催化剂的评价、重整装置的操作优化等提供支持。

近年来，随着计算机技术的大力发展，催化重整集总动力学模型构建变得越来越简便。国内外许多研究人员和学者都对催化重整动力学模型进行了大量的研究，提出了不同集总的重整动力学模型，并成功应用于生产装置的在线控制及工业离线优化，为炼化企业节能增效、提高经济效益提供了巨大的帮助。

10.5.1　国外催化重整集总动力学模型

1. Smith 模型

最早的催化重整集总反应动力学模型是 Smith 于 1954 年开发的铂催化剂 4 集总催化重整反应动力学模型。在该模型的开发过程中，作者将原料化合物分为烷烃、环烷烃和芳香烃等三个虚拟组分，即三个集总，并将 C_5 以下产物归为一个集总，每个反应的物化性质用各集总组分的平均碳数的烃类代表，也就是说在 Smith 模型中主要确定了 N（环烷烃）、P（链烷烃）、A（芳香烃）和 P_5（C_5 以下烃）。因此，集总模型中涉及的重整化学反应主要有环烷烃脱氢生产芳烃的可逆反应、环烷烃加氢裂化生成链烷烃的可逆反应等反应，反应网络图如图 10-5-1 所示。

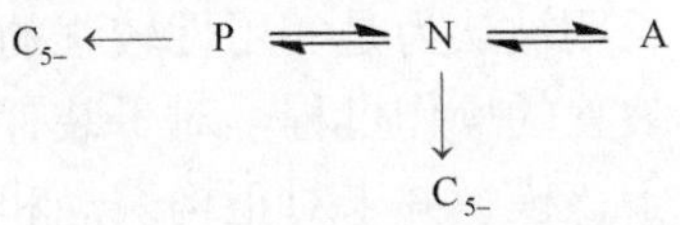

图 10-5-1　Simth 模型反应网络

在该模型的构建过程中，作者提出以下基本假设：①烷烃可直接环化再生成芳烃；②不考虑催化剂失活的影响；③芳香烃加氢裂化反应速率很小，可忽略不计；④加氢裂化所产生的 C_1～C_5 组分物质的量基本相同；⑤认为重整原料是由同碳数的 N、P、A 组成的。尽管 Smith 模型对主要的重整反应进行了归纳，然而 Smith 模型却存在一些不足之处：主要是在模型构建过程中，没有考虑五元环烷烃与六元环烷烃、正构烷烃与异构烷烃的催化重整反应性能之间的差别，所以模型相对简单，适用范围相对较小。

2. Kmak 模型

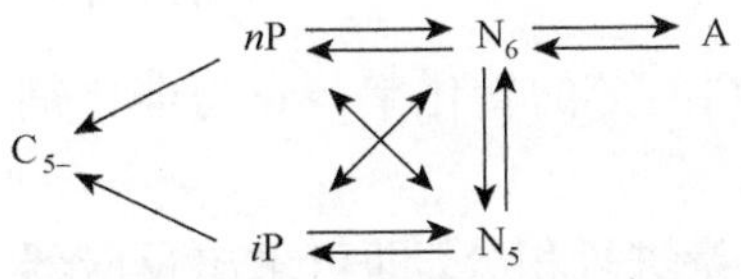

图 10-5-2　Kmak 模型反应网络

1972 年，Kmak 提出了 22 集总重整动力学模型（以下简称 Kmak 模型，图 10-5-2）。Kmak 模型克服了 Smith 模型未区分五元环烷烃与六元环烷烃、正构烷烃与异构烷烃之间差别的缺点与不足，将重整进料合并为 C_4～C_{8+}等五大类组分，整个反应网络包括 35 个反应。

Kmak 模型在一定程度上克服了 Smith 模型的缺点与不足，但其对于 C_8 以上组分没有进行细分，导致反应网络不能全面反映催化重整过程中的所有反应。

3. Ramage 模型

Mobil 石油公司 Ramage 等于 1980 年和 1987 年提出了 13 集总催化重整反应动力学模型，即 Ramage 模型。该模型不但涵盖重整反应动力学，还包括催化剂失活动力学，是十分具有代表性的重整动力学模型之一，其反应网络图如图 10-5-3 所示。

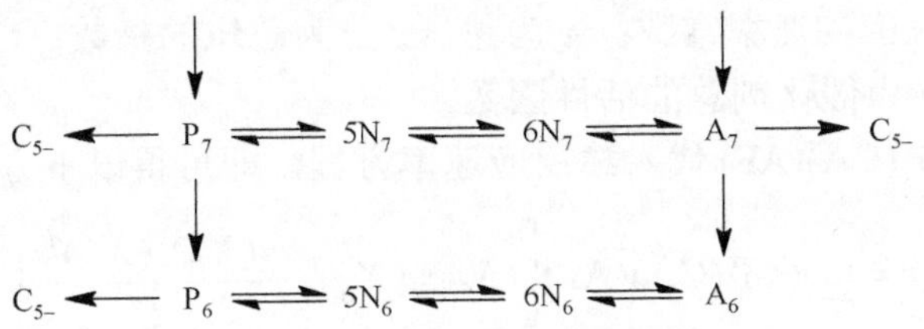

图 10-5-3　Ramage 模型反应网络图

Ramage 等在构建反应网络时，对重整反应规律进行了大量研究。认为对于同一分子类型，随着碳数的不同，C_6、C_7、C_8之间的选择性差别较大，而对于含有 8 个碳原子和 8 个碳原子以上的组分，由于其重整反应的化学平衡相似，因此将C_{8+}组分归结为一个集总组分。由于 Ramage 模型对重整烃类划分较为合理，因此长期被认为是实用性较强的重整反应动力学模型，能够较为准确地模拟工业重整装置的操作过程，对于装置的控制和操作方案的优化具有较大的帮助。然而，由于该模型并未对正构烷烃和异构烷烃进行区分，而正、异构烷烃的辛烷值有所差别，因此该模型在预测产品辛烷值方面有一定的缺陷。

4. Pace 模型

1980 年，Pace 公司的 Jenkins 和 Stephens 等发表了 Pace 催化重整反应动力学的数学模型。Pace 模型的集总组分划分较为详细，包括 30 个集总组分（含 A_{9+}、P_{9+}、N_{9+}三个集总组分），反应网络由 70 个反应方程组成。

Pace 模型的速率方程为

$$r=F(\partial X'/\partial w) \tag{10-5-1}$$

其中，r 为每单位质量催化剂的反应速率；X' 为进料组分的转化率；w 为催化剂质量；F 为反应器内总进料流率。

将 Pace 模型的速率方程对反应器内的催化剂总量进行积分，即可求出反应器内进料组分的转化率。对于具体的可逆反应，需要建立适合的反应速率方程，对于反应：

$$a\mathrm{A}+b\mathrm{B}\underset{k_\mathrm{r}}{\overset{k_\mathrm{f}}{\rightleftharpoons}}c\mathrm{C}+d\mathrm{D} \tag{10-5-2}$$

根据反应速率常数可以得到净反应速率方程：$r=k_\mathrm{f}(X_\mathrm{A})^a(X_\mathrm{B})^b-k_\mathrm{r}(X_\mathrm{C})^c(X_\mathrm{D})^d$，当重整反应达到化学平衡时，$r=0$，假定平衡常数为 K，则$K=k_\mathrm{f}/k_\mathrm{r}$，代入净反应速率方程可得

$$r=k_\mathrm{f}(X_\mathrm{A})^a(X_\mathrm{B})^b-\frac{(X_\mathrm{C})^c(X_\mathrm{D})^d}{K} \tag{10-5-3}$$

其中，

$$k_\mathrm{f}=(k)(\pi)^x(\mathrm{CA})(\mathrm{AF}) \tag{10-5-4}$$

其中，k 为具体反应的速率常数；π 为总压；x 为总压的指数；CA 为酸性或金属的活性水平；AF 为催化剂总的活性因数。

将 $k_\mathrm{f}=(k)(\pi)^x(\mathrm{CA})(\mathrm{AF})$ 代入净反应速率方程，即可得以下方程式：

$$r=(k)(\pi)^x(\mathrm{CA})(\mathrm{AF})\left[(X_\mathrm{A})^a(X_\mathrm{B})^b-\frac{(X_\mathrm{C})^c(X_\mathrm{D})^d}{K}\right] \tag{10-5-5}$$

根据 Pace 开发的软件即可求解重整反应的速率方程，进而计算重整反应部分

的物料平衡，得出产物产率和油品性质等。

5. Froment 模型

1983 年，Marin 和 Froment 等提出了 28 集总组分的催化重整反应动力学模型，该模型也是极具代表性的重整反应动力学模型之一。Froment 模型由于集总组分较多，因此它将全部组分按照碳原子数分为 C_1～C_{9+}的组分，并将碳原子数在五个以上的组分分为正构烷烃、异构烷烃、五元环烷烃、六元环烷烃和芳烃。各个不同组分涉及的反应包括异构化反应、环化反应、脱氢反应和加氢裂化反应，同时在模型构建过程中需要考虑到可逆反应。Froment 模型的反应网络包括 84 个反应，但 Marin 等在文献中并未列出该模型的全部反应方程，同时在反应网络中对烷烃、环烷烃和芳烃的氢解及烷烃加氢裂化的反应表示不够明确，因此无法获得该模型的全部反应方程。

10.5.2　国内典型的催化重整集总动力学模型

1. 16 集总反应动力学模型

华东理工大学是国内最早开展催化重整集总反应动力学模型研究的单位。1994 年，华东理工大学的孙绍庄、翁惠新等学者提出了重整反应动力学的 16 集总模型（图 10-5-4），该模型将正构烷烃和异构烷烃分别集总。并且做了以下假设：①异构化产物集总是单支链异构烷烃组成的，且以其平衡组成来计算集总组成的物性；②网络中各反应对烃类的反应级数均为一级；③反应网络中同一类反应压力指数相同；④C_{5-}不再裂化；⑤凡由多个异构体组成的集总组分，用其平衡组成计算该集总组分的物性。

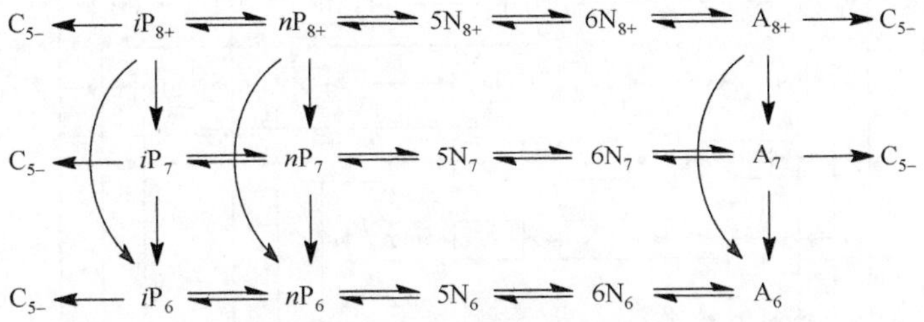

图 10-5-4　16 集总反应网络

基于前文的 5 个假设，建立了以下动力学方程式

$$\mathrm{d}a/\mathrm{d}t = Ka$$

其中，K 是 n 阶速率常数矩阵（n 为集总个数）。

矩阵中各反应速率常数：

$$k_i = k_{0i}\exp[-E_i/(RT)]p^{b_i} \tag{10-5-6}$$

该模型是国内首个重整反应动力学模型，具有一定的代表性，为此后的重整动力学模型开发奠定了良好的基础。

2. 27 集总反应动力学模型

2009 年，华东理工大学周红军、石铭亮、翁惠新等学者提出了 27 集总催化重整反应动力学模型（图 10-5-5），在模型的构建过程做了如下假设。

（1）考虑到不同碳原子数烃类反应速率的差异，同时兼顾对裂化产物组成和氢气的预测，将全部组分按碳原子数划分为 C_1～C_{10+}组分，并将 C_5 以上组分划分为烷烃、五元环烷烃、六元环烷烃和芳烃。

（2）为了能对芳烃的组成进行较为详细的预测，除了将芳烃组成按碳原子数划分外，还根据芳环取代基的个数进一步将八碳芳烃细分为二甲苯和乙苯，将九碳芳烃细分为三甲苯、甲乙苯和丙苯。

（3）将脱氢环化、异构化、芳构化反应视为可逆反应，裂化反应视为不可逆反应。

（4）据文献报道，烷烃直接脱氢环化为六元环烷烃的速率接近于零，烷烃须经过五元环烷烃才能生成六元环烷烃。考虑到分析条件的不足，同时随着碳原子数的增加，五元环烷烃和六元环烷烃的异构化速率加快，故将九碳及以上的五元环烷烃和六元环烷烃作为一个集总考虑。

（5）考虑到二甲苯和乙苯之间转化速率非常慢，认为二甲苯和乙苯之间不可相互转化。同理，认为三甲苯、甲乙苯和丙苯之间也不可相互转化。

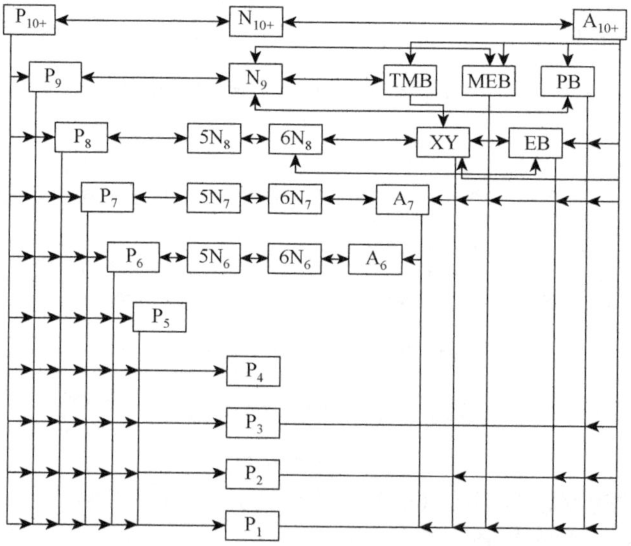

图 10-5-5　27 集总反应网络图

（6）对芳烃而言，由于芳环非常稳定，所以只考虑侧链的裂化，而忽略芳环的裂化。对于多侧链芳烃的裂化反应，每步反应只考虑单一侧链的裂化反应；对环烷烃而言，由于异构化和脱氢芳构化反应速率很快，所以忽略它们的裂化反应；C_1～C_4烷烃不再进一步裂化。

在反应动力学模型建立过程中，首先将所有催化重整反应均按照一级均相反应处理，对每个具体的重整反应均建立反应速率方程：

对于不可逆反应：

$$r_{ij}=\frac{\mathrm{d}x_i}{\mathrm{d}t}=k_{ij}x_i \tag{10-5-7}$$

对于可逆反应：

$$r_{ij}=\frac{\mathrm{d}x_i}{\mathrm{d}t}=k_{ij}\left(x_i-\frac{x_j}{K_{\mathrm{ep}ij}}\right) \tag{10-5-8}$$

其中，

$$k_{ij}=k_{0ij}\exp\left(\frac{-E_{ij}}{RT}\right)P_H^{b_{ij}}\phi_{ij}\quad \phi_{ij}=\exp(-a_{ij}w_{\mathrm{coke}}) \tag{10-5-9}$$

此外，周红军等假设重整反应器的径向界面催化剂、温度及各个组分的浓度分布均匀，无返混现象，即按照理想的活塞流进行处理，得出了物料衡算和热量核算的方程式：

$$\frac{\mathrm{d}T}{\mathrm{d}R_b}=\frac{2\pi R_b H}{\mathrm{LHSV}\times V}K_r X \tag{10-5-10}$$

$$\frac{\mathrm{d}T}{\mathrm{d}R_b}=\frac{2\pi R_b H}{\mathrm{LHSV}\times V}\sum\left(\frac{ri_j\Delta Hi_j}{C_p X}\right) \tag{10-5-11}$$

以炼厂实际工业重整装置的工业实测数据为依据，运用分层策略和相关算法即可对参数进行估算求解。根据得到的 27 集总反应动力学模型的相关参数，可以对上述装置的反应产物组成进行模拟验证计算。

从表 10-5-1 中可以看出，27 集总计算得到的数值与工业实测值能较好地吻合，说明 27 集总模型对于装置产物预测是可靠的。此外，根据模型，还可以预测装置出口催化剂的积炭含量，对于催化剂再生的操作优化和校正具有重要意义。

表 10-5-1　27 集总反应动力学模型的相关参数

组成	ω/%			组成	ω/%		
	预测值	实际值	绝对误差		预测值	实际值	绝对误差
H_2	7.23	7.53	0.30	$6N_7$	0.02	0.01	0.01
P_1	2.48	2.68	0.20	$5N_8$	0.01	0.02	0.01
P_2	5.39	5.55	0.16	$6N_8$	0.01	0	0.01
P_3	8.38	8.95	0.57	N_9	0	0	0
P_4	8.24	8.30	0.06	N_{10+}	001	0.04	0.03
P_5	6.28	6.01	0.27	A_6	4.89	4.81	0.08
P_6	5.00	5.33	0.33	A_7	13.96	13.03	0.93
P_7	3.08	3.22	0.14	EB	2.21	2.14	0.07
P_8	0.32	0.38	0.06	XY	14.03	13.62	0.41
P_9	0	0.03	0.03	TMB	6.76	6.88	0.12
P_{10+}	4.22	4.31	0.09	MEB	1.82	1.92	0.10
$5N_6$	0.18	0.16	0.02	PB	0.50	0.51	0.01
$6N_6$	0.01	0.01	0	A_{10+}	4.75	4.48	0.27
$5N_7$	0.22	0.09	0.13	coke	0.063	0.061	0.002

3. 38 集总反应动力学模型

2012 年，浙江大学王连山等根据集总模型理论和催化重整化学反应机理，基于工业运转的连续重整装置，提出了催化重整反应动力学模型。该模型包括 38 个集总组分、86 个化学反应。在模型的建立过程中，首先按照碳原子数的不同集总分为 C_6～C_{11+}组分，同一碳原子数的物料又划分为正构烷烃、异构烷烃、五元环烷烃、六元环烷烃和芳烃，裂解产物细分为 C_1～C_5 组分。在模型的建立过程中，根据 Mills 等提出的双功能重整反应机理，首先对五元环烷烃、六元环烷烃加以区分。其次，考虑到链烷烃在重整原料中的占比较高，而正构烷烃、异构烷烃的重整反应速率有较大不同，在模型建立过程中必须加以区分。此外，按照碳原子数对芳烃进行了区分，并将 C_5 及以下组分细分为 C_1～C_5 烷烃，基于 C_9 及以上烃类在重整原料中占比较高，将 C_9 及以上组分区分为 C_9、C_{10}、C_{11+}三部分。因此，在 38 集总动力学模型中，反应物料被分为 38 个集总组分，包括 17 个烷烃组分、12 个环烷烃组分和 9 个芳烃组分。在建立反应网络时，做如下考虑：①烷烃必须经过五元环烷烃才能生成六元环烷烃，进而脱氢生成芳烃，所以反应网络中不存在烷烃直接转化为六元环烷烃和芳烃的反应；②异构烷烃环化生成六元环烷烃的动力学常数接近于零，反应网络中忽略这个反应；③由于芳环非常稳定，所以对于芳烃加氢裂化，只考虑芳烃侧链的裂化，即认为它们只进行脱烷基的加氢裂化

（氢解），而不进行苯环的加氢裂化；④环烷烃的异构化和脱氢环化速率很快，因此也忽略它们的裂化反应；⑤将异构化、脱氢环化和芳构化视为可逆反应，而将芳烃氢解和烷烃加氢裂化视为不可逆反应。这样得到的反应网络包括 6 个直链烷烃异构化反应、6 个烷烃脱氢环化反应、6 个环烷烃异构化反应、7 个环烷烃脱氢芳构化反应、11 个芳烃氢解反应、50 个烷烃加氢裂化反应，共 86 个重整反应。

根据催化重整反应动力学，将整个反应体系看作是简单的一级反应体系，结合重整反应网络，可以得到不同反应的反应速率方程，如下所示：

直链烷烃异构化反应（可逆反应）

$$r_i = k_i(Y_{nP} - Y_{iP} / K_{epi}) \quad (i = 1\sim6) \tag{10-5-12}$$

烷烃脱氢环化反应（可逆反应）

$$r_i = k_i(Y_{nP} - Y_{5N} / K_{epi}) \quad (i = 7\sim12) \tag{10-5-13}$$

烷烃加氢裂化反应（不可逆反应）

$$r_i = k_i Y_P \quad (i=37\sim86) \tag{10-5-14}$$

其中，k_i 为反应速率常数，与温度的关系可用阿伦尼乌斯公式定律描述。由于催化重整反应是气固相非均相反应，因此反应速率常数还与催化剂活性和反应压力有关：

$$k_i = k_{0i} \times \exp[-E_i / (RT)]\, P_h^{bi} \phi_i \tag{10-5-15}$$

其中，ϕ_i 为催化剂活性因子，$0 < \phi_i \leqslant 1$。

为了获得集总动力学模型，必须求解反应频率因子 k_{0i}、反应活化能 E_i、压力指数 b_i 和催化剂活性因子 ϕ_i 等模型参数。其中，由于连续重整装置中催化剂为连续再生，始终保持较高的活性，因此通常将催化剂活性因子 ϕ_i 假定为 1。采用分层策略，应用 BFGS 算法对参数进行估计以后，可以获得不同重整反应的 k_{0i}、E_i、b_i 等数据，进而获得不同反应的反应速率常数。求解 38 集总动力学模型后，结合具体的重整装置生产数据，可以得到动力学模型的相关参数，在此基础上进行模拟验证计算。最终可以获得反应器出口物料组成含量的模型预测值，同时通过对重整过程进行模拟，有利于优化各操作参数，进而提高装置经济效益。

集总动力学模型的方法提供了一个应对大量组分的方法，使复杂反应体系的动力学模型研究成为可能的动力学研究方法，对于充分认识和理解重整反应动力学具有重大意义。国内外相关科研人员也先后开发了不同的重整反应动力学模型，并将其应用于实际装置的操作过程，具有重要的理论与实践意义。

然而，集总动力学模型仍然存在一些缺陷与不足。首先，集总模型计算出的产率和产品分布是以混合物及其总体性质出现的，无法预测集总内部组成及相关产品性质；其次，一旦重新划分集总，则所有的模型参数都需要重新估计；最后，动力学参数与集总内部组成存在一定的相关性，因此如果集总内部组成发生明显变化，相应的动力学参数也会发生变化，需要重新估计。此外，由于受到如原料组分数据不全面、模型求解困难等方面的限制，集总模型往往存在划分不够详细、模型精度不足、预测效果不佳等缺陷与不足。

10.6 催化重整操作参数

除催化剂和原料油性质外，反应压力、温度、空速和氢烃比等操作参数都影响重整装置的产品收率和质量及催化剂的失活速率，重整操作条件和原料油性质对重整反应的方向性影响列于表 10-6-1，促进各种重整反应的条件如表 10-6-2 所示。

表 10-6-1 催化重整操作参数与原料油性质对重整反应方向的影响

操作参数		产品辛烷值	产品收率	氢产率	积炭速率
反应压力↗		↘	↘	↘	↘
反应温度↗		↗	↘	↗	↗
体积空速↗		↘	↗	↘	↘
氢烃比↗		→	→	→	↘
原料油	芳烃潜含量↗	↗	↗	↗	↘
	初馏点↗	↗	↗	↗	↘
	终馏点↗	↗	↗	→	↗

表 10-6-2 促进重整反应的条件

反应	催化剂功能	温度	压力
环烷烃脱氢	金属	高	低
环烷烃异构	酸性	低①	—
烷烃异构	酸性	低①	—
烷烃脱氢环化	金属/酸性	高	低
加氢裂化	酸性	高	高
脱甲基	金属	高	高
芳烃脱烷基	金属/酸性	高	高

①低温有利于较高的异构/正构比，异构速度随温度增加而增加。

10.6.1　反应压力

反应压力是催化重整的基本操作参数，不仅影响产品收率和产品质量，还影响所需的反应温度和催化剂的积炭速率。催化重整装置一般设计三四台反应器，各反应器入口压力不同，一般以最后一台反应器入口压力表示重整操作压力。

重整的主反应是环烷烃脱氢和烷烃环化脱氢生成芳烃并副产氢气，热力学上降低压力有利于向生产芳烃的平衡移动，对提高产品收率和辛烷值有利（图 10-6-1 和表 10-6-3），但会增加催化剂上积炭速率（图 10-6-2），降低催化剂的操作周期。重整生成油收率与产品辛烷值有关（图 10-6-3），操作压力对产品液体收率、芳烃产率和氢气产率影响较大。

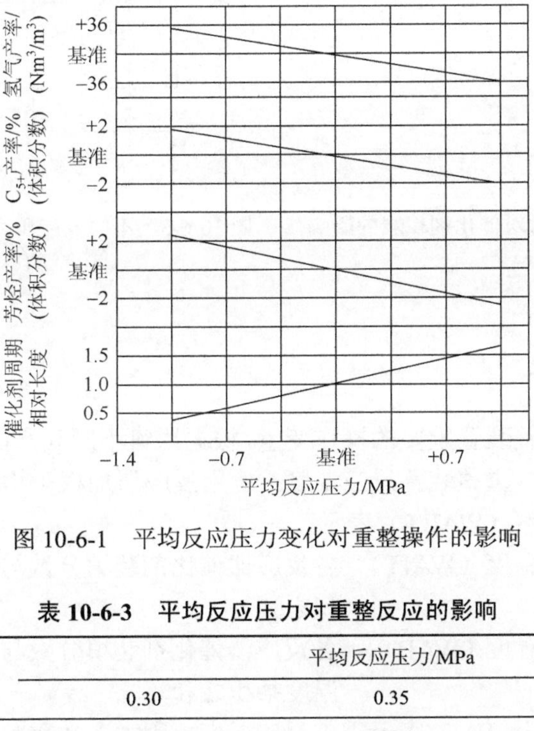

图 10-6-1　平均反应压力变化对重整操作的影响

表 10-6-3　平均反应压力对重整反应的影响

参数	平均反应压力/MPa		
	0.30	0.35	0.40
C_{5+}产品 RONC	105.2	105.1	105
C_{5+}产品收率/%	85.08	84.22	83.35
芳烃产率/%	72.70	71.90	71.06
纯氢产率/%	4.08	4.03	3.87
催化剂积炭速率/(kg/h)	70.6	68.7	66.9

注：催化剂：PS-Ⅵ，原料油 P/N/A 值：66.27/23.81/9.92，空速 1.2 h^{-1}，温度 535℃，氢烃比 2.5。

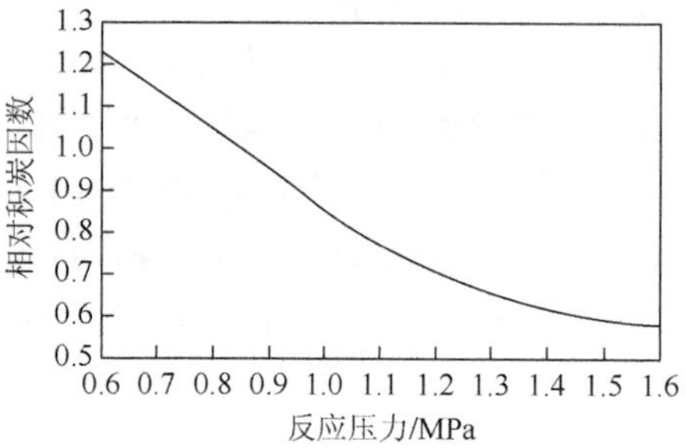

图 10-6-2　反应压力对催化剂积炭的影响

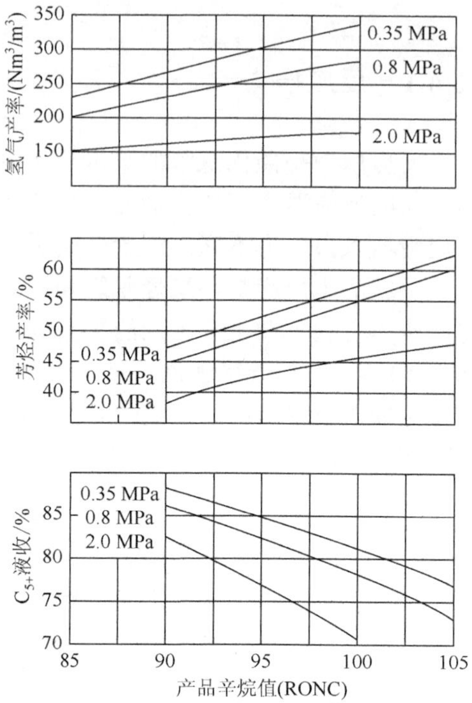

图 10-6-3　不同反应压力及辛烷值对产品收率的影响

10.6.2　反应温度

反应温度是重整装置重要的操作变量，根据原料不同和产品辛烷值要求不同，适当调整操作温度。重整装置反应温度一般用反应器加权平均入口温度（WAIT）或加权平均床层温度（WABT）表示：

加权平均入口温度（WAIT）=各反应器催化剂装填分数与反应器入口温度乘积之和

加权平均床层温度（WABT）=各反应器催化剂装填分数与反应器入出口平均温度乘积之和

工业上一般采用 WAIT 表示重整反应温度，因大多数重整装置各反应器入口温度相同，WAIT 即为重整反应器入口温度，工业装置温度一般为 480～530℃。

热力学上催化重整反应是强吸热过程，反应温降较大，而动力学上环烷烃脱氢反应速率较快，可达到或接近热力学平衡。因此，重整反应器设计为不同的三四个反应器（多为四个），各反应器体积逐渐增加，以四个反应器为例，各反应器催化剂体积比为 1∶1.5∶2.5∶5.0。第一反应器的反应器温降仍然最大，最后反应器主要进行烷烃环化脱氢等反应，温降最小。

反应温度是控制产品质量的主要操作参数，提高反应温度，可提高产品的辛烷值、芳烃产率和纯氢产率（表 10-6-4），但液体收率下降，催化剂积炭速率增加。提高辛烷值就要提高反应温度，原料油组成不同，需要不同的反应温度（图 10-6-4 和图 10-6-5），芳潜含量越高，需要的反应温度越低，反之则需要较高的反应温度。

表 10-6-4　反应温度对重整反应的影响

参数	WAIT/℃			
	521	526	531	536
WABT/℃	488	493	498	504
C_{5+}产品辛烷值	102	103	104	105
C_{5+}产品收率/%	87.43	86.59	85.59	84.22
芳烃产率/%	69.48	70.38	71.18	71.90
C_6A 产率/%	4.33	4.86	5.46	5.21
C_7A 产率/%	19.50	19.82	20.05	20.19
C_8A 产率/%	26.69	26.74	26.75	26.73
C_9A 产率/%	16.68	16.69	16.67	16.57
$C_{10+}A$ 产率/%	2.28	2.27	2.25	2.20
纯氢产率/%	3.85	3.89	3.95	4.03
催化剂积炭速率/(kg/h)	38.0	45.2	54.9	68.7

注：催化剂：PS-Ⅵ，原料油 P/N/A 值：66.27/23.81/9.92，空速 1.2 h^{-1}，压力 0.35 MPa，氢烃比 2.5。

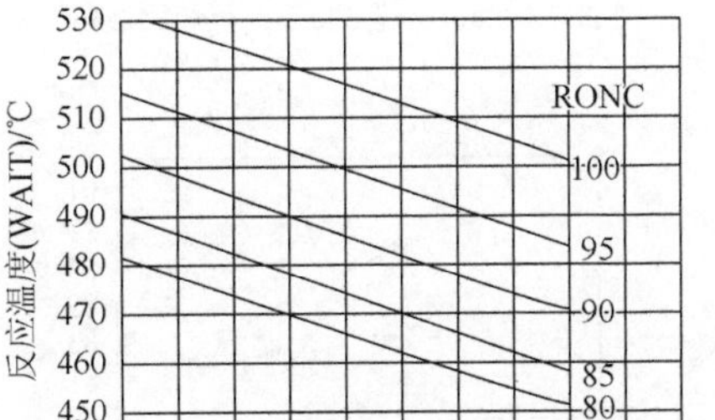

图 10-6-4　半再生重整原料组成对反应温度的影响

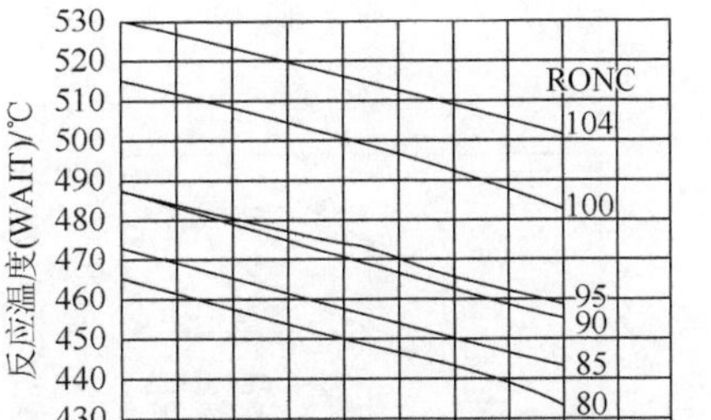

图 10-6-5　连续重整原料组成对反应温度的影响

10.6.3　体积空速

空速是重整装置的重要参数，定义为单位时间内通过单位催化剂的原料油流

量，有体积空速和质量空速，分别表示为

体积空速（LHSV）=进料的体积流率（m^3/h）/反应器中催化剂的体积（m^3）

质量空速（WHSV）=进料的质量流率（kg/h）/反应器中催化剂的质量（kg）

在其他条件相同的情况下，空速的大小反映了实际重整催化剂的性能和工艺技术的先进性。增加空速，可以提高装置的处理量，要获得相同的产品性质，就要提高反应温度（表 10-6-5），催化剂积炭速率会增加。

工业重整装置的体积空速一般为 1～2h^{-1}，若空速低于 1h^{-1}，副反应和加氢裂化反应就会加剧，生成油液收会下降。在此范围内改变空速，对芳构化和异构化影响不大，因为已接近热力学平衡。空速的大小与原料油性质和操作条件与产品性质密切相关，不同空速对产品辛烷值和液收影响见图 10-6-6 和图 10-6-7。

表 10-6-5　体积空速对重整反应的影响

参数	体积空速（LHSV）/h^{-1}	
	1.64	1.97
处理量/(kg/h)	125 000	150 000
WAIT/℃	523	529
C_{5+}产品辛烷值	102	102
C_{5+}产品收率/%	90.47	90.71
芳烃产率/%	72.79	72.41
纯氢产率/%	3.58	3.61
催化剂积炭速率/(kg/h)	26.40	30.98

注：催化剂：PS-Ⅵ，原料油 P/N/A 值：49.55/36.07/14.38，压力 0.35 MPa，温度 535℃，氢烃比 2.65。

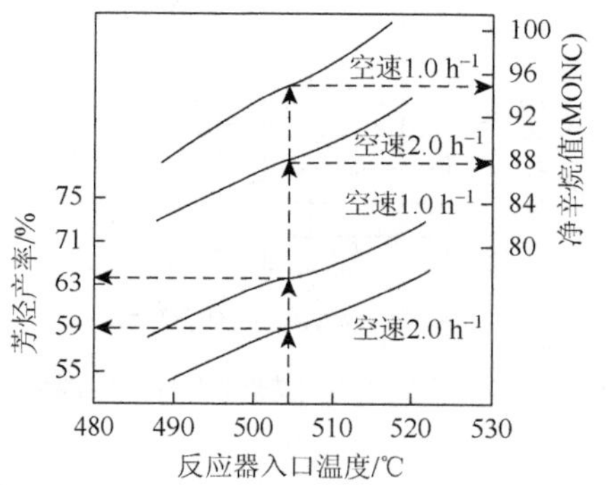

图 10-6-6　不同空速下反应温度对辛烷值及芳烃产率的影响

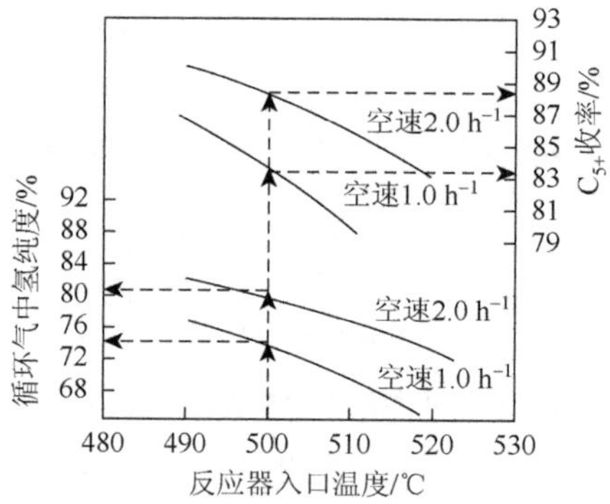

图 10-6-7　不同空速下反应温度对收率及循环气中氢纯度的影响

重整生成油辛烷值在 90～100，空速增加 1 倍，反应器入口温度要提高 15～20℃；高烷烃石脑油空速增加 1 倍，反应器入口温度要提高 20～30℃；低烷烃石脑油空速增加 1 倍，反应器入口温度要提高 8～12℃。表 10-6-6 是催化剂装填比对重整反应的影响。

表 10-6-6　催化剂装填比对重整反应的影响

参数	催化剂装填比		
	12/18/25/45	15/20/25/40	20/24/26/30
WAIT/℃	536	536	536
WABT/℃	505	504	502
反应器温降/℃	291	291	289
第一反应器	106	111	118
第二反应器	81	82	83
第三反应器	65	62	58
第四反应器	39	36	30
C_5^+ 产品辛烷值	84.21	84.22	84.41
C_5^+ 产品收率/%	85.38	85.37	85.05
芳烃产率/%	71.90	71.90	71.79
纯氢产率/%	3.97	4.03	3.96
催化剂积炭速率/(kg/h)	69.1	68.7	65.4

注：催化剂：PS-Ⅵ，原料油 P/N/A 值：66.27/23.81/9.92，空速 1.2 h^{-1}，压力 0.35 MPa，氢烃比 2.5。

10.6.4　氢烃比

氢烃比也是重整装置的重要操作参数，定义为循环气中纯氢与液体进料的摩尔比，即

$$氢烃比=\frac{循环气中纯氢的摩尔流率(mol/h)}{液体进料的摩尔流率(mol/h)}$$

有时也采用气油比和氢油比，定义为标准状态下循环气或其中的纯氢与液体进料的体积流率之比，即

$$气油比=\frac{循环气的体积流率(Nm^3/h)}{液体进料的体积流率(m^3/h)}$$

$$氢油比=\frac{循环气中纯氢的体积流率(Nm^3/h)}{液体进料的体积流率(m^3/h)}$$

氢烃比的大小直接影响氢分压的高低，氢烃比高，氢分压就高，不利于芳构化反应，增加加氢裂化，但催化剂积炭速率降低；氢烃比低，氢分压就低，有利于环烷烃和烷烃脱氢环化反应，但催化剂上积炭速率增加，降低催化剂稳定性。

由表 10-6-7 可见，随氢烃比增加，液体收率、芳烃产率和纯氢产率略有下降，催化剂上积炭大幅度减少，降低了再生器规模。图 10-6-8 和图 10-6-9 说明了氢烃比对催化剂失活的影响，氢烃比越小，催化剂相对积炭因数越大，失活速度越快。在重整操作范围内，氢烃比对生成油的质量和收率影响很小，但氢烃比影响装置的投资和操作费用。氢烃比越大，循环氢压缩机负荷高，系统压降大，能耗高。

表 10-6-7　氢烃比对重整反应的影响

参数	氢烃摩尔比		
	2.00	2.50	3.00
WAIT/℃	539	536	533
WABT/℃	505	504	504
C_{5+}产品辛烷值	105	1005	105
C_{5+}产品收率/%	84.54	84.22	83.90
芳烃产率/%	72.18	71.90	71.65
纯氢产率/%	4.06	4.03	3.99
催化剂积炭速率/(kg/h)	80.8	68.7	59.7

注：催化剂：PS-Ⅵ，原料油 P/N/A 值：66.27/23.81/9.92。

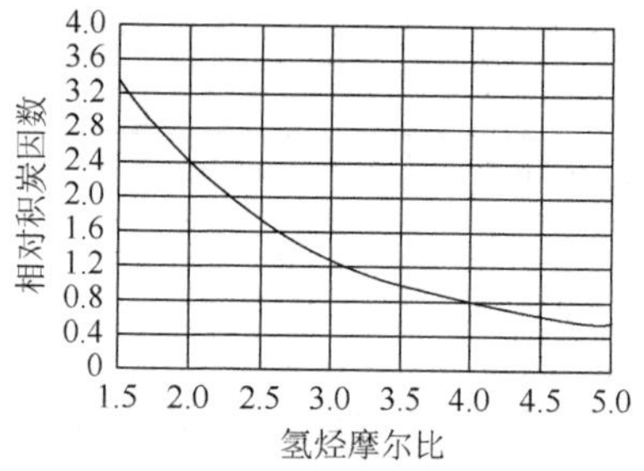

图 10-6-8　氢烃比对催化剂积炭的影响

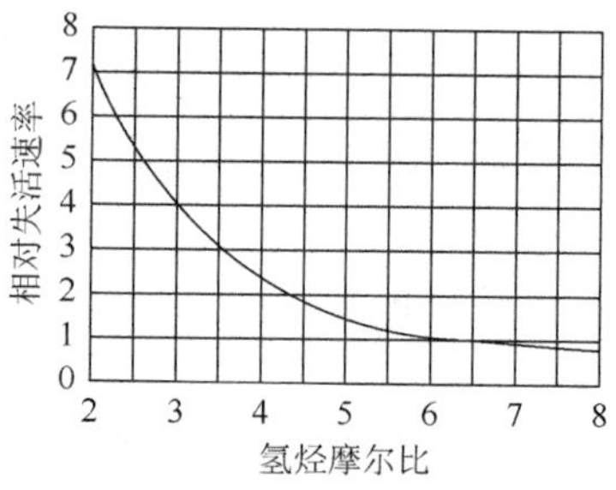

图 10-6-9　氢烃比与催化剂相对失活速率的关系

10.6.5　操作参数与原料油性质的关系

原料油组成（PONA）是重油的原料油指标，直接反映了生产高辛烷值汽油的难易程度，对反应器的操作条件也有较大影响。芳潜含量高的原料，芳烃产率高、产品辛烷值和液体收率都比较高（图 10-6-10），不同芳潜原料高温度下辛烷值差距大，低温下差距小（图 10-6-11），液体产品收率随辛烷值提高差距加大（图 10-6-12），芳潜高的原料需要的反应温度低，催化剂失活速率较低（图 10-6-13）。

原料终馏点对催化剂的稳定性有重要影响，随终馏点的提高，易重整反应的重组分增加，但是同样加快了催化剂的积炭速率（图 10-6-14），特别是终馏点超过 180℃后，催化剂失活速率明显加快，图 10-6-15 和图 10-6-16 列出了原料油组成和中沸点与反应温度的关系。

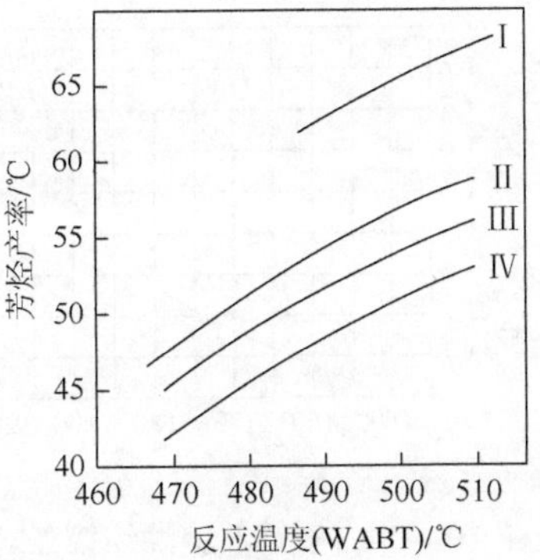

图 10-6-10　不同原料油反应温度与芳烃产率的关系

10.6.6　操作参数与产品性质的关系

重整油的辛烷值和收率是重整反应的重要指标，重整油的辛烷值越高，芳烃含量相应较高（图 10-6-17 和图 10-6-18），但辛烷值提高后，产品收率一般会下降，且催化剂积炭速率也会增加。提高辛烷值，必须提高反应温度，根据图 10-6-19 可以查出需要提高的温度幅度。

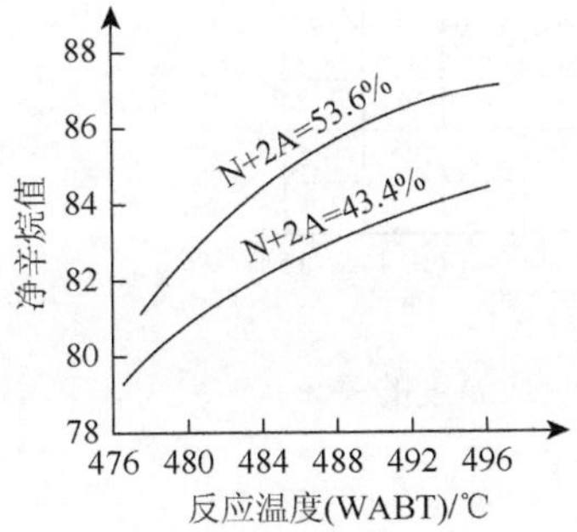

图 10-6-11　不同原料油反应温度与生成油辛烷值的关系

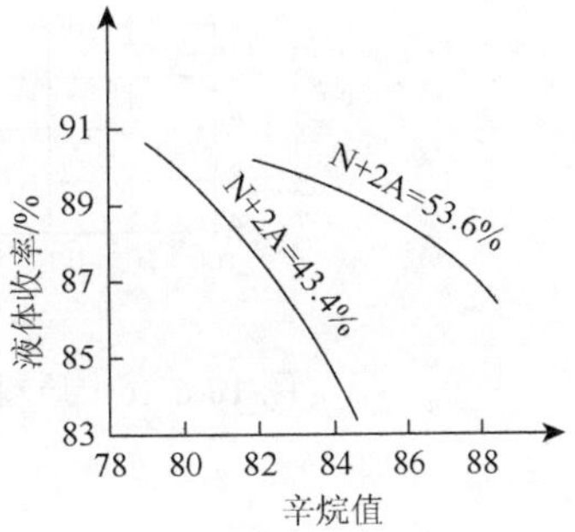

图 10-6-12　不同原料油生成油辛烷值与液体产品收率的关系

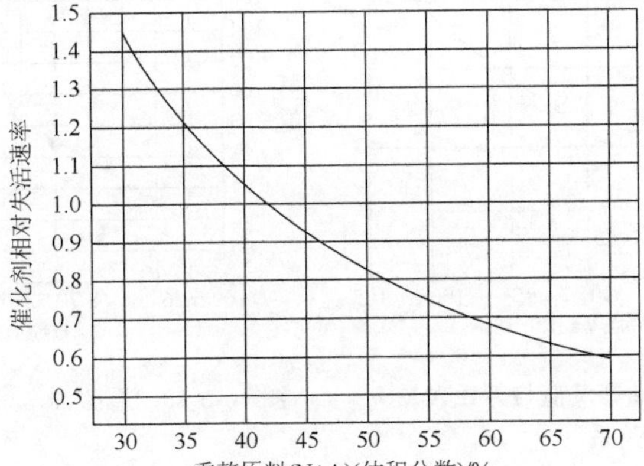

图 10-6-13　原料油组成对催化剂失活速率的影响

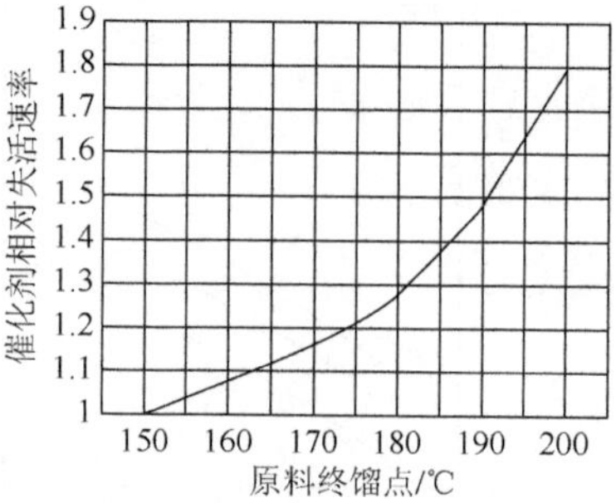

图 10-6-14　直馏石脑油终馏点对催化剂失活速率的影响

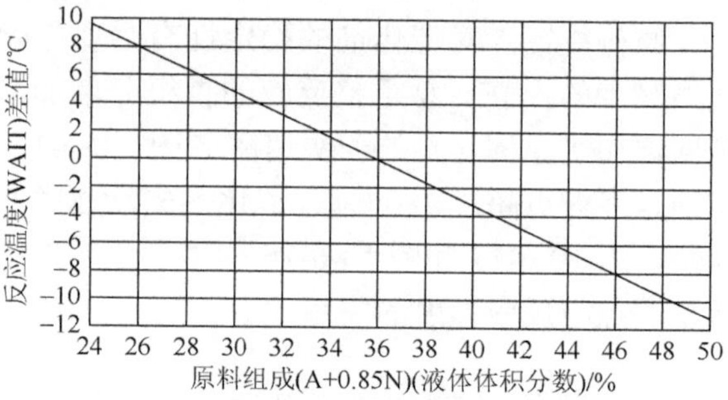

图 10-6-15　原料油组成与反应温度的关系

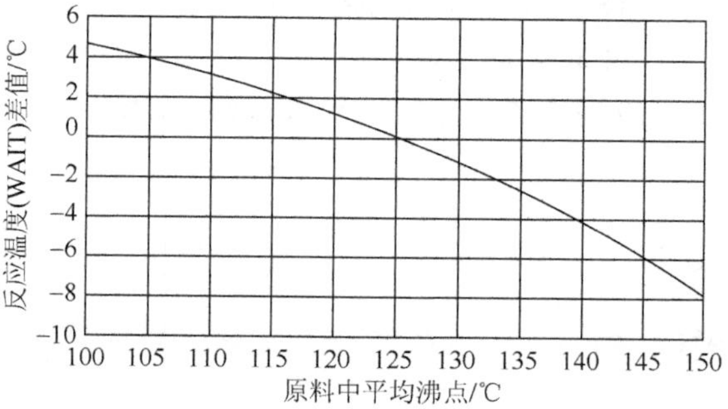

图 10-6-16　原料油中平均沸点与反应温度的关系

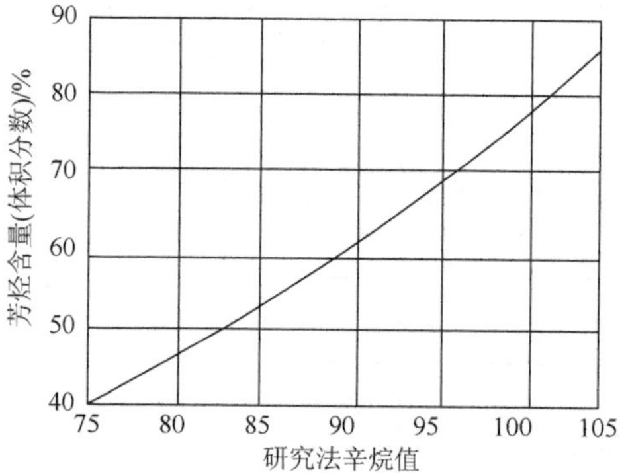

图 10-6-17　重整油辛烷值与芳烃含量的关系

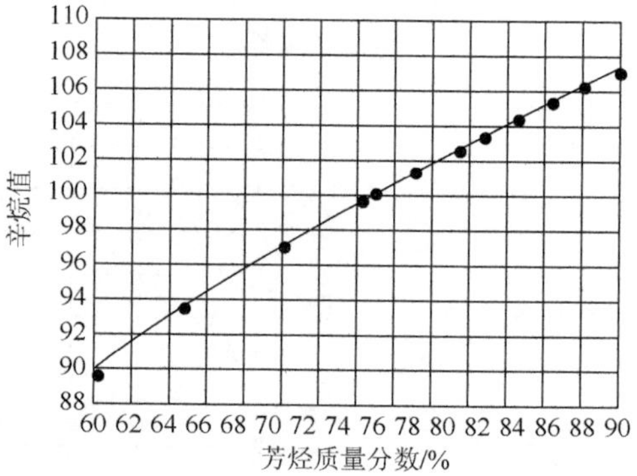

图 10-6-18　重整油辛烷值与芳烃质量分数关系

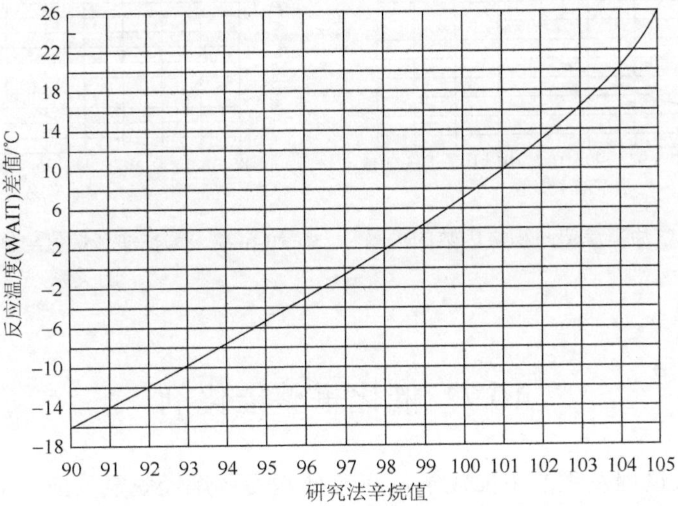

图 10-6-19　重整油辛烷值对反应温度的影响

重整装置中，原料油性质确定后，重整油辛烷值的高低决定了产品收率，不同芳潜含量原料的重整油辛烷值和产品收率的关系列于图 10-6-20。提高反应的苛刻度，重整油的辛烷值提高，催化剂的积炭失活速率也加快（图 10-6-21 和图 10-6-22），特别是在高辛烷值条件下，对催化剂的寿命影响较大。

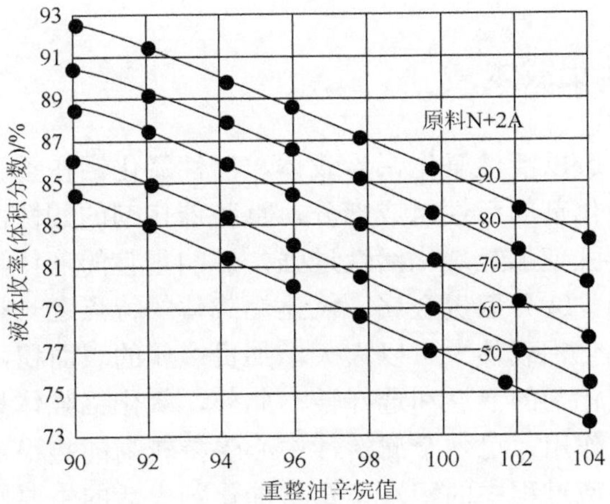

图 10-6-20　重整油辛烷值与液体收率的关系

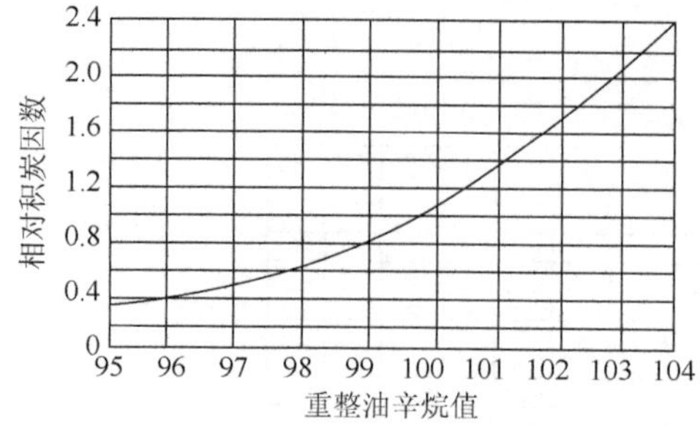

图 10-6-21　重整油辛烷值与积炭因数的关系

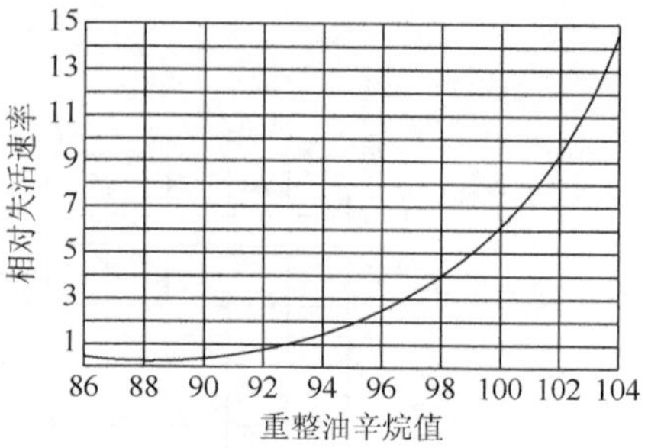

图 10-6-22　重整油辛烷值与催化剂失活速率的关系

10.7　催化重整催化剂

催化重整过程发生的主要化学反应包括六元环烷烃脱氢反应、五元环烷烃脱氢异构化反应、烷烃脱氢环化反应、烷烃异构化反应、氢解反应、加氢裂化反应和积炭反应等。重整反应需要两种不同的活性中心：金属活性中心和酸性活性中心。这两种活性中心分别提供金属加氢、脱氢功能和酸性异构化功能。重整催化剂为双功能催化剂：①金属功能催化烃类的加氢和脱氢反应，金属功能主要由 Pt 提供；②酸性功能催化烃类的重排反应，酸性功能由含氯氧化铝提供。

重整催化剂主要由金属活性组元、载体及助剂组成。金属活性组元通常为 Pt、Pt-Re、Pt-Ir、Pt-Sn、Pt-Ge 等，载体通常为活性氧化铝，助剂通常为 Ti、Zr、Re 等元素。

10.7.1　活性氧化铝载体

重整催化剂一般以活性氧化铝为载体，活性氧化铝在重整催化剂中的主要作用是：①作为催化剂的活性组成部分。重整催化剂的酸性由含卤素的氧化铝载体提供，酸性过强使加氢裂化活性过强，影响重整的液体收率；酸性过弱，催化剂的活性较低。②分散贵金属。氧化铝载体的特点之一是比表面积较大，将贵金属负载在氧化铝载体上可以大大增加贵金属的表面积，即表面活性中心数目，从而提高催化剂的活性和选择性。此外，氧化铝载体与分散的贵金属之间存在极强的相互作用，可使金属活性中心保持较高的热稳定性。③提高催化剂的容炭能力。反应过程中的积炭是重整催化剂失活的主要原因之一，氧化铝载体大的比表面积可以大幅提高催化剂的容炭能力。④提供工业催化剂所要求的机械强度和热稳定性。

1. 氧化铝物相

如图 10-7-1 所示，一般可以将氧化铝的过渡相分为两大类：第一类为低温氧化铝，是热处理温度在 300～750℃之间生成的晶相，这部分晶相含有 1%～2%化学吸附水，主要有四种形态：ρ-Al_2O_3、γ-Al_2O_3、η-Al_2O_3、χ-Al_2O_3；第二类为高温氧化铝，是热处理温度在 800～1000℃之间生成的晶相，这部分晶相含有 0.1%～0.5%化学吸附水，主要有三种形态：δ-Al_2O_3、θ-Al_2O_3、κ-Al_2O_3。重整催化剂载体主要为 γ-Al_2O_3 和 η-Al_2O_3。

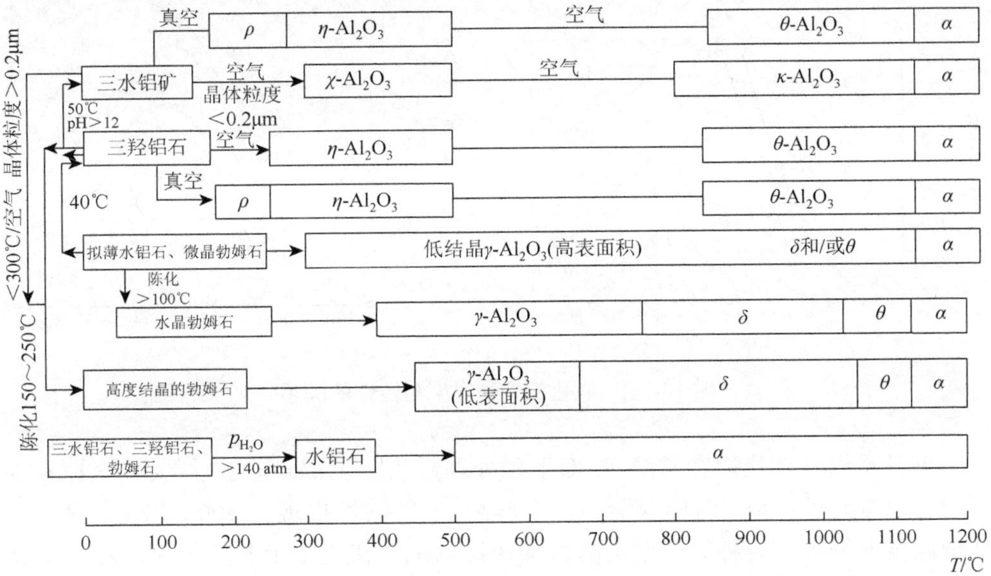

图 10-7-1　氧化铝相变

γ-Al_2O_3 的前驱体是薄水铝石或拟薄水铝石。最常用于催化剂制备的是拟薄水铝石。薄水铝石有许多不同的形态，如针状、链状、菱形薄片状等；拟薄水铝石的典型形态是皱折片晶。与薄水铝石相比，拟薄水铝石是一种低结晶的氧化铝水合物，含水量较高（19%～22%，薄水铝石只有 15%），晶粒更小。可以根据晶粒的大小来区分薄水铝石和拟薄水铝石，晶粒在 10 nm 以下的是拟薄水铝石，50 nm 以上的是薄水铝石，10～50 nm 的称为中间态。

η-Al_2O_3 载体的前驱体是湃水铝石。湃水铝石的晶粒大小为 30～100 nm，堆积松散，晶粒之间充满键合的水。因此其比表面积较小，基本没有孔容。湃水铝石有触变性，研磨时会分离出部分水。在干燥或焙烧过程中，水分被脱除，孔结构形成。在焙烧过程中大晶粒分解成 η-Al_2O_3 的小晶粒，从而增加氧化铝的比表面积。

2. 氧化铝酸性

Maciver 的研究工作如图 10-7-2 所示，其中，横坐标表示氧化铝样品的预处理温度，纵坐标表示经过 24 h 抽空脱附后仍保留在氧化铝上的氨吸附量，各曲线上温度表示吸附氨的脱附温度，用来表征氧化铝酸性的强弱，酸性越强需要的脱附温度越高。

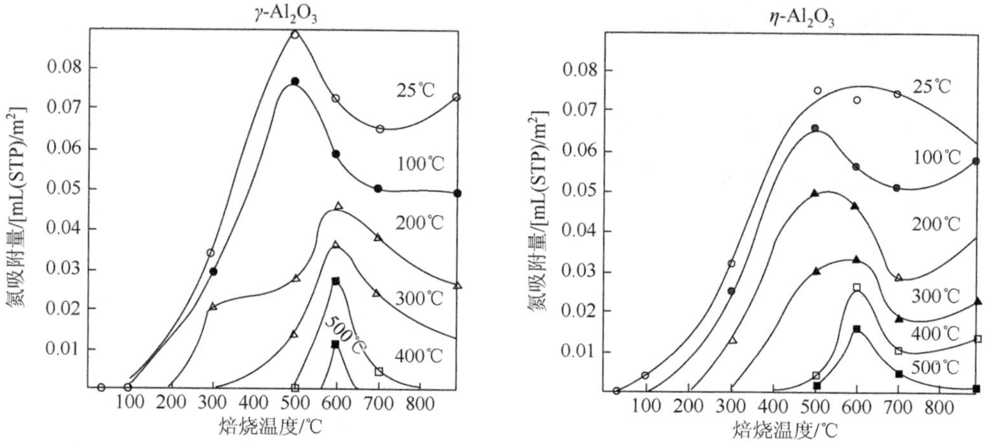

图 10-7-2　氧化铝焙烧温度与酸性的关系

可以看出，氧化铝在常温 25℃下预处理后实际上都是非酸性的。η-Al_2O_3 在预处理温度趋近 100℃时出现酸性，而 γ-Al_2O_3 的酸性出现在 100℃以上。随着预处理温度的增加，两种氧化铝的酸性都快速增加。在这个上升阶段内，γ-Al_2O_3 的总酸量等于或超过 η-Al_2O_3，但 η-Al_2O_3 的酸性强度较高。预处理温度超过 500℃时，总酸量有所下降，强酸量在 600℃附近存在一个最大值。

一般认为氧化铝表面存在的主要是 Lewis 酸中心，即使有 Brönsted 酸中心存在，也是少量的，并表现为弱酸性。红外光谱研究发现 HCl 处理的氧化铝表面产生新的羟基谱带，这种新产生的质子酸中心是由于吸附在表面的氯离子的诱导效应使邻近的羟基离子化的结果，如图 10-7-3 所示。

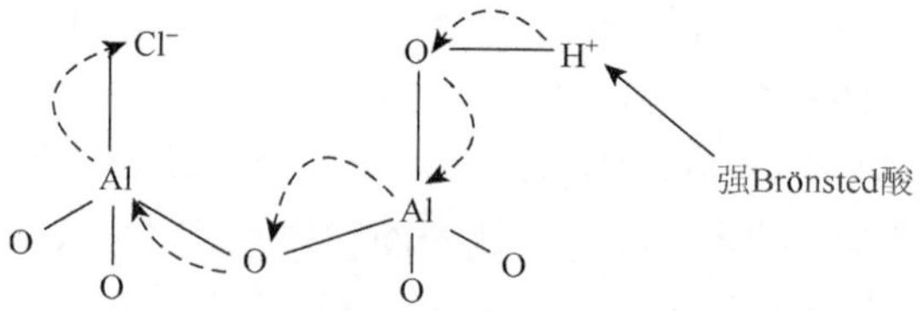

图 10-7-3　氯对重整催化剂酸性的诱导作用

10.7.2　金属组元

早期开发的重整催化剂是非贵金属催化剂。这种类型的催化剂主要含第ⅥB族金属元素的氧化物，如 MoO_3、Cr_2O_3 等。这类催化剂的活性远不如贵金属催化剂。表 10-7-1 为一些负载的金属或金属氧化物催化剂的脱氢活性数据。可以看出，负载于氧化铝上的 Pt 的活性约为 Cr_2O_3 的 100 倍。由于 Pt 具有独特的活性和选择性，因此一直被用作工业重整催化剂的主要活性组元。重整催化剂的铂含量在 0.2%～0.3%，铂含量过高会使环烷烃开环及脱烷基反应加剧，而铂含量过低则使催化剂抗中毒能力变差。在一定范围内，催化剂的活性随铂含量的提高而提高。

表 10-7-1　金属和金属氧化物的环己烷脱氢活性

活性组分	含量（质量分数）/%	相对活性
铂	0.6	1
铱	0.6	0.7
铑	0.6	0.3
钯	0.6	0.15
氧化钼	14.5	0.1
氧化铬	27.2	0.01

1. 铂分散度对金属表面结构和反应性能的影响

在工业重整催化剂的制备中，铂分散在氧化铝载体上形成很小的铂晶粒，从而使尽可能多的铂原子暴露在金属和载体表面形成活性中心。金属分散度的定义式为 $D=N_s/N_a$，即暴露在表面的金属原子数与催化剂中总原子数的比值。金属晶粒越小，暴露在表面的原子数越多。金属分散度测定方法有氢化学吸附、氢氧滴定（HOT）、有机物探针分子、高分辨电镜等。较常用的方法为氢氧滴定，先用氧气进行金属催化物的氧化，然后用脉冲氢来还原氧化物，从而测出与氢气发生还原反应的氧分子数量，进而用来测定金属还原度，计算金属表面积和分散度。

表 10-7-2 中数据表明，晶粒大小为 4.95 nm 时，金属分散度为 30%，随晶粒减小，金属分散度逐渐增加至 100%。同时，随铂晶粒的减小，低配位数的边、角原子在表面原子和总原子数目中所占的比例增加。这些配位不饱和的边、角原子，由于配位环境或电子性质的不同会对反应物与金属之间的化学吸附产生重要影响，它们是主要的催化活性中心。这就是所谓的配位或电子效应，也是小晶粒与大晶粒在性质上的重要区别之一。当晶粒大小超过 5 nm 时，配位数为 9 的面原子

在表面原子中的比例已超过 83%，表面原子的平均配位数已接近 9，此时表面的性质基本与大的晶粒相同。

表 10-7-2　铂晶粒大小与表面原子配位数

原子数	晶体边长/nm	金属分散度/%	不同配位数（x）的表面原子数量			表面原子边角原子分数/%	表面原子平均配位数
			角 x=4	边 x=4	面 x=9		
2	0.55	100	6	0	0	100	4.00
4	1.10	87	6	24	8	79	6.94
7	1.925	63	6	60	80	45	7.97
11	3.025	45	6	108	288	28	8.38
14	3.850	37	6	144	528	22	8.53
18	4.95	30	6	192	960	17	8.64

从 Pt/Al_2O_3 的 STEM 图像（图 10-7-4）中观察到，Pt/Al_2O_3 催化剂中存在单个铂原子和 0.1～0.2 nm、0.4～0.5 nm 及＞1.2 nm 的铂簇。四种铂中心与铂晶粒大小及与载体的相互作用相关，其中单个铂原子对应于高温吸附中心 Pt-[Al_2O_x]，随着铂簇增大，铂与载体的相互作用减弱，因此大于 1 nm 的铂簇为 Pt 的低温吸附中心，0.1～0.2 nm 铂簇的性质接近 Pt-[Al_2O_x]中心，而 0.4～0.5 nm 铂簇更接近低温吸附中心。

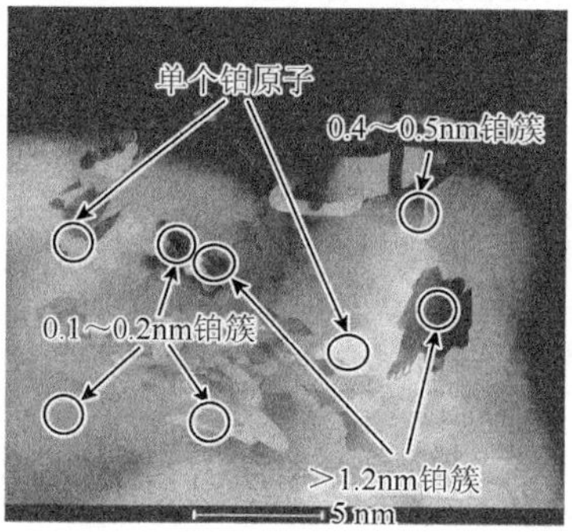

图 10-7-4　Pt/Al_2O_3 催化剂的 STEM 图像

研究发现，完全由金属功能控制的脱氢和加氢反应的反应速率正比于金属铂的分散度，表 10-7-3 中数据表明，随铂晶粒减小，Pt/Al_2O_3 催化剂时正庚烷的反应活性提高，异构化反应减弱，加氢裂化反应的变化相应较小。应该指出，重整催化剂上的脱氢环化反应是双功能催化的反应，其控制步骤是在酸性中心上的反应，因此研究金属分散度对脱氢环化反应的影响必须同时考虑酸功能的影响。

表 10-7-3　铂晶粒大小对正庚烷重整反应的影响

平均晶粒大小/nm	未反应正庚烷/%	脱氢环化/%	异构化/%	加氢裂化/%
1.0	3.0	37.4	9.0	50.6
1.2	3.5	32.8	10.6	53.1
3.3	4.6	26.8	14.2	54.4
7.3	7.0	21.6	21.7	49.7
15.8	9.8	17.7	24.3	48.2
45.2	23.4	12.4	28.9	35.3
无铂载体	74	0.4	0.1	25.5

注：反应条件为 500℃，WHSV=2.44，14 atm，H_2/HC=25.3。

2. 双/多金属重整催化剂

为提高单铂催化剂的活性稳定性或选择性，除铂以外，又向重整催化剂中引入第二金属组元。目前，半再生重整催化剂以 Pt-Re 为活性金属组元，连续重整催化剂为 Pt-Sn 金属组元。

1）Pt-Re 重整催化剂

选择性稳定性是 Pt-Re 催化剂最重要的优点。图 10-7-5 中同时表示出 Pt-Re 催化剂的选择性稳定性与单 Pt 催化剂的对比。随活性下降和反应温度的提高，单 Pt 催化剂的 C_{5+} 液体收率急剧下降，而 Pt-Re 催化剂的 C_{5+} 液体收率在整个运转周期内下降十分缓慢，甚至在运转中期还略有增加（见图 10-7-5 中 E 型催化剂曲线）。

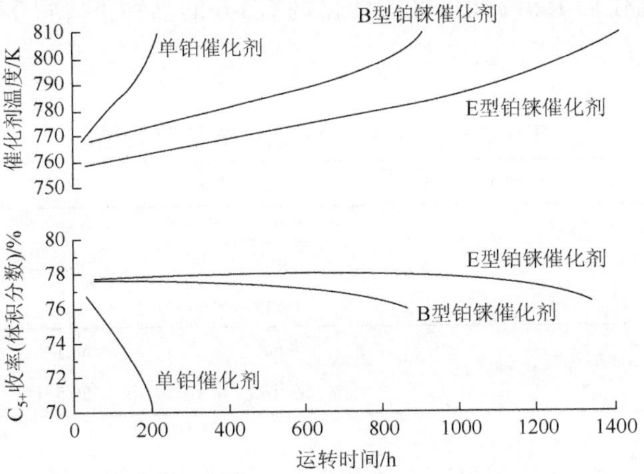

图 10-7-5　单 Pt 和 Pt-Re 催化剂的稳定性的比较

评价条件：压力 1.48 MPa，控制 RON 为 102

图 10-7-6 表示出催化剂碳含量对选择性的影响。对于单 Pt 催化剂，碳含量为 14%时选择性（C_{5+} 收率）已经有非常大的下降；对于 Pt-Re 催化剂，在碳含量达到 20%时，选择性仅有很小的降低。

表 10-7-4 列出 Re/Pt 对催化剂积炭的影响，无论催化剂是否预硫化，反应后的积炭量均随着 Re/Pt 的增加而降低，Re/Pt 比值相同时，适量的硫引入催化剂中后可抑制积炭的生成。

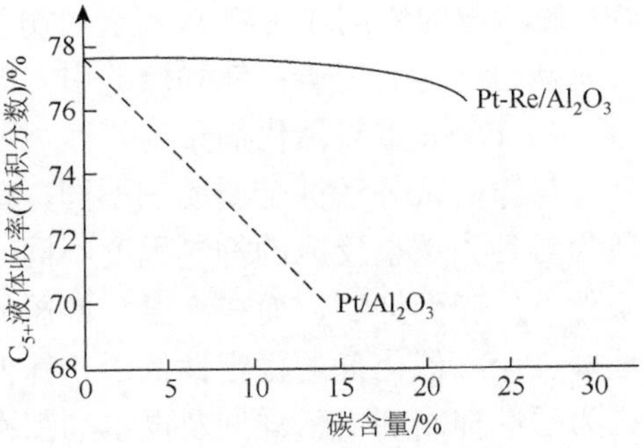

图 10-7-6　催化剂碳含量对选择性的影响

表 10-7-4 Re/Pt 比值对催化剂积炭的影响

Re/Pt		0.00	0.82	1.42	1.81	2.30	2.70
积碳量（摩尔分数）/%	未硫化	0.98	0.53	0.34	0.22	0.20	0.17
	预硫化	0.89	0.32	0.21	0.11	0.12	0.11

注：原料正庚烷，480℃，1.2 MPa。

Pt-Re 催化剂与单 Pt 催化剂不同，具有很强的氢解性能。采用石脑油进行重整试验时会产生大量的甲烷和乙烷等气态轻烃，同时在催化剂床层中发生强烈的放热。采用预硫化的方法可以有效地抑制开工时过量的氢解反应和放热效应。

如表 10-7-5 所示，两种 Re/Pt 比值不同的铂铼重整工业催化剂的初活性很接近，但是经过老化后 Re/Pt 比值低的催化剂 CB-6 的活性下降很多，而高 Re/Pt 的 CB-7 稳定性较好。

表 10-7-5 Re/Pt 比值对活性稳定性的影响

牌号		CB-6	CB-7
金属含量（质量分数）/%	Pt	0.30	0.22
	Re	0.30	0.44
	Re/Pt	1.0	2.0
芳烃产率（质量分数）/%	初始	68.1	67.1
	老化后	56.5	62.1

关于 Re 在 Pt-Re 催化剂中存在的状态和改进催化剂稳定性的作用机理目前仍没有统一的认识。主要有以下几种观点：铼的引入抑制了铂的烧结，生成高熔点合金或将铂“锚定”在载体表面，防止铂的迁移和金属表面积的损失；铂与铼之间不需要直接相互作用，通过铼本身的加氢和加氢裂化作用可以脱除积炭的前身物；硫和铼的协同作用将 Pt 稀释并分割为较小的原子基团，抑制了含碳的分子碎片重新组合为石墨碳；铼和硫的引入改变了催化剂上积炭的分布。

2）Pt-Sn 重整催化剂

与铼、铱等活性金属助剂不同，锡对铂的活性起抑制作用。锡的抑制作用表现为对各类重整反应的抑制程度不同；锡的作用的发挥与反应条件有关，在缓和条件下反应受抑制，而在高温、低压的苛刻条件下铂锡催化剂的活性和环化选择性好。Pt-Sn 催化剂的稳定性低于铂铼催化剂，适用于连续再生式的催化重整装置。锡为活性抑制剂，新鲜剂及再生剂都不需预硫化。

Pt-Sn 催化剂在高温、低压的苛刻条件下反应性能不仅优于单 Pt 催化剂，而且优于其他类型的双金属催化剂。图 10-7-7 表明，对于在常压和 520℃条件下的正庚烷脱氢环化反应，Pt-Sn 催化剂相对于其他催化剂而言具有更好的反应性能。图 10-7-8 中比较了 Pt-Sn 和 Pt-Re 催化剂在中试装置上的评价结果，尽管 Pt-Re 催化剂是半再生重整装置中使用的最佳催化剂，但是在低压、高温的苛刻条件下，Pt-Sn 催化剂的芳烃产率要比 Pt-Re 催化剂高出 2%～3%。

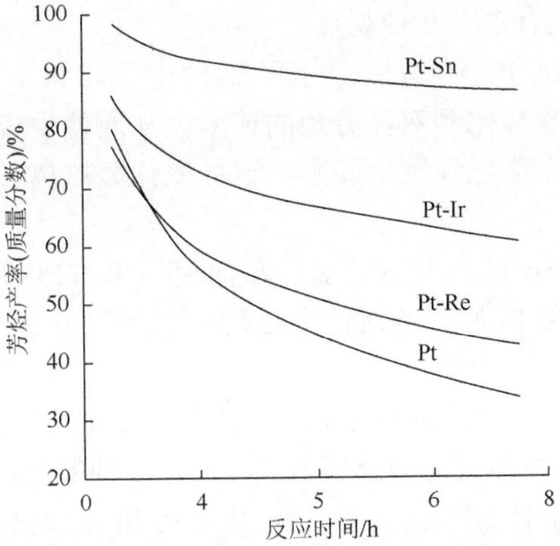

图 10-7-7　不同金属组元重整催化剂的低压反应性能

原料：正庚烷；WABT：520℃；压力 1atm；LHSV = 2.0h^{-1}

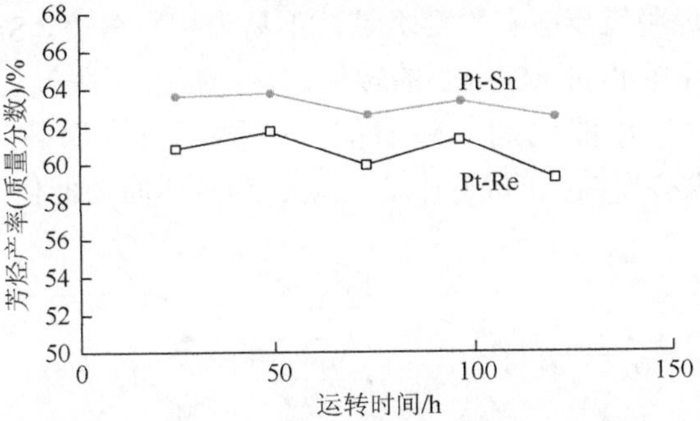

图 10-7-8　Pt-Sn、Pt-Re 催化剂低压反应性能对比

原料：60～130℃直馏石脑油；P/N/A=54.4/40.5/5.1；评价条件：WABT=520℃；压力 0.69 MPa；LHSV=2.0 h^{-1}

催化重整化学的基本规律表明，低压、高温的反应条件最有利于脱氢和脱氢环化等生成芳烃的反应，而 Pt-Sn 催化剂正是适合在这种条件下使用的催化剂。

关于 Pt-Sn 重整催化剂中 Sn 的作用机理看法不一，主要的原因是对于 Sn 在催化剂中存在的状态尚缺乏明确的认识。催化剂中存在四价、二价和零价锡等多种物类，相对量随 γ-Al_2O_3 的性质、铂锡比、制备方法及催化剂处理条件而变化。

共浸法催化剂中主要有正四价（$SnAl_2O_5$和 SnO_2）、铂-锡合金（Pt_xSn 和 $PtSn_y$）及正二价锡（$SnAl_2O_4$和 SnO）。络合法制备的 Pt-Sn/γ-Al_2O_3催化剂中，铂和锡原子相互邻近，较易形成双金属簇，仅发现了四价 Sn 和 Pt_xSn_y合金。与载体有相互作用的四价（$SnAl_2O_5$）和二价（$SnAl_2O_4$）对催化性能起着重要的作用，Pt_xSn_y合金，使 Pt 吸附氢的能力被抑制。

对于 Sn 作用机理有以下几种观点。

电子效应：Sn 引入 Pt/Al_2O_3后，由于 Sn 的电子向 Pt 转移，减弱了 Pt 的缺电子性，大大降低了二次环化到双环芳烃的速度。从而使生成的烷基芳烃的脱附速度增加，在二次环化之前已经发生脱附。这种变化显然也有利于减少金属表面的积炭。

几何效应：认为 Sn 与 Pt 生成合金，从而使相邻的 Pt 原子数减少。由于积炭反应需要至少三个相邻 Pt 原子的活性中心，这种活性中心浓度的降低使积炭生成速度下降。

林励吾认为负载型高分散Pt-Sn/Al_2O_3催化剂中Sn以氧化物形式存在于γ-Al_2O_3载体表面，而 Pt 物种则以高分散金属态存在。这两种催化剂表面上均存在两类表面 Pt 活性中心，即 M_1中心和 M_2中心。M_1中心为 Pt 直接锚定在γ-Al_2O_3载体表面上的 Pt 活性中心；而 M_2中心则为 Pt 锚定在高度分散在γ-Al_2O_3载体上的 Sn 氧化物表面上的 Pt 活性中心，并形成 Pt-SnO_x-γ-Al_2O_3“夹心”结构（图 10-7-9）。M_1中心对低温吸附氢有利，对烃类氢解有主要贡献，易为积炭覆盖；M_2中心对高温吸附氢有利，对烷烃脱氢反应有主要贡献，不易为积炭覆盖。Sn 引入 Pt/γ-Al_2O_3催化剂后，促进了 M_1中心向 M_2中心的转化，从而提高了脱氢反应的选择性和稳定性。对于 Pt-Sn/γ-Al_2O_3催化剂，随着催化剂循环再生次数的增加，这种具有 Pt-SnO_x-γ-Al_2O_3“夹心”结构的 M_2中心逐渐遭到破坏而使催化剂失活。

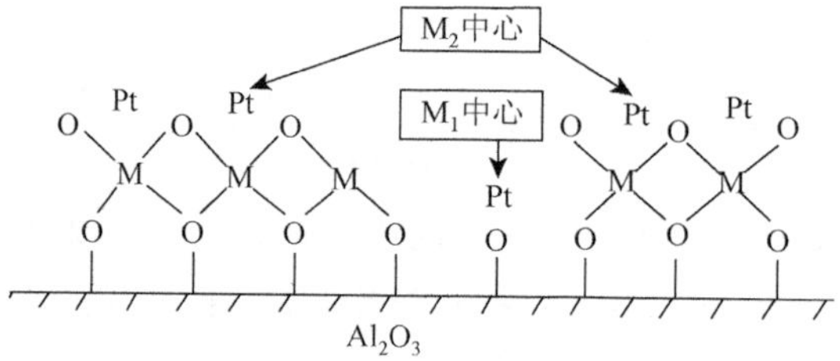

图 10-7-9　Pt-Sn/Al_2O_3催化剂中的两种金属中心

10.7.3　催化剂的制备

重整催化剂制备包括载体制备、活性组元负载、干燥、水氯活化、还原、预硫化（半再生）等单元操作。重整催化剂制备技术属于各催化剂供应商的核心技术秘密，下面两个催化剂制备案例选自专利文献，从中可以了解重整催化剂的制备方法。

1. 半再生重整催化剂制备

条形载体的制备方法：取 100 g SB 氢氧化铝干胶粉（德国 Condea 公司），2 g 田菁粉，混合后搅匀。取 1.4 g 65%硝酸（北京化工厂，分析纯）、7.3 g 36%乙酸（天津化学试剂一厂，分析纯）、4 g 柠檬酸（北京化工厂，化学纯）、70 g 脱阳离子水混合后配成胶溶剂，将该胶溶剂倒入混匀的干胶粉中，混捏至呈可塑体状，在挤条机上挤成圆柱状直条，挤出条在 60℃干操 6 h，120℃干燥 12 h，650℃空气中焙烧 8 h，得到条形 γ-Al_2O_3 载体 a-1。

催化剂的制备：取 60 g 制备的载体 a-1，用预定量的氯铂酸（长岭催化剂厂，分析纯）、高铼酸（武汉特种油品厂，分析纯）和盐酸（北京红星化工厂，分析纯）配成浸渍液，该浸渍液中含 Pt 0.24%、Re 0.26%、Cl 1.49%（相对于干基氧化铝质量），浸渍液与载体体积比为 1.2。室温下浸渍 24 h 后过滤，60℃干操 6 h，120℃干燥 12 h，干空气中 500℃、气剂体积比为 700 时活化 4 h，H_2 中 480℃还原 4 h 制得催化剂 c-1。然后进行预硫化处理，即在 H_2 流中加入硫化氢至催化剂床层穿透为止。

2. 连续重整催化剂制备

球形载体的制备方法：取 100 g SB 氢氧化铝粉（德国 Condea 公司，含 Ti 0.1wt%）和适量脱离子水，使液/固质量比为 2.0，搅拌使其浆化，加入 1∶1（体积比）的硝酸（北京顺义李遂化工厂，分析纯），其加入量为 7.5 mL/100 g SB 粉，同时加入 30 g 尿素（北京化工厂，分析纯）和预定量的氯化亚锡（北京红星化工厂，化学纯）的盐酸（北京化工厂，分析纯）溶液，使溶液中 Sn 含量为 0.30 wt%（以干基氧化铝为基准），搅拌 1 h，然后加入 30 g 煤油和 3 g 脂肪醇聚氧乙烯醚（天津助剂厂）搅拌 1 h，然后在油氨柱内滴球成型。湿球在氨水（北京新光化学试剂厂，分析纯）中固化 1 h，然后过滤，用去离子水冲洗两三次，60℃干燥 6 h，120℃干燥 10 h，干燥后的球在干空气中 600℃焙烧 4 h（气剂体积比为 700）得到含 Ti 和 Sn 的 γ-Al_2O_3 载体 r-1。

催化剂的制备：取制备的 r-1 载体 100 g，用按预定量配制的氯铂酸和盐酸的混合液浸渍 r-1 载体，混合液中含 Pt 0.35%、HCl 2.0%（均以干基氧化铝质量为基准），加入去离子水，使液/固质量比为 1.8，浸渍 24 h 后过滤，60℃干燥 6 h，120℃干燥 12 h，并在 630℃、H_2O/HCl 摩尔比为 10 的条件下活化处理 6 h，然后于 500℃ H_2 中还原 4 h，得催化剂。

10.7.4　半再生重整催化剂的发展

1. 国外半再生重整催化剂的发展

重整催化剂是催化重整工艺进步与发展的关键要素之一，美国、苏联、法国和德国是当时世界上催化重整技术占主要地位的国家。就重整工艺技术而言，主要被美国 UOP 公司和法国 Axens 两家垄断。这两家公司的催化剂也占有主要的市场。这里重点介绍美国 UOP 公司和法国 Axens 的半再生重整催化剂的发展情况，如表 10-7-6 和表 10-7-7 所示。

表 10-7-6　UOP 公司开发的半再生重整催化剂

牌号	堆积密度	助剂	特点	首次应用时间及目前应用套数
R-56	高	无	稳定性好，兼顾耐用，抗杂质性强	1991 年，170 多套
R-86	低	无	应用广泛，填充成本低	2001 年，130 多套
R-98	低	有	选择性好，填充成本低	2005 年，30 多套
R-500	高	有	高活性，高稳定性，高选择性	2010 年，1 套

表 10-7-7　Axens 公司开发的半再生重整催化剂

催化剂牌号	化学组成			载体类型
	Pt	Re	第三组元	
RG-482	0.30	0.30	—	条形 γ-Al_2O_3
RG-492	0.30	0.60	—	条形 γ-Al_2O_3
RG-582A	0.275	0.275	X	条形 γ-Al_2O_3
RG-582	0.30	0.30	X	条形 γ-Al_2O_3
RG-682A	0.275	0.40	X	条形 γ-Al_2O_3
RG-682	0.30	0.40	X	条形 γ-Al_2O_3

自从 1968 年美国 Chevron 公司开发成功铂铼双金属重整催化剂以来，铂铼催化剂广泛地应用于半再生重整装置。众所周知，Pt-Re 间的相互作用提高了催化剂的稳定性。然而，Re 的引入导致催化剂的氢解活性提高。近几年，通过添加第三金属助剂和改善载体来优化催化剂的性能。美国 UOP 公司通过引入某助剂开发出 R-98 催化剂，该等铼铂比催化剂具有 C_{5+} 液体收率高和稳定性好的特点。UOP 公司最新报道的半再生式重整催化剂 R-500 采用了一些助金属，以提高选择性并得到最大效益。R-500 催化剂的活性很高，比 UOP 公司的其他半再生式重整催化剂高 25%左右，使用 R-500 催化剂的装置运转初期的温度比原用的竞争催化剂低 8.3℃左右，在相同操作条件下，装置的运转周期至少可以延长 25%左右。同 R-56 一样，R-500

也是高密度催化剂。法国 Axens 公司通过改进催化剂的制备方法和引入新的助剂，开发出活性、选择性和稳定性均较好的 RG-582 和 RG-682 催化剂。在 RG-582 催化剂中引入第三金属组元使装置的开工初期收率提高 1wt%，操作周期与标准的铂铼双金属催化剂相同。最新一代的半再生催化剂是“斜交”配方的三金属催化剂 RG-682，与 RG-582 相比，其 C_{5+} 的液体收率提高 0.6wt%，活性改善–3℃，由于催化剂改进了耐焦性，因此可延长开工周期 35%～40%。并且，由于 RG-582 和 RG-682 催化剂的堆比较低，具有价格优势，因此具有一定的市场竞争力。

2. 国内半再生重整催化剂的发展

国内石油化工科学研究院（RIPP）成功开发并进行工业应用的铂铼系列催化剂有 PR-A、PR-B（工业牌号 CB-6、CB-7）、PR-C、PR-D（工业牌号 3932、3933、CB-60、CB-70）及 PRT 系列催化剂（PRT-A、PRT-B、PRT-C、PRT-D）。RIPP 开发的催化剂在国内市场占有率一直保持在 85%以上，催化剂性能居于同期国际先进水平。催化剂的有关情况如表 10-7-8 所示。

表 10-7-8　RIPP 开发的半再生重整催化剂

催化剂牌号	活性组分	形状	首次应用时间
CB-6	Pt-Re	球状	1986 年
CB-7	Pt-Re	球状	1990 年
3932（CB-60）	Pt-Re	条状	1995 年
3933（CB-70）	Pt-Re	条状	1995 年
PRT-A/PRT-C	Pt-Re-X	条状	2002 年
PRT-B/PRT-D	Pt-Re-X	条状	2002 年

PRT 系列催化剂是于 2002 年采用成本较低、物化性能优异的载体，通过引入新的助催化组元 X，改进制备技术，成功地开发出了性能更优异的新一代半再生重整催化剂。2002 年 PRT 系列催化剂在中石化股份公司武汉分公司和茂名分公司的半再生重整装置上工业应用首次开工成功，反应初期、中期、末期和再生后的标定结果表明 PRT 系列催化剂具有优异的催化活性、选择性和稳定性。在塔河分公司掺炼焦化汽油比例高达 40%，质量空速 0.95～1.48 h^{-1}，目标产品辛烷值 90 以上，单程运转周期超过了 4 年，远高于半再生重整装置平均 2 年的运转周期。

10.7.5　连续重整催化剂的发展

1. 国外连续重整催化剂的发展

连续重整催化剂的开发上，UOP 公司具有最长的历史。1974～1992 年的 18

年间，连续重整催化剂开发除了在贵金属用量上逐渐降低外，其他方面没有什么实质性的进展。直到 1992 年 4 月 UOP 公司在葡萄牙 Petrogal 公司炼油厂实现了新一代连续重整催化剂 R-132 的工业化，并在随后开发了同类型低铂含量的 R-134 催化剂。UOP 公司是连续重整工艺的主要专利商之一，伴随 UOP 连续重整工艺的技术进步，UOP 在连续重整催化剂研究领域一直非常活跃，平均 2～3 年推出一个新催化剂品种。表 10-7-9 列出 UOP 近十几年推出的骨干催化剂。UOP 公司连续重整催化剂开发向系列化发展：R-230 系列催化剂是通用型催化剂，适合绝大多数情况；R-260 系列催化剂增加了堆密度，解决老装置催化剂贴壁问题；R-270 系列催化剂的活性下降但选择性提高，适于用干点低、芳潜特别低的原料生产高辛烷值产品。R280 系列催化剂整合 R270 和 R260 平台技术，具有最佳的选择性，同时提高催化剂活性。

表 10-7-9　UOP 连续重整催化剂

牌号	堆比	是否有助剂	特点	首次应用时间及目前应用套数
R234	低	无	使用广泛	2000 年，通用型
R254	低	有	高选择性，高活性	2010 年，1 套
R262	高	无	高抗污染性能	2007 年
R264	高	无	最高活性，高选择性	2004 年
R274	低	有	高选择性	2002 年，18 套
R284	高	有	最高选择性，高活性	2010 年

如图 10-7-10 所示，在产品芳烃产率一定的条件下，高堆比催化剂（0.65 g/ mL，R264、R284）所需的反应温度低于低堆比催化剂（0.56 g/mL，R234、R254 及 R274），即高堆比催化剂的活性要高于低堆比催化剂。向催化剂中引入助剂（R284、R254 及 R274）后，催化剂的活性下降（反应温度提高），但催化剂的选择性提高（液收提高）。从图可以进一步看出，引入助剂后，液收提高 0.4～0.5 个百分点，H_2 产率增加约 0.05 个百分点，芳烃产率增加 0.4～0.5 个百分点；干气减少 0.1～0.2 个百分点，液化气减少 0.3～0.4 个百分点。需注意的是催化剂 R274，由于催化剂中稀土含量高，所以催化剂活性低。国内某炼厂换用该催化剂后，反应温度较换剂前提高了 10℃，对于加热炉负荷受限制的装置不推荐使用该催化剂。UOP 助剂筛选原则是：①考察助剂对产率、活性、稳定性和焦炭产率的影响；②经历多次氧化还原循环后助剂的功能和状态需要稳定；③助剂不要影响催化剂的持氯能力。

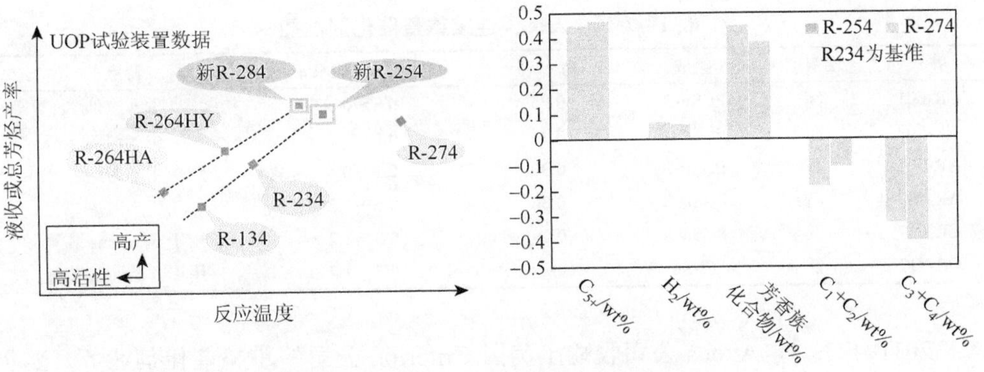

图 10-7-10　UOP 连续重整催化剂性能

总体而言，UOP 连续重整催化剂设计思路：提高 Pt 的分散度，推出“单一金属原子活性位”的概念；早期通过降低小球载体初始比表面积来降低载体积炭量，后通过引入助剂来改善产品选择性，但助剂引入会降低催化剂活性，需在活性和选择性之间做出平衡；通过优化 Pt 含量、提高 Pt 分散度、提高堆比等途径来提高催化剂活性。

Axens 公司具有自主的工艺和催化剂技术，全球授权应用 50 套，中国超过 11 套。IFP 连续重整工艺于 1973 年首次在意大利实现工业化，最早采用的连续重整催化剂为铂铱系列的多金属催化剂 RG-451。这种催化剂的低压反应性能和选择性不如铂锡催化剂，机械性能也较差，但还是被沿用了十年以上。直到 1985 年才换用铂锡催化剂 CR-201，CR-201 可视为其第一代铂锡连续重整催化剂。1999 年，IFP 推出第二代连续重整催化剂 CR-401，该催化剂具有良好的水热稳定性，强度明显提高，持氯能力也得到改进。2010 年推出新一代连续重整催化剂 CR-601。

Axens 公司的产品总体可分为两大系列，即 CR 系列和 AR 系列。CR 系列催化剂为汽油型连续重整装置设计，AR 系列催化剂为芳烃型连续重整装置设计。已经开发的 CR 系列催化剂有 CR-201、CR-401、CR-601、CR-701、CR-702，这些催化剂中，前三种催化剂为高堆密度催化剂（0.67 g/mL），后两种为低堆密度催化剂（0.56 g/mL），其中低密度催化剂为非 Axens 装置设计；已经开发的 AR 系列催化剂有 AR-401、AR-405、AR-505，这些催化剂均为高堆密度催化剂（0.67 g/mL）。Axens 低铂催化剂（Pt 含量 0.25wt%），用于汽油方案，高铂催化剂（Pt 含量 0.30wt%），用于芳烃方案。另外，Axens 最新开发的催化剂对装置操作压力范围也有所要求。例如，CR-401 和 AR-501 适合低压操作，而 CR-405 和 AR-505 适合高压操作。Axens 所开发的新一代催化剂性能如表 10-7-10 所示。

表 10-7-10　Axens 连续重整催化剂性能

牌号	堆密度	组成	Pt/wt%	操作压力/MPa	特点
CR-601	高	Pt-Sn-X	0.25	0.3～0.6	生产汽油
CR-607	高	Pt-Sn-X	0.25	0.6～1.2	生产汽油
AR-701	高	Pt-Sn-X	0.30	0.3～0.6	生产芳烃
AR-707	高	Pt-Sn-X	0.30	0.6～1.2	生产芳烃
CR-617	低	Pt-Sn-X	0.29	0.3～1.2	用于非 Axens 装置
CR-712	低	Pt-Sn	0.29	0.3～1.2	用于非 Axens 装置

2011 年 3 月，Axens 公司收购了美国 Criterion 公司的重整催化剂业务，购买了旗下 WillowIsland 重整催化剂工厂及相关知识产权，原连续重整催化剂产品 PS 系列保持不变。近几年推出 PS-40、PS-80、PS-100 系列催化剂，都是低堆比（0.56 g/mL）含助剂催化剂，PS-80 在 PS-40 的基础上进一步提升了液收选择性。

Axens 新一代连续重整催化剂的特征是：采用具有优异水热稳定性和高强度的改进型氧化铝载体，载体比表面积提高 10%以上，提高载体持氯能力，减少氯流失对下游装置的腐蚀；采用铂的高分散技术；在传统 Pt-Sn 组元基础上引入多种助剂改善催化剂的选择性。由图 10-7-11 可以看出，Axens 新一代多助剂催化剂 CR601 与上一代催化剂 CR401 相比，产品液收提高，催化剂积炭量降低（稳定性提高）。Axens 宣称采用其新一代多助剂重整催化剂，产品液收提高 1wt%～1.5wt%，且芳烃产率也提高，氢气产率提高 0.1wt%以上，催化剂积炭量降低 20wt%，从而可增加原料及操作的灵活性。Axens 连续重整催化剂技术已实现系列化与多元化发展，技术水平与 UOP 相当。

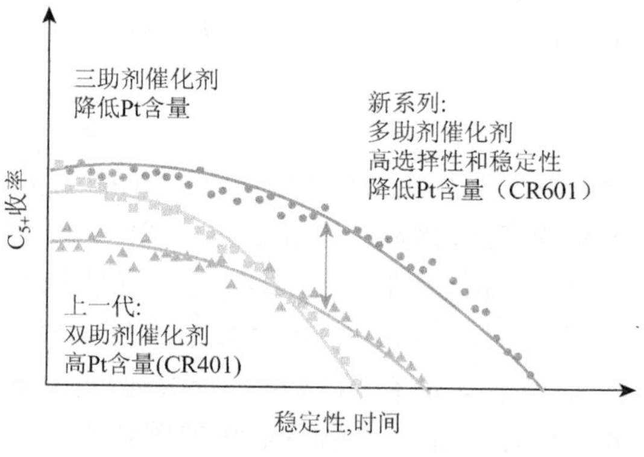

图 10-7-11　催化剂组成对产品选择性的影响

2. 国内连续重整催化剂的发展

中石化具有自主的工艺和催化剂技术，LPEC 工艺 5 套，SEI 逆流床 1 套，催化剂国内市场份额 85%国内连续重整催化剂的主要研制机构是石油化工科学研究院（简称石科院），其早在 20 世纪 70 年代就开始了连续重整催化剂的研究，开发的 PS 系列催化剂达到了国际先进水平。表 10-7-11 为石科院开发的 PS 系列连续重整催化剂。PS-Ⅱ和 PS-Ⅲ为第一代，其特点为活性好、选择性好、再生性能好、磨损小，其综合性能与 UOP 公司早期的 R-30 系列催化剂相当。PS-Ⅳ和 PS-Ⅴ为第二代，其特点是活性、选择性较第一代催化剂有较大提高，尤其是水热稳定性得到大幅度改善。石科院新一代催化剂为 PS-Ⅵ（Pt 含量 0.29wt%）、PS-Ⅶ（高铂剂，Pt 含量 0.35wt%），活性组元以 Pt-Sn 为基础，引入助剂 Eu 和 Ce，降低催化剂积炭，提高催化剂选择性。其特点是在保持第二代催化剂水热稳定性、活性的同时，选择性进一步提高，特别是催化剂的积炭速率大幅度降低。积炭速率降低可以使连续重整装置在同等再生能力下，采取更高苛刻度或更高处理量的操作条件平稳运行，从而最大限度地增加装置综合效益。不仅适用于新建大型连续重整装置，而且特别适用于再生能力受到限制的老装置扩能改造。PS-Ⅶ催化剂于 2004 年在国内扬子石化 139 万 t/a 连续重整装置上开始工业应用。PS-Ⅶ催化剂具有更好的抗磨损能力和持氯能力。石科院新一代催化剂研制技术路线是：向 Sasol 定制具有特殊孔结构的球型氧化铝载体，使催化剂的水热稳定性得到显著提高，催化剂的活性和机械性能也得到进一步的改善；采用混合竞争吸附等技术，使金属组元在催化剂上达到高度分散；引入助剂 Eu、Ce 提高催化剂选择性。

表 10-7-11　石科院开发的 PS 系列连续重整催化剂

石科院编号	工业牌号	活性组分	性能特点	首次应用时间
PS-Ⅱ	3861	Pt-Sn	反应性能、抗磨性能好	1990 年
PS-Ⅲ	GCR-10	Pt-Sn	同上，低铂	1994 年
PS-Ⅳ	3961 GCR-100A	Pt-Sn	高水热稳定性和活性	1996 年
PS-Ⅴ	GCR-100 3981	Pt-Sn	同上，低铂	1998 年
PS-Ⅵ	RC-011	Pt-Sn-X	高选择性、低积炭、低铂	2001 年
PS-Ⅶ	RC-031	Pt-Sn-X	同上，高铂	2004 年

RIPP 连续重整催化剂已在国内多家炼油厂实现工业应用，在我国重整催化剂市场拥有较高的市场占有率，已广泛地应用在包括 IFP 一代、RegenC、UOP 公司一代及二代和采用“CycleMax”再生技术的各种类型的连续重整装置上，但催化剂的系列化方面滞后于 UOP 和 Axens。

10.8　催化重整工艺

根据催化重整反应器型式及催化重整催化剂再生方式，当前催化重整工艺主要有三种，分别是半再生催化重整、循环再生催化重整和移动床连续再生催化重整，各自所占的比例约为50%、10%和40%。

半再生催化重整工艺的催化剂装在反应器内不流动，催化剂再生前需将全部反应系统置换干净。循环再生催化重整工艺与半再生相比，反应器也是固定床，区别是：轮流有一台反应器单独切换出进行再生，其他反应器无需停工。移动床连续再生催化重整工艺，一般简称连续重整。与固定床工艺相比，设有独立的再生系统，反应器和再生器都是移动床，催化剂循环流动和连续再生。表10-8-1列出了这三种工艺近年最大规模数据和所属公司。

表10-8-1　规模最大的催化重整装置列表

重整工艺	加工能力/（万t/a）	所属公司	装置地点
半再生工艺	226	Hovensa公司	维尔京群岛圣克鲁瓦
循环再生工艺	268	BP公司	美国得克萨斯州
连续再生工艺	316	ExxonMobil公司	美国博蒙特

催化重整工艺流程一般包括原料预处理、重整反应、催化剂再生三部分。

10.8.1　原料预处理

除加氢裂化石脑油外，所有的催化重整进料组分，都必须先进行预处理，使其满足重整反应对有害杂质限制的要求，避免有害杂质造成含贵金属铂的催化重整催化剂中毒失活，实现催化重整装置长期稳定运转。重整进料中对杂质的典型要求如下：硫含量＜0.5 μg/g、氮含量＜0.5 μg/g、砷含量＜1 ng/g、铅含量＜10 ng/g、铜含量＜10 ng/g、水含量＜5 μg/g、氯含量＜0.5 μg/g等。

原料预处理过程包括两个部分：一是原料油预加氢精制；二是原料油预分馏。当前一般采用先加氢、后分馏的工艺流程，即全馏分加氢流程。而对于加工高砷的原料，需在预加氢反应前进行预脱砷；对于加工氯含量高的原料，在预加氢反应后通过增加脱氯罐的方法加以解决。

重整原料油预加氢精制是一个催化加氢过程，即石脑油与氢气在一定条件下通过预加氢精制催化剂发生加氢反应，将原料所含的硫、氮、氯及氧等，加氢转化为H_2S、NH_3、HCl和H_2O；同时使石脑油中烯烃组分加氢饱和，将石脑油中金属有机物分解，金属吸附在预加氢精制催化剂表面而被脱除。预加氢精制催化剂一般以 Al_2O_3 作为载体，负载钴、钼、镍等金属。

重整原料油经预加氢精制后，溶解在生成油中的 H_2S、NH_3、HCl 和 H_2O，需经蒸发塔从塔顶脱除，一并切除不满足重整进料馏程要求的轻烃，蒸发塔的塔底油为最终满足重整反应进料要求的精制石脑油。蒸发塔集脱水与分馏两个功能为一体，可替代需单独分别设立的汽提塔（或称脱水塔）及预分馏塔。以生产高辛烷值汽油为目的时，一般采用 84～180℃馏分；以生产 BTX 芳烃为目的时，一般采用 60～145℃馏分。

10.8.2　重整反应

重整的主要反应是环烷脱氢和烷烃环化脱氢，一般在 0.35～1.5 MPa、480～530℃、氢烃摩尔比 2～8、体积空速 1～3 h^{-1} 的临氢条件下进行。重整反应需在足够高温下才能充分进行，目前重整工业装置采用的都是绝热反应器，由于重整反应吸收大量热量，因此物料反应后的温度会下降。为补充热量，维持足够的反应温度，反应要分 3～4 段接力进行，物料在每段反应器前先在加热炉内加热。

原料石脑油进入第一反应器，原料中六元环烷脱氢等反应首先进行，这些吸热反应使温度急剧下降，反应器下部处于较低温度，影响催化剂性能发挥。因此第一反应器不应太大，催化剂不宜多装，同时需要在反应器后设置较大的加热炉重新加热到所需温度。第二反应器中主要发生五元环烷烃脱氢异构生成芳烃等反应，温度降幅低于第一反应器。此后，物料再先后进入第三、第四反应器，之前容易进行的反应基本已完成，这里主要发生烷烃环化脱氢等速度较慢的反应，且需要更大的反应时间及催化剂藏量，同时吸热的脱氢反应减少、放热的加氢裂化反应增加，造成反应器整体温降较小。因此，各段重整反应器从前往后，其反应器尺寸逐步增大，加热炉负荷逐步减小。各反应器中催化剂装填比例，三段反应器时一般为 15%∶25%∶60%，四段反应器时一般为 10%∶15%∶25%∶50%。重整反应器段数越多越有利于反应，但投资增加。一般如果产品辛烷值要求较高、反应苛刻度高，最好采用四段反应器。

催化重整反应器分为固定床和移动床。半再生催化重整和循环再生催化重整工艺的反应器是固定床，催化剂固定在反应器中，反应物料依次经过各个反应器催化剂床层；连续重整工艺的反应器是移动床，催化剂和反应物料在反应器内分别以一定速度和方向连续流动，新鲜催化剂或再生后催化剂进入第一反应器，从最后一个反应器中流出失活待生催化剂。

重整反应系统的基本工艺流程如图 10-8-1 所示，经预处理的精制石脑油与循环氢混合，再分别经换热器和加热炉加热后，进入重整反应器。强吸热的重整反应造成反应器内温度呈梯度下降，为保证原料充分反应转化，设置了多达 4 个串联反应器，反应器前都有加热炉加热到足够的初始温度（或称入口温度）。为保证每个反应器内物料都有恰当的反应温度和停留时间，每个反应器大小和催化剂装填量有比例要求。由最后一个反应器流出的反应产物经换热器冷却后进入高压分离器，分离出的含氢气体一部分循环进入反应器，另一部分进一步提纯为产品氢。高压分离器分离出的液体进入稳定塔，塔顶分出轻质液态烃，塔底产品为满足蒸气压要求、富含芳烃的重整生成油。

图 10-8-1 中所示的反应器是纵向的重叠式反应器的布置形式，归知名重整技术专利商 UOP 公司所有；另一种如图 10-8-2 所示，为横向的并列式反应器的布置形式，归知名技术专利商 IFP 公司所有。此外，反应器布置形式还有 2+2 形式，即横向有两组两个重叠的反应器，这样反应器既不会太高，也不会有太大的占地面积。

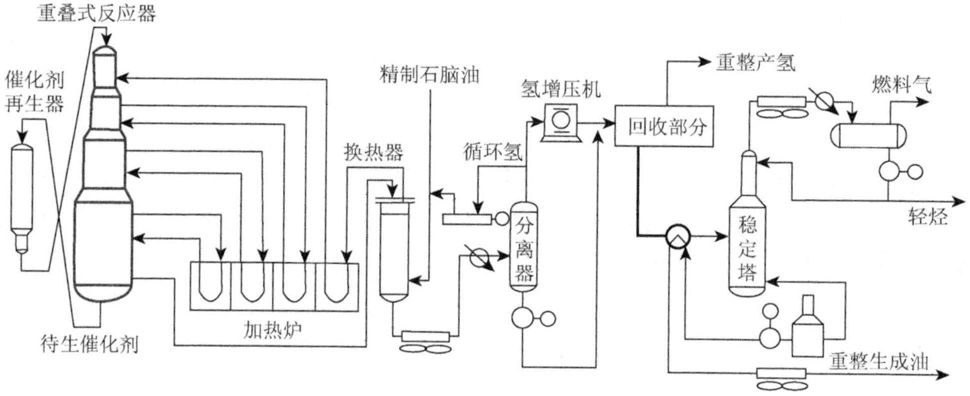

图 10-8-1　催化重整反应系统工艺流程图

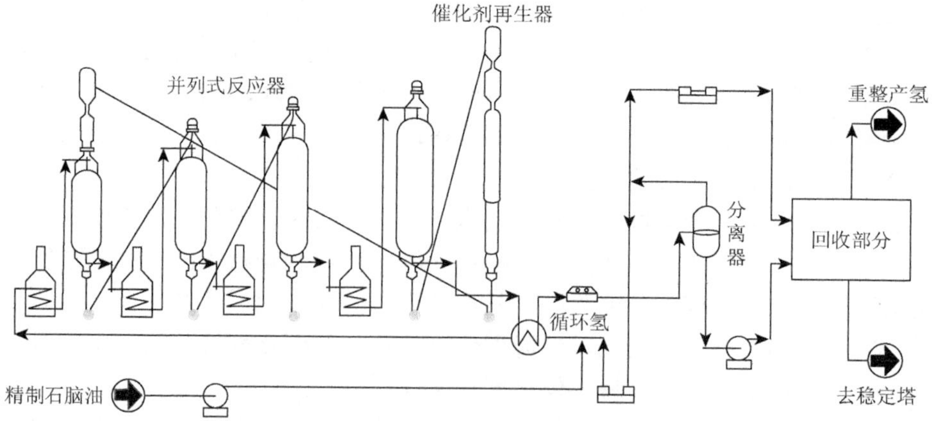

图 10-8-2　并列式反应器示意图

需要指出的是，仅仅依靠限制原料油中的氯含量和水含量的办法，还不能保证重整催化剂上氯含量经常保持在最适宜的范围内。在生产过程中，反应器中催化剂的氯含量会发生变化，一般采用在反应进料中注氯、注水等办法保证催化剂最适宜的氯含量，即维持催化剂水氯平衡。

10.8.3　催化剂再生

一般通过适当提升反应温度的办法，可以补偿催化剂积炭引起的活性降低，但受限于加热炉负荷及经济性。当催化剂活性降低到提温补偿也无法满足产品指标时，催化剂需再生恢复性能。

催化剂再生过程一般包括四步，即烧焦、氧氯化、干燥和还原。

烧焦是在氧气存在下的燃烧反应，烧掉因积炭失活催化剂上焦炭，生成二氧化碳和水，放出热量。烧焦温度过高会造成催化剂烧结成团块、比表面急速下降、载体晶相转变等不可逆永久性损害。所以烧焦过程需严格控制燃烧时的氧含量。

氧氯化（或称氯化更新）目的是恢复催化剂经重整反应及烧焦后流失的氯含量，同时氧化和分散催化剂表面的金属铂，氧氯化过程需要氧和氯化物在重整催化剂上反应完成。通过调节氯化物的注入速度控制催化剂上的氯含量，催化剂的氯含量一般保持在 1.1wt%～1.3wt%（具体按催化剂型号而定），充分发挥催化剂酸性功能；重整反应发生团聚的铂晶粒在氧与氯的气氛下，重新得到高分散，金属铂在催化剂表面分布越均匀，催化剂金属功能越好。

干燥的目的是去除催化剂上的多余水分，催化剂上多余水分来自烧焦和氧氯化步骤。采用高温干燥含氧气体流过催化剂，以达到烘干的目的。

还原过程是把催化剂上的金属从氧化态转变到还原态，还原越完全，重整催化剂性能越佳。

以上每一步都要正确完成，才能使催化剂尽可能达到或接近新鲜催化剂性能。

半再生重整装置的再生过程是在停工后进行，利用原有设备和流程在反应器中原位进行（器内再生），也可以送往催化剂制造厂进行（器外再生）；循环再生重整再生时无需停工，轮流把其中一个积炭最多的反应器切除出反应系统，进行器内再生。对于使用 Pt-Re 型或类似重整催化剂的半再生或循环重整工艺，新鲜催化剂或新再生催化剂由于活性过高，可能会出现强烈的氢解反应和深度脱氢。前者导致催化剂床层剧烈温升，严重时会损坏催化剂和反应器，后者会导致催化剂迅速积炭而使催化性能变差。因此，Pt-Re 型重整催化剂还需进行预硫化步骤，通过选择性中毒，抑制不希望的氢解活性和深度脱氢性能，同时重整反应所需的脱氢环化等反应不受影响。预硫化可采用二甲基二硫醚、二硫化碳、硫醇等作硫化剂，用预加氢精制油稀释后经加热进入反应系统。硫化剂的用量一般为百万分之几，预硫化温度低于重整反应温度，一般在350～390℃，压力0.4～0.8 MPa。连续重整一般使用Pt-Sn型重整催化剂，由于Sn本身具备抑制氢解的作用，所以催化剂再生后不需要预硫化步骤。

连续重整则专设独立于反应系统的连续再生系统，如图10-8-3所示的连续再生工艺流程图中，结焦的待生催化剂从反应器连续流出并提升到再生器和还原室先后完成。烧焦、氧氯化和干燥过程都涉及氧气，集中在再生器中逐步进行；而还原过程涉及氢气，为安全考虑，需隔离于再生器，在重整第一反应器前的还原室中完成。连续重整催化剂再生四个步骤各自需独立空间和相应时间完成，还需考虑各步骤催化剂量控制匹配、高效低磨损催化剂提升技术、催化剂粉尘淘析回收技术、催化剂低压区至高压区闭锁料斗输送技术、再生放空气脱氯技术、氧气与氢气隔离及安全联锁等困难或问题。

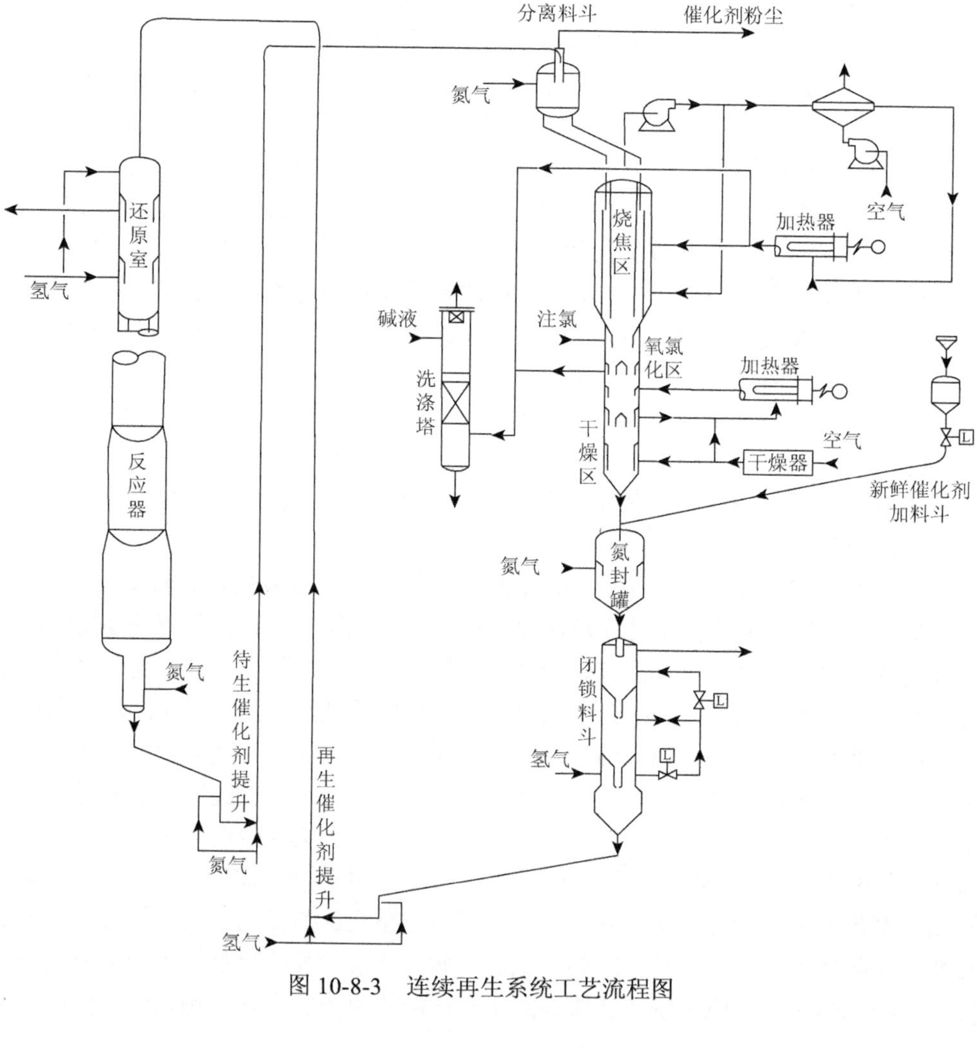

图10-8-3　连续再生系统工艺流程图

表 10-8-2 列出了当前典型的半再生工艺与连续重整工艺主要操作条件与收率对比。关于如何选择催化重整工艺，是一个技术经济性的问题。

表 10-8-2　半再生工艺与连续重整工艺主要操作条件与收率对比

项目	半再生重整工艺	连续重整工艺
原料组成（P/N/A）	64/30/6	64/30/6
C_{5+} 产品辛烷值	95	102
重时空速/h^{-1}	1.5	1.7
平均反应压力/MPa	1.2	0.35
氢油摩尔比	3.5/7.0（一段/二段）	2.0
反应器入口温度/℃	501	532
C_{5+} 液体收率/%	85.14	87.14
纯氢产率/%	2.85	3.96
芳烃产率/%	54.9	67.0

半再生重整流程简单、投资较低，特别适用于生产高辛烷值汽油为目的。典型半再生重整装置共有工艺设备约 125 台套，催化剂在反应器内原位再生。半再生工艺为保证至少运转一年才需再生，工艺条件苛刻度较缓和，半再生产品辛烷值一般不宜超过 97～98。近年来，半再生重整使用容炭能力更强的 Pt-Re 双金属重整催化剂后，反应压力降至 1.5 MPa 以下。

连续重整特点是高苛刻度、高转化率、高芳含、高辛烷值 C_{5+} 液收产品，催化剂再生无需停工，特别适用于以生产芳烃产品为目的。连续重整工艺中，具有更低的压力（0.35 MPa）、更低的氢油比和更高的反应温度，热力学上更有利于脱氢反应，因此连续重整加氢裂化副反应更少，液体产品收率更高，产品芳烃产率更高，产品辛烷值可超过 100，最高可以到 106。但低压低氢油比同时导致催化剂积炭速率加快，催化剂 3～7 天就需再生，因此需另设一套独立的催化剂连续再生系统，催化剂在反应系统和再生系统中循环移动。典型的连续重整装置共有工艺设备约 250 台套，移动床工艺流程和控制系统复杂，投资制造和运行费用较高。

10.9　催化重整催化剂烧焦动力学模型

重整催化剂是催化重整过程的核心，重整过程的许多改进都与催化剂稳定性的改进有关。重整催化剂在使用过程中，在一定的操作条件下，常常因为物理化学性质的变化导致催化剂的活性和选择性降低，甚至导致催化剂严重失活，催化剂失活可分为可逆失活和不可逆失活。催化剂积炭失活，S、N 化合物中毒失活，金属面积降低（烧结）导致失活及因氯含量降低导致失活为可逆失活，可以采取必要的措施（如再生）使催化剂的性能得到恢复或部分恢复。而载体面积降低（烧结）导致失活和重金属污染中毒失活为永久性失活，其影响是累积性的，采取再生的方法其活性得不到恢复，因此这种失活的催化剂必须淘汰而重新换用新鲜催化剂。

在工业运转过程中，重整催化剂的活性或选择性会逐渐下降，重整产品的辛烷值降低，其原因是催化剂上生成的积炭堵塞了催化剂的活性位或催化剂的活性组分受杂质污染而中毒等，如果因积炭失去活性，可以通过烧焦、氯化更新、还原及硫化等过程，恢复催化剂的活性。

催化剂的烧焦过程就是用含氧的氮气烧掉催化剂上的积炭的过程。烧焦是催化剂再生过程中耗时最长的一个过程，它与烧焦温度、烧焦压力及催化剂积炭的性质和含量等因素有关。烧焦动力学的研究对重整催化剂再生过程的模拟和设计是非常重要的，根据重整催化剂烧焦的特点，对影响重整催化剂的因素归纳如下：催化剂积炭的形态和类型；催化剂上的积炭量多少；烧焦过程的温度和循环气量；烧焦过程的系统压力；烧焦过程的补氧量或氧分压；系统残存的烃类总氯等。

由于重整催化剂积炭反应及再生过程的影响因素很多，要系统地进行研究会消耗大量人力、物力及时间。因此，实际生产中对催化剂失活控制及再生操作在很大程度上依赖于经验，为了优化再生操作条件，提供再生技术水平，充分发挥催化剂的作用，对重整催化剂烧焦动力学的研究十分必要。以下介绍几种催化重整催化剂烧焦动力学模型。

10.9.1　刘耀芳等的铂锡重整催化剂烧焦动力学方程

1988 年，刘耀芳、杨朝合等发表了铂锡重整催化剂烧焦动力学方程。

该研究所用催化剂为 R-32 和 3861 两种铂锡催化剂，它们以 γ-Al_2O_3 为载体，负载 0.38% Pt 和 0.32%～0.37% Sn。积炭的 R-32 取自工业连续重整装置，含碳 4.8%。积炭的 3861 取自小型固定床重整装置，含碳 5.6%。催化剂原颗粒直径为 1.5～2.0 mm，为了考察和避免烧焦过程中内扩散传质影响：积炭的 R-32 经破碎筛取 20～40 目和 100～150 目粒度作为试验样品；积炭的 3861 经破碎筛取 40～60 目和 60～100 目，然后将 40～60 目研磨成大于 200 目的细粉，将大于 200 目和 60～100 目作为试验样品。

烧焦动力学方程的建立和研究如下。

（1）由于催化剂上沉积的焦炭实质上是高度缩合的碳氢化合物，碳是焦炭的主要成分。同时在焦炭燃烧过程中氢的氧化速率较碳快 1～2 倍。因此该研究以测试焦炭中的燃烧行为表示催化剂上焦炭的燃烧特性。

（2）烧焦动力学方程的假设：重整催化剂上焦炭中碳的燃烧速率与碳含量为一级反应关系，与氧分压为 n 级关系，则

$$\frac{-\mathrm{d}c}{\mathrm{d}t}=kp_{\mathrm{O_2}}^{n}C$$

其中，C 为催化剂上碳含量（%）；t 为反应时间（min）；$p_{\mathrm{O_2}}$ 为气相中氧分压（$\times10^5$ Pa）；k 为速率常数［$(10^5\ \mathrm{Pa})^{-n}\cdot\mathrm{min}^{-1}$］；$n$ 为常数。

（3）通过不同温度下的大量试验结果表明：重整催化剂上焦炭中的碳在燃烧过程中，反应速率与碳含量成正比，但先后以三种不同的速率常数进行反应。

同一条件下存在三种速率常数，显然意味着催化剂上存在着三种燃烧性能不同的碳，若按燃烧先后次序命名速率常数为 k_1、k_2、k_3，则相对应的三种碳为Ⅰ型、Ⅱ型和Ⅲ型，根据试验结果：①$k_1>k_3>k_2$；②Ⅰ型碳数量最少，约 0.25%，Ⅲ型碳数量约 0.5%，其余皆为Ⅱ型碳。

关于试验中观察到的三种速率常数现象，可做如下解释。

催化剂内仍然裸露着的铂金属表面上沉积着焦炭的前驱物和少量焦炭，此为Ⅰ型碳，其数量很少，在氧化过程中，受裸露铂的直接催化作用，反应速率很快，但由于焦炭前身物和焦炭的组成及结构方面尚有区别，致使Ⅰ型碳的燃烧速率常数不很均一。催化剂中除Ⅰ型碳外，其余均为Ⅱ型碳，以多层形式沉积在 Al_2O_3 载体表面和已被覆盖的铂表面上，它们不与裸露的铂直接接触，因此其燃烧速率较Ⅰ型碳慢很多，但由于裸露铂的氧溢流作用，其燃烧速率较无铂存在的纯氧化铝上积炭的氧化速度快得多。当绝大多数Ⅱ型碳烧掉后，原被覆盖的铂表面逐渐裸露出来，增加了催化氧化的中心，从而使少量剩余的Ⅱ型碳的燃烧速率增加，表现为Ⅲ型碳的特征。

（4）在 525℃，氧分压为 1～25 kPa 下对 R-32 和 3861 催化剂的Ⅱ型和Ⅲ型碳进行大量的烧焦试验，得到Ⅱ型和Ⅲ型碳的燃烧速率与氧分压的关系为 0.55 级。

由于Ⅱ型和Ⅲ型碳占总碳量的 90%以上，因此焦炭燃烧的动力学方程为

$$\frac{-\mathrm{d}c}{\mathrm{d}t}=kp_{\mathrm{O_2}}^{0.55}C$$

（5）以空气为介质，在 450～575℃不同恒温条件下对 R-32 和 3861 催化剂进行烧焦试验，由上述动力学方程得到 k_2 和 k_3。以 ln$k$ 与 $1/T$ 作图，发现 ln$k$ 与 $1/T$ 的线性关系较好，说明Ⅱ型和Ⅲ型碳的燃烧速率常数与温度关系遵循阿伦尼乌斯方程。

因此对 R-32 和 3861 的Ⅱ型碳：

$$k_2=3.0\times10^{10}\exp[-154.5\times10^3/(8.314\ T)]$$

对 R-32 的Ⅲ型碳：

$$k_3=4.32\times10^{11}\exp[-165\times10^3/(8.314\ T)]$$

对 3861 的Ⅲ型碳：

$$k_3=5.28\times10^{11}\exp[-168.3\times10^3/(8.314\ T)]$$

10.9.2 潘国庆等的铂锡重整催化剂烧焦动力学方程

1995 年，潘国庆等发表了 R-32 铂锡催化剂烧焦动力学方程。

刘耀芳等在研究铂锡催化剂烧焦过程中发现存在着三种燃烧性能不同的碳。该研究结果给计算机模拟计算时造成了一些困难。因此为了简化模拟计算，有必要建立一个单一连续的动力学方程，以描述焦炭燃烧的全过程。

在对氧微分的固定床反应器内，以空气为介质对 20～150 目颗粒的积炭 R-32 催化剂进行烧焦研究，结果表明在 450～570℃恒温条件下，烧焦全过程可用下列单一动力学方程来表示：

$$\frac{-\mathrm{d}c}{\mathrm{d}t}=k_\mathrm{T}p_{\mathrm{O}_2}^{0.55}C^{0.65}$$

其中，速率常数 k_T 与温度的关系为

$$k_\mathrm{T}=4.39\times10^{10}\exp[-166.5\times10^3/(8.314\ T)]。$$

对上述动力学方程是否适用于工业上使用的直径为 0.5～1.5 mm 的小球状催化剂进行了研究。研究结果表明，由于工业上原颗粒重整催化剂上焦炭燃烧时存在内扩散传质阻力，在温度为 470～575℃时，其反应的有效因子为 0.4～0.8，为简化计算，取其平均值 0.6，因此原颗粒重整催化剂的燃烧速率常数为 $k_\mathrm{G}=0.6k_\mathrm{T}$，其烧焦动力学方程为

$$\frac{-\mathrm{d}c}{\mathrm{d}t}=0.6k_\mathrm{T}p_{\mathrm{O}_2}^{0.55}C^{0.65}$$

其中，k_T 为上述细颗粒催化剂在消除内扩散阻力情况下所测得的速率常数。

参 考 文 献

大会组委会. 2012. 第六届（2012）北京国际炼油技术进展交流会论文集. 北京：中国石化出版社.

高步良. 2005. 高辛烷值汽油组分生成技术. 北京：中国石化出版社.

侯祥麟. 2001. 中国炼油技术. 2 版. 北京：中国石化出版社.

胡德铭. 2008. 国外催化重整工艺技术的进展（1）. 炼油技术与工程，38（12）：1-5.

李成栋. 2004. 催化重整装置技术问答. 北京：中国石化出版社.

刘耀芳，杨朝合，杨九金，等. 1988. 铂锡重整催化剂再生过程的研究（1）——催化剂上焦炭燃烧过程的特征. 石油炼制，（11）：28-36.

刘耀芳，杨朝合，杨九金，等.1989a. 铂锡重整催化剂再生过程的研究（2）——烧炭速度与氧分压的关系. 石油炼制，（5）：46-50.

刘耀芳，杨朝合，杨九金，等. 1989b. 铂锡重整催化剂再生过程的研究（3）——烧炭过程的动力学参数. 石油炼制，（9）：

37-42.
吕家欢. 2004. 提高我国汽柴油质量的相关问题思考. 当代石油化工，12（4）：8-11.
马爱增. 2014. 中国催化重整技术进展. 中国科学：化学，(1)：25-39.
潘国庆，王虹，刘耀芳，等. 1995. 连续重整移动床径向再生器中烧炭的数学模拟（1）——烧炭过程的动力学方程及数学模拟. 炼油设计，25（1）：42-45.
石油化工部炼油设计研究院工艺室. 1978. 我国催化重整的现状及今后设计努力的方向. 炼油设计，8（2）：36-47.
石油化工研究院总和研所. 1974. 催化重整. 北京：燃料化学工业部科学技术情报研究所.
孙作霖，张大庆，张晓云，等. 1996. 一种铂铼重整催化剂的制备方法：CN96103410.
王连山，张泉灵，梁超. 2012. 催化重整反应 38 集总动力学模型及其在连续催化重整中的应用. 化工学报，63(4)：1076-1082.
翁惠新，孙绍庄，江洪波. 1994a. 催化重整集总动力学模型（1）模型的建立. 化工学报，45（4）：407-412.
翁惠新，孙绍庄，江洪波. 1994b. 催化重整集总动力学模型（2）模型的建立. 化工学报，45（5）：531-537.
翁惠新，孙绍庄，江洪波. 1994c. 催化重整集总动力学模型（3）模型的建立. 化工学报，45（5）：538-544.
徐承恩. 2006. 催化重整工艺与工程. 北京：中国石化出版社.
徐承恩. 2009. 石脑油催化重整. 北京：中国石化出版社.
徐承恩. 2014. 重整工艺与工程. 2 版. 北京：中国石化出版社.
徐春明，杨朝合. 2009. 石油炼制工程. 北京：石油工业出版社.
杨森年，潘锦程，张义芝，等. 1995. 一种铂-锡-钛多金属重整催化剂：CN95117453.
周红军，石铭亮，翁惠新，等. 2009. 芳烃型催化重整集总反应动力学模型. 石油学报(石油加工)，25(4)：545-550.
周明秋，陈国平，马爱增. 2008. PS-Ⅶ型连续重整催化剂的工业应用. 石油炼制与化工，39（4）：26-30.
2016. Octanizing-CCR Reforming Bulletin. http：//www.axens.net.
Antos G J，Aitanl A M，Parera J M. 1995. Catalytic Naphtha Reforming Science and Technology. New York：Marcel Dekker Inc.
ASTM. 1958. Knocking Characteristics of Pure Hydrocarbons. API Resaerch Projects 45，Phila.
Bannifay P，Cha B，Barbier J C，et al. 1976. Maximizing aromatics production goal of IFP process. Oil and Gas Journal，74（3）：48-52.
Boudart M，Aldag A，Benson J E，et al. 1966. On the specific activity of platinum catalysts. Journal of Catalysis，6：92.
Ciapetta F G，Dobres R M，Baker R W. 1958. Catalytic Reforming of Pure Hydrocarbons and Petroleum Naphthas . In：Emmett P H. Catalysis，6：522.
Dautzenberg F M. 1980. Conversion of n-hexane over monofunctional supported and unsupported PtSn catalysts. Journal of Catalysis，63：119-128.
Davis B H，Westfall J G. 1976. Paraffin Dehydrocyclization. Journal of Catalysis，42：247-256.
Egloff G，Hulla G，Komarewsky V I. 1942. Isomerization of Pure Hydrocarbons. New York：Reinhold Publishing Corp.
Froment G F. 1987. The kinetics of complex catalytic reactions. Chemical Engineering Science，42（5）：1073-1087.
George J A，Abdullah M A，Jose M P. 1995. Catalytic Naphtha Reforming：Science and Technology. New York：Marcel Dekker Inc.
Haennel V，Donaldson G R，Riedl F J. 1964. Mechanisims of Cyclohexane Conversion over Platium-Alumina Catalysts. Proc. 3rd Int Congr Catal Amsterdam.
Hettinger W P，Keith C D，Gring J L，et al. 1955. Hydroforming reactions. Industrial and Engineering Chemistry，47（4）：719.

http：//www.axens.net/product/catalysts-a-adsorbents/242/cr-601.html.

https：//www.uop.com/products/catalysts/reforming.

Stell J. 2012. 2012 Word refining survey. Oil and Gas Journal，20.

Jenkins J H，Stephens T W. 1980. Kinetics of cat reforming. Hydrocarbon Processing，60（11）：163-167.

Keulemans A I M，Voge H H. 1959. Reactivitites of naphthenes over a platinum reforming catalyst by a gas choromatographic technique. Journal of Physical Chemistry，63：476.

Kmak W S. 1972. A kinetic simulation model of the powerforming process. AIChE national meeting.

Leclecq G，Leclecq L，Maurel R. 1976. Hydrogenolysis of saturated hydrocarbons. Journal of Catalysis，44：68-75.

Lin L W，Yang W S，Jia J F，et al. 1999. Surface structure and reaction performances of highly dispersed and supported bimetallic catalysts. Science China Ser B：Chemistry，42：571-580.

Maciver D S. 1963. Catalytic aluminas，I. Surface chemistry of eta and gamma alumina. Journal of Catalysis，2（6）：485.

Mapples R E. 2000. Petroleum Rehinery Process Economics. 2nd edition. Tulsa：PennWell Corp.

Matt H J，Moscou L. 1964. Preprint proc . 3rd Inter Congr Catalysis. Amsterdam：No l/3.

Mills G A，Heinemann H，Milliken T H，et al. 1953. Catalyic mechanism. I E C，45（1）：134

Poparad A，Ellis B，Glover B，et al. 2011. Reforming Solutions for Improved Profits in an Up-Down Word. NPRA Annual Meeting AM-11-59.

Ramage M P，Graziani K R，Krambeck F J. 1980. 6 Development of mobil's kinetic reforming model. Chemical Engineering Science，35（1-2）：41-48.

Rossini F D，Pizer K S，Arnett R L，et al. 1953. Selected Values of Physical and Thermodynamic Properties of Hydrocarbons and Ralated Compounds. Pittsburgh：Carnegie Press.

Sampsa Halinen et al. 2005. Economic Evaluation of Production and Blending of Iso-octene and Iso-octane Produced by Iso-butylene Dimerization-Fortum Oil. NPRA Annual Meeting AM-05-28.

Scottw Shorey et al. 2005. Improvement in Sulfuric Acid Alkylation-CD-Tech. NPRA Annual Meeting AM-05-76.

Sinfelt J H，Rohrer J G. 1961. Kinetics of the catalytic isomerization—dehydrisomerization of methylcyclo-pentane. Journal of Physical Chemistry，65（6）：978.

Sinfelt J H. 1963. Reactivity of some C_6～C_8 paraffins over Pt-Al_2O_3. Journal of Chemistry and Engineering Data，8（1）：109-111.

Sinfelt J H. 1997. Hydrogenolysis of ethane over sopported platium catalyst. Journal of Catalysis，166：172-185.

Smith R B. 1959. Kinetic analysis of naphtha reforming with platinum cataltst.Chemical Engineering Progress，55（6）：76-80.

Sterba M J，Haennel V. 1976. Catalystic Reforming. Industrial and Engineering Chemistry，15（1），section C.

Tatebcko Г о В М，Ф И З И КО-Маслянсқий г Н. Шапиро Р Н. 1985. ҚаТалитичесқий Реформинг Бензинов：Химия и Технология. Л.：Химия.

“Worldwide Refinery Processing Review” Third Quarter 2003（J），Hydrocarbon Publishing Co. 2004.

第 11 章　石油馏分加氢处理

加氢处理（曾称加氢精制）是石油加工的最重要过程之一，其目的主要是通过加氢脱去原油或石油馏分（包括天然气、炼厂气）中的硫、氮、氧及金属化合物等杂质，并使烯烃（包括二烯烃）饱和、芳烃部分饱和，以满足后续加工过程的需要、改善油品质量及减少对环境的污染等。目前，一般将加氢过程依据原料油在反应过程中裂化程度的大小，大体分为加氢处理（hydrotreating）和加氢裂化（hydrocracking）两大类。加氢处理是指在加氢反应过程中仅有小于等于 10%的原料油裂化为较小分子的那些加氢技术，它比加氢精制（hydrofinishing）的范围更宽一些，而加氢裂化则是指那些在加氢反应过程中有大于 10%的原料油裂化为较小分子的加氢技术。由于含硫原油及重质原油产量日益增多，以及对油品质量要求不断提高，加氢处理过程的重要性与日俱增。在国外，就加工能力而言，加氢裂化过程仅次于催化裂化过程，加氢处理和加氢裂化加工能力的总和通常超过原油加工能力的一半，甚至在加工劣质高硫原油的炼油厂，加氢总能力超过原油加工能力。在我国，随着含硫原油和重质原油加工量的迅速增加，以及为了保护环境而对清洁油品生产的迫切需求，加氢处理过程正在迅速发展。

本章主要对加氢处理的化学反应、催化剂做较详细的阐述，并简单介绍工艺过程。

11.1　加氢处理的化学反应

11.1.1　概述

加氢处理主要是指在催化剂和氢气存在下，石油馏分中含硫、氮、氧的非烃组分发生脱除硫、氮、氧的反应，含金属有机化合物发生氢解反应，同时，烯烃和二烯烃发生加氢饱和反应，芳烃发生部分加氢饱和反应。它与加氢裂化的不同点在于其反应条件比较缓和，因此，原料的平均分子量及分子的碳骨架结构变化很小。加氢处理的原料范围极其广泛。就馏分轻重而言，从天然气（包括页岩气、煤层气、炼厂气）、液化气、凝析油、轻质馏分（汽油馏分）、中间馏分（煤柴油）、减压馏分直至常压和减压渣油，甚至包括重质原油、煤焦油、乙烯焦油、页岩油等。含硫原油的各个直馏馏分一般都要经过加氢处理才能达到产品规格要求；而石油热加工及催化裂化的产物，还含有烯烃、二烯烃等不安定的组分，就更需要通过加氢处理来提高其安定性及改善其质量。

由于加氢处理的用途很广，所以在国外根据其主要目的或精制深度的不同而有各种不同的工艺名称，如加氢脱硫（hydrodesulfurization，HDS）、加氢脱氮（hydrodenitrogenation，HDN）、加氢脱金属（hydrodemetallization，HDM）和加氢脱芳烃（hydrodearomatization，HDA）。作为润滑油或蜡的最后精制则称为加氢精制（hydrofinishing）。

加氢处理的催化剂是负载型固体催化剂，其载体一般为氧化铝，活性组分主要是由 Mo 或 W 及 Co 或 Ni 的硫化物纳米粒子相组合而成。对于少数特定的较纯净的原料，以烯烃和芳烃加氢饱和为主要目的时，也可选用负载 Ni、Pt 或 Pd 金属纳米粒子的催化剂。

加氢处理反应条件随原料性质及对产物质量要求的不同而不同，一般条件范围为：氢分压 1～15 MPa，温度 220～420℃。此外，氢油比（体积比或摩尔比）、空速（液体空速或气体空速）也有很大不同。一般来说，原料越重，杂质含量越高，产品质量要求越高，需要的氢分压越大，温度越高，氢油比越大，空速越小。

尽管加氢处理的原料及反应条件各异，但除气体和重油原料外其工艺流程基本相同。如图 11-1-1 所示，原料油与氢气混合后，送入加热炉加热到所需的温度，再进入装有颗粒状催化剂的反应器。绝大多数的加氢处理过程都采用固定床反应器。反应完成后，氢气及反应生成气从分离器中分出，并经脱 H_2S、脱 NH_3 后，用压缩机加压循环使用。产物需在稳定塔中分出加氢后生成的少量气态烃。表 11-1-1 中所列为几种不同原料加氢处理的反应条件和产物性质。除重油原料外，绝大多数的加氢处理过程都采用 1 个固定床反应器，根据原料性质（杂质含量）、反应放热多少采用 1～3 个催化剂床层；反应放热少，只采用 1 个床层，反应放热多则采用 2～3 个床层，以便通过注冷氢控制床层温度。重油（渣油）加氢过程一般采用 3～5 个固定床反应器，每个反应器装填不同的催化剂，一般 3～5 类催化剂分层装填，依次是保护剂、脱金属剂、脱硫剂、脱氮剂和脱残炭剂，装填比例根据原料性质（杂质含量）和产品要求而定。

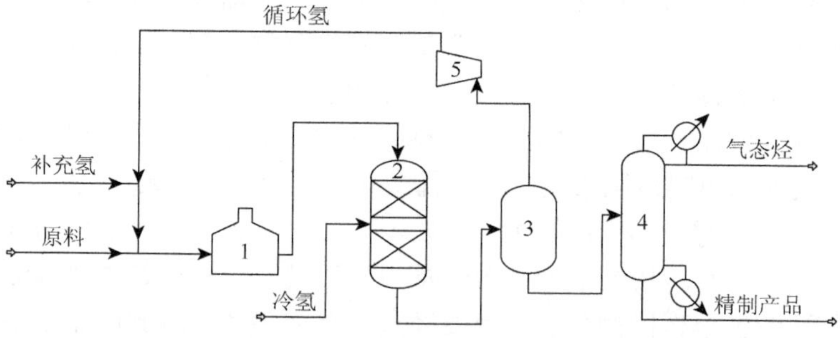

图 11-1-1　加氢处理原理流程图

1. 加热炉；2. 反应器；3. 分离器；4. 稳定塔；5. 循环氢压缩机

表 11-1-1　不同原料的加氢处理结果

原料	大庆焦化汽油		胜利直馏煤油		胜利催化裂化柴油	
反应条件：						
催化剂	$Co\text{-}Ni\text{-}Mo/Al_2O_3$		$Ni\text{-}W/Al_2O_3$		$Ni\text{-}W/Al_2O_3$	
总压力/MPa	3.0		4.0		4.0	
反应温度/℃	320		325		330	
空速/h^{-1}	1.5		1.65		1.5	
氢油比/(m^3/m)	500		约 500		690	
精制油收率/wt%	99.5		>99		99.4	
氢耗/wt%	0.4		约 0.5		0.7	
原料及产物性质	原料	产物	原料	产物	原料	产物
硫/（μg/g）	467	52	1000	0.3	4700	266
氮/（μg/g）	170	1	15.4	<0.5	660	157
碱氮/（μg/g）	137	0.4	8.6	—	75.5	5.0
溴价/(g Br/100 mL)	72	0.1	—	0.21	10.2	0.7
酸度/(mg KOH/100 mL)	—	—	4.21	0	14.6	<0.8
实际胶质/(mg/100 mL)	—	—	—	—	97.6	34.6
砷/(ng/g)	320	0.49	—	—	—	—

11.1.2　加氢处理反应

1. 加氢脱硫

1）加氢脱硫反应

石油馏分中的含硫化合物主要有硫醇、硫醚、二硫化物、噻吩等，各类含硫化合物的 C—S 键比较容易断裂，其键能比 C—C 键小许多，见表 11-1-2。因此，在加氢过程中，C—S 键先行断开而生成相应的烃类和 H_2S，例如，

$$RSH + H_2 \longrightarrow RH + H_2S$$

$$RSR' + 2H_2 \longrightarrow RH + R'H + H_2S$$

$$RSSR' + 3H_2 \longrightarrow RH + R'H + 2H_2S$$

$$+ 2H_2 \longrightarrow C_4H_{10} + H_2S$$

$$+ 4H_2 \longrightarrow C_4H_{10} + H_2S$$

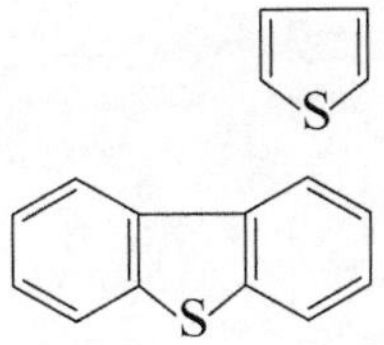

$$+ 2H_2 \longrightarrow$$

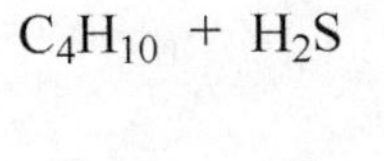

$$+ H_2S$$

表 11-1-2 各种键的键能

键	C—H	C—C	C═C	C—N	C═N	C—S	N—H	S—H
键能/（kJ/mol）	413	348	614	305	615	272	391	367

2）加氢脱硫反应的热力学

表 11-1-3 中列举了各类含硫化合物在不同温度下加氢脱硫的反应平衡常数。由表 11-1-3 可见，加氢脱硫反应平衡常数的对数值在很大的温度范围内除噻吩外都是正值，这说明从热力学上看它们都可以达到很高的平衡转化率。还可以看出，其平衡常数都是随温度的升高而降低的，表明过高的反应温度对加氢反应不利。这是由于含硫化合物的加氢脱硫是相当强的放热反应（表 11-1-4）。表 11-1-5 中还列出了在不同的压力和温度条件下，噻吩的加氢脱硫平衡转化率。由表 11-1-5 可见，压力越低，温度的影响越明显；温度越高，压力的影响越明显。显然，对噻吩而言，要想达到较高的加氢脱硫转化率，反应压力不应低于 4 MPa，反应温度不应高于 700 K（约 425℃）。因此，在加氢处理的反应条件下，加氢脱硫反应不会受到热力学平衡的限制。

表 11-1-3 含硫化合物加氢脱硫反应的平衡常数 K_p

反应	$\lg K_p$		
	500 K	700 K	900 K
$CH_3SH+H_2 \rightleftharpoons CH_4+H_2S$	8.37	6.10	4.69
$C_2H_5SH+H_2 \rightleftharpoons C_2H_6+H_2S$	7.06	5.01	3.84
n-$C_3H_7SH+H_2 \rightleftharpoons C_3H_8+H_2S$	6.05	4.45	3.52
$(CH_3)_2S+2H_2 \rightleftharpoons 2CH_4+H_2S$	15.68	11.42	8.96
$(C_2H_5)_2S+2H_2 \rightleftharpoons 2C_2H_6+H_2S$	12.52	9.11	7.13
$CH_3—S—S—CH_3+3H_2 \rightleftharpoons 2CH_4+2H_2S$	26.08	19.03	14.97
$C_2H_5—S—S—C_2H_5+3H_2 \rightleftharpoons 2C_2H_6+2H_2S$	22.94	16.79	13.23
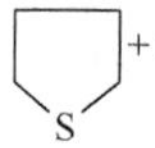 $+ 2H_2 \rightleftharpoons n$-$C_4H_{10} + H_2S$	8.79	5.26	3.24
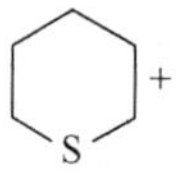 $+ 2H_2 \rightleftharpoons n$-$C_5H_{12} + H_2S$	9.22	5.92	3.97
 $+ 4H_2 \rightleftharpoons n$-$C_4H_{10} + H_2S$	12.07	3.85	−0.85
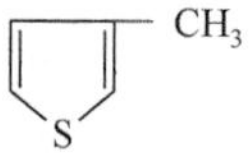 $+ 4H_2 \rightleftharpoons i$-$C_5H_{12} + H_2S$	11.27	3.17	−1.43

表 11-1-4　含硫化合物加氢脱硫反应的热效应（700 K）

反应	$\Delta_r H_m^\ominus$ / (kJ/ mol)
$C_2H_5SH+H_2 \longrightarrow C_2H_6+H_2S$	–70
$C_4H_9SH+H_2 \longrightarrow C_4H_{10}+H_2S$	–67
$(C_2H_5)_2S+H_2 \longrightarrow 2C_2H_6+H_2S$	–117
$(C_4H_9)_2S+2H_2 \longrightarrow 2C_4H_{10}+H_2S$	–122
$C_3H_7—S—S—C_3H_7+3H_2 \longrightarrow 2C_3H_8+2H_2S$	–162
 $+ 2H_2 \rightleftharpoons n\text{-}C_4H_{10}+H_2S$	–122
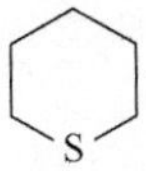 $+ 2H_2 \rightleftharpoons n\text{-}C_5H_{12}+H_2S$	–113
 $+ 4H_2 \rightleftharpoons n\text{-}C_4H_{10}+H_2S$	–281
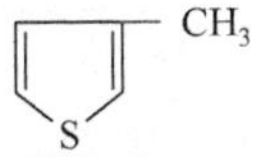 $+ 4H_2 \rightleftharpoons i\text{-}C_5H_{12}+H_2S$	–276

表 11-1-5　噻吩加氢脱硫平衡转化率

温度/K	平衡转化率（mol%）			
	0.1 MPa	1.0 MPa	4.0 MPa	10.0 MPa
500	99.2	99.9	100	100
600	98.1	99.5	99.8	99.8
700	90.7	97.6	99.0	99.4
800	68.4	92.3	96.6	98.0
900	28.7	79.5	91.8	95.1

3）加氢脱硫反应的动力学

动力学研究表明，单体含硫化合物的加氢脱硫反应大多属于表观一级反应。如果原料为较窄的馏分，其加氢脱硫反应级数也接近于 1；而对于较宽的馏分，由于其中含硫化合物的组成、结构比较复杂，有的易于反应，有的不易反应，这样，其表观反应级数便在 1～2 之间。这说明对于馏程较宽的石油馏分，不同类型的含硫化合物的加氢脱硫反应活性相差较大，已经不符合反应动力学的统一性原理。研究还表明，含硫化合物的加氢反应速率与其分子结构有密切联系，其反应速率一般按如下顺序依次增大：

噻吩＜四氢噻吩≈硫醚＜二硫化物＜硫醇

并且，随着含硫化合物分子中碳原子数、环烷环和芳香环数目的增加，它的加氢反应速率迅速下降，这种现象可能是分子的芳香性增加和空间位阻所致。表 11-1-6 中的数据就是一个例子。

表 11-1-6　若干硫杂环化合物的反应速率常数

硫杂环化合物	表观一级反应速率常数/[L/(g 催化剂·s)]
	1.38×10^{-3}
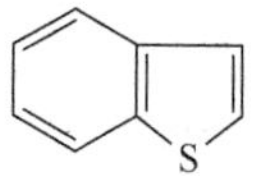	8.11×10^{-4}
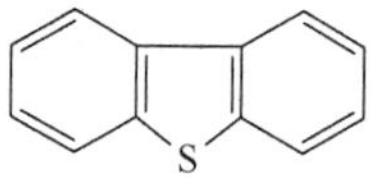	6.11×10^{-5}

注：300℃，7.1 MPa，Co-Mo/Al_2O_3 催化剂。

此外，还可以从表 11-1-7 中看出，在不同位置上甲基取代的二苯并噻吩的反应性能有很大差别，当甲基靠近噻吩环的硫原子时，其加氢脱硫反应速率要减慢一个数量级。这说明 4 位和 4, 6 位烷基取代的二苯并噻吩类硫化物，由于烷基的空间位阻，阻碍了硫原子与催化剂表面活性位的接触，使其加氢脱硫活性显著降低。因此，4 位和 4, 6 位烷基取代的二苯并噻吩类硫化物是最难脱除的。发生这一现象的深层原因与加氢脱硫的反应机理和催化作用机理有关，将在加氢脱硫反应机理和催化剂部分进一步详细阐述。另外需要指出的是，空间位阻效应还与所用催化剂的活性及反应条件有关，如果催化剂的芳环加氢活性高或反应条件更苛刻（温度、压力更高），则空间位阻效应的显著性会降低。

表 11-1-7　在不同位置上甲基取代二苯并噻吩的反应速率常数

甲基取代二苯并噻吩	表观一级反应速率常数[L/(g 催化剂·s)]
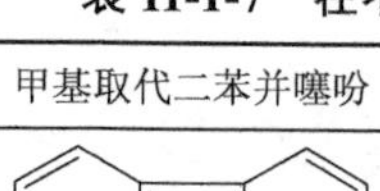	7.38×10^{-5}
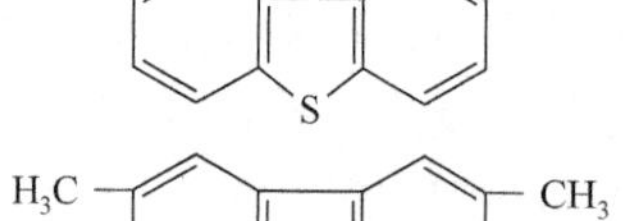	6.72×10^{-5}
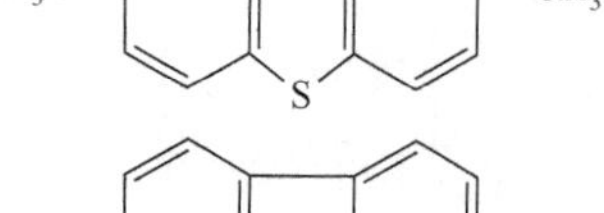	3.53×10^{-5}

续表

甲基取代二苯并噻吩	表观一级反应速率常数[L/(g 催化剂·s)]
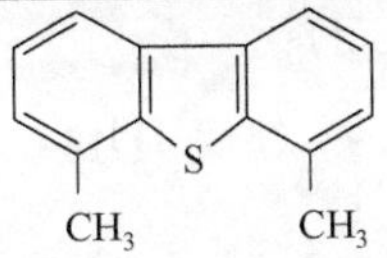	4.92×10^{-6}
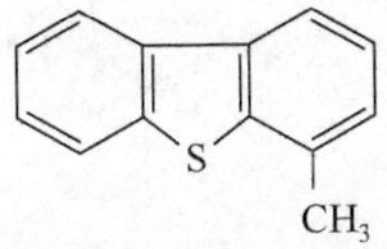	6.64×10^{-6}

注：300℃，10.2 MPa，Co-Mo/Al_2O_3 催化剂。

4）加氢脱硫反应历程

研究表明，Ni、Co、Mo、W 金属硫化物催化剂上存在两种活性位：氢解活性位和加氢活性位。前者可以催化 C—S、C—N 甚至 C—C 键与表面吸附活化的氢原子直接氢解反应而断开，后者可以催化 C═C、C═N 键和芳香环的加氢饱和反应。另外，含硫和含氮杂环化合物在催化剂的表面存在两种吸附形式，一是在氢解活性位上通过硫原子或氮原子发生的“端连吸附”；二是在加氢活性位上通过芳香性环结构的 π 键发生“平躺吸附”。

硫醇、硫醚及二硫化物的加氢脱硫反应历程比较简单。硫醇中的 C—S 键直接氢解断裂同时加氢即得烷烃及 H_2S。硫醚在加氢时一个 C—S 键先氢解生成硫醇，然后再进一步脱硫。二硫化物在加氢条件下首先发生 S—S 键氢解断裂反应生成硫醇，进而再氢解脱硫。

噻吩及其衍生物由于其中含硫杂环（噻吩环）具有一定的芳香性，所以不易氢解脱硫，导致石油馏分中的噻吩类硫化物比非噻吩类硫化物难以脱除。因此，对噻吩及其衍生物的加氢脱硫进行了大量的研究，结果表明它们的反应历程是比较复杂的。

噻吩的加氢脱硫可能有如下两条途径：

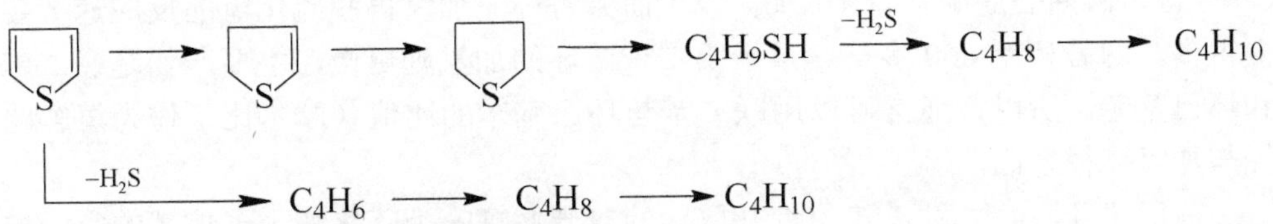

一条途径是先使环上的双键加氢饱和，然后再开环脱硫生成烷烃，称为加氢路径；另一条途径是先氢解开环脱硫生成二烯烃，随后二烯烃再加氢生成烷烃，称为氢解路径。一般认为这两种反应途径同时存在，只不过在反应条件较缓和（氢压较低、空速较大）的情况下，以氢解路径为主。

苯并噻吩的加氢脱硫比噻吩困难些，它的反应历程同样也有氢解和加氢两个途径：

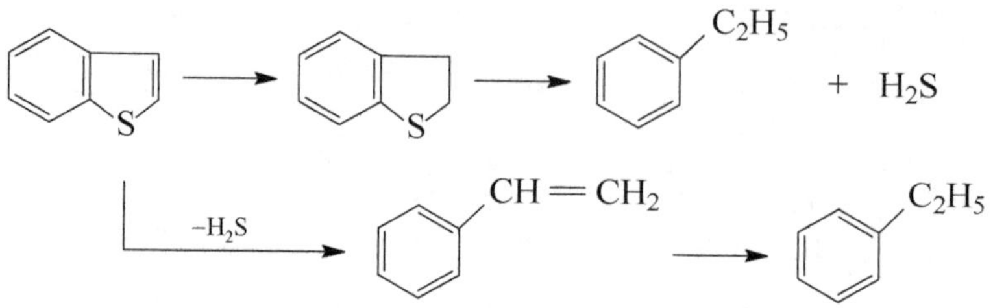

至于二苯并噻吩（硫芴）的加氢脱硫则比苯并噻吩还要困难。据研究，其反应途径为

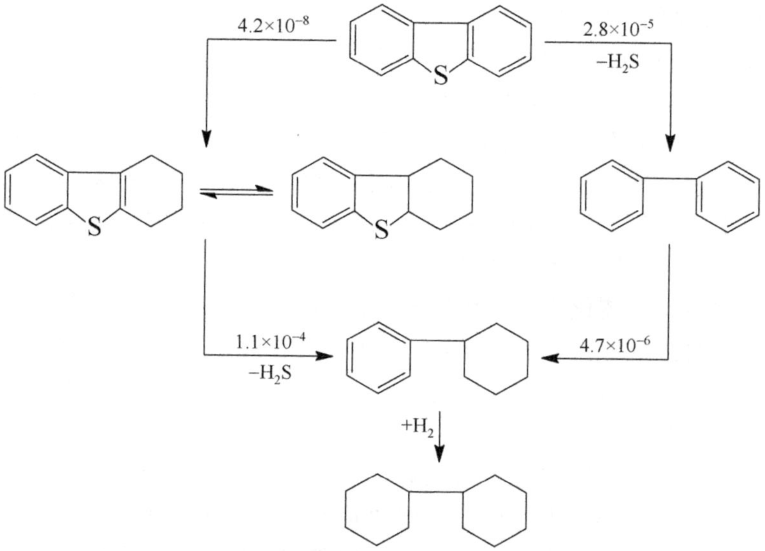

式中的数字表示在 $Co\text{-}Mo/Al_2O_3$ 催化剂存在下及 300℃、10.2 MPa 下的表观一级反应速率常数［L/(g 催化剂·s)］。从这一反应历程看，主要反应是二苯并噻吩中 C—S 键氢解断裂脱硫化氢生成联二苯，而芳香环先加氢再脱硫化氢的反应速率要慢得多，两者相差 600 多倍。至于第二个苯环的加氢则更慢，主要产物是联二苯和环己基苯。所以，通常可以用联二苯与环己基苯的比值（摩尔比）作为氢解路径与加氢路径之比。

前已述及，4 位和 4, 6 位烷基取代的二苯并噻吩类硫化物由于烷基的空间位阻，加氢脱硫活性显著降低。表 11-1-8 的结果进一步说明，空间位阻显著改变了加氢脱硫的反应途径，二苯并噻吩的加氢脱硫以氢解路径为主，4-甲基二苯并噻吩的加氢脱硫氢解路径和加氢路径相当，而 4, 6-二甲基二苯并噻吩的加氢脱硫以加氢路径为主。另外，发现反应途径还受反应条件的影响，随反应压力的增加，加氢路径的比例增加，而随反应温度的增加，氢解路径的比例增加。因此，欲脱除烷基取代的二苯并噻吩类硫化物，达到深度脱硫，可能采取的措施有：①采用更苛刻的反应条件（提高温度、增加氢压、降低空速等）；②增加催化剂的活性，尤其是加氢活性；③适度增加催化剂的烷基转移活性，消除空间位阻。

表 11-1-8　二苯并噻吩类硫化物的加氢脱硫转化率与反应路径之比

化合物	脱硫率/%	氢解路径/加氢路径
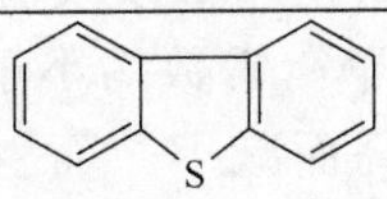	98.8	5.2
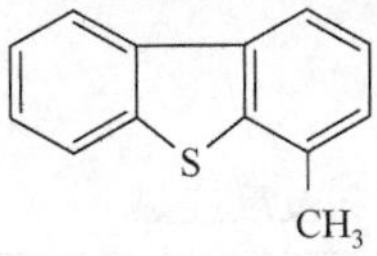	84.2	1.1
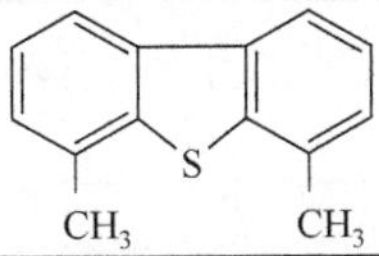	61.5	0.2

注：300℃，2.0 MPa，空速 3 h^{-1}，氢油比 200/1（体积比），$Co\text{-}Mo/Al_2O_3$ 催化剂。

2. 加氢脱氮

一般来说，我国原油中含硫较少而含氮较多。因此，对加氢脱氮应更加关注。

1）加氢脱氮反应

石油馏分中的含氮化合物主要是吡咯类和吡啶类的氮杂环化合物，也含有很少量的胺类和腈类，它们经加氢脱氮后生成烃类和氨，例如，

$$R—NH_2 + H_2 \longrightarrow RH + NH_3$$

$$RCN + 3H_2 \longrightarrow RCH_3 + NH_3$$

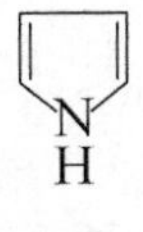 $+ \ 4H_2 \longrightarrow C_4H_{10} + NH_3$

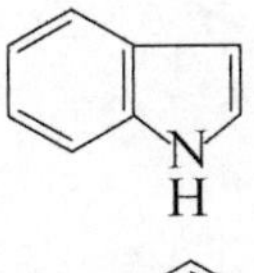 $+ \ 3H_2 \longrightarrow$ 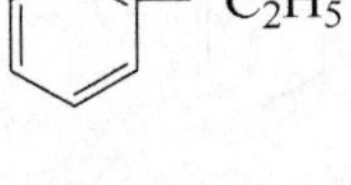 $+ \ NH_3$

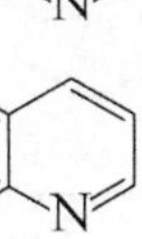 $+ \ 5H_2 \longrightarrow C_5H_{12} + NH_3$

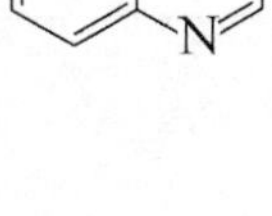 $+ \ 4H_2 \longrightarrow$  $+ \ NH_3$

由于吡咯和吡啶环都具有芳香性，其结构相当稳定，所以此类化合物中的氮是较难脱除的。

2）加氢脱氮反应的热力学

从表 11-1-2 可知，C═N 双键的键能比 C—N 单键键能要大一倍，所以吡咯环和吡啶环都要首先加氢饱和，进而发生 C—N 键氢解反应。因此，加氢脱氮需要较高的氢压和较高的温度。

表 11-1-9 所列为若干氮杂环化合物加氢脱氮反应的平衡常数及反应热。表 11-1-9 中数据表明，吡咯环和吡啶环加氢饱和反应的平衡常数均小于 1，同时由于此反应是放热的，所以其平衡常数随温度的升高而减小。而氢解反应和总的加氢脱氮反应的平衡常数则都是大于 1 的。

表 11-1-9　喹啉和吲哚的加氢、氢解及脱氮反应的平衡常数及反应热

反应	$\lg K_p$		$\Delta_r H_m^\ominus$ /（kJ/mol）
	300℃	400℃	
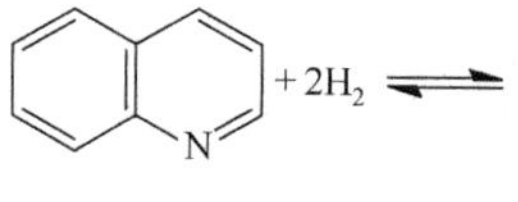	−1.4	−3.2	−134
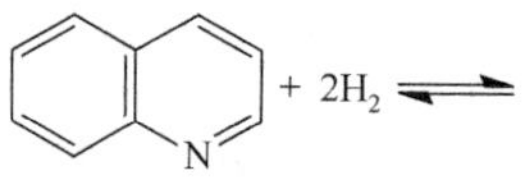	−0.7	−3.0	−172
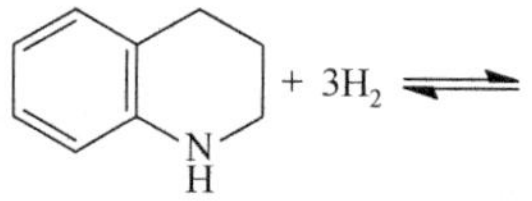	−2.8	−5.4	−193
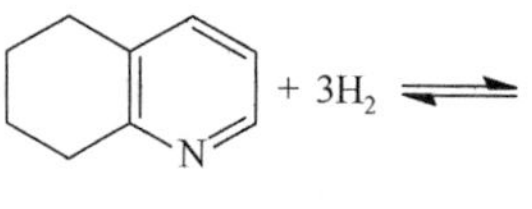	−3.5	−5.6	−155
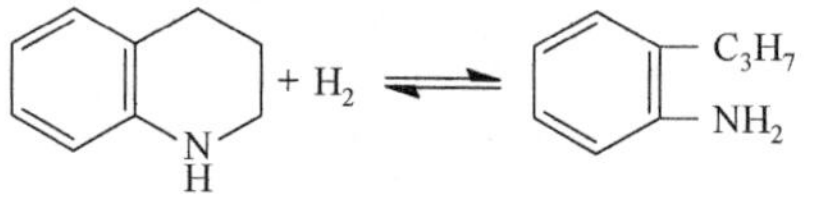	4.3	3.0	−96
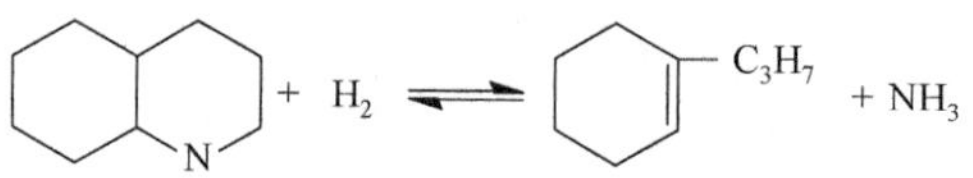	6.3	7.9	−117
	6.0	5.6	−29
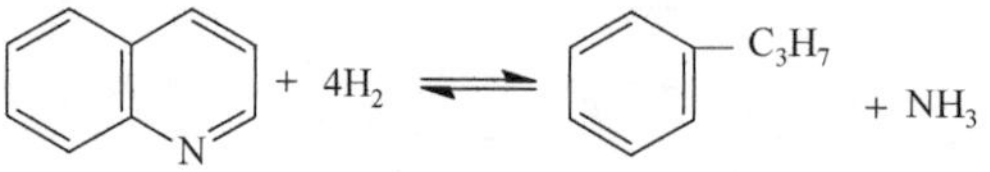	7.0	3.3	−272

续表

反应	$\lg K_p$		$\Delta_r H_m^{\ominus}$ / (kJ/mol)
	300℃	400℃	
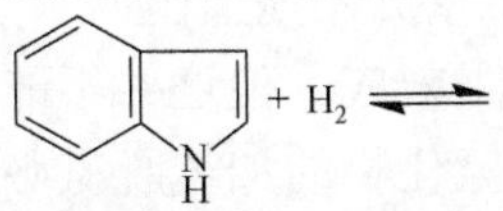	−2.7	−3.3	−46
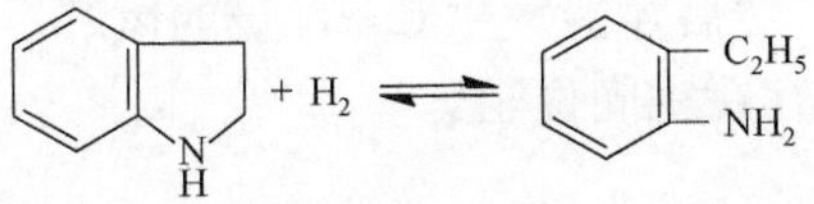	4.7	3.3	−105
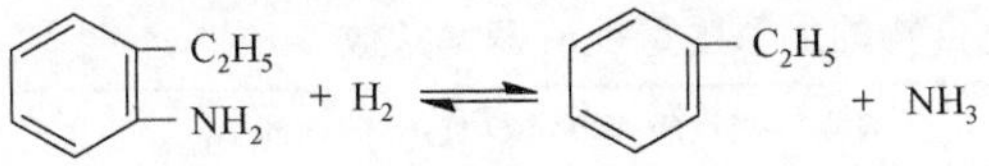	5.8	5.0	−59
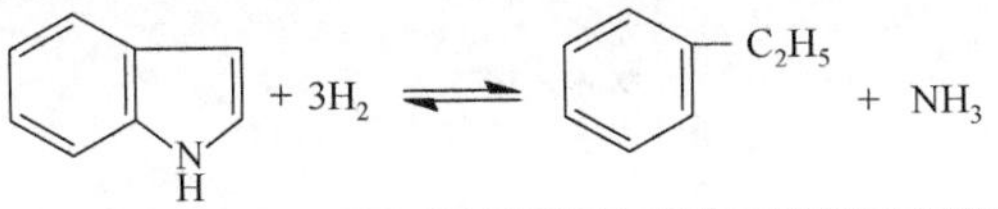	7.8	5.0	−205

3）加氢脱氮反应的动力学

各类含氮化合物中胺类是最容易加氢脱氮的，而吡咯和吡啶环上的氮是较难脱除的。这一点从表 11-1-10 可以清楚地看出。表中的数据还说明，喹啉在较低的温度下其脱氮率很低，只有在较高的温度下脱氮才比较完全。因此，加氢脱氮需要较高的反应温度。

表 11-1-10　各种含氮化合物的加氢脱氮转化率

含氮化合物	加氢脱氮转化率/%		
	350℃	400℃	450℃
丙胺	92.7	98.9	99.4
苄胺	94.3	99.6	99.7
苯胺	27.8	94.4	99.6
邻-甲苯胺	28.7	86.9	98.8
异喹啉	63.8	87.6	96.2
喹啉	9.5	35.8	96.4

注：8 MPa；1 h^{-1}；Co-Mo/Al_2O_3 催化剂。

不同类型的含氮杂环化合物加氢脱氮反应活性按下列顺序依次降低：

吡咯＞吲哚＞异喹啉＞吡啶＞喹啉

据研究，单体含氮化合物的加氢脱氮也属于表观一级反应。表 11-1-11 所列为几种与芳香环并合的吡啶类化合物的加氢脱氮反应速率常数。由表可见，虽然所并合的芳香环数不一样，但其反应速率相差不大，其中以喹啉的脱氮速率稍大，随着环数的增多其脱氮速率略有下降。由表 11-1-12 可见，喹啉与各种取代位置不同的二甲基喹啉的加氢脱氮反应速率很接近，这表明甲基并不明显阻碍其反应，或者说二甲基喹啉的加氢脱氮反应不存在明显的空间位阻效应。但这并不能说明氮原子没有在催化剂上发生端连吸附，可能是由于杂环氮化物的加氢脱氮必须首先经过芳香性杂环的加氢饱和（平躺吸附），然后才能发生 C—N 键的氢解反应。只有端连吸附才存在空间位阻，平躺吸附不存在空间位阻。

表 11-1-11　若干碱性氮杂环化合物的加氢脱氮反应速率常数

化合物	表观一级反应速率常数/[L/(g 催化剂·s)]
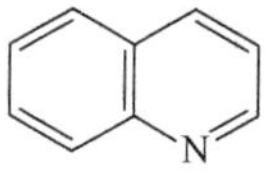	9.39×10^{-4}
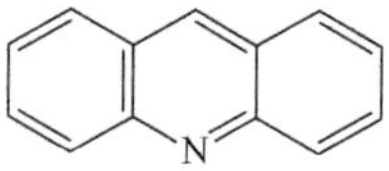	6.56×10^{-4}
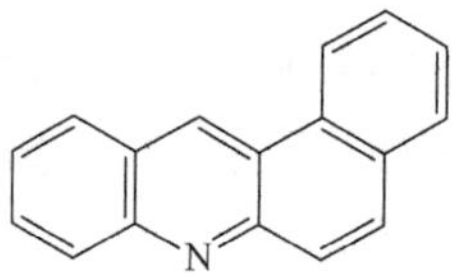	5.72×10^{-4}
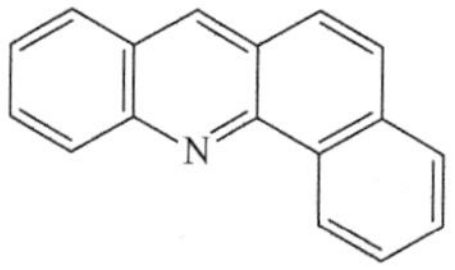	4.03×10^{-4}
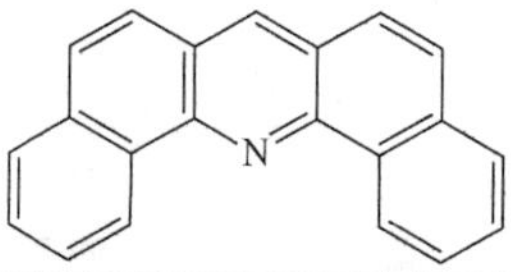	1.41×10^{-4}

注：376℃，13.6 MPa，Ni-Mo/Al_2O_3 催化剂。

表 11-1-12　喹啉及二甲基喹啉的加氢脱氮反应速率常数

化合物	表观一级反应速率常数/[L/(g 催化剂·s)]
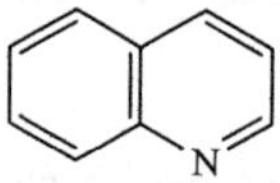	3.81×10^{-5}
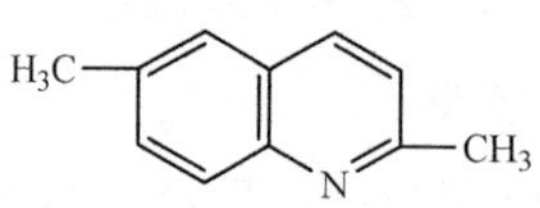	3×10^{-5}

续表

化合物	表观一级反应速率常数/[L/(g 催化剂·s)]
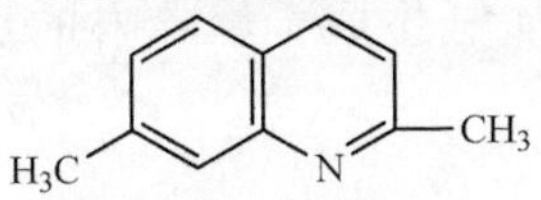	2×10^{-5}
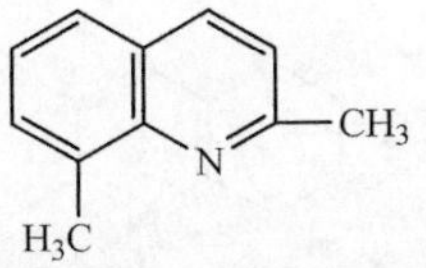	3×10^{-5}

注：350℃，3.4 MPa，Ni-Mo/Al_2O_3 催化剂。

研究表明，非碱性和碱性含氮化合物的加氢脱氮速率是相近的，如在同样条件下，吲哚及喹啉的表观一级反应速率常数相应为 4.19×10^{-5}L/（g 催化剂·s）、3.81×10^{-5}L/（g 催化剂·s）。其原因可能是无论碱性和非碱性的杂环含氮化合物均需要经过含氮杂环的加氢饱和，而两者加氢饱和后的中间产物都是碱性更强的碱性氮化物。

4）加氢脱氮反应历程

经研究，吡啶的加氢脱氮的反应历程可能如下

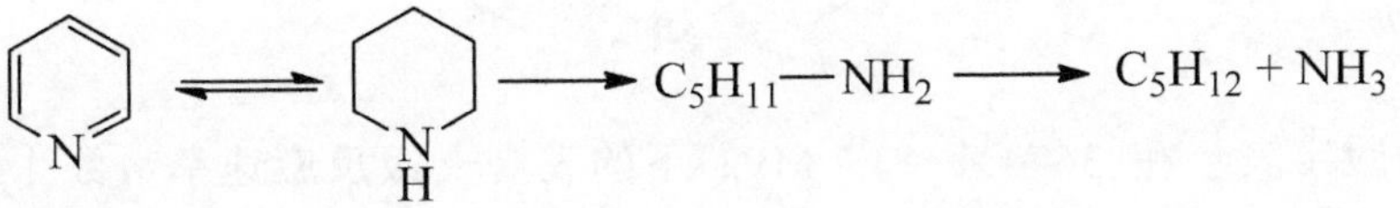

这一历程中，吡啶加氢生成哌啶的反应很快达到平衡，正戊胺脱氮反应也很快；而哌啶中 C—N 键氢解断裂变为正戊胺的反应则很慢，是整个吡啶加氢脱氮反应的控制步骤。

对于喹啉的加氢脱氮，国内外进行了大量的研究。不少学者认为其反应历程如下

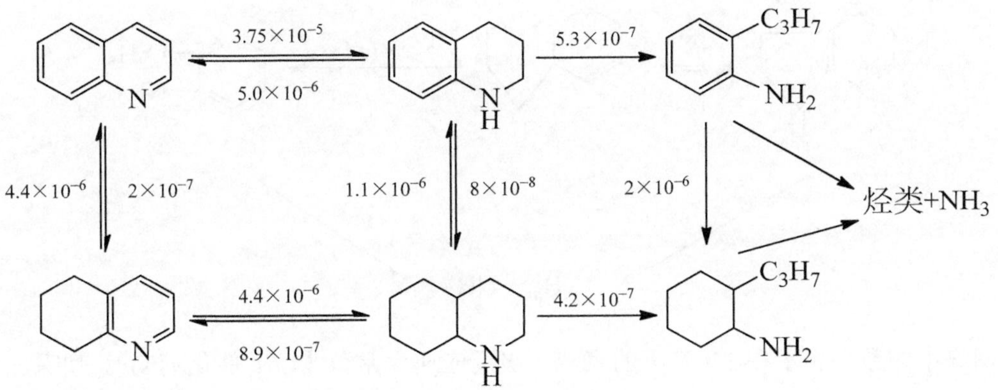

网络中的数字表示 375℃下的表观一级反应速率常数［mol/(g 催化剂·s)］。喹啉加氢生成 1, 2, 3, 4-四氢喹啉的反应比生成 5, 6, 7, 8-四氢喹啉的反应要快得多。1, 2, 3, 4-四氢喹啉氢解生成邻丙基苯胺的反应则比加氢生成十氢喹啉的反应要慢。因此，氮的脱除主要是通过十氢喹啉进行的。

吖啶加氢脱氮反应历程就更加复杂，可表示如下

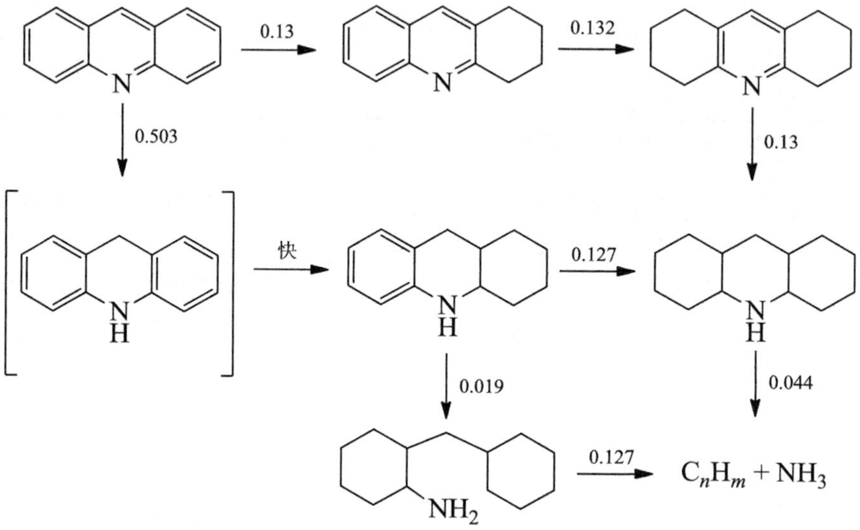

网络中的数字表示在 367℃、13.7 MPa 下的表观一级反应速率常数［g(g 催化剂·s)］。吖啶的加氢脱氮需要比喹啉有更高的压力，当起始摩尔浓度相同时，吖啶在氢分压 13.6 MPa 下才能达到与喹啉在氢分压 3.4 MPa 下同样的反应速率。吖啶的反应历程与喹啉有相似之处，其吡啶环的加氢速率比其他环的加氢速率更大。

吲哚的反应历程如下

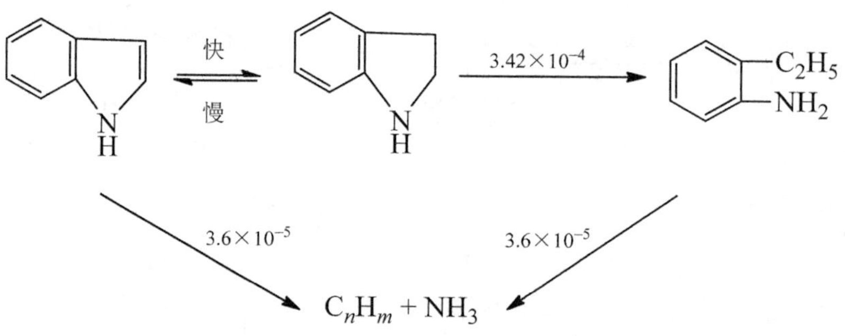

网络中的数字表示在 350℃下的表观一级反应速率常数［L/(g 催化剂·s)］。吲哚加

氢为二氢吲哚的反应速率是很大的，可迅速达到平衡。与上述吡啶类化合物不一样，吡咯类的反应产物中未发现芳香环已被饱和的含氮化合物。

综上所述，吡啶类和吡咯类含氮化合物加氢脱氮的共同特点是都包括含氮杂环加氢饱和和 C—N 键氢解两类反应。其含氮杂环首先加氢饱和，然后 C—N 键氢解断裂生成胺类，最后再脱氮放出 NH_3。由于杂环氮化物的加氢脱氮需要含氮杂环和/或相邻的芳香环首先加氢饱和，所需反应温度和氢压较高，所以含氮量较高的石油馏分深度加氢脱氮所需要的氢耗较高。因此，对含氮量较高的石油馏分（如高氮原油的减压蜡油、焦化蜡油、催化裂化柴油、焦化柴油等）欲达到深度脱氮，可能采取的措施有：①采用更苛刻的反应条件（提高温度、增加氢压、降低空速等）；②增加催化剂的加氢活性；③适度增加催化剂的酸性，促进 C—N 键的断裂。

3. 加氢脱氧

石油中存在的有机含氧化合物主要有羧酸（主要是环烷酸）、酚类和呋喃类，各类含氧化合物的加氢脱氧反应主要有

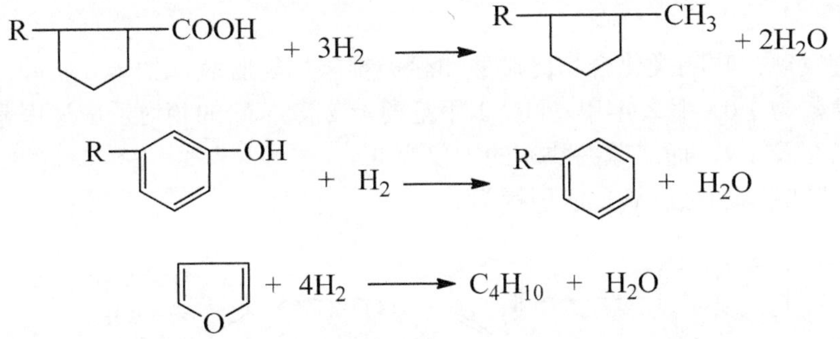

其中，羧酸和酚类的加氢脱氧比较容易，以呋喃的加氢脱氧最为困难。

表 11-1-13 所列为几种有机含氧化合物加氢脱氧反应的平衡常数和反应热。环烷酸在加氢条件下进行脱羧基或羧基转化为甲基的反应。

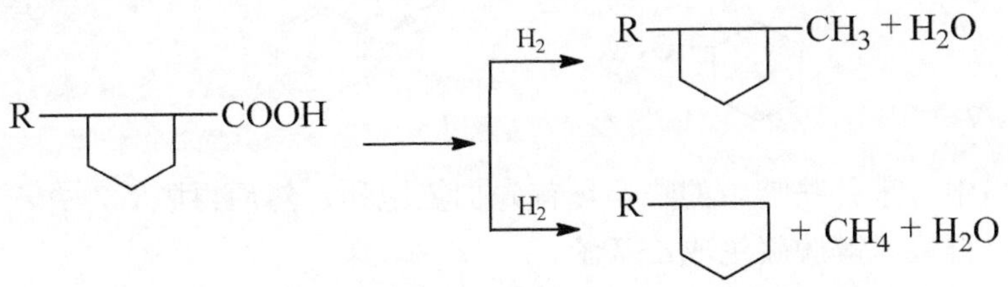

表 11-1-13　几种有机含氧化合物加氢脱氧反应的平衡常数和反应热

反应	$\lg K_p$		$\Delta_r H_m^{\ominus}$ /（kJ/mol）
	350℃	400℃	
	11.4	9.2	–352
	11.4	10.2	–84
	10.0	9.3	–105

酚类的脱氧比羧酸的要困难些，苯酚中的 C—O 键由于氧上的孤对电子与苯环共轭而不易氢解，其反应历程可能是

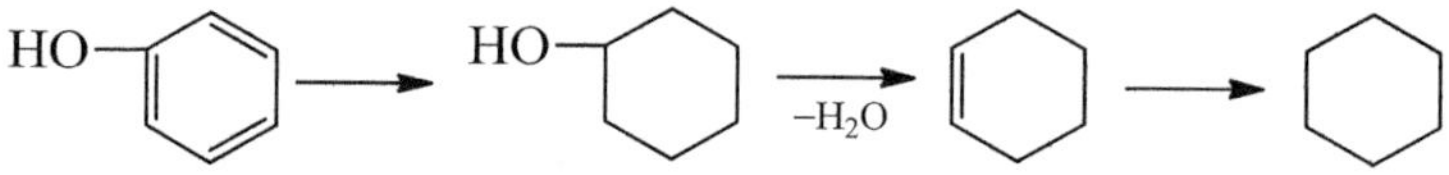

研究发现，呋喃类化合物比羧酸和酚类难以加氢脱氧。如苯并呋喃的相对反应速率常数为 1.0，那么 4-甲基酚、2-甲基酚及 2-苯基酚的相对反应速率常数相应为 5.2、1.2 及 1.4，而二苯并呋喃的则仅为 0.4。

苯并呋喃的加氢脱氧反应历程为

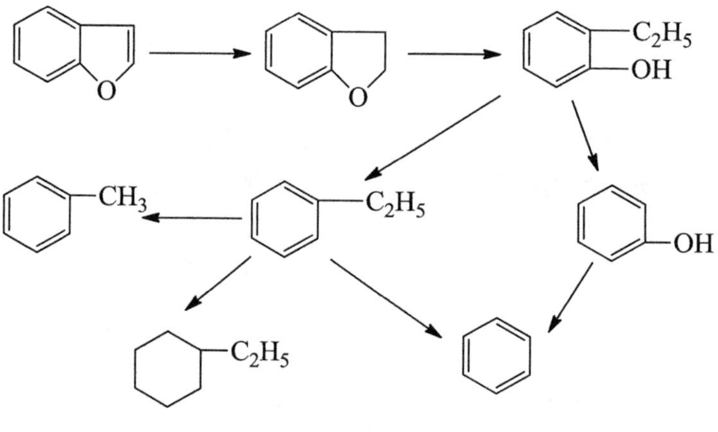

此反应网络中，苯并呋喃中的呋喃环首先加氢饱和，然后再脱氧，并不像苯并噻吩那样可以直接氢解脱硫生成乙基苯。

二苯并呋喃的加氢脱氧反应历程大致如下

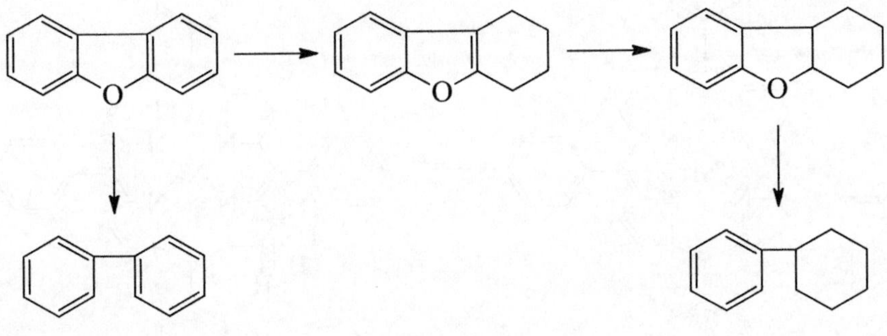

由于环烷酸对加氢催化剂会产生一定的侵蚀（酸侵蚀），加氢脱酸产生的水对催化剂也会产生一定的毒害（载体侵蚀、烧结和活性位的失活），羧酸类物质受热不稳定，在加氢处理温度下容易缩聚生焦，并且在催化剂酸中心上更易于结焦，高酸原油的石油馏分和渣油加氢处理过程中催化剂的失活较为显著。另外，需要指出的是，由于天然原油中的含氧化合物较少，关于加氢脱氧的研究较为少见。但是，非常规石油，如页岩油、煤焦油、煤液化油等含氧化合物含量较高，随着非常规石油资源的开发利用，加氢脱氧的重要性逐渐显著。

4. 加氢脱金属

石油中的微量金属镍、钒、铁、钙、镁等是与硫、氮、氧等杂原子以化合物或配合物形式存在的。经过加氢，此类金属化合物或配合物会分解生成硫化物并沉积在催化剂上，从而从原料油中脱除。与此同时，加氢催化剂则会由于沉积物逐渐对活性中心的覆盖和对孔道的堵塞而中毒失活。

研究发现，镍、钒在石油中大多以与卟啉等杂原子化合物形成的配合物形式存在。有人认为金属卟啉脱金属反应的第一步是外围双键加氢使卟啉活化，第二步是分子分裂并脱除金属，形成金属沉积物。对镍卟啉和钒卟啉的加氢脱金属研究结果表明：金属卟啉首先加氢生成二氢金属卟啉，进一步加氢生成四氢金属卟啉，然后发生金属-氮配位键解离，卟啉大环破碎，金属脱除。四苯基卟啉镍的加氢脱金属反应的过程示意如下（见下页）。

据研究，镍卟啉和钒卟啉的加氢脱金属反应的表观级数是随温度的升高而增大的，见表 11-1-14。在 320℃时约为 0.5 级，而当温度高于 360℃时则为表观一级，其反应活化能都为 90 kJ/mol 左右。研究还表明，在加氢过程中镍卟啉比钒卟啉更难以脱除，这说明镍卟啉比钒卟啉更稳定。

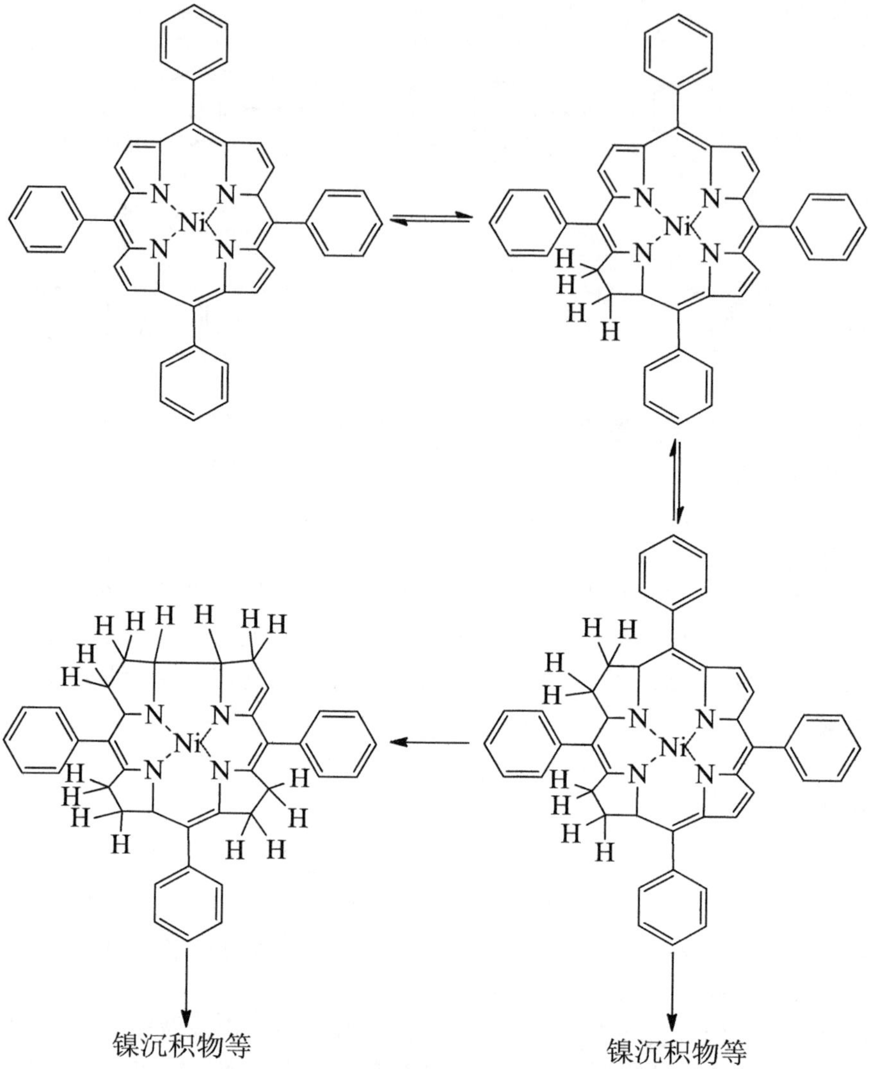

表 11-1-14　不同温度下镍卟啉及钒卟啉加氢脱金属反应表观级数

镍卟啉加氢脱镍		钒卟啉加氢脱钒	
温度/℃	反应级数	温度/℃	反应级数
275	0.3	275	0.1
320	0.5	321	0.5
350	1.0	349	0.6
357	0.9	357	0.9
366	0.9	368	0.9
380	0.9	379	0.9

注：6.9 MPa，Co-Mo/Al_2O_3 催化剂。

石油中的铁、钙、镁等微量金属大多以有机羧酸盐或环烷酸盐的形式存在，所以一般而言，含酸或高酸原油的铁、钙、镁等微量金属含量较高，而有机羧酸盐或环烷酸盐比卟啉金属更易受热分解，铁、钙、镁等的加氢脱除比镍、钒更容易，因此在加氢处理工程中，铁、钙、镁等更容易沉积在催化剂颗粒的外表面或浅层，从而更容易引起催化剂孔道堵塞或床层堵塞。所以，含铁、钙、镁等含量高的原油或重油更难采用加氢处理工艺加工。

5. 不饱和烃的加氢

石油热加工和催化裂化产物中含有烯烃和二烯烃，其性质不稳定，借助加氢可使其双键饱和，其反应如下

$$R—CH═CH_2 + H_2 \longrightarrow RCH_2CH_3$$

$$R—CH═CH—CH═CH_2 + 2H_2 \longrightarrow RCH_2CH_2CH_2CH_3$$

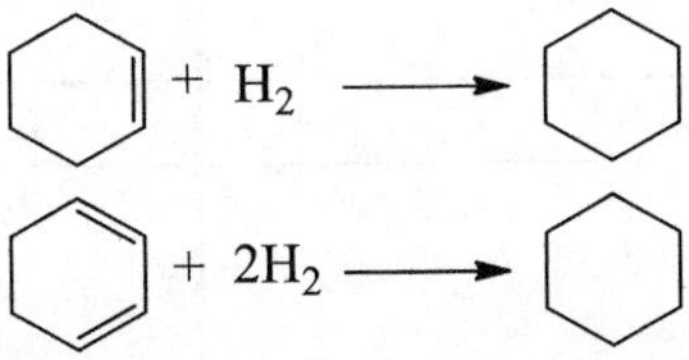

烯烃的加氢也是很强的放热反应，其热效应约为–120 kJ/mol。需要指出的是：由于烯烃加氢反应速率快，二烯烃受热极易缩合，含烯烃尤其是二烯烃较多的原料（如焦化汽油、催化裂化汽油、乙烯裂解汽油等）在加氢过程中热点过分集中，很容易产生上部催化剂床层局部过热或结焦堵塞床层，需要采取措施（如注冷氢、加氢产物部分循环稀释等）加以防止。

此外，在加氢处理过程中，芳烃（尤其是稠环芳烃）也会发生部分加氢饱和反应，但由于加氢处理的反应条件一般比较缓和，所以其转化率较低。但是，随着燃料质量标准的逐步提高，加氢深度提高。例如，柴油质量标准的提高不但需要深度脱硫，而且需要部分脱除芳烃，尤其是多环芳烃，柴油加氢处理的苛刻度提高，催化柴油的芳烃转化率已经达到 40%～60%。

加氢处理的上述各类反应的反应速率一般认为是按以下顺序依次降低：

脱金属＞二烯烃饱和＞脱硫＞脱氧＞单烯烃饱和＞脱氮＞芳烃饱和

实际上，如表 11-1-15 所示，各类化合物中因结构不同其反应活性仍会有相当大的差别。但总的来看，加氢脱氮和加氢脱芳烃比加氢脱硫要困难得多。因此，加氢脱氮和加氢脱芳需要更苛刻的反应条件（更高的温度、压力和氢油比、更小的空速）。

还需指出，上述反应规律一般都是用单体模型化合物进行研究得出的结果，而实际上在石油馏分中这些烃类和非烃化合物是同时存在的。在这样复杂的混合物中，各类化合物的加氢反应是相互影响的，有的促进有的抑制，这就需要对不同组成的混合物体系分别进行考察。例如，研究发现，含氮化合物尤其是碱性含氮化合物（如喹啉等）的存在会显著抑制含硫化合物（如噻吩等）的加氢脱硫反应；而含硫化合物加氢后生成的 H_2S 则会促进 C—N 键的氢解和芳烃的加氢饱和。此外，研究发现杂环含氮化合物（如喹啉和咔唑）对二苯并噻吩加氢脱硫中加氢路径的抑制作用显著大于对氢解路径的抑制作用，喹啉的抑制作用稍大于咔唑。

表 11-1-15　各类化合物加氢反应的相对反应速率常数

化合物	相对反应速率常数	化合物	相对反应速率常数
烃类		含氮化合物	
2-甲基萘	1.0	吲哚	0.9
2, 3-二甲基萘	1.4	邻乙基苯胺	1.1
		喹啉	1.3
含硫化合物		含氧化合物	
二苯并噻吩	3.6	苯并呋喃	1.0
苯并噻吩	3.4	二苯并呋喃	0.4
苯硫酚	≥10	2-苯基苯酚	1.4
硫醚	＞50	2-苯基-1-环己醇	≥10
		对-甲酚	5.2

注：344℃，4.86 MPa，Co-Mo/Al_2O_3 催化剂。

11.1.3　加氢处理的影响因素

加氢处理的操作条件范围很宽，需根据原料类型、要求的精制程度、氢的纯度及从经济合理的角度来选定。一般而言，馏分越重，杂质（硫、氮、氧、金属、芳烃、胶质、沥青质等）含量越多，所需的反应条件越苛刻（温度高、氢压高和氢油比大、空速低）。另外，热加工和催化裂化加工产物加氢处理所需的反应条件比馏分相近的直馏馏分所需条件苛刻。

工业上，其大体范围是：反应压力 1.5～18.0 MPa，反应温度 220～420℃，空速 0.1～10 h^{-1}，氢油比 50～1000 m^3/m^3。

1. *反应压力*

由于加氢是体积缩小的反应，所以从热力学看，提高压力对于化学平衡是有利的。同时，在压力增加时，催化剂表面上吸附的反应物和氢的浓度都增大，其反应速率也随之加快。

反应压力的选择主要取决于原料和补充氢的纯度。一般来说，随着原料沸点范围的升高，其中的非烃化合物的结构越趋复杂，就需要越高的压力才能脱除其中的杂原子，并且抑制催化剂因积炭而过快失活。需要指出的是，这里起作用的是氢分压而不是总压，所以补充氢的纯度越高，要达到一定的氢分压其总压也越低。

轻油加氢处理的操作压力一般为 1.5～2.5 MPa，而其氢分压仅为 0.6～0.9 MPa，两者的差别主要是由于存在着较高的轻油蒸气分压。柴油馏分加氢处理的压力一般为 3.5～8.0 MPa，其中氢分压为 2.5～7.0 MPa。而减压渣油加氢处理所需的压力则高达 12～17.5 MPa，其氢分压为 10～15 MPa。

如图 11-1-2 所示，在正常温度范围内，升高氢压能提高加氢处理反应的速率，尤其对加氢脱氮的影响更大。图 11-1-3 说明随压力升高，催化裂化原料的加氢脱硫、脱氮率增加，生焦率降低。因为从热力学上说，高压有利于 HDS、HDN、HDAr 的化学平衡，也有利于 H_2 的溶解；从动力学上说，高压有利于增加催化剂表面吸附 H_2 和反应物分子的浓度，反应速率加快。但是，压力也不能太高，过高的氢分压并不能显著提高脱硫和脱氮的精制效果反而使过多的氢气消耗在芳香环的饱和上，从而增加成本。

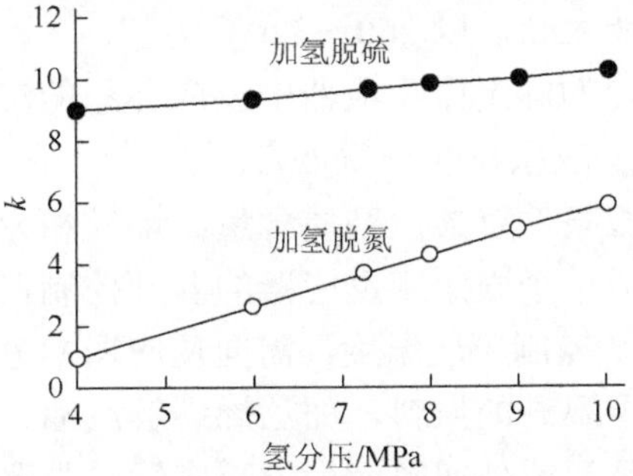

图 11-1-2　氢分压对加氢脱硫及加氢脱氮反应速率的影响

原料：胜利减压馏分；催化剂：W-Mo-Ni/Al_2O_3

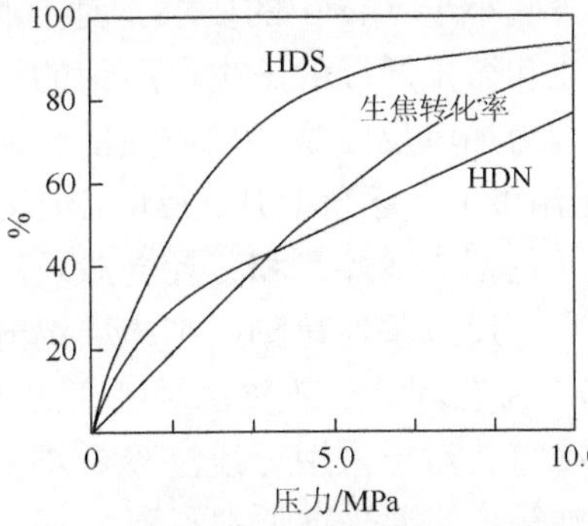

图 11-1-3　压力对催化裂化原料加氢脱硫、脱氮及生焦转化率的影响

温度：340℃，催化剂：Mo-Ni/Al_2O_3

2. *反应温度*

如前所述，加氢处理是强放热反应，所以从化学平衡的角度看，过高的温度对反应是不利的。例如，噻吩的加氢脱硫在 900 K 时的 $\lg K_p$ 已为负值（−0.85），

因此，一般认为噻吩加氢脱硫的极限温度约为 430℃。同时，过高的反应温度还会由于裂化反应的加剧生成气体和小分子裂化产物，从而降低液体收率，以及使催化剂因积炭而过快失活。但从动力学考虑，温度也不宜太低，否则反应速率会太慢。例如，催化裂化汽油的选择性加氢脱硫反应温度一般不应低于 200℃；柴油的加氢处理反应温度一般不应低于 280℃；蜡油的加氢处理反应温度一般不应低于 320℃；渣油的加氢处理反应温度一般不应低于 350℃。此外，由于加氢脱氮比较困难，往往需采用比加氢脱硫更高的温度，才能取得较好的脱氮效果，表 11-1-16 所示即为一例。

表 11-1-16　反应温度对焦化柴油加氢处理的影响

反应温度/℃	300	340	360	380	400	420	440	460
产物的氮含量/（μg/g）	859	765	700	590	480	370	260	220
脱氮率（质量分数）/wt%	14.1	23.5	30.0	41.0	52.0	63.0	74.0	78.0

注：6.0 MPa；Co-Mo/Al_2O_3 催化剂；原料油含氮 1000 μg/g。

加氢处理的温度范围一般为 220～420℃，对于较轻的原料可用较低的温度，而对于较重的原料则需用较高的温度。石脑油加氢处理的温度若超过 340℃后，会导致生成的烯烃与 H_2S 重新结合为硫醇，反而使产物的含硫量达不到催化重整原料含硫小于 1μg/g 的要求。对于润滑油的加氢补充精制，为保证产品质量、避免裂化和微量烯烃的产生，所用的温度也不能太高，以 260～320℃为宜。

因为加氢反应是强烈放热的，所以在绝热的固定床反应器中反应体系的温度（床层温度）会逐渐上升。反应器床层温升与反应原料的杂质（硫、氮、氧）含量、烯烃（包括二烯烃）和芳烃含量及所用的反应条件有关，杂质含量、烯烃和芳烃含量高、反应条件苛刻，则床层温升高。一般单个固定床反应器的温升控制在小于 80℃为宜。对于杂质含量过高的原料，为了控制床层温度，需向反应器中分段通入冷氢。对于采用分段注冷氢难以控制床层温升的原料，如乙烯裂解汽油、焦化汽油等，需要采取原料稀释（部分产物循环）或外取热（列管反应器、带器间换热的多个串联反应器等）以控制床层温升。

3. 空间速度

对于固定床反应器，空间速度（空速）通常指单位时间内通过单位体积催化剂的冷态（20℃）反应物液体体积，即液时空速（liquid hourly space velocity，LHSV）。对于气体反应物，通常采用冷态（20℃）反应物气体空速，即气时空速（gas hourly space velocity，GHSV）表示。

降低空速可使反应物与催化剂的接触时间延长、精制程度加深，有利于提高产品质量。但过低的空速会使反应时间过长，由于裂化反应显著而降低液体收率，氢耗也会增大。同时，对于一定大小的反应器，降低空速意味着降低其处理能力。因此，必须根据原料性质、催化剂活性、精制深度的要求及反应器的容积利用效率等多方面权衡选择合理的空速。

表 11-1-17 所示为使用某种催化剂时，汽油和煤油、柴油馏分中含硫化合物、含氮化合物与烯烃加氢的大致相对反应速率。由表可见，轻重不同的馏分和不同类型化合物的加氢反应速率相差悬殊。从化合物类型而言，含硫化合物的加氢比含氮化合物的要容易得多，在煤油、柴油馏分中两者的反应速率相差 70 倍。而即使化合物的类型相同，汽油中的含氮化合物的加氢反应速率比煤油柴油中的也要大 20 倍。

表 11-1-17　不同馏分中不同类型化合物加氢的相对反应速率

化合物	相对反应速率	
	汽油馏分	煤柴油馏分
含硫化合物	100	70
烯烃	80	4
含氮化合物	20	1

因此，对于石脑油馏分可以用较高的空速，如在 3 MPa 压力下，空速一般可达 2.0～4.0 h^{-1} 甚至更高。而对于柴油馏分的精制，在压力为 4～8 MPa 下，一般空速也只能在 1.0～2.0 h^{-1}。至于重质原料，在高压下其空速一般也只能控制在 1.0 h^{-1} 甚至更低。同时，对于含氮量高的原料则需用较低的空速，才能得到较好的脱氮效果。

4. 氢油比

加氢过程中的氢油比是指进到反应器中的标准状态下的氢气与冷态（20℃）进料的体积比（m^3/m^3）。

一方面，在压力、空速一定时，氢油比影响反应物与生成物的气化率、氢分压及反应物与催化剂的实际接触时间。较高的氢油比使原料的气化率提高，同时也增大氢分压，这些是有利于提高加氢反应速率的。另一方面，氢油比增大，意味着反应物分压降低和反应物与催化剂实际接触时间的缩短，这些又是对加氢反应不利的。所以，由图 11-1-4 可见，柴油加氢处理的效果先是随氢油比的加大而改善，到达最高点后，又随氢油比的加大而变差。

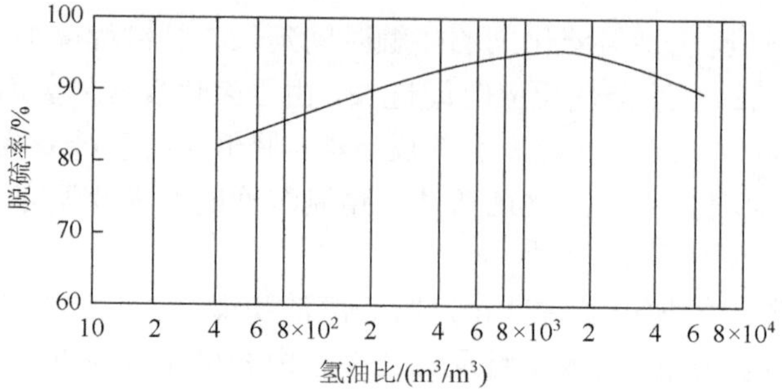

图 11-1-4　氢油比与脱硫率的关系

原料为 250～350℃直馏柴油馏分（含硫量 1.25wt%）；催化剂为 Co-Mo/Al_2O_3；反应条件为 5 MPa、371℃、2.5 h^{-1}

循环氢还起到热载体作用，大量的循环氢可以提高反应体系的热容量，从而可减小因加氢反应放热引起的反应温度上升的幅度。

此外，增加氢油比还有利于减缓催化剂的积炭速度，延长使用周期。但是，增加氢油比也将增加氢耗和能耗。因为大量氢气循环必然增加循环氢压缩机能耗，而且大量循环氢重复加热和冷却也必然增加换热能耗。因此，必须根据原料的性质、产品的要求，综合考虑各种技术和经济因素来选择合适的氢油比。例如，汽油馏分加氢处理的氢油比为 60～300 m^3/m^3，柴油馏分的为 150～500 m^3/m^3，减压馏分的为 300～1000 m^3/m^3。

总之，加氢处理的反应条件（温度、压力、空速、氢油比）需要根据原料性质和产品要求，综合考虑各种技术和经济因素来合理选择。

11.2　加氢处理催化剂

11.2.1　加氢处理催化剂的组成

加氢处理催化剂一般都是负载型的，最常用的制备方法是浸渍法，即由成型后的载体颗粒浸渍上活性金属组分而制成。此外，还可以采用混捏法，即由粉状载体、活性组分氧化物（或金属盐）、黏结剂一同混捏、成型而制成。

1. 活性组分

加氢处理催化剂的活性组分一般是过渡金属元素及其化合物。它们包括ⅥB族的 Mo、W 及Ⅷ族的 Co、Ni、Fe、Pd、Pt。这些金属元素都具有未充满的 d 电子轨道，同时，它们又都具有体心或面心立方晶格或六方晶格，也就是说从电子特性和几何特性上均具备作为加氢活性组分的条件。目前，工业上常用的加氢处理催化剂是以 Mo 或 W 的硫化物为主催化剂，以 Co 或 Ni 的硫化物为助催化剂所组成的。

近年来，对其他加氢催化剂活性组分进行了非常有意义的探索。例如，具有间隙填充结构的金属氮化物（氮化钼、氮化钨、氮化镍、氮化钴等）、金属碳化钨（碳化钼、碳化钨、碳化镍、碳化钴等）和金属磷化物（磷化钼、磷化钨、磷化镍、磷化钴等），研究发现此类金属化合物具有类 Pt 电子结构，因此具有很高的加氢和脱氢活性，对石油馏分加氢脱硫、加氢脱氮和芳烃加氢饱和显示出良好的活性。但是，金属氮化物和碳化物的制备方法苛刻（需要高温和严格的升温程序），耐硫、氮中毒能力不够理想，极大限制了其推广应用。金属磷化物，尤其是磷化镍制备方法简便，耐硫、氮中毒能力强，有可能取代 Mo、W、Ni、Co 金属硫化物和 Pt 成为新一代加氢催化剂活性组分，或取代贵金属 Pt 成为新一代重整催化剂活性组分。

由表 11-2-1 可以看出，钼或钴单独存在时其催化活性都不高，而两者同时存在时互相协合，表现出很高的催化活性，称为协同作用或协同效应（synergy or synergistic effect）。所以，目前加氢处理的催化剂几乎都是由一种ⅥB 族金属与一种Ⅷ族金属组合的二元活性组分所构成。其活性组分的组合可以有 Co-Mo、Ni-Mo、Ni-W、Co-W 等，它们对各类反应的活性是不一样的，其一般顺序如下

对加氢脱硫：Co-Mo＞Ni-Mo＞Ni-W＞Co-W；

对加氢脱氮：Ni-W＞Ni-Mo＞Co-Mo＞Co-W；

对加氢脱氧：Ni-W≈Ni-Mo＞Co-Mo＞Co-W；

对加氢饱和：Ni-W＞Ni-Mo＞Co-Mo＞Co-W。

表 11-2-1　Co-Mo/Al_2O_3 与 Co、Mo 单独存在时加氢脱硫效果的比较

在催化剂中含量/wt%		脱硫率/wt%
CoO	MoO_3	
19.0	0	31
4.9	15.0	92
0	20.2	41

所以，最常用的加氢脱硫催化剂是 Co-Mo 型的，而对于含氮较多的原料则需选用 Ni-Mo 或 Ni-W 型的加氢处理催化剂。

现也有用 Ni-Co-Mo、Ni-W-Mo 等三组元，甚至 Ni-Co-Mo-W 四组元作为加氢处理催化剂活性组分的。

研究发现，加氢处理催化剂中所含ⅥB 金属与Ⅷ族金属的比例对其活性有显著影响。图 11-2-1 所示为 Co-Mo 催化剂的金属原子比值 λ 与噻吩加氢脱硫转化率的关系。其中 λ 的含义为

$$\lambda = \frac{\text{Ⅷ族金属}}{\text{Ⅷ族金属} + \text{ⅥB族金属}}(\text{原子比})$$

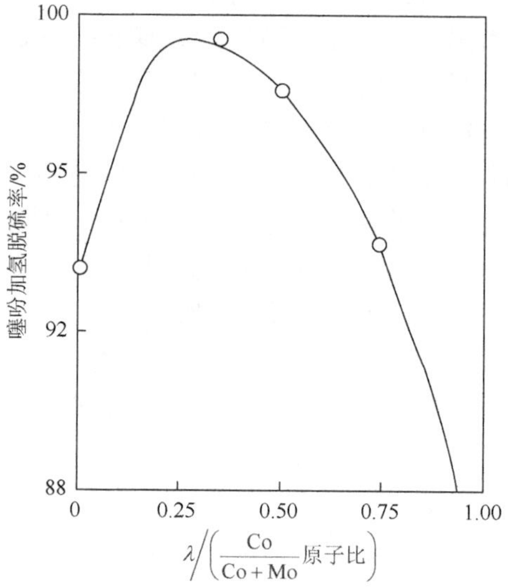

图 11-2-1　噻吩加氢脱硫与催化剂 λ 的关系

350℃，4 MPa，Co-Mo/Al_2O_3 催化剂

由图 11-2-1 可见，噻吩加氢脱硫的转化率先是随 λ 的增大而提高，达到最高值后又随 λ 的增大而降低，这说明对于二元金属组合，其 λ 有一最佳值。研究结果表明，对 Co、Ni、Mo、W 的金属硫化物催化剂，无论使用何种金属组合，无论进行何种加氢反应，其加氢活性总是在 λ 为 0.25～0.50 处呈现一最大值。

提高活性组分的含量，对提高催化剂的活性是有利的，但是也存在着一定的限度。当金属含量增加到一定程度后，若再增加，其活性提高的幅度减小，相对于催化剂成本的提高，就显得不经济了。一般认为，加氢处理催化剂中活性金属氧化物的质量分数以 15%～25%为宜，其中，CoO 或 NiO 为 3%～6%，MoO_3 为 10%～20%。近年来，随着清洁燃料生产的日益紧迫，为适应催化裂化汽油加氢脱硫的需求，提高催化剂的脱硫选择性，尽量减少由于烯烃加氢饱和引起的辛烷值损失，研制出了活性组分负载量较低的 Co-Mo 催化剂，金属氧化物含量在 8%～12%之间，而且λ值也提高到 0.4～0.5。

为了改善加氢处理催化剂的某方面性能，有时还需添加一些其他物质，主要是酸性组分磷、氟、硼等。如在 Ni-Mo 催化剂中加入磷，可以显著提高其加氢脱氮活性，表 11-2-2 中所列即为一例。

表 11-2-2　Ni-Mo 型加氢处理催化剂中添加磷的影响

催化剂	Ni-Mo	Ni-Mo-P
化学组成/wt%：		
MoO_3	17.0	19.0
NiO	3.1	3.8
P	—	1.34
相对脱氮活性	72	100

注：320℃，6.6 MPa。

2. 载体

γ-Al_2O_3 是加氢处理催化剂最常用的载体。一般加氢处理催化剂要求用比表面积较大的氧化铝，其比表面积达 200～400 m^2/g，孔体积为 0.5～1.0 cm^3/g。氧化铝中包含着大小不同的孔，根据国际纯粹与应用化学联合会（International Union of Pure and Applied Chemistry，IUPAC）的规定：将孔直径小于 2.0 nm 的称为微孔，孔直径在 2.0～50 nm 的称为介孔，大于 50 nm 的称为大孔。不同氧化铝的孔径分布是不同的，这取决于所用原料、制备方法和条件。有的氧化铝孔径分布范围较窄、比较集中，有的则分布较宽，也有的具有两个比较集中的孔分布区，即所谓双峰型的分布。石油馏分加氢催化剂载体需要发达的孔结构、连通的孔隙和适宜的梯度孔分布。对于馏分油的加氢处理多选用介孔较多的氧化铝，而对于渣油的加氢处理则宜选用孔径在介孔区和大孔区都比较集中的双峰型孔径分布的氧化铝。例如，对汽油或石脑油馏分的加氢处理，宜选用孔径分布集中在 3～6 nm 的 γ-Al_2O_3 载体；对煤柴油馏分的加氢处理，宜选用孔径分布集中在 4～8 nm 的 γ-Al_2O_3 载体；对减压馏分的加氢处理，宜选用孔径分布集中在 6～10 nm 的 γ-Al_2O_3 载体；对重质油的加氢处理，宜选用孔径分布集中在 10～20 nm 和 50～150 nm 双峰型孔径分布的 γ-Al_2O_3 载体。

加氢处理催化剂用的氧化铝载体中，有时还加入少量（5wt%～10wt%）的 SiO_2、TiO_2 和 Y、USY、β型沸石分子筛或 F、B 等酸性组分。少量 SiO_2 可抑制 γ-Al_2O_3 晶粒的增大，提高载体的热稳定性；少量 TiO_2 可降低活性组分与 γ-Al_2O_3 表面的强相互作用，有助于活性组分的硫化活化。少量沸石分子筛或 F、B 等可以增加载体的酸性，有助于提高催化剂的脱氮能力和芳烃饱和能力。若将 SiO_2 和沸石分子筛含量增至 10wt%～15wt%，则可使载体具有一定的酸性，从而可促进 C—N 键的断裂，提高催化剂的脱氮能力。

11.2.2　加氢处理催化剂的制备方法

催化剂性能的提升是加氢处理催化剂研究的永恒主题。近 30 年来，围绕加氢处理催化剂性能提升，主要开展了以下三个方面的制备技术研究：活性相、载体和催化剂制备方法。三者相互关联，互为支撑，综合协同达到催化剂性能提升的目标，关系如下。

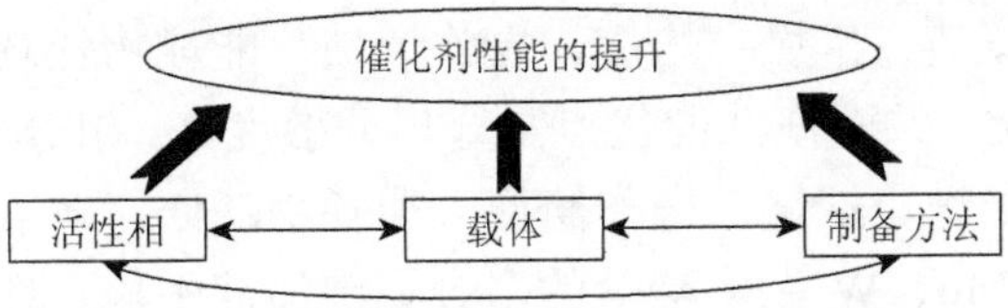

在活性相方面，主要采取的技术改进有增加活性组分负载量和采用新型活性组分及活性组分助剂两种技术路线。前者无疑会增加成本，也会受到载体孔容的限制，因此，近年来创立了非负载型催化剂制备技术。后者如采用 P、F、B 等助剂，采用贵金属 Pt、Pd、Ru 等活性组分，采用金属磷化物、氮化物、碳化物等新型活性组分。P、F、B 等助剂对催化活性的提升效果有限；贵金属成本高，对硫、氮等杂质耐受性差；除金属磷化物外，氮化物、碳化物等制备条件苛刻、难度大，且对硫、氮等杂质长期耐受性未得到证明，长周期活性稳定性仍有疑问。

在载体技术方面，主要是采用新型载体、载体制备技术改进和改变加氢脱硫的机理。例如，采用 TiO_2-Al_2O_3、无定形硅酸铝、分子筛、碳材料等新型载体，以调变活性组分与载体的相互作用、促进活性组分的分散；采用载体孔结构、表面定向控制制备技术，以获得适宜的孔结构和表面性质的定向控制；调变加氢/氢解选择性和采取加氢异构-脱硫协同机理，以提高加氢脱硫的选择性和对有空间位阻的难脱除硫化物的脱除活性。

在催化剂制备技术方面，主要采用新型前驱物、溶胶-凝胶制备技术和新型活化、硫化技术，以控制活性相的纳米结构，增加金属分散度，提高活性金属原子的暴露比例，促进活性位的形成，减少金属-载体强相互作用（SIMS）。

工业上加氢催化剂的制备通常有三种方法：共沉淀法、混捏法和浸渍法。共沉淀法适用于活性组分含量高（一般为 30%～80%）、孔容较小的加氢催化剂的制备，如 Ni-Al、Ni-Zn-Al、Ni-Cu-Al、Ni-Cu-Zn-Al 等精细化工加氢催化剂，石油馏分加氢处理催化剂不常用该方法。混捏法是将活性组分前驱物（Mo、W 的杂多酸盐、Ni 和 Co 的硝酸盐、乙酸盐、碱式碳酸盐等）、载体粉料（拟薄水铝石）、助剂、扩孔剂、胶溶剂、水等直接混捏，然后经成型、干燥、焙烧后制得催化剂。该法的优点是一次混捏成型、干燥、焙烧，制备流程简单，活性组分含量和比例不受限制，容易操作，能耗物耗低；缺点是活性组分与载体的强相互作用难以避免，活性组分分散度不高，还存在部分活性组分被载体包埋或覆盖，活性组分利用率低。

浸渍法是石油馏分加氢处理催化剂工业制备最常用的方法。该方法分别制备载体和浸渍活性组分。先将载体粉料（拟薄水铝石）、载体助剂、扩孔剂、胶溶剂、水等混捏，然后经成型、干燥、焙烧后制得成型载体；最后用活性组分前驱物（Mo、W 的杂多酸盐、Ni 和 Co 的硝酸盐、乙酸盐、碱式碳酸盐等）和活性组分助剂溶液浸渍载体，经干燥、焙烧后制得催化剂。双金属或多金属活性组分的浸渍可以采取分步浸渍法或共浸渍法。分步浸渍法的优点是活性金属比例容易控制，缺点是需要二次或多次浸渍、干燥、焙烧，操作烦琐，能耗物耗高，金属组分之间的协同效应难以最优化。共浸渍法的优点是金属分散度高，组分之间的协同效应好，只需要一次浸渍、干燥、焙烧，操作简便，能耗物耗低；缺点是活性金属比例难以控制，尤其是含 Mo、W 杂多酸盐的多金属浸渍液不稳定性，难以获得稳定的

Co、Ni、Mo、W 多金属浸渍液并随意调整金属比例，有时需要加入稳定剂，如柠檬酸、EDTA、乙二胺等多齿配体和磷酸等，以保持浸渍液稳定。图 11-2-2 就是一例，由图可见，Mo-Ni-P 浸渍液的 Mo、Ni、P 比例必须严格控制在一定的区域，才能得到稳定的 Mo-Ni-P 溶液。

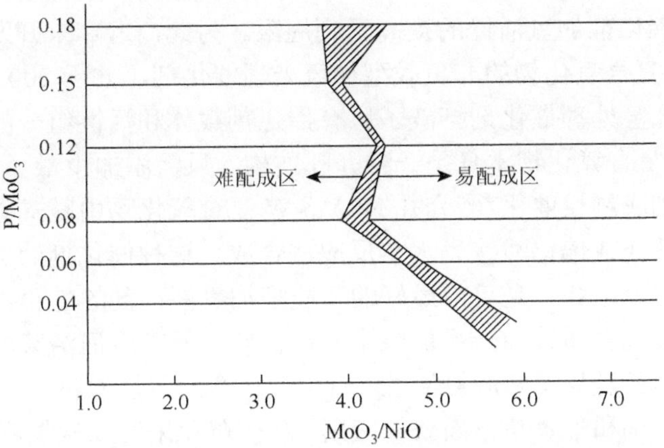

图 11-2-2　投料比与 Ni-Mo-P 溶液可配性的关系

根据浸渍液用量与载体吸水量的比例，浸渍法又可以分为饱和浸渍法（或称为初润湿浸渍法）和过饱和浸渍法，饱和浸渍法较为常用。饱和浸渍法中浸渍液体积等于或稍小于载体吸水体积，其优点是活性组分负载量容易控制，没有过剩浸渍液的处理问题，但缺点是活性组分最大负载量受浸渍液浓度限制。过饱和浸渍法中浸渍液体积大于载体吸水体积，其优点是活性组分负载量大，缺点是有过剩浸渍液的处理问题。

工业固定床加氢处理催化剂通常直径为 0.8～2.0 mm、长度 2～8 mm 的条状颗粒，重油或渣油移动床和沸腾床加氢处理所用的催化剂也可以是直径 1.0～2.0 mm 的球状颗粒，以利于流动输送。条状颗粒的截面可以是圆形、三叶草形、四叶草形或蝶形（变形的四叶草）。

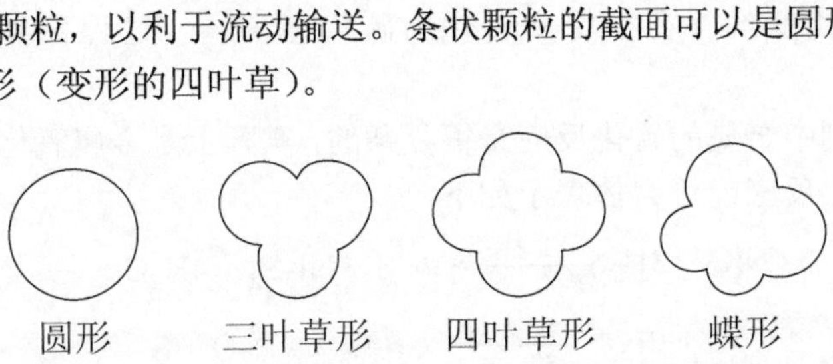

研究发现，异形条状颗粒催化剂的截面形状对反应器床层空隙率和压降有很大影响。床层空隙率增大，压降减小，传质阻力降低，加氢效果提高，容垢能力增加，循环氢压缩机能耗降低，操作周期延长。床层空隙率由小变大的顺序大致

为：圆形＜三叶草形＜四叶草形＜蝶形，压降由大变小的顺序大致为：圆形＞三叶草形＞四叶草形＞蝶形。近年来，随着对加氢处理装置操作周期延长的要求提高（操作周期由 2 年左右延长到 3 年左右），加氢处理催化剂更多采用三叶草形、四叶草形或蝶形等异形颗粒。

由于受到载体孔容的限制，负载型加氢处理催化剂的活性组分负载量一般不能超过 33%，催化剂加氢活性的提高受到局限。为此，近年来开发出了一种基于介孔 Ni-Mo-W 复合氧化物的非负载型加氢处理催化剂，并于 2001 年实现了商业化应用。此类加氢处理催化剂打破了原有催化剂载体和活性组分的界限，其主要组分 Ni-Mo-W 复合氧化物本身是一种介孔结构，只需添加少量（15%～20%）黏结剂黏结即可制成颗粒催化剂。介孔 Ni-Mo-W 复合氧化物由碱式碳酸镍、钼酸（或钼酸铵）和钨酸（或偏钨酸铵）水热反应法合成。这种催化剂的加氢活性（加氢脱硫、脱氮和芳烃饱和）是目前最好的负载型加氢催化剂的 3 倍，在常规加氢处理条件下可以实现劣质柴油一次加氢生产超低硫、低密度清洁柴油。而且，由于该催化剂超高的芳烃加氢和脱氮活性，有可能在含硫芳烃原料（如煤焦油苯和萘）一步加氢制环己烷和十氢萘方面获得应用，从而避免采用二次加氢（先加氢脱硫，再芳烃加氢）工艺和使用昂贵的贵金属催化剂，降低投资和操作费用。也有可能用于蜡油馏分加氢裂化的加氢处理，得到超低（＜1 μg/g）氮含量的原料，以避免裂化催化剂氮中毒，更好地发挥裂化催化剂的效能。

11.2.3　加氢处理催化剂的预硫化

研究表明，Co、Ni、Mo、W 的氧化物并不具有加氢活性，只有以硫化物状态（实际上是低价态、非化学计量的金属硫化物）存在时才具有较高的加氢活性。由于这些金属的硫化物易于氧化且不便运输和储存，所以目前加氢处理催化剂大多数还是以其氧化态装入反应器，然后再在反应器内在一定温度、氢气和硫化氢的存在下将其转化为硫化态，这一过程称为器内预硫化或原位预硫化。

上述催化剂中金属的硫化反应是很复杂的，实际上是金属氧化物的还原-硫化过程，是强放热反应，可大体表示如下

$$4NiO + 3H_2S \xrightarrow{H_2} NiS + Ni_3S_2 + 4H_2O$$

$$9CoO + 9H_2S \xrightarrow{H_2} Co_9S_8 + 9H_2O + S$$

$$WO_3 + 3H_2S \xrightarrow{H_2} WS_2 + 3H_2O + S$$

$$2MoO_3 + 6H_2S \xrightarrow{H_2} MoS_2 + MoS_3 + 6H_2O + S$$

在预硫化过程中最关键的问题，就是要避免催化剂床层飞温和催化剂中活性金属氧化物与硫化氢反应前被热氢还原。因为被还原生成的金属态 Co、Ni、Mo 及 W 或其低价氧化物（如 Mo_2O_5 和 MoO_2）较难与硫化氢反应转化为具有加氢活性的低价态硫化物，而金属态的 Co 和 Ni 又易于使烃类氢解并加剧生焦，从而降低催化剂的活性和稳定性。

加氢处理催化剂的预硫化过程有两种：一是干法预硫化，即采用含硫化氢的氢气硫化；二是湿法预硫化，即将易分解的低分子有机含硫化合物加入原料油中进行，若原料油本身硫含量很高，也可依靠其自身硫化。但是，自身硫化的效果不如外加硫化剂硫化。我国常用的硫化剂是二硫化碳和二甲基二硫化物，也有用正丁基硫醇和二甲基硫醚的，它们的硫含量及分解温度见表 11-2-3。其中，二甲基二硫化物硫含量较高，分解温度较低，比较安全，应用最广泛。

表 11-2-3　常用硫化剂的性质

硫化剂	硫含量/wt%	分解温度/℃
CS_2	84.2	175
CH_3SSCH_3	68.1	200
n-C_4H_9SH	34.7	225
$(CH_3)_2S$	51.1	250

此类催化剂预硫化的速度和程度与硫化温度有密切的关系。硫化速度随温度的升高而增加，而每个温度下催化剂的硫化程度有一极限值，达到此值后即使再延长时间，催化剂上的硫含量也不会明显增加。这说明催化剂上存在着硫化难易程度不同的活性组分。工业上，加氢处理催化剂的器内预硫化采用逐步升温、梯次预硫化的办法，温度一般在 230～330℃，如表 11-2-4 所示，预硫化温度过高对催化剂的活性不利。

表 11-2-4　预硫化温度对加氢处理催化剂活性的影响

预硫化温度/℃	催化剂 A		催化剂 B	
	加氢脱硫相对活性/%	加氢脱氮相对活性/%	加氢脱硫相对活性/%	加氢脱氮相对活性/%
270	138	103	101	122
300	132	103	107	118
330	127	101	105	119
370	120	101	89	108

器内预硫化需要设置专门的预硫化设施（硫化剂储罐、进料泵、管道、阀门和控制系统），并且存在着硫化度不高、不安全、床层飞温风险、腐蚀、环保等一系列问题。为此，近年来开发出了加氢催化剂器外预硫化技术，即在催化剂制造

过程中采用特殊的技术和专门的预硫化装置将催化剂预先硫化制成硫化态催化剂，或将固体和液体硫化剂预制在催化剂中并经处理制成半预硫化的催化剂。此类催化剂装入反应器后只需要经过氢气存在下的升温处理即可使用，从而避免了器内预硫化的麻烦，缩短了加氢装置的开工时间，也提高了催化剂的活性。目前，国外预硫化型加氢处理催化剂的应用较为广泛，我国应用较少。可以预见，未来预硫化型加氢处理催化剂会获得广泛使用，而且，其他石油馏分加氢催化剂（包括加氢裂化催化剂）也会逐渐采用预硫化制备技术。

11.2.4 加氢处理催化剂的失活及再生

加氢处理催化剂在运转过程中产生的积炭是使催化剂暂时失活的主要原因。加氢处理过程中，难免伴随着聚合、缩合等副反应，特别是当加工含有较多的烯烃、二烯烃、稠环芳烃和胶状沥青状物质的原料时更是如此。这些副反应形成的积炭逐渐沉积于催化剂表面，覆盖其活性中心，从而导致催化剂活性不断下降。一般来讲，加氢处理催化剂上的积炭达 10wt%～15wt%时，就需要再生。

同时，在长期经受高温和氢气的条件下，作为加氢催化剂活性组分的负载在载体上的金属硫化物纳米粒子（2～5 nm）会发生表面迁移、聚集、熔并和长大，从而使催化活性表面积降低而造成活性下降。再者，含氧化合物和微量水的存在也会使催化剂因硫流失而失活。此外，原料中尤其是重质原料中某些金属元素会沉积于催化剂上，堵塞其孔道，使加氢处理催化剂永久性失活。

加氢处理催化剂上的积炭可以通过烧焦而除去，以基本恢复其活性。但须指出，在烧焦的同时，金属硫化物也要发生燃烧，所以释放的热量是很大的，见表 11-2-5。若不加控制，再生温度就会太高。而过高的再生温度会造成活性金属组分的熔结，从而导致催化剂活性的降低甚至丧失；此外也会使载体的晶相发生变化，晶粒增大，表面积缩小。当有蒸汽存在时，在高温下上述变化更为严重。而再生温度过低，则会使催化剂上积炭燃烧不完全，或燃烧时间过长。实践证明，加氢处理催化剂的最高再生温度一般都控制在450～480℃。

表 11-2-5 加氢处理催化剂再生的反应热

反应	$\Delta_r H_m^{\ominus}$ /（kJ/mol）
$MoS_2+\frac{7}{2}O_2 \longrightarrow MoO_3+2SO_2$	−1106
$CoS+\frac{3}{2}O_2 \longrightarrow CoO+SO_2$	−448

续表

反应	$\Delta_r H_m^\ominus$ / (kJ/mol)
$C+O_2 \longrightarrow CO_2$	−394
$H_2+\frac{1}{2}O_2 \longrightarrow H_2O$	−247

催化剂再生时，采用在惰性气体中加氧的方法进行。氧含量从 0.5%逐渐提高到 1.0%。所用的惰性气体可以是蒸汽也可以是氮气，其中以用氮时活性恢复效果较好，再生速度也较快。

加氢催化剂的再生可以采取器内的方式，即装置停工后无需卸出催化剂，通入再生气体逐步升温再生；也可以采取器外的方式，即将催化剂卸出，然后在专门的再生装置中再生。目前加氢催化剂的再生已经全部采用器外再生。器外再生的优点：可以剔除催化剂结块和粉尘、再生完全、活性恢复度高，完全避免了对加氢装置的腐蚀和再生飞温的风险。

11.2.5　加氢处理催化剂的催化作用机理

由ⅥB 族和Ⅷ族金属硫化物构成的加氢处理催化剂，虽已长期广泛应用，但对其作用机理，尤其是催化活性相的结构和活性位的形成机理迄今尚无定论。此处仅以 Co-Mo/Al_2O_3 催化剂为例，介绍一些学者的代表性看法。

1. MoS_2 纳米粒子的结构与活性位

对于 Co-Mo/Al_2O_3 催化剂中的 MoS_2 一般都认为是层状结构的纳米晶粒，如图 11-2-3 所示。其中，阳离子处于两个被硫离子紧密填充的填充层之间，其单个晶粒的层数并不多，一般为 1～5 层。研究表明，这些晶粒的边和角及缺陷处在催化过程中起决定性作用。

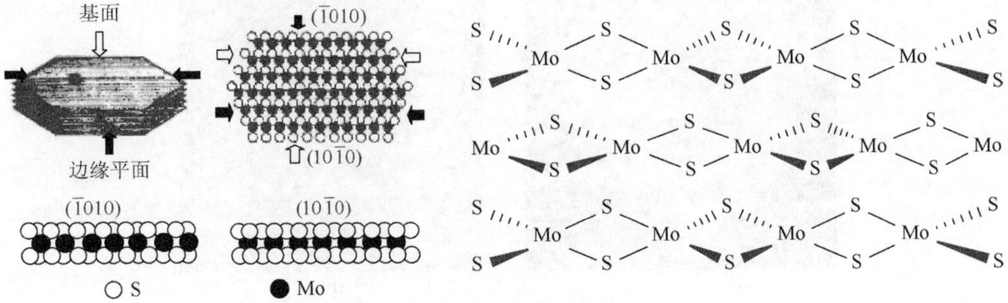

图 11-2-3　MoS_2 层状结构示意图

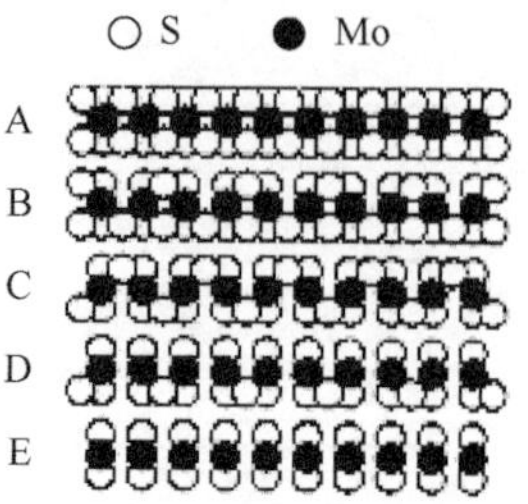

图 11-2-4　MoS_2 纳米粒子边位和角位的 CUS 位结构示意图

A. 无 CUS 的边；B. 有 1 个 CUS 位的边；C. 有 2 个 CUS 位的边；D. 有 3 个 CUS 位的边；E. 有 4 个 CUS 位的边（最大）

研究表明，在一定温度（>200℃）和 H_2 或还原剂存在下，MoS_2 纳米粒子片层边角位的 Mo 原子失去 S 原子，部分还原出现 S 阴离子空缺位，称为硫阴离子空位（coordinatively unsaturated metal sites，CUS）。HDS 反应活性中心与催化剂表面存在的配位不饱和阴离子中心（即硫阴离子空位）密切相关。如图 11-2-4 所示，MoS_2 纳米簇的边位和角位均有可能形成 CUS 位，1 个 Mo 原子周围最多可形成 4 个 CUS 位（图 11-2-4 中 E 所示）。实际上，1 个 Mo 原子周围形成 2 个以上 CUS 位的情况很难出现（图 11-2-4 中 C 和 D 所示），绝大多数情况下，只能出现 1 个 CUS 位（图 11-2-4 中 B 所示），甚至只有很少一部分的边位和角位 Mo 原子周围才有可能形成 CUS 位。

如图 11-2-5 所示，MoS_2 纳米簇的扫描隧道显微图像（scanning tunneling microcopy，STM）研究揭示了单晶金表面气相沉积的纳米 MoS_2 原子簇的形貌为三角形，与体相 MoS_2 的六边形结构并不一致，当引入助剂 Co 以后，晶粒的形状发生了变化，由三角形变为截角六边形——削角三角形。图 11-2-6 进一步说明，纳米 Ni-Mo-S 原子簇的形貌也为截角六边形，助剂原子 Ni 位于 MoS_2 原子簇的硫边位置，当 MoS_2 纳米粒子进一步变小时会变为十二边形——向球形过渡，晶粒的边缘位置有空位生成——CUS 位（S 空穴）加氢脱硫活性位。图 11-2-7 为 Co-Mo-S 和 Ni-Mo-S 纳米簇结构的示意图，如图所示，六边形的长棱边为 MoS_2，短棱边（削角边）为 CoMoS 或 NiMoS，纳米粒子进一步变小为十二边形，各个棱边均为 NiMoS。这说明，助剂 Co 或 Ni 可以与 MoS_2 原子簇的硫边相互作用，在边缘位置形成 CoMoS 或 NiMoS 结构。

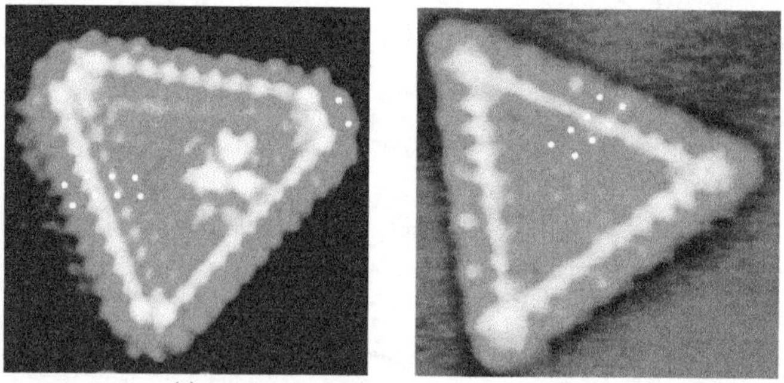

(a)　　(b)

图 11-2-5　Co-Mo-S（a）和 MoS_2（b）纳米簇的 STM 显微图像

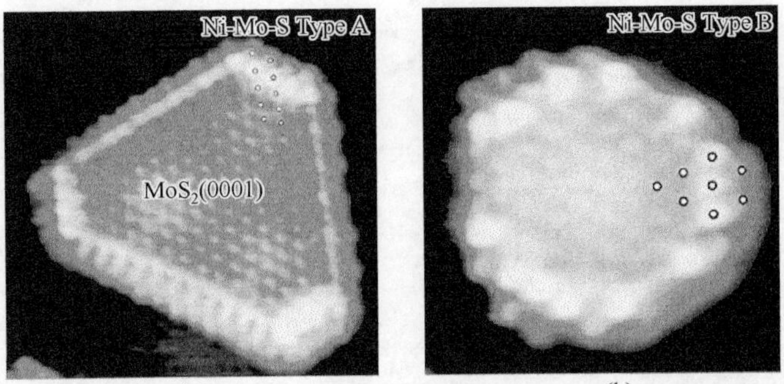

图 11-2-6　Ni-Mo-S 纳米簇的 STM 显微图像

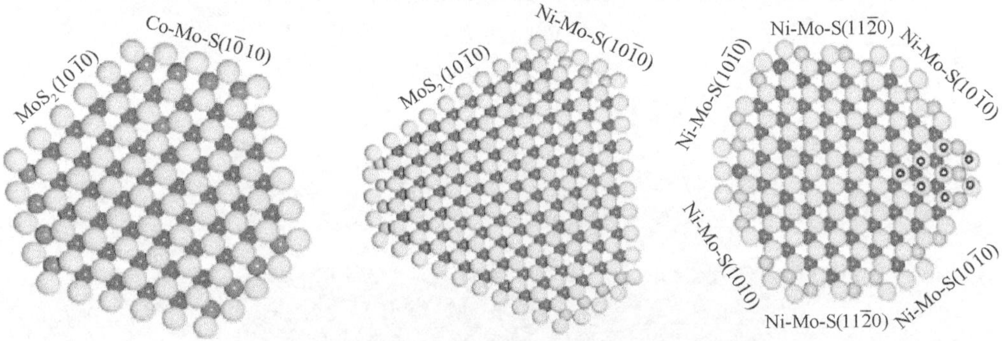

图 11-2-7　Co-Mo-S 和 Ni-Mo-S 纳米簇结构的示意图（请见封底二维码扫描出彩图）

黄色球表示 S 原子；黑色球表示 Mo 原子；绿色球表示 Ni 原子

Al_2O_3表面负载的MoS_2纳米粒子的结构，可能存在可以相互转化的两种方式，如图 11-2-8 所示。一是物理吸附在 Al_2O_3 表面上的 MoS_2 单层结构，二是化学键合在 Al_2O_3 表面上的 MoS_2 单层结构，后一结构由于存在 Mo-O-Al 桥键，存在金属-载体表面强相互作用（strong interaction of metal and support，SIMS），这是金属活性组分难以完全硫化活化的根源。因此，通过金属活性组分前驱物的选择、载体表面结构的调变和催化剂制备方法和处理条件的优化来降低金属-载体表面强相互作用，它是提高加氢处理催化剂活性的有效方法之一，也是近年来研究的热点之一。

图 11-2-9 为 Ni-Mo/硅藻土催化剂的高分辨透射电子显微（HRTEM）图像，表明活性相 MoS_2 和 NiS_x 纳米粒子为层状结构。其中，黑色粗条纹为 MoS_2 纳米粒子，层间距（晶面间距）约为 0.61 nm；黑色细条纹为 Ni_3S_2 纳米粒子，层间距（晶面间距）约为 0.27 nm。

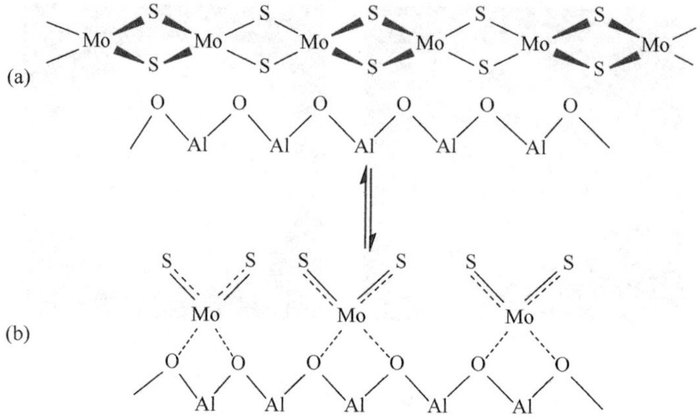

图 11-2-8　Al_2O_3 表面负载的 MoS_2 纳米粒子结构示意图

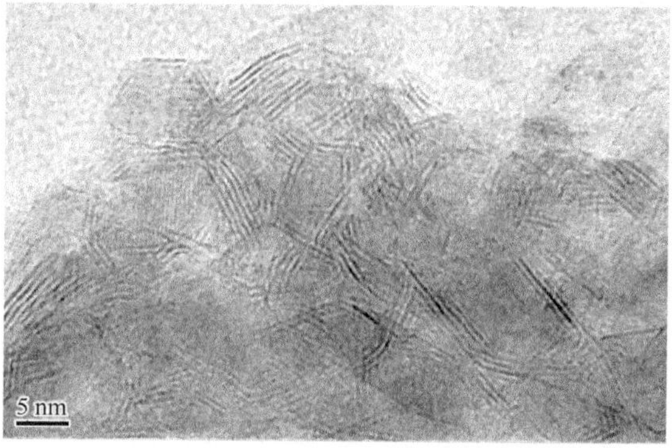

图 11-2-9　Ni-Mo/硅藻土催化剂的 HRTEM 图像

如图 11-2-10 所示，MoS_2 纳米粒子在 Al_2O_3 表面的负载方式主要有两种：一种是 MoS_2 晶片侧面“站立”在载体表面上；另一种是 MoS_2 晶片基面“平躺”在载体表面上，负载方式影响位于 MoS_2 晶片边角位的 Co 原子的电子态。研究表明：当 MoS_2 晶片“站立”在载体上时，显著影响直接与载体相连的 Mo 原子相连的 Co 的电子态，MoS_2 晶片越小，影响越显著。当 MoS_2 晶片“平躺”在载体上时，显著影响与底层 Mo 原子相连的 Co 的电子态。随着 MoS_2 晶片的长大，更趋向于“平躺”吸附在载体表面上。由于 Co 原子半径小，有一部分还会插入载体晶格内部甚至与载体反应形成铝酸钴，失去催化活性。

研究还表明，负载型 MoS_2 纳米粒子上主要有两类加氢活性相：Ⅰ型活性相位于与载体表面直接相连的单层 MoS_2 晶片上；Ⅱ型活性相位于不与载体表面直接相连的多层 MoS_2 晶片上。Ⅰ型活性相位的加氢活性较低，但氢解脱硫选择性较高；Ⅱ型活性相位的加氢活性较高，大约是Ⅰ型活性相位的 2 倍，但氢解脱硫

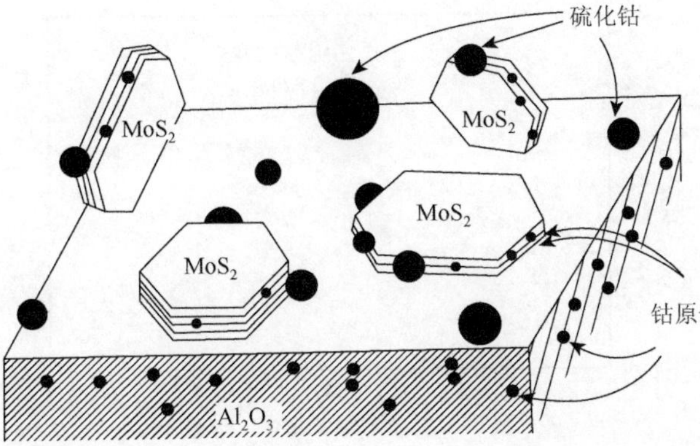

图 11-2-10　MoS_2 纳米粒子在 Al_2O_3 表面的负载方式示意图

选择性降低。此外，由于 MoS_2 属于六方晶相，单层 MoS_2 晶片呈六边形，当纳米粒子的尺度为几个纳米时，单层 MoS_2 晶片呈多边形或不规则的十二边形，其角位和边位的加氢脱硫和烯烃或芳烃加氢活性和选择性也有所不同。角位的加氢活性更高，但氢解脱硫选择性较低。这说明石油馏分的加氢处理（加氢脱硫、脱氮、烯烃加氢饱和、芳烃加氢饱和等）是结构敏感性反应。因此，MoS_2 纳米粒子的大小，包括晶片长度（直径）和厚度（堆垛层数）对加氢脱硫活性和选择性有显著影响。研究表明，MoS_2 纳米粒子晶片长度在 2.0～4.0 nm，堆垛层数在 3～4 层为宜，此时，加氢脱硫活性和选择性较高。例如，随 MoS_2 纳米粒子晶片长度增大，Ⅰ型和Ⅱ型活性相数目减少，加氢活性降低；而随厚度（堆垛层数）增加，Ⅱ型活性相数目增加，加氢活性提高。所以，对石油馏分深度加氢脱硫来说，适度减少 MoS_2 纳米粒子的晶片长度和适度增加堆垛层数对提高活性有利。如图 11-2-11 所示，MoS_2 晶簇平均堆积层数与二苯并噻吩加氢脱硫路径的选择性（加氢与氢解路径的比例，HDY/DDS）成正比，这说明高堆垛层数有利于二苯并噻吩的“平躺吸附”，而且当堆垛层数为 2 时，加氢路径选择性几乎为 0，说明两层的 MoS_2 晶簇其棱边位的空间尺度可能难以容纳二苯并噻吩分子的“平躺吸附”。

总之，以上结果说明，石油馏分加氢处理催化剂研究的重点就在于通过活性组分前驱物的选择、助剂的调变、制备方法的改进和条件的优化，实现 MoS_2 纳米粒子形貌、尺度、晶面取向的可控构建，从而提高加氢活性相的本征活性。

2. MoS_2 纳米粒子上加氢脱硫的反应机理

^{35}S 放射性示踪研究表明，在负载型硫化态 Co、Ni、Mo、Co-Mo、Ni-Mo 催

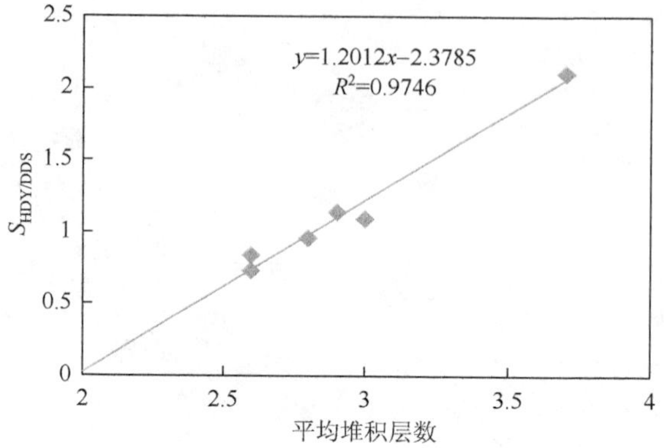

图 11-2-11　MoS_2 晶簇平均堆积层数与二苯并噻吩加氢脱硫路径选择性的关联

Ni_2P-MoS_2/Al_2O_3 催化剂，2.0 MPa，300℃

化剂上存在反应物分子中 S 与催化剂上 S 的交换，反应物分子中的 S 并不是一步直接以 H_2S 的形式释放出来，而是先与催化剂上的 S 进行交换反应，然后催化剂上的 S 再与氢气进行反应，以 H_2S 的形式释放出来。而且，进一步的研究发现，如图 11-2-12 所示，二苯并噻吩 HDS 活性与催化剂上 CoS_x 和 NiS_x 中可交换 S 的比例成正比。进而如图 11-2-13 所示，二苯并噻吩 HDS 活性与催化剂上 MoS_2 中可交换 S 的比例也成正比，不同的活性组分和负载量，S 交换能力不同，HDS 活性不同。如图 11-2-14 所示，CoMo/Al_2O_3 催化剂上 ^{35}S 交换与噻吩氢解的动力学变化趋势一致，而且高温下的活化能相近，低温下的活化能差别较大，这说明 HDS 活性与催化剂上的 S 交换有关，但不完全等同。HDS 活性还可能与氢气的解离吸附能力密切相关。研究还证实了在负载型硫化态 Co、Ni、Mo、Co-Mo、Ni-Mo 催化剂上解离吸附的氢以—SH 基的形式存在。

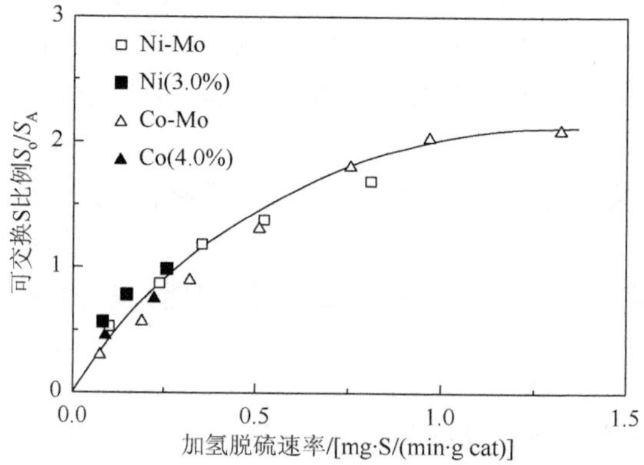

图 11-2-12　催化剂上 CoS_x 和 NiS_x 可交换 S 比例与二苯并噻吩 HDS 活性关系

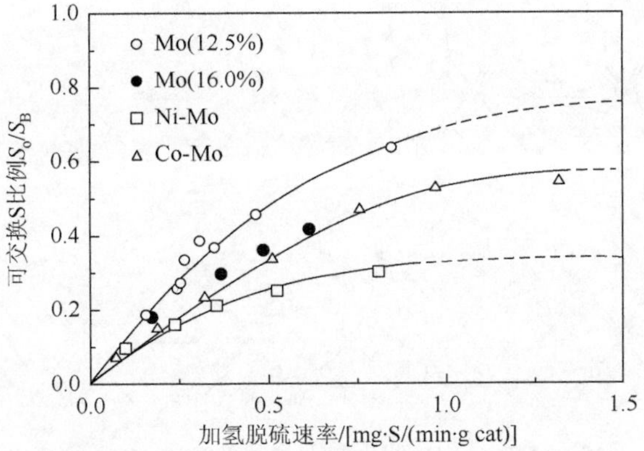

图 11-2-13　催化剂上 MoS_2 可交换 S 比例与二苯并噻吩 HDS 活性关系

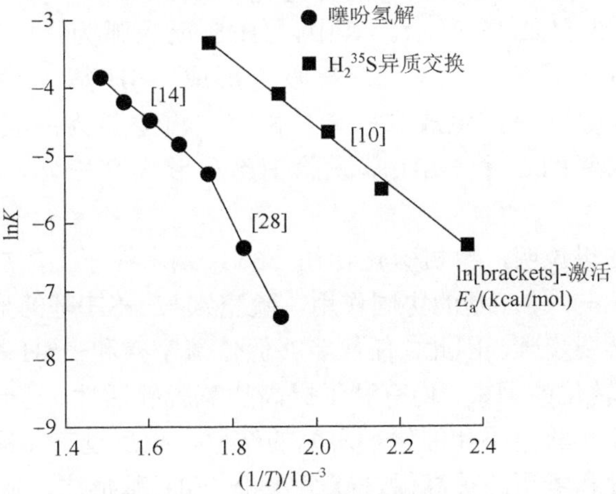

图 11-2-14　$CoMo/Al_2O_3$ 催化剂上 ^{35}S 交换与噻吩氢解的 ln$K$-1/T 关系

表 11-2-6 的结果说明，硫化态 Ni/Al_2O_3 催化剂上 S 交换能力随温度升高而增加，这解释了为什么催化剂的 HDS 活性随温度升高而增加的原因。

表 11-2-6　硫化态 Ni/Al_2O_3 催化剂上 S 交换能力随温度的变化

温度/℃	360	380	400
可交换 S 量/(mg·S/g cat)	7.2	9.9	12.8

基于以上研究结果，提出了 MoS_2/Al_2O_3 催化剂上二苯并噻吩 HDS 的反应机理：氢气解离吸附形成—SH 基，相邻的 2 个—SH 基脱除 H_2S 形成 S 空穴，二苯并噻吩以 S 原子“端连”吸附在 S 空穴上，然后与相邻的 2 个—SH 基发生作用，C—S 键氢解，生成脱硫产物二联苯，如图 11-2-15 所示。

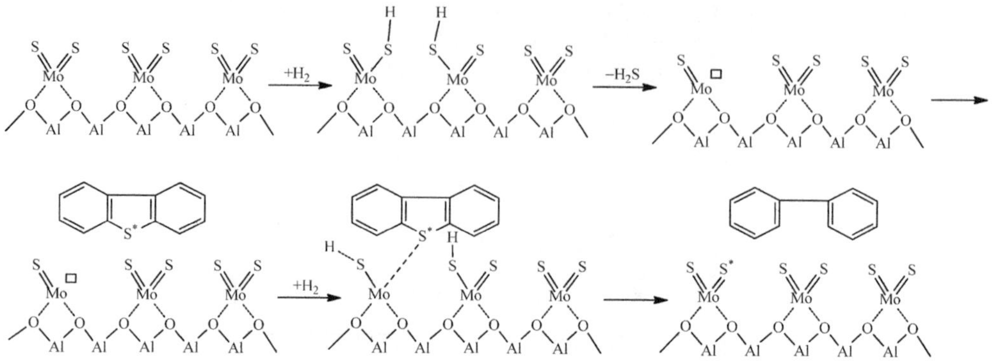

图 11-2-15　MoS_2/Al_2O_3催化剂上二苯并噻吩 HDS 的反应机理

进一步研究发现，硫化态 $CoMo/Al_2O_3$ 催化剂上二苯并噻吩的 HDS 是催化循环过程，如图 11-2-16 所示。其中，HDS 反应弧为：二苯并噻吩以 S 原子“端连”吸附在 S 空穴上，氢气解离吸附形成—SH 基，在相邻的 2 个—SH 基作用下，C—S 键氢解，生成二联苯；S 空穴再生弧为：氢气再次解离吸附形成—SH 基，相邻的 2 个—SH 基脱除 H_2S，形成 S 空穴。以上催化步骤循环进行。

总之，以上结果说明，有机硫化物在 MoS_2 纳米粒子上的加氢脱硫反应需要硫空穴（CUS 位）与—SH 基的协同作用，硫空穴与—SH 基的形成和相互转化是构成催化循环的必要步骤。因此，任何能够促使硫空穴和—SH 基形成，促进硫空穴与—SH 基相互转化的因素，均有利于提高加氢脱硫活性。这一理论很好地解释了所有的加氢脱硫实验结果和催化剂研究的结果，也反过来印证了这一理论的正确性。例如，温度和氢压的提高促进硫空穴和—SH 基形成，加快硫空穴与—SH 基相互转化的催化循环，因此，随温度和氢压的提高加氢脱硫活性增加。又如，随 MoS_2 纳米粒子尺度的减小，边角位 Mo 原子的比例增加，有利于硫空穴和—SH 基形成，催化剂的加氢脱硫活性增加。

3. Co 对 Mo 助剂作用的机理

至于 $Co-Mo/Al_2O_3$ 催化剂中 Co 的位置及 Co 与 Mo 的联结方式，则有下列几种不同的看法。

1）单层分散模型

单层分散模型（single-layer model）认为焙烧过的氧化态 $Co-Mo/Al_2O_3$ 催化剂中的 Mo 物种与 Al_2O_3 通过表面的—OH 基团结合形成氧桥键，以单层形态键合于氧化铝的表面。Mo^{6+}与单分子层上部所谓“覆盖层”中 O^{2-}结合抵消多余正电荷，钴以 Co^{2+}的形式取代 Al^{3+}占据 Al_2O_3 表面四面体空位，钴的作用是取代与 Mo 单分子层相

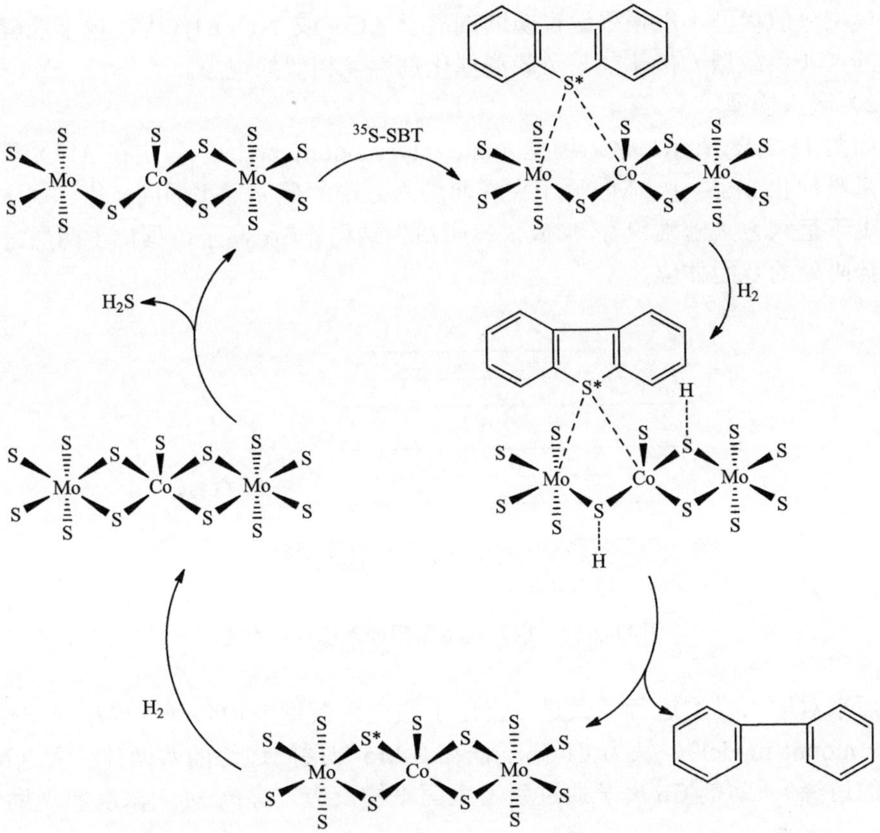

图 11-2-16　硫化态 $CoMo/Al_2O_3$ 催化剂上二苯并噻吩 HDS 的催化循环

邻的表面 Al^{3+}，提高 Mo 单分子层的稳定性。硫化后，硫离子（S^{2-}）将取代“覆盖层”中的氧离子（O^{2-}）。在临氢条件下，移除部分 S^{2-} 使相邻的 Mo^{6+} 还原为 Mo^{3+}，Mo^{3+} 被认为是加氢脱硫的活性中心。图 11-2-17 为单层分散模型示意图。

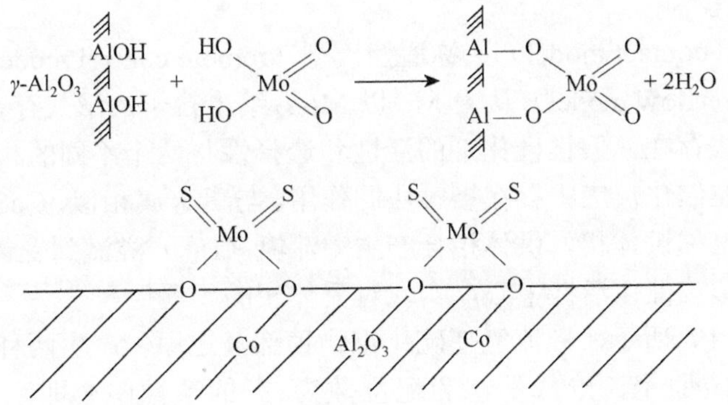

图 11-2-17　单层模型 Mo 与载体 Al_2O_3 相互作用示意图

单层分散模型不能很好地说明助剂离子（Co 或 Ni）的作用，也不能解释无载体的（非负载型）催化剂与负载型催化剂性能相似的现象。

2）嵌入模型

如图 11-2-18 所示，嵌入模型（inter-layer mount model）假定在 Al_2O_3 载体表面纳米晶片状 MoS_2 中，Mo 原子夹在两层六方形的硫原子平面间（每一层中，硫原子上下呈六方紧密堆积），形成“三明治”结构。Co 离子占据位于两层之间范德华势阱处的八面体位。

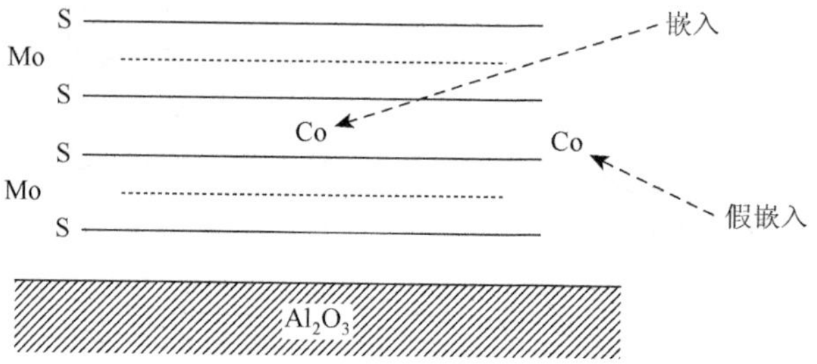

图 11-2-18　嵌入模型和假嵌入模型示意图

后来对嵌入模型进行了改进，提出了假嵌入模型或边角嵌入模型（edge and corner mount model），认为 Co 离子嵌在 S-Mo-S 层间边缘的八面体位置（MoS_2 晶体的边缘）。助剂 Co 离子通过引发表面重构反应，提高 Mo^{3+}浓度实现助催化作用。

$$Co^0+2Mo^{4+} \longrightarrow 2Mo^{3+}+Co^{2+}$$

催化活性中心被认为是位于边缘位置暴露的缺硫的 Mo^{3+}。

有研究发现，这一模型的不足之处在于将 Co_9S_8 与 MoS_2 均匀混合后，也表现出良好的助催化效应，很难用嵌入模型解释。

3）接触模型

接触模型（contact model）又称遥控模型（remote control model）或氢溢流模型（hydrogen overflow model），认为 Mo 以 MoS_2 纳米粒子的形式存在，Co 以 Co_9S_8 纳米粒子的形式存在。假设催化剂的活性和选择性与两个不同的相有关，这两个不同的相之间在催化反应中存在接触协同作用。与贵金属相似，CoS_x 可以活化氢，这些活化氢相也称供体相。供体相会产生溢流氢（H_{so}）溢流到受体相 MoS_2 纳米粒子上，从而影响催化活性中心，实现对受体相的“遥控”。

如图 11-2-19 所示，溢流氢使硫化钼物种部分还原，产生两种活性中心。一种是通过移除硫原子，形成不饱和配位数为 3 的活性中心即配位不饱和中心（CUS），这些活性中心是加氢中心。在更为苛刻的还原条件下，邻近 CUS 位的

Mo 原子上会有 Mo-SH 基团生成。这些活性中心与催化剂加氢脱硫活性有关。如果实验条件不同，产生的溢流氢数量不同，可以引起 Mo 离子还原程度不同，从而引起加氢中心和氢解中心之间的相互转化。

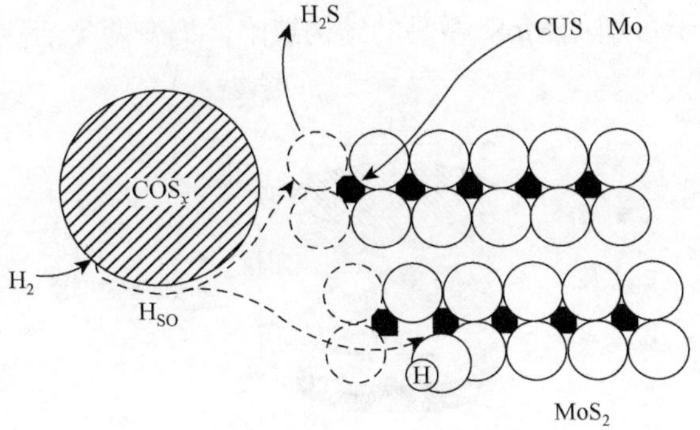

图 11-2-19　遥控模型示意图

这一模型比较符合近代仪器分析得出的催化剂活性相微观分析的实际情况，得到了实验结果的验证，也是目前学术界较为普遍接受的模型之一。

如图 11-2-20 所示，二苯并噻吩（DBT）在不同催化剂上、不同装填方式下的加氢脱硫活性证实 Ni_2P 和 MoS_2 之间存在协同或助剂效应，协同效应随接触距离增加迅速降低，这说明“溢流氢”在迁移过程中存在“猝灭”过程。

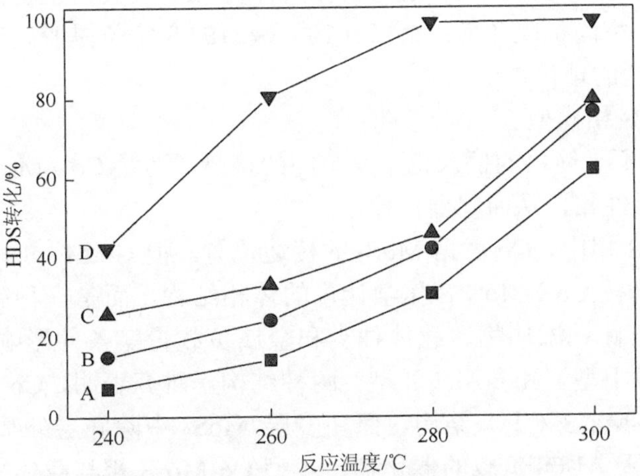

图 11-2-20　DBT 在不同催化剂上、不同装填方式下的加氢脱硫活性

A: $Ni_2P/Al_2O_3+MoS_2/Al_2O_3$，分层装填，间隔 200 mm 石英砂；B: $Ni_2P/Al_2O_3+MoS_2/Al_2O_3$，分层装填，间隔 2 mm 石英砂；C: $Ni_2P/Al_2O_3+MoS_2/Al_2O_3$，20～40 目催化剂，混合装填；D: $Ni_2P\text{-}MoS_2/Al_2O_3$ 催化剂，纳米粒子直接接触

4）辐缘-棱边模型

辐缘-棱边模型（rim-edge model）认为在 MoS_2 中存在“辐缘”（rim）位和“棱边”（edge）位两种活性中心，分别与 MoS_2 颗粒末端棱边和颗粒内部棱边对应，如图 11-2-21 所示。其中辐缘位与加氢活性有关，而棱边位是氢解活性中心。助剂原子 Co 或 Ni 的作用在于可增加 MoS_2 微晶的结构缺陷，调变两类活性中心的相对比例。

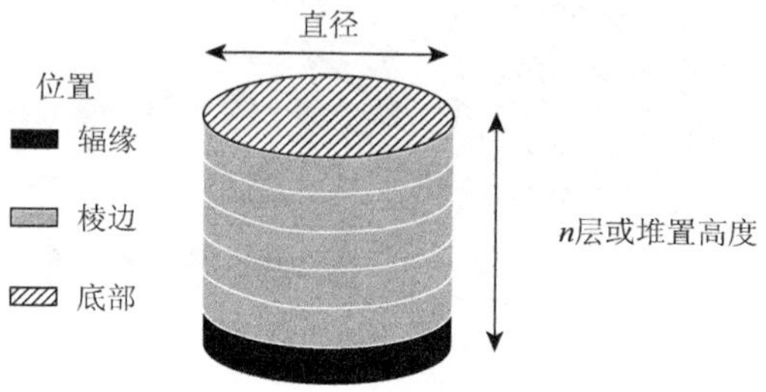

图 11-2-21　MoS_2 辐缘-棱边模型示意图

这一模型比较符合近代仪器分析得出的催化剂活性相 MoS_2 纳米粒子微观分析的实际情况，虽然也是目前学术界较为普遍接受的模型之一，但缺点是未能细致地解释 Co 或 Ni 的助剂效应。

如图 11-2-22 所示，噻吩在 MoS_2 纳米晶片上加氢脱硫的密度泛函理论计算结果表明，位于（1010）钼边 0.08 nm 处的“Brim”位是加氢活性中心，不产生空穴，是非常“开放”的活性位，能够吸附二苯并噻吩及其衍生物类的大分子硫化物，没有明显的空间位阻效应；而（1010）硫边的 S 空位是脱硫活性中心。这是对辐缘-棱边模型的理论佐证。

5）Co-Mo-S 相模型

认为 Co 既不是简单的插入也不是单纯的接触，而是 Co、Mo、S 以一定的原子比形成一种活性相，从而起催化作用。

在 Co-Mo-S 相中，Co 占据 MoS_2 的棱边位置。但 Co-Mo-S 相的结构并不是一个单一的严格按 Co∶Mo∶S 化学计量的体相结构，而是一种簇结构。受催化剂制备和活化条件、添加物、载体种类和金属负载量等条件影响，Co-Mo-S 相还可分为单层（Ⅰ型）和多层（Ⅱ型）两种结构。研究表明，Co 位于单层 MoS_2 的侧面具有 Co-Mo-S（Ⅰ）结构，而在多层 MoS_2 中除底层外都具有 Co-Mo-S（Ⅱ）结构。对于 Al_2O_3 负载的催化剂，Ⅰ型 Co-Mo-S 相与载体相互作用较强，而Ⅱ型 Co-Mo-S 相与载体间相互作用则较弱。在Ⅰ型结构中，还残留有大量的 Mo-O-Al 键，Mo 难以完全硫化，而Ⅱ型结构硫化度很高。Ⅱ型 Co-Mo-S 相的活性是Ⅰ型 Co-Mo-S 相活性的两倍。加氢脱硫反应发生在硫空穴（或称为配位不

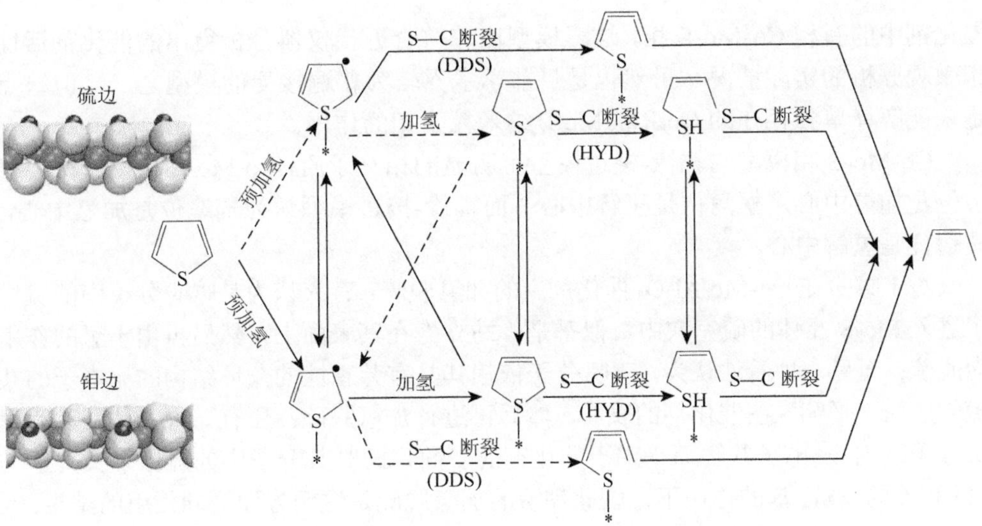

图 11-2-22　噻吩在 MoS_2 纳米晶片上加氢脱硫的密度泛函理论计算结果

饱和中心 CUS）上，CUS 可以与进料中的含硫化合物中的硫原子成键。CUS 中心主要位于层状 MoS_2 结构的边角位置。该模型示意图如图 11-2-23 所示。

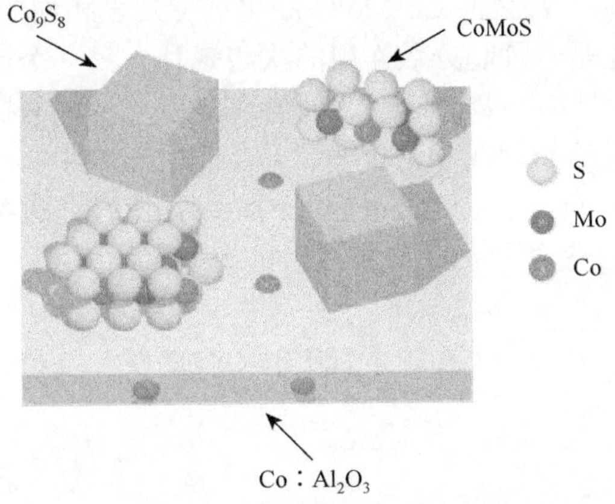

图 11-2-23　Co-Mo-S 相模型示意图

此外，为了削弱活性金属与载体的相互作用力，使部分 I 型活性相转化为 II 型活性相，从而提高催化剂的活性。可以采用引入助剂（Zn、Mg、Ti、P、B、F 等）对 Al_2O_3 载体进行改性、使用新型载体（TiO_2、ZrO_2）和采用活性金属盐的有机物配合物溶液进行浸渍催化剂载体等。

借助穆斯堡尔谱、广延 X 射线吸收谱和红外光谱技术直接观察到了 Co-Mo

催化剂中的新相 Co-Mo-S 相，这一模型比较符合近代仪器分析得出的催化剂活性相微观分析的实际情况。虽然也是目前学术界较为普遍接受的模型之一，但缺点是未能解释单独存在的 CoS_x 和 MoS_2 纳米粒子相的作用。

Co-Mo-S 相模型与辐缘-棱边模型有明显的相互矛盾，Co-Mo-S 相模型认为棱边位是加氢中心，拐角位是氢解中心；而辐缘-棱边模型认为辐缘位是加氢中心，棱边位是氢解中心。

对于噻吩在 Co-Mo/Al_2O_3 催化剂上的加氢脱硫，有人认为是噻吩分子中的硫原子进入 Mo_2S 晶体的硫空穴中，似乎是“站立”在其表面上，然后再由于氢的作用而脱硫；而另一种看法认为，噻吩分子依赖其具有芳香性的杂环结构的 π 电子的共轭效应而“平躺”在催化剂的表面，然后再进行加氢脱硫；还有一种看法则认为噻吩分子既因 π 电子共轭而平躺于催化剂的表面，同时其分子中的硫原子又处于与 Mo 相连的—SH 基的作用下，因此噻吩的加氢脱硫是这两方面协同作用的结果。

总之，尽管不同模型对催化剂活性相的解释有所不同，同时各个模型也存在各自的不足之处，甚至有些模型的解释存在相互矛盾的地方，但这些模型也有共同的认识。

HDS 反应活性中心与催化剂表面存在的配位不饱和阴离子中心（即硫阴离子空位，CUS）和—SH 基密切相关。现在对 HDS 活性相、活性中心存在争论的焦点是 Co（Ni）助剂的作用机理问题，因为已经发现活性炭负载的硫化钴或硫化镍也有很高的 HDS 活性，甚至同 Co-Mo/C 催化剂有几乎相同的 HDS 活性，一些研究者甚至认为 MoS_2 是一种起分散作用的次级载体。另一个比较重要的问题是如何定量测定 HDS 活性中心数的问题，因为还没有一种好的探针分子来定量测定 HDS 活性中心数。而这个问题非常重要，一个测定活性中心的标准方法，不仅可以用来计算转化频率（turnover frequency，TOF），比较催化剂的本征活性，而且也可以更好地解释 HDS 催化剂助剂的作用机理问题。

11.3 加氢处理工艺

11.3.1 概述

加氢处理的应用十分广泛，大体上可以分为以下几类。

（1）天然气或制氢原料加氢，通过加氢脱除天然气或页岩气、煤层气、凝析油（C_5～C_8）中的含硫化合物，炼厂干气（C_1、C_2）或液化气（C_3、C_4）中的含硫化合物和烯烃以满足制氢催化剂对原料的要求。

（2）C_2～C_4 馏分选择性加氢，包括乙烯裂解 C_2～C_4 馏分加氢和催化裂化 C_3～C_4 馏分加氢。乙烯裂解 C_2～C_4 馏分加氢的目的是通过选择性加氢脱除乙烯中的微量乙炔、丙烯中的微量丙炔、C_4 馏分中的少量丁二烯和微量炔烃以分离出高纯度

（聚合级）乙烯、丙烯和丁烯或满足高辛烷值汽油组分 MTBE（甲基叔丁基醚）、烷基化汽油生产对 C_4 馏分的纯度要求。催化裂化 C_3～C_4 馏分加氢的目的是通过选择性加氢脱除丙烯中的微量丙炔、C_4 馏分中的少量丁二烯和微量炔烃以分离出高纯度（聚合级）丙烯或满足高辛烷值汽油组分 MTBE（甲基叔丁基醚）、烷基化汽油生产对 C_4 馏分的纯度要求。

（3）汽油加氢，包括裂解汽油（乙烯焦油）加氢、重整原料预加氢、重整汽油加氢、焦化汽油加氢、催化裂化汽油加氢等。裂解汽油（乙烯焦油）加氢的目的是通过选择性加氢脱除裂解汽油中的二烯烃，然后再经加氢处理脱除烯烃和含硫化合物，以便进一步进行芳烃分离和转化。重整原料预加氢的目的是通过加氢脱除重整原料（60～165℃直馏汽油馏分）中的硫化物、微量烯烃和砷以满足重整催化剂对原料硫、烯烃和砷含量的要求。重整汽油加氢的目的是通过加氢脱除重整汽油中的微量烯烃和二烯烃（包括苯乙烯等），以保护芳烃抽提溶剂并经分离得到高纯度的苯、甲苯和二甲苯（BTX）。焦化汽油加氢的目的是加氢脱硫、脱氮、脱烯烃以满足重整原料或乙烯裂解原料的要求。催化裂化汽油加氢的目的是通过选择性加氢脱硫以满足车用汽油调和组分硫含量的要求。

（4）航空煤油（喷气燃料）加氢，通过加氢脱除直馏航空煤油馏分中的硫醇和微量烯烃以满足喷气燃料的质量要求。

（5）柴油加氢，通过加氢脱除直馏、焦化、催化柴油中的硫、氮化合物，烯烃饱和，芳烃部分饱和以提高安定性并满足柴油燃料的规格要求。

（6）减压馏分油加氢，通过加氢脱除直馏和焦化减压馏分油（VGO 和 CGO）中的硫、氮化合物，烯烃饱和，芳烃部分饱和以便于催化裂化和加氢裂化加工。

（7）润滑油馏分加氢，包括润滑油馏分加氢处理和加氢补充精制。润滑油馏分加氢处理的目的是通过加氢脱除润滑油馏分中的硫、氮化合物，多环芳烃部分或全部饱和并选择性开环，多环环烷选择性开环，以得到长侧链单环芳烃、单环环烷和异构烷烃等润滑油组分。润滑油馏分加氢补充精制的目的是通过加氢脱除微量硫、氮化合物和烯烃，脱色，改善光安定性。

（8）白油和蜡加氢精制，通过加氢脱除白油和蜡中的微量硫、氮化合物、芳烃和烯烃，脱色，改善光安定性。

（9）重油加氢，通过加氢脱除常压渣油、减压渣油、溶剂脱沥青油、劣质原油、煤焦油、页岩油中的硫、氮、金属化合物，烯烃饱和，芳烃部分饱和，降低残炭值，以便于催化裂化等后续加工。

由于加氢处理所加工的原料性质和目标产物质量要求差别巨大，所采用的催化剂、工艺流程、工艺条件千差万别，限于篇幅，不能一一详细介绍。此处仅就汽油馏分、柴油馏分、减压馏分油、润滑油馏分、重油等的典型加氢处理工艺予以简要介绍。具体到某一原料的加氢处理工艺，请详细参阅有关的专著和参考文献。

11.3.2 汽油馏分加氢处理

1. 催化裂化汽油加氢处理

1）降低汽油中硫和烯烃含量的必要性

研究表明，降低汽油中的硫含量是减少汽车尾气污染物排放的有效手段之一，降低汽油的烯烃含量有助于减少发动机沉积物形成，减少 NO_x 排放。另外，烯烃和芳烃还对光化学烟雾或雾霾的形成有作用。因此，为保护环境，减少大气污染，近年来世界各国尤其是发达国家对汽油中的硫含量、烯烃和芳烃（尤其是苯）含量提出了严格的限值要求。

近年来，我国车用汽油标准升级速度加快，2016 年 1 月 1 日，国Ⅴ汽油标准已经在东部 11 省区实施，2017 年 1 月 1 日在全国实施。2016 年 7 月，我国已经制定出国Ⅵ汽油标准（征求意见稿），预计在 2020 年实施，京沪粤可能提前实施。北京已经于 2017 年 1 月率先实施与此相近的京Ⅵ车用汽油地方标准。由表 11-3-1 可以看出，国Ⅴ汽油标准要求硫含量降低到 10 μg/g，烯烃含量降低到 24v%（v%表示体积分数），芳烃含量降低到 40v%（其中苯含量为 1v%）；国Ⅵ车用汽油标准进一步要求烯烃含量降低到 18v%（其中国ⅥB 阶段降低到 15v%），芳烃含量降低到 35v%（其中苯含量为 0.8v%），这一标准已经与欧洲标准同步，部分指标超过欧洲标准。

表 11-3-1 我国车用汽油主要指标

指标	国Ⅴ	国ⅥA	国ⅥB	欧Ⅵ
硫含量/(μg/g)	10	10	10	10
烯烃含量/v%	24	18	15	18
芳烃含量/v%	40	35	35	35
苯含量/v%	1	0.8	0.8	1
T50/℃	120	110	110	46～71（E100）
RON	89/92/95	89/92/95	89/92/95	—

车用汽油主要由催化裂化汽油、重整汽油、烷基化油、异构化油和甲基叔丁基醚（MTBE）构成，我国车用汽油构成比较单一，催化裂化汽油占汽油构成的 70%～75%，而欧美国家占 30%左右。除催化裂化汽油外，由于其他汽油组分硫和烯烃含量极低，催化裂化汽油对车用汽油硫和烯烃含量的贡献率高达 90%以上。因此，汽油的清洁化主要是催化裂化汽油的脱硫和降烯烃。

2）催化裂化汽油的组成及特点

催化裂化汽油的烃类组成主要有烷烃、烯烃、环烷烃和芳烃。与发达国家的催化裂化汽油相比，我国催化裂化汽油烃族组成有明显的特点，即烯烃含量高，芳烃含量低，烷烃含量一般在 25%～30%，烯烃含量在 30%～45%，环烷烃含量在 8%～12%，芳烃含量在 15%～25%。而发达国家的催化裂化汽油烯烃含量较低，芳烃含量较高，烷烃含量一般在 20%～30%，烯烃含量在 20%～30%，环烷烃含量在 8%～15%，芳烃含量在 25%～35%。究其原因，主要是我国催化裂化加工的原料较重，采用的操作条件和催化剂侧重于增强重油转化能力，但氢转移能力较弱，导致催化裂化汽油烯烃含量较高。虽然目前在催化裂化降烯烃技术方面有较大进展，但大部分炼厂催化裂化汽油的烯烃含量仍较高。

图 11-3-1 所示为国内典型催化裂化汽油窄馏分的烃族组成，图 11-3-2 为典型催化裂化汽油窄馏分的硫含量。由此看出，催化裂化汽油各窄馏分的烃族组成和硫含量随馏分沸点出现显著的规律，即随沸点升高烯烃含量显著降低，芳烃含量显著增加，硫含量显著增加；也就是说，硫含量与芳烃含量显著相关，随沸点升高烯烃含量与硫含量呈现出显著的“剪刀差”。

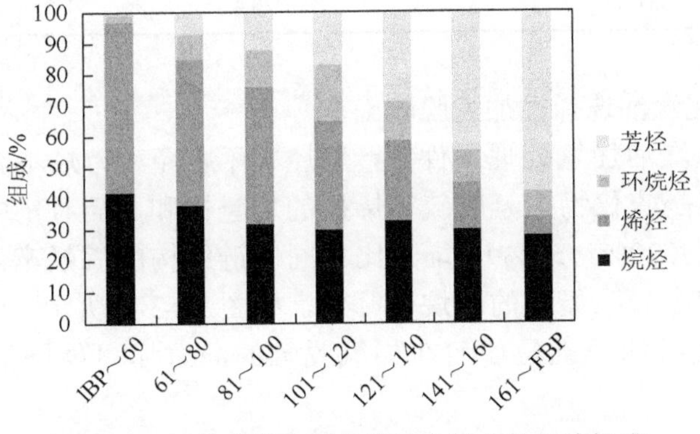

图 11-3-1　典型催化裂化汽油窄馏分的烃族组成

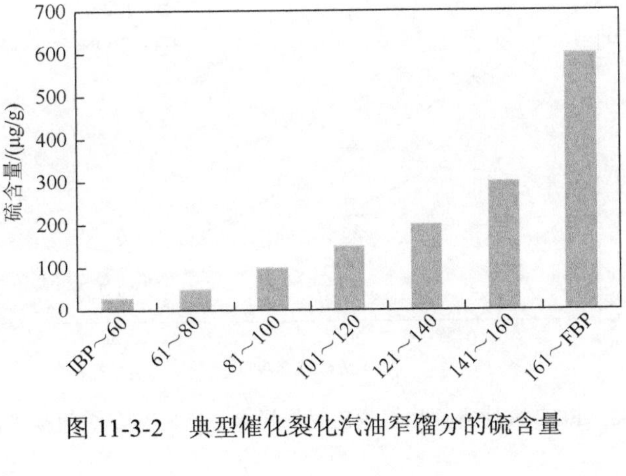

图 11-3-2　典型催化裂化汽油窄馏分的硫含量

催化裂化汽油中的硫化物类型主要有硫醇、硫醚、二硫化物和噻吩类，其中主要硫化物类型是噻吩类，占总硫含量的60%～70%，尤其是甲基或C_2（二甲基、乙基）取代的噻吩、C_3（三甲基、甲基乙基）取代的噻吩为主，典型结果见表 11-3-2。由于噻吩类硫化物具有一定的芳香性，这也是为什么硫含量与芳烃含量显著相关的原因。表 11-3-2 的结果还说明，重油催化裂化（RFCC）汽油中的硫化物类型分布与蜡油催化裂化并无明显区别，只是噻吩类硫化物比例更高一些。实际上，催化裂化汽油中的硫化物类型分布与原料组成和性质及催化裂化装置的工艺类型、催化剂和操作条件有一定关系。

表 11-3-2　FCC 和 RFCC 汽油的硫化物类型

FCC 汽油	硫含量/(μg/g)	硫含量比例/%			
		硫醇	硫醚	二硫化物	噻吩类
蜡油 FCC	519.2	11.3	24.8	2.5	61.3
RFCC	1318.6	10.5	20.4	1.6	67.5

3）催化裂化汽油选择性加氢脱硫工艺

在催化裂化汽油加氢处理条件下，烷烃、环烷烃和芳烃不会发生明显的反应，主要的反应是硫化物加氢脱硫和烯烃的加氢饱和。而且，由于催化裂化汽油中烯烃含量高（20%～50%），烯烃比相同碳链结构的烷烃辛烷值高得多，因而烯烃加氢饱和会导致显著的辛烷值降低，如图 11-3-3 所示。因此，催化裂化汽油加氢处理技术的关键是如何在加氢脱硫的同时尽可能降低烯烃饱和引起的辛烷值损失。

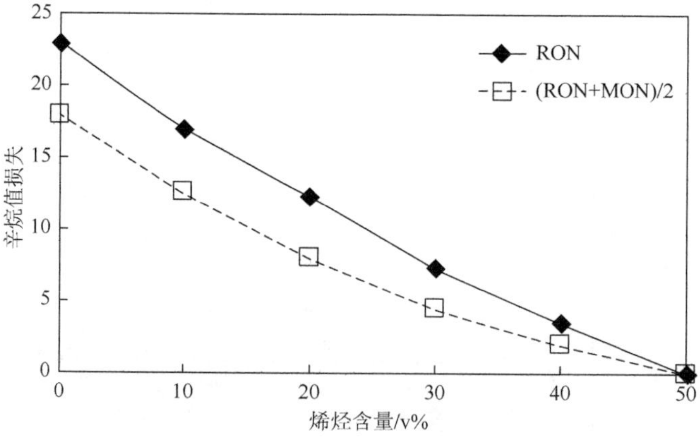

图 11-3-3　FCC 汽油常规加氢脱硫时烯烃含量下降与辛烷值损失的关系

如前所述，硫化物加氢脱硫从难到易的顺序为：噻吩＞二硫化物≈硫醚＞硫醇。而且，催化裂化汽油烃族组成特点是：烯烃主要集中在轻馏分中，芳烃主要集中在重馏分中（图 11-3-1），硫化物主要集中在重馏分中（图 11-3-2），并以噻吩类硫化物为主，硫醇主要集中在轻馏分中（表 11-3-2）。因此，催化裂化汽油选择性加氢脱硫通常采用的技术路线是：将催化裂化汽油进行馏分切割成烯烃含量高、硫含量较低的轻馏分和烯烃含量低、硫含量较高的重馏分，只将重馏分进行加氢脱硫，从而显著降低烯烃饱和率，减少辛烷值损失。

至今，国内外已经开发出 10 多种催化裂化汽油选择性加氢工艺，并获得广泛工业应用，其工艺流程大同小异，典型工艺流程如图 11-3-4 所示。催化裂化汽油经原料泵加压，与循环氢混合，经换热后进入预加氢反应器，经选择性加氢脱除二烯烃和低分子硫醇，然后经换热后进入分馏塔，分出轻汽油馏分，重汽油馏分与循环氢混合，经换热后进入加氢脱硫反应器进行加氢脱硫，然后经高压分离器分出氢气，经水洗或胺洗脱硫后，再经循环氢压缩机循环使用，分离器底部液体经加热炉加热后送入稳定塔，分出少量气态烃（C_3、C_4），稳定塔底得到脱硫后的重汽油馏分，与轻汽油馏分混合后得到汽油产品。

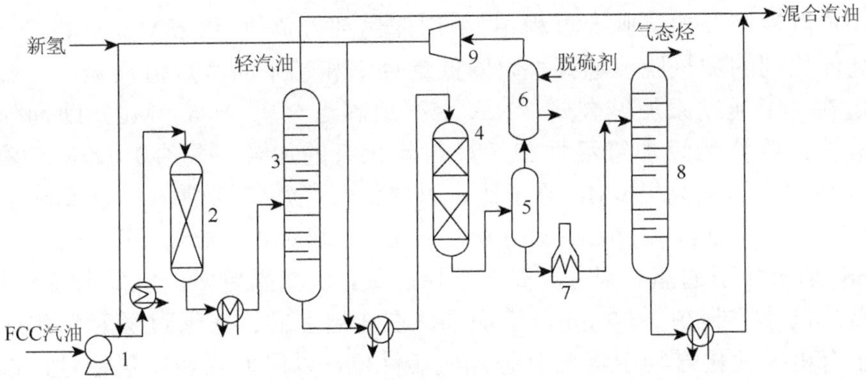

图 11-3-4　催化裂化汽油选择性加氢脱硫典型工艺流程

1. 进料泵；2. 预加氢反应器；3. 分馏塔；4. 加氢脱硫反应器；5. 高压分离器；6. 循环氢脱硫罐；7. 加热炉；8. 稳定塔；9. 循环氢压缩机

在催化裂化汽油选择性加氢脱硫过程中，预加氢反应所用催化剂为负载型硫化镍或 Ni-Mo 催化剂，主要发生的反应为：①二烯烃的选择性加氢，以避免后续加氢脱硫催化剂的失活，延长装置运转周期；②烯烃和二烯烃与低分子硫醇和硫化物的加成反应，生成高沸点硫醚和硫化物，以便通过后续馏分切割将轻汽油馏分中的硫化物转移至重汽油馏分中。在此过程中，并未发生硫醇和硫化物的氢解和加氢脱硫反应，单烯烃含量基本上不降低，基本上不发生辛烷值损失。预加氢操作条件缓和，一般为：温度 100～150℃、压力 1.5～2.0 MPa、氢油体积比 10～15、液体空速 3～6 h^{-1}。一般要求二烯烃脱除率＞90%，低分子硫醇和硫化物转移率＞95%。典型结果见表 11-3-3。

表 11-3-3　大港石化 FCC 汽油预加氢结果*

参数	FCC 汽油	预加氢产品	分馏塔顶轻汽油
切割点/℃	—	—	66
硫含量/(μg/g)	950	950	50
C_1～C_4 硫醇硫含量/(μg/g)	220	0	1
低分子硫化物/(μg/g)	43	1	—
二烯烃含量/v%	1.2	＜0.2	—
（RON+MON）/2	85.3	85.5	—

*操作条件：入口温度 146℃，出口温度 149℃，压力 1.26 MPa，氢油体积比 6.89，空速 4.56 h^{-1}。

根据原料硫含量和目标产品硫含量要求，酌情调整预加氢后 FCC 汽油的切割点，一般切割温度为 60～70℃。随着原料硫含量的升高和产品汽油硫含量的降低，切割点有逐渐降低的趋势，由此引起重汽油馏分的烯烃含量升高，加氢脱硫的辛烷值损失有所增加。

在重汽油馏分加氢脱硫过程中，所用催化剂为负载型 Co-Mo/Al_2O_3 催化剂，为提高催化剂的加氢脱硫选择性，降低烯烃饱和带来的辛烷值损失，一般采取如下措施：①通过添加碱金属（Na、K）或碱土金属（Ca、Mg）助剂降低载体的酸性，降低烯烃加氢活性和烯烃与硫化氢的加合（复合）反应；②减少 Co-Mo 负载量、提高 Co/Mo 原子比，以降低烯烃加氢活性，一般 MoO_3+CoO 负载量在 8%～12%，Co/(Co+Mo)为 0.4～0.5；③MoS_2 纳米粒子形貌控制，减小 MoS_2 纳米粒子的晶片尺寸，提高堆垛层数，以暴露更多的氢解脱硫活性位，一般晶片尺寸控制在 2～3 nm，堆垛层数在 3 层左右；④通过缓和结焦或负载大分子有机碱性化合物中毒部分强加氢活性位，以降低烯烃加氢活性。重汽油馏分加氢脱硫操作条件一般为：温度 220～300℃、压力 1.5～2.0 MPa、氢油体积比 150～300、液体空速 2～5 h^{-1}。一般可以达到脱硫率＞90%，烯烃饱和率＜20%，辛烷值 RON 损失 0.5～1.5 个单位。典型结果见表 11-3-4。

表 11-3-4　大港石化 FCC 汽油选择性加氢脱硫结果*

参数	FCC 汽油原料	混合产品
密度(15℃)/(kg/m^3)	712	711
硫含量/(μg/g)	120	18～20
硫醇硫含量/(μg/g)	14～18	4～5
氮含量/(μg/g)	26～28	20～22
二烯烃含量/%	0.26～0.29	—

续表

参数	FCC 汽油原料	混合产品
族组成/v%	—	—
饱和烃	50.3	53.0
烯烃	36.1	33.6
芳烃	13.6	13.6
RON	91.3～91.6	90.7～91.4
MON	79.8	80.0～80.3

*操作条件：入口温度 272℃，出口温度 290℃，压力 1.52 MPa，氢油体积比 232，空速 4.32 h^{-1}。

还需指出，FCC 汽油选择性加氢脱硫过程中 H_2S 与烯烃的加成（复合）反应难以完全避免，是影响脱硫深度的关键。另外，由于烯烃加氢反应的活化能大于硫化物加氢脱硫反应的活化能，在加氢脱硫反应温度高于 260℃时，烯烃加氢反应变得显著。因此，随着 FCC 汽油烯烃含量和/或硫含量的增加，在达到深度脱硫时，加氢脱硫的辛烷值损失加大。为此，对于高硫（＞500 μg/g）、高烯烃（＞40%）FCC 汽油的加氢脱硫，为减缓 H_2S 与烯烃的加成（复合）反应，达到产品硫含量＜10 μg/g 的目标，需要增设级间高压分离器，移除循环氢中的 H_2S，并通过注入新氢气提脱除溶解的 H_2S，再经换热后进入第二段加氢脱硫反应器，工艺流程如图 11-3-5 所示，虚框中为增设的级间高压分离器和第二段加氢脱硫反应器。有报道指出，采用该工艺流程，可显著降低 FCC 汽油加氢脱硫过程的烯烃饱和率和辛烷值损失。例如，对硫含量为 1280 μg/g、烯烃含量为 45.6%的 FCC 汽油，在达到产品硫含量 10 μg/g 时，采用重汽油馏分一段加氢脱硫（图 11-3-4 流程），反应器床层平均温度需要提高到 286℃，辛烷值损失高达 3.8 个单位。而采用重汽油馏分二段加氢脱硫，一段和二段反应器床层温度分别为 252℃和 256℃，辛烷值损失仅为 1.7 个单位。

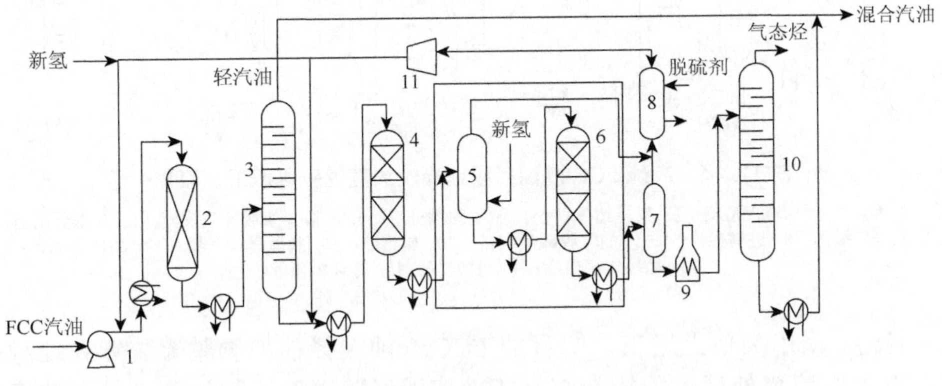

图 11-3-5　高硫 FCC 汽油两段选择性加氢脱硫典型工艺流程

1. 进料泵；2. 预加氢反应器；3. 分馏塔；4. 一段加氢脱硫反应器；5. 高压气提罐；6. 二段加氢脱硫反应器；7. 高压分离器；8. 循环氢脱硫罐；9. 加热炉；10. 稳定塔；11. 循环氢压缩机

据 2016 年最新报道，为加工高硫、高烯烃 FCC 汽油达到国Ⅴ汽油要求的硫含量（＜10 μg/g）标准，推出了高硫 FCC 汽油三段选择性加氢脱硫工艺，其流程如图 11-3-6 所示。该流程与图 11-3-5 所示流程的不同在于：①增设中间馏分切割塔，将预加氢后 FCC 汽油切割为轻、中、重 3 个馏分，其中，轻馏分＜60℃，以控制其硫含量＜10 μg/g，中间馏分为 60～100℃，重馏分＞100℃；②重馏分进入一段加氢脱硫反应器进行加氢脱硫，然后依次进入冷高压分离器和冷低压气提罐气提除去 H_2S；③一段加氢脱硫和气提脱 H_2S 后的重馏分与中间馏分合并进入第二段加氢脱硫反应器进行深度加氢脱硫，以避免中间馏分中的烯烃过度加氢，减少辛烷值的损失；④深度加氢脱硫后的中间馏分和重馏分汽油进入第三段加氢脱硫醇反应器，在负载型硫化态 Ni 催化剂和较高温度（310～330℃）下，通过氢解反应脱除二次生成的硫醇。据报道，该工艺加工硫含量 700～1100μg/g、烯烃含量 40v%～45v%的高硫、高烯烃 FCC 汽油，产品汽油硫含量达到小于 10 μg/g，辛烷值 RON 损失在 2.0～2.5 个单位。虽然这一工艺可以处理高硫、高烯烃 FCC 汽油达到国Ⅴ汽油要求的硫含量，但工艺流程太复杂（3 个塔设备：2 个分馏塔、1 个稳定塔；4 个反应器：预加氢、一段和二段加氢脱硫、脱硫醇；4 个高压、低压气液分离罐；2 个进料泵），而且物料反复加热、冷却，换热流程复杂。因此，能耗较高，技术经济性不好。

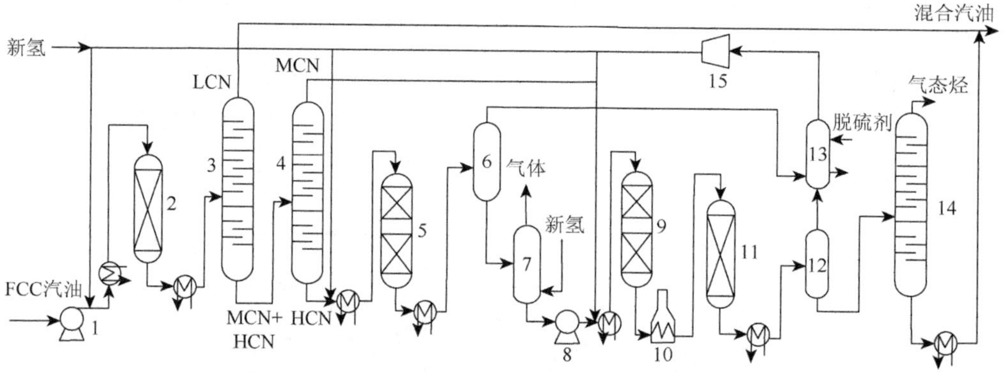

图 11-3-6　高硫 FCC 汽油三段选择性加氢脱硫典型工艺流程

1. 进料泵；2. 预加氢反应器；3. 脱轻馏分塔；4. 脱中间馏分塔；5. 一段加氢脱硫反应器；6. 高压分离器；7. 低压气提罐；8. 进料泵；9. 二段加氢脱硫反应器；10. 加热炉；11. 脱硫醇反应器；12. 高压分离器；13. 循环氢脱硫罐；14. 稳定塔；15. 循环氢压缩机

目前，采用类似上述工艺流程的 FCC 汽油选择性加氢脱硫装置处理量占 FCC 汽油脱硫总处理量的约 80%。工业实践经验表明，欲达到产品汽油硫含量＜10 μg/g、辛烷值损失＜1.5 个单位的目标，对硫含量＜200 μg/g、烯烃含量＜40%的 FCC 汽油，不需要增设循环氢脱硫；当处理硫含量＞200 μg/g 和/或烯烃含量＞40%的 FCC 汽油时，需要增设循环氢脱硫；而当处理硫含量＞500 μg/g 和/或烯烃含量＞40%的 FCC 汽油时，需要增设循环氢脱硫和第二段重汽油馏分加氢脱硫反应器。

此外，近年来还开发出了将硫化物的催化转化反应和精馏结合（反应-精馏耦合）在一起的 FCC 汽油催化-精馏脱硫工艺，其原则工艺流程见图 11-3-7。其中，第一段反应精馏塔用于脱除轻汽油馏分中的硫醇和二烯烃，上部为临氢反应段，采用“茶袋”（tea bag）技术装填负载型 Ni 或 Ni-Mo 催化剂，以利于气液流动和传质，下部为精馏段，设置塔板或装填填料。氢气（新氢）和 FCC 汽油从中部进入，气相（轻汽油）和氢气在催化剂床层上发生的主要反应有：①二烯烃加氢；②二烯烃和烯烃与低分子硫醇反应生成更重的硫醚，回流到塔底液相中；③单烯烃的部分异构化。塔顶馏出的低硫轻汽油产物可直接作汽油调和组分或醚化原料。C_6 或 C_7 以上的塔底馏分进入第二段加氢脱硫精馏塔，该反应精馏塔也分为两个床层，也采用“茶袋”技术装填 Co-Mo/Al_2O_3 催化剂，来自第一段反应精馏塔底的中和重汽油馏分从塔中部进入，氢气（新氢）则从塔底部进入。上部床层为气液同流（上流）反应精馏区，进行中汽油馏分的选择性加氢脱硫；下部床层为气液逆流反应精馏区，进行重汽油馏分的选择性加氢脱硫。塔顶馏出物为脱硫后的中汽油馏分，塔底液相产物为脱硫后的重汽油馏分。该工艺流程的操作条件见表 11-3-5，加工硫含量为 1000～2000 μg/g 的 FCC 汽油，脱硫率达到 80%～95%，抗爆指数（RON+MON）/2 损失为 0.5～2 个单位。此工艺的最大特点是根据轻、中、重 FCC 汽油馏分的烃族组成和硫化物类型、反应活性采取分区反应，有针对性地采用各自不同的适宜反应条件。例如，二烯烃的加氢和低分子硫醇的转化在第一段反应精馏塔的上部反应区低温、临氢条件下进行，重汽油馏分的加氢脱硫在第二段加氢脱硫精馏塔下部逆流反应区较高温度、较高氢分压下进行，以利于难脱除的硫化物深度加氢脱硫。尚需指出，由于催化-精馏脱硫工艺反应器结构复杂、操作难度较大，与常规固定床选择性加氢脱硫工艺相比并无明显的技术优势，因此工业应用并不广泛。

4）催化裂化汽油加氢脱硫-改质工艺

虽然 FCC 汽油选择性加氢脱硫工艺能够达到脱硫的目标要求，但难以满足降烯烃的目标。因此，近年来开发了数种加氢脱硫和烯烃转化相结合的加氢脱硫-改质工艺，又称脱硫及改质工艺或脱硫及辛烷值恢复工艺。

如表 11-3-6 所示，FCC 汽油中烷烃以单支链烷烃为主，烯烃以直链（正构）和单支链烯烃为主，环烷烃和芳烃含量较少。常规加氢脱硫后，烯烃饱和率在 90%以上，环烷烃和芳烃变化很小（环烯烃加氢饱和生成环烷烃）。另外，如表 11-3-7 所示，汽油馏分中相同碳数的烃类，芳烃的辛烷值最高，烯

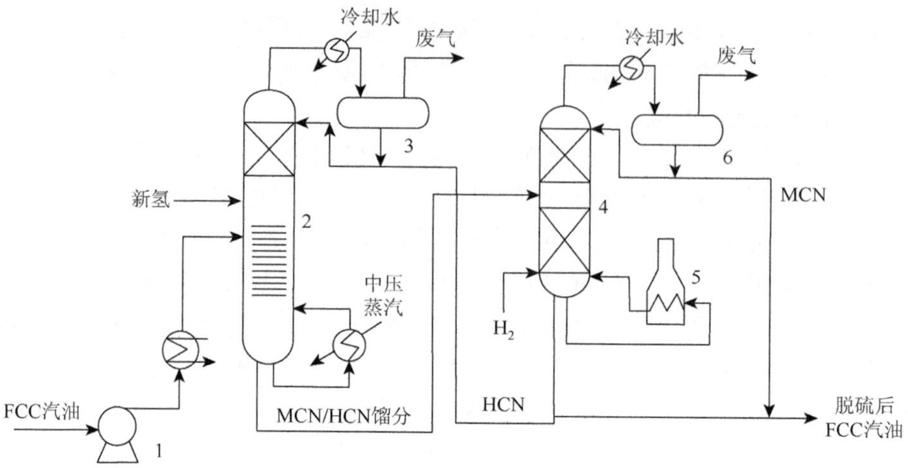

图 11-3-7　FCC 汽油催化蒸馏选择性加氢脱硫典型工艺流程

1. 进料泵；2. 一段反应精馏塔；3. 气液分离器；4. 二段加氢脱硫精馏搭；5. 加热炉；6. 气液分离器

表 11-3-5　FCC 汽油催化-精馏脱硫典型工艺条件

参数	一段反应精馏塔	二段加氢脱硫精馏塔
总压/MPa	0.1～1.7	1.4～2.2
氢分压/MPa	0.003～0.5	0.1～1.1
反应区温度/℃	100～200	250～371
入口温度/℃	147	250
塔底温度/℃	200	380
氢油体积比	—	45～450
体积空速/h^{-1}	3	2～5

烃的辛烷值次之，烷烃的辛烷值最低；而且，相同碳数的烷烃或烯烃，异构程度越高，辛烷值越大。所以，FCC 汽油加氢脱硫过程中烯烃饱和，尤其是正构烯烃和单支链烯烃饱和造成的辛烷值损失最大。此外，如图 11-3-8 所示，结构相同的烷烃或烯烃，随碳数减少，辛烷值急剧增大。因此，为弥补烯烃加氢饱和带来的辛烷值损失，可以通过以下技术路线改变 FCC 汽油的烃族组成，以恢复辛烷值。①异构化反应，将正构烯烃和烷烃、单支链烯烃和烷烃异构转化成多支链烯烃和烷烃；这一技术路线的优点是汽油损失少、催化剂活性稳定性较易实现，但缺点是烷烃异构的辛烷值增加难以弥补烯烃加氢饱和的辛烷值损失（表 11-3-8 和表 11-3-9），辛烷值损失较大，尤其是对于烯烃含量较高的 FCC 汽油适用性更差。②芳构化反应，将烯烃经过环化和氢转移

芳构化生成芳烃；这一技术路线的优点是辛烷值损失少，但缺点是有一定的汽油损失，维持催化剂活性稳定性难度较大，而且难以避免芳烃与烯烃烷基化反应生成高于汽油干点的重组分，产品汽油干点后移。③择形裂化反应，适度减少正构和单支链烷烃和烯烃组分的碳数，尤其是将 C_7、C_8、C_9 和 C_{10} 正构和单支链烷烃、烯烃选择性裂化为 C_4、C_5、C_6 的烯烃和烷烃；这一技术路线的优点是辛烷值损失少，但缺点是汽油损失大（5%～10%），催化剂活性稳定性较难维持，而且氢耗较大（0.6%～1.1%），难以避免芳烃与烯烃烷基化反应生成高于汽油干点的重组分，产品汽油干点后移。

表 11-3-6　典型 RFCC 汽油及加氢脱硫后烃族组成变化

烃类	RFCC 汽油	加氢脱硫后产品**
烷烃/m%	23.52	67.08
直链烷烃	4.99	20.36
单支链烷烃	19.29	38.42
多支链烷烃	5.22	8.30
烯烃/m%	53.63	4.88
直链烯烃	23.08	0.52
单支链烯烃	19.48	3.23
多支链烯烃	2.14	0.73
环烯烃	5.66	0.40
环烷烃/m%	6.05	11.70
芳烃/m%	16.52	16.34
合计	99.72*	100

*其余为非烃。

**加氢脱硫条件：Co-Mo/Al_2O_3 催化剂，压力 2.0 MPa，温度 300℃，空速 2.0 h^{-1}，氢油体积比 300。

表 11-3-7　C_7 烃类辛烷值随结构的变化

C_7 烃结构	RON	MON
庚烯-1	72.5	68.1
正庚烷	0	0
2-甲基己烷	42.4	46.4
2, 3-二甲基戊烷	91.1	88.5
2, 2, 3-三甲基丁烷	＞100	＞100
甲基环己烷	75	71
甲苯	＞100	＞100

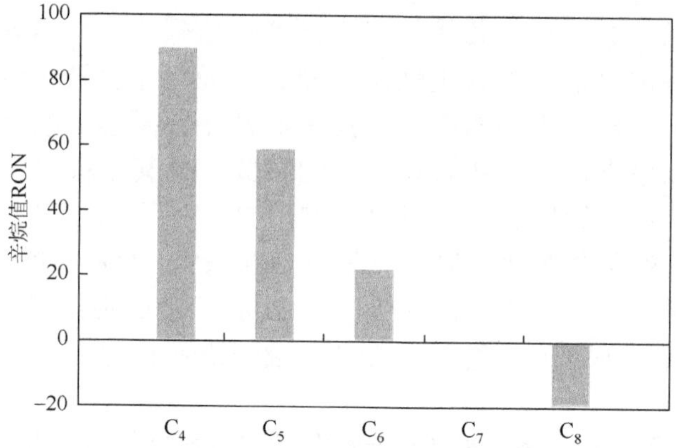

图 11-3-8　正构烷烃辛烷值随碳数的变化

表 11-3-8　异构化热力学平衡时烷烃的辛烷值*变化（计算值）

项目	C_5烷烃	C_6烷烃	C_7烷烃
原料	82.3	70.3	45.4
平衡时辛烷值变化	+0.9	+2.4	+19.6

*以表 11-3-6 的 RFCC 汽油烷烃组成计算的（RON+MON）/2。

表 11-3-9　加氢和异构化热力学平衡时烯烃的辛烷值*变化（计算值）

项目	C_5烯烃			C_6烯烃		
	原料	50%HYD**	100%HYD	原料	50%HYD**	100%HYD
烯烃饱和的辛烷值变化	89.4	−3.8	−12.1	90.6	−16.0	−32.2
异构化平衡时辛烷值变化	+1.6	−1.6	−4.2	−3.1	−11.5	−20.3

*以表 11-3-6 的 RFCC 汽油烯烃组成计算的（RON+MON）/2。

**HYD 为烯烃加氢饱和率。

FCC 汽油加氢脱硫-改质工艺中所用的加氢脱硫催化剂与 FCC 汽油选择性加氢脱硫催化剂相同，在此不再赘述。不同的是改质催化剂均是分子筛负载的 Ni-Mo 或 Ni-W 催化剂，所用的分子筛一般为 HY、HUSY、Hβ、HZSM-5、SAPO-11、MCM-22 等，单独使用或复配。若侧重异构化反应，则以 SAPO-11 为主或 SAPO-11 和 ZSM-5、MCM-22 复配；若侧重芳构化反应，则以 ZSM-5 为主或 ZSM-5 和 SAPO-11 复配；若侧重选择性裂化反应，则以 HY、HUSY、Hβ为主或与 HZSM-5 复配。改质催化剂加氢活性组分与酸性的配伍中更加强调酸性，以利于烯烃和烷烃的异构化、芳构化和择形裂化。因此，Ni-Mo 或 Ni-W 的负载量（以氧化物计）较低，一般在 8%～12%；分子筛含量较高，一般占载体的 40%～80%。另外，为抑制过度裂化造成汽油损失和结焦造成催化剂失活过快，需要通过改性或处理调变分子筛的酸强度分布，尽量减少强酸尤其是超强酸性位密度，增加中强酸性位密度。

FCC 汽油加氢脱硫-改质的工艺流程与选择性加氢脱硫相似，所不同的是在中和重汽油馏分加氢脱硫反应器后串联一个加氢改质反应器，装填加氢改质催化剂，其原则工艺流程如图 11-3-9 所示。其预加氢和加氢脱硫反应条件与选择性加氢脱硫相似，但加氢改质反应条件不同，一般为压力 1.5～2.0 MPa、温度 350～400℃、空速 1～2 h^{-1}、氢油体积比 200～300。所达到的效果：脱硫率＞90%，烯烃饱和率 40%～60%，辛烷值 RON 损失 2～4 个单位，产品汽油质量收率 85%～95%，氢耗 0.5m%（m%表示质量分率）～1.2m%。此外，随着原料 FCC 汽油硫含量和烯烃含量的增加，如欲达到国Ⅵ汽油标准（硫含量＜10 μg/g、烯烃含量＜15v%），加氢脱硫-改质工艺的辛烷值损失、汽油损失和氢耗增加。

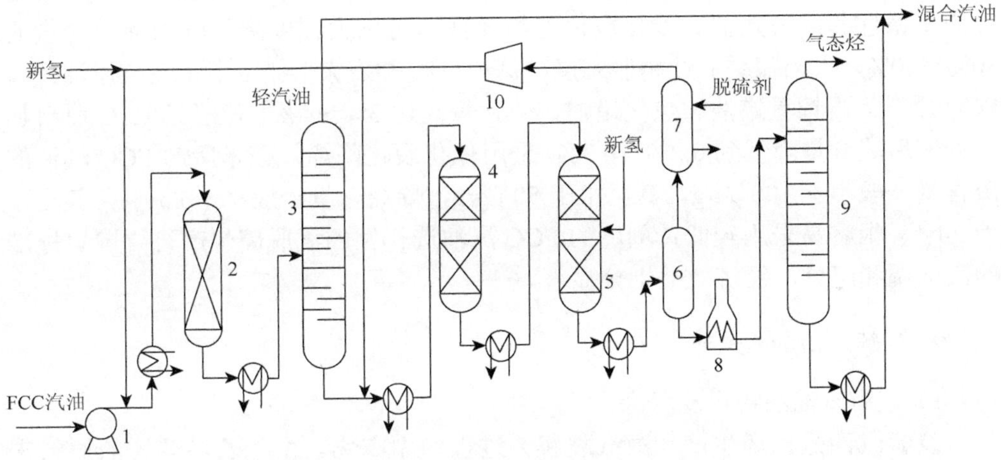

图 11-3-9　FCC 汽油加氢脱硫-改质典型工艺流程

1. 进料泵；2. 预加氢反应器；3. 分馏塔；4. 加氢脱硫反应器；5. 加氢改质反应器；6. 高压分离器；7. 循环氢脱硫罐；8. 加热炉；9. 稳定塔；10. 循环氢压缩机

由于 FCC 汽油加氢脱硫-改质工艺的辛烷值和汽油损失较大，氢耗较高，改质催化剂稳定性不尽如人意，所以，FCC 汽油加氢脱硫-改质工艺远不如 FCC 汽油选择性加氢工艺应用广泛。但对于缺乏其他手段处理 FCC 汽油，欲同时达到 FCC 汽油脱硫和降烯烃目标的炼厂，加氢脱硫-改质工艺也不失为一种技术选择。从技术经济的角度考虑，如选择性加氢脱硫能够满足汽油调和的硫含量要求，仅仅为了降低烯烃含量，可以采取 FCC 汽油选择性加氢脱硫与轻汽油醚化组合工艺，将预加氢后切割出的轻汽油馏分与甲醇进行醚化反应，不但可以显著降低汽油的烯烃含量，而且可以通过醚化弥补加氢脱硫过程的辛烷值损失，还可以将廉价的甲醇转化为汽油产品，是一种行之有效的 FCC 汽油脱硫降烯烃技术。

总之，目前 FCC 汽油后加工脱硫和降烯烃技术还不尽如人意，但对于高硫、高烯烃原料，要求同时实现深度脱硫和降烯烃达到国Ⅵ清洁汽油组分（硫含量＜10 μg/g、烯烃含量＜15v%），而且辛烷值损失较小（＜1.5～2.0 个单位）的目标确实难度很大，而且从技术经济上也不尽合理。因此，清洁汽油组分的生产应综合考虑加工路线的合理配置。例如，采用 FCC 原料加氢处理、催化裂化降烯烃和 FCC 汽油选择性加氢脱硫相结合的综合加工路线，这一技术路线已经在发达国家广泛应用，国内也正在努力追赶，取得了良好的技术和经济效果。FCC 原料加氢处理可以较深度地脱硫、脱氮、脱金属、脱残炭，大幅度改善 FCC 产品分布，提高汽柴油和液化气收率，降低生焦和干气产率，降低催化剂消耗和能耗，降低汽油硫含量、烯烃含量，降低柴油硫含量和密度，提高 FCC 装置运转的平稳性和经济效益。催化裂化降烯烃技术可以大幅度降低汽油烯烃含量的 30%～40%，大幅减缓后续精制难度。例如，国内某炼厂加工中东高硫原油，其 FCC 原料为直馏重蜡油和焦化蜡油，硫含量高达 3%～4%，但经过 FCC 原料加氢处理后硫含量降低到 0.2%～0.3%，采用催化裂化降烯烃技术所产 FCC 汽油的硫含量一般小于 100 μg/g，甚至小于 50 μg/g，烯烃含量一般小于 25v%，甚至小于 20v%，很容易采用较低苛刻度的 FCC 汽油选择性加氢脱硫生产符合国Ⅵ标准的汽油调和组分，经济效益十分显著。

2. 裂解汽油加氢处理

1）裂解汽油的特点及用途

裂解汽油是乙烯生产（蒸汽裂解）过程的副产物。由于乙烯装置的原料来源十分广泛，因此裂解汽油收率和性质不尽相同。以石脑油或加氢裂化尾油为裂解原料时，裂解汽油的收率通常为 15%～30%。我国乙烯裂解原料偏重，石脑油和加氢裂化尾油占 70%以上，裂解汽油的加工利用对乙烯工业的经济性十分重要。

裂解汽油主要是 C_5～C_{10} 的烃类，含有大量芳烃，其中苯、甲苯、二甲苯混合物（BTX）含量高达 60%～80%；此外还含有大量二烯烃、烯基芳烃（主要是苯乙烯）、茚等不饱和烃及硫、氮、氧等非烃化合物，导致裂解汽油很不稳定，易于缩合，形成胶质，因此无法直接利用。

裂解汽油中烯烃、二烯烃、芳烃、硫化物的分布不均匀，在较轻的馏分中烯烃、二烯烃含量较高，而在较重的馏分中芳烃和硫化物含量较高，如表 11-3-10 所示。

表 11-3-10　典型裂解汽油的馏分分布和性质

馏分/℃	<60	60～95	95～120	120～150	150～200
收率/m%	31.3	25.3	15.3	12.1	16.0
二烯值/(g I_2/100 g)	21	21	16	8	9
溴价/(g Br/100 g)	123	39	23	23	—
芳烃含量/m%	2.6	48.5	59.7	77.6	95.6
硫含量/(μg/g)	12	110	220	228	670

裂解汽油芳烃含量高，辛烷值高，具有较高的利用价值。经过加氢处理，脱除二烯烃、部分单烯烃和硫、氮、氧等非烃化合物后，可以作为芳烃抽提原料，生产苯、甲苯和二甲苯或作为高辛烷值汽油调和组分。

2）裂解汽油加氢处理反应与催化剂

裂解汽油加氢处理过程中发生的主要反应包括二烯烃加氢饱和、单烯烃加氢饱和、加氢脱硫、加氢脱氮和加氢脱氧。由于二烯烃加氢反应非常容易，而且放热量大，裂解汽油中二烯烃含量高，因此裂解汽油加氢处理通常采用两段加氢工艺。在一段加氢中，主要发生二烯烃加氢和部分单烯烃加氢；在二段加氢中，主要发生单烯烃加氢、加氢脱硫、加氢脱氮和加氢脱氧。

裂解汽油一段加氢通常采用硫化镍（Ni/Al_2O_3）、硫化态 $Ni\text{-}Mo/Al_2O_3$、硫化态 $Co\text{-}Mo/Al_2O_3$、Pd/Al_2O_3 等负载型催化剂。Ni/Al_2O_3、$Ni\text{-}Mo/Al_2O_3$、$Co\text{-}Mo/Al_2O_3$ 催化剂对杂质不敏感，抗砷中毒能力强，但 $Ni\text{-}Mo/Al_2O_3$ 和 $Co\text{-}Mo/Al_2O_3$ 催化剂反应温度高（200～250℃），活性稳定性较差，而 Ni/Al_2O_3 催化剂反应温度一般在 100～150℃，活性稳定性大幅改善。$Ni\text{-}Mo/Al_2O_3$ 和 $Co\text{-}Mo/Al_2O_3$ 催化剂的活性组分（以氧化物计）负载量较低，一般在 8%～12%；Ni/Al_2O_3 催化剂的 Ni 负载量较高，一般在 20%左右。Pd 系催化剂的优点是低温活性高（40～100℃）、反应条件缓和（温度低、空速大、氢油比低）、能耗低、操作平稳，但价格昂贵，对杂质尤其是砷十分敏感。Pd 的负载量一般在 0.1%～0.2%。一段加氢催化剂的载体 Al_2O_3 要求酸性低、孔径大，一般需要经过高温（1000～1200℃）焙烧或改性以降低表面酸性，增大孔径。Al_2O_3 的晶相以 η 或 α 为主。需要指出的是，由于二烯烃对热敏感，易结焦，通常在一段加氢反应器上部装填一定量的保护剂，以维持一段加氢催化剂活性稳定性。保护剂通常为低负载量（2%～5%）的 $Ni\text{-}Mo/Al_2O_3$，其载体一般是碱金属或碱土金属改性的大孔 Al_2O_3。

裂解汽油二段加氢所用催化剂与 FCC 汽油选择性加氢相似，通常为 $Co\text{-}Mo/Al_2O_3$ 催化剂，也有用 $Ni\text{-}Mo/Al_2O_3$ 催化剂的。如果加氢裂解汽油用于高辛烷值汽油组分，对单烯烃饱和程度要求不高，通常选用 $Co\text{-}Mo/Al_2O_3$ 催化剂，而用于芳烃抽提原料生产，要求单烯烃完全饱和，宜选用 Ni-Mo/Al_2O_3 催化剂。

3）裂解汽油加氢工艺

裂解汽油加氢装置通常采用两段绝热固定床反应器流程，第一段采用液相加氢，第二段采用气相加氢。裂解汽油加氢工艺有两种，一种是中心馏分加氢工艺，其工艺流程见图 11-3-10，另一种是全馏分加氢工艺。中心馏分加氢流程中，裂解汽油先进入脱 C_5 塔，切除 C_5 组分，然后进入脱 C_9 塔，脱除大于 C_9 的重组分，得到 C_6～C_8 的中心馏分。C_6～C_8 中心馏分再依次进入一段、二段加氢反应器，脱除二烯烃、单烯烃及硫、氮、氧等杂质。最后进入稳定系统，脱除 H_2S 和低分子烃等气体后，作为芳烃抽提原料或高辛烷值汽油调和组分。全馏分加氢工艺与中心馏分加氢工艺流程相似，主要区别是将分馏系统设于加氢反应系统之后，裂解汽油全馏分先经加氢精制，然后再分馏切割为 C_5 馏分、C_6～C_8 馏分和 C_{9+} 馏分。

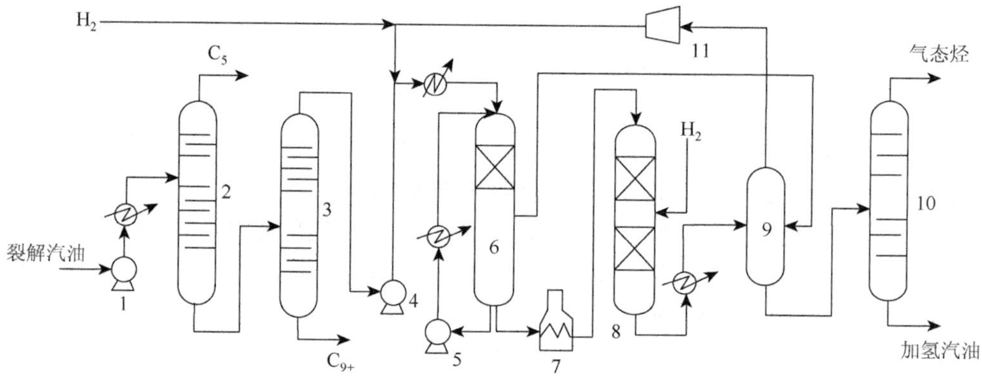

图 11-3-10　裂解汽油加氢典型工艺流程图

1，4. 进料泵；2. 脱 C_5 塔；3. 脱 C_{9+} 塔；5. 循环泵；6. 一段加氢反应器；7. 加热炉；8. 二段加氢反应器；9. 高压分离器；10. 稳定塔；11. 氢循环压缩机

第一段加氢反应条件比较缓和，主要是二烯烃等高度不饱和烃加氢饱和，以提高裂解汽油的稳定性，并防止二段加氢催化剂失活。由于二烯烃、烯基芳烃加氢反应热效应大，通常采用一段加氢生成油循环流程，以稀释二烯烃和烯基芳烃的浓度，同时带走多余的反应热，控制床层温升，抑制结焦，提高加氢选择性。采用 Co-Mo、Ni-Mo 催化剂时，压力为 3.0～6.0 MPa，温度为 200～250℃，空速为 1～2 h^{-1}，氢油体积比为 300～450，循环比为 3.0～5.0。采用负载型 Ni 催化剂时，其余条件相同，温度为 100～150℃。采用 Pd 系催化剂时，压力为 3.0 MPa 左右，温度为 40～100℃，空速为 3～5 h^{-1}，氢油体积比为 60～80，循环比为 3.0 左右。

裂解汽油二段加氢工艺条件比较苛刻，主要是单烯烃饱和，同时将硫、氮、氧等非烃化合物转化为 H_2S、NH_3 和 H_2O 脱除。采用 Co-Mo/Al_2O_3 和 Ni-Mo/Al_2O_3 催化剂时，压力为 3.0～6.0 MPa，温度为 280～350℃，空速为 2.0～3.0 h^{-1}，氢油体积比为 300～800。

3. 焦化汽油加氢处理

延迟焦化工艺技术简单、投资低，是高硫、高氮、高金属、高残炭值的劣质渣油轻质化的主要手段，占渣油加工量的 50%以上。焦化汽油收率一般在 15%左右，其特点是硫、氮含量较高（硫含量是原料渣油的 1/10～1/5，一般在 300～6000 μg/g；氮含量是原料渣油的 1/30～1/20，一般在 100～400 μg/g），烯烃含量高（溴价在 40～60 g Br/100 g），芳烃含量低（一般在 5%～10%），环烷烃含量较低（一般在 10%～20%）。因此，辛烷值低（60 左右），芳烃潜含量低（重整原料评价指标，与环烷烃和芳烃含量有关，越大越好），但 BMCI 值较低（作为蒸汽裂解制乙烯原料的评价指标，越低越好）。此外，由于焦化汽油是高温（500℃左右）热反应的产物，还会含有少量高度不饱和的二烯烃及焦粉，安定性极差，极易生成胶质等沉积物，必须经过加氢处理后才能进一步加工或利用。

加氢处理后的焦化汽油一般用作乙烯裂解原料，也可以作为重整掺兑原料（掺兑量一般在 10%～30%，而且，要求干点＜180℃），也可用于制氢原料。焦化汽油直接通过催化裂化改质也是一种可选择的加工路线。大部分炼油厂焦化汽油产量较小，常与焦化柴油、催化柴油等一起混合加工处理，一方面可以提高单套加氢处理装置的处理量，减少装置数目，另一方面可以减缓加工难度。随着炼厂延迟焦化装置规模的扩大，焦化汽油也常单独加氢处理。

焦化汽油加氢处理的主要反应包括二烯烃和烯烃的加氢饱和、加氢脱硫、加氢脱氮、胶质等不安定物质的加氢脱除，所用催化剂一般是 Co-Mo/Al_2O_3、Ni-M/Al_2O_3 或 Ni-W/Al_2O_3 等。

焦化汽油加氢处理一般采用单反应器流程，其典型工艺流程见图 11-3-11。反应条件较为苛刻，一般为：压力 4.0～6.0 MPa，温度 280～320℃，空速 1～2 h^{-1}，氢油体积比 500～700。由于焦化汽油烯烃含量高，还含有少量二烯烃，加氢反应速率快，放热量大，为控制反应器温升过快和过大，通常采用 2～3 个催化剂床层，并且按照加氢活性由低到高的顺序分级（分层）装填，在床层间注入冷氢控制床层温升。

需要注意的是，由于焦化汽油含有少量细焦粉、胶质和二烯烃，极易沉积堵塞床层，使床层压降上升过快，需要设置原料过滤器，最好为 5～25 μm 的自动反冲洗过滤系统，阻止细小焦粉进入反应器。另外，二烯烃受热后极易与烯烃等发生 Diels-Alder 环化反应和聚合反应形成大分子有机聚合物，并进一步缩合生焦，最好在加热炉前设置保护反应器，在较低温度（150～200℃）、负载型硫化镍或 Ni-Mo 催化剂作用下脱除二烯烃。此外，焦化汽油中的二烯烃、硫、氮化合物极易氧化生胶，原料输运系统（如储罐、缓冲罐等）需要氮气或氢气封存（氮封），防止与空气接触。延迟焦化塔通常会注入消泡剂，常用含硅的消泡剂，从而使焦化汽油中含有微量硅（5～20 μg/g），硅在催化剂床层沉积也会引起床层堵塞。因此，保护反应器或加氢反应器上部通常还会装填一部分脱硅剂。

焦化汽油加氢处理的典型工艺条件和产品性质见表 11-3-11。由表可见，加氢处理后的焦化汽油硫、氮含量依然达不到重整进料的要求（硫、氮含量＜0.5 μg/g），通常需要与直馏汽油掺兑再经重整预加氢处理。此外可见，反应器床层温升高达 139℃，说明焦化汽油加氢处理过程中控制床层温升难度很大。

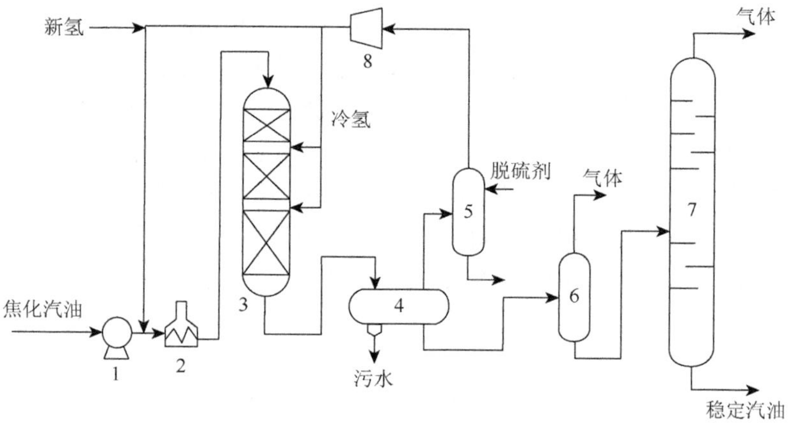

图 11-3-11　焦化汽油加氢处理典型工艺流程

1. 进料泵；2. 加热炉；3. 反应器；4. 高分；5. 循环氢脱硫罐；6. 低分；7. 稳定塔；8. 循环氢压缩机

表 11-3-11　焦化汽油加氢处理的典型工艺条件和产品性质

项目	工艺条件	油品性质	焦化汽油	加氢后产品
氢分压/MPa	3.1	密度（20℃）/(g/cm³)	0.713	0.708
反应器入口温度/℃	219	硫含量/(μg/g)	6800	15
反应器出口温度/℃	358	氮含量/(μg/g)	140	0.7
体积空速/h^{-1}	1.3	饱和烃含量/v%	49.8	74.8
氢油体积比	636	烯烃含量/v%	31.3	0
		环烷烃含量/v%	13.3	20.7
		芳烃含量/v%	5.6	4.5

11.3.3　柴油加氢处理

1. 原料性质对加氢处理的影响

1）车用柴油质量要求

柴油的主要用途是汽车发动机燃料（占 80%以上），少量用于农用机械（拖拉机、收割机、播种机等）、中小型船舶和发电机等内燃机燃料。如表 11-3-12 所示，我国车用柴油按照凝点分为 5#、0#、–10#、–20#、–35#、–50#6 个牌号，其中最常用的是 5#、0#和–10#柴油，占 80%以上。从 2015 年 1 月，我国已经实施国Ⅳ车用柴油标准，2016 年 1 月华东 11 省区实施国Ⅴ柴油标准，2017 年 1 月全国实施国Ⅴ柴油标准，并于 2016 年 7 月制定出国Ⅵ柴油标准（征求意见稿），预计 2020 年实施。国Ⅴ和国Ⅵ柴油要求大幅降低柴油硫含量、芳烃（尤其是多环芳烃）含量、降低密度、提高十六烷值。因此，柴油加氢处理的主要目的是：超深度脱硫、深度脱芳烃、降低密度、提高十六烷值。

表 11-3-12　我国车用柴油主要指标要求

指标	国Ⅳ	国Ⅴ	国Ⅵ
牌号/#	5, 0, –10/–20/–35, –50	5, 0, –10/–20/–35, –50	5, 0, –10/–20/–35, –50
硫含量/(μg/g)	50	10	10
多环芳烃含量/m%	11	11	7
密度(20℃)/(kg/m^3)	810～850/790～840	810～850/790～840	820～845/800～840
凝点/℃	5，0，–10/–20/–35，–50	5，0，–10/–20/–35，–50	5，0，–10/–20/–35，–50
闪点/℃	60/50/45	60/50/45	60/50/45
十六烷值	49/46/45	51/49/47	51/49/47
十六烷指数	46/46/43	46/46/43	46/46/43

柴油有多种来源，其中包括直馏柴油（SRGO，约占 60%）、催化裂化柴油（又称 FCC 轻循环油 LCO，约占 25%）、焦化柴油（CLGO，约占 10%）、加氢裂化柴油（HCLGO，占 3%～5%）。加氢裂化柴油硫、氮、芳烃含量低，密度低，十六烷值高，是优质的柴油组分，绝大多数满足国Ⅴ或国Ⅵ柴油的质量要求。石蜡基原油的直馏柴油和焦化柴油，密度较低，十六烷值较高，仅需深度加氢脱硫即可达到国Ⅴ或国Ⅵ柴油的质量标准。催化裂化柴油、环烷基原油的直馏柴油、部分中间基原油的直馏柴油、环烷基或中间基原油的焦化柴油，尤其是重油催化裂化柴油，芳烃和/或环烷烃含量高，密度高，十六烷值低。例如，

重油催化裂化柴油密度一般大于 0.88 g/cm³，甚至高达 0.95 g/cm³，十六烷值只有 30～35 个单位，甚至低至 20 个单位，单靠深度加氢脱硫难以达到国Ⅴ或国Ⅵ柴油指标要求的密度和十六烷值，必须经过深度加氢改质脱除大部分双环和三环芳烃、选择性开环降低密度，才能达到密度＜0.86 g/cm³、十六烷值 45～47 个单位，国Ⅴ或国Ⅵ柴油掺兑组分的要求。表 11-3-13 为胜利原油三种柴油馏分的主要性质和烃族组成，由表可见，直馏柴油密度低，硫、氮含量低，十六烷值高，胶质含量低，安定性好，烷烃含量高，芳烃含量低，基本不含烯烃；催化裂化柴油密度高，硫、氮含量较高，十六烷值很低，胶质含量较低，安定性较好，烷烃含量低，芳烃含量高，含一定量烯烃；焦化柴油密度较低，硫、氮含量高，十六烷值较高，胶质含量高，安定性差，烷烃含量较高，芳烃含量较低，含相当量烯烃。

表 11-3-13 胜利原油三种柴油馏分的主要性质和烃族组成

项目	直馏柴油	催化裂化柴油	焦化柴油
密度(20℃)/(g/cm³)	0.8110	0.8899	0.8394
硫含量/(μg/g)	1200	3696	7400
氮含量/(μg/g)	42	836	1900
溴价/(g Br/100 mL)	0.60	17.4	42
胶质/(mg/100 mL)	15.6	163	350
十六烷指数	63	30	52
烃族组成/m%：			
链烷烃+链烯烃	55.6	25.0	41.3
环烷烃+环烯烃	25.5	17.3	27.8
总芳烃	18.9	56.8	30.9
单环芳烃	11.5	27.0	20.9
双环芳烃	6.3	26.8	9.5
三环芳烃	1.1	3.0	0.5

2）柴油馏分加氢脱硫的活性

柴油馏分范围很宽，一般在 180～350℃，初馏点一般在 160～170℃，终馏点（干点）一般在 360～370℃，其所含的有机硫化物类型主要是噻吩类（烷基取代的苯并噻吩、二苯并噻吩）硫化物，还含有一定量硫醚和少量二硫化物。其中，硫醚和二硫化物加氢脱硫活性很高，非常容易脱除，噻吩类硫化物较难脱除。由于馏分范围宽，噻吩类硫化物的结构差异很大，加氢脱硫活性差异很大。总的趋势是：环数越多，烷基取代基越多，越难以脱除，苯并噻吩类硫化物容易脱除，二苯并噻吩类难以脱除；即使是二苯并噻吩类硫化物，其脱硫活性与烷基取代基的数目和位置关系很大。图 11-3-12 所示为不同结构的二苯并噻吩加氢脱硫的一级反应常数，由此可见：无烷基取代的二苯并噻吩加氢脱硫最容易；烷基取代基不在 4, 6 位的二苯并噻吩，加氢脱硫比较容易；4 或 6 位烷基取代的二苯并噻吩，加氢脱硫较难；4, 6 位均有烷基取代的二苯并噻吩，加氢脱硫最难。

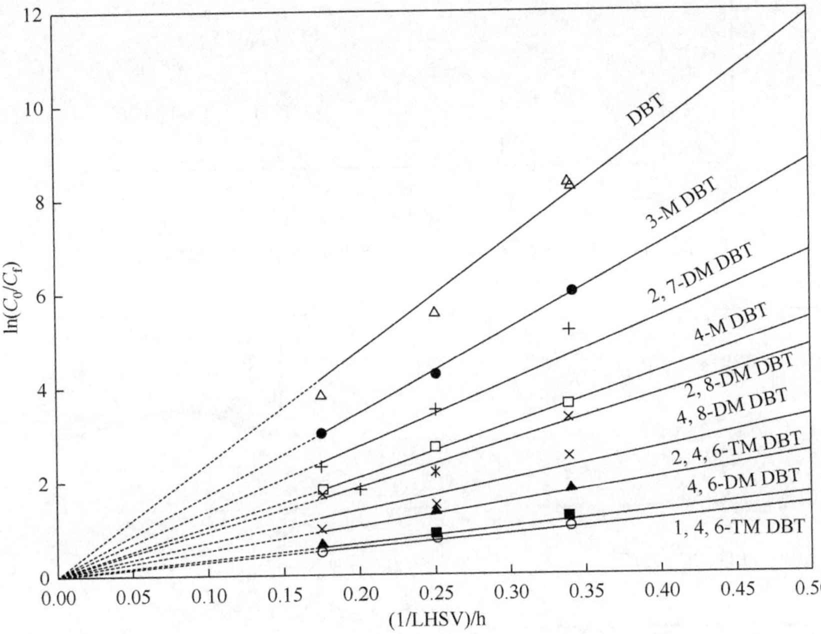

图 11-3-12　二苯并噻吩 HDS 的一级动力学常数

$CoMo/Al_2O_3$，340℃，3 MPa，H_2/HC=200

不同原料、不同来源的柴油馏分，其硫化物类型分布差异较大，加氢脱硫难度差异较大。图 11-3-13 所示为两种 Kuwait 直馏柴油的硫化物色谱组成，由图可见，与 GO-KEC 直馏柴油相比，GO-LF 直馏柴油不但硫含量高，而且难以脱除的二苯并噻吩类硫化物，尤其是烷基取代的二苯并噻吩类硫化物比例较高。图 11-3-14 为三种柴油的硫化物色谱组成，由图可见，北海原油的直馏柴油，虽然硫含量较低，占 0.196%，但难脱除的硫化物相对比例最高，占 94%；尼日利亚直馏与 LCO 混合柴油，硫含量较低，占 0.517%，难脱除的硫化物相对比例最低，占 37%；阿拉伯直馏柴油+LCO，硫含量最高，占 1.29%，难脱除的硫化物相对比例居中，占 48%。因此，硫含量并不是柴油加氢脱硫难易的决定因素，硫化物类型或难脱除的硫化物比例决定柴油加氢脱硫的难易程度。

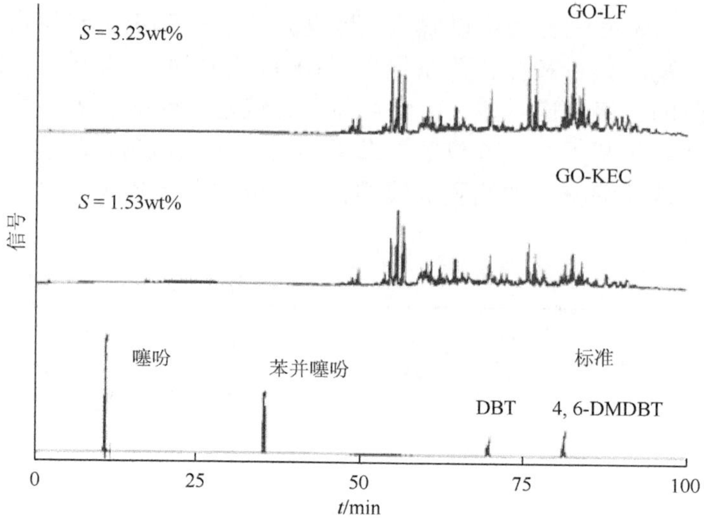

图 11-3-13　两种 Kuwait 直馏柴油的硫化物色谱组成

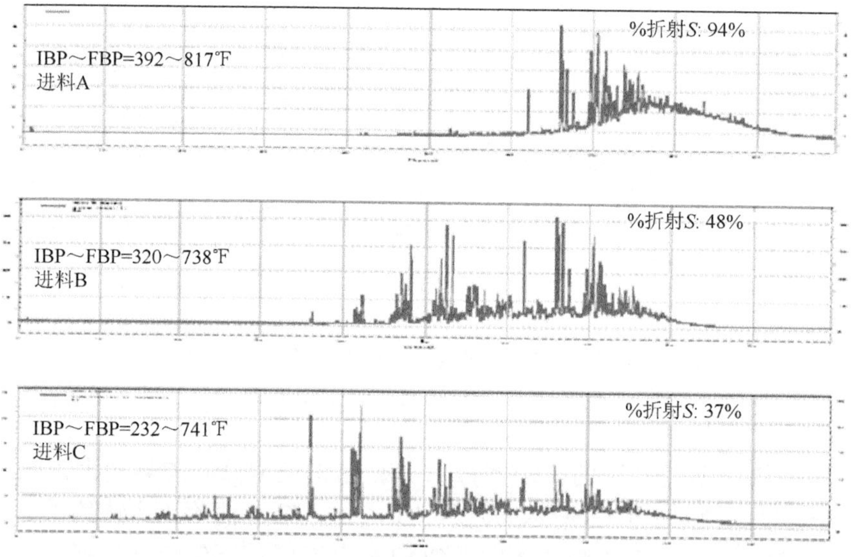

图 11-3-14　三种柴油的硫化物色谱组成

A. 北海直馏柴油，硫含量 0.196%；B. 阿拉伯直馏柴油+LCO，硫含量 1.29%；
C. 尼日利亚直馏柴油+LCO，硫含量 0.517%

3）柴油馏分和烃族组成对加氢脱硫的影响

柴油馏分组成对加氢脱硫活性有显著的影响。图 11-3-15 所示为阿拉伯直馏柴油硫化物类型随馏分组成的变化。由图可见，在小于 279℃的馏分中，主要是较容易脱除的苯并噻吩类硫化物和非噻吩类硫化物；随着馏分变重，较难脱除的二苯并噻吩类硫化物含量增加，尤其是最难脱除的烷基取代的二苯并噻吩、4 或 6 位烷基取代的二苯并噻吩和 4, 6 位二烷基取代的二苯并噻吩逐渐增加。因此，柴油加氢脱硫难易程度与馏分组成关系密切，降低柴油的切割点或干点，会显著降低加氢脱硫的难度，图 11-3-16 即是一例。

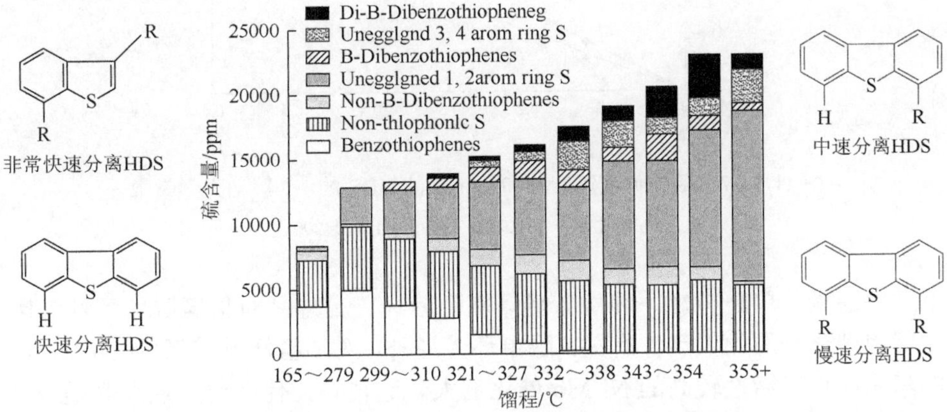

图 11-3-15　阿拉伯直馏柴油馏分组成与硫化物类型

1 ppm=10^{-6}；HDS 为二苯并噻吩类硫化物

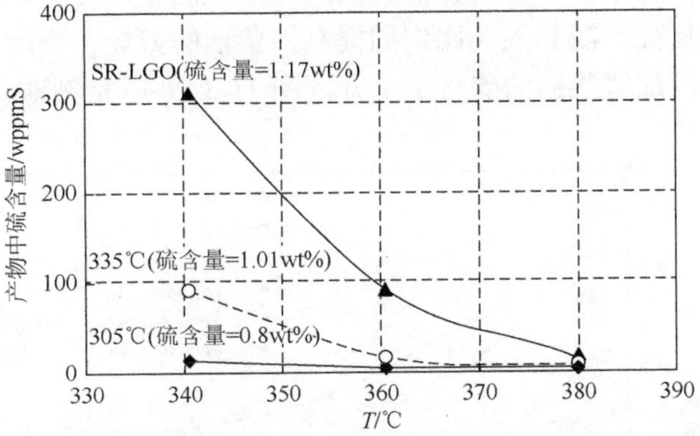

图 11-3-16　阿拉伯直馏柴油切割点与加氢产品硫含量

$CoMo/Al_2O_3$，5 MPa，LHSV=2 h^{-1}，H_2/HC=200

正是由于柴油馏分范围宽，所含的有机硫化物加氢脱硫活性差异大，柴油馏分的加氢脱硫通常并不遵循一级反应动力学规律，图 11-3-17 就是一例。由图可见，阿拉伯直馏柴油和焦化柴油的加氢脱硫遵循 1.5 级表观动力学。

柴油的芳烃含量对加氢脱硫活性有显著的影响。图 11-3-18 为 4, 6-二甲基二苯并噻吩加氢脱硫转化率随原料芳烃含量的变化，由图可见，随原料中芳烃含量的增加，4, 6-二甲基二苯并噻吩加氢脱硫转化率逐步降低。而且，影响的程度按

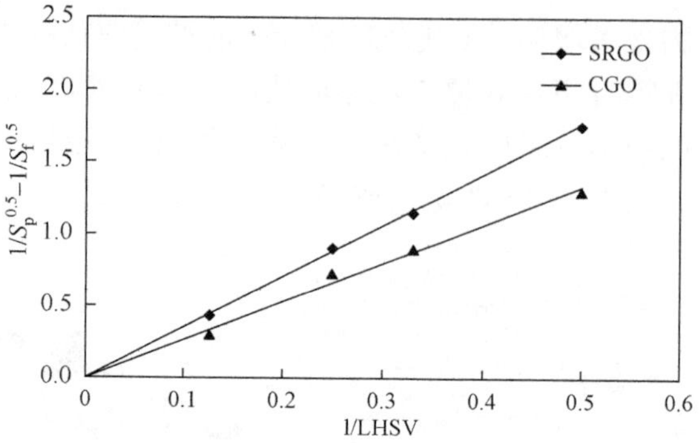

图 11-3-17　阿拉伯直馏柴油和焦化柴油 HDS 的 1.5 级动力学常数

$CoMo/Al_2O_3$，340℃，3 MPa，H_2/HC=200

如下顺序递减：单环芳烃＞环烷芳烃＞双环芳烃。另外，对加氢脱硫活性的影响还与所用催化剂的加氢活性有关，除单环芳烃外，对加氢活性较低的 Co-Mo 催化剂的影响比加氢活性较高的 Ni-Mo 催化剂大。这也是为什么对芳烃尤其是双环、三环芳烃含量高的催化裂化柴油的加氢脱硫，宜选用 Ni-Mo 催化剂的原因。如图 11-3-19 所示，柴油馏分的加氢脱硫转化率随原料中 3 环及以上芳烃含量的变化呈现很好的线性关系，即是对芳烃抑制脱硫活性的很好诠释。此外，由于催化裂化柴油芳烃含量高，随其混兑比例的提高，柴油的芳烃含量增加，密度增加，十六烷指数降低，加氢柴油的硫含量上升，图 11-3-20 就是例证。

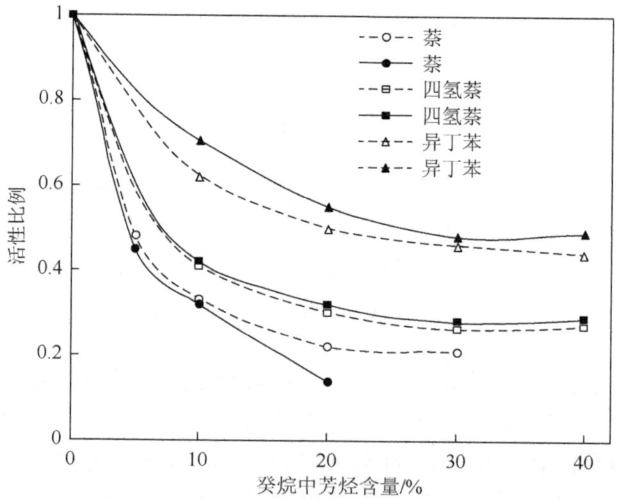

图 11-3-18　4, 6-二甲基二苯并噻吩加氢脱硫转化率随原料芳烃含量的变化

反应条件：270～340℃，2.4～5.0 MPa，LHSV=2 h^{-1}，H_2/HC=200；实线表示 $NiMo/Al_2O_3$；虚线表示 $CoMo/Al_2O_3$

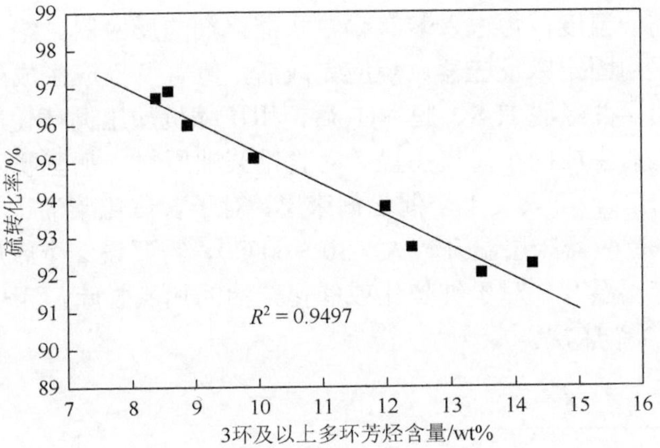

图 11-3-19　阿拉伯柴油 3 环及以上多环芳烃含量与加氢脱硫转化率的关系

$CoMo/Al_2O_3$ 催化剂，371℃，6.9 MPa，LHSV=2 h^{-1}，H_2/HC=356

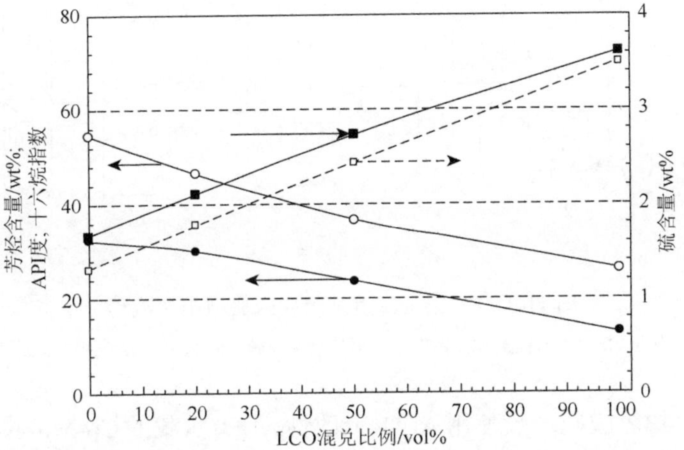

图 11-3-20　环烷基直馏柴油与 LCO 混兑比例与原料性质和加氢柴油硫含量

$CoMo/Al_2O_3$ 催化剂，360℃，6.0 MPa，LHSV=2 h^{-1}，H_2/HC=380

2. 柴油加氢处理工艺

1）柴油深度加氢脱硫的一般工艺

前已述及，石蜡基原油的直馏柴油和大部分焦化柴油，密度较低，十六烷值较高，仅需深度加氢脱硫即可达到国Ⅴ或国Ⅵ柴油的质量标准。对于仅需脱硫，不需要降低密度、提高十六烷值的柴油原料（石蜡基原油的直馏柴油或与部分焦化柴油、催化裂化柴油的混合柴油），一般采用单反应器的深度加氢脱硫工艺即可达到目标要求，典型工艺流程如图 11-3-21 所示。原料油与氢气混合后，送入加热炉加热到所需的温度，再进入装有颗粒状催化剂的反应器。绝大多数的柴油加氢脱硫过程都采用固定床反应器。反应完成后，氢气及反应生成的少量气体产物从分离器中分出，并经脱 H_2S、脱 NH_3 后，用压缩机加压循环使用。产物需在气提塔中分出加氢后生成的少量气态烃。对直馏柴油原料，加氢脱硫反应器床层温升较小（20～30℃），可只设 1 个催化剂床层，对于含焦化柴油、催化裂化柴油的混合柴油原料，反应器床层温升较大（30～60℃），需要设 2 个床层，并通过床层间注冷氢控制床层温升。对于纯焦化或催化柴油的加氢脱硫，床层温升大（60～90℃），需要设 3 个床层。

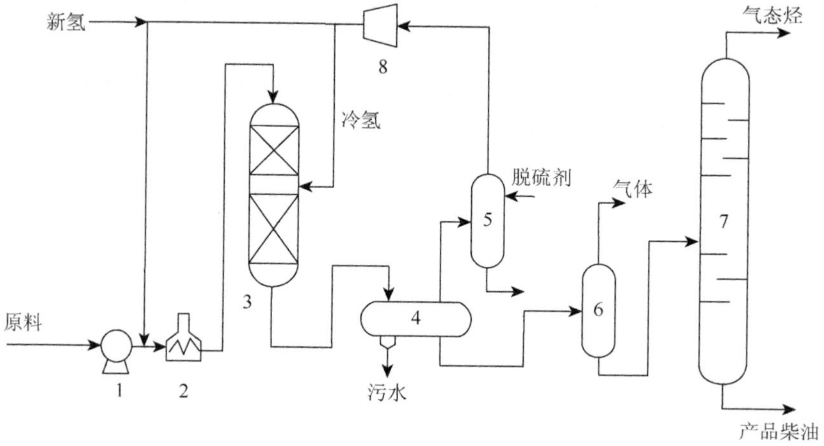

图 11-3-21 柴油深度加氢脱硫典型工艺流程

1. 进料泵；2. 加热炉；3. 反应器；4. 高分；5. 循环氢脱硫罐；6. 低分；7. 气提塔；8. 循环氢压缩机

柴油深度加氢脱硫一般使用 Al_2O_3 或改性 Al_2O_3 负载的 Co-Mo、Ni-Mo 或 Ni-W 催化剂。对于高硫、低氮的中东原油的柴油，采用低温加氢脱硫活性高的 Co-Mo/Al_2O_3 催化剂比较适宜，而对于低硫或含硫、高氮原油的柴油，采用脱氮活性高的 Ni-Mo/Al_2O_3、Ni-W/Al_2O_3、Ni-Mo-W/Al_2O_3 催化剂比较适宜。我国原油大多属于低硫或含硫、高氮的原油，适于采用 Ni-Mo/Al_2O_3、Ni-W/Al_2O_3、Ni-Mo-W/Al_2O_3 催化剂。对于掺兑催化裂化或焦化柴油的混合柴油，采用 Co-Mo/Al_2O_3 催化剂和 Ni-Mo/Al_2O_3、Ni-W/Al_2O_3、Ni-Mo-W/Al_2O_3 催化剂分层装填，显示出较好的芳烃脱除和深度脱硫效果。此外，为增加催化剂床层堆积密度，提高脱硫效果，近年来普遍采用密相装填方法装填催化剂，可使催化剂装填量提高 8%～15%，装置的初始操作温度降低 4～5℃。

柴油深度加氢脱硫的工艺条件（压力、温度、空速、氢油比）因原料性质不同而差异较大，一般为：压力 4～10 MPa、床层平均温度 320～380℃、液时空速

1～2 h^{-1}、氢油体积比 200～600。对于高硫、低氮的直馏柴油，条件较为缓和；而对于掺炼焦化柴油、催化裂化柴油的原料，条件较为苛刻。例如，对于高硫、高氮的催化裂化柴油的深度加氢脱硫，甚至采用压力 10 MPa、床层平均温度 360℃、液时空速 0.8 h^{-1}、氢油体积比 600 的苛刻工艺条件。直馏或混合柴油深度加氢脱硫后产品柴油的密度降低一般在 0.02～0.04 g/cm^3，十六烷值提高 2～5 个单位，初馏点和干点前移 10～15℃。

还应指出，在柴油加氢脱硫条件下，原料在反应器中部分气化，存在气液两相，而且原料的气化率（包括其中有机硫化物的气化率）与氢油比有很大关系。根据 Frye 和 Mosby 方程：

$$\ln\frac{X_s^0}{X_s}=\frac{k_s P_s^0 P_h L}{[1-a+(a+H/M)P_s^0/P_{total}](1+\sum B_j P_j)^n} \tag{11-3-1}$$

其中，a 为反应器入口原料的气化率（mol）；B_j 为惰性组分 j 的吸附平衡常数；H 为氢气摩尔进料量；M 为柴油摩尔进料量；k_s 为硫化物的体积速率常数；L 为反应器长度；n 为与反应机理有关的常数；P_h 为氢气的分压；P_s^0 为原料中硫化物的饱和蒸气压；P_j 为惰性组分 j 的分压；X_s^0 为原料液相中硫化物的摩尔分数；X_s 为产品液相中硫化物的摩尔分数；P_{total} 为总压。

将 Frye 和 Mosby 方程变换为

$$\ln\frac{X_s^0}{X_s}=V_s\frac{k_s P_h L}{\left(1+\sum B_i P_i\right)^n} \tag{11-3-2}$$

$$V_s=\frac{P_s^0}{1-a+(a+H/M)P_s^0/P_{total}} \tag{11-3-3}$$

式（11-3-2）和式（11-3-3）计算的结果见表 11-3-14。表中结果显示，随着氢油比的增加，柴油气化率增加，苯并噻吩的气化因数 V_s 降低，4, 6-二苯并噻吩的气化因数 V_s 增加，因此更有利于难脱除硫化物的深度脱硫。图 11-3-22 的结果也进一步证实了氢油比增加有助于柴油的深度加氢脱硫，但当氢油比大于 600 后，再增加氢油比对脱硫效果影响不显著。因此，一般柴油深度加氢脱硫的氢油比不大于 600。

表 11-3-14 氢油比对柴油气化率和硫化物气化因数 V_s 的影响

氢油比 (H/M)/(Nm^3/m^3)	氢油比 (H/M)/(mol/mol)	原料汽化率 a/m%	苯并噻吩气化因数 V_s(P_s^0 =12 bar)	4,6-DMDBT 气化因数 V_s(P_s^0 =0.8 bar)
150	1.7	0.10	9.4	0.86
250	2.8	0.19	8.3	0.94
500	5.6	0.37	6.3	1.1
1000	11.2	0.65	4.2	1.5

注：LGO，343℃，56 bar（1bar=10^5Pa），2 h^{-1}。

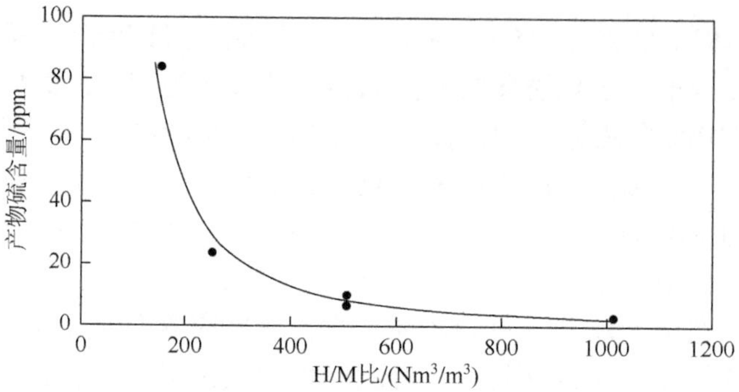

图 11-3-22　氢油比对柴油加氢产物硫含量的影响

LGO，343℃，56 bar，2 h^{-1}

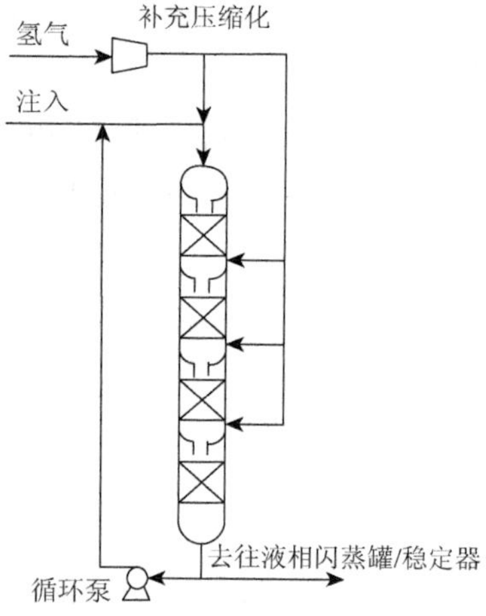

图 11-3-23　液相加氢反应器系统示意图

2）柴油液相加氢工艺

近年来出现了一种新的柴油加氢工艺——液相加氢工艺，其原理是利用液相柴油中溶解的氢气进行加氢反应。如图 11-3-23 所示，该工艺与常规柴油加氢工艺的最大不同在于反应器系统。加热或换热到一定温度的原料与氢气和来自反应器出口的高温液相产品混合后进入反应器，经气液分离后溶解了氢气的液相物料进入第一个催化剂床层，进行加氢反应；以后依次在每个催化剂床层出口分别注入一定量的氢气，进行溶氢和气液分离，补充消耗的溶解氢；最后一个催化剂床层流出的高压、高温液相物料一部分采用液相循环泵循环至反应器出口，以便利用加氢后物料溶解和携带氢气，并充分利用反应释放的热量，一部分送至产品分离单元。由于氢气在柴油中的溶解度有限，一次溶解的氢气量不足以满足柴油加氢所消耗的氢气量，为有效溶氢和补充消耗的溶解氢，一般采用 3～4 个催化剂床层。

由于在催化剂床层上反应物为纯液相（不排除有少量气相），液相加氢的优势在于催化剂床层只用于反应，无需气液传质，传质效率高，催化剂体积利用率高，反应速率快。其加氢脱硫动力学方程式为

$$R_S = -\frac{k_0 \cdot C_S \cdot \eta_W}{(1 + K_N \cdot C_N)(1 + K_{H_2S} \cdot C_{H_2S})^2} \qquad (11\text{-}3\text{-}4)$$

其中，R_S 为有机硫化物的加氢脱硫反应速率；k_0、K_N、K_{H_2S} 分别为反应速率常数、

有机氮化物的中毒常数和 H_2S 中毒常数；C_{H_2S} 为气相中的 H_2S 浓度；C_S 和 C_N 分别为硫化物浓度和氮化物浓度；η_W 为催化剂的润湿因子，$0<\eta_W<1$。

由于液相加氢工艺取消了循环氢和利用高温、高压液相物料直接混合传热，装置投资和能耗较低，能耗通常比常规固定床加氢工艺低 30%～40%。但是，由于柴油中氢气的溶解度较低，而且，随温度升高，氢气在石油馏分中的溶解度增加，液相加氢工艺需要在较高的压力和温度下操作，而且仅仅适用于氢耗较低的原料，如直馏柴油或混兑少量（一般小于 15%）二次加工柴油（催化裂化柴油、焦化柴油）的物料。对国Ⅴ和国Ⅵ柴油的生产，液相加氢工艺的操作条件一般为：压力 9～10 MPa，温度 350～370℃，新鲜原料空速 0.8～1.2 h^{-1}，总注氢量 40～60 Nm^3/m^3，液相循环比 1～1.5。

近年来，还出现了多床层、多点注氢上流式反应器的柴油液相加氢工艺，由于采用催化剂床层氢气微过量方式，无须设置床层间气液分离，也无需采用高压、高温液相循环泵，反应系统更为简单，装置投资进一步降低，操作安全性提高。

还需指出，液相加氢工艺还可应用于直馏减压馏分油加氢处理、润滑油加氢补充精制、润滑油异构降凝、石蜡加氢补充精制等过程，从而降低装置投资和操作能耗，是一种很有发展前景的石油馏分加氢新工艺。

3. 柴油加氢脱芳烃工艺

1）柴油加氢脱芳烃的意义

柴油中的芳烃，尤其是短侧链的双环（萘系）和三环（菲和蒽系）芳烃是造成柴油密度高、十六烷值低的主要原因之一。图 11-3-24 的结果表明，对基属相同的柴油，十六烷指数与芳烃含量呈线性关系，随芳烃含量增加，十六烷指数下降。为达到国Ⅴ和国Ⅵ柴油要求的低芳烃、高十六烷值（多环芳烃含量分别小于 11%和 7%，十六烷值＞51），富含芳烃的催化裂化柴油及环烷基原油的直馏和焦化柴油必须经过加氢脱芳烃。

此外，如图 11-3-25 所示，柴油十六烷指数对发动机颗粒物（PM）排放影响很大，随十六烷指数增加，PM 排放量迅速降低。因此，为减少空气污染，保护环境，柴油需要深度加氢脱芳烃，提高十六烷值。

2）柴油加氢脱芳烃的热力学限制

温度对芳烃加氢饱和的热力学平衡转化率影响极大，如图 11-3-26 所示。升高温度对芳烃加氢极为不利，而且，萘和菲的最后一个芳环加氢比第一个芳环难度大，在 3.0 MPa 和 610～640 K（340～370℃）下，菲的平衡浓度在 20%～50%，萘的平衡浓度在 8%～20%。因此，为提高芳烃，尤其是双环和三环芳烃的脱除率，柴油的加氢脱芳烃需要较低的温度。但温度过低，反应速率又达不到工业生产上反应工程的要求。

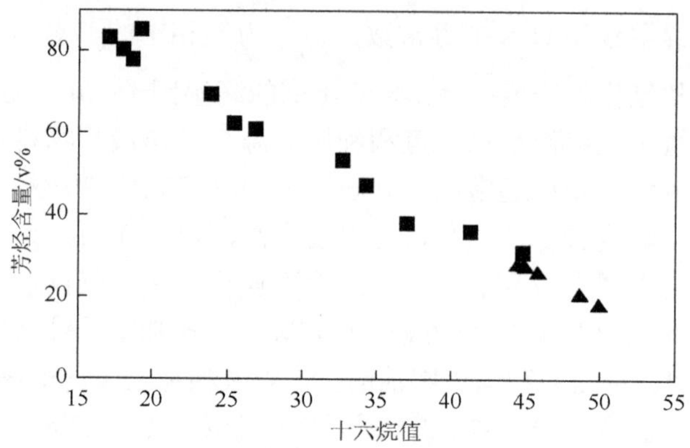

图 11-3-24　阿拉伯柴油十六烷值与芳烃含量的关系

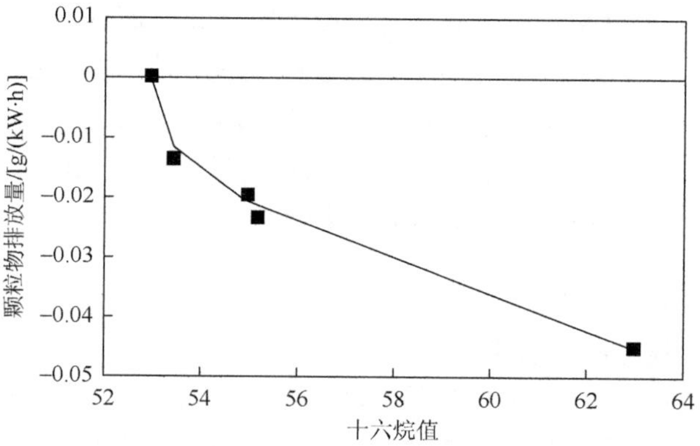

图 11-3-25　柴油十六烷值与颗粒物排放量的关系

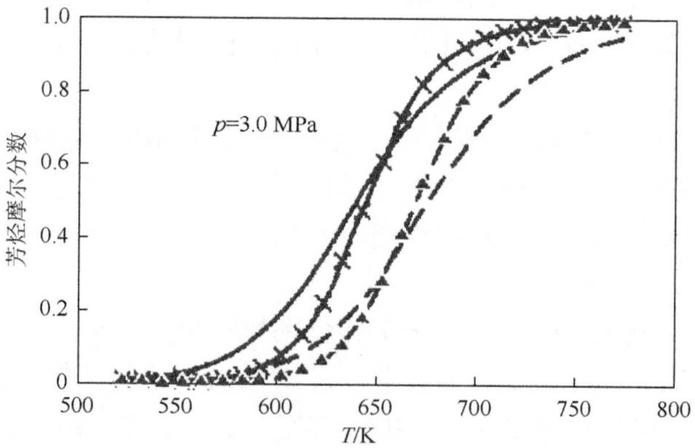

图 11-3-26　萘和菲加氢饱和平衡转化率与温度的关系

实线表示菲的加氢，无符号为第一个环加氢，有符号为最后一个环加氢；虚线表示萘的加氢，无符号为第一个环加氢，有符号为最后一个环加氢

图 11-3-27 的结果表明，压力对柴油中芳烃加氢饱和转化率的影响很大，随压力升高，芳烃加氢饱和转化率显著增加。同时也说明，在中低压范围内（4～8 MPa），芳烃的加氢饱和受热力学平衡的限制，过高的温度不利于芳烃的加氢饱和。因此，为达到较高的芳烃饱和率，必须采用较高的温度和压力。

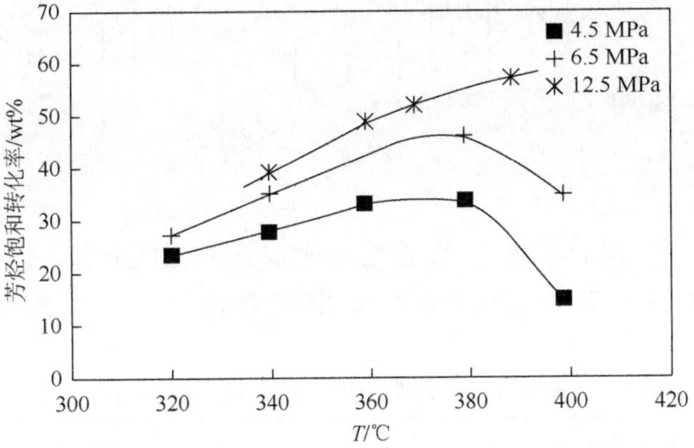

图 11-3-27　阿拉伯柴油中芳烃加氢饱和转化率与温度、压力的关系

$Ni-Mo/Al_2O_3$ 催化剂，氢油比 500/1

3）柴油加氢脱芳烃的单段工艺

柴油加氢脱芳烃的单段工艺一般采取两个串联的反应器流程。如图 11-3-28 所示，第一个反应器主要发生加氢脱硫、脱氮、烯烃饱和和芳烃部分加氢反应，第二个反应器主要发生芳烃深度加氢反应。两个反应器所装填的催化剂可以相同，也可以不同。加氢脱硫可以采用 Al_2O_3 负载的 Co-Mo、Ni-Mo 或 Ni-W、Ni-Mo-W 催化剂，芳烃深度加氢宜采用分子筛、SiO_2、磷、硼等酸性组分改性的 Al_2O_3 负载的 Ni-Mo、Ni-W 或 Ni-Mo-W 催化剂，以提高芳烃深度加氢或环烷烃部分开环活性。柴油单段加氢脱芳烃的工艺条件较为苛刻，压力和温度较高，空速较低，氢油比较大。一般为：压力 8～12 MPa，温度 350～380℃，空速 0.8～1.2 h^{-1}，氢油体积比 600～900。由于存在芳烃深度加氢和部分开环、裂化反应，柴油收率有一定的损失，质量收率一般为 90%～95%，氢耗较大，一般为 1.2m%～1.6m%。与原料相比，产品柴油的十六烷值增加值通常在 8～12 个单位。表 11-3-15 为柴油加氢脱芳烃工业装置的典型运转结果。由表可知，虽然单段加氢脱芳烃工艺可以达到柴油深度脱硫、脱芳烃的目的，产品柴油的硫含量和多环芳烃含量也可以达到国Ⅴ和国Ⅵ车用柴油的质量指标，但密度和十六烷值仍然难以达到要求。因此，对于芳烃含量高（＞50%）、密度大（＞0.88 g/cm^3）、十六烷值极低（＜40）的催化裂化柴油，单靠加氢处理难以达到生产国Ⅴ和国Ⅵ车用柴油的目标。

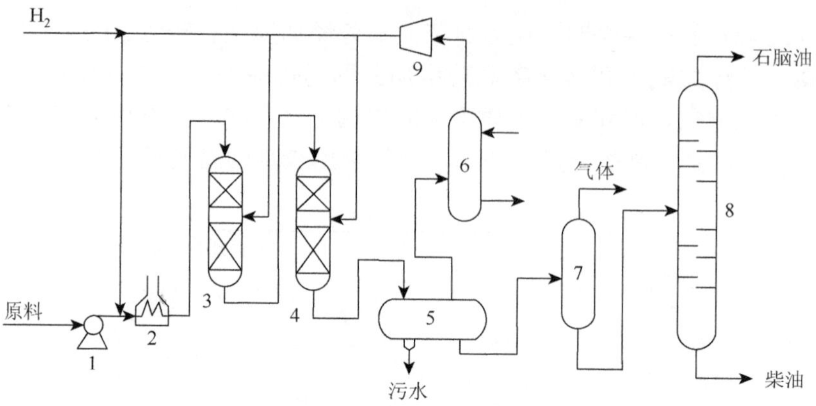

图 11-3-28　单段法柴油加氢脱芳典型工艺流程

1. 进料泵；2. 加热炉；3. 一反；4. 二反；5. 高分；6. 循环氢脱硫罐；7. 低分；8. 分馏塔；9. 循环氢压缩机

表 11-3-15　洛阳石化公司柴油加氢脱芳烃工业装置的典型结果

工艺条件		产物收率/m%	
压力/MPa	7.45	$C_1 \sim C_2$	0.07
温度/℃	373	$C_3 \sim C_4$	0.74
空速/h^{-1}	1.0	C_{5+}石脑油	4.03
氢油比/(Nm^3/m^3)	841	柴油	95.27
氢耗/m%	1.38	—	—
原料和产品柴油性质		原料	产品柴油
密度/20℃，(g/cm^3)		0.8882	0.8530
硫含量/(μg/g)		6043	1.9
氮含量/(μg/g)		649	0.5
芳烃含量/m%		58.2	23.2
多环芳烃含量/m%		35.2	4.9
十六烷值		34.4	44.8

4）柴油加氢脱芳烃的两段工艺

柴油加氢脱芳烃的两段工艺一般采取带级间分离的两个反应器流程。如图 11-3-29 所示，第一个反应器主要发生加氢脱硫、脱氮、烯烃饱和和芳烃部分加氢反应，第二个反应器主要发生芳烃深度加氢反应。与单段工艺的不同之处在于，第一段加氢脱硫反应器的物料经过氢气气提、水洗和胺洗脱除反应生成的 H_2S 和 NH_3，再进入第二段加氢脱芳烃反应器，以免使贵金属催化剂中毒。第一段加氢脱硫反应器所用催化剂与单段工艺相同，反应条件也相近；第二段加氢脱芳烃反应采用芳烃加氢活性高的 Al_2O_3 或分子筛改性 Al_2O_3 负载的 Pt-Pd 催化剂，并且采用较低的反应温度（一般为 250～300℃），以利于芳烃加氢饱和的热力学平衡，提高芳烃加氢深度。表 11-3-16 为柴油两段加氢脱芳工艺工业应用结果，由表可见，两段加氢脱芳工艺的最大优点在于芳烃脱除效果好，但由于第二段采用贵金属催化剂，而且采用反应器级间气提、水洗和胺洗，装置投资和运转成本高。因此，其经济性不佳，在欧美国家虽然已经实现工业应用，但并不如单段法普遍，我国至今尚未建设柴油两段法加氢脱芳工业装置。

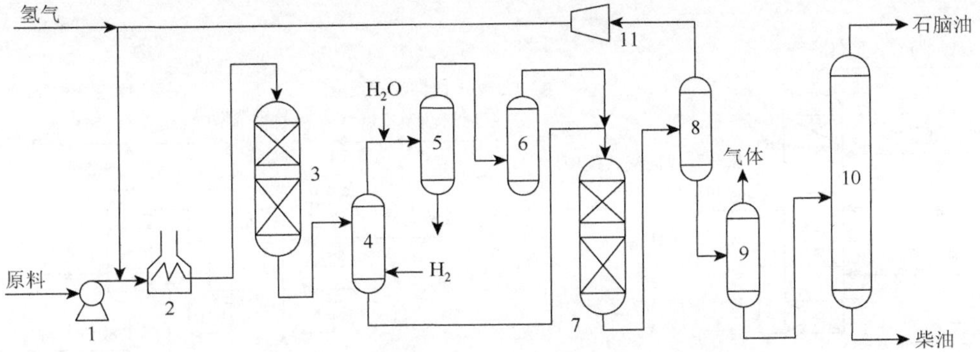

图 11-3-29　两段法柴油加氢脱芳典型工艺流程

1. 进料泵；2. 加热炉；3. 加氢脱硫反应器；4. H_2S 气提塔；5. 水洗塔；6. 胺洗塔；7. 加氢脱芳反应器；8. 高分；9. 低分；10. 分馏塔；11. 循环氢压缩机

表 11-3-16　柴油两段加氢脱芳工艺工业应用结果

项目	原料	第一段反应器	第二段反应器
氢分压/MPa	—	7.0	6.9
床层温度/℃	—	367	287
体积空速/h^{-1}	—	1.0	3.0
油品性质	—	第一段产物	第二段产物
密度（20℃）/(g/cm^3)	0.910	0.880	0.870
硫含量/(μg/g)	6515	9	1
氮含量/(μg/g)	775	3	＜1
芳烃含量/m%	33	24	3.5
十六烷值	39	46	49

近年来还发展了一种柴油催化蒸馏加氢脱芳反应器系统，其工艺流程的突出特点：采用了既有气/液同向流接触，又有逆向流接触，带段间高压气提的特殊催

化蒸馏反应器系统。如图 11-3-30 所示，原料油和氢气先同向流经第一段加氢处理反应器，该反应器装填非贵金属催化剂；然后流经高压、高温气提段，用循环氢气提除去反应生成的 H_2S 和 NH_3；最后流经第二段反应器。第二段逆向流反应器装填贵金属催化剂，逆向流氢气采用补充氢气以避免贵金属催化剂中毒，并提高氢分压。同向流反应段、气提段和逆向流反应段可以集成在一个反应器中，也可以单独设置。所采用的贵金属催化剂具有一定的抗硫、抗氮中毒能力。该工艺的优点：多环芳烃深度加氢饱和，最大程度降低密度，提高十六烷值，同时尽可能减少柴油损失。由于该反应器系统复杂，操作和控制难度较大，工业应用较少。

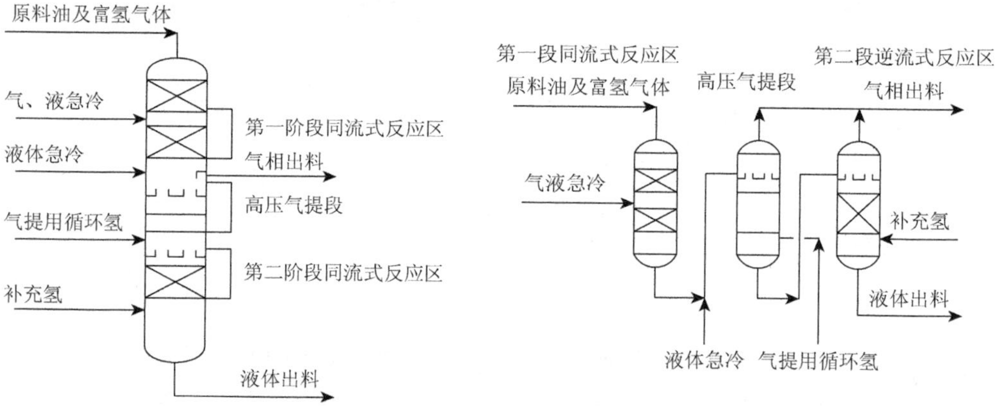

图 11-3-30　柴油催化蒸馏加氢脱芳反应器系统示意图

11.3.4　重馏分油加氢处理

重馏分油包括直馏减压馏分油（VGO）、润滑油馏分、焦化蜡油（CGO）和脱沥青油（DAO）。直馏减压馏分油是指原油减压蒸馏得到的馏分，包括减一线、减二线、减三线和减四线。润滑油馏分是指馏程较窄的某一减压馏分油，通常为减二线、减三线或减四线。焦化蜡油是指焦化装置分馏塔得到的 350～500℃的馏分油。脱沥青油为减压渣油丙烷或丁烷溶剂脱沥青装置得到的脱除沥青质和部分胶质的油料。

重馏分油沸点高，硫、氮等杂质含量高，一般作为二次加工的原料。VGO 的馏程一般在 350～540℃，减压深拔的 VGO 干点高达 590～600℃，除含有硫、氮等杂原子化合物外，还含有微量（<5 μg/g）金属（Ni、V、Fe 等）。DAO 的馏程更高，硫、氮、金属含量更高。CGO 除含有硫、氮、氧等杂原子化合物、微量金属外，还含有少量携带的细颗粒焦粉和硅。重馏分油的主要加工利用方向：①催化裂化原料；②加氢裂化原料；③润滑油基础油原料。

1. 催化裂化原料加氢处理

作为催化裂化原料的重馏分油的加氢处理，主要目的是加氢脱硫、脱氮、烯烃加氢饱和、芳烃部分加氢饱和及脱金属，以改善催化裂化的操作和产物分布。例如，降低干气和焦炭产率，提高液体产物收率和汽柴油收率，降低汽油硫、氮和烯烃含量，降低柴油硫、氮含量和密度，减少催化剂消耗和烧焦尾气中 SO_x、NO_x 的排放等。所用催化剂与柴油加氢脱硫工艺类似，一般为 Al_2O_3 负载的 Co-Mo、Ni-Mo 或 Ni-W、Ni-Mo-W 催化剂，只不过载体孔径、比表面积、孔容更大，利于较大的反应物分子扩散和容纳更多的积炭。对掺炼焦化蜡油和/或脱沥青油的重馏分油加氢处理，需要在反应器上部装填一定量保护剂和脱金属催化剂，以减缓金属和细颗粒焦粉沉积、结焦带来的催化剂床层堵塞，延长开工周期。重馏分油的加氢处理一般采用与柴油加氢脱硫相似的单个反应器的工艺流程，在此不再赘述，但操作条件较为苛刻，压力、温度和氢油比较高，空速较低。一般为：压力 8～12 MPa，温度 360～420℃，体积空速 1～2 h^{-1}，氢油体积比 400～1000 Nm^3/m^3。

2. 加氢裂化原料加氢处理

作为加氢裂化原料的重馏分油的加氢处理，其主要目的也是加氢脱硫、脱氮、烯烃加氢饱和、芳烃部分加氢饱和。只不过由于加氢裂化原料通常比催化裂化原料轻，一般为直馏 VGO，而且干点要求不大于 520℃，甚至不大于 500℃，可以掺炼少量（通常不超过 10%～15%）焦化蜡油和催化裂化轻循环油（LCO）。与作为催化裂化原料的重馏分油的加氢处理不同之处在于，由于加氢裂化催化剂对原料氮含量要求苛刻，以避免催化剂裂化活性中心失活，通常要求进料的有机氮含量不大于 10 μg/g，甚至不大于 3 μg/g。所以，需要提高加氢处理催化剂的加氢脱氮活性，并采取更苛刻的操作条件，压力、温度和氢油比高，空速低。一般为：压力 12～18 MPa，温度 360～420℃，体积空速 0.8～1.2 h^{-1}，氢油体积比 1000～1600 Nm^3/m^3。

3. 润滑油加氢

原先润滑油基础油的生产过程主要采用溶剂处理方法，包括溶剂脱沥青、溶剂精制、溶剂脱蜡及最后的白土补充精制。但是，溶剂处理过程需要使用大量的有机溶剂，对环境保护不利，而且所生产的润滑油质量不够理想。近年来，随着环保法规的日益严格和对润滑油质量要求的不断提高，大多数炼厂开始采用加氢的方法来生产润滑油，其工艺过程可分为两类，一类是条件比较缓和的加氢补充精制，另一类是条件比较苛刻的加氢处理（或称加氢改质），现分述如下。

1）润滑油加氢补充精制

润滑油加氢补充精制的目的是除去经过溶剂精制的润滑油料中残存的溶剂及少量硫、氮、氧和微量烯烃等杂质以改善其色度，并不改变其烃类的结构。为了避免发生裂化反应，所用的条件比较缓和，温度较低（260～320℃），压力较低（2～6 MPa），空速较大（1.0～3.0 h^{-1}），氢油比较小（50～300 m^3/m^3）。与原用的白土补充精制相比，此过程的收率高，且没有废渣。润滑油加氢补充精制的催化剂有 Ni-Mo、Ni-W 等系列，载体均为 Al_2O_3。表 11-3-17 所列为大庆 150 SN 及 650 SN 润滑油料加氢补充精制的反应条件和产物性质。由表可见，经加氢补充精制，润滑油的色度显著改善，而其他性质基本不变。

表 11-3-17　大庆润滑油料的加氢补充精制情况

反应条件	原料油			
	150 SN		650 SN	
温度/℃	205		260	
压力/MPa	2.45		2.45	
空速/h^{-1}	1.5		1.5	
氢油比/(m^3/m^3)	100		190	
原料及产物性质	原料	产物	原料	产物
比色/号	<1.0	<0.5	5.5	4.0
黏度（40℃）/(mm^2/s)	30.35	30.38	149.78	150.88
黏度（100℃）/(mm^2/s)	5.27	5.29	14.74	14.93
黏度指数	105	106	97	98
残炭/wt%	0.017	0.01	0.19	0.18
凝点/℃	−14	−12	−13	−10
酸值/(mg KOH/g)	0.14	0.007	0.011	0.007
碱性氮/(μg/g)	88.8	87.39	422.2	385.7
苯胺点/℃	101	101	114.4	114.8
折光率 n_D^{20}	1.4801	1.4802	1.4905	1.4905

2）润滑油加氢处理

润滑油的使用性能与其化学组成有着密切的联系。一般来说，石蜡基原油的润滑油馏分中含有较多的少环长侧链的烃类化合物，只需借助溶剂精制除去少量多环芳烃及胶质，即可得到黏度指数较高的润滑油料。但是对于环烷基原油及部分中间基原油，其润滑油馏分中不仅含有较多的多环芳烃，而且还含有较多的多环环烷烃。对于这样的原料，如仍用溶剂精制方法，即使精制程度很深、收率很低，也得不到高黏度指数的润滑油料，为此必须采用加氢处理的方法来改变其分子结构。

润滑油的加氢处理过程是将润滑油料中的非理想组分，通过加氢转化为理想组分，以提高其黏度指数。其主要的反应如下。

（1）稠环芳烃经部分加氢饱和，进而开环为带有较长侧链的少环芳烃，如

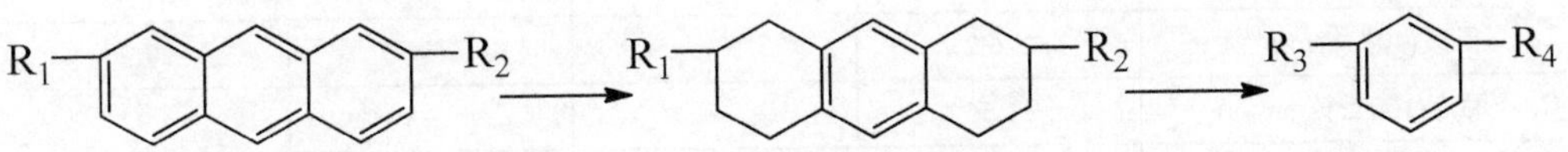

（2）稠环环烷烃经加氢开环生成带有较长侧链的少环环烷烃或异构烷烃，如

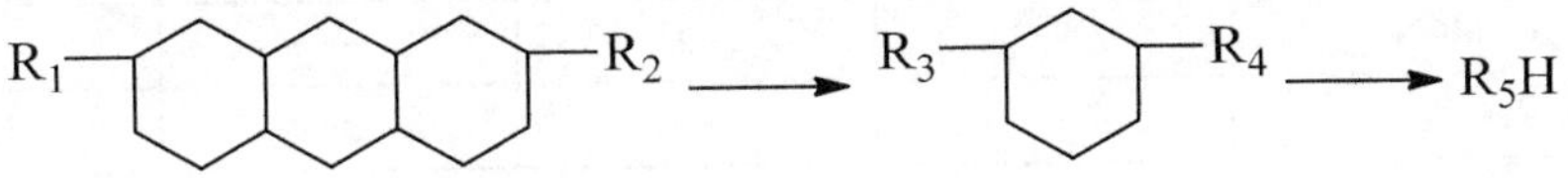

这样，便能使产物的黏度指数显著提高。当然，同时还会产生少量分子量较小的产物。

由此可见，润滑油加氢处理的催化剂应兼有加氢处理和加氢裂化两方面的功能，但其裂化功能不能太强，否则不仅润滑油的收率会太低，而且其质量也会变差。所以，其催化剂应具备较强的加氢活性和中等的酸性，其酸性应能提供足够的开环活性，而尽量不使烷基侧链断裂，同时还具有一定的异构化活性。为了满足上述要求，润滑油加氢处理一般采用 Ni-W 或 Ni-Mo 作为金属组分，与低硅氧化铝、氟化氧化铝或分子筛改性氧化铝等酸性载体相结合。

润滑油加氢处理的反应条件比较苛刻：温度为 360～420℃，总压一般大于 15 MPa，空速为 0.3～1.0 h^{-1}，氢油比为 1000～1800 m^3/m^3。

表 11-3-18 所列为辽河原油减压三线油加氢处理的结果。由表可见，经加氢处理后润滑油料的黏度指数可从–42 猛增至 98，效果极为显著。同时还可获得相当量的汽油和柴油，其汽油的辛烷值较低，而柴油的质量较好，凝点低达–54℃。但如图 11-3-31 所示，提高加氢处理的反应深度虽可提高润滑油馏分的黏度指数，同时会使润滑油馏分的收率和黏度降低。所以，其反应深度必须适中，避免使润滑油馏分的产率和黏度过低。

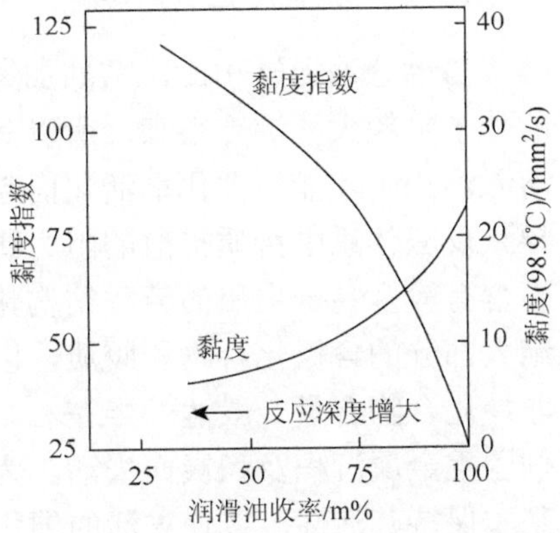

图 11-3-31　罗马什金原油润滑油馏分加氢处理反应深度与产物黏度及黏度指数的关系

表 11-3-18　辽河原油减压三线油加氢处理结果

反应条件		产物分布/wt%		
温度/℃	405	气体	2.5	
压力/MPa	11.2	汽油	18.0	
空速/h^{-1}	0.1	柴油	40.7	
氢油比/(m^3/m^3)	1000	减压馏分	38.8（脱蜡后为 30.1wt%）	
原料及产物性质	原料	汽油	柴油	减压馏分（脱蜡后）
黏度(40℃)/(mm^2/s)	226.2	—	—	27.9
黏度(100℃)/(mm^2/s)	11.56	—	—	4.92
黏度指数	−42	—	—	98
凝点/℃	−9	—	−54	−15
辛烷值（MON）	—	63	—	—
十六烷值	—	—	40	—

11.3.5　重油加氢处理

重油包括常压渣油、减压渣油、减压渣油的脱沥青油及油砂沥青等。重油加氢过程的目的主要是使重油通过精制和裂化生产质量有所改善的中间馏分，为其进一步的催化裂化或加氢裂化加工提供原料。

1. 重油加氢反应的特点

与馏分油加氢相比，重油加氢具有许多显著的特点。从物理性质上看，重油的分子量较大、沸点很高，所以其加氢反应是在液相进行的。显然，氢气必须先溶入油相中才能经催化剂活化而起作用。同时，重油的黏度和密度也很大，这就导致反应体系中传质扩散的阻力比馏分油加氢时大得多。从化学组成上看，重油中含有较多易于生焦的芳香结构化合物，并浓集了原油中大部分的含硫化合物、绝大部分的含氮化合物和胶质，以及全部的沥青质和重金属，其中胶状沥青状的非烃化合物含量一般达一半左右。对于这类原料进行催化加工时，很容易使催化剂因重金属沉积及积炭而失活。为此，必须设法使大部分催化剂能在一段时间内基本保持其活性，或使失活的催化剂能连续更换，或使用一次性催化剂。

从反应上看，重油加氢兼有加氢处理和裂化两个方面。但其裂化反应与馏分油的加氢裂化有原则性的区别。重油加氢的催化剂并不像馏分油加氢裂化催化剂那样是双功能的，因为在大量含氮化合物、胶质、沥青质和重金属的存在下，催化剂的酸性功能不能发挥作用，反应不能按正碳离子历程进行。即使在氢气存在下，重油的裂化仍基本是由高温而导致的热裂解自由基链反应。而加氢催化剂的作用，除能促进重油的加氢脱金属、加氢脱硫、加氢脱氮和多环芳香结构的部分加氢饱和外，很重要的是还能对大分子自由基的缩合生焦反应起抑制作用。

对于重油而言，其各类加氢反应中，先行的是其最具特征的加氢脱金属反应。在重油加氢反应一开始，其中含杂原子最多、极性最强的沥青质会首先吸附于催化剂的表面进行反应。而重金属主要是在沥青质中，以卟啉配合物或与硫、氮等杂原子呈络合状态存在，所以随着其中 C—S、C—N、C—O 键的断裂，沥青质胶束及其大分子结构就随之解体，重金属就沉积于催化剂的表面上。图 11-3-32 为重油中沥青质在加氢转化过程中逐步解体的示意图。此外，重油中还会因石油开采、储运、加工过程中不断与钢铁接触而含有以环烷酸铁形态存在的铁盐，它们受热分解后与硫化氢反应生成硫化铁，也会沉积于催化剂表面和孔隙中，进而导致床层堵塞。

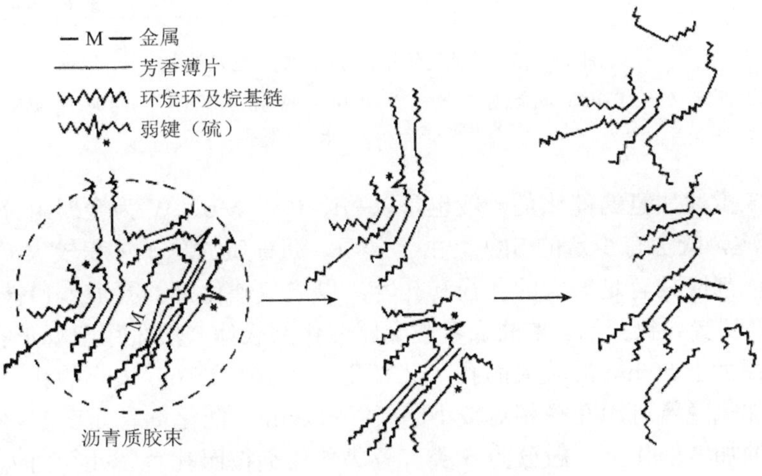

图 11-3-32　沥青质加氢转化示意图

2. 重油加氢工艺

到目前为止，国内外已开发的重油加氢工艺有固定床、沸腾床（又称膨胀床）、悬浮床（又称浆液床）及移动床四种，现分别简要介绍如下。

1）固定床及移动床重油加氢

固定床加氢是迄今应用最多、技术最成熟的重油加氢工艺。目前，全球已经工业化的固定床重油加氢工艺有近 10 种，加工能力约 1.5 亿 t，占全球渣油加工能力的 15%左右，占重油加氢能力 80%以上。我国已建成和在建的固定床重油加氢装置近 20 套，加工能力 4000 多万吨。固定床重油加氢工艺的特点是在 3～5 个固定床反应器中，分层装填组成和性能不同的，分别具有脱金属、脱硫、脱氮和脱残炭功能的多种催化剂，而原料油则自上而下滴流进入反应器，逐步深入进行反应。为了避免加氢脱金属催化剂因首当其冲被原料油中的铁、钙、钠等杂质污染结垢、结块，往往在前面还增加一段保护床层，以孔径较大、活性较低的大颗粒的催化剂作为保护剂。图 11-3-33 所示为固定床重油加氢典型工艺流程。

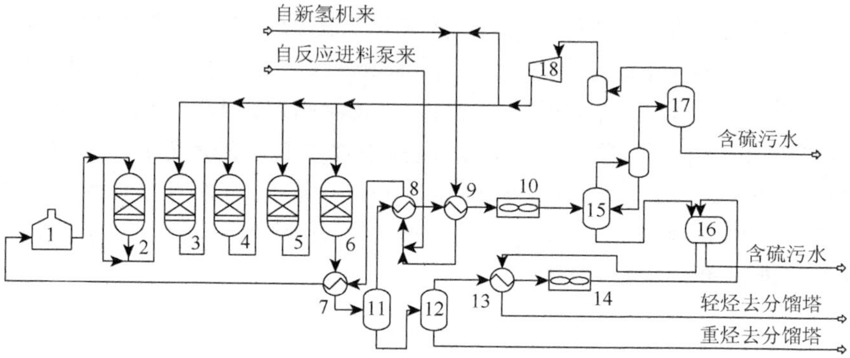

图 11-3-33　固定床重油加氢典型工艺流程

R-101：保护反应器（2）；R-102：脱金属反应器（3）；R-103：脱硫反应器（4）；R-104：脱氮反应器（5）；R-105：脱残炭反应器（6）

固定床重油加氢的催化剂一般也是以 Ni、Co、Mo、W 为金属组分，载体以 γ-Al_2O_3 为主，或含有少量的 SiO_2。由于胶质、沥青质的分子体积较大，所以加氢脱金属催化剂应具有足够大的孔径和孔容，以避免催化剂的孔道入口被大分子堵塞，进而因积炭导致失活。重油加氢脱金属催化剂载体一般采用双峰形孔径分布，即既有直径大于 50 nm 的较大的孔，又有孔径为 10～15 nm 大小的孔，而对于加氢脱硫和加氢脱氮可用孔径相对较小的（8～12 nm）催化剂。如表 11-3-19 所示，固定床重油加氢催化剂一般分为 5 类，各类催化剂按照孔容、孔径由大变小，比表面积和加氢活性由小变大的顺序分层（分级）装填，级配比例根据原料性质和加工目标要求，依据各床层催化剂均匀失活原则确定。

表 11-3-19　固定床重油加氢催化剂级配要求

催化剂	孔容	比表面	孔径	活性	作用
保护剂	最大	小	最大	无	纳微米固体颗粒沉积，延缓后续催化剂堵塞
脱金属剂	大	小	大	低	胶质、沥青质解缔，金属化合物分解，沉积和容纳金属
脱硫剂	较大	较小	较大	较低	有机硫化物加氢脱除
脱氮剂	较小	较大	较小	较高	有机氮化物加氢脱除
脱残炭剂	小	大	小	最高	稠环芳烃加氢饱和，降低残炭值

固定床重油加氢的反应条件苛刻，温度在 380～420℃；压力较高，一般在 16～19 MPa；空速较低，为 0.2～0.5 h^{-1}；氢油体积比较大，为 700～1000。用固定床加氢工艺所处理重油的重金属含量不宜高于 150 μg/g，残炭值不宜大于 10wt%，否则会使催化剂的寿命太短。

表 11-3-20 所列为孤岛原油减压渣油固定床加氢的结果，其转化率约为 45%。由表中的数据可以求得，此过程总的脱硫率约为 95%，脱氮率约为 80%，脱金属率约为 85%，残炭脱除率约为 80%，可见其精制效果比较理想，产物的质量是比较好的，其加氢渣油（又称尾油）可作为催化裂化装置的掺合料。固定床重油加氢的质量氢耗为 1.5%～2.0%。

表 11-3-20　孤岛原油减压渣油固定床加氢结果

反应条件		产物分布/wt%	
温度/℃	410	气体	2.8
压力/MPa	15.5	石脑油	3.2
空速/h^{-1}	0.2	柴油	13.8
氢油比/(m^3/m^3)	800	蜡油	23.7
		加氢渣油	55.3

原料及产物性质	原料	石脑油	柴油	蜡油	加氢渣油
沸程/℃	＞500	初馏～180	180～350	350～500	＞500
d_4^{20}	0.983 3	0.734 8	0.850 8	0.896 0	0.915 0
黏度(100℃)/(mm^2/s)	1 229	—	—	—	92.5
硫含量/(μg/g)	24 400	—	32	38	200
氮含量/(μg/g)	8 200	6.2	404	654	2 600
镍含量/(μg/g)	35.5	—	—	＜0.01	7.5
钒含量/(μg/g)	5.3	—	—	＜0.01	1.0
凝点/℃	—	—	-10	—	—
残炭/wt%	14.8	—	—	0.06	5.2
十六烷值	—	—	50	—	—

为了解决最先与原料接触的脱金属催化剂最容易积炭失活的问题，在固定床工艺的基础上，近年来开发了一种移动床重油加氢工艺。移动床工艺是指第一个或前几个反应器中的催化剂在运转过程中逐渐向下移动，这样便有可能在不停工的情况下连续或间歇地排出失活的催化剂并装入新鲜的催化剂，从而延长装置的开工周期。但是移动床工艺的主要缺点是反应器系统及其相关设备比较复杂，操

作难度大。因此，应用并不普遍，全球仅有几套工业化装置，约占重油加氢装置加工能力的 2%。

2）沸腾床重油加氢

沸腾床重油加氢是借助自下而上流动的原料油和氢气使催化剂床层膨胀并呈沸腾状态，这样能保证反应物与催化剂之间的良好接触，并有利于传热和传质，使反应器内的温度比较均匀，也能避免固定床反应器中金属沉积和结焦带来的床层堵塞和压降上升问题。同时，在运转过程中可根据情况补充加入新鲜催化剂，并部分排出已减活的催化剂，以保持反应器内催化剂能有较高的平均活性。沸腾床重油加氢的催化剂与固定床的相似，是由 Mo、W、Co、Ni 等活性金属组分载于 γ-Al_2O_3 上制成，只是沸腾床重油加氢用的是单一的同时具有脱金属、脱硫、脱氮和脱残炭功能的催化剂。

沸腾床重油加氢工艺可以处理重金属含量和残炭值更高的劣质原料，并且比固定床有更长的运转周期。表 11-3-21 为阿拉伯原油常压渣油沸腾床加氢的结果。由于在沸腾床反应器中存在着返混现象，所以其脱硫、脱氮、脱金属的效果不如固定床工艺，为此常采用多个反应器串联的方法以改善其精制效果。

表 11-3-21　阿拉伯原油常压渣油沸腾床加氢结果

反应条件			产物分布/wt%		
催化剂	Co（Ni）-Mo/Al_2O_3		石脑油	9.95	
温度/℃	410～440		柴油馏分	26.50	
压力/MPa	17～21		减压馏分	44.09	
空速/h^{-1}	0.4～1.3		加氢渣油	14.13	
原料及产物性质	原料	石脑油	柴油馏分	减压馏分	加氢渣油
沸程/℃	—	初馏～205	205～343	343～566	＞566
d_4^{20}	0.9718	0.7370	0.8708	0.9071	0.9986
硫含量/%	3.49	—	0	0.03	1.28
氮含量/(μg/g)	2013	—	22	35	2260
残炭 wt/%	9.5	—	—	0.1	16.6
镍含量/(μg/g)	15	—	—	＜1	31
钒含量/(μg/g)	51	—	—	＜1	52
倾点/℃	—	—	–21	—	—
辛烷值 RON	—	57	—	—	—
十六烷值	—	—	46	—	—

为使催化剂床层处于沸腾状态，在反应器内部或外部需设有循环泵，其上部还需有能将气、液、固三相进行分离的部件，所以其设备结构比较复杂，投资和操作难度较大，应用不太普遍。目前世界上沸腾床重油加氢装置有 10 多套，约占重油加氢装置加工能力的 15%。

3）悬浮床重油加氢

悬浮床（又称浆态床）加氢工艺最早是在第二次世界大战期间用于煤的加氢液化，悬浮床加氢工艺是将分散得很细的固体颗粒或油溶性的催化剂或添加物与原料油及氢气一起通过自下而上流动的桶式（管式）反应器进行转化。此过程以热反应为主，催化剂和氢气的存在主要是抑制缩合生焦反应，另一方面也在一定程度上促进加氢脱硫反应。同时，催化剂或添加物的存在，还会成为沉积焦炭的载体，很大程度地减少了反应器壁的结焦。

悬浮床重油加氢工艺所用的催化剂或添加物一般并不是负载型的，而是分散型的，分散得越细效果越佳。许多含有铁、钼、镍等元素的有机或无机盐类，以及天然矿物甚至煤粉、焦粉等都可以用作悬浮床加氢的催化剂或添加物。由于在大多数情况下，悬浮床加氢的催化剂或添加物是一次性使用的，所以一般选用价廉易得的物质。

图 11-3-34 为孤岛原油减压渣油临氢热转化及在钼系分散型催化剂作用下临氢转化的对比。由图可见，当转化率相同时，钼系分散型催化剂可显著降低反应体系的生焦量；换言之，在相同生焦率的条件下，钼系分散型催化剂可以较大幅度地提高其转化率。

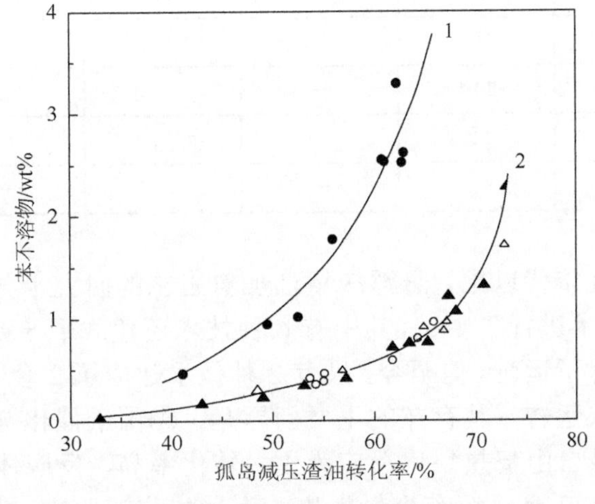

图 11-3-34　孤岛原油减压渣油在钼系分散型催化剂作用下转化率与生焦量的关系

1. 无催化剂；2. 钼系分散型催化剂

悬浮床加氢的工艺比较简单，可用以加工重金属含量和残炭值很高的劣质重油，反应温度在 400～470℃，压力为 10～20 MPa。其裂化转化率可达 70%～95%，产物以中间馏分为主，可作为进一步轻质化的原料。悬浮床加氢工艺的脱硫、脱氮、脱金属的效果不如固定床工艺，产物的质量较差。还须指出，其残渣油中还混有少量固体，需要做进一步的处理。

表 11-3-22 所列为以 $FeSO_4$ 为催化剂时加拿大冷湖减压渣油的悬浮床加氢的结果。

表 11-3-22　加拿大冷湖减压渣油悬浮床加氢结果

反应条件			产物分布/wt%		
催化剂用量/%	1.0～5.0（$FeSO_4·2H_2O$）		气体	11.5	
温度/℃	420～480		石脑油	19.8	
压力/MPa	10～15		柴油馏分	33.5	
空速/h^{-1}	0.5～1.5		减压馏分	28.5	
氢耗/wt%	2.5		加氢渣油	4.5	
原料及产物性质	原料	石脑油	柴油馏分	减压馏分	加氢渣油
沸程/℃	—	初馏～204	204～343	343～524	＞524
d_4^{20}	1.051	0.7507	0.8722	0.9737	1.1995
硫含量/wt%	6.0	0.52	2.14	2.52	3.23
氮含量/wt%	0.6	0.06	0.46	0.70	1.15
残炭量/wt%	21.7	—	—	1.74	58.2
沥青质含量/wt%	20.4	—	—	1.21	55.7
镍含量/(μg/g)	128	—	—	—	3627
钒含量/(μg/g)	323	—	—	—	1338

自 20 世纪 70 年代以来，悬浮床重油加氢工艺的研究十分活跃，目前已经有 10 多种工艺技术进行了中试，其中有 6 种技术还建成了 5 万～20 万 t/a 的工业示范装置并进行了运转。但至今，只有 2 种技术建成了 2 套 40 万～120 万 t/a 的工业装置并投入运转。其存在的主要问题是：①由于催化剂的活性低、催化剂浓度低，反应以自由基热裂化反应为主，转化率高，反应体系已经处于生焦的边缘或临界值，甚至已经有少量生焦，大量生焦前驱物（甲苯不溶-喹啉可溶物）和微米固体颗粒（催化剂、细焦粒和原料中金属化合物分解形成的金属化合物固体粒子）的存在导致反应体系相态很不稳定，极易在反应器及后继热

交换、分离设备中沉积和结焦，装置难以长周期平稳运转；②未转化的尾渣（3%～10%）含有一定量固体颗粒，难以处理和利用。因此，近年来悬浮床重油加氢工艺的发展方向在于：研制易原位分解成高加氢活性纳米粒子（<100 nm）的油溶性有机金属化合物催化剂，在高压、较低温度（380～410℃）、高催化剂浓度（以金属计 0.5%～3.0%）、低空速（0.10～0.25 h^{-1}）下进行重油的加氢转化，以期利用纳米金属催化剂的高加氢活性、易流动性使反应以催化加氢反应为主，完全避免生焦和基本避免催化剂失活，实现催化剂的循环利用和劣质重油原料的完全转化。

参考文献

白振江，王亚萍，殷长龙，等. 2015. 镍前躯体对非负载型 Ni-Mo-W 柴油加氢催化剂结构和性能的影响. 石油炼制与化工，4：40-45.

柴永明，南军，相春娥，等. 2007. 以硫化态前驱物制备的 NiMoS/γ-Al_2O_3 催化剂表面活性相的 HRTEM 研究. 石油学报（石油加工），23（3）：20-26.

程之光. 1994. 重油加工技术. 北京：中国石化出版社.

韩崇仁. 2001. 加氢裂化工艺与工程. 北京：中国石化出版社.

侯祥麟. 1998. 中国炼油技术新进展. 北京：中国石化出版社.

侯祥麟. 2001. 中国炼油技术. 2 版. 北京：中国石化出版社.

拉钦科 E Д. 1993. 炼油工业加氢催化剂. 黄志渊，史济群，李奉孝译. 北京：中国石化出版社.

勒巴日. 1984. 接触催化. 李宣文，黄志渊译. 北京：石油工业出版社.

李春年. 2002. 渣油加工工艺. 北京：中国石化出版社.

李大东. 1983. 加氢脱氮的工艺与催化剂. 石油炼制，（1）：1.

李大东. 2004. 加氢处理工艺与工程. 北京：中国石化出版社.

李洪禄，梁文坚，韩进东. 1994. 减压渣油处理工艺及其在原油深度加工中的作用. 炼油设计，24（3）：8-14.

李彦鹏，刘大鹏，柴永明，等. 2006. 器外预硫化型 MoNiP/γ-Al_2O_3 催化剂的喹啉加氢脱氮性能研究. 石油学报（石油加工），22（6）：1-7.

李彦鹏，刘大鹏，刘晓，等. 2006. 器外预硫化型 MoNiP/γ-Al_2O_3 催化剂的二苯并噻吩加氢脱硫活性. 催化学报，27（7）：624-630.

林世雄. 2009. 石油炼制工程. 4 版. 北京：石油工业出版社.

刘晨光，阙国和，梁文杰，等. 1993. 孤岛渣油在分散型催化剂存在下加氢裂化反应的研究. 石油炼制，24（3）：57-62.

刘晨光，阙国和，梁文杰，等. 1994. 分散型钼系催化剂在孤岛渣油加氢裂化中的作用（Ⅰ）催化活性物质的 XRD、SEM 和 TEM 分析. 石油学报（石油加工），10（1）：14-21.

刘晨光，阙国和，梁文杰，等. 1994. 分散型钼系催化剂在孤岛渣油加氢裂化中的作用（Ⅱ）渣油反应机理和催化剂抑制生焦的机理. 石油学报（石油加工），10（2）：29-37.

刘晨光，周家顺，阙国和，等. 1994. 孤岛渣油在分散型催化剂存在下加氢裂化反应动力学的研究（Ⅰ）裂化反应的六集总模型. 燃料化学学报，22（1）：28-36.

刘晨光，周家顺，阙国和，等. 1994. 孤岛渣油在分散型催化剂存在下加氢裂化反应动力学的研究（Ⅱ）气体生成的动力学. 燃料化学学报，22（2）：17-24.

马加利尔 P. 1982. 石油化学加工过程理论基础. 徐亦方等译. 北京：石油工业出版社.

申宁宁，薛书书，殷长龙，等. 2015. 本体型 Ni-Mo 催化剂用于萘加氢合成十氢萘. 石油化工，7：846-851.

相春娥，柴永明，柳云骐，等. 2008. NiMoS/γ-Al_2O_3 上二苯并噻吩加氢脱硫和喹啉加氢脱氮反应的相互影响. 催化学报，29（7）：595-601.

相春娥，柴永明，柳云骐，等. 2008. 二苯并噻吩和吲哚在 NiMoS/γ-Al_2O_3 上加氢脱硫和加氢脱氮反应的相互影响. 燃料化学学报，36（6）：684-690.

相春娥，柴永明，邢金仙，等. 2008. 喹啉、吲哚对二苯并噻吩在 NiMoS/γ-Al_2O_3 上加氢脱硫反应的影响. 石油学报（石油加工），24（2）：151-157.

徐海，于道永，王宗贤，等. 2001. 金属卟啉催化加氢脱金属的初步研究. 石油学报（石油加工），17（4）：18-23.

徐永强，赵瑞玉，商红岩，等. 2003. 二苯并噻吩和 4-甲基二苯并噻吩在 Mo 和 CoMo/γ-Al_2O_3 催化剂上加氢脱硫的反应机理. 石油学报（石油加工），19（5）：14-21.

仄彬，张孔远，刘晨光. 2015. CoMo-CA/Al_2O_3 加氢脱硫催化剂的制备与表征. 石油化工，44：471-477.

张德义. 2003. 含硫原油加工技术. 北京：中国石化出版社.

张孔远，仄彬，张唯稚，等. 2015. CoMoP-EG/Al_2O_3 催化剂的表征及其柴油加氢催化性能. 石油学报（石油加工），31（5）：1042-1048.

周同娜，尹海亮，韩姝娜，等. 2009. 不同磷含量对 NiMoP/Al_2O_3 加氢处理催化剂的影响. 燃料化学学报，37（3）：330-334.

Bataille F，Lemberton J L，Michaud P，et al. 2000. Alkyldibenzothiophenes hydrodesulfurization：promoter effect，reactivity，and reaction mechanism. Journal of Catalysis，191：409-422.

Besenbacher F，Brorson M，Clausen B S，et al. 2008. Recent STM，DFT and HAADF-STEM studies of sulfide-based hydrotreating catalysts：Insight into mechanistic，structural and particle size effects. Catalysis Today，130：86-96.

Breysse M，Furimsky E，Kasztelan S，et al. 2002. Hydrogen activation by transition metal sulfides. Catalysis Reviews：Science and Engineering，44：651-735.

Brunet S，Mey D，Perot G，et al. 2005. On the hydrodesulfurization of FCC gasoline：A review. Applied Catalysis A：General，278：143-172.

Chai Y，Liu Y，Liu C. 2005. Preparation of highly loaded presulfided MoS_2/γ-Al_2O_3 catalyst by precursor of ammonium tetrathiomolybdate for the deeply hydrodesulfurization of dibenzothiophene. Preprints，ACS，Div. Pet. Chem.，50（1）：90-92.

Chianelli R R，Siadati M H，De la Rosa M P，et al. 2006. Catalytic properties of single layers of transition metal sulfide catalytic materials. Catalysis Reviews：Science and Engineering，48：1-41.

Delmond B. 1990. Catalysts in Petroleum Refining 1989. Amsterdam：Elsevier Science Publishers B.V.

Eijsbouts S. 1997. On the flexibility of the active phase in hydrotreating catalysts. Applied Catalysis A：General，158：53-92.

Furimsky E，Massoth F E. 2005. Hydrodenitrogenation of Petroleum. Catalysis Reviews：Science and Engineering，47：297-489.

Girgis M J，Gates B C. 1991. Reactivities，reaction networks，and kinetics in high-pressure catalytic hydroprocessing. Industrial and Engineering Chemistry Research，30（9）：2021-2058.

Girgis M J，Gates B C. 1994. Catalytic hydroprocessing of simulated heavy coal liquids. 1. Reactivities of aromatic hydrocarbons and sulfur and oxygen heterocyclic compounds. Industrial and Engineering Chemistry Research，33（5）：1098-1106.

Girgis M J，Gates B C. 1994. Catalytic hydroprocessing of simulated heavy coal liquids. 2. Reaction networks of aromatic hydrocarbons and sulfur and oxygen heterocyclic compounds. Industrial and Engineering Chemistry Research，33（10）：2301-2313.

Hobson G D. 1984. Modern Petroleum Technology. 5th edition. Chichecter：John Wiley and Sons.

Knudsen K G，Cooper B H，Topsøe H. 1999. Catalyst and process technologies for ultra low sulfur diesel. Applied Catalysis A：General，189，205-215.

Li X H，Chai Y M，Liu B，et al. 2014. Hydrodesulfurization of 4，6-dimethyldibenzothiophene over coMo catalysts supported on γ-alumina with different morphology. Industrial and Engineering Chemistry Research，53：9665-9673.

Li Y P，Liu D P，Liu C G. 2010. Hydrodesulfurization（HDS）and hydrodenitrogenation（HDN）performance of an Ex situ presulfided MoNiP/Al_2O_3 catalyst：Model compounds study and pilot test for fluidized catalytic cracking（FCC）diesel oil. Energy and Fuels，24：789-795.

Li Y，Li A，Li F，et al. 2014. Application of HF etching in a HRTEM study of supported MoS_2 catalysts. Journal of Catalysis，317：240-252.

Liu B，Chai Y M，Li Y P，et al. 2014. Effect of sulfidation atmosphere on the performance of the CoMo/Al_2O_3 catalysts in hydrodesulfurization of FCC gasoline. Applied Catalysis A：General，471：70-79.

Liu B，Chai Y M，Li Y P，et al. 2014. Kinetic investigation of the effect of H_2S in the hydrodesulfurization of FCC gasoline. Fuel，123：43-51.

Liu B，Chai Y M，Liu C G. 2012. A simple preparation method of presulfided eggshell CoMoS/Al_2O_3 catalysts for hydrodesulfurization of dibenzothiophene. Fuel，95（5）：457-463.

Liu B，Chai Y M，Wang Y J，et al. 2010. A simple technique for preparation of presulfided eggshell MoS_2/Al_2O_3 catalysts and kinetics approach for highly selective hydrodesulfurization of FCC gasoline. Applied Catalysis A：General，388：248-255.

Liu C G，Yu Y M，Zhao H J. 2005. Hydrodenitrogenation of quinoline over Ni-Mo/Al_2O_3 catalyst modified with fluorine and phosphorus. Fuel Processing Technology，86（4）：449-460.

Liu C G，Zhou J S，Que G H，et al. 1994. Hydrocracking of gudao residue with dispersed-phase Mo catalyst. Fuel，73（9）：1544-1550.

Liu C，Liu C，Yin C，et al. 2015. Preparation，characterization，and hydrodesulfurization properties of binary transition-metal sulfide catalysts. Fuel，154：88-94.

Liu H，Liu C，Yin C，et al. 2015. Preparation of highly active unsupported nickel-zinc-molybdenum catalysts for the hydrodesulfurization of dibenzothiophene. Applied Catalysis B：Environmental，174：264-276.

Liu H，Yin C L，Li H，et al. 2014. Synthesis，characterization and hydrodesulfurization properties of nickel-copper-molybdenum catalysts for the production of ultra-low sulfur diesel. Fuel，129：138-146.

Liu H，Yin C L，Liu B，et al. 2014. Effect of calcination temperature of unsupported NiMo catalysts on the hydrodesulfurization of dibenzothiophene. Energy and Fuels，28：2429-2436.

Okamoto Y. 2008. A novel preparation-characterization technique of hydrodesulfurization catalysts for cleaner fuels. Catalysis Today，132：9-17.

Prins R，Egorova M，Röthlisberger A，et al. 2006. Mechanisms of hydrodesulfurization and hydrodenitrogenation. Catalysis Today，111：84-93.

Speight J G. 1981. The Desulfurization of Heavy Oils and Residua. New York：Marcel Dekker，Lnc.

Startsev A N. 2000. Concerted mechanisms in heterogeneous catalysis by sulfides. Journal of Molecular Catalysis A：Chemical，152：1-13.

Sun M，Adjaye J，Nelson A E. 2004. Theoretical investigations of the structures and properties of molybdenum-based sulfide catalysts. Applied Catalysis A：General，263：131-143.

Ware R A，Wei J. 1985. Catalytic hydrodemetallazation of nickel porphyrins Ⅰ. Porphyrin strudture and reactivity. Journal of Catalysis，93：100-121.

Yin C L，Liu H，Li X H，et al. 2014. Novel binary promoter NiCoMo layered molybdate catalyst：Synthesis，characterization and hydrodesulfurization property. Catalysis Letters，144：285-292.

Yin C L，Zhai X P，Zhao L Y，et al. 2013. Mechanism of hydrodesulfurization of dibenzothiophenes on unsupported NiMoW catalyst. Journal of Fuel Chemistry and Technology，41（8）：991-997.

Yin C L，Zhao L Y，Bai Z J，et al. 2013. A novel porous ammonium nickel molybdate as the catalyst precursor towards deep hydrodesulfurization of gas oil. Fuel，107：873-878.

Yin C，Zhao H，Zhao R，et al. 2005. Preparation and catalytic activity of bulk Ni-Mo-W catalyst for ultra clean fuels. Preprints，ACS，Div. Pet. Chem.，50（2）：144-146.

第 12 章　煤炭间接液化：从基础到工业化

12.1　引　言

油品是国家工业、经济和社会赖以运行的血液和动力源泉，是社会发展和人类生存不可或缺的能源资源。2013 年我国石油消费量达到 4.98 亿 t，进口量达到 2.82 亿 t，对外依存度达到 58.1%，已逼近我国《能源发展“十二五”规划》61%的红线，预计 2020 年我国石油消费量将达到 6 亿 t，对外依存度将达到 68%。目前我国自有石油产能已达到顶峰（约 2.0 亿 t/a），新增石油探明储量有限，而目前我国石油进口主要来自于局势动荡或具有潜在不稳定因素的中东、北非、南美、西亚和俄罗斯等地区和国家。在我国海陆石油输运路径均不能得到安全有效的控制，且在新的进口渠道拓展并不十分明朗的情况下，我国油品供应的紧张局势将愈加凸显，这将成为制约我国经济发展和威胁我国能源安全的重大问题。

我国一次能源以煤为主，2013 年煤炭在一次能源消费中占 67.5%，虽然风能、太阳能、生物质能、核能等在一定程度上可以缓解能源紧张局面，但预计到 2030 年之前我国以煤炭为主要能源的格局不会改变。我国煤炭资源相对较为丰富，国土资源部最近的评估表明，我国 2000 年以探煤炭资源总量 5.9 万亿 t，其中，探获资源储量 2.02 万亿 t；能满足现行开采技术条件的基础储量为 3189.6 亿 t。2013 年我国原煤产量为 37 亿 t，煤炭消费量为 36.1 亿 t，占全球煤炭消费量的一半。按照目前我国煤炭消费速度，我国煤炭至少可供开采 80 年以上。我国石油地质资源量为 1037 亿 t，可采资源量为 264 亿 t，考虑到经济可采情况还可供开采 40 年左右。在新能源还难以为继、传统石油储量有限、油品供不应求的时期，面对亿吨级油品的供应缺口，近中期内（30～50 年）只有煤炭资源能够在量级上相匹配，因此以煤为原料，科学有序地在技术示范成熟的基础上发展煤制油产业已经成为我国破除能源困局的现实选择之一。煤制油技术主要有两条途径：一是煤炭直接液化，即将煤与重油混合的煤油浆在高温（400～700℃）和高压（15.0～30.0 MPa）下加氢，获得初原油，再加氢精制生产柴油、汽油、石脑油等产品；二是煤炭间接液化，即煤首先通过氧气、水蒸气被气化制得合成气（H_2 与 CO 的混合气），合成气再在催化剂作用下反应生成液态烃、蜡、气态轻烃和部分有机含氧化合物，该反应称为费托（F-T）合成，中间产物经加工后可获得柴油、汽油、煤油、石脑油、液化石油气（LPG）及精细化学品等产品。煤炭间接液化过程中的关键步骤——费托合成可在温和条件下（200～300℃，2.0～3.0 MPa）进行，生产装备易于大型化和国产化，且经煤炭间接液化工艺可生产出无硫、无氮、低芳、高十六烷值（＞70）的清洁油品，使得煤炭间接液化成为发展我国煤制油产业优先选择的技术路线之一。

一个国家煤制油工业技术的开发总是受到战争、经济发展、石油价格上涨、国际原油封锁、能源战略安全等因素的影响而发展或停顿。1923 年，Fischer 和 Tropsch 发现合成气在铁催化剂上可生成液体燃料的反应，至今煤炭间接液化工业化已经历了 90 多年的历史。早期（1934～1945 年）德国因战争的需要曾建有费托法煤制油厂，后该技术转移到南非，目前国际上仅有南非 Sasol 公司和荷兰 Shell 公司拥有以费托合成为核心的煤制油和天然气制油的工业化技术。中国最早从 1941 年开始进行费托法煤制油技术研究和装置建设。从现代煤化工角度看，中国煤炭间接液化技术的研究自 1997 年才开始真正起步，2009 年内蒙古伊泰和山西潞安两个 16 万 t/a 合成油示范厂投产出油，随后实现了“安稳长满优”的工业生产，标志着我国已掌握了先进可靠的煤炭间接液化工业技术。利用国外现有的煤炭间接液化技术发展我国煤制油产业，技术专利费高，代价大，且受控于人，自主开发煤炭间接液化工业技术是建设我国煤制油产业的根本出路。2011 年神华宁煤集团决定采用我国自主开发的高温浆态床煤制油工艺技术建设国内最大的 400 万 t/a 煤制油装置，摈弃谈判近十年的南非 Sasol 公司技术，标志着我国进入了科学有序大规模自主发展煤制油工业的阶段。煤炭间接液化工业过程的开发目标是提高过程的能量转化效率和技术经济性，制约效率提升的主要难点和核心技术为：①较高操作温度下，高合成气转化和产油能力、高 C_{3+}烃类产品选择性的费托合成催化剂研发及制备技术；②是可大规模化、操控连续稳定、反应热回收效率高且能高效分离产品的合成反应器技术；③以费托合成为核心的、兼顾上下游工艺单元的全系统优化集成技术；④满足严苛条件的先进的节水和环境排放技术。本书评述了国内外煤炭间接液化技术的发展，介绍了我国煤炭间接液化技术从基础研究到工业示范的研究进展和所取得的成就，探讨了我国建设百万吨级煤制油装置存在的关键问题与可能的解决对策，并对今后发展我国煤制油工业进行了展望。

12.2　国内外煤炭间接液化技术发展

12.2.1　国外煤炭间接液化技术发展

煤炭间接液化的费托合成油技术最早可追溯到 20 世纪 20 年代，1923 年德国科学家 Fischer 和 Tropsch 发现合成气在铁催化剂上可生成液体燃料的反应，该方法称为费托合成法。1934 年德国开始建造以煤为原料的费托合成油厂，使用常压钴基固定床费托合成技术，1936 年投产。1936～1945 年，德国共建有 9 个费托合成油厂，总产量达 67 万 t/a，同期，法国、日本、中国、美国等国也建有 7 套以煤为原料的费托合成油厂，总产能达 69 万 t/a。第二次世界大战后，由于石油工业的兴起，廉价油品的生产，致使费托合成油装置纷纷关闭。南非拥有丰富的煤炭资源，但缺少石油资源，由于南非实行种族隔离制度，国际上对其进行石油禁运政策，由此被迫发展煤制油工业。从 20 世纪 50 年代开始，南非引进了德国和美国早期的费托合成油技术，成立了南非 Sasol 公司。1955 年建成 Sasol Ⅰ厂，使用低温固定床铁基催化剂费托合成技术，生产柴油和费托蜡。1955 年后开发出高温费托合成循环流化床反应器，采用熔铁催化剂，主要生产汽油和低碳烯烃，单台产能达到 1500 桶/天；1980 年、1982 年 Sasol 公司先后建成 Sasol Ⅱ厂和 Sasol Ⅲ厂，开发出单台产能达 6500 桶/天的循环流化床合成反应器；1985 年，Sasol 公司开发出固定流化床合成工艺；1995 年直径 8 m 的固定流化床反应器装置开车成功，单台产能 11000 桶/天；1996～1999 年，又开发出了直径 10.7 m、单台产能达 20000 桶/天的固定流化床反应器。1995 年建成投产了直径 5 m、单台产能为 2500 桶/天的浆态床合成油工业装置，使用沉淀型微球状铁基催化剂，形成了成熟的低温（200～250℃）浆态床合成油技术，主要生产柴油、石脑油和费托蜡等产品。近年来，Sasol 公司又开发出了钴基低温浆态床合成工艺（200～250℃），设计了直径 9.6 m、单台产能达 60～80 万 t/a 浆态床合成反应器，2006 年在卡塔尔建成投产了 140 万 t/a 天然气制油（GTL）装置，运行时遇到催化剂流失和蜡催化剂分离问题，2008 年实现正常运行。2013 年 Sasol 公司也使用钴基低温浆态床合成工艺在尼日利亚建成投产了 140 万 t/a GTL 装置；此外，Sasol 公司将在美国建设 400 万 t/a GTL 装置，2014 年完成设计，预计 2018 年建成投产。Sasol 公司钴基低温浆态床合成工艺至今并未用于煤制油领域，该工艺催化剂价格高，要求催化剂寿命长，须避免催化剂磨损带来钴的损失，产生的大量低压蒸汽难以有效利用。1995 年前 Sasol 公司主要依靠政府补贴维持运行，1995 年后开始不依赖政府补贴而获得盈利。目前，南非 Sasol 公司是世界上最大的综合性煤化工企业，年耗煤 5000 万 t 以上，以煤间接液化技术为核心，年产油品和化学品 850 万 t，其中油品 600 万 t，生产的合成油供应南非 30%的油品市场，并提供 300 多种化学品。Sasol 公司 2013 年销售额达到 205 亿美元，实现利润 46 亿美元。南非近 60 年技术发展的实践证明煤制油产业是可以赢利的，技术的不断进步是突破煤制油技术经济瓶颈的关键所在。近年来，Sasol 公司一直尝试将其费托合成技术拓展到中国和印度煤制油市场。除南非 Sasol 公司外，荷兰 Shell 公司也拥有工业化的费托合成技术，1993 年在马来西亚建成一套天然气制中间馏分油的 50 万 t/a 的装置，采用固定床钴基催化剂合成技术，反应器直径为 7 m，单台产能为 3000 桶/天。近年来该装置扩建为 75 万 t/a，单台反应器产能提高到 8000 桶/天。2011 年 Shell 公司在卡塔尔建成投产了 150 万 t/a 的 GTL 装置（一期工程），2012 年 600 万 t/a 全套 GTL 装置投产（140000 桶/天），但 Shell 公司至今未将其合成油技术推广到煤制油领域。到目前为止，国际上仅有南非 Sasol 公司和荷兰 Shell 公司拥有费托合成油工业技术，其他公司，如美国 Syntroleum 公司、美国 Exxon-Mobil 公司、美国 ConocoPhillips 公司、英国 BP-Amoco 公司、丹麦 Topse 公司等也在开发费托合成技术，但均未实现商业化。

12.2.2　国内煤炭间接液化技术发展

我国曾是世界上较早拥有煤制油工厂的国家之一。1937 年日军在锦州石油六厂引进德国常压钴基固定床费托合成技术建设煤制油厂，1943 年运行并生产原油 100 t/a，1945 年日本战败后停产。1939 年，当中日战争进入最困难的时候，日军对中国进行全面物资封锁，中国军队所需燃油进口非常困难，国民政府决定学习德国技术，进行煤制油技术研究。1941 年赵宗燠开始在重庆建设费托合成法的煤制油厂，在小型试验装置上产出了油，1950 年赵宗燠等接管并恢复扩建了锦州煤制油装置，1951 年生产出油，1959 年产量最高时达 4.7 万 t/a。同期的 1953 年中国科学院大连石油研究所（现中国科学院大连化学物理研究所）进行了 4500 t/a 铁催化剂流化床合成油中试试验，但技术未过关（催化剂磨损、黏结）。这时因大庆油田的发现，中国放弃了当时被称为“人造石油”之梦的追求，我国煤制油装置全部关闭，技术开发终止。1980 年中国基于能源安全与技术储备的考虑，恢复并开始了第二次煤制油技术的开发，中国科学院山西煤炭化学研究所提出有别于南非技术的、将传统的费托合成与沸石分子筛相结合的固定床两段合成工艺（MFT 工艺）。1989 年完成 100 t/a 工业中试，1993～1994 年完成了 2000 t/a 工业试验，产出合格的 90 号汽油。因当时油价过低，技术经济性很难过关，且后续支持经费难以到位，煤制油技术开发重新陷入的低谷。1997 年中国科学院山西煤炭化学研究所李永旺课题组调阅了我国经历的全部煤制油试验资料，分析了中国煤炭和石油资源的状况、国际油价的走势、中国经济的发展速度和国民可以买得起轿车的时间节点，认为煤制油技术经济性如果得到持续的改进，预测在 2005～2008 年煤制油技术经济性与油价的关系就会出现转折点，那么大规模建设煤制油厂的时机就会来临，决定将主攻方向由原来的固定床合成工艺转变为更为先进的浆态床合成工艺。1998～2000 年在实验室成功地研制出了高性能的低温浆态床费托合成铁基催化剂，同时蜡催化剂分离技术获得重大进展，浆态床煤制油工艺的技术经济性瓶颈得到突破。2001 年建起千吨级浆态床合成工业中试装置，2004 年开发出与国外水平相当的低温浆态床煤制油技术，随后针对低温合成过程较低能效的缺陷，提出高温浆态床间接液化工艺技术的概念；2006 年成立了中科合成油技术有限公司，2006～2008 年又成功开发出国际上最为先进的高温浆态床煤制油工艺及催化剂成套技术；2008 年建成投产了 1500 t/a 费托合成催化剂厂，2009 年建成投产了两个 16 万 t/a 煤炭间接液化示范厂，实现了“安稳长满优”的工业生产。同期上海兖矿能源科技研发有限公司也分别完成了 5000 t/a 的低温浆态床合成和高温固定流化床合成的工业中试实验。2011 年神华宁煤集团决定采用我国自主开发的中科高温浆态床煤制油工艺技术建设国内最大的 400 万 t/a 煤制油商业装置，结束了我国政府与南非 Sasol 公司近十年的引进技术谈判。目前自主技术正在实施近 1600 万 t/a 产能的煤炭间接液化商业装置的建设，由此我国开始进入了科学有序大规模发展煤制油工业的时期。

12.3　催化与工程技术基础

煤炭间接液化是一个涉及输煤备煤、煤气化、合成气净化与变换、费托合成、油品加工、大型合成反应器的设计制造与控制、尾气转化与发电、产品分离、环保处理等复杂的系统工程。提高煤炭间接液化过程的能量利用效率需要全系统的集成优化，这依赖于合成工艺的创新、详细机理的费托合成反应动力学模型和反应器模型的建立，以及系统工艺模拟软件的构建。关键的费托合成铁基催化剂在反应过程中表现为复杂的多重铁碳化物和铁物相结构，且产物复杂（C_1～C_{100} 的烃和副产醇、醛、酸、酯等），从原子/分子尺度上理解费托反应机理和活性相的稳定结构与晶面取向，对研制高活性、运行稳定和可以有效控制烃产物选择性的催化剂至关重要。在浆态床合成反应器技术方面，国外在关键的内构件和蜡催化剂分离技术方面一直都对外保密，真正工业应用的技术在公开的国际专利中难以获取，需要解决高温（260～290℃）操作下的费托合成强放热控制与热量高效回收、蜡催化剂分离的技术难题。针对费托合成中间产物无硫、无氮、低芳烃且以直链烷烯烃为主的特点需要研制非硫态化的油品加工催化剂，优化油品工艺路线与方案，以生产满足市场需求的高品质柴油、汽油、航煤等产品。

12.3.1　高温浆态床费托合成工艺

国际上南非 Sasol 公司采用低温浆态床费托合成工艺（微球状铁或钴基催化

剂，反应温度 200～250℃）、低温固定床费托合成工艺（沉淀型铁基催化剂，反应温度 200～250℃）和高温循环流化床和固定流化床费托合成工艺（熔铁催化剂，反应温度 300～340℃）；荷兰 Shell 公司采用低温固定床合成工艺（钴基催化剂，反应温度 190～230℃）。低温浆态床和固定床合成工艺（190～250℃）虽能保证较低的甲烷选择性和高的柴油收率，但大量放出的反应热副产的蒸汽（0.5～0.8 MPa）品位低，难以在全厂实现平衡利用，整体能量利用效率为 37%～38%。高温流化床合成工艺（300～340℃）可将反应热转化为高品位的蒸汽（3.5～5.0 MPa），这部分热量可以通过全厂能量平衡和发电获得充分利用，但过高的反应温度导致产物中甲烷选择性过高（10%～12%），油品收率降低，同时尾气转化负荷增加，又降低了能量利用效率，该工艺整体能效为 38%～39%。李永旺等在国际上首次提出高温浆态床费托合成工艺概念，即将浆态床费托合成反应温度由 200～250℃提高到 260～290℃，副产高品位蒸汽（2.0～3.0 MPa），联产发电，可有效地平衡全系统的热量，克服低温浆态床工艺的低品位蒸汽难以高效利用的缺点，从而提升煤间接液化过程的整体能量利用效率。反应温度的提高有利于提高费托合成过程副产蒸汽的压力等级，进而提高蒸汽利用效率，但受制于反应动力学和热力学控制，催化剂的产物选择性有可能会严重轻质化，甲烷选择性升高；同时催化剂会过度碳化而降低抗磨损性能，增加浆态床合成反应器的过滤负荷和难度。另外，反应温度的提高也会增加浆态床合成反应器的液泛风险和控制难度。如何研制出在较高温度下获得稳定的物相结构、高的合成气转化能力、低的甲烷和有机含氧化物选择性、高的有效烃（C_{3+}烃）的选择性和良好的抗磨损性能的催化剂及如何设计和控制适合高温运行的浆态床合成反应器成为技术关键。

12.3.2　费托合成反应机理和详细机理动力学

费托合成反应的产物非常复杂，主要包括烷烃、烯烃、少量的有机含氧化合物，如醇、醛、酮、酸、酯等，还有副产物 H_2O 和 CO_2。费托合成反应机理极其复杂，一般假定烃生成为聚合反应，经历链引发、链增长、链终止/脱附等三个阶段。Fischer 和 Tropsch 最早提出了表面碳化物机理，认为 CO 首先在催化剂表面吸附解离为活性金属碳化物物种，然后与 H_2 反应形成亚甲基（—CH_2—）中间体，再进一步聚合生成烷烃和烯烃。该机理可以很好地描述烃类产物生成的分布规律，但无法解释支链产物和有机含氧化合物的生成。后有人在碳化物机理基础上提出了烷基化机理，认为表面碳物种（CM）依次加氢生成的 CHM、CH_2M、CH_3M 等表面物种，这些表面物种可以通过烷基键合反应生成链终止产物 $C_nH_{n+1}M$，然后通过加氢生成 n-烷烃和 β-H，消除生成的 α-烯烃。该机理不包含生成支链烃，支链烃的生成部分源于烯烃再吸附，Lee 等和 Anderson 分别提出了烯烃的再吸附生成支链烃的反应机理。为解释有机含氧化合物的生成，Storch 等和 Eidus 分别提出了烯醇机理，认为 COM 和 HM 反应生产表面烯醇中间物种，两个 M=CHOH 的物种缩合形成 CHCOH 中间体，进一步加氢形成烃和有机含氧化合物，但是烯醇中间体还没有被观测到。Pichler 等提出了 CO 插入机理，认为 CO 加氢形成甲酰基表面物种，进一步加氢生成桥式氧化亚甲基物种，然后加氢和脱水生成碳烯和甲基，经过 CO 在金属-氢键、金属-烷基键中反复插入和加氢形成 C—C 键而完成链的增长。目前普遍认为，在复杂的费托合成反应体系中可能不是受单一的反应机理控制的，费托合成产物的多样性及其分布特征是几种反应机理综合作用的结果。

对于费托合成铁基催化剂，一般认为活性相是铁碳化物，典型物相是 Fe_5C_2。曹东波等课题组采用密度泛函理论方法研究了 Fe_xC_y 相的不同晶面上的 H_2、CO 和合成气（H_2+CO）吸附和解离机理，指出了氢助解离 CO 的重要性，阐明了表面碳链增长单体及其来源。结合考虑碳化物机理和 CO 插入机理，设想了链引发反应生成 C_2 物种（烃和醇）的各种可能路径，计算了所有 C_1—C_1 的键合反应。在有利于形成 C_2 中间体的基础上，进一步计算了 C_2—C_1 的键合反应，认为表面中间体乙烯酮是生成 C_2 的烃和有机含氧化合物的关键物种，乙烯酮加氢可以导致各种有机含氧化合物和烃的形成，表面中间体涉及乙酰基、乙醛、乙烷基、次乙基等。C—O 键的断裂反应可以形成各种烃，如亚乙烯基（H_2C_sC）、次乙烷基（H_3C_sC）、乙烯基（H_2C_sCH）、亚乙烷基（H_3C_sCH）等。乙烯基加氢可生成乙烯（$H_2C_sCH_2$）、乙烷基（$H_3C_sCH_2$）、乙烷（$H_3C_sCH_3$）（图 12-3-1）。乙烯形成的主要反应路径是 $C_sH_2CO \rightarrow CC_sH_2 \rightarrow CHC_sH_2 \rightarrow CH_2C_sH_2$，乙烷形成的主要路径是 $C_sH_2CO \rightarrow CC_sH_2 \rightarrow CC_sH_3 \rightarrow CHC_sH_3 \rightarrow CH_2C_sH_3 \rightarrow CH_3C_sH_3$，乙醇形成的主要反应路径是 $C_sH_2CO \rightarrow [C_sH_3CO$ 和/或 $C_sH_2CHO] \rightarrow C_sH_3CHO \rightarrow C_sH_3CH_2O \rightarrow C_sH_3CH_2OH$（图 12-3-2）。烃的形成比逐步加氢生成乙醇更为有利，乙烯酮中间物种的加氢主要产物应该是烃，而不是有机含氧化合物，这与费托合成产物分布中 C_2 产物选择性规律是一致的。

Lox 等较早基于费托合成碳化物机理的详细基元反应步骤建立了烷烃和烯烃

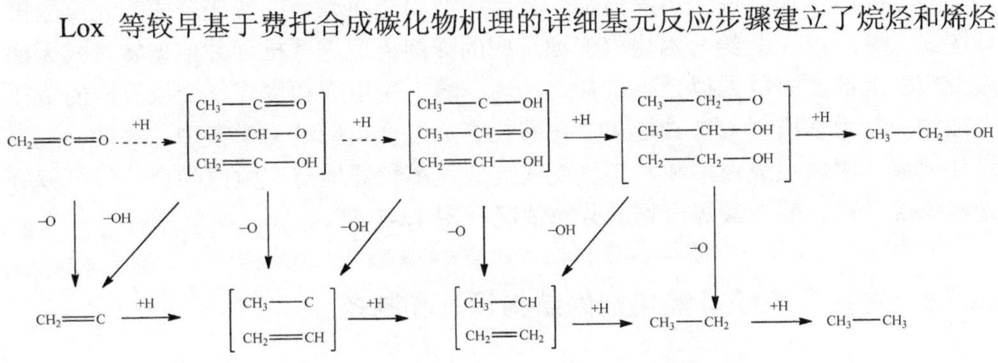

图 12-3-1　乙烷和乙醇生成的基元反应步骤

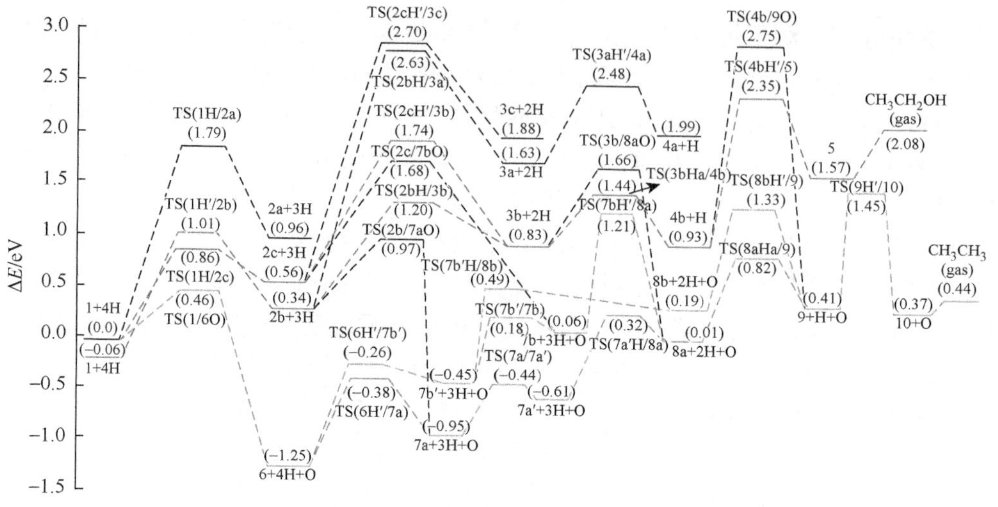

图 12-3-2　有机含氧化合物（上）和烃（下）生成的势能面

1：C_sH_2CO；2a：C_sH_2COH；2b：C_sH_3CO；2c：C_sH_2CHO；3a：C_sH_3COH；3b：C_sH_3CHO；3c. CsH_2CHOH；4a：C_sH_3CHOH；4b：$C_sH_3CH_2O$；5：$C_sH_3CH_2OH$；6：CC_sH_2；7a：CC_sH_3；7b：CHC_sH_2；8a：CHC_sH_3；8b：$CH_2C_sH_2$；9：$CH_2C_sH_3$；10：$CH_3C_sH_3$

生成的详细动力学模型，但与实际的产物分布有一定的偏差。马文平等在碳化物机理的基础上考虑到烯烃再吸附的机理，基于详细的基元反应步骤推导并结合等温积分固定床反应的实验数据，拟合获得了包含烷烃、烯烃详细产物分布和水煤气变换反应产物的费托合成动力学模型，改进了 Lox 模型的缺陷。随后王逸凝等、吉媛媛等、杨骏等、常杰等、周利平等进一步完善和改进了这一模型，并在转篮式无梯度反应器上获得基于详细机理的动力学模型。滕波涛等提出了采用无梯度反应器，利用反应器内反应气氛、温度均一的优势，将复杂反应动力学解耦，对烃、有机含氧化合物生成、水煤气变换反应单独进行动力学建模与估算，进而耦合获得费托合成综合模型的方法。利用该方法，基于碳化物机理、CO 插入机理和烯烃再吸附机理，进一步提出了一个更详细和全面综合的费托合成基元反应机理图式（图 12-3-3），结合水煤气变换反应的详细机理进行推导并依据转篮式无梯度反应器上的实验数据拟合出包含烷、烯、醇、酸生成和水煤气变换反应的费托合成统一动力学模型（图 12-3-4）。由费托合成综合反应动力学模型计算的合成气消耗速率、甲烷生成速率和水煤气变换反应速率较好地与实验值吻合，且可较好地模拟烷、烯、醇、酸等产物的分布情况（图 12-3-5）。

12.3.3　费托合成铁基催化剂的结构设计和制备

浆态床费托合成工业铁基催化剂的研发与放大生产技术是煤间接液化工业技

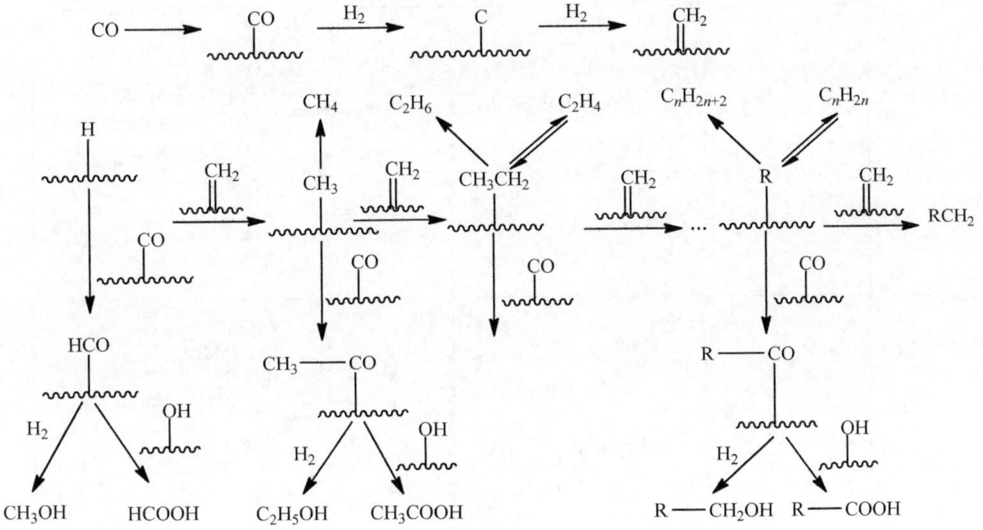

图 12-3-3　费托合成综合机理模型图示

$$R_{\mathrm{CH_4}} = k_{11,1}[\mathrm{CH_3S}][\mathrm{HS}]k_{11,1}\alpha_{T,1}K_2P_{\mathrm{H_2}}[\mathrm{S}]^2$$

$$R_{\mathrm{C}_n\mathrm{H}_{2n+2}} = k_{11}[\mathrm{C}_n\mathrm{H}_{2n+1}\mathrm{S}][\mathrm{HS}] = k_{11}K_4P_{\mathrm{H_2}}[\mathrm{S}]^2\prod_{i=1}^{n}\alpha_{T,i}$$

$$R_{\mathrm{C}_n\mathrm{H}_{2n}} = k_{12}[\mathrm{C}_n\mathrm{H}_{2n+1}\mathrm{S}] - k_{12}^{-}P_{\mathrm{C}_n\mathrm{H}_{2n}}[\mathrm{HS}] = k_{12}\sqrt{K_4P_{\mathrm{H_2}}}[\mathrm{S}]\prod_{i=1}^{n}\alpha_{T,i}(1-\beta_n)$$

$$R_{\mathrm{CH_3OH}} = k_{9,1}K_1K_4K_7K_8P_{\mathrm{CO}}P_{\mathrm{H_2}}^2[\mathrm{S}]^2$$

$$R_{\mathrm{C}_n\mathrm{H}_{2n+1}\mathrm{OH}} = k_9K_1K_4K_7K_8P_{\mathrm{CO}}P_{\mathrm{H_2}}^2\alpha_T^{n-2}\alpha_{T,1}[\mathrm{S}]^2$$

$$R_{\mathrm{HCOOH}} = k_{10,1}K_1K_7P_{\mathrm{CO}}P_{\mathrm{H_2O}}[\mathrm{S}]^2/K_6$$

$$R_{\mathrm{C}_n\mathrm{H}_{2n-1}\mathrm{OOH}} = k_{10}K_1K_7P_{\mathrm{CO}}P_{\mathrm{H_2O}}\alpha_T^{n-2}\alpha_{T,1}[\mathrm{S}]^2/K_6$$

$$R_{\mathrm{CO_2}} = \frac{k_{W_2}K_{W_1}K_{W_3}P_{\mathrm{CO}}P_{\mathrm{H_2O}} - k_{W-2}P_{\mathrm{H_2}}P_{\mathrm{CO_2}}}{\sqrt{K_{W_3}P_{\mathrm{H_2}}} + P_{\mathrm{H_2}} + K_{W_1}P_{\mathrm{CO}}P_{\mathrm{H_2O}}/P_{\mathrm{H_2}}}$$

图 12-3-4　包含烷、烯、醇、酸生成和水煤气变换反应的费托合成统一动力学模型

术开发的核心内容之一。反应温度的提高有利于提高费托合成过程副产蒸汽的压力等级，进而提高蒸汽利用效率。但受制于热力学和动力学的控制，产物选择性会严重轻质化，甲烷选择性升高；同时催化剂会过度碳化而降低抗磨损性能，增加过滤负荷和难度。因此催化剂的研发需要解决的关键问题是：如何在较高温下获得稳定的物相结构、高的合成气转化能力、低的甲烷和有机含氧化物选择性、高的有效烃（C_{3+}烃）的选择性和良好的抗磨损性能，同时生产过程工艺简单、绿色环保、消耗（能耗和水耗）和制造成本低。费托合成铁基催化剂在实际工业反应条件下，其铁物相具有多相共存的高度复杂的特性，涉及 Fe_5C_2、Fe_3C、$Fe_{2.2}C$、

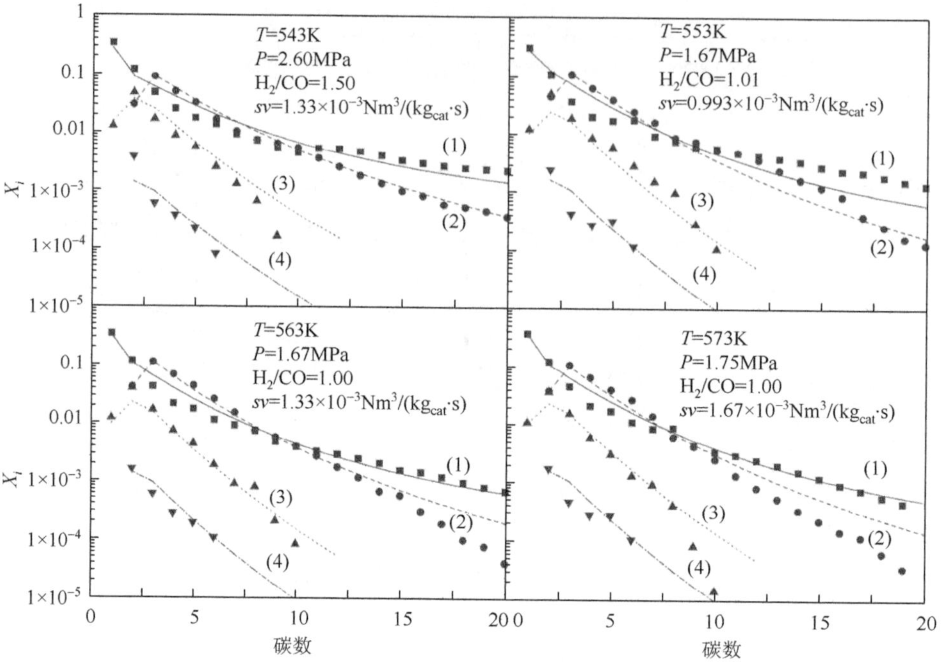

图 12-3-5　烷（1）、烯（2）、醇（3）、酸（4）产物分布的实验值与计算模拟值的对比

图中符号为实验值，线为计算值

Fe_3C_7、α-Fe、Fe_2O_3、Fe_3O_4 等的物相结构，使得利用传统实验方法详细定义和理解活性相上的反应过程相当困难。在将催化剂置于实际反应过程中的研究理念下，采用量子力学理论计算方法，结合对催化剂详细结构的剖析及对费托合成催化机理的深入认识，将有助于开发适于高温浆态床操作的铁基催化剂。

霍春芳等应用密度泛函理论（DFT）研究了一系列铁碳化物的不同物相、不同晶面上的费托反应机理及 H_2 和 CO 在铁碳化物晶面的吸附与烃成键行为，发现在 Fe_5C_2（010）和 Fe_2C（011）表面容易形成甲烷，而 Fe_4C（100）和 Fe_3C（001）表面对甲烷化反应活性较低；确定了最可能的铁基催化剂的活性相及晶面结构取向，在理论上发现了甲烷形成的反应能与有效势垒分别与铁碳化物表面 C 原子的电荷及表面的 d 带中心能量呈线性相关（图 12-3-6）。这种构效关系的建立，可通过分析各种铁碳化物表面性质来预测催化剂的反应性和烃产物选择性。K 助剂是费托合成铁基催化剂不可或缺的关键组分，长期以来国际上对 K 助剂作用机理的认识一直处于“黑箱”状态，一般认为其作用是电子效应。霍春芳等课题组基于密度泛函理论和实验研究结果发现，K 助剂的作用还在于调变铁微晶的暴露晶面，从而控制产物分布。K 助剂（K_2O）对 Fe（110）、（100）、（111）、（211）、（210）、（321）和（310）面具有不同程度的稳定化作用。通过调变 K 含量，可以改变铁微晶在不同晶向的相对生长速度，使得铁微晶暴露更多的高活性晶面。对于不含 K 助剂的催化剂，主要暴露 Fe（110）面；K 的添加导致（110）和（100）面占铁微晶总表面的比例减少，高活性晶面（211）和（310）的比例增加（图 12-3-7），这一结果突破了对 K 助剂催化作用的传统认识。上述结果对研制高活性、高选择性、晶面取向可控的费托合成催化剂起到了重要的理论指导作用。

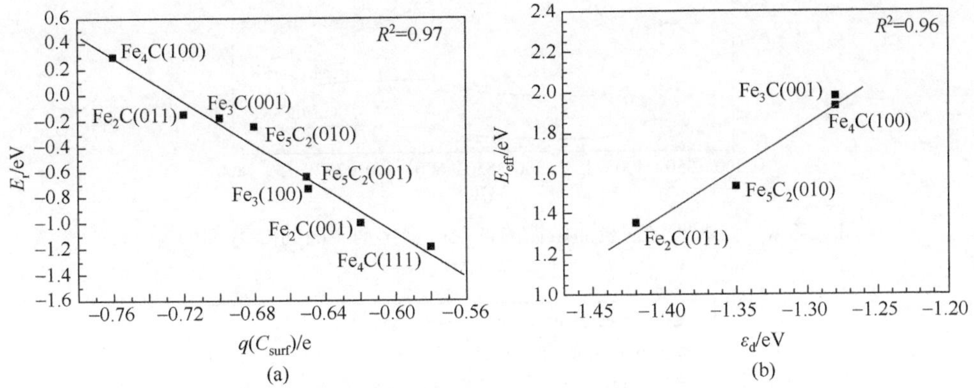

图 12-3-6　（a）形成甲烷的反应能（E_r）与表面 C 原子电荷（q）的关系；（b）甲烷形成的表面势垒（E_{eff}）与表面 C 原子 d 带中心能量（ε_d）的关系

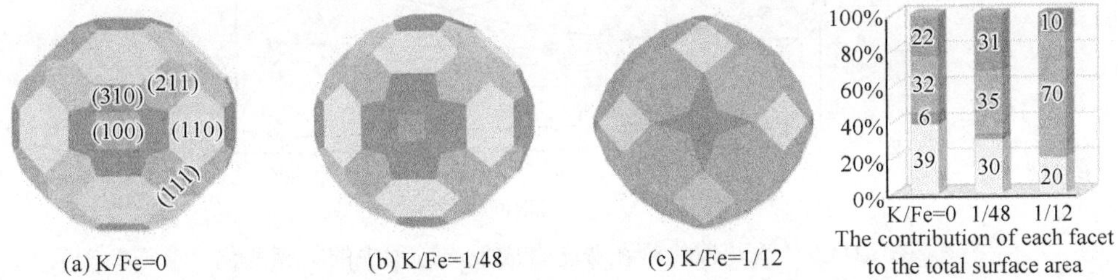

图 12-3-7　晶面取向随铁基催化剂助剂 K 含量的变化

在铁基催化剂制备、结构和反应性能研究方面，杨勇等通过调整助剂 K、Mn、Cu、Ca、Mg、Ni 与黏结剂 SiO_2、Al_2O_3 及制备参数等，系统地考察了铁基催化剂的制备化学规律，调控催化剂体相和表面结构（图 12-3-8）。结合活性相铁碳化物上的合成气反应生成烃的链增长机理，掌握了制约烃产物分布的基本规律和催化剂的磨损机理，找到了催化剂预处理还原与实际反应过程中的物相变化、反应活性与产物选择性、磨损性能间的平衡协调关系（图 12-3-9），可控制催化剂定向还原至合适碳化铁含量与合理的有效晶面取向范围，显著减少了催化剂的物理膨胀应力和化学腐蚀磨损（图 12-3-10），保障了催化剂在有利于烃链增长（柴油选择性高）和高活性（柴油产率高）的活性相下进行费托反应，解决了制约催化剂稳定运行的磨损问题。

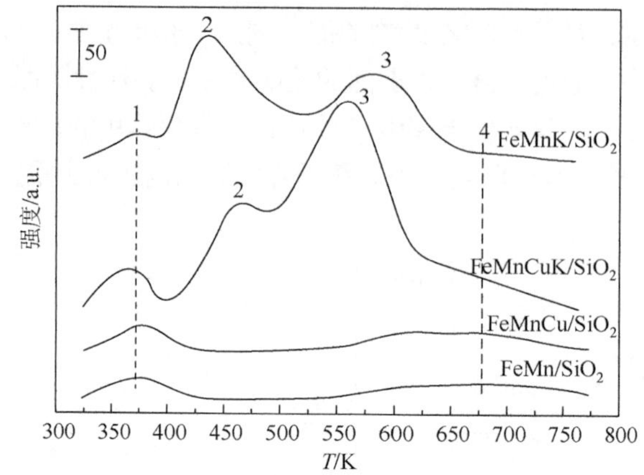

图 12-3-8　铁基催化剂表面碱性的调控：催化剂表面的 CO_2-TPD 谱图

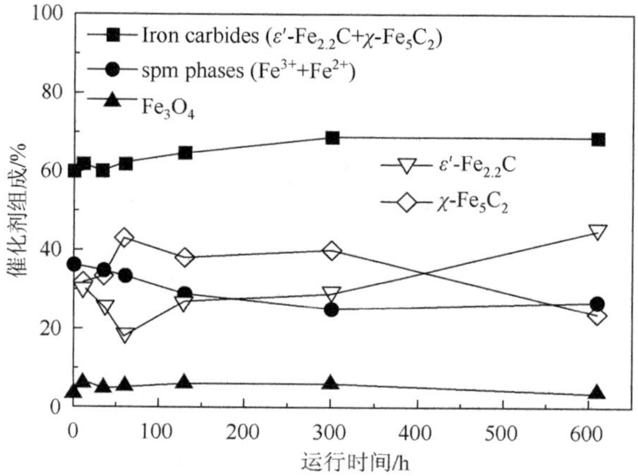

图 12-3-9　铁基催化剂在费托合成反应过程中的物相变化

(a)　　(b)

图 12-3-10　研制的浆态床合成工业铁基催化剂

（a）制备的铁基催化剂形貌；（b）铁基催化剂运行 1240 h 后的形貌

在催化剂制备生产技术上，突破了传统的合成催化剂的制备思路，以廉价的铁为起始原料，溶化铁产生的 NO_x 采用低温加压水吸收技术生产稀硝酸并回用，NO_x 排放量＜50 ppm，沉淀后使用压滤、精滤与套洗集成工艺，有效降低了水耗（＜20 t H_2O/t cat），滤液 Fe 含量＜3 ppm，实现了滤液中无机盐的回收；采用发明的催化剂成型技术及黏结剂添加技术制得高抗磨损的微米级球状催化剂（30～200 μm，图 12-3-10），成品率＞99%，实现了高温浆态床费托合成工业铁基催化剂的绿色工艺生产，同时铁基催化剂的生产成本得到大幅度降低。

12.3.4　浆态床合成反应器设计与控制

在浆态床反应器技术方面，国外在关键的内构件和蜡催化剂分离技术方面一直对外保密，真正工业应用的技术在公开的国际专利中难以获取。李永旺等基于费托合成详细机理动力学，通过涉及产物在床层分布的传质传热的多级两相 CSTR 稳态等温模型，结合 CFD 流体力学对浆态床反应器内部流场分析和冷态模拟验证（φ=1200 mm），建立了浆态床反应器模型，自主设计制造了内径 5.3～5.8 m、高 48 m、单台产能达 16 万～20 万 t/a 的大型高温浆态床反应器（图 12-3-11）。

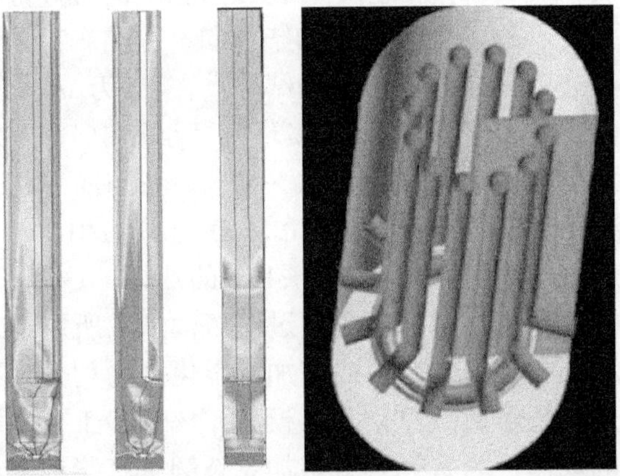

图 12-3-11　浆态床合成反应器内构件及其流体力学模拟

设计的浆态床合成反应器具有以下优势：①采用器内在线过滤方案，发明了内外对置、反吹和精滤集成的蜡-催化剂分离器技术。通过特殊设计的内部过滤构件和外部控制、操作系统，在线实现了反应器内液相产物和催化剂的高效分离。催化剂一次分离结果为排出蜡液中的固体含量＜5 ppm，精滤后固体杂质含量＜1 ppm。②气体分布器采用反向密布气孔的锥盘式结构，保障合成气在主体流场中的均匀分布，有效抑制了气泡的聚集与返混。③塔顶消泡装置采用多层间插式导流槽结构，解决了高温操作下可能产生的液泛或冲顶；优化布局的换热器系统采用列管盘式分层强制换热结构，高效移出反应热（蒸汽压力 2.0～3.0 MPa），解决了高温操作下的费托合成强放热及热量高效回收难题。④设计了独特的体外还原反应器和输送添加单元，在反应运行过程中就可进行催化剂预还原和连续向反应器内添加催化剂，同时反应器上某处内构件又可将破损的催化剂适时连续移出，使浆态床反应器可实现连续长周期稳定运行。

设计的大型浆态床反应器成功实施了现场组焊和吊装，伊泰和潞安两个 16 万 t/a 合成油示范厂运行结果证明该反应器运行平稳，轴向温差<1℃，径向温差<3℃，在换热、物料分布及产品分离等方面体现出优异的工程性能。进一步形成了单台产能 50 万～80 万 t/a、内径 10 m 级的大型浆态床反应器设计与制造方案。

12.3.5　油品加工

煤炭间接液化合成出的粗产品主要为长链烷烯烃，具有无硫、无氮、低芳烃和环烷烃的特点，其油品加工技术与原油加工相比，还存在一定的差异性。李永旺等研发出 Ni 基非硫化态加氢精制催化剂及油品加氢工艺，该催化剂在加氢过程中无需补硫，能够有效地将烯烃加氢饱和转化为相应的烷烃，同时可以有效地脱除油品中的有机含氧化合物，生产出直馏柴油和石脑油产品。该油品加氢工艺及其催化剂，与高温浆态床费托合成工艺相结合，在 16 万 t/a 合成油示范厂中生产出的高品质油，其 S 含量小于 0.5 ppm，多环芳烃小于 1%，十六烷值大于 74，整个煤制油工艺过程产品分布为柴油占 63%～67%，石脑油占 25%～28%，LPG 占 10%。生产出的柴油经台架试验表明，与市场 0 号柴油相比，各项尾气排放指标显著下降，同时使用合成柴油可节约 8%～12%的油耗，达到了欧Ⅴ柴油的标准。

针对费托合成蜡的加工，许丽恒等通过对石油加工所用 Stangeland 模型的改进，按结构族组成和碳数范围将原料蜡和加氢裂化产物划分为 9 个虚拟组分，建立了更为准确的蜡加氢裂解的集总动力学模型。揭示了工艺参数对加氢裂化产物选择性和收率的影响规律，为费托合成蜡加氢裂解生产柴油的产品调控和反应器设计提供了理论依据。

在目前实施的百万吨级商业装置上，为进一步提高过程的经济性，丰富产品结构，将增加低碳烯烃芳构化技术和尾气流向变换催化燃烧反应器技术的应用，生产出优质的高辛烷值汽油调和组分。

12.3.6　工艺系统集成

基于能效和过程经济性原则，采用以费托合成详细机理动力学模型和浆态床反应器模型为核心编写的煤制油全流程工艺模拟软件，对煤气化（气化炉/水煤浆气化、碎煤加压气化、Shell 气化等）-气体净化-费托合成（高/低温浆态床、固定床）-油品加工-化学品-发电等多种组合工艺方案进行了局部和全流程模拟计算与优化，形成了示范厂（16 万～20 万 t/a）和百万吨级商业厂（100 万～540 万 t/a）系统集成方案。示范厂运行中副产的 2.0～3.0 MPa 高品位蒸气伊泰和潞安示范厂用于发电和全厂热量平衡，验证了高温浆态床合成工艺概念，系统集成优化后：①高品位蒸汽的合理利用提高了总体能效约 2 个百分点；②性能优异的催化剂使得甲烷选择性降低到 3%以下，减少了尾气甲烷转化的负荷，提高总能效率约 1 个百分点；③各单元过程的全局优化集成，提高了总能效率约 1 个百分点。因此，整体煤制油效率由低温浆态床工艺的 37%～38%提高到示范厂高温浆态床工艺的 40%～42%。伊泰示范厂考核表明：合成气总转化率为 91%～92%，吨催化剂产油能力 1500～1800 t，全系统负荷达到 100%～120%，总煤耗 3.48 t 标煤/t 油品，系统能量转化效率达 40.53%。目前针对不同地区煤种气化特性、产品需求及经济性考虑，产品方案由示范厂产品相对单一（柴油-石脑油-LPG）向商业厂产品多元化方向发展（柴油/汽油/航煤-溶剂油-费托蜡-LPG-精细化学品）；基于示范厂取得的工程数据，通过优化模拟和系统集成正在建设百万吨级商业厂（100 万～540 万 t/a）。采用节水、减排技术（空冷与密闭循环技术、未来可能与 CO_2 封存或资源化过程对接），形成了多套商业厂工艺流程方案，设计了单系列 50～80 万 t/a、直径 10 m 级的大型反应器。优化后的百万吨以上规模商业厂吨催化剂产油能力将提高至 2000 t 以上，系统能效将提升至 44%～47%。

12.4　工业示范和产业化推广

12.4.1　合成油示范装置

2008 年在安徽建成投产了 1500 t/a 合成油催化剂厂，实现了批量催化剂工业生产。2009 年建成内蒙古伊泰 16 万 t/a（图 12-4-1）、山西潞安 16 万 t/a 和鄂尔多斯神华 18 万 t/a 的三个煤炭间接液化示范厂。其中，伊泰和潞安示范厂实现了“安稳长满优”的工业化生产，合成气总转化率为 91%～92%，催化剂产油能力达到 1500～1800 t 油品/t 催化剂。费托合成中甲烷选择性小于 3.0%，C_{5+}选择性为 90%～94%，CO_2 选择性为 13%～18%，系统能量转化效率达到 40.53%，合成柴油十六烷值达到 74，硫含量小于 0.5 ppm。神华集团 18 万 t/a 煤炭间接液化示范厂 2010 年进行了两次开车验证试验，2011 年神华宁煤 400 万 t/a 煤制油项目决定采用中科技术，迫使南非 Sasol 合成油技术退出中国市场。这充分证明了我国已掌握了可靠先进的煤炭间接液化工业技术，其中在系统能效、催化剂产能与活性、产品选择性等关键核心技术指标上优于国际煤炭间接液化技术水平。表 12-4-1 为按国外合成工艺推算的数据和自主合成油技术性能指标的对比结果。

图 12-4-1　内蒙古伊泰 16 万 t/a 合成油示范装置

表 12-4-1　中科合成油技术与国外合成油技术的工艺指标对比

工艺技术名称	Shell 低温固定床工艺	Sasol 高温流化床工艺	Sasol 低温浆态床工艺	中科高温浆态床工艺	
				示范厂	大规模工艺计算
工艺参数					
催化剂	钴	铁	铁/钴	铁	
反应器	固定床	流化床	浆态床	浆态床	
操作温度/℃	190～220	300～340	200～250	260～290	
副产蒸汽压力/MPa	0.5～0.8	3.5～5.0	0.5～0.8	2.5～3.0	
催化剂水平					
甲烷选择性/wt%	5～7	10～12	5～6/8～10	2～3	＜3
时空产率/（g $C_{3+}HC$/g cat·h）	0.20～0.25	0.3	0.20～0.30	1.0～1.5	＞1.0
产能/（t 油/t 催化剂）	1000～1500	200～250	250/1000	1500～1800	
单位油品催化剂成本/（元/t 油品）	＞300	＞300	＞300	＜100	
整体工艺指标					
产品加工催化剂体系	硫化态	硫化态	硫化态	非硫化态	
产品中硫含量/ppm	＜5		＜5	＜0.5	
合成气消耗/（Nm^3/t 油）	5800～5900	6000	5700	5400	5300
过程总能量转换效率/%	37～38	38～39	37～38	40～42	44～47

12.4.2 百万吨级合成油商业厂建设

以中科合成油技术有限公司为代表的我国自主研发的煤制油技术经过“十一五”示范厂运行成功后，在“十二五”期间已经启动了多个百万吨级煤制油商业项目，主要包括：神华宁煤 400 万 t/a（图 12-4-2），山西潞安 180 万 t/a（一期 100 万 t/a），新疆伊犁 540 万 t/a（一期 100 万 t/a），新疆甘泉堡 540 万 t/a（一期 200 万 t/a），内蒙古准格尔 400 万 t/a（一期 200 万 t/a），内蒙古杭锦旗 400 万 t/a（一期 120 万 t/a），内蒙古锡林郭勒 100 万 t/a，贵州 500 万 t/a（一期 120 万 t/a）。同时在内蒙古大路煤化工园区配套启动建设 1.2 万 t/a 合成油催化剂厂。此外，采用上海兖矿能源科技研发有限公司开发的低温浆态床合成技术正在陕西榆林建设一套 100 万 t/a 煤制油装置。预计到 2016 年我国煤炭间接液化产业将形成产能约 1600 万 t/a，2020 年形成产能约 3100 万 t/a，届时煤制油产量将占当年石油进口量的 7.7%。

图 12-4-2　建设中的神华宁煤 400 万 t/a 煤炭间接液化商业厂

12.5 展　望

近 15 年来，我国煤炭间接液化工业化技术开发从实验室小试、工业中试、工业示范到目前正在实施建设的百万吨级装置，在关键的费托合成反应机理、催化剂研制、反应动力学、反应器设计、系统工艺集成等理论与工程技术研究方面均取得了重大突破。自主研发和掌握了先进的高温浆态床合成油成套工艺和工业催化剂技术，并在 16 万 t/a 合成油示范装置上获得验证，多项技术指标已经超过了国外同类技术水平。以自主合成油技术为支撑，目前正在实施建设多个百万吨级商业装置。

2012 年由国家发展和改革委员会、国家能源局编制的《煤炭深加工示范项目规划》及《煤炭深加工产业发展政策》出台实施，在“十一五”期间我国自主的煤炭间接液化技术获得成功示范基础上，“十二五”期间示范技术将推进到 100 万吨级以上的重大示范项目级别上。同时对煤炭间接液化的能源转化效率、煤耗、水耗、技术装备水平提出了更高、更为严苛的要求，未来煤炭间接液化技术将进入科学有序、适度规模、技术高度集成与提升的发展阶段，为此，提出以下研究对策和建议。

（1）强化煤炭间接液化过程放大中遇到的工程技术基础研究，集中力量解决我国煤制油大型装备设计、制造与安装的关键技术问题。例如，合成反应器由内径 5 m 级提升到 10 m 级、单台产能由 16～20 万 t/a 提升到 50～80 万 t/a 中的工程问题，大型煤气化炉进一步提高气化效率和煤种适用性问题等，全面提升我国煤制油领域大型装备的机加工技术水平，有效降低煤炭间接液化装置的投资规模。

（2）在单元过程技术进一步优化创新的基础上，加强整体过程的系统集成优化工艺模拟与仿真研究，确保在百万吨级煤间接液化装置上能源转化效率达到 42%以上，单位产品综合能耗低于 4 t 标煤/t 油。

（3）加强费托合成催化剂和油品加工催化剂的基础研究，从反应机理和活性相结构上寻求理论突破，指导研制活性更高、油品选择性更优、寿命更长的工业催化剂，降低单位催化剂油品成本，实现催化剂的升级换代。

（4）开发多样性的油品加工和化学品加工新工艺，进一步优化产品结构，逐步实现柴油、汽油、航煤、溶剂油、基础润滑油、特种燃料、高附加值化学品等多种产品生产，满足大都市区域对无硫无氮低芳的高品质油品的需求。

（5）选择具备合适容量水源的地区建设煤制油装置，特别关注煤制油过程中的污水处理和水循环回用技术的攻关，采用最先进的空冷和密闭循环技术，控制水耗在 6 t/t 油品以下，实现水质达标和零排放。

（6）积极应对煤制油过程中的碳排放问题，通过提高煤制油装置的整体能量利用效率来实现 CO_2 相对减排 5%～8%。在煤制油装置脱碳单元可释放出纯度 99%以上的 CO_2，可与未来 CO_2 捕集和封存（CCS）工程对接，实现 CO_2 绝对减排 60%以上，此外也可参与汇碳造林工程来承担社会责任。

（7）针对我国拥有难以利用的大量低热值褐煤资源，积极开发煤炭分级液化技术，实现褐煤的梯级有效利用，形成新一代煤制油技术。

参 考 文 献

白亮，邓蜀平，董根全，等. 2003. 煤间接液化技术开发现状及工业前景. 化工进展，22：441-446.

陈家磊. 2013. 中国煤液化技术兴衰历程初析. 中国科技史杂志，34：199-212.

崔民利，黄剑薇，郝栩，等. 2009. 含碳固体燃料的分级液化方法和用于该方法的三相悬浮床反应器. 中国专利，ZL200910178131.8.

董立华，郝栩，曹立仁，等. 2009. 费托合成油品脱酸和含氧化合物过程模拟. 煤炭转化，32：14-17.

樊伟，郝栩，相宏伟，等. 2010. F-T 合成反应器汽包换热系统动态响应研究. 现代化工，30：64-68.

高晋生，张德祥. 2005. 煤液化技术. 北京：化学工业出版社.

国家发改委，国家能源局. 2012. 煤炭深加工示范项目规划.

国土资源部. 2014. 全国油气资源动态评价（2012）. 中国国土资源报.

国土资源部《全国煤炭资源潜力评价》报告. 2014. 中国煤炭地质新闻网，http：//www.zmdxw.com/xinwenfabu/newshow.asp? news_id=1228，2014-01-01.

黄勇成，李永旺，任杰，等. 2005. F-T 柴油在直喷式柴油机中燃烧与排放特性的研究. 燃料化学学报，23：492-496.

吉媛媛，相宏伟，李永旺，等. 2005. 超细粒子 Fe-Mn 工业催化剂 F-T 合成集总机理动力学（Ⅰ）. 反应机理与动力学模型描述式. 化工学报，56：1020-1025.

吉媛媛，相宏伟，李永旺，等. 2005. 超细粒子 Fe-Mn 工业催化剂 F-T 合成集总机理动力学（Ⅱ）. 参数估算与模型筛选. 化工学报，56：1026-1030.

焦建玲，尤志文，朱俊红. 2012. 我国原油进口来源改进策略分析. 中国能源，34：31-34.

李慧. 2013. 煤制油产业三问：未来-产业化-环保. 化工管理，10：45-46.

李永旺，相宏伟，吴宝山，等. 2001. 一种费托合成用铁基催化剂及其制备方法. 中国专利，ZL 01120417.6.

李永旺，杨勇，相宏伟. 2014. 煤炭间接液化产业化新进展.//中国科学院主编. 2014 高技术发展报告. 北京：科学出版社.

马文平，李永旺，赵玉龙，等. 1999. 工业 Fe-Cu-K 催化剂上费托合成反应动力学（Ⅰ）. 基于机理的动力学模型. 化工学报，50：159-166.

马文平，李永旺，赵玉龙，等. 1999. 工业 Fe-Cu-K 催化剂上费托合成反应动力学（Ⅱ）. 模型筛选与参数估值. 化工学报，50：167-173.

穆阳. 2011. 沙索的宁煤滑铁卢. 中国煤化工，1：54-57.

全国煤化工信息站. 2013. 中国能源“十一五”成就、“十二五”发展规划及现状（上）. 煤化工，41：1-4.

全国煤化工信息站. 2014. 2013 年煤炭市场数据. 煤化工，42：21.

全国煤化工信息站. 2014. 煤制油、煤制气指导意见将于近期正式发布——《关于有序推进煤制油示范项目建设的指导意见》. 煤化工，42：70-71.

任杰，李永旺，王峰，等. 2005. 一种用于非硫化费托合成油品加氢转化的工艺. 中国专利，ZL200510012800.6.

任杰，相宏伟，曹立仁，等. 2007. 费-托合成油的加氢处理方法. 中国专利，ZL200710065310.1.

任杰，相宏伟，曹立仁，等. 2007. 费-托合成油的加氢处理工艺. 中国专利，ZL200710065309.9.

任杰，张怀科，李永旺. 2009. F-T 合成油品加工技术的研究进展. 燃料化学学报，37：769-776.

孙启文. 2012. 煤炭间接液化. 北京：化学工业出版社.

孙予罕，李永旺. 2002. 煤基浆态床合成油品的工业化. 中国科学院院刊，2：100-103.

唐宏青. 2014. 煤制油 F-T 前进的步伐. 中氮肥，1：6-9.

滕波涛，常杰，刘颖，等. 2005. 工业 Fe-Mn 催化剂上基于详细反应机理的 F-T 合成动力学模型Ⅰ. 烯烃再吸附动力学研究. 催化学报，26：693-700.

滕波涛，常杰，王刚，等. 2005. 工业 Fe-Mn 催化剂上基于详细反应机理的 F-T 合成动力学模型Ⅱ. 不同校正方法的动力学模型分析. 催化学报，26：701-706.

王晋生，郝栩，刘东勋，等. 2007. 用于费-托合成的气-液-固三相悬浮床反应器及其应用. 中国专利，ZL2007-10161575.1.

王文. 2013. 2016 年全国煤制油项目产能将达 1600 万 t. 煤炭加工与综合利用，4：80.

王逸凝，李永旺，马文平，等. 1999. 费托合成（FTS）动力学模拟——烯烃再吸附. 燃料化学学报，27（增刊）：123-128.

王逸凝，李永旺，徐元源，等. 2001. 基于详细机理动力学的费托合成单颗粒催化剂模拟Ⅰ. 颗粒模型化与数值计算方法. 催化学报，22：35-39.

王逸凝，李永旺，徐元源，等. 2001. 基于详细机理动力学的费托合成单颗粒催化剂模拟Ⅱ. 扩散反应行为及活性分布. 催化学报，22：40-44.

我国煤炭资源可持续可采能力概念分析. 2013. 中国行业研究网，http：//www.chinairn.com/news/20130806/102805440.html，2013-08-06.

相宏伟，唐宏青，李永旺. 2001. 煤化工工艺技术评述与展望Ⅳ. 煤间接液化技术. 燃料化学学报，29：290-298.

相宏伟，杨勇，陶智超，等. 2004. 一种铁锰费托合成催化剂及其制法. 中国专利，ZL200410012191.X.

相宏伟，张志新，李国辉，等. 2001. 一种微球状费托合成催化剂的制备方法. 中国专利，ZL01120416.8.

相宏伟，钟炳. 1999. 天然气制取液体燃料工艺技术研究进展. 化学进展，11：386-394.

许丽恒，高军虎，郝栩，等. 2013. 费托合成蜡加氢裂化工艺条件的研究. 石油炼制与化工，44：85-89.

许丽恒. 2013. 费托合成蜡加氢裂解动力学研究. 太原：中国科学院山西煤炭化学研究所，1-111.

杨勇，吴宝山，许健，等. 2008. 一种连续化制备金属氧化物材料和催化剂的方法. 中国专利，ZL200810186615.2.

于戈文，徐元源，郝栩，等. 2009. 不同煤气化过程的 FT 合成油-电多联产模拟计算. 过程工程学报，9：545-551.

于戈文，徐元源，郝栩，等. 2009. 以 Shell 气化为气头的二甲醚-电多联产系统分析. 现代化工，29：62-66.

张兴刚. 2013. 煤制油技术：能源替代殊途同归. 中国石油和化工，10：16-18.

张志新，胡靖文，唐曙光，等. 1997. 煤制合成油工业单管试验. 天然气化工，24：24-28.

赵宗燠. 1989. 我国合成石油工程开创的回忆.//武衡主编. 东北区科学技术发展史资料（10）. 解放战争时期和建国初期. 石油工业. 北京：中国学术出版社.

中国石油集团经济技术研究院《2013 年国内外油气行业发展报告》课题组. 2014. 2013 年国内外油气行业发展概述及 2014 年展望. 国际石油经济，1-2：30-39.

中科合成油技术有限公司. 2006. 煤基合成液体燃料工业设计软件 1.0. 版权登记号：2006SR12354，国家版权局.

周敬来，张志新，张碧江. 1999. 煤基合成液体燃料的 MFT 工艺技术. 燃料化学学报，27：58-64.

2014. Sasol reports progress on US gas-to-liquids plant. Focus on Catal，3：6-7.

2014. Shell international limited. Pearl GTL-an overview. http：//www.shell.com/global/aboutshell/major-projects-2/pearl/overview. html，2014-07-29.

Anderson R B. 1984. The Fischer-Tropsch Synthesis. Florida：Academic Press Inc.

Bai L，Xiang H W，Li Y W，et al. 2002. Slurry phase Fischer-Tropsch synthesis over manganese-promoted iron ultrafine particle catalyst. Fuel，81：1577-1581.

BP stats. 2014. BP statistical review of world energy. In：Technical Report. London：BP Amoco.

Cao D B，Li Y W，Wang J G，et al. 2008. Adsorption and reaction of surface carbon species on Fe_5C_2（001）. Journal of Physical and Chemistry C，112：14883-14890.

Cao D B，Li Y W，Wang J G，et al. 2011. Chain growth mechanism of Fischer-Tropsch synthesis on Fe_5C_2（001）. Journal of Molecular Catalysis A：Chemical，346：55-69.

Cao D B，Wang S G，Li Y W，et al. 2007. What is the product of ketene hydrogenation on Fe_5C_2（001）：Oxygenates or hydrocarbons？Journal of Molecular Catalysis A：Chemical，272：275-287.

Cao D B，Zhang F Q，Li Y W，et al. 2005. Structures and energies of coadsorbed CO and H_2 on Fe_5C_2（001），Fe_5C_2（110）and Fe_5C_2（100）. Journal of Physical and Chemistry B，109：10922-10935.

Carlsson L，Fabricius N. 2005. From bintulu shell MDS to pearl GTL in qatar. In：Gastech 2005. Bilbao.

Chang J, Bai L, Teng B T, et al. 2007. Kinetic modeling of Fischer-Tropsch synthesis over Fe-Cu-K-SiO_2 catalyst in slurry phase reactor. Chemical Engineering Science，62：4983-4991.

Deng L J，Huo C F，Liu X W，et al. 2010. Density functional theory study on surface C_xH_y formation from CO activation on Fe_3C（100）. Journal of Physical Chemistry C，114：21585-21592.

Ding M Y，Yang Y，Wu B S，et al. 2009. Study of phase transformation and catalytic performance on precipitated iron-based catalyst for Fischer-Tropsch synthesis. Journal of Molecular Catalysis A：Chemical，303：65-71.

Ding M Y，Yang Y，Wu B S，et al. 2011. Effect of reducing agents on microstructure and catalytic performance of precipitated iron-manganese catalyst for Fischer-Tropsch synthesis. Fuel Processing Technology，92：2353-2359.

Ding M Y，Yang Y，Wu B S，et al. 2011. Transformation of carbonaceous species and its influence on catalytic performance for iron-based Fischer-Tropsch synthesis catalyst. Journal of Molecular Catalysis A：Chemical，351：165-173.

Ding M Y，Yang Y，Xu J，et al. 2008. Effect of reduction pressure on precipitated potassium promoted iron-manganese catalyst for Fischer-Tropsch synthesis. Applied Catalysis A：Generation，345：176-184.

Dry M E. 2001. The Fischer-Tropsch process：1950～2000. Catalysis Today，71：227-241.

Dry M E. 2002. High quality diesel via the Fischer-Tropsch process-a review. Journal of Chemical Technology and Biotechnology，77：43-50.

Dry M E. 2010. Fischer-Tropsch synthesis-industrial. In：Encyclopedia of Catalysis. New York：Wiley.

Eidus Y T. 1967. The mechanism of the Fischer-Tropsch reaction and the initial hydropolymerisation of alkenes from radiochemical and kinetic data. Russian Chemical Review，36：338-348.

Fischer F，Tropsch H. 1926. Synthesis of petroleum at atmospheric pressure from gasification products of coal. Brennstoff-Chemistry，7：97-104.

Hao Q L，Liu F X，Wang H，et al. 2007. Effect of reduction temperature on a spray-dried iron-based catalyst for slurry Fischer-Tropsch synthesis. Journal of Molecular Catalysis A：Chemical，261：104-111.

Hao X，Dong G Q，Yang Y，et al. 2007. Coal to liquid（CTL）：Commercialization prospects in China. Chemical Engineering and Technology，30：1157-1165.

Hao X，Elissa D M，Xu Y Y，et al. 2008. Simulation analysis of a GTL process using ASPEN plus. Chemical Engineering and Technology，31：188-196.

Hou W J，Wu B S，An X，et al. 2007. Effect of the ratio of precipitated SiO_2 to binder SiO_2 on iron-based catalysts for Fischer-Tropsch synthesis. Catalysis Letters，119：353-360.

Hou W J，Wu B S，Yang Y，et al. 2008. Effect of SiO_2 content on iron-based catalysts for slurry Fischer-Tropsch synthesis. Fuel Processing Technology，89：284-291.

Huo C F，Li Y W，Wang J G，et al. 2005. Surface structure and energetics of hydrogen adsorption on the Fe（111）surface. Journal of Physical Chemistry B，109：14160-14167.

Huo C F，Li Y W，Wang J G，et al. 2009. Insight into CH_4 formation in iron-catalyzed Fischer-Tropsch synthesis. Journal of American Chemiscal Society，131：14713-14721.

Huo C F，Wu B S，Gao P，et al. 2011. The mechanism of potassium promoter：enhancing the stability of active surfaces. Angewandte Chemie International Edition，50：7403-7406.

Lee W H，Bartholomew C H. 1989. Multiple reaction states in CO hydrogenation on alumina-supported cobalt catalysts. Journal of Catalysis，120：256-171.

Li Y W，de Klerk A. 2013. Industrial Case Studies. New York：Wiley.

Li Y W，Hao X，Cao L R，et al. 2009. A gas-liquid-solid three-phase suspension bed reactor for Fischer-Tropsch synthesis and the use thereof. Australia Patent，AU2007359708.

Li Y W，Xu J，Yang Y. 2009. Diesel from Syngas. New York：Wiley.

Liu Z Y，Shi S D，Li Y W. 2010. Coal liquefaction technologies-development in China and challenges in chemical reaction engineering. Chemical Engineering Science，65：12-17.

Lox E S，Froment G F. 1993. Kinetics of the Fischer-Tropsch reaction on a precipitated promoted iron catalyst 1. Experimental procedure and results. Industrial and Engineering Chemisry Reseach，32：61-70.

Lox E S，Froment G F. 1993. Kinetics of the Fischer-Tropsch reaction on a precipitated promoted iron catalyst 2. Kinetic modeling. Industrial and Engineering Chemisry Reseach，32：71-82.

Pichler H，Shulz H. 1970. Neuere erkenntnisse auf dem gebiet der synthese von kohlenwasserstoffen aus CO und H_2. Chemical Engineering and Technology，42：1162-1174.

Qing M，Yang Y，Wu B S，et al. 2011. Modification of Fe-SiO_2 interaction with zirconia for iron-based Fischer-Tropsch catalysts. Journal of Catalysis，279：111-122.

Schulz H. 1999. Short history and present trends of Fischer-Tropsch synthesis. Applied Catalysis A. Generation，186：3-12.

Steynberg A，Dry M. 2004. Fischer-Tropsch Technology. Amsterdam：Elsevier.

Storch H H，Goulombic N，Anderson R B. 1951. The Fischer-Tropsch and Related Synthesis，Including a Summary of Theoretical and Applied Contact Catalysis. New York：Wiley.

Suo H Y，Wang S G，Zhang C H，et al. 2012. Chemical and structural effects of silica in iron-based Fischer-Tropsch synthesis catalysts. Journal of Catalysis，286：111-123.

Tao Z C，Yang Y，Wan H J，et al. 2007. Effect of manganese on a potassium-promoted iron-based Fischer-Tropsch synthesis catalyst. Catalysis Letters，114：161-168.

Teng B T，Chang J，Wan H J，et al. 2007. A corrected comprehensive kinetic model of Fischer-Tropsch synthesis. Chinese Journal of Catalysis，28：687-695.

Teng B T，Chang J，Yang J，et al. 2005. Water gas shift reaction kinetics in Fischer-Tropsch synthesis over an industrial Fe-Mn catalyst. Fuel，84：917-926.

Teng B T，Chang J，Zhang C H，et al. 2006. A comprehensive kinetics model of Fischer-Tropsch synthesis over an industrial Fe-Mn catalyst. Applied Catalysis A：Generation，301：39-50.

Teng B T，Zhang C H，Yang J，et al. 2005. Oxygenate kinetics in Fischer-Tropsch synthesis over an industrial Fe-Mn catalyst. Fuel，84：791-800.

van Wechem V M H，Senden M M G. 1994. Conversion of natural gas to transportation fuels via the Shell middle distillate synthesis process（SMDS）. Studies in Surface Science and Catalysise，81：43-71.

Wang G，Wang Y N，Yang J，et al. 2004. Modeling analysis of the Fischer-Tropsch synthesis in a stirred-tank slurry reactor. Industrial and Engineering Chemistry Research，43：2330-2336.

Wang H，Yang Y，Wu B S，et al. 2009. Hydrogen reduction kinetics modeling of a precipitated iron Fischer-Tropsch catalyst. Journal of Molecular Catalysis A：Chemical，308：96-107.

Wang Y N，Li Y W，Zhao Y L，et al. 1999. Modeling of Fischer-Tropsch synthesis in bubble column slurry reactors：numerical analysis. Journal of fuel Chemistry and Technology，27：193-202.

Wang Y N，Ma W P，Lu Y J，et al. 2003. Kinetics modeling of Fischer-Tropsch synthesis over an industrial Fe-Cu-K catalyst. Fuel，82：195-213.

Wang Y N，Xu Y Y，Xiang H W，et al. 2001. Modeling of catalyst pellets for Fischer-Tropsch synthesis. Industrial and

Engineering Chemistry Research，40：4324-4335.

Wang Y, Fan W, Liu Y, et al. 2008. Modeling of the Fischer-Tropsch synthesis in slurry bubble column reactors. Chemical Engineering and Processing，47：222-228.

Yang J，Liu Y，Chang J，et al. 2003. Detailed kinetics of Fischer-Tropsch synthesis on an industrial Fe-Mn ultrafine particle iron catalyst. Industrial and Engineering Chemistry Research，42：5066-5090.

Yang J, Sun Y C, Tang Y, et al. 2006. Effect of magnesium promoter on iron-based catalyst for Fischer-Tropsch synthesis. Journal of Molecular Catalysis A：Chemical，245：26-36.

Yang T，Wen X D，Huo C F，et al. 2008. Carburization of the Fe_3O_4（111）surface. Journal of Physics Chemistry，112：6372-6379.

Yang T，Wen X D，Li Y W，et al. 2009. Interaction of alkali metals with the Fe_3O_4（111）surface. Surface Science，603：78-83.

Yang Y，Xiang H W，Tian L，et al. 2005. Structure and Fischer-Tropsch performance of iron-manganese catalyst incorporated with SiO_2. Applied Catalysis A：general，284：105-122.

Yang Y，Xiang H W，Xu Y Y，et al. 2004. Effect of potassium promoter on precipitated iron-manganese catalyst for Fischer-Tropsch synthesis. Applied Catalysis A：general，266：181-194.

Yang Y，Xiang H W，Zhang R L，et al. 2005. A highly active and stable Fe-Mn catalyst for slurry Fischer-Tropsch synthesis. Catalysis Today，106：170-175.

Yu G W，Xu Y Y，Hao X，et al. 2010. Process analysis for polygeneration of Fischer-Tropsch liquids and power with CO_2 capture based on coal gasification. Fuel，89：1070-1076.

Zhang C H，Yang Y，Teng B T，et al. 2006. Study of an iron-manganese Fischer-Tropsch synthesis catalyst promoted with copper. Journal of Catalysis，237：405-415.

Zhang R L，Chang J，Xu Y Y，et al. 2009. Kinetic model of product distribution over Fe catalyst for Fischer-Tropsch synthesis. Energy and Fuels，23：4740-4747.

Zhao S，Liu X W，Huo C F，et al. 2012. Surface morphology of Hagg iron carbide（γ-Fe_5C_2）from ab initioatomistic thermodynamics. Journal of Catalysis，294：47-53.

Zhou LP，Hao X，Gao JH，et al. 2011. Studies and discriminations of the kinetic models for the iron-based Fischer-Tropsch catalytic reaction in a recycle slurry reactor. Energy and Fuels，25：52-59.

第 13 章　甲醇制烯烃工艺

烯烃生产主要有石油、煤、天然气、生物质四种原料路线，生产技术包括蒸汽热裂解、催化裂解、催化脱氢、烯烃歧化、乙醇脱水、甲醇制烯烃（MTO）、甲烷氧化偶联、甲烷无氧催化转化等。我们国家资源分布特点是富煤贫油少气，石油对外依存度会长期居高不下，采用煤炭来替代部分石油资源是我们国家的能源发展方向之一。甲醇作为一种重要的平台产品，其可以通过煤气化进行大规模合成。MTO 技术可以充分利用我国煤炭资源来生产烯烃，降低原油对外依存度。经过几十年的努力，中国科学院大连化学物理研究所发展出具有自主知识产权的 DMTO 成套技术，并率先于 2010 年在神华包头 60 万吨烯烃/年煤制烯烃工业装置中得到了应用。同时，美国 UOP 公司、中石化、ExxonMobil 及 Shell 等公司也开发了 MTO 技术，其中部分技术也实现了商业化运行。

甲醇转化反应非常复杂，反应产物与采用的催化剂密切相关。仅仅在酸性大孔分子筛催化剂上，其产物可以包括柴油馏分，并且有上百种可能的反应途径。甲醇转化为烃类的反应是从含一个 C 原子的甲醇分子生成具有 C—C 键的新化合物分子的反应过程。但是其中最关键的一环，即初始 C—C 键是如何生成的，化学家仍然没有给出解释。一般认为，在反应过程中间形成的吸附在分子筛孔道内的碳氢化合物（类似于积炭物种），是参与烯烃生成的活性物种。催化剂孔道中存在的这些活性物种在 MTO 过程中起共催化剂的作用。这就是目前常提到的烃池机理。这些烃类物种通过连续的甲基化反应而长大并随后发生消去反应生成低碳烯烃，使得烃池物种能够重新生成并完成催化循环。显然烃池物种与采用的分子筛催化剂类型及反应条件密切相关。本章对 MTO 反应机理将不进行深入介绍，读者可以参考相关文献。

13.1　甲醇制烯烃催化剂

目前已经工业化的 MTO 工艺主要采用 SAPO-34 分子筛催化剂。SAPO-34 分子筛催化的 MTO 反应具有高甲醇转化率、高烯烃选择性、反应速率快、强放热及快速积炭失活等特点。这些特点决定了流化床反应-再生系统是最适合 MTO 工艺的。因此，MTO 流化床催化剂制备包括 SAPO-34 分子筛的合成和流化床催化剂微球喷雾干燥成型。

13.1.1　SAPO-34 分子筛的合成

SAPO-34 分子筛的结构为菱沸石型（CHA），具有由双六元环按照 ABC 方式堆积而成的八元环椭球形笼（CHA 笼）和三维交叉孔道结构，孔径 0.38 nm×0.38 nm，笼大小 1.0 nm×0.67 nm×0.67 nm，属于小孔分子筛。SAPO-34 的骨架由 SiO_4、AlO_4^- 和 PO_4^+ 四面体连接而成，呈负电性，具有质子酸性和可交换的阳离子位置，其骨架组成可在一定范围内变化，一般 $n(Si)<n(P)<n(Al)$。

SAPO-34 分子筛的合成一般采用水热法。合成组分包括铝源、硅源、磷源、模板剂和去离子水。可选作硅源的有硅溶胶、白炭黑和正硅酸酯等，铝源有氢氧化铝、拟薄水铝石和烷氧基铝等；磷源一般采用 85%的磷酸。模板剂是导向合成 SAPO-34 的重要原料，目前可以用于 SAPO-34 合成的常用模板剂包括四乙基氢氧化铵（TEAOH）、吗啉（MOR）、哌啶（piperidine）、异丙胺（i-$PrNH_2$）、三乙胺（TEA）、二乙胺（DEA）、二丙胺（Pr_2NH）、二甲基乙醇胺等及它们的混合物。尽管 SAPO-34 分子筛合成方法多样，但到目前为止，综合操作可行性、安全环保、产品品质、经济性等多方面，水热合成依然是工业化合成分子筛最经典的方法。

工业用 SAPO-34 分子筛具有良好的热稳定性和水热稳定性。例如，以三乙胺为模板剂合成的 SAPO-34 分子筛在 800℃下连续焙烧 300 h 的结晶度与经过 50 h 焙烧相当，仍高于 80%；在 800℃高温下经过 45 h 的水蒸气处理，样品结晶度仍能保持 80%以上，不过更长时间的水热处理会导致晶体结构完全破坏。

SAPO-34 分子筛催化剂在存储和输运时如果长时间暴露在空气中，可能会导致结晶度改变。SAPO-34 分子筛尽管有优良的高温水热稳定性，但是脱除模板剂的 SAPO-34 分子筛在室温下吸附水分将会造成骨架中 Si—OH—Al 键的断裂。如果短期内脱水处理，结晶度和孔结构可以得到恢复，但放置较长时间后，将有可能丧失部分或全部结晶度。SAPO-34 分子筛吸附有机物（如甲醇）或经过反应结碳后，可有效减弱对水的吸附，起到保护分子筛的作用。

MTO 反应是典型的酸催化反应，分子筛在 MTO 反应中催化性能的差异，除了自身骨架拓扑结构的影响外，分子筛的酸性质（包括酸密度、酸强度、酸性位在晶体中的分布等）也有重要的影响。酸性太强或酸中心密度过高会促进氢转移反应的发生，催化剂上积炭速率大而导致快速失活，而酸性太弱则有可能使甲醇不能完全转化，中等强度的酸中心和较低的酸密度有利于提高 MTO 反应产物中乙烯和丙烯的选择性，延长催化剂寿命。Weckhuysen 等利用激光共聚焦荧光显微镜技术对 MTO 反应中分子筛晶粒内的积炭过程进行了原位追踪。他们发现 SAPO-34 分子筛晶粒外表面的部分在 MTO 反应中有着更为重要的作用，大分子的芳烃积炭物种首先形成在近晶粒壳层区域，然后逐渐向内推进，晶体壳层区域的反应通道容易被堵塞导致催化剂失活。这说明 SAPO-34 晶体近壳层区域的硅环境、酸性对 MTO 反应具有更为关键的影响。通常水热合成体系得到的 SAPO-34 分子筛晶粒中的硅分布是不均匀的，表面通常存在着硅富集现象，造成靠近表面的笼结构中酸密度或强度偏高，对 MTO 反应可能产生不利影响。

为了获得具有优良催化性能的 MTO 催化剂，有必要对合成产品中的硅化学环境进行有效控制，使得 SAPO-34 分子筛骨架中的硅环境以 Si（4Al）为主。控制合成凝胶中的硅含量是最为直接的方法，但有时凝胶中的低硅含量会导致杂晶形成。缩短晶化时间也可以实现对硅原子配位环境的调控，即晶化初期合成产品中的硅主要以 Si（4Al）环境存在。氟离子是分子筛合成经常使用的一种矿化剂，它可以同反应凝胶中的硅源和铝源形成络合物，促进原料的溶解和晶核的形成，缩短晶化时间。另外，氟可以通过与铝键合进入分子筛骨架中（氟可以通过焙烧除去）。氟离子体系合成的分子筛结晶度较高，晶体内部缺陷位少，使得分子筛的热稳定性高于无氟体系合成的产品。

SAPO-34 分子筛放大合成是实现催化剂工业生产的重要环节。在明确合成原料、配比、加料顺序和晶化条件的基础上，可以进行分子筛的放大合成。SAPO-34 分子筛的合成过程主要受动力学控制，升温速率的变化有可能改变晶化历程，搅拌效果则会影响物料混合的均匀性，两者都会影响产品的纯度。因此在放大合成过程中，建立和完善合成过程的质量控制体系非常关键，是大规模分子筛合成的保障。此外，依据合成结果可以对晶化时间、模板剂用量等参数进行优化调整，在保证产品催化性能的前提下，提高合成过程的经济性。

13.1.2　流化床微球催化剂的放大制备

MTO 流化床催化剂除了拥有高的甲醇转化率和低碳烯烃选择性外，还必须在粒度分布、磨损指数等方面满足要求，才能保证催化剂在循环流化床中的平稳操作运行，进而获得满意的结果。

催化剂的粒度分布是流化床催化剂的一个重要物性指标。合适的粒度分布有利于催化剂在流化床反应器中保持良好的流化状态，保障装置的平稳操作运行。DMTO 工艺过程的设计，借鉴了工业上成熟的流化催化裂化（FCC）过程工业设计经验，特别是对催化剂的流化性能要求一致，即两者应该具有相似的微球催化剂粒度分布。MTO 催化剂粒径主要集中在 20～120 μm，属于典型的 Geldart A 类颗粒。一般来说，MTO 催化剂中适量细粉的存在对保持良好的流化状态非常重要。但过多的细粉会造成气流夹带损失增加，一方面，导致反应产物发生二次反应的概率增加，造成低碳烯烃选择性降低；另一方面，跑损的细粉不容易被旋风分离器收集，会导致催化剂跑损量增加、污染产品气体。

流化床催化剂的磨损指数是另外一个重要指标。催化剂在流化床中因受气流冲击、颗粒碰撞、颗粒与器壁撞击等带来的磨损和崩碎不可避免，因此与固定床催化剂相比，流化床催化剂需要保证足够的强度。一般在催化剂制备过程中，会用催化剂磨损指数来说明催化剂破碎磨损的难易程度。但是大量的实验和操作经验说明，催化剂的磨损指数在很多情况下不能真实反映出工业过程中催化剂的破碎磨损情况。Hao 等开展不同条件下 DMTO 工业催化剂颗粒的破碎磨损机理研究，发现温度、气速、运行时间等也对催化剂破碎磨损产生很大影响。

流化床微球催化剂的放大制备，主要在离心式喷雾干燥装置上进行。催化剂成型制备从生产流程上分为原料混合打浆、胶磨、喷雾干燥、焙烧、包装保存等。循环胶磨过程是催化剂料浆制备过程中的重要环节，通过胶磨降低料浆中存在的大颗粒，使各物料均匀混合，保证喷雾成型过程的稳定生产。在放大生产初期，要调节喷雾干燥塔的进风量、入口温度、进料量和雾化器转速，以获得满意的喷雾干燥产品。

MTO 催化剂喷雾成型后需要进行高温焙烧才能使强度提高，用于工业反应装置。同时，焙烧可以除去催化剂中含有的可挥发成分（水分、有机物等），使分子筛孔道畅通，催化活性位得以暴露。MTO 催化剂可采用回转窑的焙烧方式。在催化剂喷雾干燥成型放大制备过程中，需要建立严格的质量控制体系。DMTO 催化剂于 2005 年完成工业放大和试生产，2008 年实现了工业生产。表 13-1-1 给出了 DMTO 工业催化剂的物性指标，图 13-1-1 是 DMTO 工业催化剂的扫描电镜照片和粒度分布曲线。可以看出，DMTO 催化剂具有良好的球形度、粒径分布和颗粒密度，与典型的 FCC 催化剂颗粒一致，也属于典型的 Geldart A 类颗粒。这保证了中试、工业性试验和工业应用中催化剂良好的流化性能。

MTO 流化床催化剂以 SAPO-34 分子筛作为活性组分，具有高反应活性、高烯烃选择性、优良的热稳定性和水热稳定性等特点。但是在实际应用中，要严格控制反应原料甲醇及水中微量杂质，特别是碱金属离子的含量。金属离子在长期运行时会沉积在催化剂上，中和分子筛骨架上的酸性位，造成催化剂性能降低。

表 13-1-1　DMTO 工业催化剂物性指标

项目		指标
比表面积/（cm^2/g）		≥180
孔体积/（cm^3/g）		≥0.15
密度/（g/cm^3）	沉降密度	0.6～0.8
	密实堆积密度	0.7～0.9
	颗粒密度	1.5～1.8
	骨架密度	2.2～2.8

续表

项目		指标
磨损指数/（%/h）		≤2
粒度/%	≤20 μm	≤5
	20～40 μm	≤10
	40～80 μm	30～50
	80～110 μm	10～30
	110～150 μm	10～30
	≥150 μm	≤20

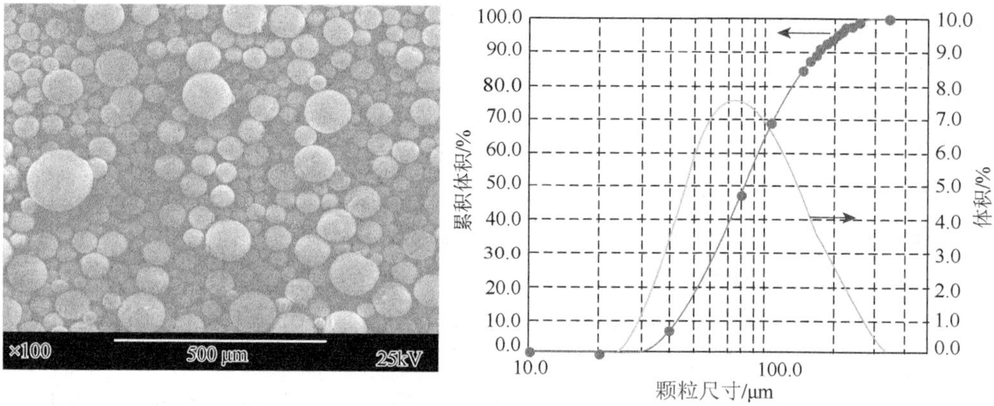

图 13-1-1　DMTO 工业催化剂扫描电镜照片和粒径分布

13.2　甲醇制烯烃反应热力学

MTO 反应热力学研究是 MTO 工艺开发的重要环节之一。MTO 反应热力学计算与反应机理特别是反应网络的确定密切相关。MTO 反应过程原料简单，但是反应过程极其复杂，中间组分和基元反应多，且反应机理还没有认识清楚。这使得 MTO 反应热力学研究非常困难，因此一般采用简化网络。

13.2.1　反应网络确定

MTO 热力学研究首先需要确定反应过程中的反应物、产物及重要的中间产物，而这些反应物和产物的确定与对反应机理的认识密切相关。齐国桢等对基于 SAPO-34 分子筛催化剂的 MTO 过程进行了热力学研究，其中考虑了 H_2、CO、

CO_2、CH_4、C_2H_4、C_2H_6、C_3H_6、C_3H_8、CH_3OCH_3、C_4、C_{5+}、H_2O、CH_3OH 共 13 个组分和 16 个关联反应，其中 4 个主反应，12 个副反应。杨明平和罗娟忽略了中间产物二甲醚及 C_5 以上组分，但是将 C_4 组分进一步细分为烯烃（C_4H_8）和烷烃（C_4H_{10}），得到了 H_2、CO、CO_2、CH_4、C_2H_4、C_2H_6、C_3H_6、C_3H_8、C_4H_8、C_4H_{10}、H_2O、CH_3OH 共 12 个组分。通过原子矩阵分析方法，他们将 12 个组分进一步简化为 9 个独立反应。吴文章等对基于 ZSM-5 分子筛催化剂的甲醇制丙烯反应体系进行了研究。他们考虑到产物中重组分较多，因此使用 24 种组分共 31 个反应并进行热力学分析。Gunawardena 和 Fernando 分析了甲醇在 ZSM-5 分子筛催化剂上的转化反应，使用了包括焦炭在内的共 14 个组分。吴秀章则将 MTO 反应归纳为 27 个反应并进行了热力学分析。Yuan 等在考虑了包含烯烃循环和芳烃循环的 MTO 双环烃池反应机理基础上，提出应该把烯烃烃池和芳烃烃池单独当作两种中间产物考虑，这样的反应网络充分考虑了反应机理。

13.2.2　反应热力学常数

首先将上面建立的 MTO 简化反应网络中的各组分分为反应物和产物。假设其中有 m 种反应物（编号为 $1, 2, 3, \cdots, m$）和 n 种产物（编号为 $m+1$, $m+2$, $m+3, \cdots, m+n$），在温度 T 条件下反应的总摩尔焓变和摩尔熵变分别为

$$\Delta H_T = -\sum_{i=1}^{m} v_i H_{T,i} + \sum_{j=m+1}^{m+n} v_i H_{T,i} \tag{13-2-1}$$

$$\Delta S_T = -\sum_{i=1}^{m} v_i S_{T,i} + \sum_{j=m+1}^{m+n} v_i S_{T,i} \tag{13-2-2}$$

对于沸点低于 298.15 K 的组分 i，在温度 T 条件下其反应焓和摩尔熵为

$$H_{T,i} = H_{298.15,i} + \int_{298.15}^{T} C_{p,i} \mathrm{d}T \tag{13-2-3}$$

$$S_{T,i} = S_{298.15,i} + \int_{298.15}^{T} \frac{C_{p,i}}{T} \mathrm{d}T \tag{13-2-4}$$

其中，$H_{298.15,i}$ 和 $S_{298.15,i}$ 分别为该组分的标准摩尔焓值和标准摩尔熵。如果该组分沸点高于 298.15 K，在温度 T 条件下其反应焓和摩尔熵为

$$H_{T,i} = H_{298.15,i} + C_{p,liq}^{(i)}(T_{0,i} - 298.15) + H_{b,i} + \int_{298.15}^{T} C_{p,i} \mathrm{d}T \tag{13-2-5}$$

$$S_{T,i} = S_{298.15,i} + C_{p,liq}^{(i)}(\ln T_{0,i} - \ln 298.15) + \frac{H_{b,i}}{T_{0,i}} + \int_{T_0}^{T} \frac{C_{p,i}}{T} \mathrm{d}T \tag{13-2-6}$$

其中，$T_{0,i}$ 为该组分的沸点；$H_{b,i}$ 为相变焓。根据式（13-2-1）和式（13-2-2），MTO 反应的吉布斯自由能为

$$\Delta G_T = \Delta H_T - T\Delta S_T \tag{13-2-7}$$

反应平衡常数为

$$K_T = \exp\left(-\frac{\Delta G_T}{RT}\right) \tag{13-2-8}$$

反应平衡常数可在已知反应网络的基础上，联立方程组进行计算。但是由于MTO反应产物比较多，产物之间相互转化导致的反应网络复杂。如果采用平衡常数联立方程组的方法进行热力学平衡组成计算，计算量很大且计算烦琐。一般推荐采用吉布斯自由能最小法来计算平衡常数。对于MTO反应过程中常见各组分的热力学基本数据可以参考文献。齐国桢等计算发现，MTO过程中大多数反应为强放热反应，总反应热在37～53 kJ/mol之间，且大多数反应都可以自发进行。郝西维和张军民考察了甲醇乙烯烷基化反应体系，发现该反应体系主要受动力学控制；适当升高温度有利于烯烃生成，且乙烯和丁烯的生成是丙烯生成反应的阻碍点；在只生成丙烯的极端情况下，为了提高丙烯产率，需要适当降低反应温度，使体系存在最佳反应压力和进料比。

MTO 是一个复杂的反应体系。甲醇或者二甲醚在催化剂上直接分解生成乙烯、丙烯、丁烯等，且低碳烯烃热力学平衡数较高，属于不可逆反应，其主要受动力学限制。同时，烯烃产物之间还存在平衡反应，热力学计算表明，烯烃产物之间的转化反应受到热力学平衡的限制。

13.3 甲醇制烯烃反应动力学

MTO反应动力学是MTO工艺开发的另一个重要环节，可以给出MTO各反应步骤的反应速率控制方程。反应动力学建立也依赖于MTO反应机理的认识。

原子和分子是化学反应的基本单元。因此严格地讲，反应动力学应该是建立在单个原子和分子相互作用层面上，研究处于特定量子态的反应物，通过分子碰撞或散射转变为特定量子态的产物，这就是分子反应动力学。但是分子反应动力学主要研究基元反应，研究对象为单分子或者原子体系，反应速率与温度、浓度、压力等用于描述大量分子运动的宏观统计物理量无关。实际上MTO反应研究都是建立在SAPO-34分子筛晶体内大量原子和分子相互作用基础上。这个尺度远大于单分子尺度，反应速率受大量分子运动的影响。微观反应动力学（micro kinetics）主要用于描述多分子体系中各种统计物理量（包括浓度、温度和压力等）对各基元反应反应速率的影响。严格来讲，微观反应动力学希望得到反应中间产物和基元反应速率，最终确定主要反应路径和反应速率控制步骤。不过微观反应动力学由于涉及的反应网络非常复杂，目前仍然很难直接用于催化反应器设计。在化学反应工程研究中，一般更习惯使用集总反应动力学。集总反应动力学是把复杂的反应网络中各反应物、产物及中间体组分根据重要性和在反应中的动力学特性划分为若干种虚拟的集总组分，通过宏观实验求得这些集总组分间的化学反应动力学参数。集总反应动力学可以将复杂的反应转化关系进行简化，从而便于反应器模拟和设计优化。

13.3.1　微观反应动力学

微观反应动力学由 Dumesic 等首先应用于非均相催化反应。微观反应动力学的建立主要是基于对反应机理的理解，不仅要考虑反应物和产物组分，还要考虑反应过程中不能直接测定的各中间体（正碳离子等）及所发生的各基元反应。相对于分子反应动力学而言，微观反应动力学所描述的反应体系更大；但是相对集总反应动力学而言，其描述的体系仍是微观的。从这个意义上讲，微观反应动力学是一种介尺度的反应动力学。

非均相催化过程中，基元反应的反应速率常数 k 一般可以用 Arrhenius 方程来计算：

$$k = A\exp\left(-\frac{E_a}{RT}\right) \tag{13-3-1}$$

其中，A 是指前因子；E_a 是活化能。为了求取反应速率常数 k，需要计算相应的指前因子和活化能。传统上，一般是通过实验测得某些反应过程的反应速率和反应活化能，进而计算出指前因子，然后将这些结果用于估算相类似反应的指前因子。对于没有同类反应可以参考的反应过程，一般忽略熵变影响，采用频率因子对于不同温度下的指前因子进行估算。对于基元反应活化能的测量则首先需要假定各基元反应都在气相中进行，根据实验测量获得的键能，以及分子、自由基和离子等形成所需能量估算出反应热。然后依据基元反应活化能与反应热之间的经验线性关系（如 Evans-Polanyi 关联式），估算出基元反应的活化能。指前因子和活化能的直接测定过程是非常困难的，且严重依赖于从大量实验中获得的经验关系。过去很长一段时间以来，采用已有的实验数据进行反应速率常数的估算是最重要的方法，微观反应动力学的主要研究手段也多依赖于实验。

随着计算理论化学的发展，特别是密度泛函理论（density functional theory）的迅速发展，基于密度泛函理论的第一性原理计算方法已经成为描述多相催化过程的一个强有力工具。依据能量最小化原则进行构型优化及采用 NEB（nudged elastic band）等方法搜寻基元反应的过渡态，密度泛函理论计算不仅能够直观地描述吸附构型和过渡态结构，更重要的是，它能够提供能量和频率信息，结合统计热力学和过渡态理论，计算出基元反应的指前因子和活化能。目前，通过密度泛函理论计算获得的反应热和活化能相较于实验结果，其误差为 0.1～0.2 eV。

Park 和 Froment 根据 Carbeniumion 机理建立了一个包括 H 转移、甲基化、β-消去等基元反应在内的 MTO 微观反应动力学模型，其中包含了 726 个基元反应和 225 种反应中间体，如图 13-3-1 所示。在该微观反应动力学模型中，MTO 反应过程分为三部分：二甲醚的生成、低碳烃类的生成和高碳烯烃的生成。其中，二甲醚的生成涉及的基元反应包括：

$$\mathrm{MeOH + H^+ \rightleftharpoons MeOH_2^+} \tag{13-3-2}$$

$$\mathrm{MeOH_2^+ \rightleftharpoons R_1^+ + H_2O} \tag{13-3-3}$$

$$\mathrm{R_1^+ + MeOH \rightleftharpoons DMO^+} \tag{13-3-4}$$

$$\mathrm{DMO^+ \rightleftharpoons DME + H^+} \tag{13-3-5}$$

甲烷的生成涉及的基元反应为

$$\mathrm{R_1^+ + MeOH \longrightarrow CH_4 + HCHO + H^+} \tag{13-3-6}$$

低碳烃类生成涉及的基元反应包括：

$$\mathrm{R_1^+ + bs \rightleftharpoons OM + H^+} \tag{13-3-7}$$

$$\mathrm{OM + DMO^+ \longrightarrow R_2^+ + MeOH + bs} \tag{13-3-8}$$

$$\mathrm{R_2^+ \rightleftharpoons O_2 + H^+} \tag{13-3-9}$$

$$\mathrm{OM + DMO^+ \longrightarrow R_3^+ + H_2O + bs} \tag{13-3-10}$$

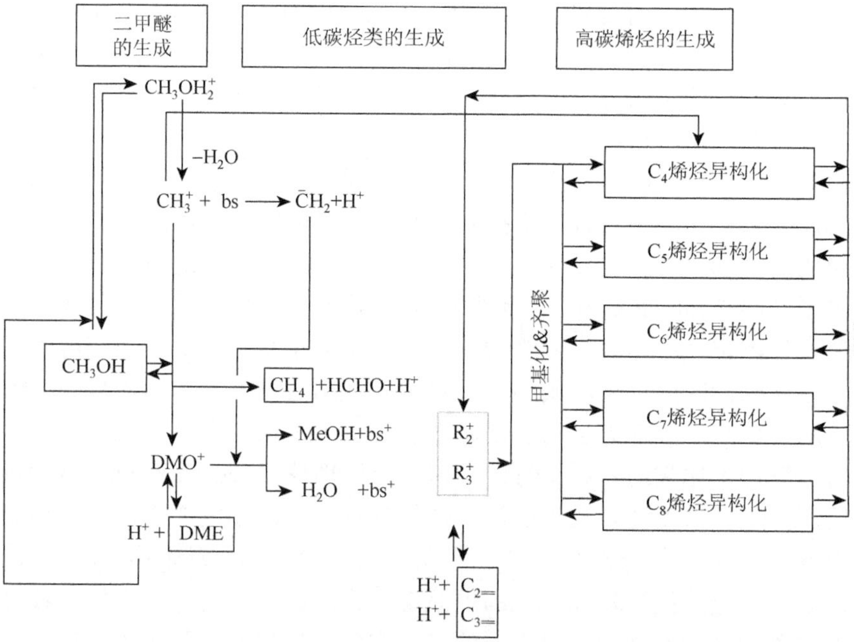

图 13-3-1 MTO 微观反应动力学网络

生成高碳烯烃的反应网络非常复杂，它包含大量的基元反应步骤。一般是通过开发计算程序来自动生成这些复杂的反应网络。Park 和 Froment 应用计算程序生成了 ZSM-5 的 MTO 反应网络。Alwahabi 和 Froment 在 Park 和 Froment 工作基础上研究了在 SAPO-34 分子筛上的 MTO 反应，认为 SAPO-34 的基元反应数目和组分数目与 ZSM-5 相同。他们认为尽管 ZSM-5 中探测到的重组分未在 SAPO-34 的产物中出现，但实际上它们在 SAPO-34 的笼中有所生成并被捕获。因此，基于 ZSM-5 的 MTO 反应网络仍适用于 SAPO-34 动力学模型。表 13-3-1 给出了计算机程序生成的反应网络中基元反应和组分数目。

表 13-3-1　MTO 反应过程中反应和组分数目

组分	数目
烯烃	142
正碳离子	83
总计	225
反应类型	数目
质子化	142
去质子化	142
氢转移	88
甲基转移	42
PCP 歧化	151
甲基化	88
齐聚	52
β 消去	21
总计	726

Alwahabi 和 Froment 给出了各反应速率计算关系式，其中需要计算的反应速率和平衡常数共 253 个。这意味着需要至少 504 个独立参数才能获得反应速率和平衡常数与温度之间的变化关系，这也使得参数数值的计算非常困难，因此需要对参数数目进行缩减。Froment 等引入了“单事件”（single-event）计算方法，其主要思想是：当反应物经过过渡态络合物转化为产物时，从该转变过程标准熵的变化中可以获得结构效应对反应速率的影响。根据过渡态理论，反应速率常数可以表示为

$$k' = \frac{k_B T}{h} \exp\left(\frac{\Delta S^{\neq}}{R}\right) \exp\left(-\frac{\Delta H^{\neq}}{RT}\right) \tag{13-3-11}$$

其中，k_B 是波尔兹曼常数；h 是普朗克常量；$\Delta S^{\neq}$ 是基元反应的标准熵差（指过

渡态络合物与反应物的熵差），$\Delta H^{\neq}$ 是反应的标准焓差（指过渡态络合物与反应物的焓差）。根据统计热力学理论，气体组分的标准熵取决于组分不同的运动状态，如平动、振动和转动等的贡献。其中转动熵可以为两部分：本征（intrinsic）熵 $\tilde{S}^0$ 和分子几何构型的对称性 σ 引起熵变。具体关系如下

$$S = \tilde{S}^0 - R\ln(\sigma) \tag{13-3-12}$$

考虑到手性（chirality）的影响，转动熵可表示为

$$S = \tilde{S}^0 - R\ln(\sigma_{\mathrm{gl}}) = \tilde{S}^0 - R\ln\left(\frac{\sigma}{2^n}\right) \tag{13-3-13}$$

其中，n 为组分手性中心的个数。式（13-3-13）中圆括号内部分称为总对称数（σ_{gl}），它定量表示了组分对称性的贡献。由对称性变化引起的过渡态络合物和反应物的标准熵之差可以表示为

$$\Delta S^{\neq} = S - S^{\neq} = \Delta\tilde{S}^{0\neq} - R\ln\left(\frac{\sigma_{\mathrm{gl}}}{\sigma_{\mathrm{gl}}^{\neq}}\right) \tag{13-3-14}$$

将式（13-3-14）代入过渡态反应速率公式（13-3-11）中，可得

$$k' = \left(\frac{\sigma_{\mathrm{gl}}}{\sigma_{\mathrm{gl}}^{\neq}}\right)\frac{k_{\mathrm{B}}T}{\hbar}\exp\left(\frac{\Delta\tilde{S}^{0\neq}}{R}\right)\exp\left(-\frac{\Delta H^{\neq}}{RT}\right) \tag{13-3-15}$$

则基元反应的速率常数 k' 可表示为单事件反应速率 $\tilde{k}$ 的倍数，即

$$k' = n_{\mathrm{e}}\tilde{k} \tag{13-3-16}$$

其中，n_{e} 表示单事件数，为反应物的总对称数与过渡态络合物的比值。

$$n_{\mathrm{e}} = \frac{\sigma_{\mathrm{gl}}}{\sigma_{\mathrm{gl}}^{\neq}} \tag{13-3-17}$$

显然，一个“单事件”的频率因子与反应物和过渡态络合物结构无关。对于一个给定类型的基元反应，“单事件”的频率因子相同，可以定义为

$$\tilde{A} = \frac{k_{\mathrm{B}}T}{\hbar}\exp\left(\frac{\Delta S^0}{R}\right) \tag{13-3-18}$$

通过引入单事件数，反应物及过渡态络合物因结构不同造成对反应速率的影响被单独分离出来。各组分（如正碳离子）及过渡态络合物的总对称数取决于它们本身的几何构型，可以通过量子化学计算软件（如 MOPAC、GAMESS 和 GAUSSIAN）计算得到。

引进单事件动力学概念可以将反应物构型对基元反应频率因子的影响进行简化。Froment 等为了进一步简化反应动力学参数的数目，还根据 Evans-Polanyi 关系对活化能的计算进行简化。Evans-Polanyi 关系式反映了构型和碳链长度对反应速率常数中标准焓（或活化能）的影响。对于某类型的基元反应（如甲基化反应、

齐聚反应等），基元反应的活化能为

$$E_{\mathrm{a}}(i)=E_{\mathrm{a}}^{0}-\alpha\left|\Delta H_{\mathrm{r}}(i)\right| \text{（放热）} \tag{13-3-19}$$

$$E_{\mathrm{a}}(i)=E_{\mathrm{a}}^{0}+(1-\alpha)\left|\Delta H_{\mathrm{r}}(i)\right| \text{（吸热）} \tag{13-3-20}$$

根据上式，对某一特定反应，标准焓变$\Delta H_{\mathrm{r}}(i)$可通过量子化学软件计算。若该类型基元反应的本征活化能E_{a}^{0}和转移系数α已知，通过以上关系式可直接计算出相同类型的基元反应或单事件反应的活化能。根据 Evans-Polanyi 关系式，每一基元步骤的单事件反应速率常数可以表达为

$$\tilde{k}=\tilde{A}\exp\left(-\frac{E_{\mathrm{a}}}{RT}\right) \tag{13-3-21}$$

其中，$\tilde{A}$为单事件指前因子。对于相同类型的基元反应或单事件反应而言，本征活化能E_{a}^{0}和转移系数α相同。也就是说，对于该类型反应只需要 2 个独立参数来表征焓变对基元反应反应速率的影响。单事件概念和 Evans-Polanyi 关系式的引入极大地缩减了反应速率常数中的参数数目。通过采用热力学限制，并结合单事件动力学方法和 Evans-Polanyi 关系式，最终可以将整个 MTO 反应动力学网络中需要预测的参数降至 30 个。Alwahabi 和 Froment 对固定床 MTO 反应器结果进行了验算，发现单事件微观反应动力学模型能够较好地预测 Marchi 和 Froment（1991 年）的实验结果。

13.3.2　集总反应动力学

微观反应动力学一般用于反应机理研究，也可以用于指导催化剂设计和开发。但由于 MTO 反应的复杂性，直接应用微观反应动力学来进行反应器放大、设计和优化非常困难。在反应器设计过程中，不需要关注所有的中间产物；同时，对于一些微量的产物成分也可以忽略。为此，建立合理的简化集总反应动力学对于反应器设计、放大和优化具有重要意义。

Chen 和 Reagan 在 1979 年提出了一个简化甲醇制烯烃的动力学模型：

$$\mathrm{A}\xrightarrow{k_1}\mathrm{B} \tag{13-3-22}$$

$$\mathrm{A}+\mathrm{B}\xrightarrow{k_2}\mathrm{B} \tag{13-3-23}$$

$$\mathrm{B}\xrightarrow{k_3}\mathrm{D} \tag{13-3-24}$$

其中，A、B 和 D 分别代表甲醇/二甲醚、烯烃和芳烃/烷烃。随后 Chang 根据卡宾机理，在 Chen 和 Reagan 的集总反应动力学中引入了一个中间物种 C，建立了一个新集总动力学模型：

$$\mathrm{A}\xrightarrow{k_1}\mathrm{C} \tag{13-3-25}$$

$$\mathrm{A}+\mathrm{B}\xrightarrow{k_2}\mathrm{B} \tag{13-3-26}$$

$$A+C \xrightarrow{k_3} B \tag{13-3-27}$$

$$B \xrightarrow{k_4} D \tag{13-3-28}$$

Sedran 等比较了前人的甲醇制烯烃模型，开发了 5 集总组分的动力学模型，甲醇首先生成乙烯，再发生甲基化反应生成丁烯，低碳烯烃作为集总组分再生成烷烃和芳烃。该模型能较好地描述低碳烯烃的生成行为。

Bos 等详细地研究了基于 SAPO-34 分子筛催化剂的 MTO 反应。他们考虑了积炭对 MTO 反应的影响。在实验前，他们先让催化剂积上一定量的炭，然后装入反应器进行反应。反应物气体采用脉冲进样，忽略进样所引起的积炭量增加，这样就可以获得在一定条件下积炭催化剂上的反应产物组成。Bos 等据此建立了包含 12 个反应 8 个组分的 MTO 集总反应动力学模型，并采用经验方程式将反应速率常数与催化剂的积炭量关联起来。图 13-3-2 给出了反应动力学的反应网络。该模型可以较好地描述实验结果，但是对于高空速操作，这种积炭量的近似处理方法值得商榷。此外，预积炭催化剂上的反应与实际过程中积炭量达到该积炭值的催化剂反应效果是否一致也存在疑问。

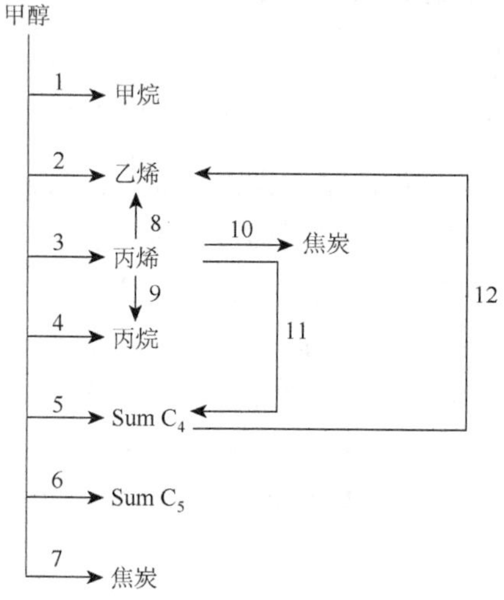

图 13-3-2　Bos 等的集总反应动力学反应网络图

Gayubo 等从 Bos 等的 8 集总模型出发，去除速率较慢的烷烃生成反应，考虑到反应体系中水对催化剂积炭速率的影响，建立了含有 8 个反应的动力学模型。之后，他们进一步忽略了速率常数较小的反应过程，最终获得包括甲醇、乙烯、丙烯、丁烯和其他烃类在内的 5 集总反应动力学模型。在动力学数据的获取上，其采用外推的方法获得反应初始阶段的产物分布。该方法得到的数据并不能反映初始时刻产物的真实组成情况。

Chen 等在使用 SAPO-34 分子筛进行 MTO 反应的动力学研究后认为，产物中少量的副产物 CH_4 来源于表面甲氧基的降解，生成路径与其他产物不同，应该作为单独集总加以考虑。其认为所有的烯烃由 DME 直接生成，但由于催化剂的积炭严重影响 DME 的生成与扩散速率，使得反应过程中 DME 的浓度难以测定，因此也将甲醇与 DME 作为一个集总加以分析。此外，其还认为反应诱导期受晶粒大小、反应温度、反应物浓度等因素影响，时间为 15～30 s，而且忽略该阶段的数据对动力学参数没有显著影响。Chen 等还发现，在催化剂表面存在少量积炭的情况下，乙烯组分的收率高于在新鲜催化剂上的收率，而 C_3～C_6 烯烃组分的收率则有所降低。他们根据这种选择性失活现象，针对 7 个产物集总定义了 7

个不同的失活因子，这些失活因子都是催化剂表面积炭含量 C 的函数。将这些失活因子耦合到集总反应网络中，最终获得由平行反应和连串反应组成的反应动力学模型。

Kaarsholm 等在流化床反应器进行了 MTO 反应动力学的研究，并发现采用甲醇和正己烯作为反应原料在 ZSM-5 催化剂上进行反应时，可得到几乎相同的产物分布。他们提出了包含 15 个产物集总的动力学模型，并认为所有烯烃产物均由较大的烯烃中间体生成，且在反应过程中处于平衡态。

Bos 等提出的 8 集总反应动力学模型能够较好地反映出 MTO 反应的特点，可以用于拟合固定床实验结果。但是 Bos 等对丙烯和 C_{4+} 组分考虑到二次反应会增加反应网络的复杂性，在目前研究条件下并不改善反应产物分布。同时，MTO 反应中最重要的是需要考虑催化剂积炭对反应的影响。Yin 等提出采用简单的平行反应网络，考虑 8 个集总组分：甲醇、甲烷、乙烯、丙烯、丙烷、C_4、C_{5+} 和焦炭。考虑到温度对 CO_2、CO 生成速率的影响和乙烷、丙烷等不一致，他们把 CO_2、CO 当成甲烷集总组分。乙烷和其他没考虑的组分则被当成 C_{5+} 集总组分。图 13-3-3 给出了反应网络图。

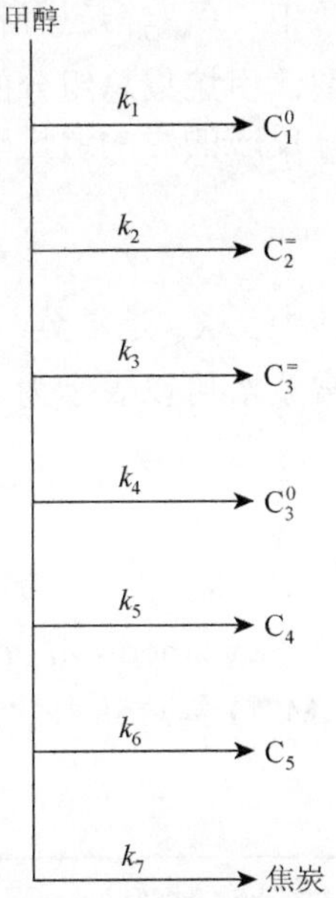

图 13-3-3　DMTO 集总反应动力学反应网络

Yin 等在实验室用工业 DMTO 催化剂进行了反应动力学研究。实验是在内径为 4 mm 的固定床反应器中进行的。固定床内气体流动可以假设为柱塞流，气体各组分的变化可以用式（13-3-29）计算：

$$\frac{\mathrm{d}X_i}{\left(\mathrm{d}W/F_{\mathrm{MeOH}}\right)}=R_i \tag{13-3-29}$$

其中，X_i 是生成气体组分 i 的甲醇转化率；F_{MeOH} 是甲醇气体入口流量；R_i 是气体组分生成速率。对于所有的反应，都假设为甲醇的一级反应：

$$R_{\mathrm{CH_4}}=k_1\theta_W C_{\mathrm{MeOH}}M_W^{(\mathrm{CH_4})} \tag{13-3-30}$$

$$R_{\mathrm{C_2H_4}}=k_2\theta_W C_{\mathrm{MeOH}}M_W^{(\mathrm{C_2H_4})}/2 \tag{13-3-31}$$

$$R_{\mathrm{C_3H_6}}=k_3\theta_W C_{\mathrm{MeOH}}M_W^{(\mathrm{C_3H_6})}/3 \tag{13-3-32}$$

$$R_{\mathrm{C_3H_8}}=k_4\theta_W C_{\mathrm{MeOH}}M_W^{(\mathrm{C_3H_8})}/3 \tag{13-3-33}$$

$$R_{\mathrm{C_4}}=k_5\theta_W C_{\mathrm{MeOH}}M_W^{(\mathrm{C_4})}/4 \tag{13-3-34}$$

$$R_{\mathrm{C_{5+}}}=k_6\theta_W C_{\mathrm{MeOH}}M_W^{(\mathrm{C_{5+}})}/5 \tag{13-3-35}$$

甲醇反应速率为

$$R_{\mathrm{MeOH}}=-(k_1+k_2+k_3+k_4+k_5+k_6)\theta_W C_{\mathrm{MeOH}} M_W^{\mathrm{MeOH}} \tag{13-3-36}$$

水的生成速率为

$$R_{\mathrm{H_2O}}=(k_1+k_2+k_3+k_4+k_5+k_6)\theta_W C_{\mathrm{MeOH}} M_W^{\mathrm{H_2O}} \tag{13-3-37}$$

其中，C_{MeOH} 是甲醇浓度；M_W^i 是摩尔质量；k_i 是相应组分的反应速率常数。为简便，甲烷集总组分的摩尔质量可以用 CH_2 的摩尔质量来代替。反应中，水对各组分反应的影响通过动力学常数 θ_W 来反映：

$$\theta_W=\frac{1}{1+K_W X_W} \tag{13-3-38}$$

其中，K_W 是常数；X_W 是反应中水的质量分数。根据阿伦尼乌斯方程，反应速率常数 k_i 可以表示为

$$k_i=k_{i0}\exp\left[-\frac{E_{\mathrm{a}}}{R}\left(\frac{1}{T}-\frac{1}{723.15}\right)\right] \tag{13-3-39}$$

其中，k_{i0} 是在参考温度 723.15 K 时的反应速率常数。反应动力学常数是通过非线性 Levenberg-Marquardt 方法对实验数据进行拟合获得的。表 13-3-2 为拟合的 DMTO 集总动力学参数。

表 13-3-2　拟合的 DMTO 集总动力学参数

Kinetic 常数/[L/(g cat·min)]	k_{i0}（450℃）	E_{a_i}/（kJ/mol）	Deactivation constant α_i	Water effect
k_1	0.104	117.673	0.060	
k_2	4.930	56.939	0.140	
k_3	7.315	41.884	0.208	
k_4	0.523	13.455	0.203	$\theta_W=\frac{1}{1+K_W X_W}$
k_5	2.598	31.184	0.237	
k_6	1.021	45.767	0.275	
k_7	2.311	53.317	0.310	
K_W	3.053	—	—	

由于 DMTO 反应中催化剂积炭对反应过程中甲醇转化率和烯烃选择性具有很大影响，集总反应动力学中反应速率需要考虑催化剂积炭的影响。Froment 等提出一系列表征催化剂积炭失活的函数。但是研究发现这些函数都不能很好地用于 MTO 反应，特别是不能够精确表征在催化剂失活后甲醇转化率的急剧下降趋势。Nayak 等提出使用下面的公式表征催化剂积炭失活：

$$\phi=\frac{A+1}{A+\exp(B\cdot C_{\mathrm{C}})} \tag{13-3-40}$$

其中，A 和 B 都是常数；C_C 是催化剂含碳量（积炭量和催化剂质量的百分数）。式（13-3-40）可以较好地表示催化剂含碳量达到一定值之后，催化剂活性的快速下降。不过它并不能很好地反映出催化剂含碳量对各种产品组分选择性的影响。为此，Yin 等提出使用下面的公式来表征催化剂的积炭失活：

$$\phi_i = \frac{1}{1 + A\exp[B \cdot (C_C - D)]} \exp(-\alpha_i C_C) \tag{13-3-41}$$

其中，D 表示催化剂临界含碳量。当催化剂含碳量超过临界含碳量的时候，催化剂活性会显著降低，甲醇转化率开始快速下降。为了反映催化剂含碳量对于不同产物成分具有不同选择性，引进了一个参数 α_i，用于表征不同反应受催化剂含碳量的影响程度。固定床反应器中催化剂积炭并不均匀，而是存在一定的空间分布。固定流化床中，由于催化剂颗粒的快速返混，且催化剂在床层中停留时间一样，因此催化剂积炭比较均匀。为了考察催化剂积炭对反应的影响，Yin 等利用微型固定流化床反应器（内径 19 mm，高 350 mm）进行了一系列实验，利用固定流化床的结果来拟合催化剂积炭失活函数。根据固定流化床实验结果，最后拟合得到了失活函数的各个参数，A、B、D 分别为 9、2、7.8。

13.4　甲醇制烯烃反应研究

MTO 工艺技术的发展，需要结合催化剂的特点及相应的催化反应特征，在充分分析与实验研究的基础上开展。MTO 反应是一类新型的涉及含氧 C_1 原料和烃类的反应体系，其反应机理有别于传统的烃类转化机理。利用分子筛催化剂，可以有效地将反应产物限定在低碳烯烃范围。

13.4.1　影响因素

MTO 工艺开发的基础是对 MTO 反应进行深入细致的研究。MTO 反应研究主要在实验室进行，目的是利用定型的催化剂研究影响 MTO 反应的各种因素，为进一步工艺开发奠定基础。在实验室内，一般可以使用微型固定床和流化床来进行催化剂性能评价和反应研究。一般来说，若催化剂失活是由于其达到饱和积炭量而导致的，则二者关于催化剂寿命的评价是可比的，且相同条件下（温度、压力、接触时间等）固定床和流化床反应结果及变化规律也具有可比性。但是，MTO 反应过程中，催化剂积炭对反应状态有较大影响，而且固定床与流化床反应器中 MTO 催化剂积炭行为有较大区别，因此二者的具体反应结果并不相同。Yuan 等最近建立了一套可以用于统一描述 MTO 微型固定床和流化床反应器的数学模型。下面主要介绍 MTO 固定流化床的主要反应结果。

1. 温度的影响

图 13-4-1 和图 13-4-2 是不同反应温度下 MTO 固定流化床中甲醇转化率和低碳烯烃选择性随反应时间的变化关系（甲醇空速 WHSV=1.5 h^{-1}）。低于 370℃，甲醇转化诱导期非常明显。温度越低，诱导期时间越长，在 340℃初始转化率甚至仅有 1%。直到 400℃，催化剂活性稳定时间才大幅度增加，425℃寿命进一步增加。在反应温度 450℃以上时，乙烯/丙烯比例与温度的关系几乎呈线性关系。

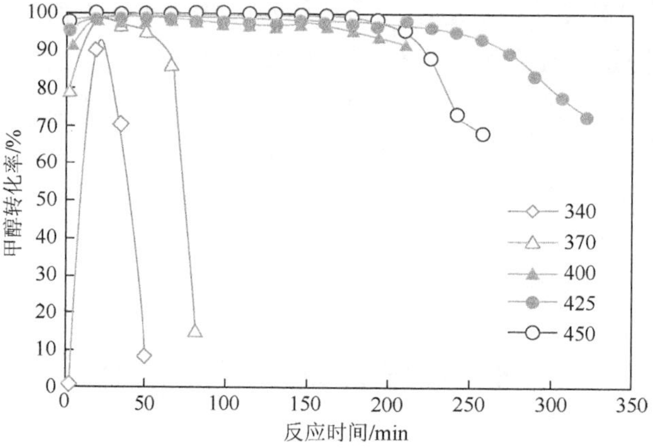

图 13-4-1　不同温度甲醇转化率随反应时间变化关系

固定流化床，甲醇空速 WHSV=1.5 h^{-1}

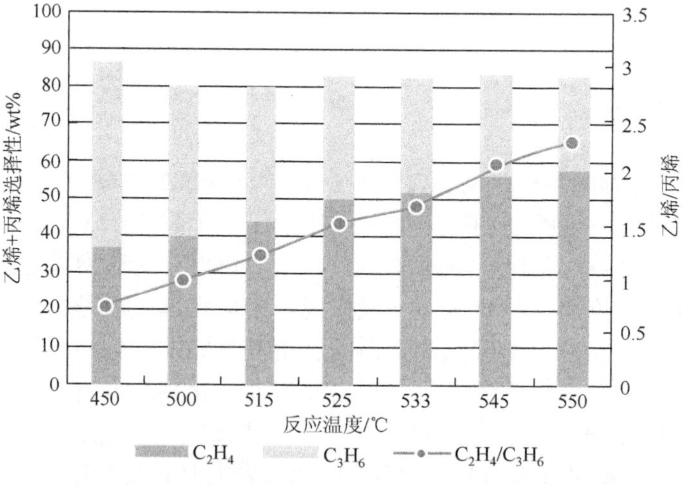

图 13-4-2　反应温度对低碳烯烃选择性和乙烯/丙烯比例影响

WHSV=2 h^{-1}，反应时间=15 min，40%甲醇，甲醇转化率 100%

2. 接触时间/空速

接触时间对 MTO 反应有重要的影响（图 13-4-3）。一般而言，接触时间越短，越有利于低碳烯烃选择性提高。实验研究证实，在 MTO 反应接触时间短至 0.04 s 时仍可以达到 100%的甲醇转化率。较长的接触时间将使副产物增多，低碳烯烃选择性下降，积炭速度增加，催化剂寿命缩短。

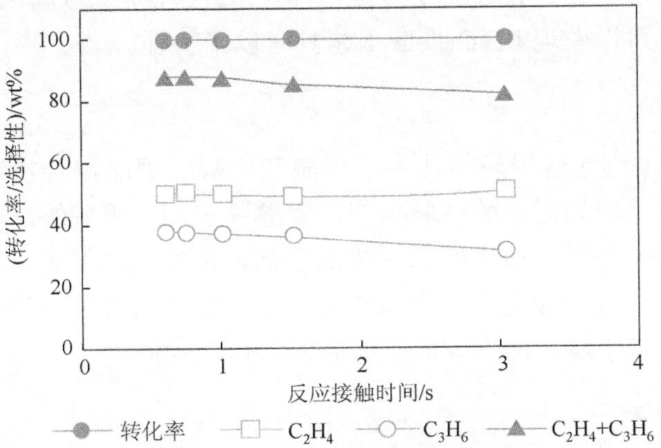

图 13-4-3　反应接触时间的影响

反应时间为 5 min，T=450℃

3. 反应压力

甲醇制烯烃反应原理中，低压有利于低碳烯烃生成。表 13-4-1 给出了不同空速条件下反应压力的影响结果。一般地，压力升高，乙烯选择性降低，丙烯选择性略升高，乙烯＋丙烯选择性降低，C_{4+} 组分选择性升高；同时，乙烯/丙烯比例降低。加压反应由于反应接触时间增加，也会造成副产物烷烃增多，积炭速度增加，催化剂寿命缩短。

表 13-4-1　反应压力的影响（525℃，反应时间=10 min）

甲醇空速	WHSV=4 h^{-1}			WHSV=6 h^{-1}		
反应压力（绝压）/MPa	0.1	0.2	0.3	0.1	0.2	0.3
甲醇转化率/%	99.04	99.43	99.45	96.60	97.01	95.96
选择性/wt%						
C_2H_4	52.02	44.02	43.73	55.72	53.26	48.68
C_3H_6	31.94	36.14	34.83	29.72	33.03	35.99
$C_2H_4+C_3H_6$	83.96	80.17	78.56	85.45	86.29	84.66
C_2H_4/C_3H_6	1.63	1.22	1.26	1.87	1.61	1.35

MTO 反应的影响因素很多，本章只是简单地介绍了三个最重要的参数，即温度、压力和空速。这些影响规律都是在实验室微型固定流化床反应器获取的。应该指出，较好的 MTO 反应动力学中也应该能够反映出这些规律。

13.4.2 甲醇制烯烃反应特征

根据上面的小试结果、MTO 反应热力学、MTO 反应动力学及 SAPO-34 分子筛催化剂特点，可以发现 MTO 反应工艺具有以下特征。

1. 酸性催化

MTO 反应过程包含甲醇转化为二甲醚和甲醇二甲醚混合物转化为烯烃两个反应，两个转化反应均需要酸性催化剂。甲醇脱水制二甲醚的反应在较低温度下（150～350℃）即可发生，而甲醇二甲醚混合物转化生成烃类的反应需要在较高反应温度（＞300℃）下才能进行。通常的无定形固体酸可作甲醇转化的催化剂，容易使甲醇转化为二甲醚，但生成低碳烯烃的选择性较低。

2. 反应诱导期

甲醇在分子筛催化剂上的转化反应存在诱导期。新鲜催化剂上初始转化率总是略低，数分钟后随着积炭增加，转化率才能逐渐增大并且达到稳定。这一特征可以从烃池机理角度解释。新鲜催化剂不含 C—C 键，分子筛内形成分子量较大的烃池物种相对困难，因此存在一段诱导期；但当烃池形成后，由于自催化作用，烯烃产物形成反应得到启动并且加速。

3. 自催化反应

MTO 反应也具有自催化特征。当烃池形成之后，甲醇至烃类反应的主要通道得以贯通，而反应产物中的烯烃反过来又以更快的速度形成新的烃池，使反应呈指数形式得以加速。根据中国科学院大连化学物理研究所的实验研究，在反应接触时间短至 0.04 s 便可以达到 100%的甲醇转化率。从反应机理推测，短的反应接触时间，可以有效地避免烯烃进行二次反应，提高低碳烯烃的选择性。

4. 低压反应

MTO 反应是分子数增加的反应，因此低压有利于提高低碳烯烃尤其是乙烯的选择性。

5. 高转化率

以 SAPO-34 分子筛为催化剂时，在温度高于 400℃时，甲醇或二甲醚很容易完全转化（转化率接近 100%）。

6. 强放热

在 200～300℃，甲醇转化为二甲醚的反应热为–10.9～–10.4 kJ/mol 甲醇，在 400～500℃，甲醇转化为低碳烯烃（乙烯/丙烯=1.6）的反应热为–22.4～–22.1 kJ/mol 甲醇，反应放热效应显著。

7. 形状选择效应

MTO 反应过程中，低碳烯烃的高选择性是通过分子筛的酸性催化作用结合分子筛骨架结构中孔口的限制作用共同实现的。催化剂结焦将造成催化剂的活性降低。但同时孔口限制了大分子烃类的扩散，进而有利于低碳烯烃产物的选择性。所以 SAPO-34 分子筛催化的 MTO 反应，催化剂通常需要烧焦再生以恢复催化剂活性。

很显然，发展 MTO 工艺过程必须充分考虑 MTO 反应的上述特征。

13.5　甲醇制烯烃工艺开发

实验室的小试结果表明 SAPO-34 催化剂具有非常好的催化甲醇转化为低碳烯烃的性能。但是开发一个能够工业化的 MTO 工艺还需要开展反应器研究。如前所述，基于 SAPO-34 分子筛的 MTO 反应过程非常适合采用流化床反应器。流化床的形式多种多样。

13.5.1　固定流化床到循环流化床

MTO 流化床反应器放大的第一步是如何将从实验室固定流化床反应器上取得的数据用于指导循环流化床设计。一般来说，从固定流化床反应器上获得的操作条件影响规律，如操作气速、温度、压力、空速等对反应的影响都比较容易转化到循环流化床的操作中去。较困难的是如何从固定流化床反应结果确定循环流化床的循环量。MTO 固定流化床反应器中，随着反应的进行，虽然在一定时间段内甲醇转化率保持稳定，但积炭反应一直在发生，催化剂上的积炭量逐渐增加，图 13-5-1 是与图 13-5-2 对应的催化剂上积炭量随反应时间的变化关系。固定流化床随反应时间的反应结果也可以转换为随催化剂与甲醇处理量（剂/醇比）的变化关系，如图 13-5-3 所示。从催化反应随反应时间变化和催化剂积炭量变化结果，可以推算出积炭量占甲醇进料量的比例，即积炭产率。从图 13-5-4 可以看出，随反应时间变化，催化剂积炭量在不断增加。可以推算出催化剂上积炭量随时间的变化，即积炭产率。需要指出的是，上述结果和处理，是在非反应-再生循环的条件下催化剂停留时间渐变得到的结果，若考虑反应-再生循环，反应器内必然会存在催化剂停留时间分布（催化剂积炭量分布）问题，这些问题的存在将会使反应结果相应改变。但上述结果原理上是正确的，为固定流化床和循环流化床数据的关联提供了可能。因此，可以根据固定流化床的结果来初步设计循环流化床的循环量。

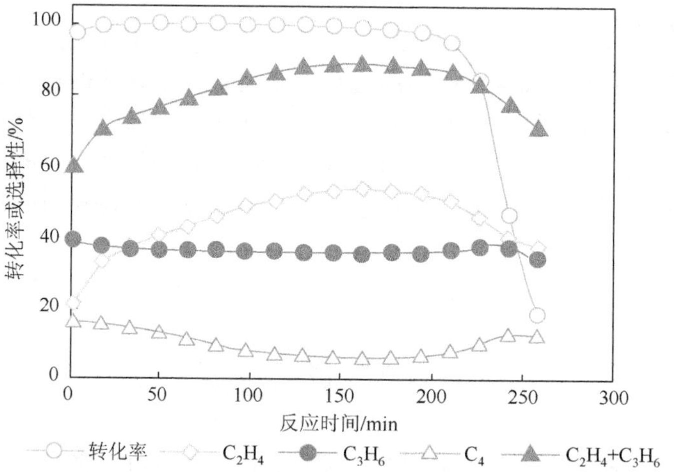

图 13-5-1　甲醇转化率和低碳烯烃选择性随反应时间的变化关系

450℃，甲醇空速 WHSV=1.5 h^{-1}

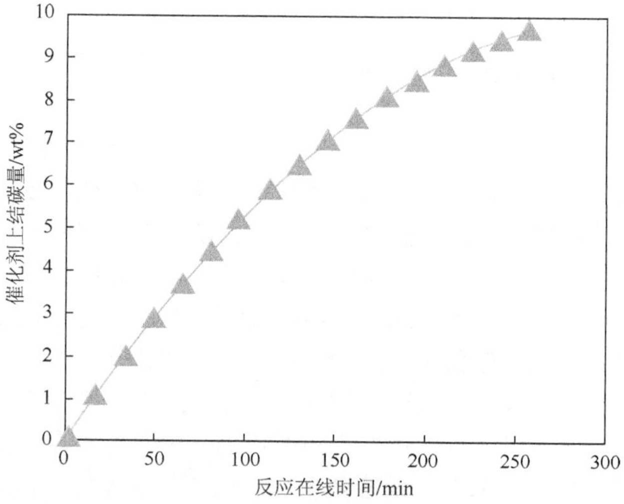

图 13-5-2　MTO 催化剂上积炭量随反应时间的变化关系

450℃，甲醇空速 WHSV=1.5 h^{-1}

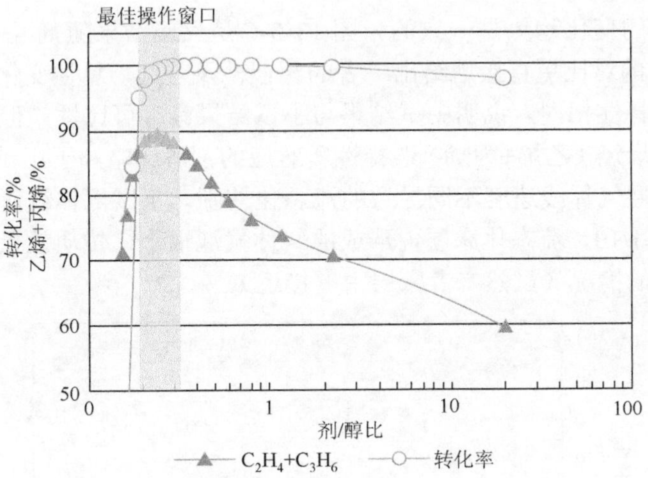

图 13-5-3　甲醇转化率和烯烃选择性随剂/醇比的变化关系

450℃，甲醇空速 WHSV=1.5 h^{-1}

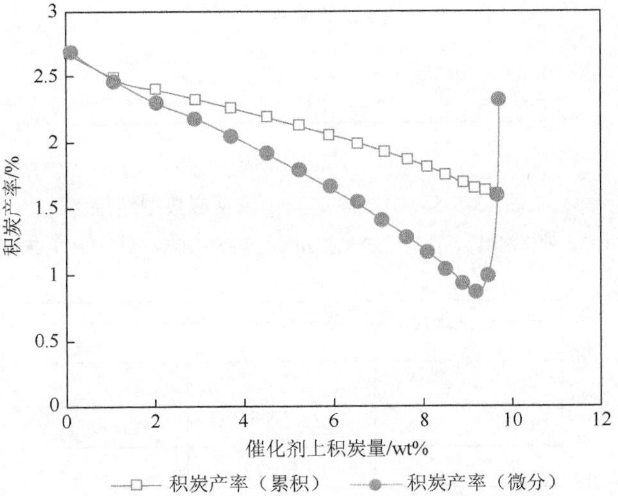

图 13-5-4　MTO 反应积炭产率随积炭量的变化

450℃，甲醇空速 WHSV=1.5 h^{-1}

13.5.2　中试循环流化床反应器

小型中试反应装置一般不必考虑热量平衡问题，热量供给采用电加热方式，反应器和再生器温度可以独立控制和单独操作。在开展中试循环流化床实验之前，可以先进行固定流化床实验，通过相同条件下小试和中试固定流化床反应结果的对比，可建立验证反应装置的可靠性并分析产生差别的原因。图 13-5-5 是中试固定流化床反应转化率和选择性随反应时间的变化关系。对比小试固定流化床结果，可以看出二者的变化趋势是一致的。图 13-5-6 是反应结果随剂/醇比的变化，与图 13-5-4 结果的对比更直接地给出二者的相似性及差别，总体变化规律一致，低碳烯烃最佳选择性相同，说明中试结果与小试结果具有可比性；但中试催化剂寿命和最佳低碳烯烃（乙烯+丙烯）选择性所对应的剂醇比略高于小试结果，可能的原因是二者床层气体线速度不同导致的流态化差别，小试气体线速度只有中试气体线速度的约 1/10，流态化床层内形成的气体气泡很小，传质效果好于中试床层内气泡较大时的情况（虽然二者床层密度接近）。

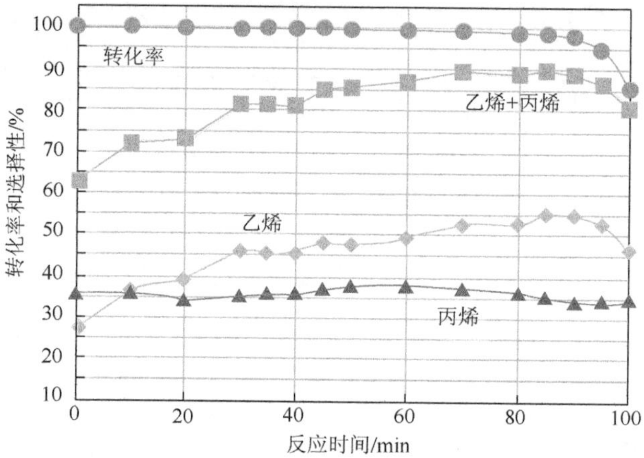

图 13-5-5　中试固定流化床反应典型结果

反应温度 460～470℃，催化剂 1kg，原料甲醇含水 20%，甲醇空速 WHSV=2 h^{-1}，床层线速度约 25 cm/s

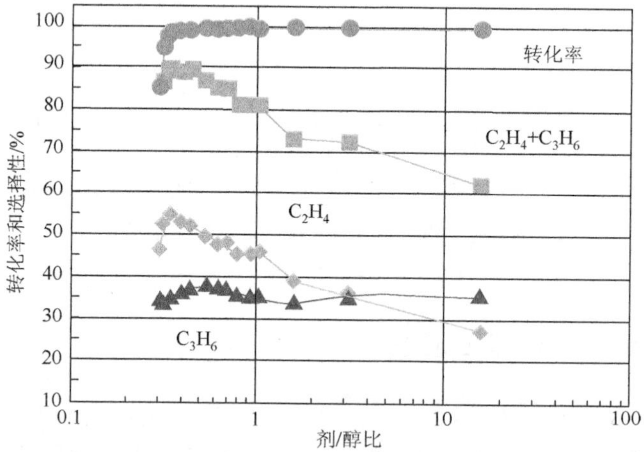

图 13-5-6　中试固定流化床反应结果随剂/醇比变化关系

反应温度 460～470℃，催化剂 1 kg，原料甲醇含水 20%，甲醇空速 WHSV=2 h^{-1}，床层线速度约 25 cm/s

在完成了中试固定流化床实验验证后，可以开展循环流化床实验，在连续反应-再生的条件下对影响反应和再生的各种操作条件进行了系统的考察。一般首先需要考察循环量的影响。图 13-5-7 是在保持其他条件（温度、空速等）不变的情况下，单独调节催化剂循环量，考察催化剂在床层平均停留时间影响的结果。与不循环时固定流化床不同，催化剂循环将使催化剂在床层的停留时间产生分布，在同一时刻，可以在床层找到不同反应时间的催化剂，反应结果是这些不同催化剂的总体结果。但与固定流化床反应相比，选择性与催化剂平均停留时间的关系与前者相似，即催化剂平均停留时间越长，低碳烯烃选择性越高，二者几乎呈线性关系。循环流化床反应与固定流化床反应的主要差别是，在保持甲醇完全转化的前提下，催化剂在循环状态平均停留时间可以更长。图 13-5-8 是剂醇比与低碳

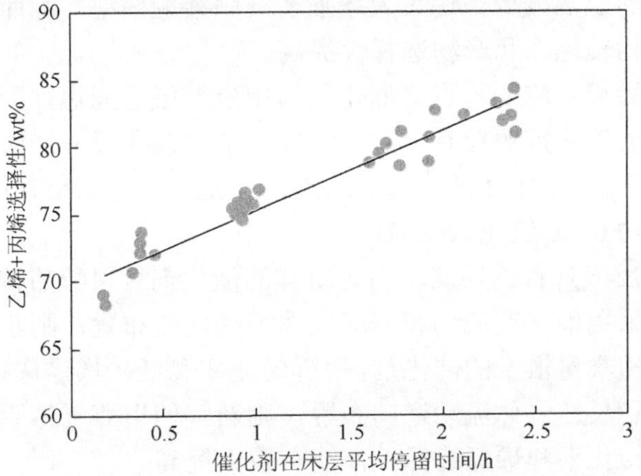

图 13-5-7　催化剂在床层平均停留时间对低碳烯烃选择性的影响

催化剂 1 kg，反应温度 500℃，650℃再生，原料甲醇含水 20%，甲醇空速 WHSV=2 h^{-1}，反应接触时间 1.3 s，甲醇转化率约 100%

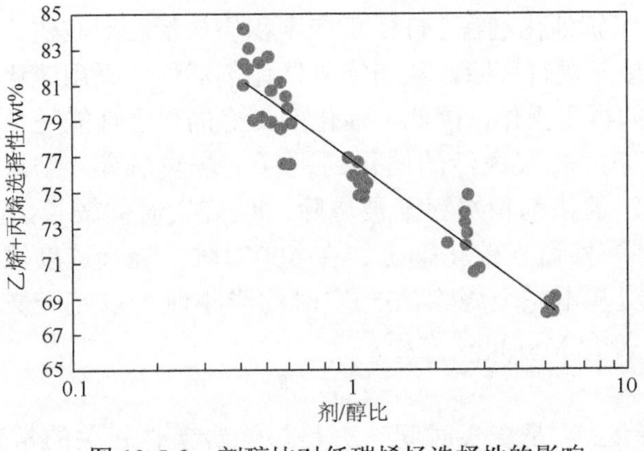

图 13-5-8　剂醇比对低碳烯烃选择性的影响

催化剂 1 kg，反应温度 500℃，650℃再生，原料甲醇含水 20%，甲醇空速 WHSV=2 h^{-1}，反应接触时间 1.3 s，甲醇转化率约 100%

烯烃选择性的关系。随着剂/醇比的降低，催化剂在床层停留时间延长，低碳烯烃选择性升高。虽然有催化剂停留时间分布的影响，但二者变化规律是一致的。

13.5.3　甲醇制低碳烯烃流化床反应器选择

根据 DMTO 催化剂性能和反应特征，确定了流化床反应-再生的型式，其中反应器采用湍动流化床反应器。湍动流态化是介于鼓泡与快速流态化之间的一种流化状态。对于 Geldart A 类颗粒，当气速在 0.6～1.2 m/s 之间时，流化床操作在湍动流化床区间。由于气速较大，湍动流化床稀相中的颗粒含量及乳相中的气体含量增加，气体的返混减少。这大大增强了气固接触效率，因而可以使湍动流化床反应器中反应物转化率和产物选择性提高。

根据甲醇制烯烃反应的特点，催化剂与甲醇接触时间短，因此要求床层高度较低；同时为保证催化剂颗粒有一定的积炭，催化剂在反应器内的停留时间需要足够长，为此反应器内催化剂藏量要求足够多。这决定了 DMTO 反应器为大直径浅床层（高径比约 0.3）流化床反应器。

由于 MTO 反应具有诱导期，因此新鲜的催化剂对甲醇的转化能力没有积炭催化剂强。如果采用催化剂流动和反应气体流动同向布置，则新鲜的甲醇气体首先接触到刚再生积炭量很少的催化剂，甲醇转化率和低碳烯烃选择性都受到影响。采用催化剂流动和反应气体流动逆向布置，则新鲜的甲醇气体原料会先和积炭催化剂接触，甲醇转化率和烯烃选择性都能有较大提高。

13.5.4　甲醇制烯烃催化剂再生

SAPO-34 分子筛催化剂在 MTO 反应中积炭失活相对较快。催化剂上的积炭可以通过与空气接触进行烧除，从而恢复催化剂活性。采用流化床反应方式时需要对其进行频繁的再生操作，因此，催化剂良好的再生性能是必要条件。

在不同温度下对积炭失活的催化剂进行了烧炭研究，结果如图 13-5-9 所示。在 550℃时，催化剂积炭逐渐被烧除，但烧炭时间较长，直到 2 h 仍有部分积炭（约 0.9%）残留在催化剂上。在 600℃时，烧炭速度比 550℃快得多，在大约 1 h 后积炭基本完全烧除。650℃时约半小时可以完全烧除积炭。烧炭失重随时间的变化符合 Voorhies 方程：

$$C_{\mathrm{d}}=At^{b}$$

其中，C_{d} 是烧炭量；t 是烧炭时间；A 是与烧炭条件相关的常数。对该方程进行微分处理，可以得到烧炭速率方程。其形式为

$$\mathrm{d}C_{\mathrm{d}}/\mathrm{d}t=(A\times b)t^{b-1} \qquad (13\text{-}5\text{-}1)$$

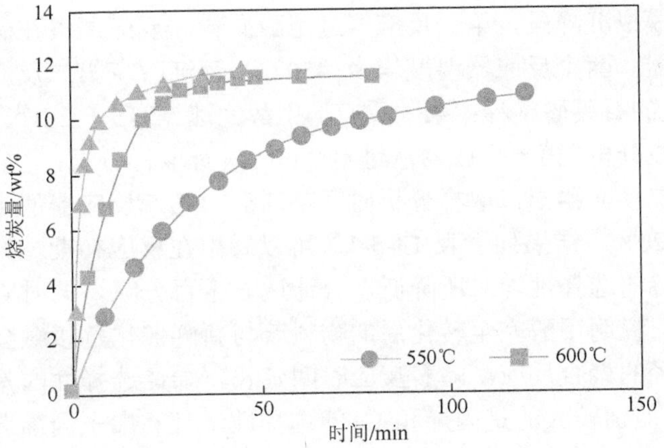

图 13-5-9　电子天平检测催化剂烧炭过程质量变化（全空气烧炭）

催化剂的烧炭过程一般分为两种极端的情况：氧浓度控制的燃烧过程和燃烧速度控制的烧炭过程。前者一般用于固定床催化剂再生工艺，通过调节再生气氛中的氧含量控制再生速度，防止催化剂过热；而后者通常用于流化反应催化剂再生过程，再生也采用流化方式，由于流化床特有的传热能力，不必担心床层飞温，可通过调节床层温度和时间达到再生目的。关于 SAPO-34 分子筛催化剂在 MTO 反应中的积炭研究证实，分子筛上的积炭首先发生在晶粒的边角部位，然后在晶粒内部形成“烃池”（积炭前驱物）。但是，关于催化剂烧炭的机理报道并不多，目前还不清楚烧炭是否遵循从晶粒外表面到内表面再到内核的顺序，还是晶粒内、外表面同时发生的机理，需要更多深入的研究。

13.5.5　甲醇制烯烃过程副反应

除了与反应机理和反应条件相关的副反应外，有些副反应是与工艺密切相关的。例如，采用流化反应方式，就存在气体产物与催化剂的气-固分离问题。实验室的小型装置可以加设过滤器进行解决，但通常的大型装置设计采用反应器上部设置沉降段，内设旋风分离器加以解决。沉降段的体积一般比反应器大得多，催化剂在沉降段的密度虽然较低，但其总量足可以与反应器内的催化剂量具有可比性，相当于催化剂床层藏量的约 20%，且沉降器内气体物流线速度比反应器内低得多（便于沉降），沉降器内的温度则与反应床层温度相当，从反应床层产生的产物气体难以避免地再次与沉降器内的高温催化剂以很长的接触时间（约为反应床层接触时间的 20 倍）再次发生反应，造成额外的副反应。忽略了这些因素，可能造成小型反应装置的结果与大型反应器结果的巨大差别。

为了预先评估这一类副反应的严重程度，设计了两级串联的反应，前者模拟反应器，后者模拟沉降段。第一反应器进甲醇原料，反应尾气在保温状态下直接引入第二反应器。两个反应器温度均为 450℃，逐渐改变第二反应器催化剂装量并以 33 倍质量的石英砂稀释；第一反应器甲醇空速 WHSV=2 h^{-1}。每个反应器均在线进行全组成分析，第一反应器从进料 2 min 进行取样分析，之后每隔约 10 min 分析一次；第二反应器出口取样分析时间略滞后。第二反应器催化剂量相当于第一反应器量的 20%。结果列于表 13-5-1。可以看出在反应初期，经过第二反应器后，乙烯、丙烯的选择性均有所降低，合计达 6 个百分点，同时 C_4 和 C_{5+} 的选择性均有所增加，说明甲醇完全转化后的物料若与新鲜催化剂接触会引起小分子烯烃向大分子烯烃的聚合反应。随着反应时间延长，烯烃选择性的差别逐渐缩小，到 50 min 时，差别较大的是丙烯和 C_4 的选择性，且乙烯＋丙烯选择性仍低于第一个反应器约 4 个百分点。这些结果说明，沉降器内的催化剂确实对反应器产生的产物有进一步转化、降低低碳烯烃选择性的作用。DMTO 工艺选择高的积炭量为操作窗口，在保障甲醇完全转化的前提下尽量维持较低的催化剂活性，可以使沉降器引起的副反应在一定程度上得到抑制。这些原理性的实验及结论对工业装置操作条件的选择也是有意义的。

表 13-5-1　两反应器串联模拟试验结果

产物	产物分布（450℃）/wt%													
	反应时间（第一反应器）/min							反应时间（第二反应器）/min						
	2	10	20	30	40	50	60	5	10	20	30	40	50	60
CH_4	1.4	1.83	2.24	1.83	1.83	2.11	2.09	1.65	1.95	1.87	1.84	2.03	2.12	2.19
C_2H_4	44.72	41.42	42.91	42.63	42.82	43.91	43.62	42.07	42.67	42.99	43.77	43.87	44.42	44.45
C_2H_6	0.3	0.3	0.48	0.3	0.3	0.33	0.32	0.3	0.33	0.33	0.33	0.33	0.35	0.35
C_3H_6	41.11	41.15	38.58	40.85	41.28	40.61	40.69	37.68	35.63	37.11	38.42	39.08	36.79	36.83
C_3H_8	0.97	1.32	1.85	1.23	1.18	1.18	1.18	1.25	1.53	1.43	1.36	1.25	1.33	1.35
DME	0	0	0	0	0	0	0.16	0	0	0	0	0	0	0
MeOH	0	0	0	0	0	0	0.06	0	0	0	0	0	0	0
C_4	8.89	10.58	10.72	10.26	10.1	9.55	9.55	12.57	13.6	12.73	11.58	10.57	11.73	11.63
C_{5+}	2.61	3.4	3.22	2.9	2.49	2.31	2.33	4.48	4.29	3.54	2.7	2.87	3.26	3.2
合计	100	100	100	100	100	100	100	100	100.00	100	100	100	100	100
$C_2^= + C_3^=$	85.83	82.56	81.49	83.49	84.09	84.52	84.5	79.74	78.38	80.1	82.19	82.95	81.2	81.28

注：两个反应器温度均为 450℃，第二反应器催化剂装量为第一反应器的 20%，并以 33 倍质量的石英砂稀释；对第一反应器 WHSV=2 h^{-1}。

13.6　甲醇制低碳烯烃工艺

13.6.1　甲醇制低碳烯烃工艺流程

图 13-6-1 是 DMTO 工艺的流程简图。DMTO 工业装置主要由原料预热、反应再生、产品急冷水洗及预分离、污水汽提、主风机、蒸汽发生等六大部分组成。

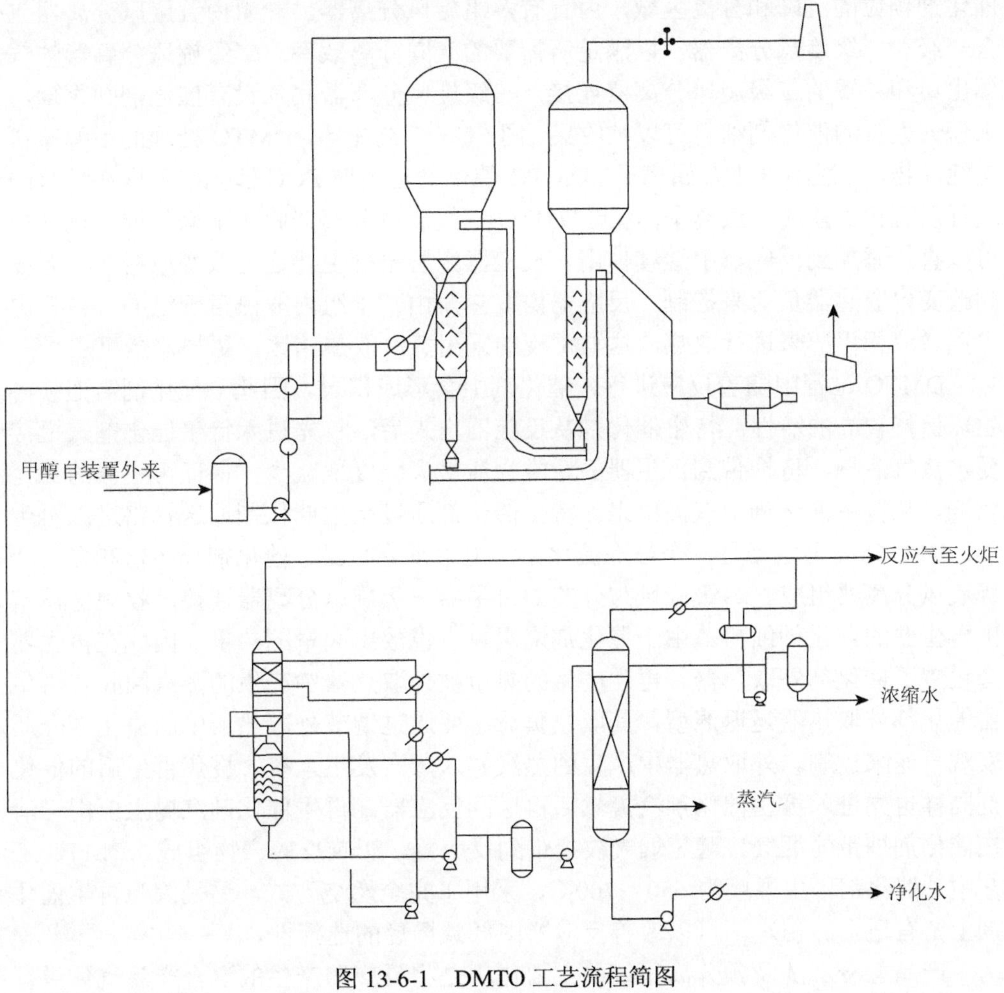

图 13-6-1　DMTO 工艺流程简图

原料预热系统主要是将液体甲醇原料按要求加热至 250℃左右，以气相形式进入反应器。来自甲醇装置的甲醇与汽提后的水进行换热，在中间冷凝器中部汽化后进入进料闪蒸罐，然后进入汽化器汽化，并用蒸汽过热后送入 DMTO 流化床反应器。反应器出口物料经冷却后送入急冷塔。闪蒸罐底部少量含水物料进入氧化物汽提塔中。一些残留的甲醇被汽提返回到进料闪蒸罐。由于在原料甲醇中可能存在重组分有机物，DMTO 装置的甲醇原料预热系统充分考虑了微量有机物质的累积排放问题。

反应-再生系统是 DMTO 装置的核心部分，包括反应器和再生器。DMTO 的反应器是湍动流化床设计，反应实际在反应器下部的密相区域发生。此部分由进料分布器、催化剂入口分布器及内取热管组成。反应器的上部主要是产品气体和催化剂颗粒的沉降和分离区域，内置有多组旋风分离器。一组内置旋风分离器包含一级和二级旋风分离器，以满足所需要的气固分离效率。二级旋风分离器的气体出口和外置的三级旋风分离器连接，三级旋风分离器底部设有催化剂回收罐，来保证大量的催化剂细粉可以被收集。同 FCC 工艺相比，DMTO 处理的甲醇原料是纯净物，一般不含重金属离子。DMTO 催化剂也不像 FCC 催化剂那样在长时间运行后沉积大量的金属离子。因此 DMTO 三级旋风分离器收集下来的催化剂细粉可以直接添加到反应器中继续使用。反应器床层温度主要通过改变原料入口温度和改变内取热器负荷来控制。反应器内取热器由若干组内取热盘管组成，盘管内可以通液相甲醇来进行取热。这与常规的采用蒸汽取热相比，更加安全可靠。

DMTO 过程中随着反应进行，催化剂上会形成积炭。因此，催化剂需连续再生以保持较高的活性。待生催化剂从反应器出来后，首先进入待生催化剂汽提接受水蒸气清扫，将携带到再生器的烃类物质最大限度地减少，保证再生器的稳定燃烧，从待生催化剂中汽提出来。待生催化剂通过待生催化剂输送管路进入再生器。DMTO 的再生器是一个鼓泡流化床，由主风分布器、催化剂分布器和多组两级旋风分离器组成。二级旋风与外置的再生器三级旋风分离器连接，收集被携带出再生器的催化剂细粉。由于催化剂烧炭再生也放出大量的热量，因此在再生器旁设置了催化剂外取热器。再生产生的热量被外取热器中产生的蒸汽回收。再生器催化剂外取热器是返混型，其取热负荷主要通过调节外取热器中的流化床介质表观气速来控制。外取热器中产生的蒸汽并入蒸汽发生系统。烧焦再生后的催化剂同样也先进入再生催化剂汽提然后再送回反应器。再生催化剂汽提主要用于清扫催化剂携带的烟气，避免烟气被携带到反应器，影响反应产物组成。DMTO 工艺中，催化剂再生温度为 650～700℃，采用不完全燃烧方式。这是因为再生催化剂上留有适当的积炭，可以改善反应器中低碳烯烃的选择性。

产品急冷水洗及预分离系统的主要作用是将反应器产生的混合产品气体进行冷却。并且通过急冷洗涤产品气中携带的催化剂细粉和有机杂质，通过水洗将产品混合气中的大部分水进行分离。混合产品气和进料甲醇蒸气换热后进入急冷塔。急冷塔中设有多层挡板，产品气从急冷塔底进入与急冷水逆流接触进行冷却。产品气携带的催化剂细粉经洗涤沉淀在急冷塔中。水是 DMTO 反应的产物之一，甲醇进料中的大部分氧转化为水。DMTO 反应产物中会含有极少量的酸类物质，冷凝后回流到急冷塔。为了中和这些酸类物质，在回流中注入少量的碱（氢氧化钠）。为了控制回流中的固体含量，由急冷塔底抽出废水，送到界区外的水处理装置。急冷后的产品气随后从急冷塔顶进入水洗塔底，通过进一步冷却将产品气中大部分水蒸气冷凝。水洗塔内有隔油装置用于分离产品气中微量的芳烃物质。

污水汽提系统主要是对由产品急冷水洗及预分离系统分离出的污水进行提浓，回收未转化的甲醇和二甲醚及微量的醛酮等含氧化合物，保证整个装置外排水符合环保要求。

主风机系统包括再生空气主风机和开工加热炉。主风机是为再生器烧焦提供需要的空气而设置的，一般采用离心式压缩机，并配电动机和增速齿轮箱及相应的传动轴系。此外，还配有相应的润滑油站、工艺管道系统，以及仪表检测和控制系统。开工加热炉只在开工时使用，以将再生器的温度提高到正常操作温度。

蒸汽发生系统则是对装置内所有可发生蒸汽的热能进行利用，提高系统的能量利用效率。DMTO 工艺中，反应器内取热盘管、再生器外取热器、CO 焚烧炉、余热锅炉等均涉及蒸汽发生。由于 DMTO 采用不完全再生方式，来自再生器的烟气中还含有一定量的 CO 气体。CO 焚烧炉将把烟气中的 CO 完全燃烧，产生高压蒸气，回收热量。从 CO 焚烧炉出来的废气携带的热量进一步在余热锅炉中得到应用，可以最大限度地降低能量损耗。

13.6.2　甲醇制低碳烯烃工艺设备

1. 甲醇转化反应器

甲醇转化反应器的设计充分考虑了 DMTO 反应催化剂停留时间长、气固接触时间短的特点，采用了大型浅层（高径比约 0.3）密相流化床。反应器操作气速约为 1 m/s，属于湍动流化床范围。反应器除了甲醇分布器和旋风分离器外，不需设置任何内构件，最大限度地提高了反应器运行的可靠性。同时，针对 Geldart A 类颗粒的大型浅层流化床是工程设计中的难题。中石化洛阳工程有限公司克服了气体穿透及气固均匀分布等难题，成功将大型浅层流化床应用于 1.80 Mt/a 的 DMTO 工业装置，也证明了我国在大型工业流化床反应器设计方面的领先地位。

DMTO 反应器包括进料分布器，密相反应段和沉降段等部分。汽化后的原料上行经分布器进入处于密相流化状态的反应区与催化剂接触并立即发生反应，反应产物气体继续上行并在沉降段降低线速度，通过旋风分离器完成气固分离后进入后续的急冷、水洗处理工序。DMTO 密相反应区的催化剂密度在 200～400 kg/m^3

之间。密相区的催化剂连续下行进入汽提段，经高效汽提脱除催化剂吸附的反应产物后利用空气输送并提升至再生器烧焦再生。DMTO 反应器可以实现较大的反应空速，同时对反应原料适应性较强，可以直接采用粗甲醇作原料。

2. DMTO 再生器

DMTO 技术中，系统的生焦率较低，因此再生器尺寸相对较小。再生器也采用密相流化床设计，操作在鼓泡流化床范围。除了主风分布器和旋风分离器外，再生器内也不需设置任何内构件，最大限度地提高了运行的可靠性。为了灵活调节再生温度，解决再生和反应都放热的矛盾，再生器还设计有外取热器。

甲醇转化为低碳烯烃的反应，在以分子筛为催化剂时不能避免结焦的产生。催化剂结焦到一定程度后催化剂活性会降低，需要及时烧焦以恢复其活性和选择性，但适度控制催化剂表面的焦炭含量在一定程度上还可以改善低碳烯烃选择性，降低反应的焦炭产率。因此，DMTO 技术采用不完全再生方式，通过调节再生器的操作条件，可以调节催化剂含碳量，进行工艺优化。同时，为了避免氮氧化物的生成，DMTO 技术中催化剂再生温度一般约为 650℃。

3. DMTO 汽提器

鉴于 DMTO 技术生产的低碳烯烃只是中间产品，需要进一步加工才能成为最终产品，应尽可能控制低碳烯烃产品中的杂质（尤其是重要的杂质）含量，以降低下游加工前的净化成本。因此，DMTO 技术对催化剂循环过程中的脱气效率有较高的要求。DMTO 工业装置中汽提装置经过特殊设计，脱气效率在 90%以上，可以满足要求。

4. 急冷水洗塔

DMTO 反应气通过急冷塔和水洗塔后，可脱除部分含氧化合物。含氧化合物脱除的效率与急冷塔和水洗塔的操作条件，如温度、压力、急冷水和水洗水的用量等密切相关。同时，含氧化合物的洗脱效率与急冷水洗塔的具体设计形式、操作条件（如温度、压力、水量等）有密切关系。操作条件变化时，洗脱效率也会发生改变。DMTO 工业性实验结果表明，在合适的操作条件下，急冷水洗塔对产品气中各类含氧化合物的脱除效率可以达到 96%～99%。

参 考 文 献

国家发展和改革委员会. 2006. 煤化工产业中长期发展规划（征求意见稿）.

郝西维，张军民. 2010. 甲醇乙烯烷基化反应体系热力学分析. 化学工程，38（11）：64-67.

刘红星，谢在库，张成芳，等. 2002. 甲醇制烯烃（MTO）研究新进展. 天然气化工，27：49-56.

刘中民，等. 2006. 甲醇制低碳烯烃（DMTO）技术及工业性试验鉴定报告（内部资料）.

齐国祯，谢在库，钟思青，等. 2005. 甲醇制低碳烯烃反应热力学研究. 石油与天然气化工，34（5）：349-353.

佟俊鹏. 2006. MTO 技术工业化可行性分析. 化工科技，14：66-70.

魏飞，高雷，罗国华等. 2001. 一种由甲醇或二甲醚生产低碳烯烃的工艺方法及其系统. 中国专利，CN1356299.

吴文章，郭文瑶，肖文德，等. 2011. 甲醇制丙烯反应的热力学研究. 石油化工，40（5）：499-505.

吴秀章. 2014. 煤制低碳烯烃工艺与工程. 北京：化学工业出版社.

杨明平，罗娟. 2008. 甲醇制低碳烯烃反应体系的热力学计算与分析. 煤化工，3：44-48.

赵毓璋，景振华. 1999. 甲醇制烯烃催化剂及工艺新进展. 石油炼制与化工，30：23-28.

朱贻安，周兴贵，袁渭康. 2014. 多相催化微观动力学与催化剂理性设计. 化学反应工程与工艺，30（3）：205-211.

Abraha M. 2001. Methanol to Olefins：Enhancing Selectivity to Ethylene and Propylene Using SAPO-34 and Modified SAPO-34. Texas A&M University.

Alwahabi S M，Froment G F. 2004. Single event kinetic modeling of the methanol-to-olefins process on SAPO-34. Industrial and Engineering Chemistry Research，43（17）：5098-5111.

Alwahabi S M. 2003. Conversion of methanol to olefins on SAPO-34 kinetic modeling and reactor design. Texas A&M University.

Baltanas M A，van Raemdock K K，Froment G F，et al. 1989. Fundamental kinetic modeling of hydroisomerization and hydrocracking on Noble-metal loaded faujasites. Industrial and Engineering Chemistry Research，28（7）：899-910.

Bos A N R，Tromp P J J，Akse H N. 1995. Conversion of methanol to lower olefins. Kinetic modeling，reactor simulation，and selection. Industrial and Engineering Chemistry Research，34（11）：3808-3816.

Campbell C T. 1994. Micro-and macro-kinetics：their relationship in heterogeneous catalysis. Topics in Catalysis，（1）：353-366.

Chang C D. 1980. A kinetic model for methanol conversion to hydrocarbons. Chemical Engineering Science，35（3）：619-622.

Chen D，Grønvold A，Moljord K，et al. 2007. Methanol conversion to light olefins over SAPO-34：Reaction network and deactivation kinetics. Industrial and Engineering Chemistry Research，46（12）：4116-4123.

Chen D，Rebo H P，Moljord K，et al. 1997. The role of coke deposition in the conversion of methanol to olefins over SAPO-34. Studies in Surface Science and Catalysis，111：159-166.

Chen N Y，Reagan W J. 1979. Evidence of autocatalysis in methanol to hydrocarbon reactions over zeolite catalysts. Journal of Catalysis，59（1）：123-129.

Coute N P，Kuechler K H，Chisholm P N，et al. 2004，Process for making olefins. US patent 6673978.

Dumesic J A，Rudd D F，Aparicio L M，et al. 1993. The Microkinetics of Heterogeneous Catalysis. Washington DC：Journal of American Chemical Society.

Froment G F，Bischoff K B，De Wilde J. 2010. Chemical Reactor Analysis and Design. 3rd ed. New York：John Wiley and Sons Inc.

Gayubo A G，Aguayo A T，Alonso A，et al. 2005. Reaction scheme and kinetic modelling for the MTO process over a SAPO-18 catalyst. Catalysis Today，106（1-4）：112-117.

Gayubo A G，Aguayo A T，Alonso A，et al. 2007. Kinetic modeling of the methanol-to-olefins process on a silicoaluminophosphate（SAPO-18）catalyst by considering deactivation and the formation of individual olefins. Industrial and Engineering Chemistry Research，46（7）：1981-1989.

Gayubo A G，Aguayo A T，Sánchez del Campo A E，et al. 2000. Kinetic modeling of methanol transformation into olefins on a SAPO-34 catalyst. Industrial and Engineering Chemistry Research，39（2）：292-300.

Gunawardena D A，Fernando S D. 2012. Thermodynamic equilibrium analysis of methanol conversion to hydrocarbons using Cantera methodology. Journal of Thermodynamics，2012：125460.

Hammer B，Hansen L B，Norskov J K. 1999. Improved adsorption energetics within density-functional theory using revised Perdew-Burke-Ernzerh of functionals. Physical Review B，59（11）：7413-7421.

Kaarsholm M，Rafii B，Joensen F，et al. 2010. Kinetic modeling of methanol-to-olefin reaction over ZSM-5 in fluid bed. Industrial and Engineering Chemistry Research，49（1）：29-38.

Kuechler K H，Janssen M J G，Vaughn S N，et al. 2002. Making an olefin product from an oxygenate. US patent 6437208.

Lattner J R，Brinen J L，Lattner J R，et al. 2000. Process for converting oxygenates to olefins using molecular sieve catalysts comprising desirable carbonaceous deposits. US patent 6023005.

Marquardt D W. 1963. An algorithm for least-squares estimation of nonlinear parameters. Journal of Societal Industrial Applied. 11：431-441.

Miller L R. 2000. Fast fluidized-bed reactor for MTO process. US patent 6166282.

Nayak S V，Joshi S L，Ranade V V. 2005. Modeling of vaporization and cracking of liquid oil injected in a gas-solid riser. Chemical Engineering Science，60：6049-6066.

Park T Y，Froment G F. 2001. Kinetic modeling of the methanol to olefins process. 2. Experimental results，model discrimination，and parameter estimation. Industrial and Engineering Chemistry Research，40，4187-4196.

Park T Y，Froment G F. 2001. Kinetic modeling of the methanol to olefins process. 1. Model formulation. Industrial and Engineering Chemistry Research，40：4172-4186.

Qi G，Xie Z，Yang W，et al. 2007. Behaviors of coke deposition on SAPO-34 catalyst during methanol conversion to light olefins. Fuel Processing Technology，88（5）：437-441.

Reid R C，Prausnitz J M，Poling B E. 1987. The Properties of Gases and Liquids. 4th Edition. New York：McGraw-Hill.

Schoenfelder H，Hinderer J，Werther J，et al. 1994. Methanol to olefins—Prediction of the performance of a circulating fluidized-bed reactor on the basis of kinetic experiments in a fixed-bed reactor. Chemical Engineering Science，49（24）：5377-5390.

Sedran U，Mahay A，de Lasa H I. 1990. Modelling methanol conversion to hydrocarbons：Alternative kinetic models. The Chemical Engineering Journal，45（1）：33-42.

Soundararajan S，Dalai A K，Berruti F. 2001. Modeling of methanol to olefins（MTO）process in a circulating fluidized bed reactor. Fuel，11：1187-1197.

van Dijk. 2002. Fixed bed process for conversion of methanol with silieoaluminaphosphate molecular sieve catalyst. US patent US63399844.

Zhou H Q，Wang Y，Wei F，et al. 2008. Kinetics of the reactions of the light alkenes over SAPO-34. Applied Catalysis A：General，348（1）：135-141.

第 14 章　机动车催化剂

14.1 概　述

14.1.1 尾气污染物的种类及危害

机动车分为汽油车、柴油车、燃气车和摩托车。机动车的燃烧方式分为理论空燃比（空气和燃料的质量比）和稀燃。理论空燃比的燃烧方式是燃料和空气（氧）采用化学计量比的方式配置和燃烧，稀燃则是燃料和空气（氧）采用大于化学计量比的方式配置和燃烧。汽油车和摩托车使用汽油作为燃料，采用理论空燃比的燃烧方式；柴油车使用柴油作为燃料，采用稀燃的燃烧方式；燃气车分为天然气［压缩天然气（CNG）或液化天然气（LNG）］车和液化石油气（LPG）车，以天然气车为主，天然气车部分采用理论空燃比的燃烧方式，部分采用稀燃的燃烧方式，液化石油气车采用理论空燃比的燃烧方式。

机动车尾气含有的污染物均对人体有害。机动车尾气中的气态污染物包括 HC、CO 和 NO_x，以及由光化学反应产生的地表 O_3 和过氧化物。NO 可以与人体血红蛋白结合引发高铁血红蛋白症；此外，NO 在大气中也可被氧化成 NO_2，NO_2 属于神经毒气，可破坏人体中枢神经，长期吸入可能引发脑性麻痹、手脚萎缩，大量吸入甚至会引发中枢神经麻痹、记忆丧失、四肢瘫痪等病变。CO 与人体内血红蛋白的亲和力比氧大 200～300 倍，吸入 CO 极易造成人体缺氧中毒；而当空气中 CO 浓度达到 35 ppm 时，就会对人体造成危害；长时间吸入 CO 则可能严重损害心脏和神经系统，导致心律不齐及心脏和脑受损；血液中 CO 含量达到 60%则极易致人死亡。HC 中含有多环芳香烃（polycyclic aromatic hydrocarbons，PAHs），PAHs 已被证实为强致癌物质，长期接触极易引起皮肤癌、肺癌、肝癌等癌症；而且 PAHs 能破坏人体遗传物质，诱发癌细胞增长，提高癌症发病概率。O_3 危害心脏、肺，造成人类死亡。机动车尾气中的气态污染物在危害人类健康的同时还产生酸雨，危害生态系统。

机动车尾气中的 $PM_{2.5}$ 均为高致癌的多环芳烃（PAHs），其中已检测到含有 16 种高致癌物质（致癌无阈值，即致癌没有吸入量多少的限值）和含硝基的多环芳烃（nitro-PAHs）及其他毒性较大的有机组分，机动车的 $PM_{2.5}$ 数量多（排放量约为 6×10^{11} 个/km）、粒径小（粒度在 0.04～0.1 μm，柴油车 0.3 μm，汽油车 0.1 μm，摩托车 0.04 μm），不但入肺，而且可进入血液，危害极大。另外，此类 $PM_{2.5}$ 基本不沉降，长期累积存在于空气中；而且排放部位低，仅几十厘米；若进入人体呼吸带内，同样量的污染物，其带来的危害要大数十倍。因此机动车尾气污染物危害人的呼吸系统、心血管、脑血管、神经系统和眼睛，造成人体过早死亡。

14.1.2　尾气污染物的控制法规和净化策略

机动车尾气污染物的净化分为机内净化和机外净化。机内净化是通过燃油电子喷射、废气再循环（EGR）、高压共轨、中冷增压等技术的应用降低发动机的原始排放值。机外净化是在发动机出口安装后处理催化装置，采用催化剂技术净化尾气污染物，后处理催化净化装置称为机动车尾气净化催化器。

为了控制和消除机动车尾气污染物的排放，各国相继对机动车尾气中各种污染物的排放限值制定了排放标准。在排放标准中，欧盟、美国和日本的排放标准最具有代表性，其中欧盟和美国的排放标准代表世界机动车排放控制的最高水准。我国采用欧盟的排放标准（表 14-1-1），国标等同于欧标。目前汽油车和柴油车执行国Ⅳ排放标准，摩托车执行国Ⅲ排放标准。

表 14-1-1　欧盟的轻型车排放限值

标准	CO/（g/km）	HC+NO_x/（g/km）	HC/（g/km）	NO_x/（g/km）	PM（number）
欧Ⅰ	2.72	0.97	—	—	—
欧Ⅱ	2.20	0.50	—	—	—
欧Ⅲ	2.30	—	0.20	0.15	—
欧Ⅳ	1.0	—	0.10	0.08	—
欧Ⅴ	1.0	—	0.10	0.06	5×10^{11}
欧Ⅵ	1.0	—	0.10	0.06	5×10^{11}

排放标准推动了机内净化技术和尾气净化催化剂技术的进步，使机动车的排放由高排放向低排放、准零排放和零排放的方向发展。其中，尾气净化催化技术由于在环境和催化领域成效最显著、效果最好而成为今后的发展方向。

14.1.3　尾气净化催化剂种类及基本组成

机动车尾气净化催化剂包括以下几种：①汽油车尾气净化催化剂：密偶催化剂，三效催化剂，中偶催化剂；②摩托车尾气净化催化剂：密偶催化剂，三效催化剂，中偶催化剂；③压缩天然气（CNG）车/液化石油气（LPG）车尾气净化催化剂：密偶催化剂，三效催化剂，中偶催化剂；④柴油车尾气净化催化剂：NO_x选择还原催化剂（SCR），柴油车氧化催化剂（DOC），柴油车颗粒物捕集器（DPF）；⑤通用汽油机尾气净化催化剂；⑥通用柴油机尾气净化催化剂；⑦船舶发动机尾气净化催化剂；⑧农用车尾气净化催化剂。

虽然通用汽油机、柴油机、船舶发动机和农用车发动机尾气排放污染物的浓度和运行工况与前四大类车存在一定区别，但尾气污染物种类仍主要包括 NO_x、HC、CO 和 PM。且通用汽油机尾气净化催化剂与汽油车尾气净化催化剂相似；而通用柴油机、船舶发动机和农用车的尾气净化催化剂与柴油车尾气净化催化剂接近。因此，本书中将重点介绍汽油车、柴油车、摩托车和天然气车尾气净化催化剂。

机动车尾气后处理催化剂使用整体式催化剂，主要使用金属蜂窝基体或陶瓷蜂窝基体承载负载型催化剂涂层，形成整体式催化剂。催化剂的组成主要包括基体、载体、活性组分、助剂等。每一部分所起的作用都不同，但均是催化剂不可或缺的组成部分。下面对机动车尾气净化催化剂的基本组成进行介绍。

1. 基体

机动车尾气净化催化剂为整体式催化剂，基体是催化剂的骨架，起承载催化剂涂层的作用。催化剂基体有以下特点：第一，足够大的外表面，保证催化剂涂层的分散和反应气的传质，同时不可给发动机造成大的压降，应具有高的孔密度和薄的孔壁，同时还要有足够高的机械强度；第二，为了防止催化剂涂层脱落，要求基体具有极低的膨胀系数。堇青石蜂窝陶瓷基体能满足要求。Fe-Cr-Al 经过表面氧化和制备连接层后也能满足要求。表 14-1-2 是金属和陶瓷基本物理性能对照表。

表 14-1-2　金属和陶瓷基体物理性能对照表

性能	陶瓷基体	金属基体
壁厚/mm	0.15	0.04
孔密度/in^{-2}	400	400
外表面/%	76	92
内表面/(m^2/L)	2.8	3.2
单位体积质量/(g/L)	410	620
密度/(kg/L)	2.2～2.7	7.4
热导/[cal/(s·cm·K)]	3×10^{-3}	4×10^{-2}
热容/[kJ/(kg·K)]	0.5	1.05
热膨胀系数/K^{-1}	0.7×10^{-6}	0～15
最高工作温度/℃	1200～1300	1500

注：1cal=4.184J。

图 14-1-1 是两种常见的催化剂基体，分别是金属蜂窝基体和堇青石陶瓷蜂窝基体。其中，金属基体主要成分是 Fe-Cr-Al 合金，陶瓷基体主要成分是堇青石（化学组成：$5SiO_2{\cdot}2Al_2O_3{\cdot}2MgO$）。表 14-1-2 详细对比了金属基体和陶瓷基体的物理

性能。金属基体的主要优点表现在：第一，金属基体的抗高温能力更强，最高工作温度达 1500℃，较陶瓷基体高 200～300℃，基体的抗高温能力对于可能漏油的发动机非常重要，因为这部分油燃烧放出的热量可使局部温度过高，将基体烧熔；第二，金属是热的良导体，其热导［4×10^{-2}cal/(s·cm·K)］是陶瓷的［3×10^{-3}cal/(s·cm·K)］13 倍以上，这对催化剂的冷启动非常有利，热导大的基体会在更短的时间内将温度升高到催化剂的起燃温度（目标污染物转化率达到 50%时的温度）；第三，金属的抗震性强于陶瓷。因此，行驶过程中振动幅度较大的摩托车只能使用金属基体。陶瓷基体的主要优点表现在：第一，亲水性强，涂层不易脱落（这是金属基体最大的弱点）；第二，热膨胀系数非常小；第三，价格相对较低。图 14-1-2 是陶瓷基体的孔道放大结构，催化剂涂层涂覆于基体的孔壁上。

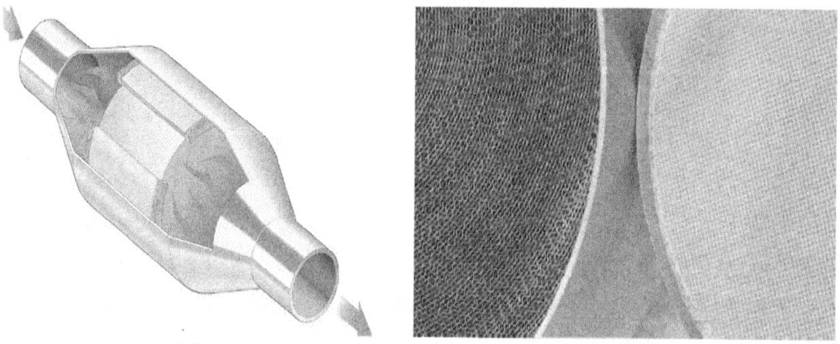

(a)　　(b)

图 14-1-1　汽车尾气处理器（a）和金属及陶瓷蜂窝基体（b）

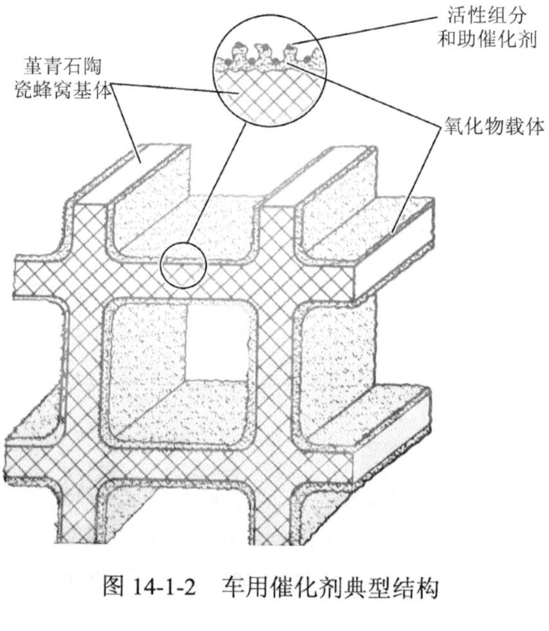

图 14-1-2　车用催化剂典型结构

2. 载体

汽油车、摩托车和理论空燃比天然气车催化剂的工作条件是高温（接近 1000℃）、高空速（30000 h^{-1} 以上），并有水蒸气和毒物（硫化物）存在，因此需要载体材料具有较高的织构和结构稳定性。截至目前主要有两类载体：一类为稀土稳定的氧化铝材料；另一类为铈基稀土储氧材料。提高这两类材料的性能特别是高温稳定性能是发展高性能催化剂的关键。

柴油车催化剂的工作条件为：低温，高空速，并有水蒸气和毒物（硫化物）存在。DOC 催化剂和 DPF 上催化剂涂层的载体材料与汽油车类似。SCR 催化剂载体早期使用的钒基催化剂为 TiO_2 或掺杂的 TiO_2。现在主流催化剂的载体为分子筛，特别是小孔分子筛，具有高的水热稳定性，同时具有抗 HC 中毒的性能。

3. 活性组分

汽油车、摩托车、天然气车和柴油车的 DOC 催化剂、DPF 上的催化剂涂层使用的活性组分为贵金属，包括 Pt、Pd、Rh 等。柴油车分子筛 SCR 催化剂的活性组分为 Cu、Fe 等。

4. 助剂

常用的助剂包括稀土氧化物（如 La_2O_3、ZrO_2、Y_2O_3、CeO_2）、碱土氧化物（MgO、CaO、SrO、BaO）和过渡金属氧化物（MnO_2、NiO、Fe_2O_3、Co_2O_3）等。

目前，整体式催化剂的制备方法主要有两种，分别是涂覆法和挤压成型法。但机动车用催化剂一般都采用涂覆法制备。涂覆法包括两种：大孔基体被高比表面积涂层材料填充满，或者在堇青石基体的空穴中涂覆材料沉积成一个涂覆层。

涂覆法是将催化剂粉末、黏结剂与水制成适当稠度的浆液，采用空气压缩法或真空抽吸法将催化剂浆液均匀涂覆于整体式堇青石基体孔壁上。对于涂覆法制备的整体式催化剂，涂层与基体之间的黏结性非常重要，直接影响催化剂的性能和使用寿命。只有催化剂涂层不发生龟裂和脱落，才能使附着在表面上的催化剂起到净化污染物的作用。

催化剂粉末的制备方法有浸渍法和离子交换法（分子筛催化剂的主要制备方法）等。

14.2　汽油车和摩托车尾气净化催化剂（器）技术

14.2.1　汽油车尾气排放特点

汽油车尾气的主要污染物为 CO、HC、NO_x、颗粒物（PM），还包括一些无

害的 CO_2 和 H_2O、H_2 及剩余的 O_2。

汽油车发动机排放污染物的浓度是随发动机的运行工况（负荷与转速）不断变化的，如是否加载、运行速率等都会对排放物产生较大的影响，见表 14-2-1。

表 14-2-1　汽油车尾气成分含量与车速的关系

组成成分	满载		
	空挡	低速	高速
NO_x	0～50 ppm	100 ppm	4000 ppm
CO_2	6.5%～8%	7%～11%	12%～13%
H_2O	7%～10%	9%～11%	10%～11%
O_2	1%～1.5%	0.5%～2%	0.1%～0.4%
CO	3%～10%	3%～8%	1%～5%
H_2	0.5%～4%	0.2%～1%	0.1%～0.2%
HC	300～800 ppm	200～500 ppm	100～300 ppm

影响汽油车排放的其他因素还包括发动机型号、发动机制造水平及氧传感器、节气门、喷油嘴、火花塞等与排放相关的关键零部件的质量和灵敏度。此外，整车标定水平和发动机 ECU 运算速度，喷油及反馈控制精度，燃油品质及车辆周期、驾驶习惯等都可能对发动机的排放产生影响。

相应的汽油车尾气净化催化剂面临的问题如下。

汽油车尾气净化催化剂的反应体系复杂：汽油车尾气中有 HC、NO_x、CO、CO_2、H_2O 等，催化剂同时经历氧化反应、还原反应、蒸汽重整、水汽变换等多种反应过程。汽油车运行工况复杂：汽油车在运行过程中，处于不断的加速、减速、怠速等过程，导致尾气排放的成分和空速不断变化；同时尾气排放温度也不断变化，从冷启动到最高温度达 1100℃。汽油车运行过程中空燃比不断变化：富燃时尾气中氧气含量不足使得 HC 和 CO 转化困难，贫燃时氧气含量高使得 NO_x 转化困难。

14.2.2　汽油车尾气净化原理

催化净化器的工作原理是在汽油车发动机后部装入催化剂制成净化装置，使汽车尾气中的 CO、HC、NO_x 三类有害物在一定的温度（大于 250℃）及催化剂作用下发生氧化还原反应转变成为对人体无害的 CO_2、H_2O 和 N_2，因此称为三效催化剂。

三效催化系统的结构和工作原理如图 14-2-1 所示。

三效催化系统主要发生的化学反应如下

氧化反应：

$$HC+O_2 \longrightarrow CO_2+H_2O \tag{14-2-1}$$

$$CO+O_2 \longrightarrow CO_2 \tag{14-2-2}$$

还原反应：

$$NO+CO \longrightarrow N_2+CO_2 \tag{14-2-3}$$

$$NO+HC \longrightarrow CO_2+N_2+H_2O \tag{14-2-4}$$

$$NO+H_2 \longrightarrow N_2+H_2O \tag{14-2-5}$$

水煤气变换反应：

$$CO+H_2O \longrightarrow CO_2+H_2 \tag{14-2-6}$$

蒸汽重整反应：

$$HC+H_2O \longrightarrow CO_2+H_2 \tag{14-2-7}$$

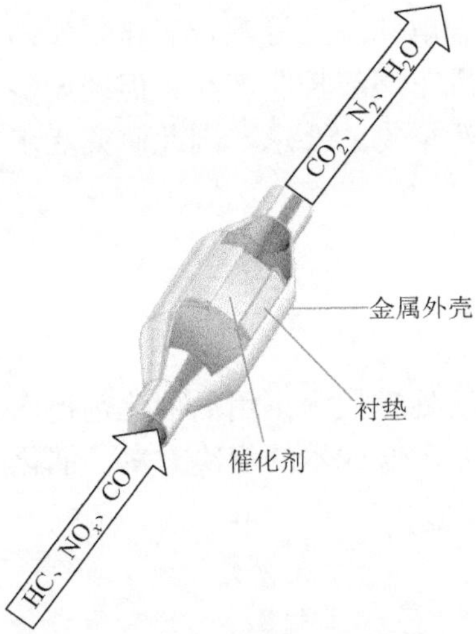

图 14-2-1　三效催化系统的结构和工作原理

这些反应都发生在一定的温度范围内，在发动机刚刚开始工作的冷启动过程中，汽车引擎和催化剂都处于较低的温度条件下，尚未达到催化反应要求的温度。所以发动机冷启动阶段会排放较多的污染气体，发动机冷启动后，引擎热度逐渐达到催化反应发生所要求的温度，此时催化剂组成决定反应速率。

14.2.3　汽油车尾气净化催化剂研究进展

汽油车尾气净化催化剂最早由美国开发并使用，主要经历了以下几个过程。

1）氧化型催化剂

20 世纪 70 年代中期到末期使用的催化剂主要是以铂、钯为活性组分。该类催化剂可以有效控制 CO 和 HC 的排放，但其致命的弱点为抗中毒能力差。

2）三效催化剂

20 世纪 70 年代末到 80 年代中期，出现了铂、铑三效双金属催化剂。这种催化剂可实现氧化反应与还原反应的同时进行，因此在较长时间内得到了广泛应用。

3）三金属三效催化剂

20 世纪 80 年代中期到 90 年代初，由于要降低三效催化剂的成本，开始使用 Pd 代替部分的 Pt，产生了新的 Pt-Rh-Pd 三效催化剂。这类催化剂可有效控制汽车尾气中 CO、HC 和 NO_x 的排放。

4）三效钯催化剂

20 世纪 80 年代末，福特公司推出了三效钯催化剂，这类钯催化剂的特点是可承受更高的温度，但由于其对空燃比和燃油的要求也更高，因此未得到广泛的工业应用。

5）NO_x 存储还原型三元催化材料

这种催化材料由贵金属、碱金属或碱土金属、稀土氧化物组成。基本原理是：贫燃条件下 NO_x 首先在贵金属上被氧化，然后与 NO_x 存储物发生反应，形成硝酸盐。在理论比或富燃状况燃烧时，硝酸盐分解形成 NO_x，然后 NO_x 与 CO、H_2、HC 反应被还原成 N_2。研究表明，NO_x 的存储能力与氧的浓度有关。氧浓度增加，NO_x 存储能力提高。当氧浓度达到 1%以上时，NO_x 存储能力基本不变。

20 世纪 80 年代中期，我国也开始了汽车尾气污染控制工作。国外研究的贵金属催化剂 Pt、Rh 价格昂贵，资源十分短缺，因此在我国难以推广使用。而我国是一个稀土资源大国，因此许多研究工作者以非贵金属和稀土等混合氧化物如钙钛矿等为活性组分，研究开发能够符合我国国情的汽车尾气控制产品。但经过多年的实验表明，这类催化剂不能满足实际汽车净化污染物的要求，因此研究逐步回到了使用贵金属的道路上。

14.2.4 汽油车尾气净化催化剂发展趋势

全世界汽车尾气排放标准的日趋严格，对汽车后处理技术采用的催化剂提出了更高的要求，特别是基于冷启动排放和高温长寿命、低成本的解决方案，催化剂有以下几个方面的发展趋势。

1. 堇青石蜂窝基体

采用高孔数、高结构强度蜂窝陶瓷基体，对蜂窝陶瓷的制造及其材料进行改进，增大几何表面积开孔数目，降低材料的密度，降低热容量，减少压力降，使催化剂在发动机启动后更快达到起燃温度。例如，堇青石的开孔数由 400 孔到 900 孔，相同条件下可缩短起燃时间 50%。

2. 低贵金属含量催化剂或非贵金属催化剂的研发

目前市面普遍使用的汽车尾气净化剂多采用贵金属 Pt、Rh、Pd 为活性组分，虽然它们对 CO、HC 和 NO_x 的转化活性较高，但由于 Pt、Rh 的自然资源相对稀少，导致催化剂成本较高。因此开发使用低贵金属用量或低成本贵金属催化剂是今后汽车尾气净化催化剂领域的一个重点研究方向。例如，三效催化剂的贵金属含量从最初的超过 100 g/ft^3（1ft^3≈2.83×10^{-2}m^3），降低至后来的 40 g/ft^3，再到 30 g/ft^3，甚至 20 g/ft^3，最后能够低至 10 g/ft^3。

3. 新型催化体系或催化应用技术的研发

基于缸内直喷稀燃的新型发动机技术，油耗比普通发动机降低 20%，并且污染物可满足更高排放标准的要求，但其颗粒物排放较高，为解决这一问题而研究开发出带涂层的汽油车颗粒捕集器（gasoline particulate filter，GPF）能有效解决缸内直喷汽油机的颗粒物排放问题。

目前就以汽油或天然气为动力的机动车而言，要实现真正意义上的零排放还有难度，而实现低排放和超低排放或者准零排放是完全可能的。国际上宝马、丰田、福特、日产和本田等都推出了自己的准零排放车辆。但准零排放的实现是一个系统工程，是综合利用多种机内和机外净化措施并进行系统组合优化的结果。

14.2.5　摩托车尾气排放特点及催化剂

摩托车的单车排放量高：摩托车的排气量虽小，但单车排放浓度高。这从有关国家和地区制定的标准可以看出，摩托车有害物质限制排放量要比轻型汽车高。可见，就单台车而言，摩托车是比轻型汽车更为严重的污染源。

摩托车的保有量剧增，造成其排放总量急剧上升：由于摩托车制造难度较汽车小，价格相对便宜，所以摩托车工业发展非常快。因此，摩托车排气污染是大气污染的主要因素之一。

1. 摩托车尾气的排放特点及应对措施

摩托车使用化油器控制空燃比，而化油器的控制能力较汽油车的电喷系统差，摩托车尾气污染物种类与汽油车相同，但尾气污染更加严重。一般小排量的摩托车使用一个催化转化器，内部装填中偶催化剂（middle coupled catalyst，MCC）；而大排量的摩托车采用两个催化转换器，前级采用密偶催化剂，后级采用三效催化剂。同时摩托车排放还存在以下特点，其相应的应对措施如下。

（1）反应体系复杂：摩托车尾气中有 HC、NO_x、CO、CO_2、H_2O 等，催化剂要经历氧化反应、还原反应、蒸汽重整、水汽变换等多种反应过程。应对措施：采用多种载体、多种活性组分（Pt、Rh、Pd）和多种助剂制备涂层催化剂，从而使多个不同类型的反应协调、高效进行。

（2）摩托车发动机转速快：摩托车发动机较高的转速导致尾气温度高（最高达 1000℃），同时尾气排放量大，催化剂处于高温、高空速（3 万 h^{-1}～10 万 h^{-1}）的工作环境，反应条件苛刻。应对措施：发展耐高温、高比表面催化材料和催化剂应对高温、高空速的工作环境。

（3）非稳态工况：由于机动车的运行特点，尾气温度、空速和污染物浓度处于不断变化的过程中，使得催化剂处于非稳态（而工业上使用的催化剂都是在稳态工作）。应对措施：发展低起燃温度、高活性、宽温窗口催化剂，应对尾气的温度、空速的剧烈变化。

（4）摩托车采用化油器控制空燃比：化油器空燃比波动大，富燃时尾气中氧气含量不足使得 HC 和 CO 转化困难，贫燃时氧气含量高使得 NO_x 转化困难。应对措施：发展高性能稀土储氧材料，这种材料具有富燃时释氧以提高 HC 和 CO 的转化效率，贫燃时储氧以提高 NO_x 的转化率，最终应对富燃和贫燃时净化效率低的难题。

（5）摩托车的减震性能差：催化剂易遭到颠簸、碰撞，如果催化剂的涂覆性能不过关，催化剂易脱落、破碎，影响催化剂的寿命和耐久性。应对措施：发展金属基体氧化技术、连接层技术等耐久性涂层技术，应对催化剂涂层易脱落的问题。

2. 摩托车尾气净化催化剂的组成和制备

摩托车尾气净化催化剂的组成与汽油车尾气净化催化剂的组成非常相近，但是摩托车尾气净化催化剂使用的主要是 Fe-Cr-Al 金属蜂窝基体而不是采用汽油车上常用的堇青石蜂窝载体。摩托车尾气净化催化剂采用的基体与催化剂成品分别如图 14-2-2 和图 14-2-3 所示。

图 14-2-2　金属基体

图 14-2-3　摩托车尾气净化催化剂成品

基于催化剂的制备及催化剂的组成等要求，在摩托车尾气净化催化剂的发展过程中，逐步形成以下的摩托车尾气净化催化剂技术。

1）表面氧化技术

由于金属载体表面平滑，造成氧化铝分散涂层的涂覆困难，且金属载体与涂层材料的热膨胀系数相差很大，导致载体与涂层的结合牢固性较差。为了改善涂层在金属载体上的结合性能，国内外近年来已研究出不同形式的预处理方法，最常见的方法是高温热处理。经氧化处理后的基体表面形貌如图 14-2-4 所示。

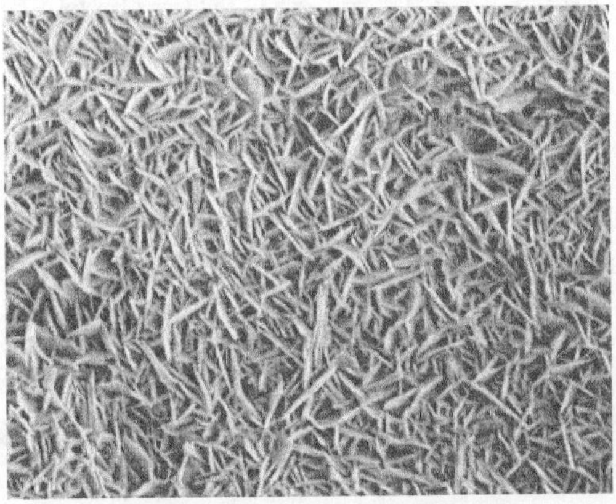

图 14-2-4　表面氧化后的基体表面

2）连接层制备技术

在表面处理后的基体表面上再涂敷一层氧化铝涂层，使得金属载体表面实现陶瓷化，从而实现涂层与基体稳定牢靠的结合（图 14-2-5）。

图 14-2-5　表面涂覆连接层的基体表面

这两项技术决定催化剂涂层能否稳定地涂覆在金属基体上。如果表面氧化层和连接层的性能不过关，催化剂涂层的性能再好也会因脱落而不起作用。

大部分国产摩托车使用氧化型催化剂（OC）就可以达到欧 II 标准，因为欧 II 对 NO_x 的限值比较宽松，大部分摩托车原车排放基本达标。然而欧III及以上排放标准对 NO_x 的限值要求是较严格的，必须使用三效催化剂控制 NO_x、CO、HC 的排放，因此要求催化剂具有高且稳定的三效性能。

14.3　压缩天然气车尾气净化催化剂（器）技术

14.3.1　压缩天然气车尾气排放特点

天然气因为具有以下优点：污染物排放少、燃料使用范围广、储量丰富、可再生和具有满足零排放的潜力，使得“以气代油”的呼声越来越高，天然气汽车作为环境友好汽车（environmentally enhanced vehicle，EEV）在全世界范围内得到了广泛发展。天然气汽车的发动机一般存在两种燃烧方式，一种为理论空燃比燃烧方式，另一种为稀薄燃烧（稀燃）方式。理论空燃比燃烧方式，是空气和燃料按计量比混合，空燃比为 17.2，优化燃烧过程。

目前，我国大多数天然气汽车的气源是压缩天然气（compressed natural gas，CNG），发动机主要是柴油机或汽油机改装，是双燃料汽车。汽油机改装的出租车以等当量比燃烧为主；以柴油机改装的公交车、大客车及重卡等以稀薄燃烧的方式为主。国内的主要发动机生产厂家，如玉柴、潍柴、上柴等，已经能够设计并批量生产满足国 V 要求的单燃料稀燃天然气发动机。

14.3.2 天然气尾气排放特点

天然气在发动机内与空气的混合是气气混合，与柴油和汽油相比，混合更均匀，燃烧也更充分。天然气汽车尾气污染物排放量与汽油车相比，碳氢化合物下降了 70%左右，一氧化碳下降了 90%左右，氮氧化合物下降 20%以上。相比柴油车，天然气汽车尾气中的多环芳烃（PAHs）是柴油车的 1/50，甲醛是柴油车的 1/20，毒性是柴油车的 1/30～1/20，NO_x 的排放显著降低。

表 14-3-1 和表 14-3-2 是天然气汽车和其他燃料汽车的排污对比。天然气汽车尾气中的 HC 有 90%以上为 CH_4，非甲烷 HC（NMHC）约占 5%。

表 14-3-1　CNG 和汽油排放比较

污染物	轻型客车			小轿车		
	汽油	CNG	降低率	汽油	CNG	降低率
CO/%	3.0	0.5	83.3	1.00	0.15	85
HC/ppm	1000	800	20	200	150	25

注：降低率单位为%。

表 14-3-2　汽油、LPG、CNG 污染物排放对比

污染物	汽油	CNG	LPG
NMHC	1	0.1	0.5～0.7
CH_4	1	10	—
CO	1	0.2～0.8	0.8～1.0
NO_x	1	0.2～1.0	1.0

传统观点认为，天然气汽车不排放颗粒物，然而这个观点是不准确的。天然气汽车排放的污染物中颗粒物粒径比汽油车和柴油车小，只有 0.01～0.7 μm。天然气汽车每千米排放的颗粒物为 10^{10}～10^{11} 个，汽油车每千米排放的颗粒物为 10^{13}～10^{14} 个，天然气汽车排放颗粒物的数量仅为汽油车的千分之一，但颗粒物更小，单位个数对人的危害更大。

14.3.3 天然气汽车尾气净化原理

1. 理论空燃比天然气汽车的排气特点及净化难点

对于理论空燃比 CNG 车，CO、CH_4、NO_x 是主要污染物。其中，90%以上的

HC 为 CH_4。由于 CH_4 是最稳定的 HC 化合物，其活化和转化困难，CH_4 的氧化反应比其他 HC 化合物的氧化反应更加难以进行；同时 CH_4 和 NO_x 的偶联反应比其他 HC 和 NO_x 的偶联反应困难得多，导致 NO_x 的转化难度增大。但理论空燃比尾气的净化标准要求 NO_x 的转化率在 99%以上才能满足排放要求，因此，天然气汽车尾气的净化难度比汽油车高。

天然气汽车发动机和轻型客车发动机普遍采用电控技术，使进入发动机缸内的混合气为当量空燃比（即 $\alpha=1$）。解决理论空燃比 CNG 车的尾气排放问题需解决以下问题。

1）比满足相同排放标准的汽油车更为精确的空燃比控制

理论空燃比 CNG 车精确的空燃比控制包括两方面。首先，空燃比控制精度的提高，提高空燃比控制精度是为了降低原车排放量，这是提高排放标准后首先要做的工作。由于 CNG 车尾气本身就难以净化，提高空燃比精度，降低原车排放对于排放达标极为重要。理论空燃比 CNG 车的三效窗口与汽油车不同，如图 14-3-1 所示。

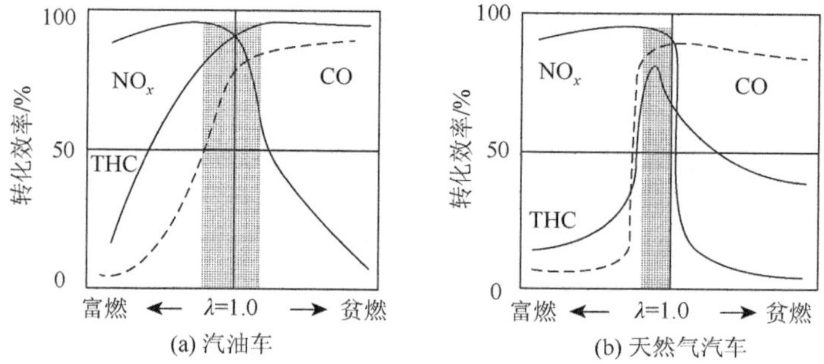

图 14-3-1　汽油车与天然气汽车催化剂的转化效率对比

汽油车催化剂的三效窗口以 $\lambda=1$ 为中心呈对称分布，而理论空燃比 CNG 车催化剂的三效窗口则分布在 λ 小于 1 附近。所以空燃比控制应比汽油车偏富（即 $\alpha=0.98\sim0.99$）才有利于催化剂性能的发挥。

2）专用的氧传感器

对于空燃比控制的氧传感器，要同时防止 CH_4 和 H_2 对氧传感器的影响，氧传感器的电极应涂有催化剂层，而催化剂后用于 OBD 的氧传感器应涂银。

3）由高效的催化剂组成的后处理系统

理论空燃比 CNG 车尾气净化催化剂需发展高性能三效催化剂。为了有效地氧化 CH_4 和还原 NO_x，催化剂对于稀土储氧材料和耐高温高比表面材料的要求比汽油车尾气净化催化剂高，同时对活性组分贵金属的要求也比汽油车尾气净化催化剂高。

2. 稀燃发动机的排气特点及净化难点

由于天然气的燃烧特性，其着火范围宽，因此天然气发动机可以在多种空燃比条件下工作。稀燃天然气汽车可以在很高的空燃比条件下进行燃烧，空燃比可达 20～27（理论空燃比 14.7），对应的氧化还原比为 5～50。相比理论空燃比天然气汽车，稀薄燃烧的方式降低了燃烧温度，显著降低了尾气中 NO_x 的排放量；同时，由于 CH_4 的 H/C 比高，进一步降低了 CO_2 的排放量。稀燃发动机尾气中 CH_4 和 CO 的排放量也大大降低，国外多用稀燃 CNG 车代替柴油车作为城市公交车使用，以减少 NO_x 和颗粒物的排放，减少对环境的影响。在我国，理论空燃比 CNG 车多于稀燃，大多用在城市出租车，目前，稀燃 CNG 的比例正在逐渐增加。然而，由于甲烷的温室效应，稀燃天然气汽车尾气仍然需要净化才能满足越来越严格的排放标准。

稀燃天然气汽车尾气的特点是：①温度低（通常低于 500～550℃）；②CH_4 的浓度低（一般为 500～1000 ppm）；③含有大量的水蒸气（10%～15%）和 CO_2（约 15%）；④大约 1 ppm 的 SO_x；⑤氧气浓度大大过量；⑥存在少量的 NO_x。

对于稀燃 CNG 车，由于其发动机燃烧温度低，限制了 NO_x 的生成，因此 NO_x 的排放比较低，有的已在国Ⅴ排放标准之下，或者可通过废气再循环（EGR）将 NO_x 降至国Ⅴ排放标准之下，需要净化的主要污染物为 CH_4 和 CO。但也由于尾气排放温度偏低，需发展高性能的低温氧化型催化剂。难点在于催化剂在低温下高效氧化 CH_4 的同时不发生 SO_x 和 H_2O 蒸气中毒。

14.3.4　压缩天然气汽车尾气净化催化剂研究进展

1. 理论空燃比天然气汽车催化剂的研究现状

天然气汽车尾气处理催化剂从 20 世纪 90 年代到现在已经得到了快速发展。其中早期的理论空燃比天然气汽车尾气处理催化剂主要借鉴汽油车三效催化剂。但是相比其他 HC，CH_4 由于起燃温度高从而在低温下不容易被完全氧化。用来净化汽油车尾气的三效催化剂不能同时氧化理论空燃比天然气汽车尾气中的 CH_4 和还原 NO_x，达不到净化目的。因此必须开发理论空燃比天然气汽车的专用催化剂。

目前使用的天然气汽车尾气净化催化剂主要以 CeO_2 或 CeO_2-ZrO_2 改性的 Al_2O_3 为载体，贵金属 Pd、Pt、Rh 为活性组分。由于尾气净化过程中的反应体系复杂，反应组成和温度等都对尾气净化过程具有重要的影响，这方面也有一些专家学者做了很多工作。

2. 稀燃天然气汽车催化剂的研究现状

稀燃 CNG 汽车尾气净化催化剂贵金属用量较高，如何在保持对 CH_4 高活性的同时又能降低贵金属的用量，成为 CNG 汽车尾气净化催化剂研究的一个重点。例如，Pd/Al_2O_3 对 CH_4 的活性非常高，同时贵金属用量高，通常是传统三效催化剂的三倍以上。如何在降低贵金属用量的同时又能使催化剂的活性基本保持不变，对此，比较有效的方法是用过渡金属或稀土金属氧化物部分取代贵金属。Fino 等制备 $La_{1-x}A_xMn_{1-y}B_yO_3$（A=Sr；B=Fe 或 Co）系列复合氧化物、稀土金属氧化物及它们与 Pd 制备的催化剂，贵金属用量降低但能保持较高的活性。

稀燃 CNG 汽车尾气净化催化剂另一个需要解决的问题是提高催化剂的低温活性，这是因为燃料的稀薄燃烧导致尾气温度下降，通常在 550℃以下，然而 CH_4 是结构最稳定、最难被氧化的碳氢化合物，需要更高的温度才能被氧化。

对于 CH_4 的催化氧化，最近几十年研究最多的是贵金属催化剂和过渡金属催化剂。贵金属较过渡金属最大的优势在于其优异的纳米级界面活性，这使它们成为低温完全氧化碳氢化合物的最佳选择。作为结构最稳定、最难被活化的碳氢化合物，CH_4 的催化氧化更需要贵金属作为活性组分。Pt 和 Pd 是两种应用最广泛的贵金属催化剂，这是由于当这两种贵金属负载在传统的载体，如负载在 Al_2O_3 或 SiO_2 上时，分散度较高，利用率大大提高。提高贵金属的分散度，在提高其利用率、降低使用成本的同时，催化剂的活性也被提高。

当有水存在时，催化剂活性会进一步下降，因此如何提高催化剂的抗水性也是需要解决的问题之一。此外，催化剂的耐久性也是非常重要的一个研究内容。在催化剂的抗水性方面，四川大学取得了较大进展，其开发出的 Zr-Al、Zn-Zr-Al、Ce-Zr-Al 等多种载体具有很好的抗水性，以此载体制备的催化剂满足国 V 的要求，已匹配 100 多款车，国内市场占有率第一。

14.3.5 天然气汽车尾气净化催化剂的发展及挑战

天然气汽车尾气的净化比汽油车尾气净化难度更大，尾气中的甲烷稳定性高，活化和转化都较困难，具体体现在：①对于理论空燃比天然气汽车，燃烧控制技术比汽油车差，要求精确控制空燃比，专用的氧传感器，并添加 OBD 系统，才有可能实现三种污染物的同时转化，需要具有高性能的三效催化剂；②贫燃天然气汽车的尾气需净化的主要成分为 CH_4 和 CO，CO 的含量少且易转化，因此，主要难题在于甲烷的转化。由于尾气排放温度低，含有大量的水蒸气和微量的 SO_x，易造成高活性 Pd 催化剂中毒，因此需要开发具有很高低温活性和抗水中毒、硫中毒能力的催化剂，到目前为止，还没有良好的解决办法。尽管容易因 H_2O 和 SO_2 的存在导致活性降低，但是 Pd/Al_2O_3 的活性仍然是最高的，若能制备具有优异低温活性的 Pd 催化剂，则也有利于提高催化剂的实用性。

14.4　柴油车尾气净化催化剂（器）技术

14.4.1　柴油车尾气排放特点

由于柴油车的工作原理是吸入大量空气进行压缩，通过压缩空气产生高温从而点燃燃料产生动力，因此柴油车尾气属于富氧气氛，氧过量 6%～15%，尾气温度低，空速高，一般为 30000～100000 cm^3 尾气/（cm^3cat·h），增大了催化剂发挥作用的难度。尾气中气态污染物主要为氮氧化合物（NO_x，包括大量 NO 和少量 NO_2），同时含有一氧化碳（CO）和烃类物质（HC），固态污染物（PM）主要包括干碳烟（soot）、可溶性有机物（SOF）和少量的硫酸和硫酸盐等。但是由于还原剂 HC 和 CO 偏少，还原 NO_x 还需另加还原剂，这需要几种不同类型的催化剂才能满足净化柴油车尾气的要求。

14.4.2　柴油车净化原理

柴油车以稀燃的方式工作，其尾气中氧含量高达 10%～15%，因此发展成熟的在理论空燃比条件下工作的三效催化剂（TWC）已无法有效净化柴油车尾气污染物。此外，柴油车尾气温度较低，在欧洲城区工况循环下尾气温度为 80～180℃，最高温度约为 230℃；在城郊工况循环下尾气温度最高可达 440℃；总体来讲，柴油车尾气温度一般处于 180～280℃范围内。可见，要有效地净化柴油车尾气中的 CO、HC、NO_x 及 PM 等污染物，必须发展适用于柴油车尾气环境的催化剂后处理系统。

为了达到日益严格的排放法规的要求，柴油车尾气净化催化剂后处理技术的发展如图 14-4-1 所示。针对欧Ⅴ、欧Ⅵ（基本等效于国Ⅴ、国Ⅵ）及以后更严格的排放要求，由柴油车氧化催化剂（DOC）、催化型柴油车颗粒捕集器（CDPF）及选择还原催化剂（SCR）所组成的柴油车尾气净化后处理系统（DOC+CDPF+SCR；DOC：diesel oxidation catalyst；CDPF：catalyzed diesel particulate Filter；SCR：selective catalytic reduction）被广泛应用推广。以下分别介绍每种催化剂的工作原理。

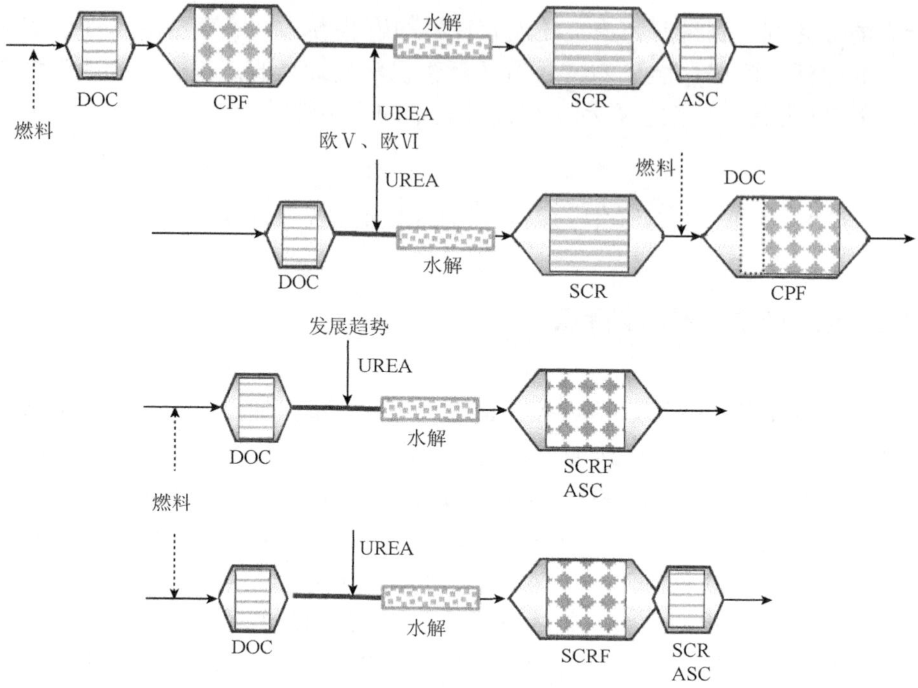

图 14-4-1　柴油车尾气净化催化后处理技术

1. 柴油车氧化型催化剂净化原理

氧化催化是利用催化剂降低柴油车尾气中的 HC、CO 和可溶性有机物部分（SOF）等的化学反应活化能，使这些物质能与尾气中的氧气在较低的温度下进行氧化反应。主要作用：①氧化 HC 和 CO；②氧化颗粒物中的 SOF；③部分氧化颗粒物中的碳颗粒部分；④涂覆在 DPF 表面，氧化颗粒物；⑤作为 SCR 催化剂的前级，将 NO 氧化为 NO_2，增加 SCR 催化剂的性能。

在 DOC 催化剂上主要发生以下化学反应：

$$CO+O_2 \longrightarrow CO_2$$

$$HC+O_2 \longrightarrow CO_2+H_2O$$

$$SOF（HC，C_{16+}）+O_2 \longrightarrow CO_2+H_2O$$

此外，在 DOC+CDPF+SCR 的催化后处理系统中，因 NO_2 的生成有利于 CDPF 氧化碳烟颗粒及快速 SCR 反应，因此 DOC 还起着将部分 NO 氧化为 NO_2 的作用。

2. NO_x 净化原理

因柴油车尾气中 NO_x 的排放量较大，而尾气中 CO 和 HC（还原剂）的量不足以将 NO_x 完全净化，因此需要添加额外的还原剂来还原 NO_x。目前较成熟的

NO_x 净化是氨选择性催化还原 NO_x 技术，该技术是以尿素热分解产生的氨作为还原剂，在富氧条件下，通过催化剂在一定的温度下选择性地将 NO_x 还原为 N_2 的反应。该反应过程十分复杂，涉及数十个化学反应，以下是主要涉及的化学反应。

主反应包括：

$$4NH_3+4NO+O_2 \longrightarrow 4N_2+6H_2O \tag{14-4-1}$$

$$4NH_3+2NO+2NO_2 \longrightarrow 4N_2+6H_2O \tag{14-4-2}$$

$$8NH_3+6NO_2 \longrightarrow 7N_2+12H_2O \tag{14-4-3}$$

$$4NH_3+6NO \longrightarrow 5N_2+6H_2O \tag{14-4-4}$$

副反应包括：

$$4NH_3+3O_2 \longrightarrow 2N_2+6H_2O \tag{14-4-5}$$

$$4NH_3+5O_2 \longrightarrow 4NO+6H_2O \tag{14-4-6}$$

$$2NH_3+2O_2 \longrightarrow N_2O+3H_2O \tag{14-4-7}$$

$$4NH_3+4NO+3O_2 \longrightarrow 4N_2O+6H_2O \tag{14-4-8}$$

在不添加催化剂时，还原 NO_x 所需温度为 800～900℃，活性温度窗口很窄。温度在 1050～1200℃时，NH_3 会氧化为 NO，而且 NO_x 的还原速度会很快下降；当温度低于 800℃时，反应速率很慢，需要添加催化剂加快反应进行。通过选择适当的催化剂，反应温度区间目前可以扩展到 200～500℃。柴油车尾气 NO_x 是由 90%的 NO 和 10%的 NO_2 组成，主要是 NO，只有少部分的 NO_2 存在，因此反应式(14-4-1)是主要发生的化学反应，又称为 SCR 的标准化学反应(standard SCR)，反应活化能为 64 kJ/mol。当温度高于 350℃，还原剂 NH_3 与 NO 的物质的量比为 1∶1，且存在适量的 O_2 时，可发生标准 SCR 反应；而此时若 O_2 过量存在，则 NO 不能完全被 NH_3 还原，发生副反应（14-4-8），生成副产物 N_2O。当温度低于 350℃，NO 与 NO_2 物质的量比为 1∶1 时，NH_3 的消耗量为 NO_x 总量，此时 SCR 反应体系主要进行反应式（14-4-2），该反应比标准 SCR 反应要快很多，因此又称为快速 SCR 反应（fast SCR），反应活化能为 38 kJ/mol。

3. 催化型柴油车颗粒捕集器

在柴油车尾气净化系统中，颗粒捕集器的主要作用是过滤柴油车尾气中所含的颗粒物（PM）。柴油车尾气中的 PM 主要为碳颗粒（soot）及其表面吸附的烃类物质。如图 14-4-2 所示，当含有 PM 的尾气通过颗粒捕集器时，PM 被过滤，则排放出的尾气中基本不再含有 PM。当 PM 在颗粒捕集器的滤壁上富集到一定程度后，柴油车通过喷油燃烧等手段升高尾气温度将 PM 颗粒氧化成 CO_2，从而在净化 PM 的同时，使颗粒捕集器再生。

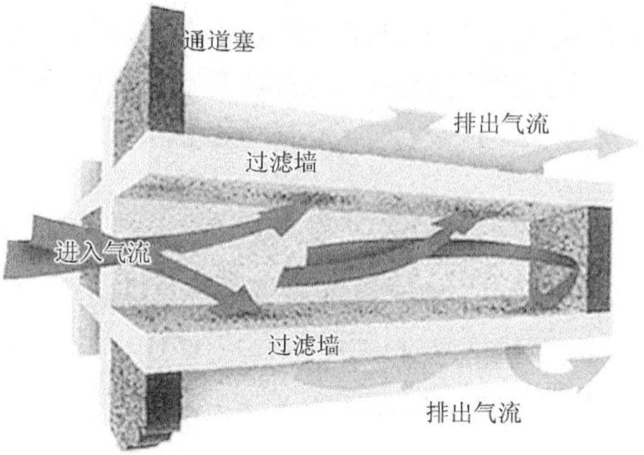

图 14-4-2　壁流式柴油车尾气颗粒捕集器示意图

为了减少颗粒捕集器的再生次数，目前主要推广的是催化型柴油车颗粒捕集器，即在颗粒捕集器的滤壁上负载一层催化剂，从而使 PM 刚接触捕集器滤壁时，在催化剂的作用下与尾气中的 O_2 或 NO_2 反应，直接被氧化成 CO_2 除去。引入 CDPF 技术后，柴油车颗粒捕集器的再生次数可以大大减少，且能更有效地净化尾气中所含的颗粒物。配置了 CDPF 的柴油车尾气中 PM 含量可以达到甚至低于当前排放法规的要求。

4. 柴油车颗粒捕集器的再生

柴油车过滤器用于过滤收集尾气中的颗粒物，从而达到限制颗粒物排放的目的。但是，对于壁流式过滤器，当所收集的碳烟量达到一定限度时，柴油车的排气背压升高，尾气气流阻力增加，导致发动机无法正常运作。这时，需要对收集下来的碳烟颗粒进行氧化处理，这样的一个氧化处理过程和方法就是颗粒物捕集器的再生。过滤器的再生已经成为一种技术而被许多研究者研究，如何才能在实际条件下较好地对过滤器进行再生，更有效地保证整个处理单元的使用寿命，这已是实用性再生技术的关键问题。目前，关于 DPF 的再生主要包括主动再生和被动再生。

通过外加能量直接对过滤在 DPF 上的碳烟颗粒进行燃烧的方式称为主动再生，这种再生方式需要消耗能源，是一种强制再生手段。在再生时会产生较高的温度，容易对基体和催化剂造成较强的热冲击，从而影响处理器单元的正常效果。这样的再生方式主要有喷气或喷油再生、电加热再生、低温等离子体再生等。这些再生方式不仅需要消耗能源，而且控制系统复杂，并不利于实际应用。

考虑到实际的应用成本，研究者们提高了捕集器的再生技术，发明了被动再生技术，也就是利用化学方法进行的催化再生技术。其实，实际的柴油车尾气温度在 400℃以下，而碳烟自然氧化的温度却在 550℃以上，尾气的实际条件难以实现碳烟颗粒的氧化。然而，催化剂的应用大大降低了碳烟氧化所需要的温度，能够在实际条件下不需要任何外加能源实现再生。这种再生方式既节约了能源，又避免了处理单元的高温热影响，是目前再生技术发展的新趋势。这样的再生方式目前有燃油添加剂再生和连续再生（CRT 技术）等，而且已经应用于市场。

在实际应用过程中，主要的过滤再生技术包括单独的 DPF 技术、CDPF 技术、"DOC+DPF"和"DOC+CDPF"联合再生技术等。如图 14-4-3 所示，对于单独的 DPF 技术，需要主动再生方式来氧化碳烟颗粒，能耗较大，成本较高；在 DPF 上涂覆贵金属 Pt 催化剂（CDPF），利用催化再生的方式来氧化碳烟，降低碳烟氧化所需要的温度，从而减少主动再生的频率，降低成本。后来研究者发现 DOC 所产生的 NO_2 对 DPF 上碳烟的氧化有利，因为 NO_2 比氧气具有更强的氧化能力。在应用上，人们将 DOC 和 DPF 或 CDPF 放在一个处理罐里配套使用，这样更增强了 DPF 的再生效果。

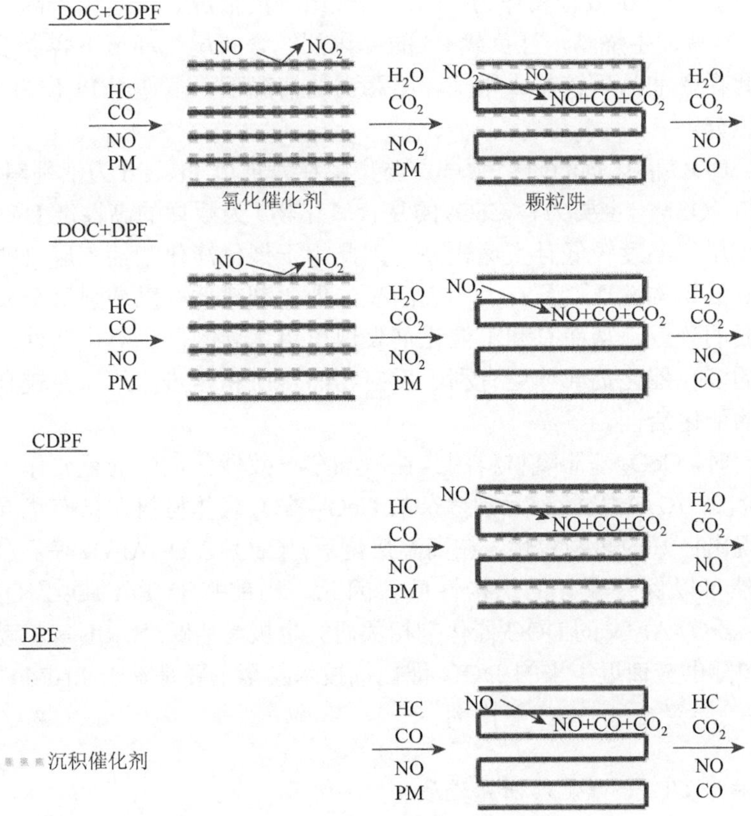

图 14-4-3　碳烟过滤器系统和再生

14.4.3 柴油车净化催化剂研究进展

1. 柴油车氧化型催化剂

柴油车氧化催化剂（DOC）早在 20 世纪 70 年代就被引入柴油车尾气控制系统中，是最早被用来净化柴油车尾气的催化剂。目前，DOC 仍然是柴油车尾气控制系统中最重要的组成部分。最初，DOC 的引入主要是为了净化柴油车尾气中的 CO 和未燃烧的烃类物质（HC）。铜、铁、镍等过渡金属被用作 DOC 催化剂的活性组分，但因其易被氧化且热稳定性较差，并未被广泛推广。而 Pt、Pd 等贵金属因其优异的催化氧化活性及良好的热稳定性被广泛用作 DOC 催化剂活性组分：Pt 具有极优异的催化氧化 CO 和 HC 的性能；Pd 对 CO 和 HC 的催化氧化性能较 Pt 弱，但 Pd 价格更低，且 Pd 可以与 Pt 发生协同作用，该协同作用能提高贵金属颗粒的抗烧结能力，从而提高催化剂抗热老化性能，因此当前也出现了以 Pd 取代部分 Pt，使用 Pt-Pd 双金属作为 DOC 活性组分的情况。但是由于高温下单独的 Pd 比 Pt 更容易发生烧结，且负载 Pd 的催化剂在含硫尾气环境下容易发生硫中毒现象，因此在燃油品质较差或尾气环境恶劣的情况下，多使用 Pt 作为 DOC 催化剂的活性组分。

目前，DOC 催化剂的研究领域主要集中在发展以 Pt、Pd 为活性组分，Al_2O_3 或储氧材料（OSM，主要为含 CeO_2 的复合氧化物）为载体的高性能 DOC 催化剂。因为柴油车尾气温度较低且空速较高，因此用于催化净化柴油车尾气的催化剂必须具有良好的织构性质。具有大比表面积的催化剂载体可以增强贵金属活性组分在载体表面的分散，从而有利于催化剂表现出更优异的催化氧化活性；同时，具有大孔容的多孔催化剂载体更有利于反应物的传质和传热，从而在较高空速时表现出更好的催化活性。

与此同时，CeO_2 基储氧材料因其在汽油车三效催化剂中的重要作用得以迅速发展。现阶段，Al_2O_3 及稀土元素掺杂的 CeO_2-ZrO_2 载体材料在具有优异储氧性能的同时表现出良好的热稳定性，在高温焙烧后，CeO_2-ZrO_2-Al_2O_3 等复合氧化物载体材料仍然可以保持较好的织构性质。因此，当前基于 Pt/CeO_2-ZrO_2-Al_2O_3 或 Pt-Pd/CeO_2-ZrO_2-Al_2O_3 的 DOC 催化剂相关研究也极为活跃。BASF 等机动车尾气净化催化剂国际供应商近年来的 DOC 催化剂技术甚至主要是基于 Pt-Pd/CeO_2-ZrO_2-Al_2O_3 的多涂层复合型 DOC 催化剂。

2. 柴油车 CDPF 催化剂研究进展

柴油车颗粒物捕集器的核心是两个部分：过滤材料和过滤再生技术。根据材料不同，柴油机 DPF 主要分为陶瓷基、金属基和复合基三类。陶瓷基常用的过滤材料有堇青石（cordierite）、碳化硅（SiC）、氮化硅（Si_3N_4）、莫来石（mullite，多铝红柱石）、莫来石/氧化锆、钛酸铝（aluminium titanate）等。金属基常用的过滤材料有烧结金属丝、泡沫金属、金属丝网等。复合基常用的过滤材料有活性炭纤维、微米木纤维等。其中，最常用的滤芯材料为堇青石和碳化硅。无论哪种材料，其在滤芯中的捕集主要分为扩散、拦截、重力和惯性四种形式。实际应用的 DPF 材质一般需满足如下性能要求：抗高温性能好、机械强度高、抗震能力强、耐腐蚀、耐热冲击和高的过滤效率。目前，市场上的主流过滤捕集器是壁流式陶瓷蜂窝状过滤器，SiC 和堇青石是其主要的选材原料。降低捕集器壁的厚度，在不降低过滤效率的同时增大开口截面积是 DPF 材质的发展需求。

颗粒物过滤器被动再生技术最关键的是催化剂（CDPF），催化剂能降低碳烟氧化所需要的温度，使 DPF 再生在实际尾气温度条件下就能进行。但是，碳烟催化氧化所需温度的高低直接与催化剂的催化性能有关，如催化剂的结构和织构性能、氧化还原性能、储氧能力、活性组分的分散度、耐热性能等。在 DPF 再生技术的发展过程中，许多用于碳烟颗粒氧化的催化剂得到了广泛的研究与应用，这些催化剂的种类大致可分为贵金属催化剂、碱金属或碱土金属催化剂、钙钛矿、铈基复合氧化物催化剂等。由于碱金属或碱土金属的耐热性能和抗硫性能很差，钙钛矿的比表面积很低，这些都限制了它们在实际中的应用。目前研究最广泛、最具应用价值的催化剂主要是贵金属催化剂和铈基复合氧化物催化剂，它们具有良好的结构织构性能、氧化还原性能和储氧能力等，在目前市场上具有较大的发展潜力。

3. 柴油车 NH_3-SCR 催化剂研究进展

NH_3-SCR 催化剂的分类如图 14-4-4 所示。

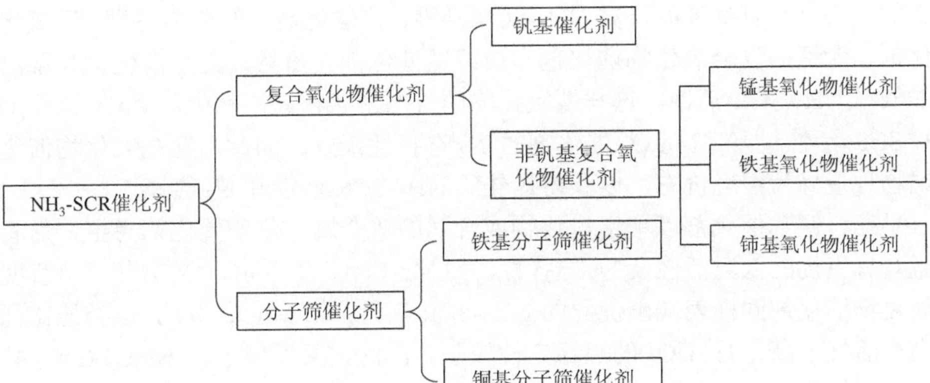

图 14-4-4　NH_3-SCR 催化剂的分类

柴油车 NH_3-SCR 催化剂分为复合氧化物催化剂和分子筛催化剂。复合氧化物催化剂根据有无钒分为钒基和非钒基复合氧化物催化剂两类，根据活性组分的不同，非钒基复合氧化物催化剂主要包括锰基、铁基和铈基氧化物催化剂；常用的分子筛催化剂以铁基和铜基催化剂性能最为突出。

1）复合氧化物催化剂

（1）钒基催化剂。钒基催化剂（V_2O_5/WO_3 或 MoO_3/TiO_2）是以 1wt%～3wt% 的 V_2O_5 为活性组分，TiO_2 为载体，WO_3 或 MoO_3 为助剂，是第一款商用 NH_3-SCR 催化剂。钒基催化剂的温度窗口通常在 250～450℃之间；在低温段尤其是低于起燃温度时，NH_3 和 NO_x 反应速率较慢导致氮氧化物转化率较低；高于 450℃，NH_3 和 O_2 发生非选择性氧化反应而使得 NO_x 转化率下降。钒基催化剂的低温活性可以通过增加 V_2O_5 的含量来提升，但是 V_2O_5 含量的增加会促使 TiO_2 由锐钛矿向金红石相转变，从而降低催化剂的稳定性，同时过量的 V_2O_5 也会促进副产物 N_2O 的生成使催化剂的选择性下降。而且，钒基催化剂不能承受柴油机后处理系统中的颗粒捕集器（DPF）再生时高达 600℃以上（甚至 800℃）的高温。钒基催化剂中的 V_2O_5 具有环境毒性，钒在自然界可以以−1～+5 价存在，其毒性随着钒化合态的升高而增大，其中五价钒的毒性最大，并且 VO_3^- 很容易被吸收。钒基催化剂在废弃后会引发二次污染。因此钒基 SCR 催化剂在多个发达国家或地区已被禁止使用，无钒 SCR 催化剂是未来的发展趋势。

（2）非钒基复合氧化物催化剂。由于钒基催化剂存在上述缺点，科研工作者一直致力于发展新型的无钒 NH_3-SCR 催化剂来满足市场和环境的需求。其中，过渡金属氧化物催化剂因其制备方法可控、成本低廉、环境友好及优良的低温 SCR 活性而成为最具研究意义的 SCR 催化剂之一。目前，正在研究的过渡金属氧化物催化剂主要是铁基、锰基和铈基氧化物催化剂。

（a）锰基氧化物催化剂是以锰氧化物为活性中心的一类催化剂，该类催化剂最大的优势是具有优异的低温 NH_3-SCR 活性。该催化剂一般分为三类：锰氧化物催化剂、含锰的复合氧化物催化剂和负载锰催化剂。虽然，锰基催化剂表现出较好的低温 NH_3-SCR 活性，这与锰氧化物的价态密切相关，其中，MnO_2 催化剂的 NH_3-SCR 活性最好，Mn_3O_4 催化剂的 N_2 选择性最好。因此，锰基氧化物催化剂中锰物种最好为混合价态，以获得最佳的 NH_3-SCR 活性和 N_2 选择性。

早期，锰基催化剂以单锰氧化物或含锰的双金属氧化物催化剂为主，后者比前者具有更优的低温活性及 N_2 选择性，如 Mn-Fe-O_x 和 MnO_x-CeO_2 等。负载型的锰氧化物催化剂同样表现出优异的 NH_3-SCR 活性，如 MnO_x/TiO_2，该类催化剂的中高温活性不高，且 TiO_2 的热稳定性较差。因此，又发展了以 MnO_x-CeO_2 共同作为活性组分，$ZrTiO_2$ 和 WO_3-ZrO_2 等复合氧化物为载体的催化剂，其表现出了优异的低温活性和较宽的温度窗口。但锰基催化剂的抗水抗硫性差，其水热稳定性也相对较低，并且该催化剂的 N_2 选择性较低，这些缺点阻碍了锰基催化剂在工业上的应用。

（b）铁基催化剂是以 Fe_2O_3 为活性组分的一类非钒基复合氧化物催化剂，该类催化剂在中高温范围内具有较高的 NO_x 转化率，且 N_2 选择性高。早期该类催化剂常以 TiO_2、SiO_2、柱撑层状黏土（PILC）、活性炭（AC）和活性炭纤维（ACF）等为载体，但单一氧化物制备的 Fe 基催化剂反应窗口（350～450℃）较窄。而以 WO_3-ZrO_2 复合氧化物为载体制备的 $Fe_2O_3/WO_3/ZrO_2$ 的催化剂在 280～430℃之间可完全转化为 NO_x。此外，采用溶液燃烧法制备的 $Ti_{0.9}Fe_{0.1}O_2$ 催化剂，在 300～425℃之间可将 NO_x 完全转化，并且表现出优异的 N_2 选择性。因此，铁基氧化物催化剂是一类中高温 NH_3-SCR 催化剂，需要引入其他元素作为助剂或引入第二活性组分才能提高其低温 SCR 性能。

（c）早期铈常作为 SCR 催化剂的助剂。例如，将铈添加到 V_2O_5-WO_3/TiO_2 中不仅可以提高催化剂的 SCR 活性，还可以降低催化剂中 V 的用量并提高催化剂的抗硫性能。随着研究的不断深入，发现具有优异氧化还原性能的 CeO_x 也可以作为 NH_3-SCR 的活性组分。虽然纯 CeO_2 的 NH_3-SCR 活性较低，但是在 SO_2 存在的条件下，其表现出很高的 NH_3-SCR 活性，因为硫化后 CeO_2 的表面酸性增强，提高了 NH_3 吸附并抑制了 NH_3 在高温时的非选择性氧化。ZrO_2、WO_3、MoO_3、Nb_2O_5 和 TiO_2 等酸性氧化物的添加都可以不同程度地增加 CeO_2 催化剂的酸性，从而提高 CeO_2 的 NH_3-SCR 活性。常见的铈基催化剂有 $W/CeZrO_2$ 和 Ce/TiO_2 等。尽管 Ce/TiO_2 催化剂表现出很好的 NH_3-SCR 活性，但是在高空速下的活性仍需要提高。

综上所述，锰基催化剂具有较好的低温 NH_3-SCR 活性，而铁基和铈基等则在中高温段表现出优异的 NO_x 转化率和 N_2 选择性，这些活性组分一般负载在大比表面积的 Al_2O_3、结构稳定的酸性 ZrO_2、强抗硫性能的 TiO_2 和具有大孔容的活性炭（活性炭纤维）等载体上，同时可加入 ZrO_2、WO_3、MoO_3、Nb_2O_5、CeO_2 等过渡金属和稀土金属氧化物作为助剂来改善这些催化剂的活性、N_2 选择性、抗水性、抗硫性和水热稳定性等。因此，若能将上述几种催化剂的优点结合起来，进一步提升催化剂的各方面性能和弄清活性相的构效关系（例如，具有特殊形貌的 CeO_2 是否可以像棒状 γ-Fe_2O_3 催化剂一样表现出特殊的 NH_3-SCR 活性）是过渡金属氧化物 NH_3-SCR 催化剂未来的发展方向。

2）分子筛催化剂

以 ZSM-5、BEA、MOR、USY、SAPO-18、SSZ-13、SAPO-34 和 FAU 等分子筛为载体，以 Cu、Fe、Mn 和 Ce 等为活性组分的分子筛催化剂因具有优异的 NO_x 转化率、高 N_2 选择性和热稳定性，以及无毒等优点而受到越来越多的关注，其中以 Fe 基和 Cu 基分子筛催化剂的研究尤甚。如图 14-4-5 所示，Fe 分子筛催化剂表现出优异的中高温活性，相对的 Cu 分子筛催化剂表现出较好的中低温活性，并且这两大类催化剂都已实现工业应用。

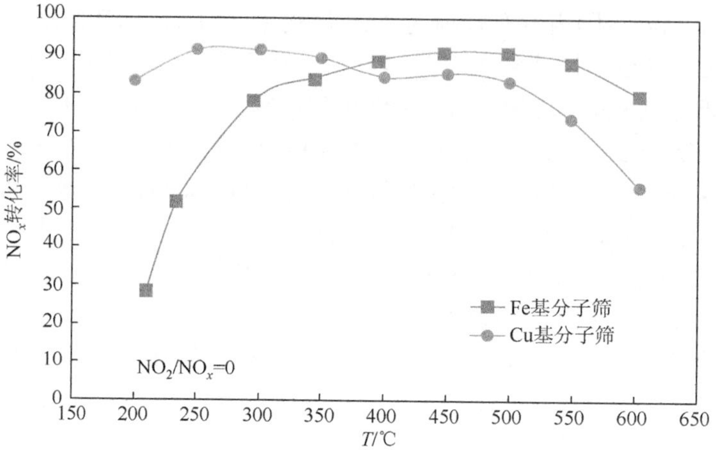

图 14-4-5 Fe 基分子筛催化剂和 Cu 基分子筛催化剂的 NH_3-SCR 活性对比

（1）铁基分子筛催化剂。铁基分子筛催化剂具有较好的中高温 NH_3-SCR 活性、抗硫性和水热老化稳定性。分子筛的结构和组成对铁基分子筛的 NH_3-SCR 活性、NH_3 存储和水热稳定性都有很大的影响。对比一系列的 Fe-ZSM-5、Fe-Mor、Fe-BEA、Fe-MFI、Fe-Y 和 Fe-MCM-41 分子筛之间的 NH_3-SCR 活性差异，以 Fe-ZSM-5 和 Fe-BEA 的性能最优。尽管铁分子筛在中高温范围表现出来较优异的 NH_3-SCR 反应活性，但该类催化剂在低温下的 SCR 活性并不理想，因此只能用于尾气温度较高的重型柴油车。此外，碳氢中毒对铁分子筛有较大的影响，未来还需进一步提升催化剂的抗碳氢中毒性能。

（2）铜基分子筛催化剂。最早由 Iwamoto 等发现 Cu-ZSM-5 可将 NO 催化分解为 N_2 和 O_2，但 NO 分解反应速率太慢无法满足实际应用的需求。到了 20 世纪 90 年代，由于铜基分子筛催化剂的中低温 NH_3-SCR 活性优于钒基催化剂而受到广泛关注。早期的研究主要集中在中孔和大孔分子筛，如 ZSM-5（MFI，十元环）、镁碱沸石（FER，十元环）、丝光沸石（MOR，十二元环）、Y 型（FAU，十二元环）和 beta（BEA，十二元环）。分子筛的骨架结构和结构酸位在 NH_3-SCR 反应中起重要作用：开放的骨架结构利于反应物分子 NO_x、NH_3 和 O_2 进入分子筛载体的连通孔道中，晶内孔具有很大的比表面积，为反应物分子提供了发生化学反应的空间；结构酸位一方面可以提供 NH_3 分子吸附位，同时直接参与 NH_3-SCR 反应，还可以为活性中心提供交换位，有利于活性中心的分散和固定。在众多的分子筛催化剂中，Cu-ZSM-5 和 Cu-BEA 是两种被研究最多的体系，后者的水热稳定性要高于前者，所以 Cu-BEA 已经在工业上得到应用，而 Cu-ZSM-5 还主要处于研究阶段。

虽然 Cu-ZSM-5 和 Cu-BEA 催化剂的水热稳定性优于钒基催化剂，但是它们在更为苛刻的 800℃水热老化后，活性下降较大，不能满足未来的排放要求。近年来，Cu-SSZ-13 和 Cu-SAPO-34 催化剂由于出色的 NH_3-SCR 活性、N_2 选择性和水热稳定性而备受关注。Cu-SSZ-13 的合成过程中所使用的模板剂价格过于昂贵而造成合成成本较高。虽然采用低廉的模板剂一步法合成的 Cu-SSZ-13 催化剂表现出十分优异的 NH_3-SCR 活性，但是该催化剂由于钠含量较高并且很难完全去除而导致其热稳定性变差。Cu-SAPO-34 催化剂比 Cu-SSZ-13 催化剂具有更好的热稳定性，且合成方法简单、技术成熟、成本低廉，因此 Cu-SAPO-34 催化剂是目前最有实用前景的 NH_3-SCR 催化剂之一。

14.4.4　柴油车净化催化剂发展趋势

1. 柴油车氧化型催化剂的发展趋势

DOC 目前面临的难题是 SO_2 氧化活性高将会造成 PM 排放增加、催化剂孔道堵塞等一系列严重后果；SOF 的低温活性要好，最好 150℃左右起燃，极难做到，同时还存在提高催化剂的耐久性等问题。催化剂的发展需求是要制备出低贵金属含量，高的 HC、CO 和 SOF 的氧化性能，低的 SO_2 氧化性能的催化剂。

1）抗硫性

在中国，柴油品质相对较差，柴油中硫含量较高，这对柴油车的推广及柴油车尾气净化催化剂技术的发展均提出了挑战。由于柴油中的硫物种经燃烧后会在尾气中生成 SO_2，SO_2 的存在会使 DOC 催化剂硫中毒，从而催化活性劣化甚至失活；此外当 DOC 催化剂存在时，柴油车尾气中的 SO_2 容易与 O_2 反应生成 SO_3，再与尾气中的水结合，从而生成硫酸及其他硫酸盐颗粒物，此时柴油车尾气中液态颗粒物及 PM 的排放总量均会增多；而且硫酸盐在催化剂表面沉积不仅会造成催化剂活性劣化，还会堵塞催化剂孔道，造成发动机背压升高，从而使燃料不能充分燃烧，进一步增大了尾气污染物浓度。由此可见，催化剂上硫的累积问题不容忽视，对 DOC 催化剂抗硫性的研究具有重大的现实意义。但是，当前 DOC 催化剂主要以 Al_2O_3 或 CeO_2 基储氧材料为载体，并不具备优异的抗硫性。因此，对 DOC 催化剂的研究，需要考虑催化剂的抗硫性，尤其需要注意减少及避免催化剂上硫酸盐的沉积。

2）低温催化活性

由于柴油车采用稀燃的工作方式，尾气温度相对较低，一般处于 180～280℃。为了进一步提高柴油车的燃油经济性，降低其尾气污染物排放量。近年来，涡轮增压和废气再循环（EGR）等技术被应用于柴油车上，这些技术在提高柴油车燃油燃烧效率的同时，因引入更多的低温空气从而进一步降低了尾气温度。随着柴油车技术的继续进步，其燃油消耗量可能再次降低10%左右，燃料消耗量降低的同时必然会导致尾气温度的再一次降低。DOC 催化剂的实际工作温度较低，因此要有效地氧化净化尾气污染物，其低温催化活性必须要好。在 DOC 催化剂作用下，各污染物需要在280℃左右达到完全转化。

3）高温热稳定性

尽管柴油车在正常行驶过程中其尾气温度多处在较低的范围内，但柴油车在高速行驶、加速阶段及高负载运行等极端条件下工作时，其尾气温度也会迅速上升，因此柴油车尾气净化催化剂在具有良好的净化效率的同时，还需要具有优异的抗热老化性能，这就对催化剂的热稳定性提出了要求。尤其是随着柴油车尾气排放法规的日益完善、严格，其对柴油车尾气中氮氧化合物及颗粒物等污染物均提出了明确的排放要求。单纯的柴油机机内净化技术及 DOC 技术已无法达到排放法规要求。目前，应用最为广泛的是引入 DOC+CDPF+SCR 的催化剂后处理系统，在该催化剂后处理系统中，CDPF 安装在 DOC 催化剂的后端；在 CPF 再生时尾气温度会急剧升高，从而使得 DOC 催化剂床层温度也骤然上升，该阶段可以使 DOC 催化剂床层温度达到 850℃左右。催化剂床层温度的升高会导致催化剂表面贵金属活性组分的烧结及载体织构性质的坍塌，甚至是催化剂颗粒的烧结团聚，从而导致催化剂活性的劣化甚至失活。

可见，提高 DOC 催化剂高温热稳定性是保证其在实际应用中具有良好催化活性的必要前提。此外，具有良好的高温热稳定性也是保证催化剂耐久性的重要因素之一。

2. CDPF 催化剂的发展趋势

目前 CDPF 对 PM 的净化效率虽然达到 95%或更高，但仍有相当数量 PM 的排放，净化性能需进一步提高，同时 CDPF 的寿命也需进一步提高。提高催化剂载体材料的性能，提高催化剂的制备技术以提高催化剂涂层的性能是未来的目标。

3. 柴油车 NH_3-SCR 催化剂的发展趋势

为了解决城市车辆实际运行时排放超标的问题，环保部组织制定了 HJ 689—2014 城市车辆用柴油机的排放标准，确定采用全球统一的重型车测试循环，确保车辆在设计时就考虑低温、低速和低负荷排放的问题。在最新发布的《车用压燃式、气体燃料点燃式发动机与汽车排气污染物排放限值及测量方法（中国第六阶段）》（征求意见稿）中，国Ⅵ标准处理不仅要求采用全球统一的重型车测试循环［包括瞬态循环（world harmonized transient cycle，WHTC）和稳态循环（world harmonized steady-state cycle，WHSC）]，更关注发动机和车辆在型式核准工况外的运行状态下的排放情况。因此，新增加了循环外排放的测试要求（OCE），具体包括两点：一是在发动机台架上，采用非工况循环（WNTE）进行排放测试；二是在型式核准时，要将原机安装在车辆上，采用车载排放测试方法，在实际道路上进行排放测试，以保证发动机在循环工况外的工况点都能满足排放要求，如此对柴油机尾气排放催化剂的低温性能提出更高的要求。此外还规定了柴油车的最高行驶里程为 70 万 km，这就要求提高催化剂的水热稳定性。因此，NH_3-SCR 催化剂的发展方向主要集中在低温性能和水热稳定性的研究。Cu-SSZ-13 和 Cu-SAPO-34 具有优异的低温 SCR 活性和水热稳定性，但仍存在碳氢化合物中毒、低温水热稳定性低等问题。而非钒基复合氧化物 NH_3-SCR 催化剂具有成本低和易设计等优点，但该类催化剂的商品化仍存在诸多问题，如低温活性和水热稳定性较差等问题亟待解决。

14.5　机动车尾气净化催化剂的评价和匹配

机动车尾气净化催化剂的评价和匹配示意图如 14-5-1 所示。

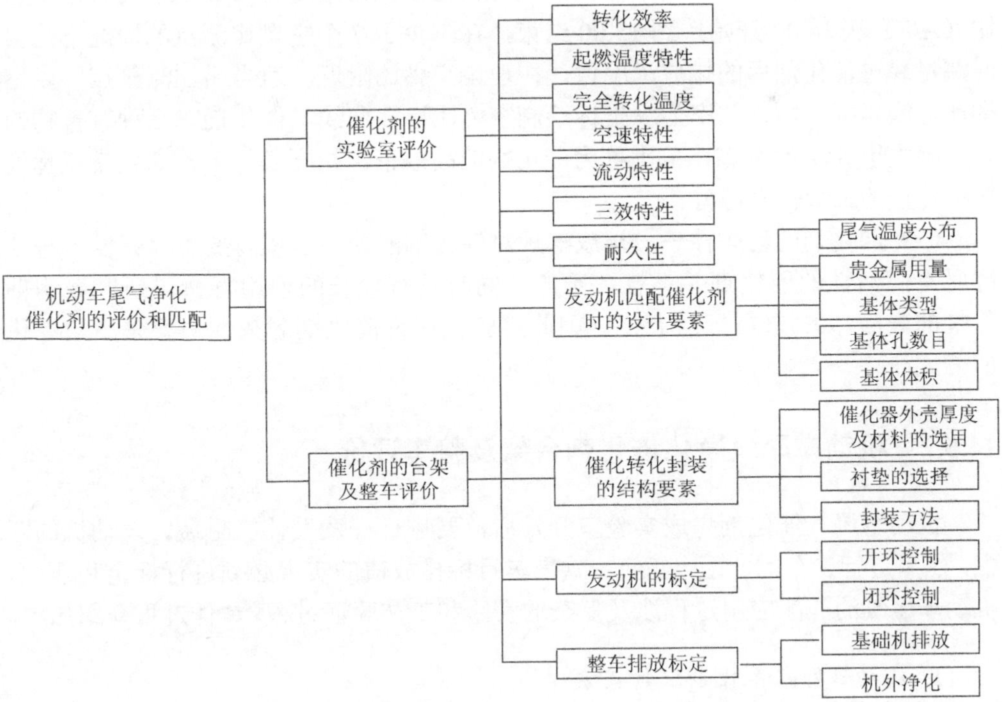

图 14-5-1　机动车尾气净化催化剂的评价和匹配示意图

14.5.1 机动车尾气净化催化剂实验室评价

实验室评价催化剂性能，主要评价催化剂本征活性，为后续进行整车匹配提供依据。实验室主要评价催化剂的如下特性。

（1）转化效率——催化剂在不同气体温度下对污染物的净化效率，可得出某种催化剂的转化效率与温度之间的关系。

（2）起燃温度特性——特定条件下，催化剂对 CO、HC、NO_x 等污染物的转化率达到 50%时催化剂的进口温度，用 T50 表示。相同条件下，催化剂的起燃温度越低催化剂的活性越好。

（3）完全转化温度——特定条件下，催化剂对 CO、HC、NO_x 等污染物的转化率达到 90%时催化剂进口温度，用 T90 表示。相同条件下，催化剂的完全转化温度越低催化剂的活性越好。

（4）空速特性——确定催化剂在不同气体流速下的净化效率。因不同类型催化剂应用所需空速不同，因此每种类型评价需要的空速也不同。

（5）流动特性——流动阻力会影响发动机的排气背压。

（6）三效特性——汽油车催化剂催化转化器入口温度为 450℃±10℃，空燃比（A/F）从 14.00 开始，到 15.00 结束，在不少于 7 个空燃比测点的情况下，实时测量经过催化剂后的排放浓度值，在理论空燃比附近，适当增加测量点。以空燃比为横坐标，转化效率为纵坐标绘制空燃比特性曲线。催化剂对三种有害物的转化率大于 80%的空燃比范围称为催化剂的高效带。相同条件下，高效带越宽说明催化剂的三效特性越好。

（7）催化剂的耐久性——排放法规对催化剂的使用里程有要求，开发一种新鲜时有高活性的催化剂并不难，难的是同时具有较长的使用寿命。研究表明催化剂的失活 90%来自于热老化，因此实验室评价催化剂耐久性主要采用热老化的方式。

14.5.2 机动车尾气净化催化剂台架及整车评价

机动车尾气催化剂完成实验室开发后，要进行开发设计、封装、发动机的匹配，然后进行整车的匹配，任何一款汽车目标排放值的实现必须进行标定和匹配。机动车尾气的匹配应用过程涉及复杂的实验和工艺验证过程，具体过程介绍如下。

1. 发动机匹配催化剂设计要素

催化剂与发动机（整车）匹配要考虑发动机尾气温度分布、贵金属用量、基体类型、基体孔目数、基体体积等因素。从催化剂设计的角度，尾气温度较高，对催化剂的要求相对较低。但尾气温度过高对催化剂寿命又提出了更高的要求，离发动机越远，温度越低。因此催化剂位置应布置在距离发动机适当位置，一般在距发动机尾气出口 50～60 cm 处；催化剂贵金属含量在 40～10 g/ft^3，贵金属选用 Pt/Pd 双金属，也可用单金属或 Pt/Pd/Rh 三金属，根据尾气特点，适当调节贵金属的比例；基体选用堇青石（或根据要求选用金属基体，金属基体导热性能好，但价格高），300 目或 400 目基体，目数越高，单位体积的基体外表面越大，对应涂层面积也越大，催化剂效率会有一定幅度提高，但同样基体的技术难度也增大，价格较 300 目高单位发动机排量匹配的催化剂体积一般是汽油机、摩托车天然气车 0.95～1.20 之间，柴油车 DOC、DPF 一般是 1.5 左右，SCR 是 2～2.5 之间，根据发动机原排确定。在实际应用中需要解决的问题更复杂，如公交车（时走时停，车速慢，尾气温度低）尾气净化。要使在道路上跑的实车在每时每刻其排放的污染物均达标。

2. 催化转化封装的结构要素

（1）催化器外壳厚度及材料的选用。催化器外壳厚度及材料的选用也会影响催化器的整体质量。外壳的厚度过薄，容易变形，过厚又增加了成本。经过多次实践，外壳材料的厚度在 1.5～2.5 mm 为宜。载体截面尺寸较大，可选较厚的材料，反之可选较薄的材料。外壳最好选用不锈钢。由于发动机排气管的材料多为碳钢，所以催化器的外壳改为不锈钢也不能避免氧化皮剥落堵塞催化剂的情况。

（2）衬垫的选择。衬垫在催化器中的作用有：①固定易碎的陶瓷载体；②在受冲击时起缓冲作用；③密封作用，防止废气逸出；④隔热作用，防止壳体过热；⑤隔音作用，降低噪声。一般采用了 3 M 公司的衬垫。

（3）封装方法。目前国际上流行的封装方法有三种：①蚌壳式；②捆绑式；③压入式。常用封装方法采用较为普遍的蚌壳式。利用环缝焊机和点焊机，将上下两片外壳焊在一起并保证内部的紧密度。

3. 发动机的标定

发动机空燃比（值）的标定分为两大类：开环控制和闭环控制。

（1）在开环控制情况下，根据台架和实车标定的各种数据表直接运算得出各工况的空燃比，这时并不引入氧传感器的信号进行反馈控制。

（2）在闭环控制情况下，在台架和实车标定数据的基础上，引入氧传感器信号进行反馈控制。例如，将汽油车的空燃比（值）精确控制在理论空燃比为 1 附近（目标值 A/F=14.6±0.1，相当于 1±0.007）。

（3）进入闭环控制的条件。发动机功率加浓（power enrichment）外的稳态工况均为闭环控制。例如，汽油车其目标空燃比均为 1。当然由于氧传感器的精度，ECU 的运算速率及算法，执行器的反应速率及精度等都会影响到空燃比的控制，一般以 1±0.005 作为空燃比标定的范围。

进入闭环控制有以下几个前提条件。①水温。水温过低时进入暖机控制程序，水温过高时进入发动机过热控制程序，只有在这两个水温阈值内才能以闭环控制空燃比。水温阈值是标定出来的数值，DELPHI 系统一般设定进入闭环控制的 THW 阈值为 20℃或 30℃。在排放测试通道内，为配合基础机排放控制及催化转化器对 A/F 窗口的需求，希望发动机启动后尽快地进入闭环控制环节。但在冷却水温度及进气温度较低的情况下进行 A/F 闭环控制，会影响 IDLE 时稳定性、驾驶性及暖机等性能。因此应通过细致的标定尽可能降低由此带来的不良影响。②氧传感器准备好信号。一般来说氧传感器只有在 300℃以上才能正常工作，600℃左右工作状况最佳。为了让氧传感器较快地准备好，有以下技术措施：将氧传感器的安装位置靠近排气支管、使用加热型氧传感器、改善氧传感器加热电流的控制逻辑等。目前开关式加热型氧传感器准备好时间一般为 30～40 s。③加、减速工况。在加、减速工况，电喷系统退出闭环模式而以开环模式进行空燃比的控制。加、减速工况的判定主要以 TPS（节气门开度传感器）信号进行，当然还需要车速信号、MAP（进气歧管真空度）信号、IAT（进气温度）、CTS（冷却水温度）等信号一起进行工况确定及喷油脉宽修正。④功率加浓工况。为了提高大负荷条件下的动力性，以改善车辆的驾驶性，在离开排放测试工况区域之外设置功率加浓模式。在功率加浓模式下，空燃比是以动力性为主要目标以开环模式进行控制，空燃比最浓的情况可能达到 0.82 左右。是否进入功率加浓的判定阈值是由 TPS 做出。不同的车型因为排放测试循环对应的负荷不同，设定的进入 PE 的 TPS 阈值也不同。⑤催化器转化器过热保护。为了避免催化转化器反应床过热，必须控制排气温度。当反应床温度模型计算出反应床温度过高时，进入转化器过热保护程序，控制空燃比加浓以降低排气温度。发动机电喷系统的标定，要兼顾排放、油耗、动力性、驾驶性、实用性等因素，其中达到排放目标是首先要考虑的因素。

4. 整车排放标定

整车排放标定包含两方面的因素：基础机排放和机外净化。

（1）基础机排放与发动机燃烧室形状、压缩比、进气涡流、空燃比、点火提前角及点火能量、是否带 EGR（废气再循环）、气缸散热/冷却状况等因素均有关，不同的发动机具有不同的排放特性。例如，三菱的 4G63/4G64 发动机的燃烧温度较高，其 CO、HC 排放量较少，但 NO_x 产生量较大，为了在大负荷工况下抑制 NO_x 的产生，发动机采用了 EGR 系统。EQ491i 发动机的燃烧温度较低，其 NO_x

产生量较少，而 CO、HC 产生量相对较多，发动机就不必考虑 EGR 系统也能达成较理想的排放效果。除了发动机基础机本身的特性外，电喷系统标定时也可通过空燃比和点火提前角的合理标定改变基础机的排放状况。例如，通过将理论空燃比的中值设成偏浓的一侧，就能降低燃烧温度，从而抑制 NO_x 的产生，当然这样可能会增加油耗。

（2）净化器匹配标定。催化转化器的匹配标定主要进行两方面的工作：空燃比窗口匹配和排气温度场匹配。

空燃比窗口匹配是尽量让催化转化器工作在高转化效率的空燃比区域，例如，汽油车稳态工况时以 1±0.005 作为目标，在不同的工况下可根据排放状况调整偏浓或偏稀。过渡工况（加、减速工况）时，空燃比控制在 1±0.1，一般为 0.95～1.06。

温度场匹配是让催化转化器尽快起燃，并使反应床的温度在合理的范围内（转化效率高同时又不过分影响热老化寿命，如汽油车催化转化器最佳工作温度为 600～800℃）。为了使催化转化器尽快起燃，电喷系统方面可以通过适当调稀空燃比和推迟点火提前角来提高排气温度，以改善刚起动时的温度场特性。当然调稀及推迟点火提前角都会影响到怠速稳定性及暖机过程，需要综合进行考虑。

（3）加、减速工况空燃比标定

加、减速工况的空燃比标定是以台架基础标定的脉谱图为基础，结合过渡工况的各种修正系数，以达成排放、驾驶性、油耗等目标。在加、减速工况中，由于节气门的变化引起进气歧管真空度的变化，从而影响了汽油油膜的蒸发速度，一般以油膜厚度模型来进行逻辑计算。另外，充气温度也会影响油膜的蒸发速度，也需要标定其修正系数表。

参考文献

李香兰. 2010. 纤维增强陶瓷基复合材料的发展及应用. 硅谷，10（1）：116.

Apostolescu N，Geiger B，Hizbullah K，et al. 2006. Selective catalytic reduction of nitrogen oxides by ammonia on iron oxide catalysts. Applied Catalysis B：Environmental，62（1-2）：104-114.

Burch R. 20004. Knowledge and know-how in emission control for mobile applications. Catalysis Reviews，46（3-4）：271-333.

Casagrande L，Lietti L，Nova I，et al. 1999. SCR of NO by NH_3 over TiO_2-supported V_2O_5-MoO_3 catalysts：Reactivity and redox behavior. Applied Catalysis B：Environmental，22（1）：63-77.

Chen L，Li J，Ge M. 2009. Promotional effect of Ce-doped V_2O_5-WO_3/TiO_2 with low vanadium loadings for selective catalytic reduction of NO_x by NH_3. The Journal of Physical Chemistry C，113（50）：21177-21184.

Cheng Y，Lee S C，Ho K F，et al. 2010. Chemically-speciated on-road $PM_{2.5}$ motor vehicle emission factors in Hong Kong. Science of The Total Environment，408（7）：1621-1627.

Fino D，Russo N，Saracco G，et al. 2007. Supported Pd-perovskite catalyst for CNG engines' exhaust gas treatment. Progress in Solid State Chemistry，35（2-4）：501-511.

Forzatti P，Groppi G. 1999. Catalytic combustion for the production of energy. Catalysis Today，54（1）：165-180.

Heck R M，Farrauto R J，Gulati S T. 2009. Catalytic Air Pollution Control：Commercial Technology，3rd Edition. New Jersey：John wiley & Sons，Inc.

Ifrah S，Kaddouri A，Gelin P，et al. 2007. On the effect of La-Cr-O-phase composition on diesel soot catalytic combustion. Catalysis Communications，8（12）：2257-2262.

Iwamoto M，Furukawa H，Mine Y，et al. 1986. Copper（Ⅱ）ion-exchanged ZSM-5 zeolites as highly active catalysts for direct and continuous decomposition of nitrogen monoxide. Journal of the Chemical Society，Chemical Communications，16：1272-1273.

Jiménez R，García X，López T，et al. 2008. Catalytic combustion of soot. Effects of added alkali metals on CaO-MgO physical mixtures. Fuel Processing Technology，89（11）：1160-1168.

Johnson T V. 2014. Vehicular Emissions in Review. SAE International，01-1491.

Kamasamudram K，Currier N，Szailer T，et al. 2010. Why Cu-and Fe-Zeolite SCR catalysts behave differently at low temperatures. SAE International，2010-01-1182.

Kamata H，Takahashi K，Ingemar Odenbrand C U. 1999. Kinetics of the selective reduction of NO with NH_3 over a V_2O_5（WO_3）/TiO_2 commercial SCR catalyst. Journal of Catalysis，185（1）：106-113.

Kašpar J，Fornasiero P，Hickey N. 2003. Automotive catalytic converters：current status and some perspectives. Catalysis Today，77（4）：419-449.

Kato A，Matsuda S，Nakajima F，et al. 1981. Reduction of nitric oxide with ammonia on iron oxide-titanium oxide catalyst. The Journal of Physical Chemistry，85（12）：1710-1713.

Koebel M，Elsener M，Kleemann M. 2000. Urea-SCR：A promising technique to reduce NO_x emissions from automotive diesel engines. Catalysis Today，59（3-4）：335-345.

Koebel M，Elsener M，Madia M. 2001. Recent advances in the development of urea-SCR for automative applications. SAE International，01-3625.

Koebel M，Madia G，Elsener M. 2002. Selective catalytic reduction of NO and NO_2 at low temperatures. Catalysis Today，73（3-4）：239-247.

Li J，Chen J，Ke R，et al. 2007. Effects of precursors on the surface Mn species and the activities for NO reduction over MnO_x/TiO_2 catalysts. Catalysis Communications，8（12）：1896-1900.

Li Z Q，Meng M，Li Q，et al. 2010. Fe-substituted nanometric $La_{0.9}K_{0.1}Co_{1-x}Fe_xO_{3-\delta}$ perovskite catalysts used for soot combustion，NO_x storage and simultaneous catalytic removal of soot and NO_x. Chemical Engineering Journal，164（1）：98-105.

López-Suárez F E，Parres-Esclapez S，Bueno-López A，et al. 2009. Role of surface and lattice copper species in copper-containing（Mg/Sr）TiO_3 perovskite catalysts for soot combustion. Applied Catalysis B，93（1-2）：82-89.

Maunula T. 2013. Intensification of catalytic aftertreatments systems for mobile applications. SAE International，01-0530.

Peralta M A，Milt V G，Cornaglia L M，et al. 2006. Stability of Ba，K/CeO_2 catalyst during diesel soot combustion：Effect of temperature，water，and sulfur dioxide. Journal of Catalysis，242（1）：118-130.

Pomeroy M J，Sullivan D O′，Hampshire S，et al. 2012. Degradation resistance of cordierite diesel particulate filters to diesel fuel ash deposits. Journal of the American Ceramic Society，95（2）：746-753.

Ristovski Z D，Morawska L，Hitchins J，et al. 2000. Particle emissions from compressed natural gas engines. Journal of Aerosol Science，31（4）：403-413.

Roy S，Viswanath B，Hegde M S，et al. 2008. Low-temperature selective catalytic reduction of NO with NH_3 over $Ti_{0.9}M_{0.1}O_{2-\delta}$（M=Cr，Mn，Fe，Co，Cu）. The Journal of Physical Chemistry C，112（15）：6002-6012.

Twigg M V. 2007. Progress and future challenges in controlling automotive exhaust gas emissions. Applied Catalysis B：Environmental，70（1-4）：2-15.

van Setten BAAL，Makkee M，Moulijn J A. 2011. Science and technology of catalytic diesel particulate filters，Catalysis Reviews，43（4）：489-564.

WHO. 2003. Health aspects of air pollution with particulate matter，ozone and nitrogen dioxide. WHO Regional Office for Europe，Copenhagen.

Xu H，Zhang Q，Qiu C，et al 2012. Tungsten modified MnO_x-CeO_2/ZrO_2 monolith catalysts for selective catalytic reduction of NO_x with ammonia. Chemical Engineering Science，76：120-128.

第 15 章　己内酰胺绿色生产技术的化学和工程基础

未来化学工业的可持续发展要以绿色化学与化工为基础，目标是从“先污染、后治理”改变为“从源头上根除污染”。绿色化学的理想一方面是实现反应的“原子经济性”，要求原料中的每一个原子进入产品，不产生废物和副产品，并采用无毒无害的原料、催化剂和溶剂；另一方面是生产环境友好的绿色产品，在使用中乃至其存在的全过程中均不产生环境污染。己内酰胺是尼龙 6 纤维和尼龙 6 工程塑料的单体，广泛应用于纺织、汽车、电子等行业，并与人们的日常生活密切相关。2015 年我国己内酰胺消费量超过 200 万 t，是重要的基本有机化学品。在所有基本有机化学品生产中，己内酰胺的生产流程最长、工艺最复杂、产品纯度要求最高。二十年前我国己内酰胺几乎全部依赖进口，那时为满足国民经济需求，中国石化投资 100 亿人民币引进了三套 5 万 t/a 己内酰胺生产装置。从国外引进的己内酰胺生产技术，由于装置规模小、投资大、生产成本高、废物排放量大，使得我国己内酰胺生产行业一直处于严重亏损的状况，2003 年被国家商务部列为反倾销产品名录。本章将介绍中国石化石油化工科学研究院历经二十年开发成功的己内酰胺绿色生产技术（表 15-0-1），并通过总结己内酰胺绿色生产技术的研究和开发，为我国绿色化工生产技术的发展提供一定的参考。

表 15-0-1　制备己内酰胺反应过程

反应过程	现有生产技术	绿色生产技术
肟化反应	氨氧化反应： $4NH_3+7O_2 \longrightarrow 4NO_2+6H_2O$ 羟胺反应： $2NO_2+2H^++5H_2 \longrightarrow 2NH_3OH^++2H_2O$ 肟化反应： 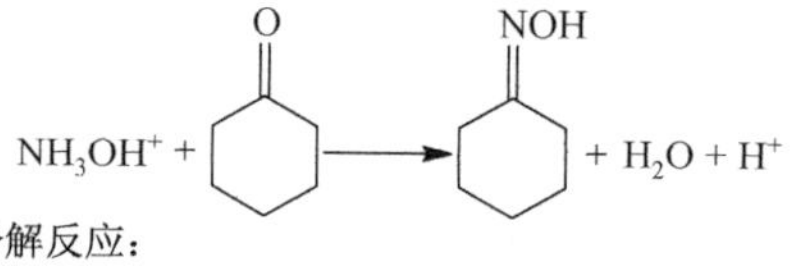 铵分解反应： $2NH_4^++NO+NO_2 \longrightarrow 2N_2+2H^++3H_2O$	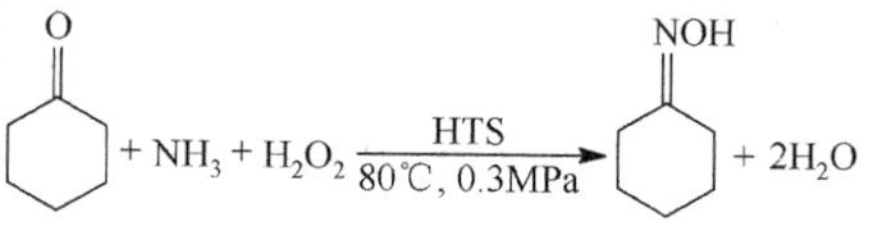
重排反应	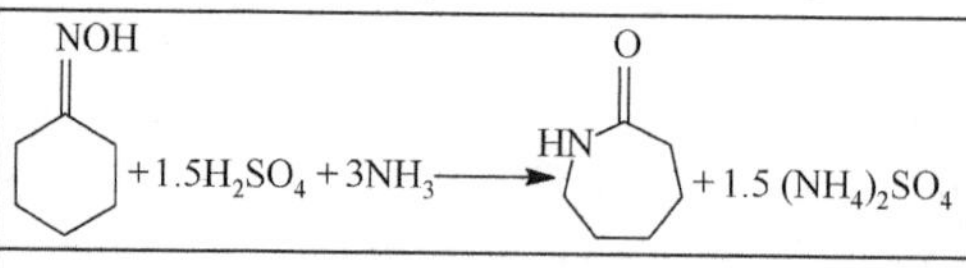	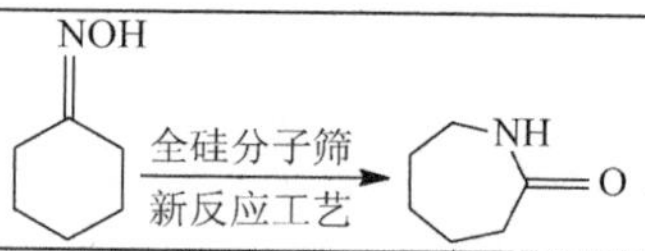
精制反应	雷尼 Ni 催化剂、釜式反应器	非晶态 Ni 催化剂、磁稳定床反应器

15.1　现有的己内酰胺生产技术

现有的己内酰胺生产技术于 20 世纪 70 年代由荷兰 DSM、德国 BASF 和意大利 SNIA 公司和 ENI 等四家公司开发，主要包括苯加氢制备环己烷、环己烷氧化制备环己酮、环己酮羟胺肟化制备环己酮肟、环己酮肟重排制备己内酰胺及后续多步精制过程。其核心技术之一是环己酮与羟胺肟化制备环己酮肟（表 15-0-1）。环己酮肟生产过程包括氨氧化制备 NO_x，NO_x 吸收，还原制备羟胺，以及羟胺与环己酮反应制备环己酮肟等四步反应。该过程需耗费大量贵金属催化剂，并使用毒性高的 NO_x，且氨的利用率低于 60%。其核心技术之二是环己酮肟液相贝克曼重排制备己内酰胺（表 15-0-1）；该过程以浓硫酸作溶剂和催化剂，重排反应结束后用氨水中和反应体系，并由此副产 1.6 倍于己内酰胺的低价值硫酸铵。其核心技术之三是己内酰胺精制过程；通过加氢反应、蒸馏和离子交换等过程将杂质含量降至 ppm 级。现有的生产技术工艺流程长、反应条件苛刻、使用腐蚀性和毒性高的 NO_x 和 SO_x，碳原子和氮原子利用率分别不足 80%和 60%；以 5 万 t/a 己内酰胺生产装置的生产统计数据，生产 1 t 己内酰胺排放 5000 m^3 废气、5 t 废水和 0.5 t 废渣，并副产 1.6t 的低价值硫酸铵。因此，现有的生产技术“原子经济性”差、使用有毒有害的溶剂和催化剂、废物排放量大，从而亟待绿色化改造。石油化工科学研究院历经 20 多年开发成功己内酰胺绿色生产技术，主要包括：钛硅分子筛与浆态床反应器集成用于环己酮氨肟化制备环己酮肟；纯硅分子筛与径向移动床反应器集成用于环己酮肟气相克曼重排制备己内酰胺；非晶态 Ni 与磁稳定床集成用于己内酰胺加氢精制。

15.2　钛硅分子筛与淤浆床反应器集成用于环己酮氨肟化制备环己酮肟

15.2.1　环己酮氨肟化制备环己酮肟工艺技术

环己酮肟制备技术是己内酰胺生产的核心。由环己酮制备环己酮肟的传统工艺主要分为拉西法即硫酸羟胺法(HSO)、氧化氮还原法(NO)和磷酸羟胺法(HPO)三种，均是通过环己酮与羟胺的一种盐反应来制取环己酮肟，其差别在于生产羟胺的过程和生成羟胺的盐不同。不同的羟胺盐的制备都必须经过氨燃烧制成氮氧化物或其盐及相关还原反应，此过程不仅生产流程长、工艺复杂、条件苛刻、设备投资高，而且因产生或使用 NO_x 和/或 SO_x 等而存在较严重的腐蚀和污染问题。

三种方法中 HPO 工艺应用最普遍，这也是 DSM 公司开发的已内酰胺生产技术的核心内容。环己酮肟制备过程需四步反应，要使用五种催化剂，其中，制备羟胺的贵金属催化剂价格昂贵且用量大，反应选择性低，氨的利用率不足 60%。因此，研究开发一种工艺简单、成本低且环境友好的新技术来生产环己酮肟，具有十分重要的意义。

20 世纪 80 年代，意大利 ENI 公司研制出钛硅分子筛催化氧化新材料，在钛硅分子筛（TS-1）的催化作用下，环己酮与氨、过氧化氢进行氨肟化反应，高选择性地一步直接制备环己酮肟（如下所示）。这是“原子经济”的反应过程，不仅工艺过程简单、反应条件温和，而且副产物几乎只有水。

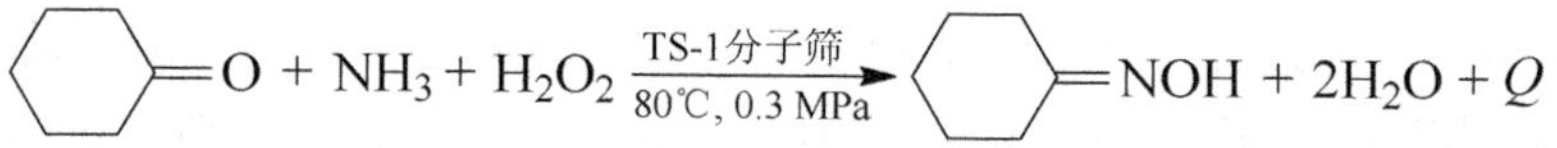

1995 年，意大利 ENI 公司完成了 1.2 万 t/a 环己酮氨肟化制环己酮肟工业示范实验，该技术采用粒径约 20 μm 的微球催化剂、两釜或多釜串联淤浆床反应器，环己酮转化率≥99.9%、环己酮肟选择性≥99.3%、双氧水利用率约 90%。2003 年，日本住友化学公司采用这项技术与流化床环己酮肟气相贝克曼重排制己内酰胺技术相结合，建成了 6.5 万 t/a 己内酰胺生产装置。

与国外公司同步，中国石化石油化工科学研究院研制、开发出了具有自主知识产权的新型空心钛硅分子筛（HTS）和单釜连续淤浆床-膜分离组合的环己酮氨肟化制环己酮肟新工艺。该技术直接以亚微米级的 HTS 分子筛原粉为催化剂（粒径约 0.2 μm），以单釜淤浆床连续反应-膜分离组合新工艺，实现了细颗粒催化剂的分离与循环使用，形成了一种全新、独特、更先进的环己酮氨肟化新技术。2003 年，中国石化采用该技术建成了 7 万 t/a 环己酮氨肟化制环己酮肟工业装置，单釜反应即获得比国外两釜串联工艺更好的工艺结果，环己酮转化率≥99.9%，环己酮肟选择性≥99.5%、双氧水利用率约 90%。中国石化采用单釜连续淤浆床环己酮氨肟化新技术替代了 HPO 工艺的羟胺肟化制环己酮肟技术，与环己酮肟液相贝克曼重排技术相结合，生产己内酰胺。

15.2.2　空心结构钛硅分子筛制备技术

钛硅分子筛（HTS）是一种杂原子分子筛，由于过渡元素钛与主族元素硅在电子结构、离子半径、电负性和极化能力等方面有明显的差异，钛与硅的结合远比铝与硅的结合困难，导致众多研究者合成的钛硅分子筛氧化活性和选择性不稳定，制备重复性差。石油化工科学研究院成功开发了水热合成与重排改性相结合的制造技术，制备出具有独特空心结构的新型钛硅分子筛，使得催化剂活性、稳定性和制备重复性得到了大幅度提高。

HTS 分子筛与常规 TS-1 分子筛的透射电镜（TEM）对比结果如图 15-2-1 所示，其中，HTS 分子筛具有明显的空心结构，而常规 TS-1 分子筛没有这种特性。

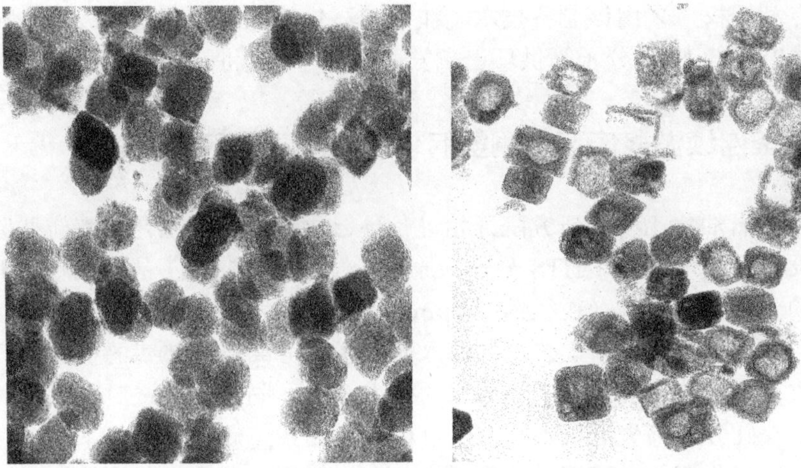

(a) 常规TS-1分子筛　　(b) HTS分子筛

图 15-2-1　钛硅分子筛的透射电镜照片

HTS 分子筛与常规 TS-1 分子筛的吸附脱附曲线对比结果，如图 15-2-2 所示。可以看出，HTS 钛硅分子筛在低温氮吸附等温线和脱附等温线之间存在滞后环，而常规 TS-1 分子筛基本不存在滞后环。这种滞后环与分子筛的空心结构有关，在空心晶粒中空腔部分的尺寸越大，滞后环也越大。HTS 分子筛与常规 TS-1 分子筛的苯吸附实验对比结果表明，在 25℃和 P/P_0=0.1 及吸附 1 h 的条件下，HTS 分子筛的苯吸附量为 75～100 mg/g，明显大于常规 TS-1 分子筛 65 mg/g 的苯吸附量，也与 HTS 分子筛具有空心结构的特征相一致。

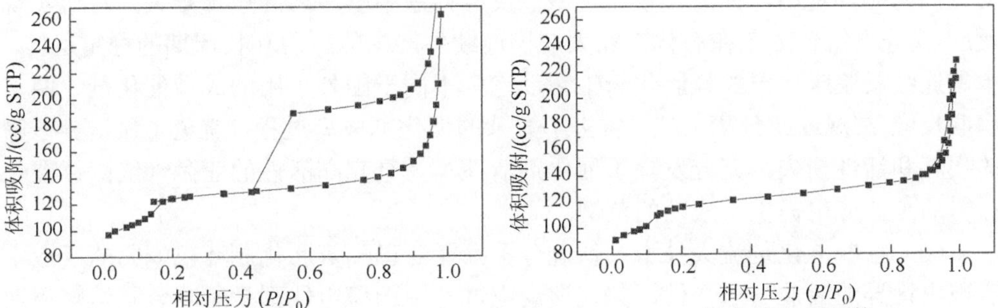

(a) HTS分子筛　　(b) 常规TS-1分子筛

图 15-2-2　钛硅分子筛的吸附脱附曲线

由于 HTS 分子筛独特的空心结构，在相同晶粒大小时，反应物分子扩散到分子筛孔道中的途径更短，且分子筛对有机物具有更好的容纳能力，使得 HTS 分子筛具有更高的催化活性、选择性和稳定性。HTS 分子筛产品获得了中国和美国的产品发明专利授权，采用该制备技术，在中国石化催化剂分公司建成了百吨级生产装置，生产出的 HTS 分子筛供环己酮氨肟化制环己酮肟工业装置使用。

15.2.3　单釜连续淤浆床环己酮氨肟化制备环己酮肟工艺技术

1995 年，石油化工科学研究院开始进行环己酮氨肟化新工艺及其新型催化剂的研究开发，为了充分发挥 HTS 分子筛原粉（粒径约 0.2 μm）的高活性，不采用国外成型的分子筛催化剂（粒径约 20 μm），成功开发了单釜淤浆床连续反应-膜分离组合的环己酮氨肟化新工艺，并深入研究了膜分离系统堵塞的机理和解决方法，成功攻克了碱性反应体系中膜堵塞的技术难关。同时，通过对环己酮氨肟化反应体系中钛硅分子筛失活机理和再生过程化学的系统研究，取得了碱性介质对以氧化硅为结构单元的分子筛溶解作用规律的新认识，开发了独特的控制催化剂流失技术和催化剂再生技术。2003 年，建成了 7 万 t/a 环己酮氨肟化制备环己酮肟工业装置，开车一次成功，成为世界上第一套采用分子筛原粉为催化剂，包括催化剂再生及循环利用技术在内的，完整成套的环己酮氨肟化制环己酮肟绿色化工业生产装置。与报道的国外同类技术相比，单釜连续淤浆床环己酮氨肟化制备环己酮肟新工艺包括以下技术创新。

（1）亚微米级 HTS 分子筛原粉催化剂与淤浆床-膜分离组合反应器的集成：单釜连续淤浆床环己酮氨肟化新工艺，直接采用亚微米级分子筛原粉（粒径约 0.2 μm）为催化剂，充分发挥了催化剂活性中心的作用，单釜反应工艺即可获得比国外两釜串联工艺更好的工艺结果，环己酮转化率≥99.9%，环己酮肟选择性≥99.5%。通过连续反应-微孔膜过滤分离技术，实现了亚微米级催化剂与反应产物的分离与循环使用，并成功攻克了碱性反应体系中膜堵塞的技术难关，首次实现反应-膜分离组合工艺在石化工业大规模连续生产中的应用和长周期的稳定运转。单釜连续淤浆床环己酮氨肟化新工艺，完全不同于国外采用的成型催化剂、两釜串联反应-常规过滤分离工艺，省去了繁杂的催化剂成型过程，避免了昂贵分子筛的损耗和活性损失，充分发挥了催化剂活性，为具有高活性的亚微米级固体催化材料的工业应用提供了成功的范例。

（2）控制催化剂流失技术：钛硅分子筛在环己酮氨肟化制环己酮肟的反应中表现出优异的活性与选择性，其在该反应过程中的稳定性则是影响装置运转周期的关键因素。据报道，在长周期运转中需采用定期取出失活催化剂同时补充新鲜剂的方法，才能维持理想的催化活性。Petrini 等对该反应中钛硅分子筛的失活进行了分析，认为引起失活的原因有三个：①硅溶解；②骨架钛迁移；③堵孔。前两个都是由反应系统氨的存在引起的，第三个则是由副反应形成的有机物堵塞孔道造成的。对环己酮氨肟化体系长周期连续运转的失活分子筛，进行物化表征分析，如表 15-2-1 所示。可以看出，长时间运转后，分子筛的相对结晶度略有下降，为新鲜剂的 97%，焙烧后分子筛比表面基本恢复至 97%，但分子筛中相对钛含量明显增加，为新鲜剂的 129%，这是分子筛中硅溶解流失的结果。硅流失后，而钛仍留存于分子筛上，造成分子筛中相对钛含量的增加。此外，FTIR 光谱中 I960/I550 特征峰强度比值也有下降。以上结果表明，在环己酮氨肟化反应体系中，确实存在分子筛的硅溶解流失，进而造成钛迁移的现象，这是造成催化剂失活的重要原因，尤其在长周期运转中，分子筛的硅溶解流失是影响催化剂稳定运转周期的首要因素。

表 15-2-1　失活分子筛物化表征

样品	相对结晶度（XRD 法）/%	比表面（BET 法）/%	相对 Ti 含量（ICP）/%	相对 I960/I550（FTIR）/%
新鲜剂	100	100	100	100
连续运行 350 h	97	97	129	75

研究结果及长周期运转结果表明，虽然在环己酮氨肟化碱性反应体系中只溶有很少量的硅（＜100 μg/g），但在长周期运转的过程中，会导致反应体系中分子筛催化剂的数量不断减少，以致不能维持体系中稳定的催化剂浓度，进而更加速了催化剂失活。同时这种溶解作用还会破坏分子筛的结构，造成钛的迁移。此问题虽为国际学者所共识，但未见有关解决这一问题文献的报道。

系统研究氨对分子筛溶解作用的机制和规律，发现氨的碱性对含硅分子筛的溶解具有普遍性，但这一溶解过程速度较快且存在着溶解平衡，平衡值随着反应体系极性的大小而不同。基于这些认识，利用类似“同离子效应”的原理，发明了简便有效的解决分子筛骨架硅溶解流失的新工艺方法，即通过向系统中添加特定结构的含硅助剂来减缓、抑制分子筛骨架硅的溶解，经工业实施取得了良好的效果：稳定了体系中的催化剂浓度，催化剂单程运转周期延长了 50%，而且运转后分子筛的相对结晶度和 Si/Ti 比均可几乎保持不变。这一独特的技术创新，获中国、美国、欧洲、日本等发明专利授权，有效地解决了碱性反应体系对分子筛催化剂中硅溶解造成的催化剂失活的难题，不仅大幅度延长了催化剂寿命，同时改善了催化剂的可再生性能，大幅降低了催化剂消耗。

（3）催化剂再生技术：分子筛催化剂的可再生性能和再生方法是催化剂研制中的一个重要内容，这对工业产品售价高达 100 万元/t 左右的钛硅分子筛尤为重要。对环己酮氨肟化不同运转时间下的分子筛催化剂的 BET 分析结果如表 15-2-2

所示。可以看出，在运转过程中分子筛的比表面积和孔体积均逐步下降，尤其是微孔体积下降较为明显。运转中期，分子筛比表面积下降了 50%，总孔体积下降了 30%，微孔体积下降了 53%；催化剂失活时，比表面积已下降了 68%，总孔体积下降了 40%，而微孔体积则下降了 72%，表明确实存在分子筛孔道堵塞的现象，而且堵孔是逐步积累的过程。图 15-2-3 的 TGA 分析表明，堵孔物质为有机物，其分解温度集中在 200～550℃，其质量分数约为 10%。上述研究结果表明，环己酮氨肟化反应过程催化剂失活的另一个重要因素是副产物造成的孔道堵塞。

表 15-2-2　不同运转时间 HTS 分子筛 BET 表征

样品名称	比表面/（m^2/g）	微孔体积/（mL/g）	总孔体积/（mL/g）
新鲜剂	427	0.170	0.326
60%运转期剂	215	0.080	0.229
90%运转期剂	178	0.066	0.201
失活剂	139	0.049	0.196

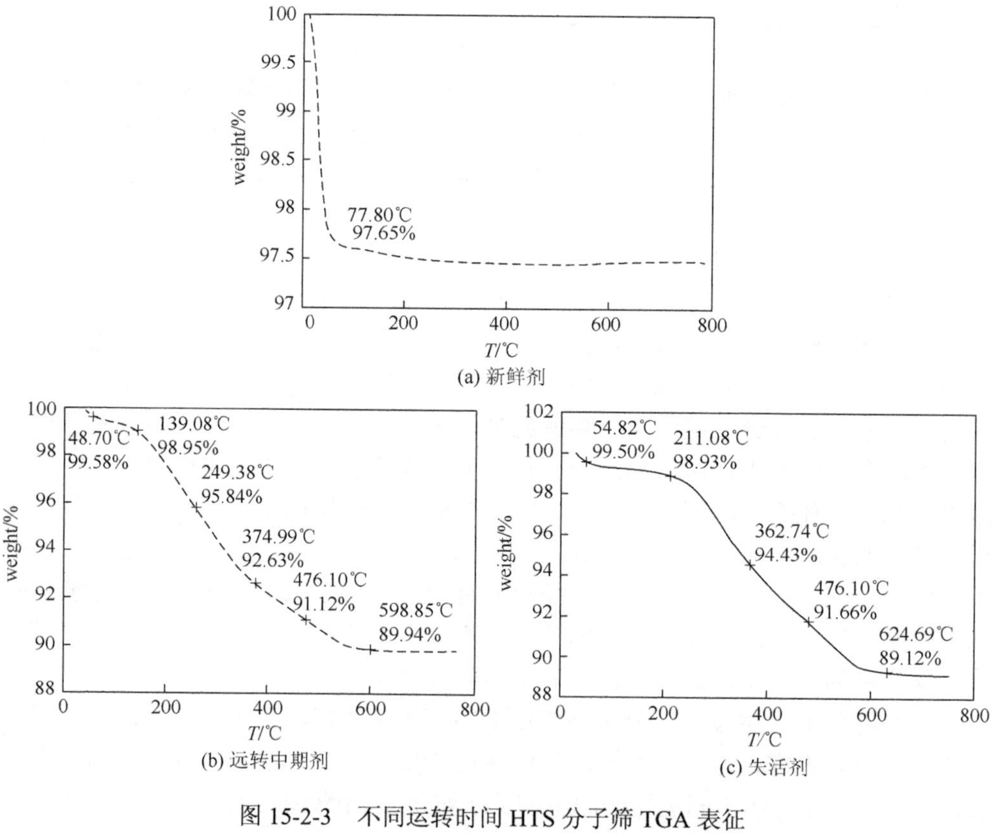

图 15-2-3　不同运转时间 HTS 分子筛 TGA 表征

有关环己酮氨肟化反应中钛硅分子筛再生的文献和专利报道甚少，提出的用溶剂洗涤的再生效果也并不理想。意大利埃尼公司专利公开的再生方法是将失活催化剂预先煅烧，然后在无机氟化物存在的情况下，在含水介质中用过氧化氢处理，最后再以热处理的方法进行再生，再生后催化剂活性最高恢复至新鲜催化剂的 84%，但其稳定性并未提及，该专利方法也未见有工业实施的报道。

中国石化石油化工科学研究院通过深入研究失活催化剂的再生化学发现，失活后分子筛会吸附某些呈碱性的副产物，这些副产物难以被有机溶剂洗涤脱除；焙烧过程会产生碱性物质，这些物质能够对分子筛的结构造成破坏。因此，再生后分子筛的催化性能难以有效恢复。在此基础上，提出了化学处理-焙烧再生的独特方法和工艺，并在世界上首次实现了环己酮氨肟化催化剂再生技术的工业化，再生后催化剂活性、选择性均可恢复至新鲜剂水平，稳定性可恢复至新鲜剂的 95%，并实现了分子筛的多次再生和重复利用，显著降低了催化剂消耗。这一独特的技术创新，获中国、美国、欧洲、日本等发明专利授权。

单釜连续淤浆床环己酮氨肟化制备环己酮肟工艺技术是新催化材料、新反应工艺、新反应工程的集成创新，这一技术实现了传统产业的跨越式技术进步，也是己内酰胺绿色生产成套新技术的核心。与当前世界上主要采用的 HPO 工艺相比，其生产流程被大幅简化，氨的利用率由 60%提高到 90%以上；不产生和使用腐蚀性 NO_x，装置投资减少 70%；环己酮肟制造成本降低约 800 元/t；废气排放量仅为引进技术的 1/200；产生了显著的经济效益和社会效益。

15.3　纯硅分子筛与径向移动床反应器集成用于环己酮肟气相贝克曼重排制备己内酰胺

15.3.1　环己酮肟重排制备己内酰胺

己内酰胺的工业生产中 90%的生产工艺都要经过环己酮肟贝克曼重排。由环己酮肟制备己内酰胺有两种工艺：液相贝克曼重排和气相贝克曼重排。目前工业上主要采用液相贝克曼重排工艺，该工艺以发烟浓硫酸作溶剂和催化剂，重排反应完成后需要使用大量的氨水去中和反应体系的酸性，产生 1.6 倍于目的产物己内酰胺的廉价硫铵，并存在腐蚀设备和污染环境等问题，原子经济性仅为 36%。其反应方程式如下液相贝克曼重排反应的产物分离提纯和精制比较复杂，一般需要经过重排中和、硫铵萃取及汽提、苯萃、水萃、离子交换、加氢、三效蒸发、蒸馏等工序。由于精制过程中存在无机盐硫酸铵，导致分离提纯工序多而复杂。事实上，液相贝克曼重排反应过程中使用了发烟浓硫酸和液氨，所以己内酰胺生产企业一般都需要建设液氨、硫酸和硫铵等与之配套的生产车间。因此，其固定投资大、人工成本高。

与现有液相贝克曼重排反应的生产工艺完全不同，固体酸催化剂上的气相贝克曼重排反应新工艺是在全新知识基础上的无硫铵化、绿色化和环境友好的新技术，具有无设备腐蚀、无环境污染等优势。该过程不副产硫铵，产物的分离提纯也得到了简化，因此无硫铵的气相贝克曼重排反应在环保和经济方面具有很大优势。原子经济性为 100%的气相贝克曼重排反应方程式如下

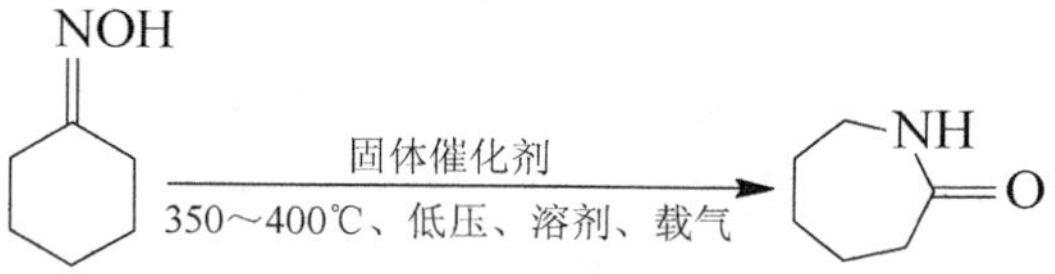

气相贝克曼重排目前主要有两类催化剂具有较好的应用前景：负载氧化硼型复合氧化物和沸石分子筛，前者表面的中等强度酸中心是实现生成己内酰胺的活性中心，后者的晶体外表面则是催化生成己内酰胺的活性中心。据报道，中性或弱酸性硅醇羟基（Si—OH）很可能是生成己内酰胺的活性中心。两类催化剂共同的缺点是催化剂容易积炭结焦而失活。日本住友化学工业株式会社于 2003 年 4 月成功实现了环己酮肟气相贝克曼重排制己内酰胺技术的工业化。他们采用高 Si/Al 比的 ZSM-5 型分子筛作催化剂，流化床工艺和结晶精制技术，并于 2006 年 4 月达到了 8 万 t/a 己内酰胺生产规模。下面分别对石油化工科学研究院在分子筛合成、催化剂制备、重排反应工艺、反应条件、重排反应过程、工业示范实验等方面的工作分别进行介绍。

15.3.2　纯硅分子筛的合成

1978 年 UCC 公司的 E. M. Flanigen 等首次成功合成出“Pentasil”家族的最后一个成员 Silicalite-1。Silicalite-1 是一种具有 MFI 拓扑学结构的无铝全硅分子筛，是 ZSM-5 型结构分子筛家族中组成最简单的一种分子筛，其骨架仅含有硅原子和氧原子，基本结构单元为 SiO_4 四面体。Silicalite-1 分子筛的合成方法一般采用传统的有机原料水热法在 170℃温度下晶化若干天，硅源可选用固体氧化硅、硅溶胶、白炭黑、正硅酸乙酯（TEOS）等，模板剂多采用四丙基氢氧化铵（TPAOH）、低碳烃类季铵盐或两者的混合物、胺类化合物等。

中国石化石油化工科学研究院根据气相重排反应自身的特点，对 Silicalite-1 分子筛的合成进行了化学改性。在室温下将四丙基氢氧化铵（TPAOH）水溶液加入正硅酸乙酯中搅拌水解，于 70～80℃加热去醇，加水，然后将该清液混合物移入自生压力容弹中于 100～200℃下晶化三天，按常规方法过滤、洗涤、干燥和焙烧制得具有 Silicalite-1 分子筛结构的 RS-1 分子筛（图 15-3-1）。其中混合物的摩尔比为：$TPAOH/SiO_2$=0.10～0.40，H_2O/SiO_2=20～50。然后将得到的 Silicalite-1 分子筛在 50～150℃温度下用含氮化合物进行后处理，并水洗、干燥，最终将得到的白色固体粉末命名为 RBS-1 分子筛。

(a)　(b)

图 15-3-1　RS-1 分子筛 SEM（a）和 TEM（b）结果

15.3.3　气相重排催化剂制备

为了有效回避高 Si/Al 比 ZSM-5 分子筛（Si/Al＞30000）在挤条成型方面存在困难，以及分子筛催化剂的压碎强度低（＜40 N/cm）等问题，日本住友化学工业株式会社在催化剂制备方面改用喷雾成型技术（可能使用硅酸乙酯作黏结剂），所得催化剂颗粒为 5～100 μm，并在工艺方面采用流化床连续反应-再生新工艺技术，从而解决了催化剂容易失活的难题。

考虑到流化床连续反应-再生工艺设备投资高、催化剂再生频繁等问题，研究者将研究重点集中于开发条形或球形催化剂，反应工艺拟采用固定床或径向移动床技术。RS-1 分子筛经过成型之后，再用含氮化合物进行后处理，即制成条形或球形 RBS-1 催化剂。催化剂通过成型加工，就能根据催化反应和反应装置要求，提供适宜形状、大小和机械强度的颗粒催化剂，并使催化剂充分发挥所具有的活性和选择性，延长催化剂使用寿命。

根据岩石、矿石、沸石等硬物质形成原理，在重排催化剂含氮化合物后处理过程中首次提出了“类矿化作用”（pseudo-mineralization）的概念。一般地，较坚硬沉积物的形成需要在一定的温度、压力、pH 等反应条件下进行化学反应才能达到。用氧化硅作黏结剂挤出或滚动成型的 RBS-1 分子筛条剂或球剂，其压碎强度较差。将这些条形或球形分子筛在一定的温度、压力、pH 等适宜条件下处理若干时间，使分子筛与氧化硅黏结剂发生较强的相互作用，能够使条形和球形分子筛催化剂的压碎强度分别从 35 N/mm 和 15 N/颗粒提高到约 80 N/mm 和 30 N/颗粒。条形和球形分子筛催化剂用含氮化合物的后处理过程被称为“类矿化作用”过程。

制备条形和球形催化剂的流程如图 15-3-2 所示。

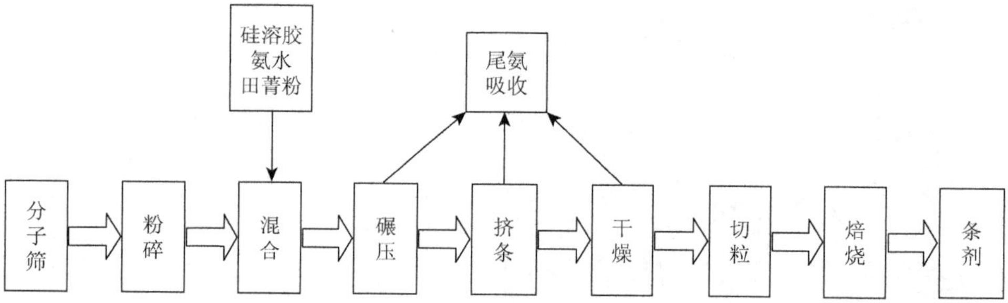

(a)

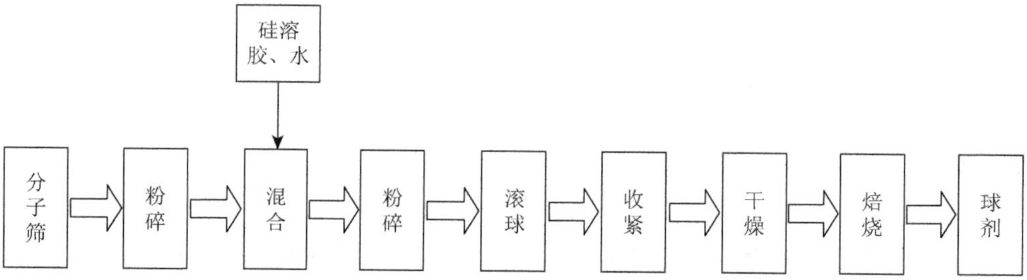

(b)

图 15-3-2　条形（a）和球形（b）催化剂的制备流程

为了寻找到比较合理的工艺配方，研究者详细地考察了挤条成型和滚动成型工艺对催化剂制备性能的影响，包括不同硅源、碱源、固含量、水粉比、助挤剂等因素。条形和球形 RBS-1 催化剂一些主要物性参数为：相对结晶度达到 70%，比表面积 SBET 达到 300 m^2/g 以上，孔体积 V 接近 0.300 mL/g，金属离子 Al^{3+}、Na^+、Ca^{2+}＜100 ppm，Fe^{3+}＜50 ppm，Mg^{2+}＜50 ppm，Cu^{2+}、Cr^{3+}、Ti^{4+}＜10 ppm。条形和球形催化剂（图 15-3-3）中 Silicalite-1 分子筛含量占 80%～90%。

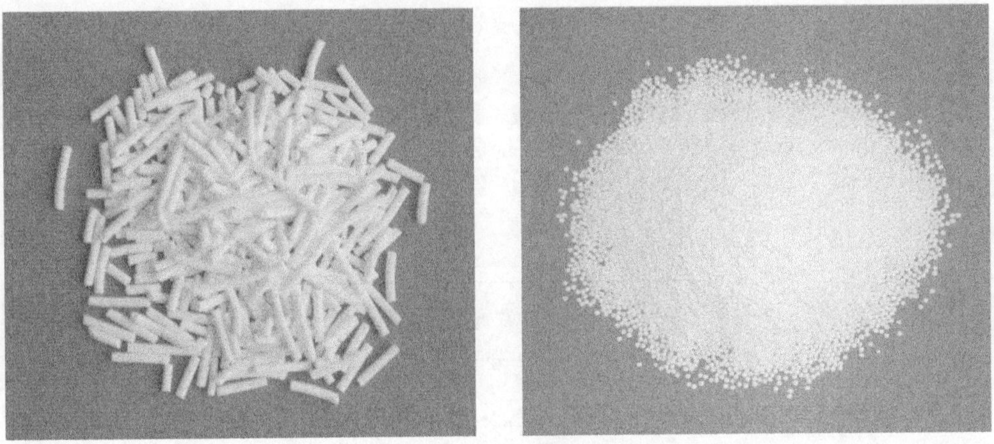

图 15-3-3　条形和球形催化剂

由于 Silicalite-1 分子筛的 Si/Al 比很高，研究者普遍认为硅羟基（Si—OH）是 Silicalite-1 分子筛的主要活性组元，从 Si—OH 上脱出的质子是环己酮肟气相贝克曼重排反应的引发剂，Al—O—Si 形成的酸位为副反应的活性中心，气相贝克曼重排反应的活性中心为近乎中性的硅羟基。对于 Si/Al＞100000 的近乎中性的 MFI 分子筛而言，硅羟基存在多种形式，其中最为常见的如图 15-3-4 所示，包括末端硅羟基、偕位硅羟基、邻位硅羟基和巢式硅羟基。如图 15-3-5 所示，巢式硅羟基在傅里叶红外光谱（FTIR）谱图中 3400 cm^{-1} 附近出峰，此巢式硅羟基是环己酮肟气相贝克曼重排反应的活性中心；末端硅羟基在 FTIR 谱图中 3740 cm^{-1} 附近出峰，被认为是副反应的活性中心。巢式硅羟基产生于分子筛结构缺陷处，将一个 Si 原子从分子筛的骨架中移去，即得到一处巢式硅羟基位点。

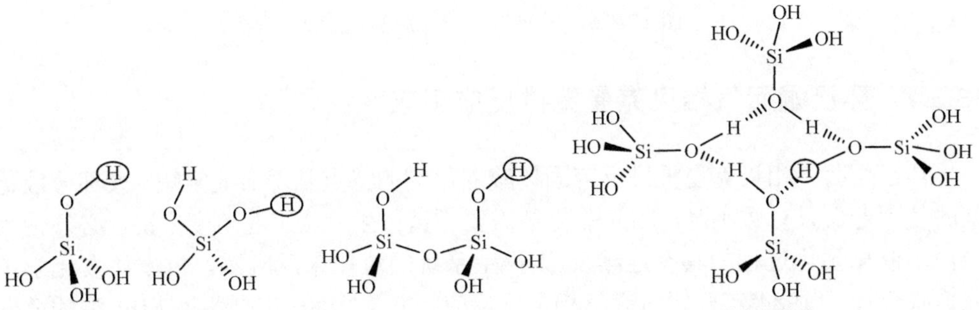

末端硅羟基　偕位硅羟基　邻位硅羟基　巢式硅羟基

图 15-3-4　MFI 分子筛中四种硅羟基

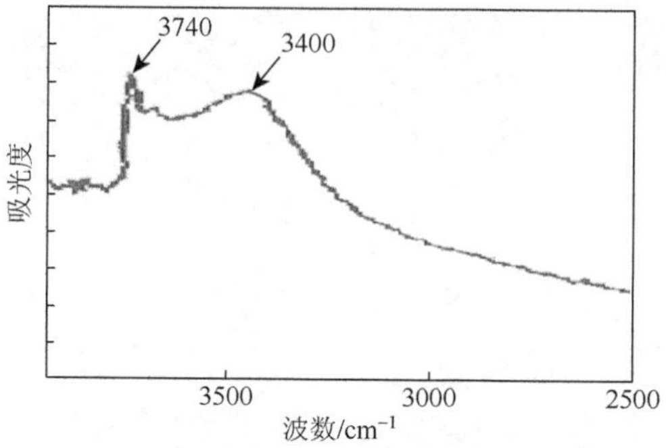

图 15-3-5　MFI 分子筛 FTIR 谱图

环己酮肟重排生成己内酰胺是分子体积变大的反应，由于择形作用，反应物在小孔分子筛中的孔道内易发生副反应。研究者普遍认为：环己酮肟气相贝克曼重排的活性中心是在 MFI 分子筛的三维孔道口，而非在三维孔道内部或外表面上。分别用分子体积比环己酮肟大的环辛酮肟和分子体积较小的环戊酮肟为原料进行贝克曼重排反应，发现环辛酮肟不发生贝克曼重排反应，而环戊酮肟的相应反应选择性较高，这说明反应不是在分子筛孔道外表面进行。使用不同位置被甲基取代的环己酮肟为原料进行贝克曼重排反应，结果表明，甲基取代位置越靠近 N—OH 键，贝克曼重排反应的选择性越低，这是因为取代甲基位越靠近 N—OH 键，其空间位阻越大，越难接近于分子筛孔口进行反应，这说明反应不是在表面上而是在孔口处进行的。

气相贝克曼重排反应的一大特点是在反应物中加入甲醇溶剂能大幅度提高己内酰胺的选择性，这是因为甲醇与末端硅羟基反应而生成硅甲氧基阻止了副反应的进行，反应式见图 15-3-6。

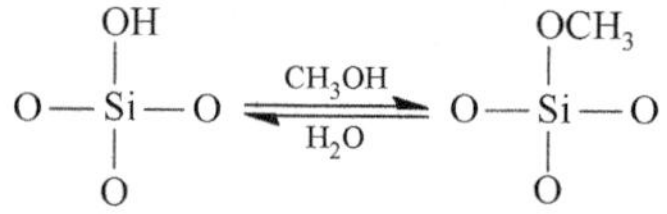

图 15-3-6　甲醇与末端硅羟基反应式

15.3.4　环己酮肟气相贝克曼重排反应工艺

环己酮肟气相贝克曼重排反应固体酸催化剂的特点是寿命非常短。大部分催化剂的使用寿命只有数小时，因此催化剂需要频繁再生。从工业角度来讲，必须使用类似于催化裂化过程的具有连续反应-再生系统的流化床反应器。日本住友化学工业株式会社于 1984 年开始研究气相重排反应，并于 1986 年制备了 MFI 型的全硅分子筛。他们以 Silicalite-1 分子筛为基础，成功开发了气相重排催化剂，掌握了气相贝克曼重排技术，于 2003 年 4 月成功实现了与环己酮氨肟化（意大利埃尼公司开发）相结合的环己酮肟气相贝克曼重排制己内酰胺技术的工业化。日本住友化学工业株式会社采用流化床工艺和结晶精制技术，于 2006 年 4 月达到了 8 万 t/a 己内酰胺生产规模。

日本住友化学株式会社开发的环己酮肟气相贝克曼重排反应，选用高 Si/Al 比的 MFI 分子筛为催化剂，甲醇为反应溶剂，氮气为载气，在反应温度 350～400℃，重时空速（WHSV）8 h^{-1} 的条件下，反应 5.5 h 后，环己酮肟的转化率＞99%，己内酰胺选择性＞95%，其中，5-氰基-1-戊烯、5-氰基-1-戊烷、环己酮和环己烯酮的选择性分别约为 2%、0.5%、1%和 0.5%。

由于催化剂的寿命太短（空速较高时小于 10 h），使用固定床工艺会频繁中断正常的工业生产，而且生产条件和再生条件之间频繁切换会使操作异常复杂。因此，日本住友化学工业公司开发了连续反应-再生循环流化床新工艺，其流程如图 15-3-7 所示。环己酮肟及溶剂甲醇经气化后进入流化床反应器中进行气相贝克曼重排反应，生成的己内酰胺进入后续精制工序进行精制分离，甲醇回收利用。一定量的催化剂经控制阀进入再生器在空气中高温再生，经再生后的催化剂再返回到反应器中。与固定床反应器相比，流化床反应器传热效果较好，但是对于催化剂的强度要求高，并且频繁再生对于催化剂的活性和选择性均有影响。

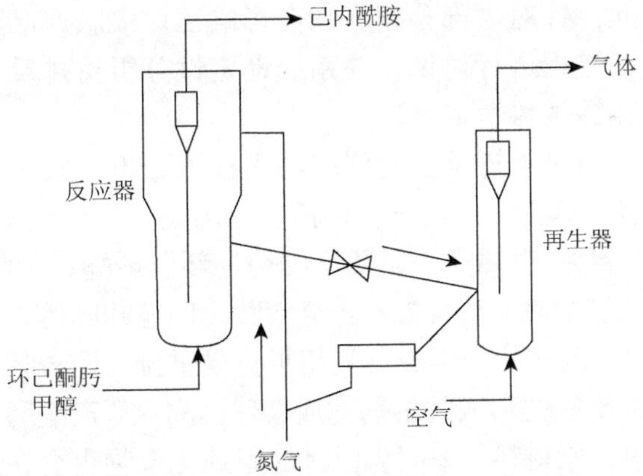

图 15-3-7　日本住友化学工业株式会社连续流化床反应-再生新工艺示意图

在流化床中，由于催化剂处于流化状态，颗粒碰撞较剧烈，催化剂磨损严重，所以流化床对催化剂颗粒的大小和机械强度比固定床要求更高，并且流化床操作复杂，投资和维护费用也较高。

日本住友化学工业株式会社开发的流化床工艺生成的产物还要经过后续的精制步骤才能得到合格的己内酰胺产品，精制步骤主要包括蒸馏、结晶和加氢精制。因为篇幅原因，本章对此不进行介绍。

对于流化床的这些问题，中国石化石油化工科学研究院 2000 年在“973”项目中设立了环己酮肟气相贝克曼重排反应的子课题，以 Silicalite-1 分子筛为基础，进一步优化了分子筛合成及催化剂的制备技术，研究反应物的溶剂和反应的载气性质对贝克曼重排反应活性、选择性和稳定性的影响，建立保持催化剂长寿命工作的反应氛围，达到理想的催化剂工作状态。2008 年 5 月完成了 800 t 环己酮肟气相贝克曼重排固定床/移动床新工艺工业侧线实验。2011 年 12 月和 2014 年 4 月分别完成了 10 万 t/a 环己酮肟气相贝克曼重排工业实验装置工艺包（反应部分）和 10 万 t/a 环己酮肟气相重排工业实验装置工艺包（精制部分），至此气相重排成套技术已具备工业应用条件。

15.3.5 环己酮肟气相贝克曼重排反应过程

己内酰胺作为一种重要的有机化工原料，主要用于合成聚酰胺 6 纤维和工程塑料。这些过程对己内酰胺产品的质量要求很高，一般情况下，ppm 级的杂质对己内酰胺聚合反应就能够产生较大的影响。在发生气相贝克曼重排反应时，常常伴随发生裂解、水解、醇解、加氢、脱氢、氧化、异构化、热缩合、Mannich 反应等多种副反应，生成品种繁多的副产物。其中大部分副产物会最终影响己内酰胺产品的质量。因此，针对大部分副产物会影响己内酰胺产品质量的问题，本小节将对气相重排反应过程进行讨论，并系统地定性分析重排反应的各种副产物，为己内酰胺分离提纯提供科学依据。

工业示范实验期间对重排反应的副产物进行了分析，共定性出近四十种副产物，取得了良好进展。这些主要副产物包括环己烯类、4-己烯酸甲酯、环己酮、己腈、2-甲基环己酮、氰基-戊烯类、氰基环戊烷、环己烯酮、苯胺类、*N*-甲基-己内酰胺、正己酰胺、八氢吩嗪、5, 6, 7, 8-四氢萘胺、四氢咔唑等，以及几十种仍未定性出来的副产物。这些副产物的形成与气相贝克曼重排反应过程中伴随发生的副反应有关，而且这些副反应的形成与溶剂性质、环己酮、环己酮肟等化合物的热稳定性有很大关系。同时，原材料、中间物引入的不纯化合物也会在进行主反应过程中伴随发生氧化、异构化、深度反应等一连串副反应，衍生出一些新的杂质，存在交叉影响的问题。在这些副产物中大部分物质会最终影响己内酰胺产品的质量。本小节按照环己酮肟、环己酮、己内酰胺、溶剂的影响分别进行讨论。

1. 环己酮肟的影响

环己酮肟的化学稳定性和热稳定性较差，通常在固体酸催化剂上，环己酮肟在发生气相贝克曼重排主反应过程中非常容易发生环己酮肟裂解和水解反应，分别生成 5-氰基 1-戊烯、5-氰基-2-戊烯、5-氰基-3-戊烯和环己酮。而 5-氰基-1-戊烯及其同分异构体还能进行加氢反应生成己腈及己腈的同分异构体，反应方程式如下所示。5-氰基-1-戊烯及其同分异构体、环己酮、己腈及其的同分异构体约占所有副产物总量的 40%。在负载氧化硼型复合氧化物和沸石分子筛催化剂上同样会形成这些副产物，但不同的固体酸催化剂所生成的副产物量可能会有所不同。

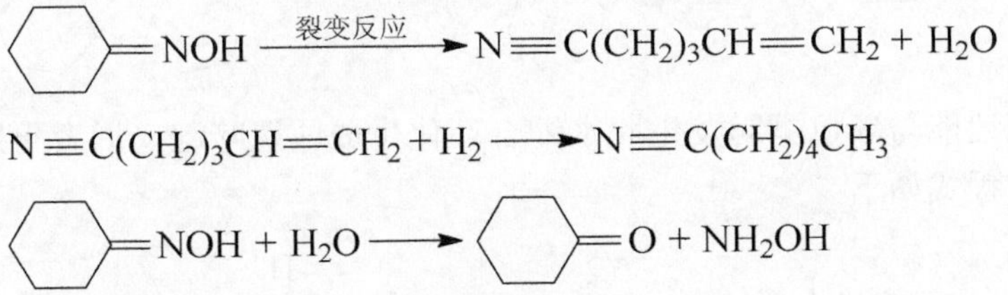

同时，环己酮肟本身还容易发生热缩合反应生成十氢吩嗪，十氢吩嗪发生脱氢反应生成 1, 2, 3, 4, 6, 7, 8, 9-八氢吩嗪。吩嗪类副产物对己内酰胺产品的高锰酸钾值和挥发性碱具有重要影响。反应方程式如下

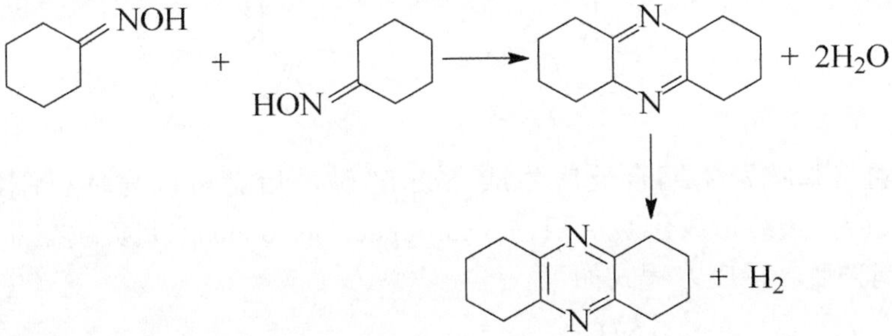

2. 环己酮的影响

如上文所述，副产物环己酮是通过环己酮肟的水解反应生成的，其化学性质比较活泼，能发生缩合反应生成亚环己基环己酮，也能发生脱氢反应生成环己烯酮，还能发生加氢反应生成环己醇。这些副产物均已得到确定，它们仅占全部副产物总量的 5%，且随着反应的进行而略有上升。反应的方程式如下

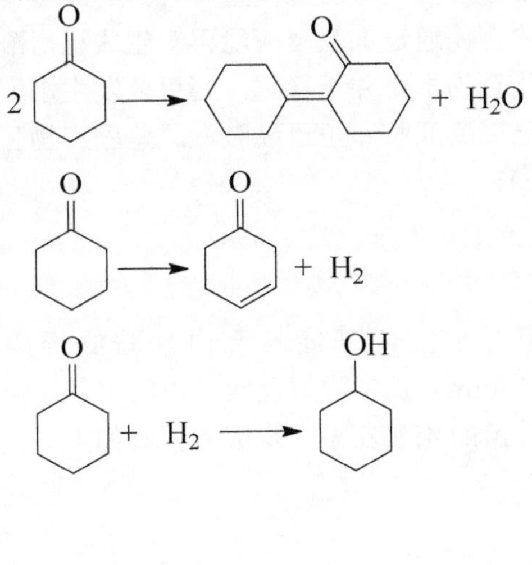

副产物亚环己基环己酮在本实验条件下会发生结构重排反应，生成二环己烷并呋喃及其异构体，这两种副产物也已得到确认。反应方程式如下

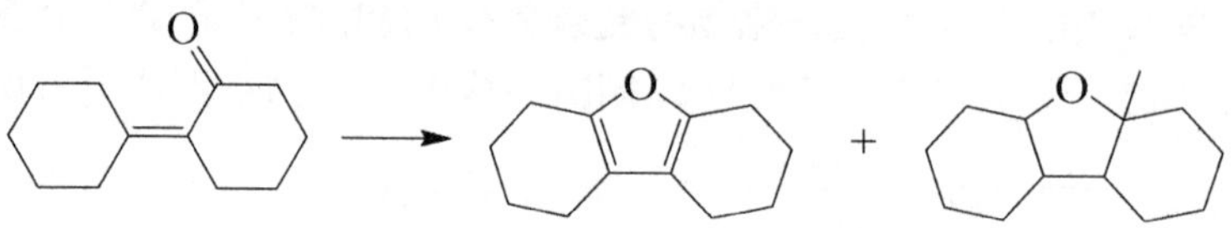

环己酮还能与环己酮肟发生脱水缩合环化生成四氢咔唑，后者再脱氢生成咔唑。反应方程式如下

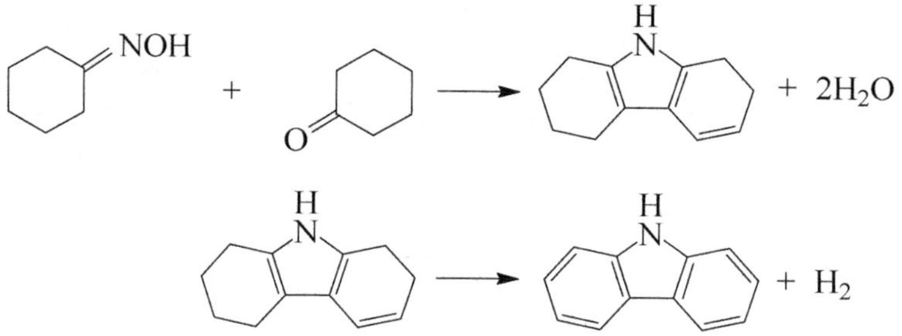

环己酮与苯胺发生缩合反应生成 Schiff 碱，后者可以与环己酮继续发生 Mannich 反应，最终形成焦炭沉积物（carbonaceous deposits）负载在催化剂上，导致催化剂失活。反应方程式如下

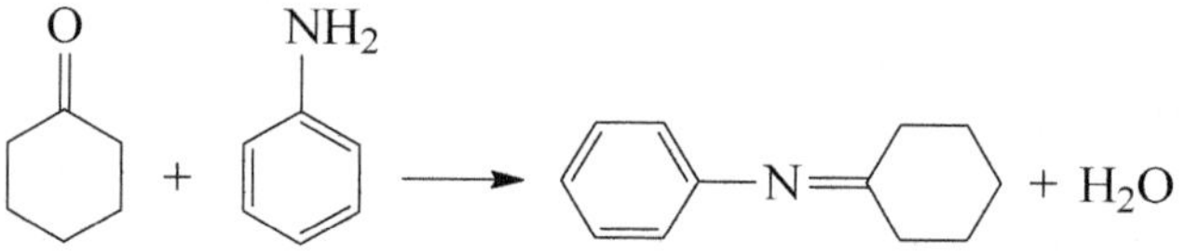

3. 己内酰胺的影响

己内酰胺在高温下会发生脱氢反应，生成 1, 3, 4, 5-四氢吖庚因-2-酮及其结构同分异构体，但这些化合物通过加氢反应能再新生成己内酰胺目的产物。同时，己内酰胺作为酰胺类化合物本身并不稳定，还可能发生水解、氧化和加氢反应，分别生成氨基己酸、己二酰亚胺和正己酰胺。这些副产物生成的量很小，仅占所有副产物总量的 2%左右。

4. 溶剂的影响

在高温下溶剂甲醇上的羟基能与己内酰胺的烯醇式结构互变异构体（automerisation of enol form）发生醇解反应，生成甲基-ε-己内酰亚胺缩合物。该缩合物占所有副产物总量的 45%左右。反应方程式如下

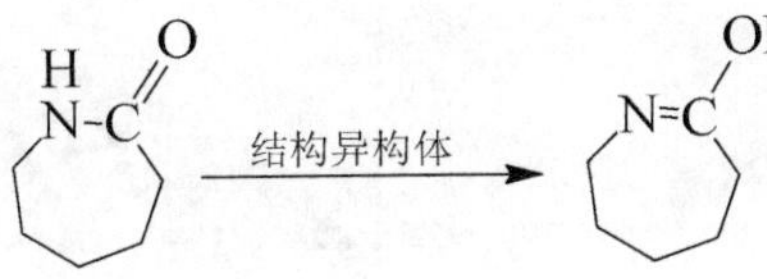

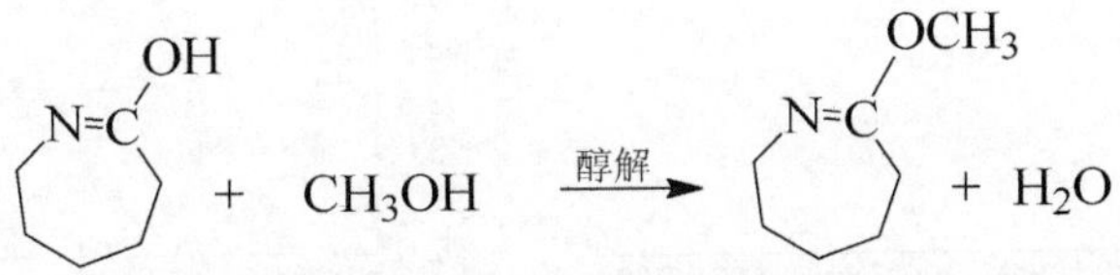

同时，甲醇能与环己酮肟发生醇解反应生成 *O*-甲基环己酮肟；能与己内酰胺发生烷基化反应生成甲基-己内酰胺及其同分异构体，这些反应方程式如下

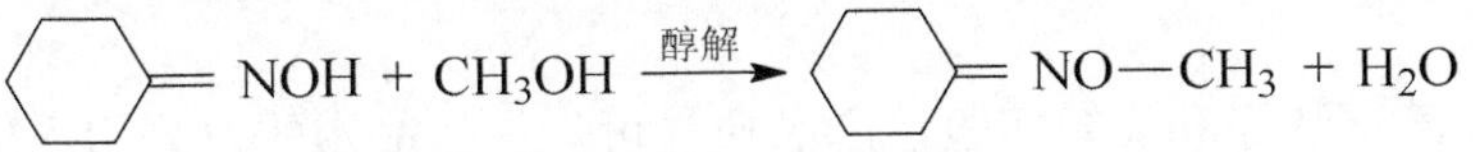

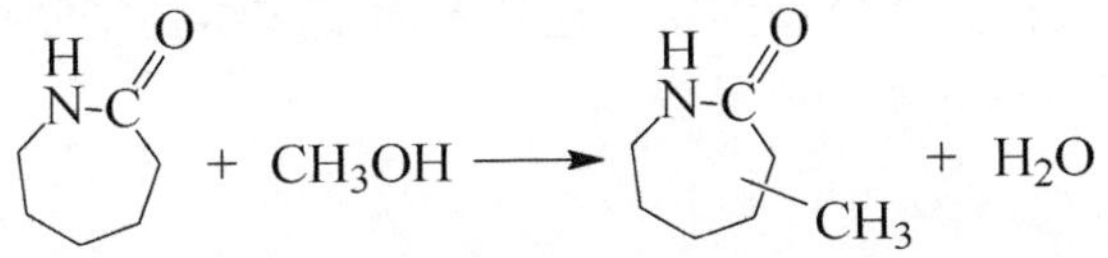

除了生成上述副产物外，还可能形成的副产物有环己基苯胺、甲基-己内酰胺、*δ*-戊内酯、3-*N*-甲基-4, 5, 6, 7-四氢苯并咪唑，这些副产物由于没有标样而未能确认。

15.3.6　气相重排工业示范

环己酮肟气相贝克曼重排反应新工艺技术与中国石化石油化工科学研究院前期开发的氨肟化技术结合，能使己内酰胺工业化生产实现跨越式发展，在技术、环保和经济等方面均具有明显优势。

中国石化石油化工科学研究院环己酮肟气相贝克曼重排反应采用 RS-1 分子筛作催化剂，在低压连续流动反应装置中进行，甲醇作反应溶剂，N_2 作载气，反应温度 350～400℃。在巴陵分公司“800 t 环己酮肟气相贝克曼重排固定床/移动床新工艺工业侧线试验”装置上完成了催化性能评价试验，反应运行 700 多小时，环己酮肟转化率达到 99.9%以上，己内酰胺平均选择性达到 96.5%左右，结果见图 15-3-8。其中，5-氰基-1-戊烯、5-氰基-1-戊烷、环己酮和环己烯酮的选择性均低于当前同类的技术指标。之后完成了 10 万 t/a 环己酮肟气相贝克曼重排工业试验装置工艺包（反应部分和精制部分），成套技术具备了工业应用条件。

气相重排得到的反应产物经过溶剂回收、脱水、脱轻杂质和脱重杂质后，粗己内酰胺纯度可达 99.4%以上。将蒸馏出来的粗己内酰胺作结晶工艺的原料，经

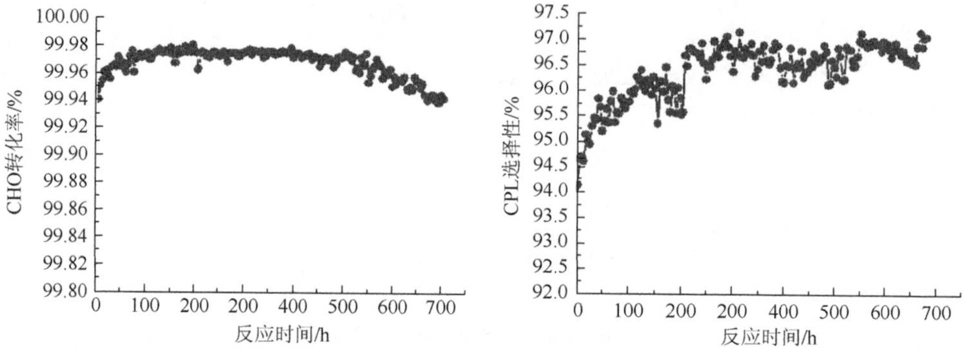

图 15-3-8　环己酮肟转化率、己内酰胺选择性和各种副产物与反应时间关系

溶剂结晶、溶剂洗涤和加氢实验，产品质量可达优级品水平。采用无硫铵化、绿色化、环境友好的气相贝克曼重排新工艺和己内酰胺结晶精制技术，生产 1 t 己内酰胺将比现有工艺节省成本 500 元左右。

15.4　非晶态 Ni 与磁稳定床集成用于己内酰胺加氢精制

15.4.1　己内酰胺加氢精制反应化学

HPO 法己内酰胺的生产包括苯加氢制环己烷、环己烷氧化制环己酮、环己酮肟化制环己酮肟、环己酮肟转位生成己内酰胺等工艺过程。该过程除生产己内酰胺外，还会生成一些副产物，如苯胺、乙酸胺、烷基胺类、硝基苯、异腈基苯、环己酮、环己酮肟、氨基己酸、呋喃、四氢呋喃、八氢吩嗪、己内酯类及其他酰胺类。其中，一些不饱和副产物的物化性质与己内酰胺非常接近，难以通过萃取和蒸馏过程除去，其存在将影响己内酰胺聚合过程，从而直接影响尼龙 6 产品的质量，因此必须除去。

己内酰胺加氢精制就是通过加氢过程使不饱和杂质饱和，使其物理性质与己内酰胺差别更大，即加氢改变了己内酰胺中一些杂质的性质，使其转变为比己内酰胺沸点更高或更低的化合物，这些化合物在己内酰胺蒸馏过程中随己内酰胺残渣或随蒸馏喷射泵冷凝液被带走，从而改善了己内酰胺的质量。其优点为：①简化溶剂的回收和精制；②有效降低色度指标。目前，现有工艺中均采用雷尼 Ni 为催化剂。

工业加氢精制流程如图 15-4-1 所示。采用连续淤浆床两釜串联流程，催化剂与加氢原料以一次通过方式进入反应釜进行加氢反应，用后的催化剂经机械过滤而废弃，由于受己内酰胺热敏性及催化剂消耗成本的制约，工业上一般是在压力 0.7 MPa、温度 80～90℃、催化剂质量分数约 50 μg/g 的缓和条件下进行加氢，因此低温高活性的催化剂是加氢精制工艺成立的前提和核心。

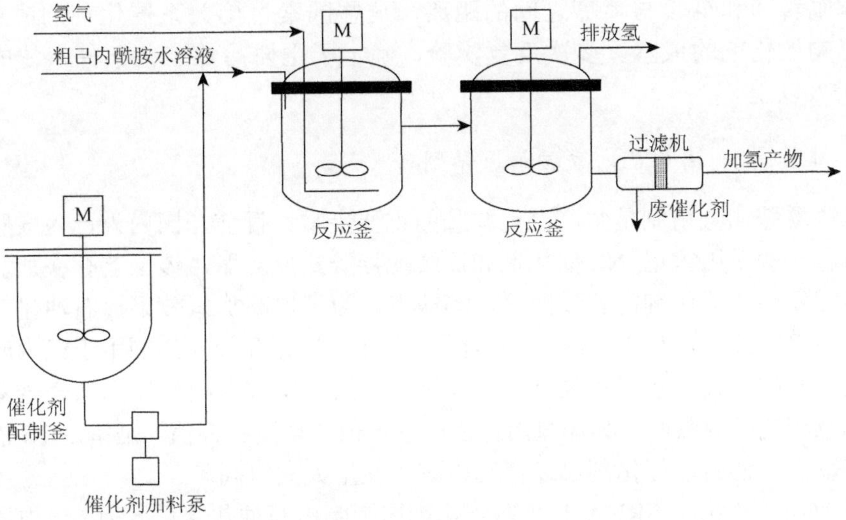

图 15-4-1　HPO 己内酰胺加氢精制工艺流程图

15.4.2　非晶态合金催化剂用于己内酰胺加氢精制

1. 非晶态合金催化剂

雷尼 Ni 催化剂是一种应用广泛的加氢催化剂，但多年来其制备技术没有显著改进，制备过程存在环境污染，且一般用于釜式反应器时反应效率低。因此，从材料角度进行革新，使其性能产生飞跃并开发与之配套的反应工程技术具有重要意义。自 1981 年首次报道以来，非晶态合金一直是催化材料研究的热点。它具有“长程无序”和“短程有序”结构，丰富的表面缺陷导致催化活性中心数目多于相应的晶态合金，因此其催化活性应高于相应的晶态合金，但由于其热稳定性差、比表面积小，因而限制了它在催化材料领域中的实际应用。目前国外该研究尚处于实验室或中试阶段。1985 年，中国石化石油化工科学研究院在国内率先对非晶态合金催化材料进行了系统的基础研究，研制出了 SRNA 系列非晶态合金催化剂，应用于双键、三键、硝基、羰基、腈基和苯环等不饱和官能团的加氢反应时，其活性是工业使用多年的骨架镍催化剂的 2～4 倍。此外，还对催化剂进行了放大生产研究。

1993 年建成 30 t/a 非晶态镍催化剂生产示范装置。催化剂生产过程包括合金制备、合金粉碎、合金预处理、催化剂活化及催化剂洗涤等步骤。在放大过程中，主要研究了适合 Ni-Al 原料的石墨坩埚、石墨喷嘴及冷却铜辊，优化了生产工艺条件。急冷法制备催化剂母合金过程中的主要工艺条件包括熔炼温度、铜辊转速和铜辊与喷嘴之间的距离，这些因素直接关系催化剂的成品率，从而影响催化剂的成本。多次反复实验，确定了主要冶炼工艺条件，使成品率达到 95%以上。

2. 非晶态 Ni 用于己内酰胺加氢精制

己内酰胺加氢精制是生产己内酰胺的重要步骤。目前，国内外己内酰胺加氢精制过程一般采用雷尼 Ni 催化剂和连续搅拌釜式反应器，该工艺存在加氢效率低、流程复杂、催化剂需要过滤分离等缺点。为了提高加氢效果，石油化工科学研究院与巴陵分公司从 1998 年开始合作，进行非晶态合金催化剂用于己内酰胺加氢精制过程的研究，取得了很好的工业试用结果。研究表明，非晶态合金催化剂用于加氢精制己内酰胺，其加氢后己水的 PM 值（高锰酸钾值）是雷尼 Ni 催化剂的 3 倍以上，使用该催化剂可以使己内酰胺质量大大提高。

表 15-4-1 给出了 SRNA 非晶态催化剂用于鹰山石油化工厂 5 万 t 己内酰胺加氢精制反应中的两次工业实验结果。第一次使用催化剂 0.21 t，实验周期为 7 天；第二次使用催化剂 1.2 t，实验周期为 33 天。

表 15-4-1 非晶态合金催化剂用于己内酰胺加氢精制工业应用结果

项目	非晶态合金催化剂（第一次）	非晶态合金催化剂（第二次）	雷尼 Ni（国产）
原料 PM 值/s	397	203	144
加氢后 PM 值/s	9974	8894	1478
产品 PM 值/s	30000	30000	20000
催化剂单耗/（kg/t）	0.18	0.21	0.22

PM 值是反映己内酰胺中不饱和杂质含量的质量指标，PM 值越高，含不饱和杂质越少，己内酰胺优级品 PM 值要求大于 30000 s。工业应用结果表明，采用非晶态合金催化剂，加氢后产物 PM 值明显高于雷尼 Ni 加氢催化剂，成品己内酰胺的 PM 值达到 30000 s，属优级品。己内酰胺优级品不仅可用于生产帘子布，还可作高速纺织的原料。同时，在两次催化剂试用期间，催化剂单耗为 0.18 kg/t 和 0.21 kg/t，低于使用国产雷尼 Ni 催化剂时的单耗。因此，非晶态合金催化剂作为一种新型加氢催化剂应用于己内酰胺加氢精制过程具有活性高、稳定性好和消耗

低等优点。由于 PM 值的大幅度提高，大大提高了成品己内酰胺的质量，使鹰山石油化工厂的己内酰胺产品质量达到世界领先水平。不仅可用于一般工业产品，还可用于生产高质量的民用产品。

3. 非晶态合金催化剂在 SNIA 法己内酰胺精制中的应用

工业上生产己内酰胺的另一条路线是意大利 SNIA 公司开发的甲苯法技术。SNIA 法己内酰胺的生产原理如图 15-4-2 所示。该工艺的特点是采用甲苯为原料，过程包括甲苯氧化生成苯甲酸，苯甲酸加氢生成环己烷羧酸，再经酰胺化反应制成己内酰胺，己内酰胺精制得到成品。其中己内酰胺精制采用高锰酸钾氧化法，即利用高锰酸钾的强氧化性，使其与己内酰胺产品中不饱和副产物反应而除去。高锰酸钾氧化精制的缺点是：操作烦琐，间歇操作，由于精制工艺要求高锰酸钾过量，过量部分会与己内酰胺继续反应，从而消耗部分己内酰胺，造成产品收率低，优级品率低，每年还产生千余吨氧化物废渣污染环境。与 HPO 生产己内酰胺方法相比，SNIA 法制备己内酰胺杂质更多。

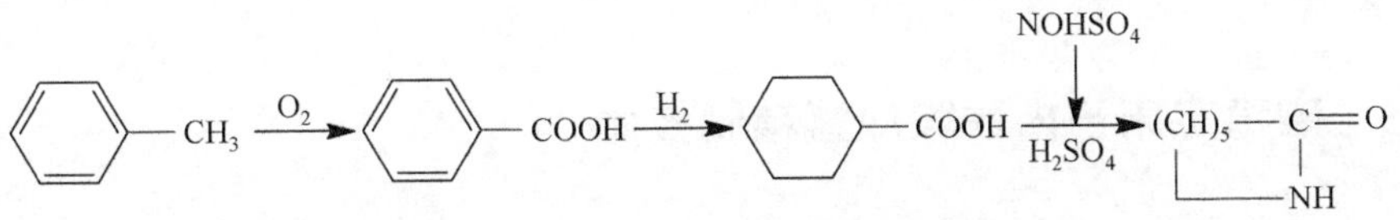

图 15-4-2　SNIA 法己内酰胺的生产原理

中国石化石油化工科学研究院借鉴 HPO 法己内酰胺加氢精制的原理，采用以非晶态合金催化剂为加氢催化剂的循环加氢精制工艺，取代氧化精制。加氢精制与氧化精制是两类不同的反应，加氢精制是使不饱和杂质饱和，使其沸点与己内酰胺有较大差别，以便通过后序萃取和蒸馏过程将这些杂质除去。理论上，加氢精制不消耗己内酰胺产品，可以提高产品收率，并且没有废渣产生。

在 SNIA 生产工艺中，SRNA 非晶态合金催化剂用于 SNIA 工艺生产的粗己内酰胺精制时，因粗己内酰胺中杂质种类多、含量高，催化剂用量需要提高数倍才能满足精制要求。如采用现有的催化剂一次通过流程，将使催化剂消耗增多，成本大幅度提高，经济上不合理。为克服现有加氢工艺的缺点，提出了一种催化剂循环利用的漩液分离工艺，原则流程见图 15-4-3。其核心是利用水力漩流原理，将反应后的催化剂从己内酰胺水溶液中分离出来并循环利用，从而实现反应釜内催化剂浓度的任意调变，既满足了加氢工艺的需要，又不增加催化剂消耗，同时还可省去昂贵的机械过滤设备，使得控制反应釜中催化剂浓度成为可能。

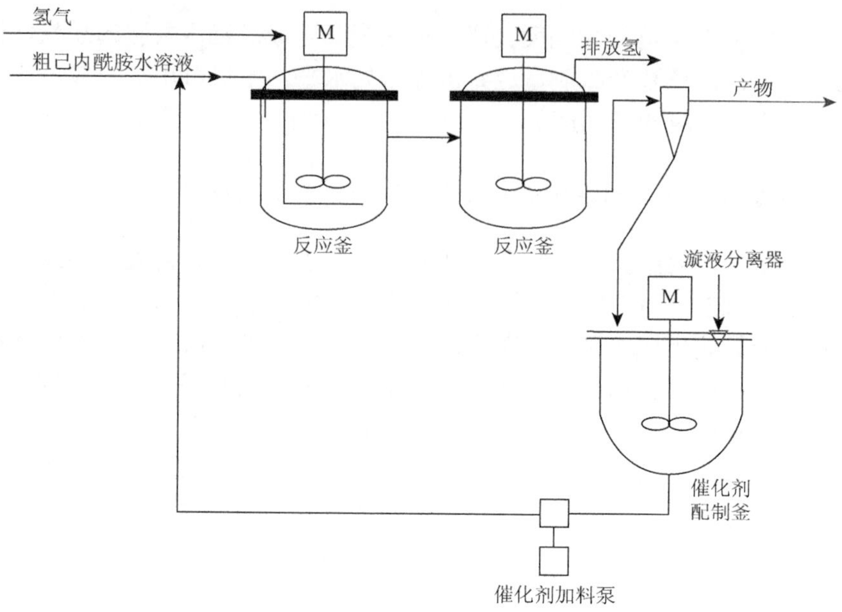

图 15-4-3　催化剂循环加氢工艺流程图

15.4.3　磁稳定床己内酰胺加氢精制技术

1. *磁稳定床反应器*

磁稳定床是以磁性颗粒为固相，在轴向不随时间变化、空间均匀磁场下形成的稳定床层。磁稳定床兼有固定床和流化床的许多优点。20 世纪 60 年代以来，Exxon 公司对气-固磁稳定床进行了大量研究，中国科学院化工冶金研究所（今中国科学院过程工程研究所）、清华大学也对液-固和气-液-固三相磁稳定床进行了长期的研究。但这些磁稳定床的研究工作，大多采用惰性磁性颗粒，而非工业应用的磁性催化剂；研究的介质是空气和水，也未采用工业反应体系。磁稳定床要求有空间均匀的磁场，流化颗粒具有良好的磁性，系统必须在较低温度下操作。由于未找到合适的反应体系和磁性催化剂，虽然经过多年的努力，磁稳定床反应器一直未在石油化工领域实现工业化应用。

非晶态合金催化剂呈细小颗粒状，与雷尼 Ni 相类似，非晶态合金催化剂只能用于釜式加氢反应。釜式加氢过程一般是间歇操作、生产规模不易扩大；如果连续化操作，存在工艺流程复杂、催化剂耗量大、反应效率低及催化剂需过滤分离等缺点。非晶态合金催化剂具有磁性和优异的低温加氢活性，正好满足磁稳定床对固体催化剂的要求，与磁稳定床反应器结合起来形成磁稳定床加氢新工艺，不仅能使新反应器发挥其优越性，也可以增加非晶态合金催化剂的应用范围。

由于磁稳定床与固定床不同，又有别于普通流化床，有其自身的复杂性，因此，开展磁稳定床流体力学特性的研究是非常重要的。2000 年，建立了磁稳定床冷模实验装置，相继完成了液固两相磁稳定床流体力学特性、传质特性、反应动力学等研究，找到了磁稳定床反应器床层结构与磁场强度、催化剂物性、流体流速等操作参数间的规律，实现了磁场对催化剂的有效控制，并建立了磁稳定床反应器的数学模型和不同粒度催化剂的磁稳定床操作相图，为磁稳定床工业化提供了科学依据。

产生均匀磁场是磁稳定床工业放大的关键之一。电磁线圈放大后磁场分布规律的研究结果表明：电磁线圈放大后，线圈中心的磁场强度较弱，沿径向逐渐增强；当线圈直径为 ϕ770 mm 时，线圈内壁处的磁场强度比线圈中心处高 15%。为了进一步提高磁场的均匀性，开发设计了不同疏密的磁隔栅内构件，实现磁场径向均匀分布。另外，线圈在使用过程中由于发热而造成温度升高，采用强制水冷的方法解决了线圈发热问题，实现了线圈长周期、安全和稳定运行。

2. *磁稳定床己内酰胺加氢精制反应工艺*

1999 年，开展了以非晶态 Ni 合金为催化剂的磁稳定床 CPL 加氢精制实验室小试研究。CPL 质量指标之一是 PM 值；PM 值越高，其中不饱和杂质含量越少。小试研究结果表明，在磁稳定床反应器中对 CPL 水溶液加氢精制，可使 CPL 水溶液的 PM 值从 60 s 提高到 3000 s 以上（釜式加氢 PM 值仅从 60 s 提高到 300 s），催化剂寿命提高到 1350 h 以上，加氢效果明显提高，展现出良好的工业应用前景。

在磁稳定床己内酰胺精制研究过程中形成的几个强化过程单元将分别在下文中介绍。

1）采用溶解氢的液固磁稳定床加氢过程

图 15-4-4 是采用溶解氢的液固磁稳定床加氢工艺流程简图。原料预热后在搅拌釜或静态混合器中与氢气充分混合，使氢气充分溶解于原料中，然后含有溶解氢的反应物料进入装填了非晶态合金催化剂的磁稳定床反应器，进行加氢反应。该工艺适合于氢气消耗量较小的反应过程。

2）气液固三相磁稳定床加氢过程

图 15-4-5 是气液固三相磁稳定床加氢工艺流程简图。预热后的原料、氢气分别进入非晶态合金催化剂的磁稳定床反应器中，进行气液固三相加氢反应。该工艺适合于氢气消耗量较大的反应过程。

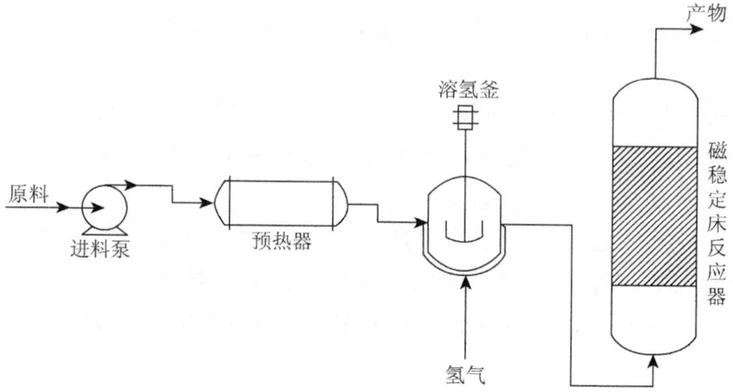

图 15-4-4　溶解氢液固磁稳定床加氢工艺流程简图

3）搅拌釜与液固磁稳定床串联加氢工艺流程

图 15-4-6 是搅拌釜与液固磁稳定床串联加氢工艺流程简图。原料预热后与氢气、非晶态合金催化剂一起先进入搅拌釜反应器，进行初步加氢反应，并使氢气充分溶解于反应物料中；然后含有溶解氢和催化剂的反应物料进入磁稳定床反应器，进一步进行加氢反应，催化剂循环使用。该工艺适合于氢气消耗量较大、反应放热量较多的反应过程，对于已有搅拌釜加氢工艺进行技术改造十分便利。

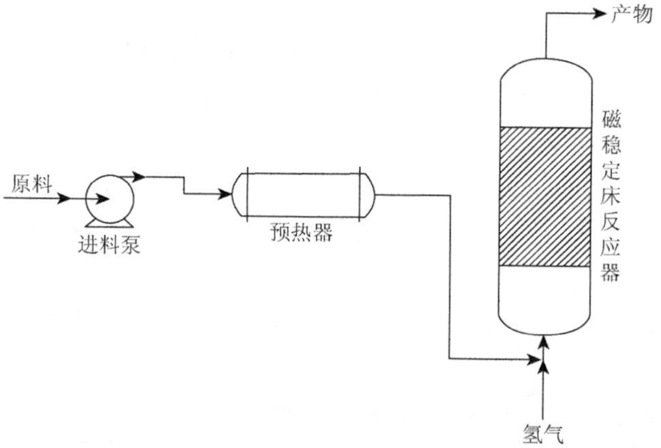

图 15-4-5　气液固三相磁稳定床加氢工艺流程简图

搅拌釜与磁稳定床串联工艺用于已内酰胺加氢精制，装置可在较宽的操作范围内长期稳定运行，加氢效果大大优于现有单纯釜式工艺。与现有釜式工艺相比，其加氢效果提高 3～5 倍，催化剂耗量降低一半以上。此外，该工艺可缩小磁稳定床反应器的体积或增大处理能力。对年处理量 70 kt 的己内酰胺加氢精制过程而言，采用目前工业上常用的连续搅拌釜反应器，反应器体积为 10 m^3，但若采用磁稳定床反应器，反应器体积仅为 1.8 m^3。

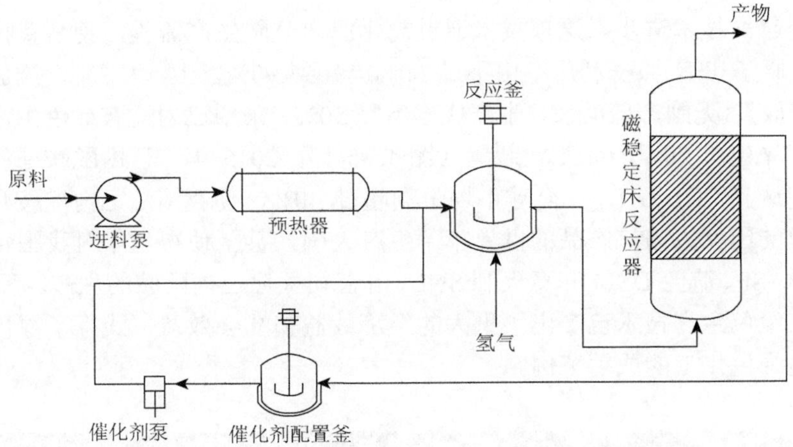

图 15-4-6　搅拌釜与液固磁稳定床串联加氢工艺流程简图

15.4.4　磁稳定床己内酰胺加氢精制工业应用

在上述研究的基础上，2001 年中国石化巴陵分公司建立了一套处理纯己内酰胺 6000 t/a 的磁稳定床 CPL 加氢精制工业侧线装置。实验结果表明，对于 PM 值 40～60 s 的 30%己内酰胺水溶液，经磁稳定床 CPL 加氢精制后 PM 值可达 2000～4000 s，加氢效果显著优于现有工业搅拌釜工艺（工业搅拌釜工艺，使用相同原料、相同催化剂，加氢后 PM 值为 200～400 s）。磁稳定床加氢工艺条件为：反应温度 80～100℃，反应压力 0.4～0.9 MPa，空速 30～50 h^{-1}，磁场强度 15～35 kA/m，非晶态合金催化剂的寿命可达 3500 h。

2003 年，在石家庄化纤有限责任公司建成了 3.5 万 t/a 的工业装置，首次实现了磁稳定床反应器的工业应用，生产能力达到 6.5 万 t/a。2009 年，该公司又新建 10 万 t/a 磁稳定床加氢精制装置，开工运转稳定。中国石化巴陵分公司，也于 2005 年 3 月完成了 7 万 t/a 磁稳定床 CPL 加氢精制工业装置的建设，一次开车成功，长期运转结果表明：装置运行稳定、开停车方便、加氢效率高，PM 值为 50 s 的 30% CPL 水溶液经磁稳定床加氢后，PM 值可以达到 4000 s 以上，大幅提高了加氢效率和催化剂利用率，加氢后的 PM 值提高 10 倍以上，催化剂消耗降低 50%。至今，共有 8 套磁稳定床反应器投产运行。

15.5　结　　论

中国石化石油化工科学研究院历经二十年成功地开发了尼龙 6 单体己内酰胺绿色生产技术，将新催化材料、新反应工程和新反应途径集成创新，实现了传统产业的跨越式技术进步。这项技术通过简化己内酰胺生产流程，使装置投资下降70%，C 原子和 N 原子利用率由不足 60%提高到 90%以上，“三废”排放基本达到“零排放”，无副产硫酸铵，生产成本下降 50%。采用己内酰胺绿色生产技术在国际上率先建成 20 万 t/a 工业装置（图 15-5-1）。2015 年，己内酰胺绿色生产技术的产能达到 200 万 t，占全球市场份额超过 40%，使我国从己内酰胺几乎全部依赖进口的国家成为该产品的世界第一生产大国，甚至使得当年对我国转让技术的德国 BASF、荷兰 DSM 和意大利 SNIA 等公司关停己内酰胺的生产。可以看出，己内酰胺绿色生产技术已产出了重大的经济效益和社会效益，践行了绿色化学的理念，是绿色化工的成功范例。

图 15-5-1　20 万 t/a 己内酰胺工业生产装置

参考文献

程时标，闵恩泽，吴巍，等. 2003. 环己酮肟气相重排制己内酰胺的方法，ZL200310115514.3.

程时标，闵恩泽，吴巍，等. 2003. 一种 MFI 结构分子筛催化剂的制备方法，ZL03126438.7.

程时标，汪顺祖，吴巍. 2002. 环己酮肟在 RBS-1 催化剂上的气相 Beckmann 重排反应. 石油炼制与化工，2002，33（11）：1-4.

程时标，张树忠，吴巍，等. 2006. 反应氛围对 RBS-1 催化剂上气相 Beckmann 重排反应的影响. 石油学报，22（1）：33-40.

程时标，张树忠，吴巍，等. 2006. 在 RBS-1 催化剂上气相 Beckmann 重排反应副产物的研究. 石油学报，22（2）：14-19.

孟祥堃，宗保宁，慕旭宏，等. 2003. 一种己内酰胺加氢精制方法，ZL00109588.9.

孙斌，程时标，孟祥堃，等. 2014. 己内酰胺绿色生产技术. 中国科学：化学，44（1）：40-45.

宗保宁，闵恩泽，朱永山. 1991. 大比表面非晶态合金及其制备，ZL91111807.1.

Bin S，Wei W，Enquan W，et al. 2003. Process for Regenerating Titanium-Containing Catalysts. US7384882.

Hölderich W F，Röseler J，Heitmann G，et al. 1997. The use of zeolites in the synthesis of fine and intermediate chemicals. Catalysis Today，37：353-366.

Ichihashi H，Kitamura M. 2002. Some aspects of the vapor phase Beckmann rearrangement for the production of ε-caprolactam over high silica MFI zeolites. Catalysis Today，73：23-28.

Kitamura M，Ichihashi H. 1994. The role of alcohols on lactam selectivity in the vapor-phase Beckmann rearrangement reaction. Studies in Surface Science and Catalysis，90：67-70.

Mantegazza M，Balducci L，Rivetti F. 2000. Process for the regeneration of zeolitic catalysts containing titanium. EP1093853A2.

Min L，Xingtian S，Xieqing W，et al. 2000. Titanium-silicalite molecular sieve and the method for its preparation. US6475465.

Petrini G，Cesana A，de Alberti G，et al. 1991. Deactivation phenomena on Ti-silicalite. Studies in Surface Science and Catalysis，68：761-766.

Petrini G，Leofanti G，Mantegazza M A，et al. 1996. Chapter 3：Caprolactam via Ammoximation，Green Chemistry. American Chemistry Society.

Roffia P，Padovan G，Leofanti G，et al. 1988. Catalytic process for the manufacture of oximes. US4794198.

Taramasso M，Perego G，Notari B. 1983. Preparation of Porous Crystalline Synthetic Materials Comprised of Silicon and Titanium Oxides. US4410501.

Tonti S，Roffia P，Gervasutti V. 1992. Multistep process for the liquid phase ammoximation of carbonyl compounds. EP0496385A1.

Tonti S，Roffia P，Gervasutti V. 1992. Multistep process for the liquide phase ammoximation of carbonyl compounds. EP0496385A2.

Wei W，Bin S，Yongxiang L，et al. 2003. Process for Ammoximation of Carbonyl Compounds. US7408080.

Xuhong M，Baoning Z，Enze M，et al. 2002. Hydrogenation Catalyst and Its Preparation. US6368996.

Yashima T，Nahoko O，Takayuki K. 1997. Vapor phase Beckmann rearrangement of cyclohexanone oxime on the zeolite catalysts. Catalysis Today，38：249-253.

主要编写人员简介

阎子峰，教授、博士生导师。1988 年和 1991 年于兰州大学化学专业分别获理学学士学位和理学硕士学位，1994 年在中国科学院兰州化学物理研究所获理学博士学位，之后在中国石油大学从事教学、科研与管理工作，1998 年破格晋升为教授，2000 年被聘为博士生导师。曾任山东省第十届、第十一届省人大代表，现任中国石油大学（华东）国际合作与交流处处长、港澳台事务办公室主任。目前为中国石油大学化学工程与技术、化学学科博士生导师，重质油国家重点实验室教授，发起成立中国-沙特炼油技术合作研究中心（SCORC），同时兼任中国化工学会理事，中国化学会催化委员会委员，中国化学会分子筛委员会委员，山东省化学化工学会常务理事兼催化专业委员会主任委员，澳大利亚昆士兰大学客座教授，《科学通报》特邀编辑，*Journal of Porous Materials*、*Material Research Innovations*、*Journal of Applied Chemistry*、*Applied Petrochemical Research* 等国际刊物编委，曾任 *Catalysis Today*、*Energy & Fuels*、*Asia Pacific Journal of Chemical Engineering*、*Journal of Porous Materials*、*Dry Technology* 等国际刊物客座编辑。

20 多年来，主持承担 30 余项国家重点基础研发项目、国家自然科学基金项目、中国石油炼油催化剂重大专项等国家、省部级重大研究课题和攻关项目，承担 5 项与 Shell（壳牌）公司、KACST 等国际合作项目，在催化材料与催化剂、纳米催化技术、新型碳材料与新能源技术等领域取得一系列创新性成果，先后形成多项工业化催化材料技术，主办/承办国内外学术会议 7 个，多次受邀在国际国内学术会议上做 Plenary/Keynote 报告，获得“伊朗最高外国专家国家奖”（2008）、Cognizure Prof. Joseph Wang Award（2015）、山东省自然科学奖一等奖 2 项、教育部高等学校自然科学奖 1 项、山东省科技进步奖 2 项等省部级科技奖励 10 余项，出版《纳米催化技术》等专著 2 部，《催化原理导论》双语教材 1 部，获得 20 余项国家发明专利，在国际学术刊物发表学术论文 300 余篇，*h* 因子 38，5 篇论文入选前 1%高被引论文，他引超过 6000 余篇次。指导的博士研究生获得 2 篇全国优秀博士论文百篇提名奖，1 篇获得伊朗 Khawrazmi 优秀博士论文奖，4 篇山东省优秀博士/硕士学位论文。

陈诵英，教授、博士生导师。1964 年毕业于浙江化工学院（现浙江工业大学），1967 年研究生毕业于中国科学院化工冶金研究所。1970 年被分配到中国科学院山西煤炭化学研究所工作，1978 年任课题组长，1988 年被聘任为研究员。1984～1985 年赴美国加州大学戴维斯分校化工系进修。1989 年负责筹建煤转化国家重点实验室，1993 年建成并任首届主任兼任开放研究室主任。1991 年被评为中国科学院优秀研究生导师，享受政府特殊津贴。1997 年调杭州大学工作，任浙江省应用化学重点研究实验室常务副主任。1998 年四校合并后为浙江大学教授，博士生导师。2002～2003 年应邀赴台湾大学进行燃料电池材料的合作研究。2004～2010 年应聘任上海师范大学特聘教授。

长期从事吸附、催化、纳米材料包括纤维催化剂制备应用的研究，同时涉及色谱、催化反应工程、煤炭转化、多孔固体特别是活性炭的表征测试等领域。培养博士研究生 30 多名，硕士研究生 10 多名。为研究生授课 10 多门。先后主持负责或承担国家级基金 8 项，主持承担的其他课题近 30 项。获山西省科技进步类一等奖、二等奖 4 项；获中国科学院自然科学奖三等奖 2 项；参与的钯/碳纤维脱氧催化剂获国家发明奖三等奖。获授权发明专利 14 项。为浙江省企业研发催化剂多种，创造的年利润超亿元。在国内外学术刊物上发表论文 300 余篇。

出版的著作（均为第一作者）有：《吸附于催化》（合著，河南科学技术出版社，2001），《催化反应动力学》（合著，化学工业出版社，2007），《催化反应工程基础》（化学工业出版社，2011），《催化反应器工程》（合著，化学工业出版社，2011），《催化剂制备原理与技术》（合著，化学工业出版社，2012），《精细化学品催化合成技术（上）：绿色催化技术》（合著，化学工业出版社，2014），《精细化学品催化合成技术（下）：催化合成反应与技术》（合著，化学工业出版社，2015），《结构催化剂与环境治理》（合著，化学工业出版社，2016）。译著有：《动力学和催化》（中国科学院山西煤炭化学研究所，1978），《多相催化中的传质》（烃加工出版社，1980），《催化过程化学》（化学工业出版社，1982）。

发起并召开学术会议：全国催化剂制备会议、全国环境催化会议和催化动态分析学术会议。曾被聘为全国九所以上高等院所的兼职和客座教授；应国内外有关大学、科研院所和大公司邀请讲学或做专题报告约 70 次。参加国际学术会议约 20 次。担任中国颗粒学会和第一届、第二届中国色谱学会理事，颗粒测试专业委员会常委，中国兵工学会活性炭专业委员会副主任，浙江省石油学会常务理事。兼任或曾任《化工学报》、《催化学报》、《色谱》、《石油化工》、《燃料化学学报》、《中国粉体技术》、《煤炭转化》、《天然气学报》（英文版）、《活性炭》等期刊编委。

徐杰，研究员、博士生导师。1981 年 12 月郑州大学化学系毕业。现担任中国科学院大连化学物理研究所大连洁净能源国家实验室（筹）洁净能源部部长、中国化学会催化专业委员会委员、中国化学会均相催化专业委员会委员、中国化学会绿色化学专业委员会委员，任《催化学报》、*J. Energy Chemistry*、*Materials Focus* 和 *Energy and Environment Focus* 等期刊编委，大连市第四、第五批优秀专家。长期从事有机催化的应用基础研究，在物理化学、催化化学和有机合成交叉学科的基础上，以具有重要科学意义和应用背景的石油化工、精细化工、能源化学品合成等反应为对象，进行催化新材料、合成新方法、技术新路线等科学研究，为工业应用提供绿色催化合成和资源优化利用新技术和新方法。研究方向主要为烃类催化选择氧化、催化选择加氢、生物质转化和催化新材料制备和应用。主持和完成国家高技术发展计划（863）、国家自然科学基金重点和面上项目、国家“十一五”科技支撑、中国科学院知识创新工程重要方向、中国科学院东北振兴科技行动计划重点、中国科学院战略性科技先导专项等项目多项。与国内外企业合作，先后完成多项工业化技术和应用研究成果，包括：10 万吨/年“对二甲苯氧化制对苯二甲酸”降溴催化剂的工业应用、7 万吨/年“环己烷催化氧化制环己酮”工业试验、甲苯液相催化选择氧化新工艺中试、2000 吨/年“乙苯氧化制苯乙酮”工业应用、1000 吨/年甘油催化加氢制 1, 2-丙二醇、2.5 万吨/年丙酮催化加氢缩合、5000 吨/年山梨醇催化加氢裂解制玉米化工醇、20 万吨山梨醇催化加氢裂解制生物基多元醇等技术示范和技术转化。

围绕烃类 C—H 键的催化选择氧化活化、生物质 C—C 健和 C—O 键的催化选择加氢裂解等关键科学问题，发展了金属氧化物催化剂、有机修饰催化剂、有机自由基循环催化剂体系制备技术，开发出氧化-还原循环均相催化剂新体系。在催化加氢研究方向，以新型催化剂载体开发研究为重点，开发了金属合金及其负载催化剂，对苯选择加氢制环己烯、丙酮加氢缩合、甘油选择加氢制 1, 2-丙二醇及山梨醇加氢裂解制低碳二元醇进行了开发研究。在 *J. Am. Chem. Soc.*、*Angew. Chem. Int. Ed.*、*Energy Environ. Sci.*等重要杂志发表 SCI 论文 260 余篇，获得授权发明专利 80 余项，完成鉴定和验收成果多项。已培养毕业的博士研究生 42 名，曾获得辽宁省科技发明奖和中国产学研合作创新个人奖（2013）。

辛勤，研究员、博士生导师。1962 年毕业于吉林大学。曾任催化基础国家重点实验室学术委员会副主任、中国科学院大连化学物理研究所学位委员会副主任、中国化学会催化专业委员会秘书长。现任《催化学报》顾问，中国化学会催化委员会顾问委员，中国科学院大连化学物理研究所咨询委员会副主任。享受国务院政府特殊津贴。

主要从事直接醇燃料电池、纳米材料、催化原位表征等催化基础研究。主持了同比利时天主教鲁汶大学催化和材料中心、西班牙石油和催化研究院、英国利物浦大学表面科学和催化研究中心、法国里昂大学、意大利米兰大学、希腊 Thessalia 大学、挪威科技大学、美国通用汽车公司、韩国三星集团公司九个长期国际合作项目。他发展的原位红外光谱方法、双分子探针方法技术和装备先后为国内外近百个实验室采用。

在国内外期刊发表 500 余篇研究论文，Web of Science 检索引用率一万余次。中英文专著 9 部。2014 年入选 Thomson Reuters（汤森路透）发布的 21 个主要学科领域“全球最有影响力科学家”榜单；2015 年入选爱思唯尔公布的“世界最高被引科学家”榜单。1994 年由于组建催化基础国家重点实验室所做出的贡献荣获由国家教育委员会、国家科学技术委员会、中国科学院等七部委联合颁发的“金牛奖”。

获国家发明二等奖 1 次，国家自然科学奖二等奖 1 次，教育部自然科学奖一等奖 1 次，辽宁省自然科学奖一等奖 1 次，中国分析测试协会科学技术奖一等奖 1 次（CAIA 奖）；中国科学院自然科学奖、发明奖和科技进步奖（二等奖以上奖励计 7 次），辽宁省自然科学奖二等奖 1 次，国家自然科学基金委员会优秀奖一次。两次获中国科学院优秀博士生导师奖和一次杰出贡献教师奖。2016 年获中国科学院杰出科学技术成就奖。

路勇，华东师范大学上海市绿色化学与化工过程绿色化重点实验室教授，博士生导师。1992 年本科毕业于四川大学化学系物理化学专业，获学士学位。1997 年博士毕业于中国科学院兰州化学物理研究所物理化学专业多相催化方向，获理学博士学位。1997～2000 年在中石化石油化工科学研究院于何鸣元院士指导下从事博士后研究，留院工作受聘为高级工程师、任科研组长。2000～2001 年和 2001～2004 年分别在新加坡国立大学化工系和美国 Auburn（奥本）大学化工系从事博士后研究。2004 年 8 月入职华东师范大学担任教授至今。入职后，紧扣“结构催化剂与反应器”这一催化与化工交叉领域的国际新兴前沿，同步开展科学研究与应用开发，发展形成了独特的“3D 空隙整装结构‘非涂层’催化功能化及其 C1 能源与环境催化应用”新方向。提出了金属 foam/fiber 基体“非涂层”原位催化功能化的“自上而下”（top-down）逆向设计策略，原创性地构建了湿式化学刻蚀、原电池反应置换活化、分子筛原位生长、介孔 Al_2O_3 同源氧化衍生、偶联剂辅助的纳米类核壳一步跨尺度组装等的结构催化剂制备新方法和新技术，突破了“涂层技术”通适性差的局限性，将结构催化剂从规则 2D 空隙蜂窝和微通道结构拓展到了非规则 3D 空隙金属 foam/fiber 等结构，实现了反应器（top）内流动和热/质传递与表界面（down）催化反应的协同耦合，进而可提高催化剂的利用效率、提升稳态反应速率和选择性、减缓催化剂失活，尤其为众多 C1 能源化工反应过程存在的传质/传热限制等问题的解决，以及为满足环境催化（VOC 催化燃烧）和“模块”化工厂等对高通量、低压降等的特殊要求提供了新的技术途径。在煤/生物质基合成天然气（SNG）、甲醇制丙烯（MTP）、CO 氧化偶联合成 DMO 及 DMO 加氢合成 EG（煤制乙二醇）、VOCs/CH_4 催化燃烧、气相醇选择氧化、甲烷干重整、催化精馏等多个过程的应用中得到强有力的验证，与世界 500 强香港中华煤气集团建立了全面合作关系，有的技术已进入中试开发，个别催化剂已实现工业试制。

主持国家自然科学基金委员会“‘十五’能源发展中的若干关键科学问题”重大项目课题 1 项、面上项目 5 项，科技部“973”项目课题 1 项、“863”“氢能源”专项课题 1 项，教育部“高等院校博士点专项基金”项目 1 项和上海市科委重大项目子课题 1 项。承担企业委托开发项目多项。在包括 *AIChE J*、*ACS Catal*、*J. Catal*、*Appl. Catal. B*、*Chem. Commun.*、*ChemSusChem*、*Green Chem.* 等化工、催化和化学综合领域的国际著名学术期刊发表论文 100 余篇，被引用 2000 余次。获授权中国国家发明专利 30 余项、美国专利授权 2 项。入选教育部“新世纪优秀人才支持计划”、上海市教委“曙光人才计划”、上海市科委“科技启明星计划（及跟踪）”。

魏飞，清华大学化学工程系教授，绿色反应工程与工艺北京市重点实验室主任。1984 年毕业于石油大学炼制系有机化工专业，1990 年获石油大学有机化工博士学位。中国颗粒学会副理事长，能源颗粒材料专业委员会主任，曾/现任欧美等 5 种化工、材料期刊编辑/国际编委，国际循环流化床、碳纳米管会议主席，在国际学术会议上作邀请或大会报告 100 余次，是 Thomson Reuters（汤森路透）2016 年材料领域国内 45 位高被引科学家之一，也是爱思唯尔化工高被引学者。教育部“长江学者”特聘教授，国家杰出青年科学基金获得者。

主要研究领域为气固多相反应及纳米材料制备，清洁能源化工工艺及其工程化。以流态化中的流动与传递调控为核心，从“多相传递→新型流化设备→工艺”三个层面开展系统研究，提出“相分离分区流化抑制返混”概念及“纳米聚团流态化”概念，创制了浓度与温度场灵活可控的多级流化床、顺重力场流化床及纳米聚团流化床等化工技术与装备新体系，攻克多级流化床内超传递、强返混与级间返混控制难题、反应器放大与工程化关键问题。已成功实现气固下行床催化裂化、纳米聚团床批量生产碳纳米管、高速湍动床甲醇制芳烃、苯胺、氯乙烯、丙烯腈、间苯二腈等 30 套新概念反应器产业化，研究成果获国家科技进步奖二等奖（2002 年、2008 年），中石化科技进步奖一等奖（2001 年、2007 年），教育部自然科学、技术发明奖一等奖（2005 年、2012 年、2015 年）。授权发明专利 205 项（含国外专利 5 项），发表 SCI 论文 583 篇，引用 2.4 万余次，其中 ESI 高被引论文（前 1%）35 篇，单篇最高引用 763 次，h 因子 75。

方向晨，1982 年毕业于华东理工大学，一直在中国石化抚顺石油化工研究院从事石油炼制和催化反应工程技术的研究工作，并于 2005 年获化学工程博士学位。

在我国炼油工业发展的不同时期，围绕高硫原油加工、汽柴油质量升级及提高加氢装置运行效率等方面，创造性地将催化反应工程知识应用于解决生产中的难点，主持多项创新性炼油加氢新技术开发，为我国加氢行业跨入国际领先行列做出重要贡献。获国家技术发明奖二等奖 2 项、省部级科技进步奖一等奖 10 项。作为第一发明人获授权专利 30 项、国家发明专利金奖 1 项。发表论文 46 篇（第一作者），主编和参与编写加氢技术专著 3 部。培养研究生 33 人。是中国石化突出贡献专家、省优秀专家，获中国化学会 2012 年度化学贡献奖。其主要成就和贡献为：

（1）系统地研究了油品加氢过程中各主要反应的反应机理，建立了相关反应动力学模型，并广泛应用于生产实践。在严格的适当集总原则之上，创造性地构建了在横向上按烃类结构族组成、纵向上按烃类分子大小（沸点）进行集总划分的二维集总反应动力学模型。该模型对各种条件的加氢反应均具有很好的适应性。已被广泛用于为现有生产装置提供技术咨询服务、为新建和改造装置提供设计基础数据，其可靠性和指导作用已被广为认可。

（2）深化集成创新，为含硫原油加工、提高装置运行效率开发引领性加氢技术。开发的加氢裂化——灵活加氢处理技术、劣质蜡油加氢处理部分转化技术、加氢裂化装置扩能改造及产品质量提升应用技术，分获 2000 年、2003 年和 2012 年中国石化科技进步奖一等奖。这些技术整体性能达到国际先进水平，它们的广泛应用改写了国内传统炼油工艺流程。

（3）创新技术开发思路，破解汽柴油质量升级的技术难题。创新性地提出通过将稠环芳烃的加氢反应控制在“开环而不断链”这一步，并通过“烷基转移再脱硫”途径实现超深度加氢脱硫，发明了 MCI-劣质柴油加氢改质技术、含空间位阻的大分子硫化物脱除关键技术及相关催化材料创制，分获 2001 年和 2013 年国家发明奖二等奖（2013 年排名第二）。开发的 FDC 单段两剂多产煤柴油加氢裂化成套技术和 OCT-M 系列汽油选择性加氢脱硫技术，分获 2006 年和 2009 年中国石化科技进步奖一等奖。这些技术不但满足了工业生产的需要，同时赶超国际一流水平，部分技术引领了相关领域的创新。

（4）瞄准国际炼油技术方向，开发前沿炼油技术。未来的炼油技术将向着分子炼油、绿色低碳方向发展。所主导的沸腾床渣油加氢、气液逆流加氢、低能耗加氢裂化新工艺、柴油液相循环加氢、稠环芳烃选择性加氢转化等引领性技术均已取得突破。

王继锋，1988 年毕业于兰州大学化学系，获硕士学位，一直在中国石化抚顺石油化工研究院从事临氢催化领域科学技术研究，现为抚顺石油化工研究院主管催化专业副总工程师，教授级高工、院学委会委员、中国化学会催化委员会委员、中国石化集团公司高级专家。

作为课题负责人主持国家课题 2 项，总公司课题 6 项；参加国家课题 1 项，总公司课题 6 项，为我国加氢行业跨入国际领先行列做出重要贡献。获省部级科技进步奖一等奖 6 项、二等奖 7 项，国家科技进步奖三等奖 1 项。申报专利 120 项，获授权 47 项，发表论文 25 篇。培养研究生 19 人。其主要成就和贡献为：

（1）填补加氢裂化预处理催化剂国产化空白。开发出 3936 加氢裂化预处理催化剂，填补国内空白。3936 催化剂加氢脱氮活性、稳定性均达到当时国内外广泛使用的 HC-K 催化剂水平。在该催化剂研究过程中，解决了一系列关键技术问题，稳定可靠地实现了大规模工业生产。3936 催化剂及其换代和衍生产品已累计生产 1 万多吨，创直接产值近 20 亿元，并相继在镇海、茂名等百余套（次）加氢裂化和加氢处理装置上成功应用。

（2）指导并参与多项催化剂技术开发工作。组织多项催化剂相关技术的研究、放大、生产和应用，解决其中关键性问题。如加氢催化剂器外预硫化安全生产技术；柴油深度脱硫 FH-UDS 系列和渣油加氢系列催化剂的破碎问题；解决加氢异构生产润滑油基础油 WSI 技术催化剂放大问题；调整体相法催化剂的研制路线，使该剂迅速研制成功。

（3）瞄准国际技术前沿方向，开展重大基础课题研究。与复旦大学等高校科研单位合作，开展国家重大基础研究课题“重油催化转化过程导向的功能分子筛材料的创制”。开发原位晶化合成分子筛、纳米组装法制备含 Y、β、MCM-48 和 MCM-41 微、介孔的复合分子筛等基础研究。进行分子模拟研究，如“基于分子模拟技术的 NaY 沸石晶化形貌分析”等。

胡长禄，教授级高工。中国石油天然气股份有限公司石油化工研究院加氢首席专家兼重整与芳烃研究室主任，集团公司高级技术专家，享受国务院政府津贴。

现从事石油加工技术研究，先后承担国家“973”项目课题1项，国家发改委项目1项，重大专项2项。目前，负责中国石油渣油固定床加氢成套技术（S-RHT）工艺研发和茂名工业应用，负责中国石油上流式加氢工艺研究和齐鲁石化工业应用，主持中国石油常压渣油固定床加氢和 WEPEC 工业应用，主持中国石油沸腾床渣油加氢整套技术研发项目，完成5万吨/年工业示范装置工艺包编制；负责中国石油催化汽油加氢技术、柴油加氢催化剂、加氢裂化催化剂和渣油加氢催化剂在中石油的工业应用。先后获得“海南炼化 800 万吨/年炼油技术集成及大型化渣油加氢技术开发”等国家科技进步奖二等奖1项，省部级一等奖2项、二等奖1项，参编《含硫含酸原油加工技术》等专著2部，发表论文近20篇，申请国家发明专利30多项。

刘晨光，教授、博士生导师。1982 年毕业于华东石油学院炼制系化学专业，获理学学士学位；1985 年毕业于华东石油学院北京研究生部应用化学专业，获工学硕士学位；1991 年毕业于石油大学（北京）化工系，获工学博士学位。1985 年起，在中国石油大学从事教学科研工作，1994 年晋升教授，先后担任中国石油大学（华东）化学工程学院院长，工业催化学科带头人，重质油国家重点实验室主任，中国石油天然气集团公司催化重点实验室副主任，中国石油天然气集团公司加氢领域技术专家，还兼任教育部科学技术委员会化学学部委员，教育部高等学校教学指导委员会化学专业委员会委员，山东省化学化工学会常务理事，山东省石油学会理事，山东省自然科学基金委员会委员，《石油学报》编委等学术职务。

长期从事石油化学和催化加氢技术研究，主要学术和技术成果为：

（1）提出了重质油族组成分离和结构分析的新方法，从而深化了对重质油芳香分、胶质和沥青质结构的认识，为重质油的深度转化提供了理论基础，在此方面发表了多篇研究论文，被国内外同行多次引用并写入多部石油化学教材和专著。

（2）研究了劣质重油在分散型催化剂上的加氢裂化反应，对分散型催化剂的催化作用机理和重油各组分的加氢裂化机理提出了新的观点，并由此指导开发出具有独立知识产权的劣质重油悬浮床加氢裂化工艺。

（3）研究了金属硫化物的催化作用机理和加氢脱硫、脱氮和芳烃加氢反应机理，提出了金属硫化物活性相形成的机制，发现金属硫化物活性相纳米粒子适度堆垛有利于提高加氢活性，并由此提出了活性相结构控制的技术。以此为基础研制出了高活性的柴油加氢新型催化剂，该催化剂在 3 套工业装置上成功获得工业应用，产品达到国Ⅴ标准清洁柴油生产的目标。

（4）创新性地提出了负载型金属硫化物催化剂制备的新方法，并由此开发出高活性的硫化型柴油加氢催化剂，打破了国外公司在硫化型加氢催化剂制备技术上的垄断，取得了 3 项国家发明专利，该催化剂成功获得工业应用，产品达到国Ⅴ标准清洁柴油生产的目标。

（5）创新性地提出了介孔 Ni-Mo-W 氧化物制备的新方法，制备出高比表面、大孔容、介孔 Ni-Mo-W 氧化物的技术，并由此开发出超高活性的非负载型柴油加氢催化剂，填补了国内该类型加氢催化剂制备技术的空白，达到了国Ⅴ标准清洁柴油生产技术的要求。

（6）近 10 年来，公开发表研究论文 402 篇，其中 109 篇被 SCI、EI 和 ISTP 收录，获得授权发明专利 18 项，获得省部级科技进步奖一等奖 2 项、二等奖 1 项、三等奖 4 项，公开出版教材 2 部，专著 1 部。

李永旺，研究员、博士生导师。1994年获博士学位，留中国科学院山西煤炭化学研究所工作。1995～1997年赴比利时进行合作研究，1999年作为洪堡学者赴德国合作研究，2000年回所工作。1997年入选中国科学院“百人计划”，2006年度国家杰出青年基金获得者，现任国家能源煤基液体燃料技术研发中心主任、国家煤炭间接液化工程实验室主任、煤转化国家重点实验室副主任、中科合成油技术有限公司总经理。任《燃料化学学报》副主编，《化工学报》、《中国煤化工》和《工业催化》编委，《中国能源》理事，中国国际工程咨询公司煤炭转化能源专家组成员。在国内外学术刊物发表论文550篇，其中国际刊物论文330篇，撰写专著中的6个章节，获得授权专利108项，其中国际PCT专利7项，参与制订国家标准6项，拥有工艺软件版权1项。获周光召奖、国家能源科技进步奖、中央统战部先进个人、全国先进工作者、全国“五一劳动奖章”、新世纪百千万人才工程国家级人选、山西省特级劳动模范、中国科学院杰出科技成就奖、国家技术发明奖二等奖等多项奖项。

以李永旺研究员为带头人的中科合成油技术团队，以敏锐的科研洞察力追踪国际国内的科技前沿发展动态和国家战略需求，紧紧把握住煤基合成油技术发展方向，有效地集合了国内科研和工程技术力量，形成了以80余名研究员、副研究员和博士为核心的，覆盖量子化学、化工催化、动力学、流体力学、化学分析、过程模拟计算以及化工工艺、设备和仪表等领域的技术研发团队，科研和管理人员总数已经达到1000余人，建立起了基础研究—实验室开发—工程开发和设计—装备开发设计以及制造工艺开发—催化剂生产—现场服务和信息反馈等的运行和发展机制，实现技术从研发向产业化转移无缝过渡的新型技术创新体系。

李永旺研究员主持形成的以高温浆态床合成反应器与催化剂为核心技术的成套煤制油工业技术，在内蒙古伊泰集团和山西潞安集团两个16万吨/年示范厂得到长周期工业运行和技术验证（已运行7年以上），在全球单套最大规模的神华宁煤400万吨/年煤制油装置上实现工业应用（2016年），使得我国完全自主掌握了国际领先水平的煤炭间接液化工业技术，奠定了我国煤制油工业发展的技术基础，目前采用该技术正在实施的煤制油项目总规模约1300万吨/年。

刘中民，1964 年生，理学博士、研究员、博士生导师、中国工程院院士。现任中国科学院大连化学物理研究所所长，国家能源低碳催化与工程研发中心主任，甲醇制烯烃国家工程实验室主任。中国民主同盟大连市委员会主任委员。

长期从事应用催化研究，作为技术总负责人合作完成了多项创新成果并实现产业化。完成了世界首次甲醇制烯烃（DMTO）技术工业性试验及首次工业化；完成了世界首套 10 万吨/年煤基乙醇工业示范项目，引领了我国新兴煤制大宗化学品和清洁燃料产业的发展。先后荣获国家技术发明奖一等奖等十余项省部级以上科技奖励，何梁何利基金科学与技术创新奖等多项个人科技奖励，是国家“五一劳动奖章”获得者，新世纪百千万人才工程国家级人选。领导的研究集体获得中国科学院杰出成就奖，甲醇制烯烃国家工程实验室入选国家创新人才推进计划重点领域创新团队。

2006 年，作为技术总负责人完成了世界上首次万吨级甲醇制烯烃（DMTO）技术工业性试验，通过了中国石油和化学工业联合会组织的专家鉴定。神华集团采用 DMTO 技术建设了世界上首个甲醇制烯烃工业示范装置。2011 年起进入商业化运营，当年生产聚烯烃产品超过 50 万吨，实现利润超过 10 亿元。为进一步保持技术的国际领先地位，刘中民带领团队进行了新一代甲醇制烯烃（DMTO-Ⅱ）技术开发。2010 年完成万吨级工业性试验，吨烯烃甲醇消耗又降低 10%以上。“煤代油制烯烃技术迈向产业化”获得由两院院士评选的 2010 年中国十大科技进展。2014 年，甲醇制烯烃技术获国家技术发明奖一等奖。2016 年，甲醇制烯烃国家工程实验室荣获中国科学院“十二五”突出贡献团队称号。

主持研制成功其他多项具有自主知识产权的新技术并实现产业化，包括：固体酸催化中压丙烯水合制异丙醇技术（已投产两套装置，合计产能 8 万吨/年），正丁烯与乙酸直接加成生产乙酸仲丁酯技术（已投产一套装置，产能 5 万吨/年），甲醇制二甲醚技术（已投产两套装置，合计产能 30 万吨/年），二甲醚羰基化制乙醇技术完成 10 万吨/年工业化示范装置开车工作。

培养指导研究生 60 多名，发表论文 300 多篇，申请专利 600 多件。任《催化学报》、《能源化学》（英文）、《过程工程学报》编委，比利时 Namur 大学客座教授，曾任第 13、第 14 届国际分子筛会议（International Zeolite Conference）国际学术委员会委员。多次在国际会议上做邀请报告。2015 年荣获何梁何利基金科学与技术创新奖的产业创新奖。

陈耀强，1952 年生，理学博士、二级教授、博士生导师。现任四川大学催化材料研究所所长，《催化学报》编委，《化学研究与应用》编委，中国化学会催化委员会委员，四川省学术和技术带头人，享受国务院政府特殊津贴。中国稀土学会理事，中国稀土学会专家组成员，中国稀土学会催化专业委员会常务委员，中国稀土行业协会专家组专家，中国环保产业协会机动车废气净化专业委员会顾问，中国内燃机学会第八届理事会后处理技术分会委员，中国环境学会大气分会理事，四川省机动车尾气净化工程技术研究中心主任，四川省环境保护环境催化材料工程技术中心主任。

先后从事高分散 Rh 原子簇催化剂的制备、CO 加氢反应、吸附态化学及吸附态动力学、甲烷氧化偶联、甲烷部分氧化制合成气、耐高温高比表面催化材料、高性能稀土储氧材料、汽车尾气净化催化剂、摩托车尾气净化催化剂、SCR 催化剂、DOC、CDPF、天然气催化燃烧等研究。作为项目负责人，主持项目 28 项，其中国家自然科学基金 7 项（1 项为重点项目子项目），“973” 子课题 2 项，“863” 子课题 3 项，四川省计委重大攻关项目 1 项，省部级基金 8 项，与企业合作项目 8 项。研制成功的天然气催化燃烧炉具有高效节能和环境友好的双重优点，已实现产业化。在机动车尾气净化催化剂方面进行了系统的研究。在汽油车催化剂的关键催化材料稀土储氧材料、耐高温高比表面材料、三效催化剂、密偶催化剂、稀燃和理论空燃比 CNG 催化剂、柴油车的 Cu 分子筛 SCR、Fe 分子筛 SCR、复合分子筛 SCR、DOC 催化剂、CDPF 等实现了产业化。所领导的研究团队是国内覆盖汽油车、摩托车、CNG 车、柴油车和替代燃料车全范围机动车尾气净化催化剂专业研发团队。与四川中自尾气净化有限公司合作，建成高性能稀土储氧材料、耐高温高比表面材料和机动车尾气净化的催化剂三条生产线。已批量向整车厂和主机厂提供多种车型尾气净化催化剂。

发表论文 240 余篇。鉴定成果 4 项，获准国家发明专利 10 项。2013 年获四川省科技进步奖一等奖（排名第一）。培养硕士、博士研究生 103 名。

宗保宁，1963 年生，副总工程师、教授级高级工程师。1981～1985 年在北京大学应用化学专业学习，获学士学位，1985～1991 年在中国石化石油化工科学研究院学习，获博士学位。1991 年至今在中国石化石油化工科学研究院工作（1995～1996 年在德国马普学会做博士后），任研究室主任。

致力于将新催化材料与新反应工程结合实现石油化工过程的技术创新。首次实现了非晶态镍催化剂和磁稳定床反应器的工业应用。开发了己内酰胺、过氧化氢和环己酮绿色生产技术。作为“973”计划项目首席科学家组织产、学、研协同创新，推动了我国绿色化工技术的发展。

发现 Ni 催化剂结构由晶态变为非晶态、加氢活性增加 2～4 倍。但是非晶态合金热稳定性差和比表面积小这两个缺点限制了它在催化反应中的实际应用。加入稀土使晶化温度提高了 160℃；提出采用加入铝、再碱抽铝的造孔方法，使比表面积增加了两个数量级；在国际上首次实现工业生产和应用。结合非晶态镍催化剂的磁性，开展磁稳定床反应器的研究和开发。建立了磁稳定床的操作相图；实现了均匀磁场放大；发明了溶解氢反应工艺。在万吨级工业示范的基础上，已建成 8 套 30 万吨/年的磁稳定床反应器工业装置，在国际上首次实现了磁稳定床反应器的工业应用。

共同开发成功己内酰胺绿色生产技术，包括：钛硅分子筛与浆态床集成用于环己酮氨肟化合成环己酮肟；纯硅分子筛与移动床集成用于环己酮肟气相重排；非晶态合金催化剂与磁稳定床集成用于己内酰胺精制。己内酰胺绿色生产技术在国际上率先实现工业应用，建成国际首套 20 万吨/年工业装置。C 和 N 原子利用率分别由 80%和 60%提高到 90%以上，无副产硫酸铵，投资下降 70%，生产成本下降 50%。2015 年，采用己内酰胺绿色生产技术的产量超过 200 万吨，使我国由主要依赖进口成为世界第一生产大国，全球市场份额超过 40%，迫使当年转让我国技术的国外公司纷纷关停己内酰胺生产装置。

作为第一完成人获 2005 年国家技术发明奖一等奖，授权中国发明专利 240 项、美国发明专利 9 项，近十年发表 SCI 论文 50 篇。先后获得中国青年科学家奖、光华工程科技青年奖、何梁何利科学技术进步奖和侯德榜化工科技成就奖。